L'articulation des voies de droit dans le contentieux de la commande publique à l'initiative des tiers au contrat

Logiques Juridiques
Collection dirigée par Gérard Marcou

Le droit n'est pas seulement un savoir, il est d'abord un ensemble de rapports et pratiques que l'on rencontre dans presque toutes les formes de sociétés. C'est pourquoi il a toujours donné lieu à la fois à une littérature de juristes professionnels, produisant le savoir juridique, et à une littérature sur le droit, produite par des philosophes, des sociologues ou des économistes notamment.

Parce que le domaine du droit s'étend sans cesse et rend de plus en plus souvent nécessaire le recours au savoir juridique spécialisé, même dans des matières où il n'avait jadis qu'une importance secondaire, les ouvrages juridiques à caractère professionnel ou pédagogique dominent l'édition, et ils tendent à réduire la recherche en droit à sa seule dimension positive. A l'inverse de cette tendance, la collection *Logiques juridiques* des Éditions L'Harmattan est ouverte à toutes les approches du droit. Tout en publiant aussi des ouvrages à vocation professionnelle ou pédagogique, elle se fixe avant tout pour but de contribuer à la publication et à la diffusion des recherches en droit, ainsi qu'au dialogue scientifique sur le droit. Comme son nom l'indique, elle se veut plurielle.

Dernières parutions

Guillaume MALLEN, *L'appréhension des pratiques restrictives par les autorités françaises et européennes de la concurrence. Analyse des pratiques contractuelles abusives entre professionnels à l'épreuve du droit des pratiques anticoncurrentielles,* 2014.
Philippe SEGUR, *C'était la démocratie*, 2014.
Laurie SCHENIQUE, *La Réforme de la phase préparatoire du procès pénal*, 2014.
Valérie DA SILVA, *De l'incapacité à la protection en matière personnelle,* 2014.
Salma ABID MNIF, *L'option entre la responsabilité contractuelle et la responsabilité individuelle. Comparaison des droits français et tunisien,* 2014.
Marcelle BONGRAIN, *Cent familles et sans famille*, 2014.

Laura Tallet-Preud'homme

L'articulation des voies de droit dans le contentieux de la commande publique à l'initiative des tiers au contrat

Préface de Paul Cassia

L'Harmattan

Du même auteur

« Droit de l'Union européenne et handicap »,
in Revue de l'Union européenne, juin 2014, pp. 336-343.

« L'achat public de formation aujourd'hui : un régime de passation des marchés publics simplifié ou la prospection de nouveaux montages contractuels »,
in Contrats et marchés publics, octobre 2013, pp. 7-15.

« Le statut hybride du formateur en droit de la formation professionnelle», in La Revue des mutations du droit, 2012.
Consultable à l'adresse : http://rmd.upmfgrenoble.fr/articles/tous-les-articles-publies-173866.htm?RH=1294652812559.

« L'administration dans les entreprises privées »,
intervention prononcée à l'occasion d'un colloque organisé par le CERAP de l'Université de Paris I Panthéon-Sorbonne les 13 et 14 janvier 2012, à paraître.

5-7, rue de l'Ecole-Polytechnique, 75005 Paris

http://www.harmattan.fr
diffusion.harmattan@wanadoo.fr

ISBN : 978-2-343-04827-7
EAN : 9782343048277

PREFACE

Soutenue quelques mois avant la décision de l'Assemblée du contentieux du Conseil d'Etat Département du Tarn-et-Garonne du 4 avril 2014, la thèse de Mme Laura Tallet-Preud'homme est publiée quelques mois après cette décision dans une version heureusement actualisée. C'est ainsi tout le contentieux « post-Tropic » des tiers aux contrats qui, pour la première fois de manière exhaustive, est passé à l'aune du nouveau tamis jurisprudentiel.

Bien sûr, le sujet traité par l'ouvrage n'est pas inédit ; il est même plus que centenaire puisque c'est le (défunt ?) arrêt Martin de 1905 du Conseil d'Etat qui, dans la période contemporaine, a indirectement mis le contrat à la portée de l'action contentieuse des tiers largement entendus – en l'occurrence, un élu local. Ce qui est original cependant, depuis le début des années 1990, c'est l'accumulation des voies de droit ouvertes contre le contrat : devant le juge administratif, déjà, avec le référé précontractuel, auquel se sont ajoutés le recours devant le juge de l'exécution, le déféré préfectoral initialement analysé comme un recours pour excès de pouvoir, le recours Tropic et le référé contractuel ; mais également, et cela n'est pas toujours suffisamment perçu par les observateurs de la vie des contrats publics, devant le juge financier ou devant le juge pénal.

Le grand mérite de la thèse de Mme Tallet-Preud'homme est d'analyser globalement, avec la fine connaissance pratique des procédures de passation des contrats publics qu'elle a acquise par les stages effectués alors qu'elle était doctorante et par ses actuelles fonctions professionnelles, l'articulation de ces voies de droit ouvertes directement ou indirectement (pour les juges pénal et financier) aux personnes physiques ou morales autres que les parties. On sait que certaines d'entre elles se chevauchent : il en est toujours ainsi, même sous l'empire de Département du Tarn-et-Garonne, du recours en contestation de validité du contrat et du référé contractuel. On sait également que certaines se complètent, de manière plus ou moins heureuse d'ailleurs selon que l'on se place du point de vue de l'administration cocontractante ou du requérant : il en est ainsi du référé précontractuel et du référé contractuel. Bref, le tiers au contrat paraît particulièrement choyé par le système juridictionnel français, et singulièrement par le juge administratif…

En réalité, et c'est tout l'intérêt des travaux de Mme Tallet-Preud'homme que de le démontrer, il n'en est rien. Déjà, avec la jurisprudence Tropic, à l'origine du « coup d'arrêt » Smirgeomes pour le référé précontractuel, il n'était pas difficile de démontrer que la stabilité du contrat était la ligne d'horizon du juge administratif, rendant relativement vaine la formation d'une action contentieuse contre un acte détachable ou contre le contrat, y compris par le préfet depuis la décision Ministre de l'intérieur du 23 décembre 2011. La situation du tiers au contrat est pire encore depuis Département du Tarn-et-Garonne, souligne justement le présent ouvrage : annoncée par le Conseil d'Etat lui-même comme une « ouverture » du recours en contestation de validité du contrat, ce qui est formellement exact dès lors que des tiers autres que les concurrents évincés y ont désormais accès, la jurisprudence du 4 avril 2014 emmaillote cette voie de droit remodelée dans des conditions de recevabilité de la requête et d'opérance des moyens telles que le requérant est certain, ou presque, de manquer sa cible si celle-ci est l'annulation du contrat.

L'auteure considère, à l'issue de ses réflexions, que le balancier a été trop loin en faveur de la stabilité du contrat, au détriment de la légalité dont le tiers se fait le héraut. Elle prône un renforcement du référé précontractuel, qui permettrait de s'assurer que seuls des contrats réguliers reçoivent exécution, et un profond remodelage du référé contractuel, qui, détaché du référé précontractuel, rendrait inutile la jurisprudence Département du Tarn-et-Garonne. Cette conclusion est à rebours de la tendance qui anime la jurisprudence depuis 2007. Mme Tallet-Preud'homme a-t-elle eu tort d'avoir eu raison trop tôt ? Au lecteur d'en décider.

Paul Cassia
Professeur à l'Université Paris I Panthéon-Sorbonne
Directeur de l'UFR Études juridiques générales

À mon mari Pierre-François

Cet ouvrage est issu d'une thèse de doctorat en droit commencée en octobre 2009 et soutenue à l'Université de Paris I – Panthéon-Sorbonne le 23 octobre 2013 devant un jury composé de Monsieur Paul Cassia, Professeur à l'Université de Paris I – Panthéon-Sorbonne et directeur de recherches, Madame Claudie Boiteau, Professeur à l'Université de Paris IX Dauphine, Monsieur Nicolas Boulouis, Conseiller d'Etat, Madame Camille Broyelle, Professeur à l'Université de Paris II – Panthéon-Assas, Madame Rozen Noguellou, Professeur à l'Université de Paris I - Panthéon-Sorbonne,

LISTE DES ABREVIATIONS

Afac	....	Association française des avocats conseils auprès des collectivités territoriales
AJCT	....	Actualité juridique des collectivités territoriales
AJDA	....	Actualité juridique de droit administratif
AN	....	Assemblée nationale
art.	....	Article
ass.	....	Assemblée du contentieux du Conseil d'État
BEA	....	Bail emphytéotique administratif
BEH	....	Bail emphytéotique hospitalier
BJCL	....	Bulletin juridique des collectivités locales
BJCP	....	Bulletin juridique des contrats publics
BOAMP	....	Bulletin officiel d'annonces des marchés publics
Bull.	....	Bulletin
c/	....	Contre
CA	....	Cour d'appel
CAA	....	Cour administrative d'appel
CADA	....	Commission d'accès aux documents administratifs
Cass.	....	Cour de cassation
CC	....	Conseil constitutionnel
C. comptes	....	Cour des comptes
CDBF	....	Cour de discipline budgétaire et financière
CE	....	Conseil d'État
CGCT	....	Code général des collectivités territoriales
chr.	....	Chronique
circ.	....	Circulaire
Civ.	....	Chambre civile de la Cour de cassation
CJA	....	Code de justice administrative
CJCE	....	Cour de justice des communautés européennes
CJEG	....	Cahier juridique de l'électricité et du gaz
CJFI	....	Courrier juridique des finances et de l'industrie
CJUE	....	Cour de justice de l'Union européenne
Com.	....	Chambre commerciale de la Cour de cassation

CP-ACCP	....	Contrats publics – Actualité de la commande et des contrats publics
CPV	....	Common Procurement Vocabulary - Vocabulaire commun des marchés publics
CRC	....	Chambre régionale des comptes
Crim.	....	Chambre criminelle de la Cour de cassation
dir.	....	Direction
éd.	....	Edition
EDCE	....	Études et documents du Conseil d'État
Fasc.	....	Fascicule
GACA	....	Grands arrêts du contentieux administratif
GAJA	....	Grands arrêts de la jurisprudence administrative
GAJF	....	Grands arrêts de la jurisprudence financière
Ibid.	....	Ibidem
JCl.	....	JurisClassseur
JCP	....	La semaine juridique
JO	....	Journal officiel
JOAN	....	Journal officiel de l'Assemblée nationale
JORF	....	Journal officiel de la République française
LGDJ	....	Librairie générale de droit et de jurisprudence
par ex.	....	Par exemple
préc.	....	Précité
pt.	....	Point
PU	....	Presses universitaires
PUAM	....	Presses universitaires d'Aix-Marseille
PUF	....	Presses universitaires de France
PUG	....	Presses universitaires de Grenoble
QE	....	Question écrite
RDC	....	Revue de droit des contrats
RDI	....	Revue de droit immobilier
RDP	....	Revue du droit public et de la science politique en France et à l'étranger
Rec.	....	Recueil
rééd.	....	Réédition
Rép. min.	....	Réponse ministérielle
req.	....	Requête
RFDA	....	Revue française de droit administratif
RJEP	....	Revue juridique de l'économie publique
RLCT	....	Revue Lamy des collectivités territoriales
RTD civ.	....	Revue trimestrielle de droit civil

RTDE	....	Revue trimestrielle de droit européen
sect.	....	Section du contentieux du Conseil d'État
spéc.	....	Spécialement
T.	....	Aux tables du Recueil Lebon
TA	....	Tribunal administratif
TC	....	Tribunal des conflits
TGI	....	Tribunal de grande instance
TP	....	Travaux publics
V.	....	Voir
vol.	....	Volume

SOMMAIRE

INTRODUCTION

1. « Faire passer le contentieux de la commande publique de l'agitation à l'âge de raison ». L'ambition d'une analyse systémique de l'articulation des voies de droit dans le contentieux de la commande publique à l'initiative des tiers au contrat n'est pas démesurée, même si elle s'avère particulièrement délicate.

2. Le contentieux de la commande publique est une matière récente, pour ne pas dire nouvelle. Sa jeunesse explique qu'aucune définition précise n'ait été encore proposée. Autant définir ce qu'est le contentieux ne soulève guère de difficultés, autant il en est tout autrement de la commande publique.

3. Pour le Professeur Bernard Pacteau, le contentieux est, « dans sa substance première et profonde », la querelle, la contestation. Le contentieux serait une « maladie elle-même produit de la résistance [...] à l'arbitraire »[1]. Le contentieux est habituellement défini comme « l'ensemble des litiges susceptibles d'être soumis aux tribunaux, soit globalement, soit dans un secteur déterminé »[2].

4. La commande publique est une notion « globalisante »[3]. Elle renvoie littéralement à un ordre de l'administration par lequel il est, entre autres, demandé à un fournisseur la livraison d'une marchandise ou l'exécution d'un service[4]. L'expression « commande publique » a été employée pour la première fois dans une acception juridique à l'article 1er du Code des marchés publics issu du décret du 7 mars 2001[5]. Son usage s'est depuis lors fort banalisé, à tel point que d'autres notions adjacentes sont apparues. Il existerait des « contrats dits de la commande publique » et même « un droit de la commande publique ».

5. Si les locutions « commande publique », « contrats dits de la commande publique, « droit de la commande publique » sont admises et utilisées à outrance, aucune définition substantielle de ces notions n'a réellement été arrêtée et unanimement admise. Pour certains, la commande publique « n'a rien d'une notion juridique »[6] et ne paraît renvoyer à aucune catégorie juridique[7] ; pour d'autres, elle a des « contours mal définis »[8]. Le

---

[1]Pacteau Bernard, *Contentieux administratif*, PUF, 2005, § 1, p. 15.

[2]Cornu Gérard, *Vocabulaire juridique*, PUF, 2011, Contentieux.

[3]Glatt Jean-Matthieu, « La catégorisation des contrats de commande publique : source d'insécurité juridique », note sous CJCE, 10 septembre 2009, Eurawasser, in *Les petites affiches*, 11 février 2010, p. 3 et s., spéc. p. 12. V. Kalflèche Grégory, *Des marchés publics à la commande publique. L'évolution du droit des marchés publics*, Thèse, Paris II, 2004.

[4]Dictionnaire Larousse, lecture combinée des définitions « commande » et « publique ».

[5]Décret n° 2001-210 du 7 mars 2001 portant Code des marchés publics, JORF n° 57 du 8 mars 2001, p. 37003.

contenu de la catégorie des « contrats dits de la commande publique »[9] ne cesse de faire débat - si tant est que cette catégorie existe bien[10] -, sans que les textes ni les auteurs ne parviennent à s'accorder[11] : les marchés publics et contrats de partenariat en feraient partie[12] ; l'inclusion des délégations de service public fait débat[13] et le doute persiste quant à l'intégration des conventions d'occupation domaniale[14]. Le « droit de la commande publique »[15] reste un droit non identifié[16]. En dépit de tentatives d'harmonisation des procédures de passation de certains contrats publics[17], aucun Code de la commande publique qui matérialiserait un « droit de la commande publique » n'a été, à ce jour, adopté[18]. La commande publique demeure ainsi une nébuleuse pour laquelle il est seulement possible

---

[6]Fatôme Étienne, Richer Laurent, « Le Conseil constitutionnel et le 'droit commun' de la 'commande publique' et de la domanialité publique », in *AJDA*, 2003, p. 2348 et s., spéc. p. 2350.

[7]Llorens François, Soler-Couteaux Pierre, « Commande publique et contrats publics : questions de mots et de fond », in *Contrats et marchés publics*, février 2011, p. 1 et s.

[8]Dreyfus Jean-David, Basset Bruno, « Autour de la notion de droit commun de la commande publique », in *AJDA*, 2004, p. 2256 et s., spéc. p. 2257.

[9]Également visés sous les termes « contrats de la commande publique » ou encore « contrats relevant du droit de la commande publique ». L'ensemble de ces terminologies sera, par la suite, utilisée de manière indifférenciée.

[10]Certains auteurs préfèrent parler de « contrats publics » pour lesquels une unité semble pouvoir être admise aussi bien du point de vue de la notion que du régime juridique. V. pour une étude approfondie : Marcus Laure, *L'unité des contrats publics*, Dalloz, 2010. Dans une logique concurrentielle, d'autres préfèrent parler de contrats publics d'affaires. V. Braconnier Stéphane, « L'autonomie contrastée du contentieux des contrats publics d'affaires », in *RDP*, 2010, p. 327 et s. ; Langelier Élise, *L'office du juge administratif et le contrat administratif*, Thèse, Poitiers, 2011, spéc. pp. 14-16.

[11]Pour une synthèse des difficultés rencontrées, v. Llorens François, Soler-Couteaux Pierre, « Commande publique et contrats publics : questions de mots et de fond », préc. V. également : Llorens François, « Typologie des contrats de la commande publique », in *Contrats et marchés publics*, mai 2005, p. 12 et s.

[12]Linotte Daniel, « L'évolution récente des contrats de la commande publique », in *La Gazette du Palais*, 5 décembre 2009, p. 2 et s., spéc. p. 2.

[13]En faveur de l'intégration des délégations de service public au sein des contrats dits de la commande publique, v. Linotte Daniel, « L'évolution récente des contrats de la commande publique », préc., spéc. p. 2.

[14]Langelier Élise, *L'office du juge administratif et le contrat administratif*, préc., spéc. pp. 14-16 ; Antoine Aurélien, « L'intuitus personae dans les contrats de la commande publique », in *RFDA*, 2011, p. 879 et s., spéc. p. 882.

[15]La notion de droit commun de la commande publique est apparue dans la décision du Conseil constitutionnel n° 2003-473 DC du 26 juin 2003, loi habilitant le gouvernement à simplifier le droit.

[16]V. Llorens François, Soler-Couteaux Pierre, « Le grand désordre du droit de la commande publique », in *Contrats et marchés publics*, juillet 2009, p. 1 et s. ; Antoine Aurélien, « L'intuitus personae dans les contrats de la commande publique », préc., spéc. p. 882.

d'entrevoir quelques bribes d'un régime juridique commun dans la passation de différents contrats publics[19] et dont le plus petit commun dénominateur est constitué des principes généraux de la commande publique[20] renvoyant matériellement aux obligations de publicité et de mise en concurrence imposées à l'administration dans la phase antérieure à la signature du contrat. À vouloir dompter l'indomptable, peut-être que « l'émergence progressive d'un régime commun à la commande publique condamne à reconnaître l'existence juridique de la notion »[21]. Peut-être *a fortiori* l'attention portée à une définition de la notion de commande publique est-elle contingente, lorsqu'il s'agit d'analyser l'articulation des voies de droit dans le contentieux de la commande publique à l'initiative des tiers au contrat, laquelle analyse intéresse davantage le régime juridique de la contestation des circonstances

---

[17]V. Loi n° 2004-1343 du 9 décembre 2004 de simplification du droit, habilitant notamment le gouvernement à élaborer un Code de la commande publique dans un délai de 18 mois, JORF n° 0287 du 10 décembre 2004, p. 20857, spéc. articles 84 et 92. Le ministère de l'Économie et des finances y avait renoncé malgré les recommandations du Conseil d'État selon lesquelles le gouvernement devrait s'efforcer « de changer de méthode et, pour introduire davantage de simplicité, de lisibilité et de sécurité dans notre droit des contrats, de remettre en chantier l'élaboration d'un Code de la commande publique ». V. également : Conseil d'Etat, *Le contrat, mode d'action publique et de production de normes, Rapport public, 2008*, La documentation française, spéc. p. 253. V. également : Projet de loi pour l'accélération des programmes de construction et d'investissement publics et privés, article 33 et décision n° 2009-575 DC du 12 février 2009. Le Conseil constitutionnel avait jugé que l'habilitation donnée au gouvernement pour le créer n'était pas conforme à la Constitution.

[18]Les difficultés de l'adoption d'un tel Code résident dans le fait que le droit de la commande publique est en « miettes » et en pleine recomposition sous l'influence du juge national et du juge communautaire. V. Cadieu Pascal, Josselin Nicolas, « La commande publique ou les aléas d'une compétition économique et juridique », in *RLCT*, juin 2013, p. 44 et s., spéc. p. 44. V. également : Symchowicz Nil, « Pour un Code des contrats de la commande publique », in *Contrats et marchés publics*, avril 2007, p. 7 et s. Sur les débats actuels, v. QE n° 122436, JOAN Q. 22 novembre 2011, p. 12157 ; rép. min., JOAN Q. 22 mai 2012, p. 4052 ; MINEFI, *Colloque Nouvelles directives marchés publics et concessions du 12 mars 2014*, actes consultables à l'adresse suivante : http://www.economie.gouv.fr/daj/colloque-nouvelles-directives-marches-publics-12-03-2014.

[19]Prebissy-Schnall Catherine « Vers la fin de l'approche catégorielle des contrats de commande publique », *in Études en l'honneur du Professeur Michel Bazex*, Litec, 2009, p. 261 et s.

[20]V. CC, 26 juin 2003, loi habilitant le gouvernement à simplifier le droit, n° 2003-473 DC ; avis CE n° 246921, 29 juillet 2002, Société MAJ Blanchisserie de Pantin, Rec. p. 297 ; CE, 23 décembre 2009, Établissement public du musée et du domaine national de Versailles, req. n° 328827, Rec. p. 502. Le Tribunal des conflits se saisit également de l'idée de commande publique. V. en ce sens : TC, 17 mai 2010, Institut national de la santé et de la recherche médicale, req. n° C3754, Rec. p. 580. V. en droit de l'Union européenne : CJCE, 7 décembre 2000, Telaustria Verlags GmbH et Telefonadress GmbH contre Telekom Austria AG, aff. C-324/98, Rec. p. I-10745.

[21]Eckert Gabriel, « Réflexions sur l'évolution du droit des contrats publics », in *RFDA*, 2006, p. 238 et s., spéc. p. 241.

de la dévolution des contrats soumis à une procédure de publicité et de mise en concurrence préalable que la notion même de commande publique[22]. Peu importe, dès lors, que la commande publique soit appréhendée selon une acception étroite[23] ou dynamique[24].

6. Le contentieux de la commande publique à l'initiative des tiers au contrat pourrait, par conséquent, être défini comme l'ensemble des litiges susceptibles d'être soumis aux tribunaux par une catégorie spécifique de requérants - les concurrents évincés d'une procédure de consultation[25] - ayant pour finalité de faire vérifier que l'administration a bien satisfait aux obligations de publicité et de mise en concurrence qui lui incombent antérieurement à la conclusion des contrats que leur régime juridique impose. Cette définition s'inscrit dans un double paradigme. Le premier est celui de l'évolution fédératrice du contentieux contractuel délaissant l'approche catégorielle des contrats initialement retenue par le législateur jusqu'à la transposition de la nouvelle directive « Recours »[26]. Le second

---

[22]Les expressions « commande publique », « contrats dits de la commande publique » et « droit de la commande publique » seront, par la suite, employées de telle manière à viser indirectement les obligations et de publicité et de mise en concurrence ainsi que les principes de liberté d'accès à la commande publique, d'égalité de traitement des candidats et de transparence des procédures.

[23]L'acception la plus étroite de la commande publique consisterait à la limiter à l'« achat public », lequel recouvrerait « en partie les marchés publics et en partie d'autres contrats par lesquels une personne publique se procure un bien ou un service ». V. respectivement : Gaudemet Yves, « Bilan et perspective du processus de réforme du droit de la commande publique », in *Contrats et marchés publics*, mai 2005, p. 43 et s., spéc. p. 44 et Fatôme Étienne, Richer Laurent, « Le Conseil constitutionnel et le 'droit commun' de la 'commande publique' et de la domanialité publique », préc., spéc. p. 2350.

[24]Selon l'acception dynamique, la commande publique engloberait alors l'ensemble des conventions « par lesquelles les personnes publiques cherchent à se procurer un bien ou service, y compris ce service d'une nature particulière qui consiste à gérer, avec une relative autonomie une activité ou un équipement ». V. Llorens François, « Typologie de contrats de la commande publique », préc., spéc. p. 12.

[25]Les concurrents évincés se divisent en deux catégories : les candidats évincés et les soumissionnaires évincés. L'utilisation de l'une ou l'autre dénomination dépend de la temporalité de l'éviction selon l'analyse de l'offre au fond.

[26]Directive n° 2007/66/CE du Parlement européen et du Conseil du 11 décembre 2007 modifiant les directives 89/665/CEE et 92/13/CEE du Conseil en ce qui concerne l'amélioration de l'efficacité des procédures de recours en matière de passation des marchés publics, JO n° L 335 du 20 décembre 2007, p. 31 ; transposée, en droit interne, par l'ordonnance n° 2009-515 du 7 mai 2009 relative aux procédures de recours applicables aux contrats de la commande publique, JORF n° 0107 du 8 mai 2009, p. 7796. L'étude de l'articulation des voies de droit dans le contentieux de la commande publique à l'initiative des tiers au contrat n'implique pas nécessairement d'identifier la nature de l'ensemble des contrats soumis à chaque juge. Sur l'extension des contrats administratifs soumis à des obligations de publicité et de mise en concurrence, v. Linditch Florian, « Le Conseil d'État étend l'application des principes de la commande publique à l'ensemble des contrats

concerne la délimitation des requérants potentiels. L'ensemble des tiers au contrat ne sont pas concernés par le contentieux de la commande publique. Il n'est pas certain, en effet, que le contribuable ou les membres des assemblées délibérantes, par exemple, disposent d'un réel intérêt personnel et direct à contester une procédure de consultation ou un contrat de la commande publique, si ce n'est afin de vérifier que l'achat de l'administration a bien été effectué au prisme du critère de l'offre économiquement la plus avantageuse dans la perspective de la protection des finances publiques, d'évitement d'un alourdissement des charges fiscales, voire de la légalité *lato* sensu[27]. Les tiers - ainsi entendus dans le cadre de cette étude - sont appréhendés dans une perspective plus stricte dans la mesure où, d'une part, les directives « Recours » visent explicitement les opérateurs économiques et, d'autre part, l'absence de dévolution personnelle du contrat constitue la motivation sous jacente de l'action contentieuse[28].

7. Il convient néanmoins de souligner que cette définition du contentieux de la commande publique ne présage en rien de la compétence du juge pour en connaître. Le contentieux de la commande publique est *a minima* à double visage. Dans une acception stricte, il est soit administratif, soit judiciaire, selon la nature du contrat[29]. Dans une acception plus large, il peut

administratifs », note sous CE, 29 juin 2012, Société Pro 2C, in *JCP Administrations et collectivités territoriales*, 19 novembre 2012, p. 22 et s.

27Pour le statut particulier des membres des assemblées délibérantes dans le contentieux de la validité du contrat, v. CE, ass., 4 avril 2014, Département de Tarn-et-Garonne, req. n° 358994.

28Et ce, même si l'ensemble des voies de droit qui vont être étudiées ont des visées multiples : annulation de la procédure de passation ou du contrat lui-même dans l'espoir de pouvoir, à nouveau, candidater et emporter le contrat ; indemnisation ; recherche du respect de la légalité dans une acception générale.

29Indépendamment d'une qualification législative, le contrat est administratif, lorsqu'il remplit différents critères jurisprudentiels. Quant au critère organique, v. principalement et chronologiquement : CE, sect., 2 juin 1961, Leduc, req. n° 43690, Rec. p. 365 : TC, 8 juillet 1963, Société entreprise Peyrot, req. n° 01804, Rec. p. 787, GAJA, n° 81 ; TC, 3 mars 1969, Société interprofessionnelle du lait et de ses dérivés Interlait, req. n° 01926, Rec. p. 682 ; CE, sect., 30 mai 1975, Société d'équipement de la région montpelliéraine, req. n° 867381, Rec. p. 326 ; TC, 5 juillet 1975, Commune d'Agde, req. n° 02013, Rec. p. 798 ; TC, 21 mars 1983, Union des assurances de Paris, req. n° 02256, Rec. p. 537. Quant aux critères matériels alternatifs, v. CE, 31 juillet 1912, Société des granits porphyroïdes des Vosges, req. n° 30701, Rec. p. 909, GAJA, n° 25, pour le critère de la clause exorbitante du droit commun ; v. CE, 20 avril 1956, Epoux Bertin, req. n° 98637, Rec. p. 167, GAJA n° 71 et CE, 20 avril 1956, Ministre de l'agriculture contre consorts Grimouard, req. n° 98637, Rec. p. 168, GAJA n° 71, pour le lien avec le service public ; v. CE, sect., 19 janvier 1973, Société d'exploitation électrique de la rivière du Sant, req. n° 82338, Rec. p. 48, pour le régime exorbitant du droit commun. En contentieux de la commande publique, le juge judiciaire est compétent uniquement pour les contrats de droit privé relevant de la commande publique, sous réserve qu'ils ne soient pas qualifiés de contrats administratifs par application des critères jurisprudentiels précédemment cités. V. également : Ordonnance n° 2005-649 du 6 juin 2005 relative aux marchés passés par certaines personnes publiques ou privées non soumises au être public ou privé, la nature publique devant être entendue comme ne visant pas exclusivement la compétence du juge administratif *stricto sensu*, mais également celle du juge pénal et du juge financier. Les juges pénal et financier peuvent être amenés à connaître du respect par l'administration de ses obligations de publicité et de mise en concurrence, indépendamment de la qualification du contrat concerné[30].

8. La commande publique, caractérisée par les obligations de publicité et de mise en concurrence qui incombent à l'administration lorsqu'elle désire recourir aux services d'un tiers opérateur économique sur un marché concurrentiel, implique dorénavant que le contrat ne concerne plus uniquement les parties signataires. Le principe de l'effet relatif des conventions n'est plus entendu de manière absolue. Dans la mesure où le contrat pourrait être signé en méconnaissance de telles obligations, certains tiers qui sont normalement exclus de la relation contractuelle à naître deviennent rétrospectivement concernés par la convention du point de vue des circonstances de sa dévolution.

9. La promotion du libéralisme économique s'est parallèlement accompagnée de l'accroissement considérable des voies de droit destinées à assurer le respect des principes de liberté d'accès à la commande publique, d'égalité de traitement des candidats et de transparence des procédures[31].

Code des marchés publics, JORF n° 131 du 7 juin 2005, p 10014 ; Décret n° 2005-1742 du 30 décembre 2005 fixant les règles applicables aux marchés passés par les pouvoirs adjudicateurs mentionnés à l'article 3 de l'ordonnance n° 2005-649 du 6 juin 2005 relative aux marchés passés par certaines personnes publiques ou privées non soumises au Code des marchés publics, JORF n° 304 du 31 décembre 2005, p. 20782 ; CE, 3 juin 2009, OPAC du Rhône, req. n° 324405, T., p. 667.

[30]Dans la perspective d'une étude la plus aboutie possible de l'articulation des voies de droit dans le contentieux de la commande publique à l'initiative des tiers au contrat et aux fins de simplification de l'état du droit, le choix sera fait de retenir une conception publique du contentieux de la commande publique au regard du plus grand nombre des hypothèses d'articulation des voies de droit instituées en vue de veiller au respect des obligations de publicité et de mise en concurrence. Nous conviendrons que les référés précontractuel et contractuel sont, certes, deux voies de droit que le concurrent évincé peut utiliser devant le juge judiciaire dans l'hypothèse de la conclusion d'un contrat de droit privé relevant du droit de la commande publique. Le contentieux contractuel de droit privé intéressant davantage les parties au contrat, les hypothèses d'articulation des voies de droit dans le contentieux de la commande publique sont plus réduites. Ceci ne conduira toutefois pas à l'exclusion de références aux particularités du contentieux judiciaire de la commande publique qui seront utilisées à titre de droit comparé interne. Pour une étude récente sur le juge judiciaire et la commande publique, v. Ubaud-Bergeron Marion, « Les contrats de l'administration devant le juge judiciaire. Le juge judiciaire et la 'commande publique' », in *RFDA*, 2013, p. 531 et s.

[31]CC, 26 juin 2003, loi habilitant le gouvernement à simplifier le droit, préc. ; avis CE n° 246921, 29 juillet 2002, Société MAJ Blanchisserie de Pantin, préc. ; CE, 23 décembre 2009, Établissement public du musée et du domaine national de Versailles, préc. V. en droit de l'Union européenne : CJCE, 7 décembre 2000, Telaustria Verlags GmbH et Telefonadress

Le contentieux de la commande publique à l'initiative des tiers au contrat s'est développé en très peu de temps[32], à tel point que le foisonnement des voies de droit[33] est devenu synonyme de maniement délicat pour le concurrent évincé requérant[34] aussi bien en terme d'usage ponctuel que d'articulation. Le recensement des voies de droit juridictionnelles ayant pour objet, de manière plus ou moins directe, de veiller à ce que l'administration a bien respecté ses obligations de publicité et de mise en concurrence, invite à en relever au moins sept[35]. Certaines sont spécialisées quant à leur objet et/ou quant aux requérants invités à saisir le juge en cas de méconnaissance des obligations de publicité et de mise en concurrence : le référé

GmbH contre Telekom Austria AG, préc. D'ailleurs, à propos du référé précontractuel, le Professeur Laurent Richer soulignait que « l'idée force est que les opérateurs économiques ont intérêt à ce que les manquements aux règles de passation soient sanctionnées, qu'on peut donc leur faire confiance pour défendre leurs intérêts et qu'en défendant leurs intérêts économiques, ils agissent aussi en faveur de l'intérêt général concurrentiel par une action quitam ('Quitam pro domino rege quam pro se ipso' – 'Autant pour soi-même que pour son roi') ». V. en ce sens : Richer Laurent, *Droit des contrats administratifs*, LGDJ, 2012, spéc. p. 182.

[32]Le point de départ du développement du contentieux de la commande publique peut être arrêté en 1992, date à laquelle la directive n° 89/665/CEE du Conseil du 21 décembre 1989, portant coordination des dispositions législatives, réglementaires et administratives relatives à l'application des procédures de recours en matière de passation des marchés publics de fournitures et de travaux, a été transposée par la loi n° 92-10 du 4 janvier 1992 relative aux recours en matière de passation de certains contrats et marchés de fournitures et de travaux, instituant ainsi le référé précontractuel. La promotion d'un tel contentieux résulte de la combinaison du dynamisme des institutions européennes à s'assurer que les règles qu'elles ont édictées sont bien respectées, de la vivacité du législateur interne à satisfaire à son engagement communautaire ainsi que de l'activisme du juge administratif lorsqu'il devient créateur de recours contentieux. Il convient, par ailleurs, de souligner, de manière tout à fait remarquable, les répercussions de l'essor du contentieux de la commande publique à l'initiative des tiers, particulièrement sur l'office du juge du contrat : le changement de paradigme dans le contentieux des tiers au contrat et dans l'office du juge administratif saisi à cet effet a entraîné parallèlement le changement de paradigme de l'office du juge du contrat dans le contentieux à l'initiative des parties. V. en ce sens : CE, ass., 28 décembre 2009, Commune de Béziers, req. n° 304802, Rec. p. 509, GAJA n° 118, GACA n° 9 ; CE, sect., 21 mars 2011, Commune de Béziers, req. n° 304806, Rec. p. 117, GAJA n° 118, GACA n° 9.

[33]Le Professeur François Brenet constatait un « millefeuille des recours contentieux applicables aux contrats de l'administration ». V. Brenet François, « Succession d'un référé précontractuel et d'un référé contractuel », note sous CE, 10 novembre 2010, France Agrimer, in *Droit administratif*, janvier 2011, p. 38 et s., spéc. p. 38. Le Professeur Jean-David Dreyfus remarquait une « mosaïque de recours ». V. Dreyfus Jean-David, « Référé précontractuel et référé contractuel : l'ignorance prémunit contre l'irrecevabilité », note sous CE, 10 novembre 2010, France Agrimer, in *AJDA*, 2011, p. 51. et s., spéc. p. 52. Le Professeur Philippe Cossalter qualifiait le contenu du contentieux administratif des contrats publics de « feu d'artifice ». V. en ce sens : Cossalter Philippe, « Vingt ans de contentieux administratif des contrats publics : permanence et innovations », in *Mélanges en l'honneur de Jean-Pierre Boivin*, IDPA, 2012, p. 231 et s., spéc. p. 250. Le Professeur Stéphane Braconnier soulignait la « concurrence fratricide entre les actions post-contractuelles ouvertes aux concurrents évincés ». V. Braconnier Stéphane, « L'autonomie contrastée du contentieux des contrats

précontractuel, le référé contractuel, le recours en contestation de la validité du contrat. D'autres sont des recours qu'il serait possible de qualifier de « recours de droit commun », parce que, à titre liminaire, ils ne présentent pas ou peu de caractéristiques particulières dans leur mise en œuvre par rapport à l'objet spécifique de la commande publique : il en est ainsi du contentieux de l'acte détachable du contrat et de la sollicitation du préfet aux fins de déféré préfectoral. Restent, enfin, les voies de droit dont la spécificité est remarquable du point de vue des juges saisis et des fondements sur lesquels ils le sont : les juges pénal et financier participent également à la veille du respect, par l'administration, des obligations de publicité et de mise en concurrence qui lui incombent.

10. Leur apparition et le développement de la technicité de leur régime juridique s'étendent du début du XXème siècle jusqu'à nos jours.

---

publics d'affaires », in *RDP*, 2010, p. 327 et s., spéc. p. 342. V. également : Nugue Philippe, « Commande publique et risques contentieux : entre ouverture et fermeture des voies de droit, un contentieux schizophrène ? », in *JCP Administrations et collectivités territoriales*, 2008, 24 novembre 2008, p. 11 et s. ; Rees Philippe, « État des lieux du droit du contentieux de la validité des contrats de la commande publique », in *Contrats et marchés publics*, janvier 2010, p. 6 et s. ; Ménéménis Alain, « Le juge administratif et le contrat, libres propos sur un agenda chargé », in *Mélanges en l'honneur d'Étienne Fatôme*, Dalloz, 2011, p. 329 et s., spéc. p. 336 ; Llorens François, Soler-Couteaux Pierre, « Le contentieux des contrats publics en mouvement », in *Contrats et marchés publics*, mars 2011, p. 1 et s. ; Marino-Philippe Clémence, « Les nouvelles règles de la commande publique : bilan autour d'un contentieux en perpétuelle évolution », in *RDP*, 2011, p. 113 et s., spéc. p. 114 ; Brenet François, « Conditions d'exercice de l'action indemnitaire dans le cadre d'un recours 'Tropic' », note sous avis CE, 11 mai 2011, Société Rebillon Schmit Prevot, in *Droit administratif*, juillet 2011, p. 21 et s., spéc. pp. 21-22 ; Jouguelet Jean-Pierre, « Le risque de contentieux », in *CP-ACCP*, juillet-août 2012, p. 3 et s.

[34]Il en est de même pour le juge qui a dû apprendre progressivement à apprivoiser son nouvel office eu égard à ces différentes voies de droit nouvelles.

[35]L'idée d'une utilisation du référé liberté en matière contractuelle a pu être avancée afin de sanctionner les atteintes portées à certaines libertés fondamentales lors de la passation de contrats passés avec l'administration. Néanmoins, les auteurs concéderont eux-mêmes que cette procédure n'est pas l'outil le mieux adapté dans la mesure où sa mise en œuvre se révèle relativement contraignante. V. Bailleul David, « Les référés 'suspension' et 'liberté' au secours du référé précontractuel ? », in *Contrats et marchés publics*, juillet-août 2002, p. 4 et s. ; Couvreur Samuel, « Le référé liberté a-t-il une utilité en matière contractuelle ? », in *CP-ACCP*, mai 2013, p. 58 et s. Par ailleurs, le Professeur Philippe Cossalter avait dénombré neuf voies de droit à la disposition des tiers en distinguant la situation spécifique du candidat évincé de celle des « tiers de droit commun », sans prendre en considération d'autres disciplines juridiques et se plaçant ainsi dans l'unique contexte du contentieux administratif. Dans le cadre de cette étude, nous en retenons sept au terme d'une acception par catégorie de recours et indépendamment des recours accessoires aux recours au fond dans une acception plus large du contentieux de la commande publique à l'initiative des tiers au contrat. V. Cossalter Philippe, « Vingt ans de contentieux administratif des contrats publics : permanence et innovations », préc., spéc. p. 237.

Le recours historiquement le plus ancien est celui né de la théorie de l'acte détachable. Attribuée à l'arrêt « Martin » de 1905[36], cette théorie a constitué un progrès important en permettant aux tiers au contrat de contester les actes périphériques de celui-ci par le biais du recours pour excès de pouvoir, lesquels actes étaient auparavant considérés comme incorporés à l'*instrumentum* dès sa conclusion. Le rapporteur public Nicolas Boulouis notait, en 2011, que « le vieillard n'[était] pas mort ; il [était] même plutôt vert, pour un centenaire déjà ancien »[37]. Le contentieux de l'excès de pouvoir contre les actes détachables préalables à la conclusion du contrat à l'initiative des tiers ne cessait, en effet, d'évoluer. Il faisait d'ailleurs l'objet de nombreux questionnements sur sa pérennité[38] à l'heure où le contentieux de pleine juridiction et le plein contentieux objectif s'imposent face au contentieux objectif[39]. Depuis la décision d'assemblée « Département de Tarn-et-Garonne » du 4 avril 2014[40], le vieillard n'est toujours pas mort,

[36]CE, 4 août 1905, Martin, req. n° 14220, Rec. p. 749, GAJA, n° 15. V. antérieurement : CE, 11 décembre 1903, Commune de Gorre, req. n° 8337, Rec. p. 770.

[37]Boulouis Nicolas, « Les recours autour de la signature », in *Commande publique. Les contentieux de la passation : comment les gérer*, Actes de colloque organisé par l'Afac le 27 janvier 2011, p. 5 et s., spéc. p. 7. (consultable sur le site de l'Afac).

[38]Dans le sens de la suppression de la théorie des actes détachables, v. Terneyre Philippe, Gourdou Jean, « Pour une clarification du contentieux de la légalité en matière contractuelle », in *CJEG*, 1999, p. 249 et s. ; Terneyre Philippe, Gourdou Jean, « Renouvellement de l'office du juge du contrat », in *RJEP*, juin 2010, n° 30 ; Brenet François, « Répartition des rôles entre le juge de l'exécution et le juge du contrat », note sous CE, 21 février 2011, Société Ophrys, in *Droit administratif*, mai 2011, p. 31 et s., spéc. p. 34 ; Brenet François, « Annulation d'un acte détachable et office du juge de l'exécution », note sous CE, 10 décembre 2012, Société Lyonnaise des eaux France, in *Droit administratif*, mars 2013, p. 35 et s., spéc. p. 37 ; Bourrel Antoine, « Le rapprochement de l'office du juge de l'exécution et de l'office du juge du contrat. Des suites de l'arrêt Ophrys », in *BJCP*, mai-juin 2013, p. 163 et s., spéc. p. 170. En sens contraire, v. Linditch Florian, « Les beaux jours de l'acte détachable sont devant lui », in *JCP Administrations et collectivités territoriales*, 4 février 2008, p. 28 et s. ; Janicot Lætitia, « Réflexions sur la théorie de l'acte détachable dans le contentieux contractuel », in *RDP*, 2011, p. 347 et s., spéc. p. 351 ; Marcovici Laurent, « Sauvons l'arrêt Martin ! », in *AJDA*, 1er juillet 2013, p. 1297. Pour une question ouverte, v. Dreyfus Jean-David, « Tempérament au principe de non rétroactivité pour les actes administratifs en lien avec un contrat », note sous CE, 8 juin 2011, Commune de Divonne-les-Bains, in *AJDA*, 2011, p. 1685 et s., spéc. p. 1685 ; Jouguelet Jean-Pierre, « Le risque de contentieux », préc., spéc. p. 3.

[39]Sur la distinction des recours contentieux, v. Folliot Laurence, *Pouvoirs des juges administratifs et distinction des recours contentieux en matière contractuelle*, Thèse, Paris II, 1994 ; Melleray Fabrice, *Essai sur la structure du contentieux administratif français*, LGDJ, 2001 ; Melleray Fabrice, « La distinction des contentieux est-elle un archaïsme ? », in *JCP Administrations et collectivités territoriales*, 25 juillet 2005, p. 1233 et s. ; Lepetit-Collin Hélène, *Recherches sur le plein contentieux objectif*, LGDJ, 2011 ; Lepetit-Collin Hélène, Perrin Alix, « La distinction des recours contentieux en matière administrative. Nouvelles perspectives », in *RFDA*, 2011, p. 813 et s.

[40]CE, ass., 4 avril 2014, Département de Tarn-et-Garonne, préc.

même s'il n'est plus vert. Bien que cette jurisprudence ferme le recours pour excès de pouvoir contre certains actes détachables préalables à la conclusion du contrat[41], le nouvel agencement des voies de droit opéré ne s'applique qu'à l'encontre des contrats signés à compter du 4 avril 2014 pour des raisons liées à l'impératif de sécurité juridique. En d'autres termes, le contentieux objectif des actes détachables préalables à la conclusion du contrat a encore de belles années devant lui jusqu'à épuisement du stock des recours introduits avant cette date.

Le juge financier, sous le double visage de la Cour des comptes et des Chambres régionales des comptes, d'une part, et de la Cour de discipline budgétaire, d'autre part, s'affiche comme gardien du respect des obligations de publicité et de mise en concurrence par le contrôle des actes budgétaires et la mise en jeu de la responsabilité des ordonnateurs, respectivement depuis la loi n° 67-483 du 22 juin 1967 relative à la Cour des comptes[42], son décret d'application n° 85-199 du 11 février 1985[43], la loi n° 82-213 du 2 mars 1982 relative aux droits et libertés des communes, des départements et des régions[44] ainsi que la loi n° 48-1484 du 25 septembre 1948 tendant à sanctionner les fautes de gestion commises à l'égard de l'État et de diverses collectivités et portant création d'une Cour de discipline budgétaire et financière[45].

La sollicitation du représentant de l'État aux fins de déféré préfectoral a été institutionnalisée par la loi n° 82-213 du 2 mars 1982 relative aux droits et libertés des communes, des départements et des régions[46]. Indépendamment de la faculté ouverte au préfet de saisir le juge

---

[41]V. Seconde partie.

[42]Loi n° 67-483 du 22 juin 1967 relative à la Cour des comptes, JORF du 23 juin 1967, p. 6211.

[43]Décret n° 85-199 du 11 février 1985 relatif à la Cour des comptes, JORF du 15 février 1985, p. 1959.

[44]Loi n° 82-213 du 2 mars 1982 relative aux droits et libertés des communes, des départements et des régions, JORF du 3 mars 1982, p. 730.

[45]Loi n° 48-1484 du 25 septembre 1948 tendant à sanctionner les fautes de gestion commises à l'égard de l'État et de diverses collectivités et portant création d'une Cour de discipline budgétaire et financière, JORF du 26 septembre 1948.

[46]Laquelle a été modifiée et complétée par la loi n° 82-623 du 22 juillet 1982 précisant également les nouvelles conditions d'exercice du contrôle administratif sur les actes des autorités communales, départementales et régionales, JORF du 23 juillet 1982, p. 2347 ; la loi n° 92-125 du 6 février 1992 relative à l'administration territoriale de la République, JORF n° 33 du 8 février 1992, p. 2064 et la loi n° 93-122 du 29 janvier 1993 relative à la prévention de la corruption et à la transparence de la vie économique et des procédures publiques, JORF n° 25 du 30 janvier 1993, p. 1588 . V. Code général des collectivités territoriales : articles L. 2131-1 à L. 2131-13 pour les communes ; articles L. 3131-1 à L. 3131-6 et L. 3132-1 à L. 3132-4 pour les départements ; articles L. 4141-1 à L. 4141-6 et L. 4142-1 à L. 4142-4 pour les régions.

administratif par le biais du déféré préfectoral, le concurrent évincé peut également solliciter le représentant de l'État dans cette même perspective. Le déféré préfectoral en matière contractuelle a récemment vu sa nature contentieuse se transformer[47].

D'origine communautaire, l'existence du référé précontractuel en droit interne résulte de la transposition des directives n° 89/665/CEE du Conseil du 21 décembre 1989 portant coordination des dispositions législatives, réglementaires et administratives relatives à l'application des procédures de recours en matière de passation des marchés publics de fournitures et de travaux[48] et n° 92/13/CEE du Conseil du 25 février 1992 portant coordination des dispositions législatives, réglementaires et administratives relatives à l'application des règles communautaires sur les procédures de passation des marchés des entités opérant dans les secteurs de l'eau, de l'énergie, des transports et des télécommunications[49], respectivement par les lois n° 92-10 du 4 janvier 1992 relative aux recours en matière de passation de certains contrats et marchés de fournitures et de travaux[50] et n° 93-1416 du 29 décembre 1993 relative aux recours en matière de passation de certains contrats de fournitures et de travaux dans les secteurs de l'eau, de l'énergie, des transports et des télécommunications[51]. Afin de remédier aux insuffisances du droit communautaire face aux violations du droit des marchés publics, le législateur communautaire est de nouveau intervenu en adoptant une nouvelle directive « Recours »[52], laquelle a été transposée par

---

[47]V. CE, 23 décembre 2011, Ministre de l'intérieur, de l'outre-mer, des collectivités territoriales et de l'immigration, req. n° 348647 et 348648, Rec. p. 662 et CE, ass., 4 avril 2014, Département de Tarn-et-Garonne, préc.

[48]Directive n° 89/665/CEE du Conseil, du 21 décembre 1989, portant coordination des dispositions législatives, réglementaires et administratives relatives à l'application des procédures de recours en matière de passation des marchés publics de fournitures et de travaux, JO n° L 395 du 30 décembre 1989, p. 33.

[49]Directive n° 92/13/CEE du Conseil, du 25 février 1992, portant coordination des dispositions législatives, réglementaires et administratives relatives à l'application des règles communautaires sur les procédures de passation des marchés des entités opérant dans les secteurs de l'eau, de l'énergie, des transports et des télécommunications, JO n° L 76 du 23 mars 1992, p. 14.

[50]Loi n° 92-10 du 4 janvier 1992 relative aux recours en matière de passation de certains contrats et marchés de fournitures et de travaux, JORF n° 5 du 7 janvier 1992, p. 327.

[51]Loi n° 93-1416 du 29 décembre 1993 relative aux recours en matière de passation de certains contrats de fournitures et de travaux dans les secteurs de l'eau, de l'énergie, des transports et des télécommunications, JORF n° 1 du 1er janvier 1994, p. 10.

[52]Directive n° 2007/66/CE du Parlement européen et du Conseil du 11 décembre 2007 modifiant les directives n° 89/665/CEE et n° 92/13/CEE du Conseil en ce qui concerne l'amélioration de l'efficacité des procédures de recours en matière de passation des marchés publics, JO n° L 335 du 20 décembre 2007, p. 31.

l'ordonnance n° 2009-515 du 7 mai 2009 relative aux procédures de recours applicables aux contrats de la commande publique[53].

Le nouveau Code pénal créé par la loi n° 92-686 du 22 juillet 1992 portant réforme des dispositions du Code pénal relatives à la répression des crimes et délits contre la nation, l'État et la paix publique[54] dispose d'une incrimination spécifique justifiée par la moralisation de la vie politique et de la vie économique : le délit d'octroi d'avantage injustifié, autrement appelé délit de favoritisme[55]. Le juge pénal devient acteur du contentieux de la commande publique en réprimant les comportements de certaines autorités publiques qui auraient procuré ou tenté de procurer à autrui un avantage injustifié par un acte contraire aux dispositions législatives ou réglementaires ayant pour objet de garantir la liberté d'accès et l'égalité des candidats dans les marchés publics et les délégations de service public.

Anticipant la transposition du second volet de la nouvelle directive « Recours » relativement aux conséquences de l'échec de la mise en œuvre du référé précontractuel, l'Assemblée du contentieux du Conseil d'État a, par sa décision « Société Tropic Travaux Signalisation »[56], ouvert aux concurrents évincés de la conclusion d'un contrat administratif une voie de droit leur permettant d'en contester sa validité après sa signature. Ce recours en contestation de la validité du contrat a vu ses contours récemment redessinés par un arrêt d'assemblée « Département de Tarn-et-Garonne » du 4 avril 2014[57].

Cette anticipation n'a pour autant pas exonéré les pouvoirs publics de transposer la nouvelle directive « Recours », dans la mesure où le nouveau recours « Tropic » ne répondait pas aux exigences du législateur communautaire. Au-delà d'une actualisation du référé précontractuel, la directive n° 2007/66/CE et l'ordonnance n° 2009-515 marquent la genèse d'une nouvelle voie de droit, - le référé contractuel -, lequel a pour objectif d'asseoir l'effectivité du référé précontractuel[58].

---

[53]Ordonnance n° 2009-515 du 7 mai 2009 relative aux procédures de recours applicables aux contrats de la commande publique, JORF n° 107 du 8 mai 2009, p. 7796.

[54]Loi n° 92-686 du 22 juillet 1992 portant réforme des dispositions du Code pénal relatives à la répression des crimes et délits contre la nation, l'État et la paix publique, JORF n° 169 du 23 juillet 1992, p. 9893.

[55]Code pénal, article 432-14.

[56]CE, ass., 16 juillet 2007, Société Tropic travaux signalisation, req. n° 291545, Rec. p. 360, GAJA n° 115, GACA n° 69.

[57]CE, ass., 4 avril 2014, Département de Tarn-et-Garonne, préc.

[58]Sur la coexistence du recours en contestation de la validité du contrat et le référé contractuel, v. Llorens François, Soler-Couteaux Pierre, « Quel avenir pour la jurisprudence Tropic après la transposition de la nouvelle directive 'Recours' ? », in *Contrats et marchés publics*, juin 2009, p. 1 ; Foerster Maëlle, « Superposition, articulation et friction des recours en matière de commande publique », in *CJFI*, troisième trimestre 2009, p. 197 et s.,

11. A l'heure du constat de la multiplicité des voies de droit offerte aux concurrents évincés afin de veiller à la légalité de l'action de l'administration dans la conclusion des contrats qu'elle nécessite pour répondre à ses besoins par rapport à ses obligations de publicité et de mise en concurrence, se pose la question première de l'« embarras du choix ou de l'embarras tout court »[59] du recours à mettre en œuvre[60]. Si la prolifération des voies de droit à la disposition de ce justiciable apparaissait *a priori* comme l'assurance de plus grandes chances de succès de recours, elle n'est en réalité qu'un leurre. Cette illusion s'explique notamment par le fait que l'ensemble de ces voies de droit ne saurait être utilisé à la discrétion du requérant.

En effet, au-delà de leur coexistence, ces voies de droit s'agencent selon des mécanismes d'articulation, lesquels doivent être entendus comme une mise en relation de deux ou plusieurs éléments divers. Synonyme de jonction, la notion d'articulation, par référence aux sciences et à la mécanique, renvoie aux degrés de liberté : dans toute liaison, les degrés de liberté sont définis comme des mouvements relatifs indépendants d'un solide par rapport à l'autre autorisés par cette liaison. La notion d'articulation sous entend donc l'existence de passerelles. Si une partie du contentieux de la commande publique est fondée sur des articulations-exclusions aisément identifiables de par leur institutionnalisation[61], le contentieux de la commande publique dans sa globalité doit être appréhendé à l'aune de passerelles implicitement admises parce que non interdites. La difficulté de l'étude de l'articulation des voies de droit dans le contentieux de la commande publique à l'initiative des tiers au contrat est donc double. D'une part, à partir de l'admission de principe des articulations-exclusions, il est également indispensable - en tant qu'exceptions - d'étudier les limites d'un tel mécanisme et, par conséquent, d'envisager dans quelles circonstances la passerelle cesse d'être inhibitrice pour devenir conductrice autorisant de la

spéc. p. 197 ; Clerc Olivier, « Référé contractuel et recours en contestation de validité du contrat : superposition ou substitution ? » in *JCP Administrations et collectivités territoriales*, 1er mars 2010, p. 25 et s. ; Braconnier Stéphane, « L'autonomie contrastée du contentieux des contrats publics d'affaires », préc., spéc. p. 343.

[59]Llorens François, Soler-Couteaux Pierre, « Le recours des candidats évincés contre les contrats : embarras du choix ou embarras tout court ? », in *Contrats et marchés publics*, août-septembre 2007, p. 1 et s.

[60]Sur le droit à une protection juridictionnelle effective, v. Brisson Jean-François, « Le droit au juge dans le contentieux des marchés publics. Dynamisme, dynamiques et limites du droit communautaire processuel », in *Mélanges en l'honneur du Professeur Michel Guibal*, vol. II, Presses de la faculté de droit de Montpellier, 2006, p. 339 et s.

[61]V. par exemple, l'exclusion de principe d'exercice du référé contractuel postérieurement à l'exercice d'un référé précontractuel ou encore l'exclusion de principe d'exercice d'un recours pour excès de pouvoir à l'encontre d'un acte détachable préalable à la conclusion du contrat dès signature de celui-ci sur le fondement de l'exception du recours parallèle constitué du recours en contestation de la validité du contrat, sous l'empire de la jurisprudence « Tropic ».

sorte les articulations-cumuls. D'autre part, à défaut d'autres précisions par les textes et la jurisprudence sur l'articulation de l'ensemble des voies de droit, s'impose la difficile tâche de projeter, de manière exhaustive, les combinaisons possibles de recours qui peuvent être utilisées par le concurrent évincé.

12. Vient ensuite l'appréciation qualitative de l'efficacité d'un tel foisonnement des voies de droit dans la garantie effective des droits des concurrents évincés. La démultiplication des possibilités d'accès au prétoire du juge aurait dû avoir pour conséquence d'accroître cette effectivité. Tel n'a pas été l'effet escompté. Ou bien le juge limite sévèrement l'étendue des moyens opérants[62], ou bien il neutralise l'irrégularité au prétexte d'une mise en balance des intérêts en présence dont les rouages demeurent encore inconnus[63]. En d'autres termes, de manière paradoxale, la multiplicité des voies de droit dans le contentieux de la commande publique à l'initiative des tiers au contrat n'est pas synonyme de la garantie d'une sanction effective des irrégularités du contrat né ou à naître. En d'autres termes encore, alors même que les possibilités de saisine du juge par les tiers concurrents évincés ont été promues, le balancier penche aujourd'hui vers la préservation des intérêts de l'administration[64].

13. L'état actuel du contentieux de la commande publique n'est pas satisfaisant. Au concurrent évincé qui se trouve confronté à une multitude de voies de droit dont il n'a parfois pas connaissance et à la complexité des mécanismes d'articulation-exclusion et d'articulation-cumul, au juge qui voit son office tourmenté sans jamais être stabilisé, au législateur qui reste impassible face à ce *big bang* du contentieux de la commande publique sous l'influence de la puissance créatrice du juge et du législateur européen, il devient indispensable de remédier à l'illisibilité et au flou juridique né de

---

[62]V. spécifiquement en référé précontractuel et contractuel.

[63]Cette balance des intérêts en présence figure dans chacun des régimes juridiques du référé précontractuel, du référé contractuel, du recours en contestation de la validité du contrat à l'initiative des tiers concurrents évincés, du contentieux des actes détachables du contrat et du déféré préfectoral..

[64]Sur ce constat, v. Marcovici Laurent, « Sauvons l'arrêt Martin ! », préc., p. 1297 : « Il est vrai que la stabilité des relations contractuelles constitue un objectif d'intérêt général. Mais la sanction des illégalités n'a-t-elle pas la même nature ? Et le Conseil d'État n'est-il pas en train de faire passer ce rôle social des juridictions administratives, le cœur de leur activité, au second plan ? Dès lors que la plupart des illégalités qui ne sont pas neutralisées sont régularisables, pourquoi l'administration devrait-elle s'efforcer d'agir légalement ? ». V. également : Llorens François, Soler-Couteaux Pierre, « Le contentieux des contrats publics en mouvement », préc., spéc. p. 1 ; Bourrel Antoine, « Le rapprochement de l'office du juge de l'exécution et de l'office du juge du contrat. Des suites de l'arrêt Ophrys », préc., spéc. p. 163. Sur l'évolution de l'office du juge administratif, v. Hourcabie Aymeric, « L'évolution de l'office du juge administratif », in *CP-ACCP*, juin 2010, p. 77 et s.

l'ensemble de ces recours[65] dans l'intérêt premier du requérant, mais également dans celui du juge auquel il convient de restituer son rôle véritable de départiteur des droits des parties en présence, aussi bien dans la perspective de sanctionner les illégalités que de protéger l'intérêt général.

14. La proposition d'évolution structurelle du contentieux de la commande publique à l'initiative des tiers au contrat est la conséquence d'une étude des voies de droit précédemment exposées à travers deux schémas d'analyse. Le premier résulte d'une approche temporelle à partir du constat liminaire que le référé précontractuel, le référé contractuel et le recours en contestation de la validité du contrat sont agencés autour du pivot constitué de la signature du contrat. En outre, dès lors qu'il est admis que ces trois premières voies de droit ne sont pas les seules à permettre le respect des règles de publicité et de mise en concurrence, les interventions potentielles et supplémentaires des juges pénal et financier doivent également être incluses dans l'analyse (Partie 1). Le second délaisse l'approche temporelle pour y substituer une approche analytique moins linéaire dans le cadre d'un paysage contentieux beaucoup plus large : il ne s'agit plus d'étudier l'exercice cumulatif des voies de droit à compter d'un stade contentieux où le contrat n'est pas encore né et dans l'environnement du contentieux de la commande publique *stricto sensu*, mais d'analyser quels sont les mécanismes procéduraux, les avantages et les inconvénients de l'ensemble des recours à la disposition du concurrent évincé pour exclure certaines articulations qui pourraient être théoriquement viables, parce que non interdites et implicitement admises. À l'aune d'une multiplicité flagrante des voies de droit, la stratégie contentieuse et l'opportunité d'exercer certains recours devra faire l'objet d'une attention particulière (Partie 2).

[65]La clarification du contentieux de la légalité en matière contractuelle était déjà appelée depuis 1999. V. en ce sens : Gourdou Jean, Terneyre Philippe, « Pour une clarification du contentieux de la légalité en matière contractuelle », préc.

PREMIERE PARTIE

La complémentarité temporelle des voies de droit spécifiques au droit de la commande publique

15. La catégorie des voies de droit spécifiques au droit de la commande publique est entendue comme l'ensemble des recours ayant essentiellement pour objet de sanctionner la méconnaissance des obligations de publicité et de mise en concurrence par l'administration dans l'exercice de ses compétences.

16. De manière caractéristique, le référé précontractuel, le recours en contestation de la validité du contrat[66] et, depuis l'ordonnance du 7 mai 2009, le référé contractuel, sont autant de voies de droit que de possibilités de contester les circonstances dans lesquelles un contrat de la commande publique a été dévolu. Créés pour remédier à des illégalités *a priori* similaires, mais à différents moments du processus contractuel, chacun de ces recours a désormais un champ d'intervention bien défini. L'ordonnance du 7 mai 2009 a contribué à achever la recherche d'une complémentarité temporelle de ces recours (Titre 1).

17. D'autres voies de droit participent également au respect du droit de la commande publique. Leur mise en œuvre sera topique d'un enchaînement infructueux du référé précontractuel, du référé contractuel et du recours en contestation de la validité du contrat, se présentant ainsi comme un parachèvement de la recherche du respect des obligations de publicité et de mise en concurrence par l'administration (Titre 2).

---

[66]Dans cette étude, nous maintenons le recours en contestation de la validité du contrat dans la catégorie des voies de droit spécifiques au droit de la commande publique eu égard à la décision « historique » « Tropic Travaux Signalisation », bien que les modalités de cette voie de droit aient évolué depuis la jurisprudence « Département de Tarn-et-Garonne ».

Titre 1

La contribution de l'ordonnance du 7 mai 2009 à l'achèvement de la recherche d'une complémentarité temporelle des recours

18. Antérieurement à l'ordonnance du 7 mai 2009, le requérant évincé d'une procédure de passation ne pouvait accéder à un juge spécialisé du contentieux de la commande publique qu'en le saisissant d'un référé précontractuel ou d'un recours en contestation de la validité du contrat. Répondant à des objectifs communs, la mise en œuvre de l'une ou de l'autre de ces voies de droit était subordonnée à un facteur temporel, celui de l'avancement du processus contractuel, lequel peut être divisé en deux périodes : la phase antérieure à la signature du contrat ou phase précontractuelle et la phase postérieure à la signature du contrat ou phase post-contractuelle. Le recours en contestation de la validité du contrat pouvait alors être envisagé comme une seconde voie de droit à la disposition du justiciable, lorsque celui-ci n'avait pas obtenu satisfaction devant le juge des référés précontractuels.

19. Par l'institution du référé contractuel, l'ordonnance du 7 mai 2009 contribue à achever la recherche d'une complémentarité temporelle des recours spécifiques à la commande publique initiée par la création jurisprudentielle du recours « Tropic ». Le référé contractuel ainsi mis en place est pensé comme une symétrie partielle du référé précontractuel par rapport à la signature du contrat (Sous-titre 1). Le recours en contestation de la validité du contrat se transforme alors en une voie de droit additionnelle en cas d'échec des procédures de référés (Sous-titre 2).

Sous-titre 1

Le référé précontractuel et le référé contractuel, symétries partielles par rapport à la signature du contrat

20. Le référé précontractuel a été créé dans le but de permettre la sanction, par le juge administratif et le juge judiciaire, des atteintes aux obligations de publicité et de mise en concurrence avant que le contrat ne soit signé. Les directives « Recours » ont entendu promouvoir la correction de tels manquements à un stade antérieur à la conclusion du contrat afin de s'assurer de la légalité de l'adjudication, d'asseoir la sécurité juridique du contrat à conclure et ainsi d'entretenir la stabilité des relations contractuelles entre la personne publique acheteuse et le cocontractant. En créant le référé contractuel, l'ordonnance du 7 mai 2009 entend poursuivre cet objectif de sanction/correction des manquements aux obligations de publicité et de mise en concurrence en aval de la signature du contrat.

21. Cependant, le référé contractuel n'est pas le référé précontractuel après la signature du contrat. En précisant les modalités d'articulation des référés précontractuel et contractuel, les dispositions de l'ordonnance du 7 mai 2009, telles qu'interprétées par le juge, distinguent bien les régimes juridiques de ces deux recours. De par son caractère préventif, il est définitivement assigné au référé précontractuel le rôle de garde-fou de la légalité des procédures de passation des contrats de commande publique (Chapitre 1), faisant du référé contractuel une voie de droit hybride à la physionomie précontractuelle (Chapitre 2).

Chapitre 1 : Le référé précontractuel, garde-fou de la légalité des procédures de passation des contrats relevant de la commande publique

22. Le référé précontractuel est le premier recours à avoir été spécialement créé en vue d'assurer le respect du droit de la commande publique. Il semble aujourd'hui constituer le recours dont il est encore possible d'espérer la plus grande efficacité[67] en terme de correction des manquements aux obligations de publicité et de mise en concurrence parmi l'ensemble des voies de droit spécifiques au droit de la commande publique. Cet espoir repose sur le fait que le référé précontractuel est un recours préventif perfectionné pour lequel le juge bénéficie de pouvoirs d'une amplitude exceptionnelle (Section I), malgré des mécanismes destinés à asseoir son effectivité[68] imparfaits et une auto-restriction par le juge de son office (Section II).

Section I : Le référé précontractuel, un recours espéré efficace

23. Le référé précontractuel présente trois atouts majeurs qui tendent à faire de lui une voie de droit efficace : c'est un recours préventif (§ 1) dont le régime juridique présente la particularité d'offrir aux requérants des garanties de sa mise en œuvre (§ 2) et pour lequel le juge saisi bénéficie de pouvoirs d'une amplitude exceptionnelle (§ 3).

§ 1 : Le référé précontractuel, un recours préventif

24. Le législateur européen a laissé libres les États membres de déterminer le laps de temps pendant lequel le référé précontractuel peut être exercé, pourvu que la conformité des procédures de passation aux règles du droit communautaire et national soit assurée[69] et que le délai de forclusion de l'action contentieuse soit raisonnable[70].

25. Le législateur national a fait le choix de ne pas enfermer la forclusion de l'action contentieuse dans un « délai raisonnable »[71] ou dans un délai

---

[67] L'efficacité doit être entendue comme degré de réalisation ou d'atteinte d'un objectif.

[68] L'effectivité renvoie à la réalité des effets.

[69] Directive n° 89/665/CEE, préc., exposé des motifs.

[70] CJCE, 12 décembre 2002, Universale-Bau AG, aff. C-470/00, Rec. p. I-11617, pt. 76 et 77.

[71] Afin d'éviter toute contestation devant les juridictions, le législateur n'a pas retenu la notion de délai raisonnable. Cette notion donne lieu à une jurisprudence abondante dans d'autres États membres jusqu'à conduire les juridictions nationales à saisir la Cour de justice des communautés européennes pour vérifier la compatibilité de la réglementation étatique avec les directives « Recours ». V. CJCE, 23 février 2003, Santex, aff. C-327/00, Rec. p. I-1877, pt. 49 à 66 ; CJCE, 12 février 2004, Grossmann Air Service, aff. C-230/02, Rec. p. I-1829, pt. 37.

imparti[72]. Le manque de précision sur le délai de recours contentieux n'implique toutefois pas que celui-ci reste indéterminable. Aussi bien l'article L. 551-1 du Code de justice administrative – applicable aux contrats passés par les pouvoirs adjudicateurs - que l'article L. 551-5 de ce même Code – applicable aux contrats passés par les entités adjudicatrices - disposent que le référé précontractuel doit être exercé avant la conclusion du contrat[73]. Même s'il ne peut être chiffré avec précision en raison de la particularité de chaque procédure de passation, ce délai est de l'ordre de quelques semaines et est fonction du type de contrat à conclure.

26. Au demeurant claire dans une acception statique, la règle selon laquelle l'introduction de la requête doit intervenir avant que le contrat ne soit signé[74] ne présageait en rien des conséquences de la conclusion du contrat sur l'exercice des pouvoirs du juge des référés précontractuels saisi[75]. Dans le silence des textes, la haute juridiction administrative a admis que « les pouvoirs conférés au juge administratif, en vertu de la procédure spéciale instituée par l'article L. 22 précité du Code des tribunaux administratifs et des cours administratives d'appel, ne peuvent plus être exercés après la conclusion du contrat »[76]. Toute requête introduite

---

[72]A l'exemple de recours contre des décisions individuelles qui ont été notifiées à leur destinataire. V. également : CE, 14 décembre 2009, Commune La Roche-sur-Yon, req. n° 325830, T., p. 831, arrêt par lequel le Conseil d'État confirme que le référé précontractuel peut être engagé par une entreprise dont la candidature a été écartée, plus de deux mois après la notification de la décision l'informant du rejet de sa candidature.

[73]La rédaction de ces articles est dépourvue de toute ambiguïté, contrairement à l'ancien article L. 22 du Code des tribunaux et cours administratives d'appel, lequel pouvait laisser penser que la conclusion du contrat ne constituait pas le délai ultime de la saisine du juge des référés précontractuels. Il était, en effet, rédigé ainsi : « Le président du tribunal administratif peut être saisi avant la conclusion du contrat ».

[74]La signature du contrat doit être entendue comme l'apposition par la personne publique de sa signature du l'acte d'engagement. V. CE, sect., 3 novembre 1995, Chambre de commerce et de l'industrie de Tarbes et des Hautes-Pyrénées, req. n° 157304, Rec. p. 394 ; TA Cergy-Pontoise, 10 mai 2001, Société l'Erable, req. n° 011233-3 ; CE, 2 octobre 2002, SA Heaven Climber, req. n° 242882.

[75]Certains tribunaux avaient considéré que les pouvoirs du juge des référés précontractuels cessaient dès la signature du contrat et constataient une irrecevabilité lorsque le contrat était signé avant la saisine du juge (TA Montpellier, 10 juin 1993, Société Stan contre Commune de Canet-en-Roussillon, Rec. p. 514) ou prononçaient un non-lieu à statuer lorsque le contrat avait été conclu en cours d'instance (TA Orléans, 20 mai 1994, Société Tiru-Ingénierie SA contre District de Chartres, Rec. p. 698), pendant que d'autres adoptaient la solution inverse et annulaient la procédure de passation du contrat à la demande du requérant évincé (TA Pau, 7 mars 1994, objet du pourvoi ayant conduit à la décision : CE, sect., 3 novembre 1995, Chambre de commerce et de l'industrie de Tarbes et des Hautes-Pyrénées, préc.

[76]CE, sect., 3 novembre 1995, Chambre de commerce et de l'industrie de Tarbes et des Hautes-Pyrénées, préc. V. par ex. dans le contentieux des contrats privés de la commande publique : Cass. Com., 10 juillet 2009, pourvoi n° 09-13.871.

postérieurement à la conclusion du contrat est déclarée irrecevable[77] et le juge prononce un non-lieu à statuer, dans l'hypothèse où la signature du contrat intervient en cours d'instance, la requête étant devenue sans objet[78]. Dans cette continuité, le Conseil d'État a également tiré les conséquences de la conclusion du contrat sur l'action contentieuse en cassation : selon la temporalité de la conclusion du contrat, le juge conclut soit au rejet de la requête sur le fondement de l'irrecevabilité[79], soit au rejet de la requête sur le fondement du non-lieu à statuer[80].

---

[77]V. pour d'autres exemples : CE, 17 janvier 1996, SA Ateliers Mériguet-Carrères, req. n° 162201, Rec. p. 5 ; CE, 8 mars 1996, Société CGC Entreprise, req. n° 156510, T., p. 1022 ; CE, 22 janvier 1997, SNC Cochery-Bourdin-Chausse, req. n° 171806 ; CE, 19 mars 1997, Société établissement J. Richard-Ducros, req. n° 155626 ; CE, 22 mars 2000, Commune de Sotteville-lès-Rouen, req. n° 211861. V. également, pour la spécificité de la conclusion d'un contrat par un des membres d'un groupement de commande : CE, 13 juillet 2007, Syndicat intercommunal de la périphérie de Paris pour l'électricité et le réseau de communication de Paris, req. n° 299417, T., p. 953.

[78]CE, 15 avril 1996, SARL Simone Ginibre Entreprise, req. n° 159871.

[79]Lorsque le contrat aura été signé postérieurement à l'ordonnance de rejet attaqué, mais avant la saisine du juge de cassation, le recours en cassation sera déclaré irrecevable. V. CE, 28 février 2001, SNC Jean Lefebvre Normandie, req. n° 221301 ; CE, 2 juin 2004, SARL Grammatico TP, req. n° 263761 ; CE, 10 novembre 2004, Atelier d'architecture SAS, req. n° 264628.

[80]Lorsque le contrat a été conclu antérieurement à l'ordonnance de référé de première instance pour lequel le juge n'a pas été informé de sa conclusion, le Conseil d'État considère, en cassation, que le recours est devenu sans objet. V. CE, 28 décembre 2001, Lacombe, req. n° 223047, Rec. p. 686 ; CE, 29 mars 2004, Communauté de communes du centre littoral, req. n° 258114, Rec. p. 145. Cette solution est contestable, dans la mesure où le rejet de la demande n'aurait pas dû être fondée sur un non-lieu mais sur une irrecevabilité. Le juge prononce un non-lieu à statuer dans le cas où le contrat aura été signé postérieurement à l'introduction du recours en cassation, en cours d'instruction. V. CE, 3 novembre 1995, Société Stentofon Communications, req. n° 152650, Rec. p. 393 ; CE, 28 juillet 2004, Société Chagnaud, req. n° 262394 ; CE, 22 juin 2005, Société Arachnée Concerts, req. n° 274901. Il en est également ainsi, lorsque la collectivité - bien qu'elle se soit pourvue en cassation - s'est conformée à l'ordonnance contestée en passant un nouvel appel d'offres à l'issue duquel elle a signé le marché. V. CE, 14 novembre 1997, Département des Alpes-de-Haute-Provence, req. n° 179083, T., p. 941 ; CE, 1er avril 1998, Communauté urbaine de Lyon, req. n° 185054, T., p. 1031 ; CE, 27 octobre 1999, SA La générale de service nettoyage industriel, req. n° 199327. Le non-lieu est prononcé dans l'hypothèse où la collectivité publique renonce finalement à passer le marché contesté. V. CE, 26 mai 1999, SA Steelcase Strafror, req. n° 172803, T., p. 890. Pour des hypothèses plus complexes, v. CE, 28 avril 2004, SA Entreprise Roger Martin, req. n° 252731, T., p. 833 ; CE, 15 décembre 2008, OPAC des Alpes-Maritimes-Côte d'Azur Habitat, req. n° 308464, T., p. 819. En revanche, dans l'hypothèse où une collectivité se trouve dans l'attente du sort de son recours en cassation contre une ordonnance lui ordonnant de recommencer la procédure de mise en concurrence et conclut une convention provisoire dans le seul but d'assurer la continuité du service public, la signature d'une telle convention ne peut

27. La signature du contrat met fin à l'office du juge et ce, sans qu'il soit possible pour ce dernier de connaître de sa légalité[81]. Conformément à l'esprit des directives « Recours », l'intervention du juge des référés précontractuels cesse d'être opportune dès la liaison des relations contractuelles entre les parties, dans la mesure où il ne saurait utilement sanctionner et corriger les manquements aux obligations de publicité et de mise en concurrence « à un stade où les violations peuvent encore être corrigées »[82].

28. Si « cette conception présente plusieurs avantages, [en ce qu'] elle évite non seulement le risque [...] de recours parallèles, mais même tout empiétement du juge des référés sur le terrain du juge de droit commun [...] »[83], il n'en demeure pas moins que la quête de ce pragmatisme procédural a pour contrepartie dommageable de priver le juge d'opportunités de fixer le droit. Au-delà de l'impossibilité pour le juge des référés précontractuels de connaître du fond du litige lorsque le contrat aura été signé, c'est bien cette signature postérieurement à une ordonnance d'annulation ou de suspension mais antérieurement à l'introduction d'un pourvoi en cassation ou en cours d'instruction qui posera le plus de difficultés. L'irrecevabilité ou le non-lieu en cassation aura pour conséquence d'empêcher le juge de cassation de connaître de l'application correcte du droit de la commande publique par le juge des référés précontractuels initialement saisi, entraînant le maintien des effets de l'annulation ou de la suspension de la procédure de passation du contrat engendrés par la première ordonnance[84].

être regardée comme la signature du contrat dont la passation avait été suspendue par l'ordonnance attaquée et le litige n'est donc pas privé d'objet. V. CE, 21 juin 2000, Syndicat intercommunal de la côte d'amour et de la presqu'île guérandaise, req. n° 209319, Rec. p. 283.

[81] V. ci-après § 63.

[82] Directive n° 2007/66/CE, préc., considérant 3.

[83] Chantepy Christophe, conclusions sur CE, sect., 3 novembre 1995, Chambre de commerce et d'industrie de Tarbes et des Hautes-Pyrénées ; CE, sect., 3 novembre 1995, District de l'agglomération nancéienne ; CE, sect., 3 novembre 1995, Société Stentofon communications, in *RFDA*, 1995, p. 1077 et s., spéc. p. 1081.

[84] CE, 15 février 2013, Société Novergie, req. n° 364325. En l'espèce, le requérant soutenait « qu'en conduisant le juge de cassation, lorsqu'il est saisi d'un pourvoi contre une décision juridictionnelle rejetant un référé précontractuel, à rejeter ce pourvoi comme privé d'objet une fois le contrat signé et à faire ainsi obstacle à ce qu'il se prononce sur la régularité et le bien fondé de cette décision juridictionnelle et, le cas échéant, sur la légalité de la procédure de passation du contrat, ces dispositions, dans l'interprétation que leur a donnée la jurisprudence du Conseil d'État, sont contraires au droit à un recours juridictionnel effectif découlant de l'article 16 de la Déclaration des droits de l'homme et du citoyen et au principe d'égalité devant la justice découlant des articles 6 et 16 de la Déclaration des droits de l'homme et du citoyen et de l'article 1er de la Constitution ». La haute juridiction administrative a néanmoins estimé que « la décision par laquelle le Conseil d'État rejette comme privé d'objet un tel

§ 2 : Le développement de mécanismes destinés à asseoir l'efficacité du référé précontractuel

29. Le régime juridique du référé précontractuel, tel que conçu par le législateur communautaire autour des années 1990, a été corrigé et complété par la directive n° 2007/66/CE de telle manière à donner à cette voie de droit un véritable effet utile. Outre son caractère préventif, le référé précontractuel tend à devenir un recours d'autant plus efficace que son régime juridique offre des garanties de sa mise en œuvre par la combinaison du droit à l'information des requérants potentiels, du délai qui leur est imparti pour saisir le juge et du temps laissé à ce dernier pour statuer.

30. Il importe, de prime abord, aux candidats ou soumissionnaires évincés d'être en mesure de connaître les raisons qui ont conduit au rejet de leur candidature ou de leur offre afin de pouvoir faire valoir leur droit à ce que ce rejet ait été opéré en toute légalité, dans le respect des règles de publicité et de mise en concurrence. Cette information est non seulement utile à la mise en œuvre effective du référé précontractuel, mais également à son efficacité. En effet, c'est sur la base de cette communication que le candidat ou le soumissionnaire évincé aura connaissance de l'imminente signature du contrat et qu'il pourra contester la manière dont la procédure de

---

pourvoi dans le cadre de cette procédure spécifique ne fait pas obstacle à ce que le concurrent évincé saisisse le juge administratif de conclusions tendant à contester la validité du contrat conclu ou à obtenir l'indemnisation du préjudice né de sa conclusion ; que les candidats à l'attribution d'un contrat entrant dans le champ d'application des dispositions du Code de justice administrative citées ci-dessus, ne sont, dès lors, pas privés de la possibilité d'exercer un recours juridictionnel effectif ». Cette position est tout à fait contestable, dès lors que le droit au recours juridictionnel effectif ne saurait, selon nous, être envisagé en creux, par rapport à l'ensemble des recours qui s'articulent. Le droit au recours juridictionnel effectif est le droit à pouvoir bénéficier d'un accès au juge, mais également d'une décision définitive. Il doit être apprécié à la lumière des caractéristiques de chaque voie de droit. L'articulation des voies de droit sert, en l'espèce, d'alibi au contournement du référé précontractuel. Elle pourrait d'autant plus susciter la mauvaise foi de l'administration qui serait tentée de conclure le contrat pendant l'examen du pourvoi, sachant pertinemment que la remise en cause de la validité du contrat après sa signature est largement plus difficile. V. pour une position plus nuancée : Hul Sylvain, « Selon le Conseil d'État, la jurisprudence Stentofon Communications n'est pas contraire à la Constitution », note sous CE, 15 février 2013, Novergie, in *JCP Administrations et collectivités territoriales*, 15 avril 2013, p. 40 et s., spéc. p. 41 : « Une voie de recours ne peut, en effet, compenser le manque d'effectivité d'une autre que pour autant qu'elle soit elle-même effective. S'agissant du recours 'Tropic', les praticiens savent que le référé suspension dont celui-ci peut être assorti revêt un caractère théorique, dès lors que la condition d'urgence sur laquelle repose notamment son succès n'est, en pratique, jamais admise [...]. Tant est si bien que la procédure en référé précontractuel demeure la seule dont les soumissionnaires évincés peuvent attendre un effet véritable ». Pour une comparaison avec l'effectivité du référé contractuel, v. TA Dijon, 13 septembre 2011, M. Dussole, req. n° 1101943.

passation du contrat a été menée[85]. Pour autant, les enjeux de cette information n'ont été perçus que tardivement[86].

Érigée en principe fondateur d'une protection juridique effective[87], l'exigence d'information a été réitérée par la nouvelle directive « Recours », palliant ainsi la carence des directives « Recours » originales[88]. Aux termes de son article 1-2), un article 2 bis est inséré dans la directive « Recours » dans les secteurs « classiques ». Le nouvel article 2 bis, 2°, alinéa 4 de la directive n° 89/665/CEE dispose qu'il appartient au pouvoir adjudicateur de communiquer la décision d'attribution à chaque soumissionnaire et candidat concerné, accompagnée « d'un exposé synthétique des motifs pertinents visés à l'article 41, paragraphe 2, de la directive 2004/18/CE [...] ». De la même manière, l'article 2-3) de la directive n° 2007/66/CE insère un nouvel article 2 bis dans la directive « Recours » dans les secteurs « exclus ». Le nouvel article 2 bis, 2°, alinéa 4 de la directive n° 92/13/CEE est rédigé dans des termes semblables : « La décision d'attribution est communiquée à chaque soumissionnaire et candidat concerné, accompagnée d'un exposé synthétique des motifs pertinents visés à l'article 49, paragraphe 2, de la directive 2004/17/CE [...] ».

L'obligation d'information des candidats évincés ne saurait dès lors être satisfaite par la simple connaissance de l'appréciation du pouvoir adjudicateur sur la candidature et l'offre remises. Elle devra nécessairement

[85]CJUE, 28 janvier 2010, Uniplex, aff. C-406/08, Rec. p. I-00817, pt. 30 et 31 : « Or, le fait qu'un candidat ou un soumissionnaire apprend que sa candidature ou son offre a été rejetée ne le met pas à même de former effectivement un recours. De telles informations sont insuffisantes pour permettre au candidat ou au soumissionnaire de déceler l'existence éventuelle d'une illégalité pouvant faire l'objet d'un recours. C'est seulement après qu'un candidat ou un soumissionnaire concerné a été informé des motifs pour lesquels il a été écarté de la procédure de passation d'un marché qu'il lui est possible de former une conviction éclairée sur l'existence éventuelle d'une violation des dispositions applicables et sur l'opportunité d'introduire un recours ».

[86]Aucune des directives « Recours » dans leur version originale ne prévoyait le principe de cette information. Elle a seulement été organisée par la directive n° 2004/18/CE du Parlement européen et du Conseil du 31 mars 2004 relative à la coordination des procédures de passation des marchés publics de travaux, de fournitures et de services (JO n° L 134 du 30 avril 2004, p. 114) et la directive n° 2004/17/CE du Parlement européen et du Conseil du 31 mars 2004 portant coordination des procédures de passation des marchés dans les secteurs de l'eau, de l'énergie, des transports et des services postaux (JO n° L 134 du 30 avril 2004, p. 1), mais elle était davantage considérée comme l'étape ultime de la procédure de passation du contrat de commande publique que comme élément fondamental au droit à un recours effectif.

[87]CJCE, 24 juin 2004, Commission contre Autriche, aff. C-212/02, pt. 21 ; confirmé par CJCE, 3 avril 2008, Commission contre Espagne, C-444/06, Rec. p. I-2045, pt 38. V. également : CJCE, 23 décembre 2009, Commission contre Irlande, aff. C-455/08, Rec. p. I-00225 et CJUE, 17 février 2011, Commission contre République de Chypre, aff. C-251/09, Rec. p. I-00013.

[88]Directive n° 2007/66/CE, préc., exposé des motifs, points 6) et 7).

porter sur la décision d'adjudication. La Cour a, en effet, pu estimer qu'« une législation relative à l'accès aux documents administratifs qui se contenterait de prévoir l'information des soumissionnaires sur les seules décisions qui les concernent directement, ne peut compenser l'absence d'une obligation d'informer l'ensemble des soumissionnaires de la décision d'attribution du marché avant la conclusion du contrat, afin que ceux-ci disposent d'une réelle possibilité d'intenter un recours »[89]. Le contenu de l'information doit être ainsi nécessairement composé de la décision d'adjudication accompagnée des motifs du rejet de la candidature pour le candidat évincé ; des motifs de rejet de l'offre pour le soumissionnaire évincé[90] ; des caractéristiques et des avantages relatifs de l'offre retenue, le nom de l'adjudicataire ou des parties à l'accord cadre pour le soumissionnaire ayant fait l'objet d'une offre recevable ; et ce, sous réserve d'une divulgation qui ferait obstacle à l'application des lois ou serait contraire à l'intérêt public ou porterait préjudice aux intérêts commerciaux légitimes d'opérateurs économiques publics ou privés ou pourrait nuire à une concurrence loyale entre ceux-ci[91].

Les autorités nationales ont progressivement promu cette obligation d'information en élargissant son contenu. Le décret n° 2009-1456 du 27 novembre 2009 relatif aux procédures de recours applicables aux contrats de la commande publique[92] constitue le point d'orgue à l'aboutissement de la recherche d'une information toujours plus complète dans la mesure où le nouvel article 80-I-1° du Code des marchés publics tend dorénavant à la communication d'informations identiques à celles prévues dans les directives marchés - motifs du rejet de la candidature ou de l'offre, motifs ayant conduit au choix de l'offre du candidat retenu et nom de l'attributaire - bien que la logique de communication en droit interne diffère quelque peu de celle en droit communautaire[93].

[89]CJCE, 24 juin 2004, Commission contre Autriche, préc., pt. 21.

[90]Y compris, dans les cas visés à l'article 23, paragraphes 4 et 5, les motifs de sa décision de non-équivalence ou de sa décision selon laquelle les travaux, fournitures ou services ne répondent pas aux performances ou exigences fonctionnelles (directive n° 2004/18/CE) ; y compris, dans les cas visés à l'article 34, paragraphes 4 et 5, les motifs de leur décision de non équivalence ou leur décision selon laquelle les travaux, fournitures, ou services ne répondent pas aux performances ou exigences fonctionnelles (directive n° 2004/17/CE).

[91]Directive n° 2004/18/CE, préc., article 41§3 ; Directive n° 2004/17/CE, préc., article 49§2.

[92]Décret n° 2009-1456 du 27 novembre 2009 relatif aux procédures de recours applicables aux contrats de la commande publique, JORF n° 0276 du 28 novembre 2009, p. 20566.

[93]Si les directives marchés distinguent trois types d'informations communiquées au concurrent évincé en fonction du stade d'avancement de la procédure de passation du contrat (candidat écarté, soumissionnaire écarté, soumissionnaire écarté ayant présenté une offre recevable), la variabilité du contenu de l'information en droit interne ne dépendra pas du stade d'avancement de la procédure, mais de la diligence du pouvoir adjudicateur dans l'accomplissement de cette formalité : dès rejet de la candidature, notification motivée devra en être faite au candidat

31. L'obligation d'information des candidats ou des soumissionnaires écartés de la procédure d'adjudication n'a de réel intérêt que si le candidat ou le concurrent évincé est dans la capacité de faire bon usage des informations qui lui ont été transmises. En d'autres termes, il importe également que le requérant potentiel puisse bénéficier d'un certain laps de temps, d'une part, pour s'assurer de l'opportunité d'introduire son recours et, d'autre part, pour construire une argumentation solide à partir des éléments communiqués. Le délai de suspension de la signature à partir de la communication de la décision d'attribution du contrat - autrement appelé *délai de standstill* - participe ainsi à l'effectivité et à l'efficacité du référé précontractuel[94].

Les directives « Recours » dans leur version originale n'évoquaient pas de délai de suspension de signature à compter de la communication de la décision d'adjudication. Les directives marchés n° 2004/18 et n° 2004/17 restaient également silencieuses sur ce point. Le silence des textes communautaires n'empêchait toutefois pas la Cour de justice des communautés européennes de considérer la nécessité d'un tel délai : « l'absence d'une disposition expresse [relative au délai entre la décision d'attribution d'un marché et la conclusion du contrat] ne saurait justifier une interprétation de la directive 89/665 selon laquelle les décisions d'attribution des marchés publics échapperaient de façon systématique aux mesures qui, selon l'article 2, paragraphe 1, de la directive 89/665, doivent être prises aux fins des recours visés à l'article 1er »[95]. L'effet utile des directives « Recours » explique qu'« un délai raisonnable doit s'écouler entre le moment où la décision d'attribution est communiquée aux soumissionnaires évincés et la conclusion du contrat, afin de permettre, notamment, d'introduire une demande de mesures provisoires jusqu'à ladite conclusion »[96].

écarté ; si cette notification n'a pas lieu dans un temps relativement proche de la prise de décision mais en fin de procédure, la notification deviendra intégrale à l'instar de celle du soumissionnaire dont l'offre n'a pas été retenue, indépendamment de toute distinction quant à sa recevabilité ou non. V. Delaloy Guillaume, « L'information des candidats évincés : une étape à ne pas manquer », in *CJFI*, n° 61, p. 199 et s., spéc. p. 200.

[94]Dans une décision du 11 décembre 2013, le Conseil d'Etat a implicitement jugé que l'administration n'est pas tenue de respecter les contraintes qu'elle s'impose. En l'espèce, l'administration s'était engagée à respecter un *délai de standstill*, dont la méconnaissance n'a aucune influence sur l'application des conditions de la troisième hypothèse du référé contractuel. V. CE, 11 décembre 2013, Société antillaise de sécurité, req. n° 372214 et ci-après sur l'articulation du référé précontractuel et du référé contractuel.

[95]CJCE, 28 octobre 1999, Alcatel Austria AG e.a., Siemens AG Österreich, Sag-Schrack Anlagentechnik AG et Bundesministerium für Wissenschaft und Verkehr, aff. C-81/98, Rec. p. I-7671, pt. 40.

[96]CJCE, 24 juin 2004, Commission contre Autriche, préc., pt. 23 ; confirmé par CJCE, 3 avril 2008, Commission contre Espagne, préc., pt. 39.

La directive n° 2007/66/CE comble à nouveau les lacunes des directives « Recours » originales[97]. Les articles 2 bis, 2°, nouvellement créés dans chacune des directives « Recours » disposent désormais que « la conclusion du contrat qui suit la décision d'attribution d'un marché relevant du champ d'application de la directive 2004/18/CE [directive 2004/17/CE] ne peut avoir lieu avant l'expiration d'un délai d'au moins dix jours calendaires à compter du jour suivant la date à laquelle la décision d'attribution du marché a été envoyée aux soumissionnaires et candidats concernés si un télécopieur ou un moyen électronique est utilisé ou, si d'autres moyens de communication sont utilisés, avant l'expiration d'un délai d'au moins quinze jours calendaires à compter du lendemain du jour où la décision d'attribution du marché est envoyée aux soumissionnaires et candidats concernés, ou d'au moins dix jours calendaires à compter du lendemain du jour de réception de la décision d'attribution du marché »[98].

Ce délai ne doit pas être trop court au risque de ne pas assurer au requérant potentiel un droit au recours effectif[99]. À l'inverse, ce délai ne doit pas non plus être trop long, dans la mesure où le temps de la signature du contrat est d'autant plus repoussé ce qui ne manquerait pas de préjudicier à la satisfaction des missions d'intérêt général dont l'administration a la charge. Le Code des marchés publics de 2006, dans sa rédaction issue du décret du 27 novembre 2009, chiffre ce *délai de standstill*[100] dans son article 80-I-1° aux termes duquel « un délai d'au moins seize jours est respecté entre la date d'envoi de la notification prévue aux alinéas précédents et la date de conclusion du marché. Ce délai est réduit à au moins onze jours en cas de

---

[97]Directive n° 2007/66/CE, préc., exposé des motifs, pt. 4.

[98]Ce principe souffre néanmoins d'exceptions limitativement énumérées à l'article 2 ter, alinéa 1er. Les États membres peuvent, en effet, prévoir que les délais précédemment visés ne s'appliquent pas dans trois cas : lorsqu'une des directives « marchés » n'impose pas la publication préalable d'un avis de marché au Journal officiel de l'Union européenne ; si le seul soumissionnaire concerné est celui auquel le marché est attribué et en l'absence de candidats concernés ; lorsqu'il s'agit d'un marché fondé sur un accord-cadre visé à l'article 32 de la directive n° 2004/18/CE et lorsqu'il s'agit d'un marché spécifique fondé sur un système d'acquisition dynamique.

[99]Avant le Code des marchés publics 2001, l'information des candidats évincés n'était soumise à un quelconque délai et quand bien même un texte spécial prescrivait un tel délai, sa méconnaissance ne rendait pas les décisions prises par l'autorité compétente illégales. V. en ce sens : CE, 7 juillet 1967, OPHLM de la ville du Mans, req. n° 63219. La jurisprudence administrative a, par la suite, admis qu'un délai raisonnable d'information des candidats évincés devait être respecté en vertu de la garantie substantielle que constitue l'accès au juge. V. en ce sens : CAA Bordeaux, 14 février 2006, Syndicat intercommunal d'alimentation en eau potable du Confolentais, confirmé par CE, 19 décembre 2007, Syndicat intercommunal d'alimentation en eau potable du Confolentais, req. n° 291487, T., p. 939.

[100]Dont la computation se fait de date à date : CE, 2 août 2011, Société Clean Garden, req. n° 347526.

transmission électronique de la notification à l'ensemble des candidats intéressés. La notification de l'attribution du marché ou de l'accord-cadre comporte l'indication de la durée du délai de suspension que le pouvoir adjudicateur s'impose, eu égard notamment au mode de transmission retenu »[101].

32. La combinaison du droit à l'information et du temps à la réflexion serait contingente si le juge se retrouvait dans l'impossibilité de statuer au fond sur la question qui lui a été déférée[102]. Ces deux premiers mécanismes destinés à asseoir l'effectivité et l'efficacité du référé précontractuel sont complétés par un troisième et dernier dispositif constitué de la suspension de la signature du contrat le temps de l'instance. La saisine du juge des référés précontractuels aux fins de différer la signature du contrat s'est transformée en une suspension automatique de signature dès l'introduction de la requête à condition que l'administration en soit informée.

Depuis la loi du 30 juin 2000[103], le requérant disposait de la faculté de saisir le juge des référés précontractuels afin que celui-ci enjoigne au pouvoir adjudicateur de différer la signature du contrat[104]. La suspension de signature ainsi prononcée était toutefois limitée dans sa durée. Le Code de justice administrative, dans sa rédaction alors en vigueur et antérieure à l'ordonnance n° 2009-515 du 7 mai 2009 disposait, en effet, que dès lors que le juge des référés précontractuels était saisi, il pouvait « enjoindre de différer la signature du contrat jusqu'au terme de la procédure et pour une durée maximum de vingt jours »[105]. Ce délai maximum de vingt jours correspondait au délai indicatif qui était imparti au juge pour statuer[106].

Alors que la demande de différer la signature du contrat tendait à assurer au juge la capacité de statuer sur la légalité de la procédure de passation

---

101 Sous réserve des exceptions envisagées par les directives « Recours » et transposées dans le Code des marchés publics à l'article 80-I-2°. V. CE, 1er juin 2011, Société Koné, req. n° 346405, Rec. p. 266 et le Décret n° 2011-1000 du 25 août 2011 modifiant certaines dispositions applicables aux marchés et contrats relevant de la commande publique, JORF n° 197 du 26 août 2011, p. 14453, art. 24.

102 CJCE, 24 juin 2004, Commission contre Autriche, préc., pt. 20-24.

103 Loi n° 2000-597 du 30 juin 2000 sur le référé devant les juridictions administratives, JORF n° 151 du 1er juillet 2000, p. 9948.

104 En pratique, il pouvait être également procédé à cette demande de différé de signature dans une requête distincte du référé précontractuel sur le modèle du référé suspension, c'est-à-dire en démontrant l'urgence à ce qu'une telle ordonnance soit prise au vu de la démonstration d'un doute quant à la légalité de la procédure de passation. V. TA Lyon, 7 mai 2001, Société ZK productions, req. n° 010152 ; TA Bastia, 12 novembre 2001, SARL Opsia Méditerranée contre Département de la Haute-Corse, CP-ACCP, février 2002, p. 39.

105 Code de justice administrative, anciens articles L. 551-1 et L. 551-2.

106 C'est au cours des travaux préparatoires à la loi du 30 juin 2000 que le Sénat a décidé de faire correspondre la durée maximale de vingt jours du différé de la signature du contrat avec le délai indicatif qui était imparti au juge des référés précontractuels pour statuer.

soumise à sa connaissance, des considérations logistiques mêlées de considérations juridiques ont pu conduire à des résultats opposés à ceux escomptés. Outre la diligence du pouvoir adjudicateur dans l'absence de signature du contrat, l'efficacité de l'injonction de différer la signature du contrat était également tributaire du juge. Force était de constater que le seul accès au juge pour le prononcé d'une ordonnance de différer la signature du contrat n'était pas aisé : pour des raisons logistiques - telles le moment de la saisine (semaine, week-end, jour férié), la fiabilité des moyens de transmission de la requête -, le court laps de temps entre la saisine du juge des référés précontractuels et le prononcé de l'ordonnance suffisait à permettre que le contrat soit entre-temps signé, mettant fin à la procédure contentieuse. En outre, rien n'empêchait le pouvoir adjudicateur de signer le contrat entre le moment où le juge rendait son ordonnance et sa communication aux parties. Enfin, l'octroi du différé de la signature par le juge constituait seulement une faculté pour laquelle le juge pouvait se réserver le droit de ne pas le prononcer au vu des pièces qui lui étaient soumises.

L'ordonnance du 7 mai 2009 modifie considérablement cet état du droit. Elle substitue à l'ordonnance enjoignant de différer la signature du contrat une suspension automatique de signature dès l'introduction du recours. Les articles L. 551-4 et L. 551-9 du Code de justice administrative disposent, depuis lors, que « le contrat ne peut être signé à compter de la saisine du tribunal administratif et jusqu'à la notification au pouvoir adjudicateur de la décision juridictionnelle »[107]. Le caractère automatique de la suspension de signature dès l'introduction du recours fait disparaître les aléas de la saisine du juge aux fins de différer la signature du contrat et contribue à assurer au juge des référés précontractuels le temps au jugement, sous réserve du respect des formalités des articles R. 551-1 et R. 551-2 du Code de justice administrative, lesquels disposent que « [...] l'auteur du recours est tenu de notifier son recours au pouvoir adjudicateur. Cette notification doit être faite en même temps que le dépôt du recours et selon les mêmes modalités »[108].

[107]A l'instar de l'ordonnance du juge des référés précontractuels enjoignant au pouvoir adjudicateur de différer la signature du contrat, rien ne s'oppose à ce que ce dernier poursuive la procédure de passation du contrat durant l'instruction du recours en référé. La seule limite est celle de l'absence de finalisation du contrat tant que le juge n'a pas statué. Toutefois, pour des raisons pratiques, la poursuite de la procédure de passation peut se révéler délicate à partir du moment où la décision du juge des référés précontractuels peut s'orienter vers la reprise de la procédure de passation à un stade antérieur qu'il aura déterminé en fonction de l'irrégularité constatée.

[108]Si le requérant n'informe pas l'administration, celle-ci peut valablement signer le contrat. Le juge administratif a, par ailleurs, considéré que « [les dispositions de l'article R. 551-1 du Code de justice administrative, prévues dans l'intérêt de l'auteur du référé en vue d'éviter que le marché contesté ne soit prématurément signé par le pouvoir adjudicateur resté dans

§ 3 : L'amplitude exceptionnelle des pouvoirs du juge des référés précontractuels

33. Le juge des référés précontractuels bénéficie de pouvoirs très étendus. L'étude de leur amplitude implique, d'une part, de les identifier individuellement (A) et, d'autre part, d'analyser la manière selon laquelle le juge les exerce (B).

A - L'identification des pouvoirs du juge des référés précontractuels

34. L'amplitude exceptionnelle des pouvoirs du juge des référés précontractuels se manifeste à travers l'adoption rapide de mesures provisoires et/ou définitives (1) ainsi qu'à travers la possibilité pour celui-ci de statuer au-delà des demandes formulées par les requérants (2).

1 – L'adoption rapide de mesures provisoires et/ou définitives

35. Le référé précontractuel est un recours singulier, en ce qu'il se situe à mi-chemin entre les référés classiques et le contentieux de pleine juridiction. À cet égard, nombreux sont les auteurs qui qualifient le juge des référés précontractuels de « juge de pleine juridiction statuant en la forme des référés »[109]. Celui-ci bénéficie des avantages du contentieux de pleine juridiction et des référés classiques par la disposition d'une large palette de pouvoirs et par l'aptitude à statuer rapidement au terme d'une procédure contentieuse allégée.

Aussi bien la doctrine[110] que la jurisprudence[111] admettent que les pouvoirs conférés au juge des référés précontractuels sont ceux du juge de pleine juridiction. Cette assimilation est symptomatique de l'étendue des pouvoirs qui sont conférés au juge des référés précontractuels, lequel peut, par ailleurs, aussi bien prendre des mesures provisoires que définitives.

36. Les pouvoirs du juge des référés précontractuels des contrats passés par les pouvoirs adjudicateurs sont énoncés à l'article L. 551-2 du Code de

---

l'ignorance de l'introduction d'un recours, ne sont pas prescrites à peine d'irrecevabilité de ce recours ». V. CE, 10 novembre 2010, Ministre de la Défense, req. n° 341132, T., p. 858.

[109] Casas Didier, conclusions sur CE, 20 octobre 2006, Commune d'Andeville, in *AJDA*, 2006, p. 2340 et s., spéc. p. 2341 : le commissaire du gouvernement parle même de « juge de plein contentieux aux pouvoirs hors normes ». V. pour une formule légèrement différente : Cassia Paul, *Pratique des référés précontractuels*, Litec, 2008, spéc. p. 183 : l'auteur parle d'« un juge du fond statuant en la forme des référés ».

[110] V. Code de justice administrative, notes sous article L. 551-1, V – Contrôle du juge ; Cassia Paul, *ibid.*

[111] CE, 29 juillet 1998, Garde des Sceaux contre Société Genicorp, req. n° 177952, T., p. 1017.

justice administrative[112]. Les pouvoirs du juge des référés précontractuels des contrats passés par les entités adjudicatrices figurent, quant à eux, à l'article L. 551-6 du Code de justice administrative. Ainsi, selon que le contrat est à l'initiative d'un pouvoir adjudicateur ou d'une entité adjudicatrice, le juge des référés précontractuels dispose du pouvoir d'enjoindre, de suspendre, d'annuler, de réformer ou d'astreindre.

37. Il ressort des articles précédemment citées qu'indépendamment de la distinction des contrats passés par les pouvoirs adjudicateurs ou par les entités adjudicatrices, le juge des référés précontractuels dispose d'un premier pouvoir qui est celui d'ordonner à l'auteur du manquement de se conformer à ses obligations[113]. Le juge des référés précontractuels bénéficie donc d'un pouvoir d'injonction. À titre d'exemple, le juge administratif peut enjoindre à l'administration de reprendre l'ensemble de la procédure de passation du contrat[114] ou seulement une partie de cette procédure à partir d'un stade fixé par lui en fonction du moment où a été commise la violation des obligations de publicité et de mise en concurrence[115], de procéder à un nouvel appel d'offres[116] ou encore de retirer un critère illégal du règlement de la consultation[117].

Le pouvoir d'injonction vise à modifier le comportement de l'administration défaillante en le corrigeant dans l'objectif de supprimer l'illégalité[118]. Comme pour tout pouvoir, la mise en œuvre du pouvoir

---

[112]Réserve faite des contrats passés par les pouvoirs adjudicateurs dans les domaines de la défense ou de la sécurité au sens du II de l'article 2 de l'ordonnance n° 2005-649 du 6 juin 2005. Le nouvel article L. 551-2 du Code justice administrative dans sa rédaction issue de la loi n° 2011-702 du 22 juin 2011 relative au contrôle des importations et des exportations de matériels de guerre et de matériels assimilés, à la simplification des transferts des produits liés à la défense dans l'Union européenne et aux marchés de défense et de sécurité renvoient aux pouvoirs du juge des référés précontractuels en matière de contrats passés par les entités adjudicatrices. V. en ce sens, Code de justice administrative, articles L. 551-2, L. 551-6 et L. 551-7.

[113]Il est à noter que le juge des référés précontractuels des contrats passés par les entités adjudicatrices dispose d'un pouvoir d'injonction auquel est assortie une obligation d'information de l'auteur du manquement du délai qui lui est imparti pour y remédier.

[114]V. par ex. : CE, ass., 10 juin 1994, Commune de Cabourg, req. n° 141633, Rec. p. 300 ; CE, 13 décembre 1996, Syndicat intercommunal pour la revalorisation des déchets du secteur de Cannes-Grasse, req. n° 169706, Rec. p. 488 ; CE, 21 juin 2000, SARL Plage chez Joseph, req. n° 212100, Rec. p. 282 ; CE, 15 décembre 2006, Société Corsica Ferries, req. n° 298618, Rec. p. 566.

[115]V. par ex. : TA Lyon, 11 juillet 2002, Société Avenance enseignement, req. n° 0202689 et 0202690 ; CE, 9 juillet 2003, Société Scolarest, req. n° 254196.

[116]V. par ex. : CE, 6 novembre 1998, Assistance publique – Hôpitaux de Marseille, req. n° 194960, T., p. 1019.

[117]V. par ex. : CE, 25 juillet 2001, Commune de Gravelines, req. n° 229666, Rec. p. 391.

[118]Perrin Alix, *L'injonction en droit public français*, Ed. Panthéon-Assas, 2009, spéc. pp. 59-152.

d'injonction est une question de mesure : le juge doit adapter son injonction « eu égard à l'irrégularité commise »[119]. Cette expression revient à synthétiser l'office du juge en une sorte de « contrôle de proportionnalité » de l'injonction à prononcer en fonction de l'illégalité commise[120], tout en gardant à l'esprit que celui-ci ne pourra pas se substituer à l'administration défaillante[121]. La limite du pouvoir d'injonction réside dans l'impossibilité pour le juge de décider à la place de l'administration. Pour autant, la mise en œuvre du pouvoir d'injonction qui pouvait sembler *a priori* mécanique, n'est pas aussi rigide qu'elle n'y paraît, en ce sens que lorsqu'il peut être remédié à l'illégalité de différentes manières, le juge pourra préférer ne pas faire droit aux conclusions à fin d'injonction dans le sens déterminé par le requérant mais laisser le choix à l'administration des modalités pour réparer son erreur pourvu qu'elle y procède[122].

38. Le juge des référés précontractuels des contrats passés par les pouvoirs adjudicateurs et des contrats passés par les entités adjudicatrices dispose également du pouvoir de suspendre l'exécution de toute décision qui se rapporte à la passation du contrat[123]. Contrairement au pouvoir d'injonction, la mise en œuvre du pouvoir de suspension n'est pas la conséquence directe de l'illégalité commise par l'administration. Elle constitue le soutien nécessaire à l'effet utile de l'injonction prononcée par le juge. La mise en œuvre des pouvoirs d'injonction et de suspension sera ainsi, dans la plupart des cas, concomitante[124] et dans l'hypothèse où l'alliance de ces mécanismes s'avérerait inefficace, l'annulation de la procédure s'imposera d'elle-même[125].

---

[119]CE, 13 décembre 1996, Syndicat intercommunal pour la revalorisation des déchets du secteur de Cannes-Grasse, préc.

[120]Perrin Alix, *L'injonction en droit public français*, préc., spéc. p. 714.

[121]Le juge ne saurait enjoindre l'administration de prendre une décision dans un sens déterminé par lui. V. par exemple : CE, 3 mars 2004, Commune de Châteaudun, req. n° 258602, T., p. 772 et 849. En l'espèce, le juge des référés précontractuels ne pouvait enjoindre l'administration d'admettre une candidature, mais seulement de lui enjoindre de soumettre ladite candidature à la commission d'appel d'offres pour qu'il soit procédé à son réexamen.

[122]V. par ex. : CE, 4 novembre 2005, Commune de Bourges, req. n° 280406, T., p. 965 ; CE, 10 mai 2006, Société Bronzo, req. n° 281976, Rec. p. 240 ; CE, 9 août 2006, Société Hairis SAS, req. n ° 284577.

[123]Le pouvoir de suspension du juge des référés précontractuels des contrats passés par les pouvoirs adjudicateurs a été étendu au juge des référés précontractuels des contrats passés par les entités adjudicatrices par l'ordonnance du 7 mai 2009. Les anciennes dispositions de l'article L. 551-2 du Code de justice administrative ne permettaient pas de suspendre la passation d'une procédure irrégulière. En dépit de cette impossibilité, il est possible de trouver quelques exemples jurisprudentiels où le juge a cru bon de prononcer la suspension de la procédure. V. en ce sens : TA Paris, 14 novembre 2002, Société Hitronetic, req. n° 0214717/6.

[124]V. par ex. : CE, 21 janvier 2004, Société Aquitaine Démolition, req. n° 253509, T., p. 771.

[125]V. par ex. : CE, 4 avril 2005, Commune de Castellar, req. n° 265784, Rec. p. 141.

A la différence de la procédure de référé suspension, la suspension visée aux articles L. 551-2 et L. 551-6 du Code de justice administrative n'est pas subordonnée à la double démonstration de l'urgence et du doute sérieux quant à la légalité de l'acte. Et si elle l'était, cette double démonstration serait inutile. Le caractère préventif du référé précontractuel suffit en lui-même à constituer une présomption irréfragable d'urgence à ce que le manquement soit corrigé au plus vite et donc à ce que soit ordonnée la suspension de la décision entachée d'illégalité. Quant au doute sérieux, il serait redondant de demander au requérant de le démontrer dans la mesure où la suspension de la décision qui se rapporte à la passation intervient au soutien de l'effet utile de l'injonction, laquelle est subordonnée au constat par le juge d'une illégalité.

39. Le juge des référés précontractuels dispose d'un troisième pouvoir qui est celui d'annuler la procédure de passation ainsi que les décisions qui se rapportent à la passation du contrat[126]. Ce pouvoir appartient uniquement au juge des référés précontractuels des contrats passés par les pouvoirs adjudicateurs.

La procédure de passation peut être annulée de manière partielle[127] ou dans son intégralité[128], selon le stade auquel le manquement est intervenu. Sont, par ailleurs, susceptibles d'être annulés les actes administratifs détachables de la procédure de passation du contrat en cours, tels que les délibérations d'un conseil municipal autorisant la passation d'un contrat[129], les décisions des commissions d'appel d'offres[130] .

Sa mise en œuvre est fonction de la capacité de l'administration à pouvoir corriger l'irrégularité. Lorsqu'il peut être remédié au manquement, la mise en œuvre du pouvoir d'annulation partielle peut suffire et permettra de

---

[126]La question s'est posée de savoir si, lorsqu'une procédure de mise en concurrence se trouve annulée par le juge des référés précontractuels, les candidats à cette procédure peuvent engager la responsabilité de l'autorité délégante à raison de la faute qu'elle a commise. Le juge a répondu par l'affirmative, sous la réserve que la procédure n'étant pas arrivée à son terme et le contrat n'ayant pu être signé, les candidats ne peuvent être considérés comme en ayant été évincés, si bien qu'ils n'ont droit qu'à l'indemnisation des frais qu'ils ont engagés pour participer à la consultation, à l'exclusion de la perte des bénéfices escomptés. V. en ce sens : CAA Marseille, 21 mars 2011, Guy A., req. n° 08MA04291.

[127]V. par ex. : CE, 10 mai 2006, Société Bronzo, préc. ; CE, 5 juin 2007, Société Corsica Ferries, req. n° 305280, T., p. 953 ; CE, 30 septembre 2011, Département de la Haute-Savoie, req. n° 350153 ; CE, 12 janvier 2011, Département du Doubs, req. n° 343324 ; CE, 23 mars 2012, Caisse des écoles de la commune de Six-Fours-les-Plages, req. n° 355439.

[128]V. par ex. : CE, 22 mars 2000, M. et Mme Lasaulce, req. n° 207804, Rec. p. 126 ; CE, 8 avril 2005, Société Radiometer, req. n° 270476, T., p. 698 et 964 ; CE, 29 juin 2005, Chambre de commerce et de l'industrie du Pas-de-Calais, req. n° 266631 ; CE, 20 février 2013, Société American express voyages, req. n° 363244 ; CE, 29 mai 2013, Communauté urbaine Marseille Provence Métropole, req. n° 366456.

[129]V. par ex. : CE, ass., 10 juin 1994, Commune de Cabourg, préc.

[130]V. par ex. : CE, 10 février 1997, Société Révillon, req. n° 169309, T., p. 941.

poursuivre la procédure de passation du contrat. À l'inverse, le juge des référés précontractuels usera de son pouvoir d'annulation totale dans l'hypothèse où ses pouvoirs de suspension et d'injonction resteront sans effets, lorsque les méconnaissances des obligations de publicité et de mise en concurrence sont telles qu'il sera impossible de faire corriger ces manquements par l'administration sans reprendre la procédure depuis le début.

40. Il entre enfin dans les pouvoirs du juge des référés précontractuels des contrats passés par les pouvoirs adjudicateurs de supprimer des clauses et/ou prescriptions méconnaissant les obligations de publicité et de mise en concurrence et destinées à figurer dans le contrat[131]. Ce pouvoir de suppression est également « pouvoir de réformation », en ce sens que le juge des référés précontractuels dispose de la faculté de modifier le contrat à conclure[132]. À l'instar du pouvoir d'annulation, seul le juge des référés précontractuels des contrats passés par les pouvoirs adjudicateurs en dispose.

La mise en œuvre du pouvoir de réformation semble uniquement être conditionnée par la méconnaissance des obligations de publicité et de mise en concurrence : à partir du moment où des clauses et/ou prescriptions destinées à figurer dans le contrat porteraient atteinte à ces exigences, le juge des référés précontractuels pourraient procéder à leur suppression. Sans indication supplémentaire sur les modalités d'exercice de ce pouvoir, l'article L. 551-2 du Code de justice administrative laisse place à une incertitude dans la détermination des clauses ou prescriptions à supprimer. La question qui se pose est alors celle de savoir s'il est nécessaire de prendre en considération la divisibilité des clauses ou des prescriptions. Selon les conclusions du commissaire du gouvernement Catherine Bergeal sur l'arrêt du Conseil d'État du 24 octobre 2001, « Collectivité territoriale de Corse, Office des transports de Corse », il semblerait que « dans le contentieux très particulier du référé précontractuel, la question de la divisibilité des clauses d'un contrat, qui permet d'ouvrir le contentieux de l'excès de pouvoir contre les actes détachables, n'a pas sa place » et ce, pour trois raisons : tout d'abord, le pouvoir d'annulation du juge des référés précontractuels « a un champ bien plus large que celui du juge de l'excès de pouvoir, puisqu'il peut annuler des actes qui ne constituent pas des actes détachables susceptibles de recours pour excès de pouvoir [...] » ; ensuite, « la question de la divisibilité des clauses du contrat ne se pose pas [...] parce que le juge des référés a été

---

[131]Pour une clause qui ne méconnaîtrait pas les obligations de publicité et de mise en concurrence et donc pour laquelle toute suppression est impossible, v. par exemple : CE, 24 octobre 2001, Collectivité territoriale de Corse, Office des transports de la Corse, req. n° 236293, Rec. p. 485.

[132]V. par ex. en contentieux des contrats privés de la commande publique : TGI Paris, 9 décembre 2012, req. n° 11/5983.

expressément doté par la loi 'du pouvoir de supprimer les clauses ou prescriptions destinées à figurer dans le contrat et qui méconnaissent les obligations (de publicité et de mise en concurrence)' » ; enfin, « la divisibilité des clauses du contrat ne peut se poser [...] parce que le juge des référés n'a pas le pouvoir d'annuler le contrat – qui n'existe d'ailleurs pas encore – mais seulement de suspendre sa passation »[133]. La jurisprudence ne semble pas avoir éclairci ce point. Il n'est d'ailleurs pas inconcevable de penser qu'elle ne le fera pas. Le constat de la rareté des exemples de suppression de clauses destinées à figurer dans le contrat témoigne de la timidité du juge à exercer ce pouvoir[134]. Le juge des référés précontractuels y substituera l'usage de son pouvoir de suspension et d'injonction, voire son pouvoir d'annulation[135] plutôt que s'immiscer dans l'action administrative.

41. Quant au juge des référés précontractuels des contrats passés par les entités adjudicatrices, il dispose du pouvoir complémentaire de prononcer des astreintes, lequel fait toute l'originalité du juge des référés précontractuels des contrats passés par les entités adjudicatrices. Aux termes de l'article L. 551-6 du Code de justice administrative, l'astreinte peut prendre deux formes : l'astreinte provisoire et l'astreinte définitive. Il est possible au juge de laisser plusieurs chances à l'administration de corriger son erreur. Une astreinte provisoire peut, tout d'abord, être prononcée. Sa liquidation tiendra compte du comportement de l'entité adjudicatrice à laquelle l'injonction aura été adressée et des difficultés qu'elle aura rencontrées pour l'exécuter. Toutefois, si, à la liquidation de l'astreinte provisoire, le manquement constaté n'a toujours pas été corrigé, il entre dans les pouvoirs du juge de prononcer une astreinte définitive.

42. Communément entendu, le juge des référés n'est pas un juge du principal. Ses interventions sont provisoires et s'opèrent dans les meilleurs délais. Le Code de justice administrative l'admet expressément en ses termes : « Le juge des référés statue par des mesures qui présentent un caractère provisoire. Il n'est pas saisi du principal et se prononce dans les meilleurs délais »[136]. L'office du juge des référés se distingue donc de celui du juge du fond, en ce que le droit lui dénie toute capacité juridique à apprécier le bien-fondé des prétentions des parties. Le juge des référés ne

---

[133]Bergeal Catherine, conclusions sur CE, 24 octobre 2001, Collectivité territoriale de Corse, Office des transports de Corse, in *CJEG*, 2002, p. 254 et s., spéc. pp. 256 et 257.

[134]V. par ex. : TA Toulouse, 25 juin 2006, SARL Topo Pyrénées, req. n° 0603452 : « il est enjoint au département de supprimer toute prescription imposant la qualité de géomètre expert dans les documents relatifs à la procédure de passation du marché et dans les pièces contractuelles », mais l'article 1er du dispositif dispose que le procédure de passation du marché est annulée.

[135]V. TA Toulouse, 25 septembre 2006, SARL Topo Pyrénées, préc.

[136]Code de justice administrative, article L. 511-1.

saurait trancher le litige, juger, mais seulement décider sur le fondement des prétentions des parties[137].

43. En disposant de pouvoirs semblables au juge de pleine juridiction lui permettant de statuer définitivement sur la requête soumise à sa connaissance, le juge des référés précontractuels ne peut être assimilé à ce « juge classique des référés »[138]. Le référé précontractuel n'est donc pas un référé comme les autres. Bien que le référé précontractuel ne soit pas assimilable, par nature, aux « référés classiques », des points communs sont néanmoins identifiables. Ceux-ci font toute l'originalité et l'attrait de cette voie de droit à mi-chemin entre le contentieux de pleine juridiction et les procédures de référés : la célérité de la procédure et l'allègement des formalités procédurales. C'est en cela que le juge des référés précontractuels statue « en la forme des référés »[139].

La procédure de référé précontractuel est rapide. Il ressort, en effet, des dispositions de l'article R. 551-5, d'une part, que « le président du tribunal administratif ou le magistrat qu'il délègue statue dans un délai de vingt jours sur les demandes qui lui sont présentées en vertu des articles L. 551-1 et L. 551-5 » et, d'autre part, que « le juge ne peut statuer avant le seizième jour à compter de la date d'envoi de la décision d'attribution du contrat aux opérateurs économiques ayant présenté une candidature ou une offre » [...], [délai ramené] au onzième jour lorsque le pouvoir adjudicateur ou l'entité adjudicatrice justifie que la décision d'attribution du contrat a été communiquée par voie électronique à l'ensemble des opérateurs économiques intéressés ». Outre la fixation d'un délai maximum pour le juge de statuer[140], il est à noter qu'un délai minimum est également fixé : le juge peut mettre fin à la procédure contentieuse en rendant sa décision au terme de l'écoulement d'un délai de dix ou quinze jours.

137Broyelle Camille, *Contentieux administratif*, LGDJ, 2011, spéc. pp. 421-422.

138Lasvignes Serge, conclusions sur CE, ass., 10 juin 1994, Commune de Cabourg, in *RFDA*, 1994, p. 727 et s., spéc. p. 731 : « il [le juge du référé précontractuel] se trouve investi de pouvoirs que n'a jamais le juge des référés, et qui dépassent même ceux que se reconnaît le juge administratif ».

139Code de justice administrative, article L. 551-3 et L. 551-8.

140Jusqu'à l'entrée en vigueur de l'ordonnance du 7 mai 2009, il importait que le juge statue avant l'expiration d'un délai de vingt jours, dans la mesure où l'injonction de différer la signature était prononcée pour cette même durée. Ce délai n'était pas prescrit à peine de dessaisissement du juge. V. CE, 2 juillet 1999, SA Bouygues et autres, req. n° 206749, Rec. p. 265. V. par ex. en contentieux des contrats privés de la commande publique : TGI Paris, 27 mai 2011, req. n° 11/53908. Son dépassement avait pour conséquence de ne plus assurer au requérant le prononcé d'une ordonnance au fond dès lors qu'il était possible pour le pouvoir adjudicateur de signer le contrat. Depuis l'ordonnance du 7 mai 2009, le maintien du délai maximum n'a plus grand intérêt, à partir du moment où son dépassement n'a aucune conséquence sur la suspension de signature. La conclusion du contrat demeure suspendue tant que le juge n'a pas statué

L'allègement des formalités procédurales participe à la célérité de la procédure. À l'instar des référés d'urgence[141] et sauf exception[142], la recevabilité du référé précontractuel n'est pas subordonnée à la règle de la décision préalable[143]. Le juge des référés précontractuels statue seul[144], sauf s'il rencontre des difficultés, auquel cas il peut décider de renvoyer l'affaire à une formation collégiale[145]. L'audience publique[146] d'un genre inédit se déroule sans rapporteur public[147]. Le délai de recours en cassation est réduit à quinze jours à compter de la notification de la décision du juge[148]. Enfin, les exigences de la contradiction sont adaptées aux exigences de l'urgence[149].

2 - La réserve de statuer *ultra petita*

44. Les pouvoirs du juge des référés précontractuels sont d'autant plus importants que celui-ci dispose de la réserve de statuer *ultra petita*, c'est-à-dire de la faculté de statuer au-delà des demandes qui lui sont formulées par les requérants.

45. Il est pourtant une règle constante en contentieux administratif selon laquelle le juge doit, en principe, statuer dans les limites des conclusions

---

141La comparaison entre le référé précontractuel et les référés d'urgence est possible. Bien que la recevabilité du référé précontractuel ne soit pas subordonnée à la démonstration de l'urgence, ce recours peut néanmoins être considéré comme un « référé d'urgence », non seulement au vu du court délai imparti au requérant pour saisir le juge, mais également au regard de la célérité de la procédure contentieux.

142V. notamment en référé suspension.

143La demande préalable à l'introduction du référé précontractuel qui avait été introduite dans le but de favoriser le dialogue entre l'administration et le candidat ou concurrent évincé avant tout recours devant le juge a été supprimée par le décret n° 2000-1115 du 22 novembre 2000, pris en application de la loi n° 2000-597 du 30 juin 2000 relative aux référés devant les juridictions administratives.

144Pour les référés d'urgence, v. Code de justice administrative, article L. 511-2 ; pour le référé précontractuel, v. Code de justice administrative, articles L. 551-1, L. 551-5, L. 551-8.

145Pour les référés d'urgence, v. par ex. : CE, sect., 13 juillet 1956, Piéton-Guibout, req. n° 37649, 37779, Rec. p. 338 ; pour le référé précontractuel, v. par ex. : CE, 19 mars 1997, SA Entreprise générale de terrassements et de travaux publics et autres, req. n° 163293, T., p. 940.

146L'absence de mention du caractère public de l'audience entache l'ordonnance du juge d'irrégularité. V. CE, 3 décembre 2012, Sybert, req. n° 360333.

147V. CE, 16 octobre 2000, Stéreau, req. n° 213958, T., p. 1103.

148Pour les référés d'urgence, v. Code de justice administrative, article R. 523-1. Pour le référé précontractuel, v. Code de justice administrative, article R. 551-6.

149Pour les référés d'urgence, v. Code de justice administrative, articles L. 5 et R. 522-4. Pour le référé précontractuel, v. par ex. : CE, 8 mars 1996, Société CGC Entreprise, préc. ; CE, 15 juin 2001, Syndicat intercommunal d'adduction d'eau potable de Saint-Martin-en-Ré, La Flotte-en-Ré et Sainte-Marie-en-Ré et autres, req. n° 228856 et 229824, T., p. 1040 ; CE, 11 mai 2007, Région Guadeloupe, req. n° 298863, T., p. 953. V. récemment : CE, 28 mai 2014, Commune de Dijon, req. n° 375941.

dont il a été saisi[150]. Le Président Raymond Odent estime qu'une juridiction statue *ultra petita* lorsqu'elle « [statue] au-delà des conclusions dont elle est saisie et [accorde] à une partie plus que ce que celle-ci demandait »[151].

46. Ce principe implique des solutions parfois peu satisfaisantes pour les parties à l'instance comme pour le juge. Par exemple, le juge saisi d'une demande fondée d'annulation de dispositions d'une décision ne pourra y faire droit, dès lors que les dispositions dont s'agit se révéleraient indivisibles des autres, car l'annulation entraînerait l'anéantissement de l'ensemble du dispositif, ce qui équivaudrait à retenir une mesure qui dépasserait le strict cadre des conclusions[152].

47. Aussi insatisfaisant soit-il, cet état du droit demeure justifié par « la neutralité du juge qui est toujours consubstantielle à sa qualité de tiers et d'arbitre [et] qui lui interdit toute auto-saisine »[153]. En d'autres termes, le juge administratif est lié par le cadre de l'instance fixé par les parties[154], si bien que la prohibition de l'*ultra petita* apparaît alors comme « le corollaire du principe dispositif et du principe contradictoire sans que le caractère inquisitorial de la procédure administrative puisse – en soi – apparaître comme étant de nature à entraîner sa mise à l'écart »[155].

---

[150]Ce principe de prohibition de l'*ultra petita* dans la procédure contentieuse administrative a été dégagé par le Conseil d'État. V. CE, 8 août 1918, Delacour, Rec. p. 739 : « le juge ne peut statuer que sur les conclusions dont il est saisi par les parties en cause ». Dans le même esprit, la haute juridiction administrative a également pu juger que « le juge n'est appelé à statuer que sur les questions dont il est saisi » (CE, 15 décembre 1937, Ministre des Finances contre Société Campenon Bernard, req. n° 55668 et 56031, Rec. p. 1030) ou encore que « le juge ne peut statuer que sur les moyens présentés par les parties ou sur les moyens d'ordre public » (CE, 24 juillet 1947, Fondation Barth, req. n° 2744, Rec. p. 339). Aussi variées soient ces formules, elles constituent les expressions partielles d'une même « règle générale de procédure qui s'impose à toutes les juridictions administratives, sauf si elle est écartée par les dispositions d'une loi ou d'un décret ou encore si elle est inconciliable avec l'organisation ou les caractère de la juridiction ». V. en ce sens : Auby Jean-Marie, « L'ultra petita dans la procédure contentieuse administrative », in *Mélanges offerts à Marcel Waline*, tome 2, LGDJ, 1974, p. 268 et s., spéc. p. 289. Ce principe trouve un équivalent devant le juge judiciaire, lequel figure à l'article 5 du Code de procédure civile.

[151]Odent Raymond, *Contentieux administratif*, tome 1, rééd. Dalloz, 2009, spéc. p. 752.

[152]V. par ex. : CE, 5 novembre 1975, Secrétaire d'État à la culture contre Société Pavita, req. n° 95530, Rec. p. 544 ; CE, 20 mai 2005, Bernard X, req. n° 265041.

[153]Broyelle Camille, *Contentieux administratif*, préc., spéc. p. 128. V. également : Peiser Gustave, *Le recours en cassation en droit administratif français : évolution et régime actuel*, Thèse, Nancy, 1957, spéc. p. 357 ; Chaudet Jean-Pierre, *Les principes généraux de la procédure administrative contentieuse*, LGDJ, 1967, spéc. p. 469.

[154]Auby Jean-Marie, « L'ultra petita dans la procédure contentieuse administrative », préc., spéc. p. 289 ; Auby Jean-Marie, Drago Roland, *Traité de contentieux administratif*, LGDJ, 1984, spéc. p. 228.

[155]Bertrand François-Guilhem, *La règle 'non ultra petita' dans le contentieux administratif*, Thèse, Paris II, 1974, p. 57.

48. Néanmoins - et pour reprendre les termes du Président Raymond Odent -, « il n'est pas de principe absolu en droit public ou plus exactement, il n'est pas de principe dont la portée ne soit limitée par les effets d'un autre principe »[156]. L'interdiction de l'*ultra petita* ne déroge pas à cette règle et souffre de quelques exceptions strictement limitées et légitimées par l'office particulier du juge du plein contentieux amené non seulement à régler le litige qui lui est soumis, mais aussi la situation litigieuse qui dépasse parfois le cadre délimité par les parties[157]. Parmi ces exceptions, figure la reconnaissance d'un pouvoir général d'*ultra petita* en faveur du juge des référés précontractuels.

49. Le juge des référés précontractuels s'est, en effet, vu reconnaître le pouvoir de statuer au-delà des demandes qui lui sont formulées. Ce pouvoir d'*ultra petita* ne lui a pas été expressément conféré par les textes régissant le référé précontractuel. Le juge l'a déduit de l'amplitude des pouvoirs que celui-ci détient. Il ressort ainsi de l'arrêt du Conseil d'État du 20 octobre 2006, « Commune d'Andeville »[158], que « le juge des référés précontractuels s'est vu conférer par les dispositions précitées de l'article L. 551-1 du Code de justice administrative le pouvoir d'adresser des injonctions à l'administration, de suspendre la passation du contrat ou l'exécution de toute décision qui s'y rapporte, d'annuler ces décisions et de supprimer des clauses ou prescriptions destinées à figurer dans le contrat » et que « dès lors qu'il est régulièrement saisi, il dispose - sans toutefois pouvoir faire obstacle à la faculté, pour l'auteur du manquement, de renoncer à passer le contrat - de l'intégralité des pouvoirs qui lui sont ainsi conférés pour mettre fin, s'il en constate l'existence, aux manquements de l'administration à ses obligations de publicité et de mise en concurrence ». De ce rappel de la lettre de l'article L. 551-1 du Code de justice administrative alors en vigueur, la haute juridiction en déduit « [qu']eu égard à la nature du vice entachant la

---

156 Odent Raymond, *Cours de contentieux administratif*, Les cours de droit, 1981, spéc. p. 1216.

157 La prohibition de l'*ultra petita* n'est pas un moyen d'ordre public. V. en ce sens : CE, 22 février 1957, Préfet de police contre Roulois, req. n° 13270, Rec. p. 118. Des assouplissements à l'interdiction peuvent résulter de la faculté pour le juge d'interpréter des conclusions permettant un certain développement de l'objet de la demande dont il a été saisi (v. par exemple : CE, 8 décembre 1950, Delcambre, req. n° 5557, Rec. p. 608 ; CE, 17 décembre 1990, Ouedjedi, req. n° 119354, Rec. p. 362) ou permettant de rectifier l'objet de la demande, le juge transférant alors les conclusions dirigées contre un acte administratif sur un autre acte (v. par exemple : CE, 6 mai 1955, Marchand, req. n° 21078, Rec. p. 243 ; CE, 3 octobre 1979, Lasry, req. n° 12063, Rec. p. 358). Des dérogations peuvent être trouvées dans le contentieux électoral. V. en ce sens : CE, 7 juillet 1976, Élection au conseil régional de l'ordre des architectes de Provence-Côte d'Azur, req. n° 89875, 90036, 94408 et 96175, T., p. 1071.

158 CE, 20 octobre 2006, Commune d'Andeville, req. n° 289234, Rec. p. 434.

procédure de passation du contrat litigieux, il y a lieu, dans les circonstances de l'espèce, et sans qu'y fasse obstacle la circonstance que la Fédération des œuvres laïques de l'Oise se borne à demander la suspension de la procédure, de prononcer l'annulation de cette dernière »[159].

50. Cette faculté de statuer *ultra petita*, pratique désormais bien ancrée dans les méthodes du juge administratif[160], participe d'une volonté conforme aux directives « Recours » et aux textes de transposition d'ériger le juge des référés précontractuels en censeur incontournable des manquements aux obligations de publicité et de mise en concurrence et cette considération d'efficacité a en elle-même suffi à justifier une entorse ponctuelle au principe de prohibition[161]. C'est d'ailleurs en ce sens que s'étaient orientées les conclusions du commissaire du gouvernement Didier Casas sur cet arrêt : « fort de ces remarques sur ce que nous croyons être l'identité profonde du juge des référés précontractuels, nous vous suggérons de considérer globalement les pouvoirs dont il dispose, comme faisant un tout indissociable au service d'une fin unique : permettre au juge, dès lors qu'il est compétemment saisi, de tout mettre en œuvre pour faire cesser immédiatement le manquement aux obligations de publicité et de mise en concurrence dont il est le gardien. Nous vous proposons donc de juger expressément que lorsqu'un requérant saisit le juge des référés précontractuels, il ne lui demande pas en particulier de 'suspendre' une procédure, de 'l'annuler' ou d' 'enjoindre' à l'administration de la reprendre,

[159]L'annulation de la procédure de passation était, en l'espèce, motivée par le fait que le contrat conclu n'était pas un marché public, mais une délégation de service public. Cette qualification du contrat administratif emportait donc la nécessité pour la commune de satisfaire aux exigences du Code général des collectivités territoriales pour la passation dudit contrat.

[160]V. par exemple : CE, 15 décembre 2006, Société Corsica Ferries, préc. ; CE, 6 avril 2007, Département de l'Isère, req. n° 298584, T., p. 745 ; TA Grenoble, 26 août 2010, Société HC Méditerranée, req. n° 10-0358. Le juge des référés précontractuels peut prononcer d'office toute mesure pour faire cesser le manquement qu'il relève, mais s'il entend agir d'office, il doit en informer les parties. V. en ce sens : CE, 23 novembre 2011, Département des Bouches-du-Rhône, req. n° 350519.

[161]La dérogation à la règle de non *ultra petita* a également pu être justifiée par la doctrine par le fait que le référé précontractuel est « un recours de type objectif ». V. en ce sens : Linditch Florian, « Les ressources tirées de l'exploitation peuvent provenir de subventions versées par des tiers à la délégation de service public », commentaire sous CE, 20 octobre 2006, Commune d'Andeville, in *JCP Administrations et collectivités territoriales*, 11 décembre 2006, p. 1630 et s., spéc. p. 1632. Toutefois, c'est oublier que le principe de non *ultra petita* s'applique aussi bien au contentieux objectif qu'au contentieux de pleine juridiction et cette affirmation ne saurait prospérer à partir du moment où le juge des référés précontractuels n'examine plus, depuis l'arrêt Smirgeomes du 3 octobre 2008, l'ensemble des manquements aux obligations de publicité et de mise en concurrence, mais seulement ceux qui ont lésé ou qui ont été susceptibles de léser le requérant qui a introduit la requête. V. CE, sect., 3 octobre 2008, Smirgeomes, req. n° 305420, Rec. p. 324, GACA n° 17.

ou plusieurs de ces choses à la fois, il lui demande en réalité, quelle que soit la formulation qu'il utilise, de faire usage de ses pouvoirs pour faire cesser le manquement aux règles de publicité et de mise en concurrence »[162].

B – Les modalités d'exercice des pouvoirs du juge des référés précontractuels

51. Le juge des référés précontractuels dispose d'une large palette de pouvoirs qui s'explique par la volonté de promouvoir cette voie de droit comme le moyen d'aboutir le plus efficacement possible et le plus en amont du processus contractuel à la correction des manquements aux obligations de publicité et de mise en concurrence. L'amplitude des pouvoirs du juge des référés précontractuels est d'autant plus importante qu'il bénéficie d'une certaine liberté de juger. Celle-ci est perceptible à travers la réserve de l'opportunité de ne pas exercer les pouvoirs qui lui sont conférés (1) et l'intensité du contrôle opéré (2)

1 – L'exercice non-automatique des pouvoirs du juge au regard de l'irrégularité commise par l'administration

52. Le juge des référés précontractuels n'est pas à proprement parler dans une situation de compétence liée dans l'exercice de ses pouvoirs par rapport au constat de l'irrégularité. Même si le requérant a été lésé ou a été susceptible de l'être par une méconnaissance des obligations de publicité et de mise en concurrence commise par l'administration[163], le juge des référés précontractuels des contrats passés par les pouvoirs adjudicateurs comme celui des contrats passés par les entités adjudicatrices peut décider de ne pas mettre en œuvre ses pouvoirs.

Cette hypothèse était expressément envisagée dans les directives « Recours » dans leur version originale[164]. Toutefois, les pouvoirs publics français n'ont réellement introduit cette réserve qu'en adoptant l'ordonnance du 7 mai 2009 satisfaisant à l'exigence de transposition de la directive n° 2007/66/CE[165]. Il ressort donc dorénavant des dispositions de L. 551-2 alinéa

---

[162]Casas Didier, conclusions sur CE, 20 octobre 2006, Commune d'Andeville, préc., spéc. p. 2341.

[163]CE, sect., 3 octobre 2008, Smirgeomes, préc.

[164]Directive n° 89/665/CEE, article 2, 5° ; Directive n° 92/13/CEE, article 2, 4°.

[165]Antérieurement à l'ordonnance du 7 mai 2009, le juge du référés précontractuels des contrats passés par les pouvoirs adjudicateurs ne disposait pas de l'opportunité d'exercer ou non ses pouvoirs. Quant au juge des référés précontractuels des contrats passés par les entités adjudicatrices, celui-ci disposait seulement d'une faculté restreinte. Il pouvait, en effet, aux termes de l'ancien article L. 551-2 du Code de justice administrative, « prendre en

1er du Code de justice administrative que le juge des référés précontractuels des contrats passés par les pouvoirs adjudicateurs peut ne pas exercer ses pouvoirs « s'il estime, en considération de l'ensemble des intérêts susceptibles d'être lésés et notamment de l'intérêt public, que les conséquences négatives de ces mesures pourraient l'emporter sur leurs avantages ». Dans des termes semblables, l'article L. 551-7 du même Code dispose que « le juge [des référés précontractuels des contrats passés par les entités adjudicatrices] peut toutefois, en considération de l'ensemble des intérêts susceptibles d'être lésés et notamment de l'intérêt public, écarter les mesures énoncées au premier alinéa de l'article L. 551-6 lorsque leurs conséquences négatives pourraient l'emporter sur leurs avantages ».

Le juge administratif dispose ainsi de la faculté de ne pas exercer ses pouvoirs pour des raisons qui tiennent de l'opportunité. Celle-ci est appréciée à la suite d'un bilan des intérêts en présence, sorte de bilan coûts/avantages des mesures demandées au juge[166]. Sont pris en considération les intérêts lésés invoqués, les intérêts susceptibles d'être lésés et l'intérêt public[167]. Si les inconvénients des mesures prononcées excèdent leurs avantages, le juge peut s'abstenir de les prononcer.

53. Il convient néanmoins de relever que la faculté d'apprécier ce bilan ne concerne pas l'intégralité des pouvoirs du juge des référés précontractuels. Elle est strictement cantonnée aux mesures provisoires[168]. Pour ce qui concerne le juge des référés précontractuels des contrats passés par les pouvoirs adjudicateurs, la réserve apparaît au premier alinéa de l'article L. 551-2 du Code de justice administrative, alors que l'ensemble des pouvoirs dont il dispose sont énoncés aux alinéas premier et second de cet article. Le juge des référés précontractuels pourra uniquement procéder à ce bilan coûts/avantages pour la mise en œuvre de son pouvoir d'injonction à se conformer aux obligations de publicité et de mise en concurrence, et de suspension de l'exécution de toute décision se rapportant à la passation du

considération les conséquences probables de cette dernière mesure [prononcé d'une astreinte] pour tous les intérêts susceptibles d'être atteints, notamment l'intérêt public, et décider de ne pas l'accorder lorsque ses conséquences négatives pourraient dépasser ses avantages ». V. également : CE, 30 juin 2004, Société nationale des chemins de fer français, req. n° 263402, T., p. 772.

[166]Si ce moyen est soulevé, le juge des référés précontractuels est tenu d'y répondre sous peine de voir sa décision censurée pour insuffisance de motivation. V. CE, 12 mars 2012, Communauté d'agglomération du pays de Montbéliard, req. n° 354279.

[167]A titre d'exemple, pourraient être cités : la nature des illégalités alléguées, l'importance de l'obtention du contrat pour le requérant eu égard notamment à son chiffre d'affaires, la continuité du service public, le coût de la passation d'une nouvelle procédure.

[168]La circonscription de cette réserve aux seules mesures provisoires apparaît explicitement dans les directives « Recours » dans leur version originale. V. Directive n° 89/665/CEE, article 2, 5° et Directive n° 92/13/CEE, article 2, 4°.

contrat. Il n'en sera pas ainsi pour ses pouvoirs d'annulation des décisions se rapportant à la passation du contrat et de réformation de clauses ou de prescriptions destinées à figurer dans le contrat. Quant au juge des référés précontractuels des contrats passés par les entités adjudicatrices, l'exception à l'exercice des pouvoirs du juge apparaît à l'article L. 551-7 du Code de justice administrative et vise l'ensemble des pouvoirs visés à l'article précédent. Néanmoins, cette différence rédactionnelle n'entraîne pas de différence d'application au fond dans la mesure où le juge des référés précontractuels des contrats passés par les entités adjudicatrices ne dispose que de l'aptitude à prononcer des mesures provisoires : injonction, suspension et astreinte.

54. Si le pouvoir de ne rien faire est clair dans son principe, la détermination des cas dans lesquels le juge refusera de prononcer une mesure provisoire est délicate. Il est, en effet, difficile d'admettre que le juge des référés précontractuels puisse refuser d'enjoindre à l'administration de se conformer à ses obligations, dans la mesure où l'illégalité commise peut contaminer la suite de la procédure de passation jusqu'à conduire à son annulation. Admettre le refus de prononcer une mesure provisoire au vu des intérêts en présence pourrait équivaloir à donner un blanc-seing à la conformité de la procédure de passation en aval de « l'absolution » de l'irrégularité commise. Et dans l'hypothèse où la procédure de passation doit être annulée, le juge ne peut refuser de mettre en œuvre son pouvoir d'annulation pour lequel la réserve d'opportunité d'exercice est exclue, ce qui ne manquerait pas de créer des situations absurdes.

55. En dépit de la nouveauté de ce mécanisme, il est tout de même possible de sonder la jurisprudence et constater la timidité du juge des référés précontractuels à y recourir. Les espèces recensées concernent des cas spécifiques où l'extrême urgence à bénéficier de prestations[169] ou la pluralité d'intérêts publics et le défaut d'une réelle rupture d'égalité entre les soumissionnaires à l'adjudication[170] impliquent l'absence de sanction des

---

[169]TA Paris, 23 juillet 2010, Société THK, req. n° 1012902 : « [Considérant] que le marché a été conclu dans le cadre du projet pilote de coopération entre les États, pour des missions de lutte contre les feux de forêts sur l'ensemble des pays de l'union européenne ; qu'il a une durée d'exécution limitée à trois mois, soit jusqu'au 30 septembre 2010 ; que compte tenu de la nature du risque auquel l'affrètement de deux avions amphibies bombardiers d'eau est destiné à parer pour la période d'été, et alors que pour donner un effet utile à la présente décision de justice, il conviendrait d'ordonner l'annulation de l'ensemble de la procédure, il peut être admis en l'espèce, que les conditions prévues à l'article L. 551-2 du Code de justice administrative sont réunies ».

[170]TA Grenoble, 4 octobre 2010, Société Entreprise Léon Grosse et Société Sirr Ingénierie, req. n° 1004488 et 1004490 : « Considérant, toutefois, qu'eu égard, d'une part, à la nature et à l'importance des irrégularités ainsi établies rapportées à la complexité de l'ouvrage à réaliser et au fait que le pouvoir adjudicateur soutient, sans être utilement contredit, que les cinq offres

irrégularités commises. Mais encore faut-il souligner que la réserve d'opportunité appliquée dans ces cas d'espèce l'a été au regard du pouvoir d'annulation, ce qui est normalement impossible. Si l'introduction d'un contrôle du bilan par l'ordonnance du 7 mai 2009 est intéressante, il est possible de douter de son usage régulier et en conformité avec les textes.

2 – L'intensité du contrôle exercé

56. L'intensité du contrôle exercé témoigne de la liberté dont dispose le juge dans son action de juger et renforce incidemment l'amplitude des pouvoirs qui lui sont conférés. En référé précontractuel, si la portée du contrôle exercé par le juge a longtemps fait l'objet de débats, il est aujourd'hui définitivement acquis qu'il lui incombe de vérifier, de la manière la plus complète possible, que les obligations de publicité et de mise en concurrence ont bien été respectées. Toutefois, l'absence de limites apparentes à ce libre contrôle doit être nuancée, sans qu'il soit nécessairement fait obstacle à une protection équilibrée de l'ensemble des prescriptions du droit de la commande publique.

57. Le juge des référés précontractuels ne saurait *a priori* être enfermé dans la gradation des contrôles telle qu'elle existe dans le contentieux de l'excès de pouvoir, parce que son intervention ne consiste ni à statuer sur un procès fait à un acte, ni à vérifier la conformité du comportement de l'administration aux règles de droit auxquelles elle est soumise, mais à résoudre un litige entre deux parties dans le cadre d'un contentieux subjectif[171]. La détermination de l'étendue du contrôle du juge des référés

---

examinées par le jury, notamment du groupement requérant, comportaient également des points de non-conformité au programme sans qu'aucune n'ait été éliminée et, d'autre part, à l'intérêt public qui s'attache à ce que la construction du nouvel hôpital puisse intervenir dans les meilleurs délais pour des considérations de santé publique liées à l'obsolescence de l'établissement existant ainsi que de sécurité publique illustrées par le fait que l'autorisation d'exploiter l'établissement existant n'a été délivrée par la commission de sécurité en 2010 que grâce à la perspective de disposer d'un nouvel hôpital en 2015, il y a lieu, au titre de la balance à laquelle il appartient au juge des référés précontractuels de procéder en prenant en compte l'ensemble des intérêts susceptibles d'être lésés et notamment l'intérêt public d'admettre que les inconvénients d'une annulation de la procédure l'emporteraient, dans les circonstances de l'espèce, sur les avantages d'une telle mesure ; que, par suite, les requêtes de la Société Entreprise Léon Grosse et de la Société Sirr Ingénierie doivent être rejetées ».

[171] Sur la distinction des recours contentieux, v. : Laferrière Édouard, *Traité de la juridiction administrative et des recours contentieux*, tome 1 et tome 2, Berger-Levrault, 1887 et 1888 ; Duguit Léon, *Traité de droit constitutionnel*, E. Boccard, 1927-1928 ; Hauriou Maurice, *Précis élémentaire de droit administratif*, Sirey, 1943 ; Melleray Fabrice, *Essai sur la structure du contentieux administratif français : pour un renouvellement de la classification des principales voies de droit ouvertes devant les juridictions à compétence générale*, LGDJ, 2001.

précontractuels par référence aux contrôles minimum, restreint, normal et maximum, n'aurait donc pas lieu d'être.

58. Pourtant, c'est en ce sens que s'était originellement orientée la jurisprudence. Celle-ci a, en effet, pu considérer que le juge de l'article L. 551-1 du Code de justice administrative exerçait un contrôle restreint sur les motifs ayant conduit, dans une procédure d'appel d'offres restreint, à écarter une entreprise de la liste des candidats admis à présenter une offre[172], voire à admettre un contrôle normal[173]. Dans la dernière espèce, au fondement du pourvoi en cassation, un débat s'était même engagé sur la question de déterminer avec précision l'intensité du contrôle opéré par le juge des référés précontractuels. Le ministre de la justice soutenait, en effet, que le juge du référé avait, à tort, exercé un contrôle normal sur la décision de ne pas retenir la candidature d'une société alors qu'il aurait dû se limiter à un contrôle restreint. Le Conseil d'État ne confirme cependant ni le contrôle restreint, ni le contrôle normal du juge des référés précontractuels et estime qu'« il appartient au juge administratif, saisi en application de l'article [L. 551-1 du Code de justice administrative], de se prononcer sur le respect des obligations de publicité et de mise en concurrence incombant à l'administration ; que, dans le cadre de ce contrôle de pleine juridiction, le juge vérifie en particulier les motifs de l'exclusion d'un candidat de la procédure d'attribution d'un marché ; que le juge du fond n'a, par suite, pas commis d'erreur de droit en contrôlant le bien-fondé du motif tiré de ce que la société Genicorp avait, à l'occasion d'un précédent marché conclu avec le Garde des Sceaux, ministre de la justice, recueilli des informations susceptibles de l'avantager par rapport aux autres candidats »[174]. À cet égard, le Commissaire du gouvernement Henri Savoie indiquait, dans ses conclusions, que « la distinction entre les différents degrés de contrôle exercé par le juge administratif n'a pas de véritable sens que dans le cadre du contentieux de la légalité des actes administratifs, c'est-à-dire le contentieux de l'excès de pouvoir. [...] La procédure de référé précontractuel [...] ne constitue pas une forme particulière de recours pour excès de pouvoir, mais relève clairement du plein contentieux compte tenu de la mission et des pouvoirs du juge. [...] L'auteur de l'ordonnance attaquée n'a commis aucune erreur de droit eu regard de la mission qui était la sienne. Il a seulement considéré qu'il y avait un manquement aux obligations de mise en concurrence à avoir écarté la candidature de la société Genicorp pour le motif retenu par l'administration. Ce faisant, il ne s'est pas trompé sur la

[172]V. par ex. : TA Grenoble, 8 avril 1994, Société Routière Chambard, *RFDA*, 1994, p. 741 et s.

[173]V. TA Paris, 22 janvier 1996, Genicorp, objet du pourvoi ayant conduit à la décision : CE, 29 juillet 1998, Garde des Sceaux contre Société Genicorp, préc.

[174]CE, 29 juillet 1998, Garde des Sceaux contre Société Genicorp, préc.

portée du contrôle qui était le sien, contrôle qui n'est ni restreint ni complet au sens où vous l'entendez en matière d'excès de pouvoir, mais contrôle de la procédure suivie au regard seulement des obligations de publicité et de mise en concurrence »[175]. En tant que juge de pleine juridiction statuant en la forme des référés, le juge des référés précontractuels a donc, en principe, la charge de s'assurer du seul respect des obligations découlant du droit de la commande publique sans prendre en compte la liberté dont l'administration bénéficie pour agir.

59. Le fait, pour le juge des référés précontractuels, de ne pas être enfermé dans des gradations de contrôle similaires au contentieux de l'excès de pouvoir en fonction de la liberté d'action de l'administration invite à penser que le juge de l'article L. 551-1 du Code de justice administrative exerce un libre contrôle de la procédure de passation du contrat au regard des obligations de publicité et de mise en concurrence. Néanmoins, force est de constater que tout en reniant les classifications de contrôle opérées en contentieux de l'excès de pouvoir, le juge des référés précontractuels s'y rattache[176]. Le contrôle effectivement opéré s'étend du contrôle restreint au contrôle normal au vu de la liberté d'action reconnue à l'administration[177]. Ainsi, s'agissant de la définition du nombre et de la consistance des lots, le juge se borne à relever une erreur manifeste d'appréciation[178]. Il en sera également ainsi de l'appréciation d'une offre anormalement basse[179]. En matière de délégation de service public, les manquements constatés lors de l'exécution d'un précédent contrat de même type justifient le rejet d'une candidature au titre des aptitudes à exécuter la continuité du service public, motif pour lequel l'appréciation portée par l'autorité concédante est soumis au contrôle de l'exactitude matérielle des faits auquel s'ajoute celui de l'erreur manifeste d'appréciation[180]. En revanche, le juge procède à un

---

[175]Savoie Henri, conclusions inédites sur CE, 29 juillet 1998, Garde des Sceaux contre Société Genicorp.

[176]Pietri Jean-Paul, « Un an de droit du contentieux de la commande publique », in *Contrats et marchés publics*, août-septembre 2013, p. 6 et s., spéc. p. 6.

[177]Le juge des référés précontractuels n'a pas vocation à exercer de contrôle sur les méthodes de notations envisagées par le pouvoir adjudicateur pour évaluer les offres au regard des critères de sélection, sous réserve d'une erreur de droit ou d'une discrimination illégale. V. CE, 11 mars 2013, Assemblée des chambres françaises de commerce et d'industrie et mutuelle des chambres de commerce et d'industrie, req. n° 364551 et 364603.

[178]V. par ex. : CE, 21 mai 2010, Commune d'Ajaccio, req. n° 333737, T., p. 849.

[179]V. par ex. : TA Lyon, 24 février 2010, Société Isobase, req. n° 1000573 ; TA Lyon, 2 avril 2010, Société de distributions d'eaux intercommunales, req. n° 1001591 ; CE, 1er mars 2012, Département de la Corse du Sud, req. n° 354159, Rec. p. 65 ; CE, 29 mai 2013, Ministre de l'intérieur contre Société Arteis, req. n° 366606 ; CE, 29 octobre 2013, Département du Gard, req. n° 371233.

[180]V. par ex. : CE, 24 novembre 2010, Commune de Ramatuelle, req. n° 335703, Rec. p. 451.

contrôle normal sur l'admission d'une candidature à un marché public[181] et sur la décision intervenue en amont d'allotir ou non le marché[182].

Il est d'ailleurs rare que le juge procède à ce dernier type de contrôle, dans la mesure où, en matière de passation des contrats de commande publique, l'administration conserve une certaine liberté d'appréciation dans ses choix, aussi bien en matière de publicité qu'en matière de mise en concurrence. Ce n'est qu'à partir du moment où l'administration aura elle-même fixée « les règles du jeu » que le juge exercera un contrôle plus poussé afin de vérifier qu'elle les a bien respectées.

Section II : Le référé précontractuel, un recours en perte d'efficacité

60. L'efficacité du référé précontractuel n'est plus ce qu'elle était. La portée des mécanismes destinés à asseoir l'effectivité de cette voie de droit se trouve limitée par la contingence de leur application (§ 1). Par ailleurs, le changement de paradigme opéré par la jurisprudence « Smirgeomes »[183] a sensiblement contribué à la raréfaction de la sanction des méconnaissances des obligations de publicité et de mise en concurrence (§ 2).

§ 1 : L'assurance relative d'une mise en œuvre effective du référé précontractuel par la combinaison du droit à l'information, du temps à la réflexion et du temps au jugement

61. Si le droit à l'information, le temps à la réflexion et le temps au jugement ont été pensés de concert afin d'optimiser l'effectivité du référé précontractuel, l'assurance d'une telle mise en œuvre reste relative. Ceci s'explique par le fait que la mise en pratique de chacun de ces mécanismes est plus ou moins directement subordonnée à la diligence du pouvoir adjudicateur, ce qui n'exclut pas des détournements de procédure de sa part, auxquels s'ajoute une intervention du juge parfois insuffisamment rigoureuse dans la protection de ces garanties.

62. Ainsi qu'il a pu être précédemment observé, l'information des candidats ou soumissionnaires évincés des motifs de rejet de leur candidature ou de leur offre est un élément déterminant dans la décision de ces requérants potentiels à saisir le juge des référés précontractuels de la légalité de la procédure de passation mise en œuvre. Le juge reconnaît,

---

[181] V. par ex. : CE, 28 avril 2006, Société Abraham bâtiment travaux publics, req. n° 286443, 286468, 286469 et 286490, T., p. 953.

[182] V. par ex. : CE, 27 octobre 2011, Département des Bouches-du-Rhône, req. n° 350935.

[183] CE, sect., 3 octobre 2008, Smirgeomes, préc. V. en contentieux des contrats privés de la commande publique : Cass. Com., 23 octobre 2012, pourvoi n° 11-23.521. V. antérieurement : Cass. Com., 8 décembre 2009, pourvoi n° 08-21.714.

certes, que sa méconnaissance constitue un manquement aux règles du droit de la commande publique, mais aussi fondamentale que soit cette information, elle ne fait pour autant l'objet d'aucune protection juridictionnelle accrue. L'insuffisante attention accordée à ce premier mécanisme peut conduire à diminuer considérablement l'effectivité et l'efficacité du référé précontractuel.

Il ressort de la jurisprudence administrative que la méconnaissance de l'obligation d'information sur demande des candidats ou soumissionnaires évincés des motifs de rejet de leur candidature ou de leur offre[184] constitue de la part du pouvoir adjudicateur un manquement à ses obligations de publicité et de mise en concurrence dont il appartient au juge administratif, saisi en application de l'article L. 551-1 du Code de justice administrative, de tirer les conséquences[185]. Le principe ainsi dégagé à propos de la méconnaissance de l'obligation d'information sur demande est aisément transposable à la méconnaissance de l'obligation d'information immédiate, dans la mesure où chacune de ces communications participe au même objectif d'informer les candidats et soumissionnaires évincés du résultat de l'adjudication et présente des informations identiques[186]. La méconnaissance de l'obligation d'information immédiate au titre de l'article de 80 du Code des marchés publics constitue donc, à l'instar de la méconnaissance de l'obligation d'information au titre de l'article 83 du même Code, un manquement aux obligations de publicité et de mise en concurrence susceptible de relever de l'office du juge des référés précontractuels[187].

Cependant, la méconnaissance de cette obligation d'information spontanée ne sera pas automatiquement sanctionnée par le juge des référés précontractuels, dès lors que celle-ci n'aura pas lésé ou n'aura pas été susceptible de léser le requérant qui aura tout de même pu introduire son

---

[184]Code des marchés publics, article 83.

[185]CE, 21 janvier 2004, Société Aquitaine Démolition, préc. En cas de manquement, il est enjoint à l'administration de communiquer les motifs de rejet de la candidature ou de l'offre au requérant. Afin de donner plein effet à cette injonction, la procédure de passation du contrat est également suspendue.

[186]La communication sur demande au sens dudit article 83 est destinée aux candidats n'ayant pas bénéficié d'une information spontanée au sens de l'article 80 du même Code. Le contenu des informations immédiate et spontanée tendent nécessairement à s'aligner.

[187]La qualification de ce moyen en manquement aux obligations de publicité et de mise en concurrence n'est pourtant pas évidente dans la mesure où l'obligation d'information ne porte pas, à proprement parler, sur la période pendant laquelle les offres concurrentes se disputent sur le marché, mais est consécutive à la décision d'adjudication. En d'autres termes, « elle ne touche pas, matériellement et temporellement, la phase proprement dite de la passation du marché ». Pour autant, il ne saurait en aller autrement : c'est sur cette information que le requérant est à même de s'appuyer pour introduire une requête en référé précontractuel. V. en ce sens, Piveteau Denis, conclusions sur CE, 21 janvier 2004, Société Aquitaine de démolition, in *CJEG*, mars 2004, p. 134 et s, spéc. p. 136.

recours. Le moyen selon lequel le défaut d'information spontanée aurait privé le requérant de la possibilité de saisir le juge des référés précontractuels ne saurait être bien fondé à partir du moment où celui-ci a été en mesure de présenter une demande recevable devant ce juge et a eu communication des motifs de rejet de sa candidature avant que ce dernier ne statue[188]. Le juge est même allé jusqu'à admettre que le manquement tiré du non-respect des dispositions de l'article 80 du Code des marchés publics n'était plus constitué « si l'ensemble des informations mentionnées aux articles 80 et 83 a été communiqué au candidat évincé à la date à laquelle le juge des référés statue sur le fondement de l'article L. 551-1 du Code de justice administrative, et si le délai qui s'est écoulé entre cette communication et la date à laquelle le juge des référés statue a été suffisant pour permettre à ce candidat de contester utilement son éviction »[189].

Cet état de la jurisprudence invite à penser que l'obligation d'information spontanée de l'article 80 du Code des marchés publics se transforme progressivement en une obligation chimérique dont la méconnaissance ne sera plus avérée - ni donc sanctionnée - dès lors qu'il aura été satisfait à l'information sur demande au titre de l'article 83 du même Code[190]. La

---

[188]V. par ex. : CE, 20 mai 2009, Commune de Fort-de-France, req. n° 311379. En sens contraire, v. : TA Bastia, 7 janvier 2009, Société SAS TSA Sisyphe, req. n° 08-01310, espèce dans laquelle il a été jugé que l'insuffisance de motivation a pu léser les intérêts du requérant, dès lors qu'il a été privé de ce fait d'arguments dont il aurait pu se prévaloir dans son recours.

[189]CE, 6 mars 2009, Syndicat mixte de la région d'Auray Belz Quiberon, req. n° 321217, T., p. 840. Il incombera inéluctablement au juge de procéder à un contrôle de proportionnalité entre l'importance des informations transmises et l'exigence temporelle. Lorsque les informations demandées au titre de l'article 83 du Code des marchés publics viendront compléter l'insuffisance de l'information à laquelle il a été préalablement procédé sur le fondement de l'article 80 du même Code - ce qui est le cas en l'espèce -, nous sommes tentés de penser que plus les nouvelles informations transmises seront de faible portée ou d'importance, moins le caractère tardif de cette communication sera sanctionné par le juge, dès lors qu'en tout état de cause, le requérant aura pu contester utilement son éviction. À l'inverse, plus cette communication sera matériellement importante, plus la variable temporelle devra être longue, à défaut de laquelle le requérant ne pourrait être considéré comme ayant pu contester utilement son éviction. V. également, en droit de l'Union européenne : CJCE, 15 octobre 1987, Heylens e.a, aff. 222/86, Rec. p. 4097 ; CJCE, 30 avril 2009, Mellor, aff. C-75/08, Rec. p. I-3799 ; CJUE, 17 mars 2011, Peñarroja, aff. C-372/09 et C-373/09, Rec. p. I-01785.

[190]Vincent-Legoux Marie-Caroline, « Portée des obligations de transparence portant sur le pouvoir adjudicateur à l'égard du candidat évincé », note sous CE, 6 mars 2009, Syndicat mixte de la région d'Auray Belz Quiberon, in *ADJA*, 2009, p. 1554 et s., spéc. p. 1557 : « Dès lors que les articles 80 et 83 sont fondés sur 'le droit à un recours utile', leur méconnaissance ne sera reconnue et sanctionnée que si elle prive de ce droit le candidat évincé. Le Conseil d'État fait ainsi prévaloir l'esprit de ces textes et 'subjectivise' l'appréciation du manquement : c'est la possibilité pour le candidat écarté de contester utilement le rejet de son offre qui conditionne la validité de la procédure de passation dans le cas où les articles 80 et 83 du Code n'ont pas été rigoureusement respectés ».

solution de l'arrêt « Syndicat mixte de la région d'Auray Belz Quiberon » contribuerait, en quelque sorte, à nier tout effet impératif des dispositions de l'article 80 du Code des marchés publics. En conséquence, rien n'empêche de supposer que l'administration serait tentée d'attendre que le candidat ou le soumissionnaire évincé se manifeste pour connaître les motifs de rejet de sa candidature ou de son offre plutôt que de satisfaire spontanément à l'obligation d'information de l'article 80 du Code des marchés publics. L'information sur demande - dont la satisfaction n'est aucunement subordonnée à l'absence de signature du contrat - pourrait intervenir postérieurement à la conclusion de celui-ci, laquelle entraînera inéluctablement la forclusion de l'action contentieuse.

Si l'obligation d'information spontanée contribue, en théorie, aux côtés de la clause de gel et de la suspension automatique de la signature dès l'introduction du recours, à asseoir l'effectivité du référé précontractuel, l'absence de réelle sanction de la méconnaissance des prescriptions de l'article 80 du Code des marchés publics ainsi que l'étrangeté des modalités de sa réalisation[191] conduisent à s'interroger sur les réalités de l'introduction d'une action contentieuse utile par un requérant en proie à une indétermination à exercer un recours lorsqu'il n'en est pas privé.

63. Quant à la seconde garantie, il importe de constater que l'efficacité de la clause de gel est entièrement dépendante du bon-vouloir du pouvoir adjudicateur à la respecter. Les effets escomptés du délai de standstill seront annihilés à partir du moment où le pouvoir adjudicateur aura décidé de signer prématurément le contrat, rendant par là même tout référé précontractuel irrecevable et sans que le juge des référés précontractuels puisse tirer les conséquences d'un tel comportement. Celui-ci demeure incompétent pour connaître de la signature du contrat et ce, quand bien même l'intervention de celle-ci, de manière anticipée, aurait eu pour seul but

---

[191] V. d'une part : CE, 24 juin 2011, Commune de Rouen, req. n° 347840 : le Conseil d'État a, en effet, jugé que « [les dispositions de l'article 80 du Code des marchés publics] n'interdisent pas au pouvoir adjudicateur, après avoir communiqué les motifs justifiant le rejet d'une candidature ou d'une offre, de procéder ultérieurement à une nouvelle communication pour compléter ou préciser ces motifs, voire pour procéder à une substitution de motifs ». V. d'autre part : CE, 18 décembre 2012, Métropole Nice Côte d'Azur, req. n° 363342 : le Conseil d'État admet libéralement que la seule indication du classement et des notes obtenues constitue une motivation suffisante au regard des exigences de l'article 80. Le Professeur Florian Linditch ne manquait pas de remarquer que « cette solution libérale ne va pas sans susciter quelques inquiétudes au regard des exigences du juge communautaire, et plus largement du droit au recours effectif régulièrement rappelé par le juge européen ». V. en ce sens : Linditch Florian, « Lettre de motivation de rejet de l'article 80 : les indications du classement du candidat et des notes attribuées suffisent », note sous CE, 18 décembre 2012, Métropole Nice Côte d'Azur, in *JCP Administrations et collectivités territoriales*, p. 24 et s., spéc. p. 24 et v. précédemment § 30. V. postérieurement : CE, 15 février 2013, Société SFR, req. n° 363854, arrêt qui constate la suffisance des informations fournies au titre de l'article 80 du Code des marchés publics.

de faire obstacle à sa saisine[192]. Quoiqu'entachée d'illégalité, la décision de signer le marché litigieux n'en existe pas moins[193]. Le juge des référés précontractuels est dans l'impossibilité de connaître de la légalité de cette signature sous la double acception de la régularité des circonstances dans lesquelles celle-ci est intervenue[194] et de la compétence personnelle de l'autorité signataire de la convention[195].

La « théorie de l'apparence » de la signature du contrat est justifiée par le fait que le référé précontractuel n'a pas pour objet principal de vérifier que le contrat a été signé, que la signature du contrat entraîne seulement des conséquences sur la recevabilité du recours sans préjuger de la légalité de la procédure de passation[196] et que la procédure de référé précontractuel peut

---

[192]V. par ex. : CE, 7 mars 2005, Société Grandjouan-Saco, req. n° 270778, Rec. p. 96.

[193]V. par ex. : CE, 17 octobre 2007, Société Physical Networks Software, req. n° 300419. V. pour une opinion contraire : Martin Julien, NAULEAU Pierre-Yves, « Référé précontractuel : la course à la signature continue ! », in *CP-ACCP*, février 2005, p. 56 et s., spéc. p. 58.

[194]Par l'expression « régularité des circonstances dans lesquelles cette signature est intervenue », il peut s'agir de vérifier, d'une part, que la collectivité publique qui avait fait usage du procédé contractuel intervenait dans une matière qui relevait effectivement de son champ de compétence et, d'autre part, qu'elle respecte bien les obligations procédurales encadrant la signature du contrat (outre le respect du mécanisme de *standstill*). La théorie de l'apparence joue même en dépit de la méconnaissance de règles juridiques ayant trait au champ d'intervention de la collectivité publique : quand bien même l'objet du contrat en question ne relèverait pas de la compétence de la collectivité publique, la signature du contrat ne sera pas pour autant contrôlée par le juge des référés précontractuels. V. en ce sens : CE, 30 juin 1999, SA Demathieu et Bard, req. n° 198993, T., p. 890. En outre - et c'est à ce niveau que la théorie de l'apparence atteint son paroxysme -, le juge administratif étendra même cette solution aux hypothèses d'inobservation de missions de nature constitutionnelle. Il a, en effet, pu être jugé, dans une ordonnance du Tribunal administratif de Toulouse du 20 janvier 1998, de l'inopérance du moyen tiré de ce qu'une délibération autorisant la signature de l'acte d'engagement n'aurait pas encore été transmise à la préfecture pour satisfaire aux exigences du contrôle de légalité. À la date à laquelle l'ordonnance a été rendue, il était pourtant de jurisprudence constante qu'un contrat était considéré comme nul, lorsqu'il avait été signé avant la transmission de la délibération d'habilitation, faute pour celle-ci d'avoir acquis force exécutoire en application de l'article 2 de la loi de décentralisation du 2 mars 1982 dans sa rédaction que lui a donnée la loi du 22 juillet 1982. V. en ce sens : TA Toulouse, 20 janvier 1998, Compagnie de services et d'environnement contre Syndicat intercommunal d'amenée d'eau portable du Ségala, req. n° 97-3452 et CE, 20 janvier 1989, Ville de Millau, req. n° 70686, confirmé par avis CE, sect., n° 176873, 176874, 176875, 20 juin 1996, Préfet de la Côte d'Or, Rec. p. 198.

[195]Le moyen selon lequel le représentant de l'administration ne serait pas compétent pour signer le contrat ne constitue pas un moyen opérant sur le fondement des dispositions régissant le référé précontractuel. V. en ce sens : CE, 8 février 1999, Société Campenon Bernard, req. n° 188100, T., p. 890, 950. Le juge des référés précontractuels ne contrôle donc ni la qualité du représentant du pouvoir adjudicateur, ni la légalité de la délégation de signature.

être considérée comme une procédure d'urgence[197]. Au demeurant compréhensibles, ces raisons éludent néanmoins le fait que cette théorie empêche la sanction du manque de loyauté de l'administration[198] qui a anticipé la signature du contrat au titre du détournement de pouvoir pour faire obstacle à la saisine du juge des référés précontractuels.

Dans l'optique de contourner les méfaits de cette théorie des apparences peu respectueuse de la légalité, la sanction du « faux grossier » et le constat de l'inexistence de la signature du contrat ont pu être proposés par la doctrine[199]. N'ayant fait l'objet d'aucune définition explicite, l'hypothèse de sanction du « faux grossier » envisagée en 1999 n'a jamais été appliquée et semble aujourd'hui difficilement applicable au vu d'une jurisprudence bien établie selon laquelle même les violations des règles les plus substantielles encadrant la signature du contrat ne sont pas sanctionnées. Quant au constat de l'inexistence de la signature du contrat, il n'est guère compréhensible d'un point de vue strictement logique : comme le note Jean-Paul Gilli, si « le juge des référés de Toulouse a sans doute accompli un pas en ce sens, en évoquant une possible inexistence du contrat signé », il n'en demeure pas moins que « cette démarche n'était guère cohérente, dans la mesure où une déclaration d'inexistence eût, tout autant, impliqué un examen du contrat signé, examen qu'il se refuse à effectuer »[200].

La haute juridiction administrative maintient en définitive la solution de la non reconnaissance de l'inexistence de la conclusion du contrat en articulant sa motivation autour de deux axes[201]. D'une part, toutes les décisions entachées d'un vice de légalité privant leurs destinataires de garanties essentielles ne sont pas pour autant inexistantes : le juge ne recourt que de manière exceptionnelle à la notion d'acte inexistant, même dans l'hypothèse d'une illégalité très grave[202]. Les cas d'inexistence révélés par la

---

196 Linditch Florian, « Nouveau Code des marchés publics : le référé précontractuel ne permet pas de sanctionner la violation de l'article 76 », note sous CE, 7 mars 2005, SA Grandjouan-Saco, in *JCP Administrations et collectivités territoriales*, mai 2005, p. 760 et s., spéc. p. 761.

197 Bien que la démonstration de l'urgence ne constitue pas une condition de recevabilité à l'introduction du référé précontractuel.

198 Beduschi-Ortiz Ana, « La notion de loyauté en droit administratif », in *AJDA*, 2011, p. 944 et s.

199 Pour la sanction du faux grossier, v. Bergeal Catherine, conclusions sur CE, 8 février 1999, Société Campenon Bernard, in *BJCP*, 1999, n° 4, p. 361 et s., spéc. p. 363. Pour l'inexistence de la signature du contrat, v. notamment : Cassia Paul, Pratique des référés précontractuels, préc., spéc. pp. 86-87 ; Gilli Jean-Paul, « Le recours prévu à l'article L. 22 du Code des TA-CAA doit être exercé avant la signature du contrat », note sous TA Toulouse, 20 janvier 1998, req. n° 97-3452, in *AJDA*, mars 1998, p. 271 et s., spéc. p. 273.

200 Gilli Jean-Paul, *ibid.*

201 Boulouis Nicolas, conclusions inédites sur CE, 7 mars 2005, Grandjouan-Saco.

202 V. par ex. : CE, ass., 10 février 1961, Sieur Chabran, req. n° 49300, Rec. p. 102.

jurisprudence sont en outre davantage rattachés aux vices d'incompétence[203]. Et dans le cas particulier de la méconnaissance du *délai de standstill*, quand bien même le non respect de ces dispositions serait constitutif d'un vice d'incompétence *ratione temporis*[204], il semblerait de moindre gravité que les autres cas d'incompétence[205]. D'autre part, la théorie des apparences ne priverait nullement le candidat malheureux de tout recours aux fins de connaître de la légalité des circonstances dans lesquelles la conclusion du contrat est intervenue.

Cette auto limitation de compétence par le juge administratif lui-même n'est pas sans soulever des difficultés par rapport à l'effet utile des directives « Recours »[206]. Conçues pour assurer une ouverture effective des marchés publics à la concurrence en instituant des mécanismes efficaces destinés à veiller au respect des garanties de transparence et de non-discrimination, il semblerait que la restriction du contrôle du juge à l'examen de la procédure de passation du contrat amputée de la vérification de la régularité de la signature laisse apparaître une étude inachevée de l'ensemble de la procédure. Ainsi, « l'effet utile des directives 'Recours' ne voudrait-il pas que l'instance compétente soit habilitée à vérifier que le contrat a été légalement passé, et non seulement à ce que la procédure préalable à la signature soit régulière » ?[207]

En ce sens, les travaux préparatoires à la révision des directives « Recours » s'orientaient, d'une part, vers la consécration d'une reconnaissance de l'absence d'effet de la signature du contrat intervenue en méconnaissance de la clause de gel et, d'autre part, vers la possibilité pour le

[203]V. par ex. : CE, 8 décembre 1982, Commune de Dompierre, req. n° 35596, Rec. p. 555, pour une décision dont l'auteur est dépourvu de tout pouvoir de décision. V. également : CE, 9 novembre 1983, Saerens, req. n° 15116, Rec. p. 453, pour un organisme dépourvu d'existence légale. Pour une étude détaillée de la théorie de l'inexistence des actes administratifs, v. Auby Jean-Marie, *La théorie de l'inexistence des actes administratifs*, A. Pedone, 1947.

[204]Qualification considérée comme « audacieuse » par Nicolas Boulouis. V. Nicolas Boulouis, conclusions inédites sur CE, 7 mars 2005, Société Grandjouan-Saco.

[205]Auby Jean-Marie, *L'incompétence « ratione temporis », recherches sur l'application des actes administratifs dans le temps*, LGDJ, 1953, spéc. pp. 10-11 : « L'acte pris à une autre date aurait été régulier. Cependant, dans ces hypothèses, d'autres causes de nullité ont joué : les autorités intéressées étaient incompétentes *ratione materiae* ou encore leurs actes ont violé la loi ou les règles de procédure. Dès lors, analyser ces espèces comme se rattachant à l'incompétence *ratione temporis* ne serait pas logiquement inconcevable mais conduirait à absorber dans cette notion une partie des illégalités que la classification traditionnelle place sous d'autres rubriques ».

[206]CJCE, 28 octobre 1999, Alcatel Austria AG e.a., Siemens AG Österreich et Sag-Schrack Anlagentechnik AG c/ Bundesministerium für Wissenschaft und Verkehr, préc., pt. 33 et 43. V. également : Léger Philippe, conclusions sur CJCE, 3 mars 2005, Fabricom SA c/ État belge, aff. C-21/03 et C-34/03, pt. 51.

[207]Cassia Paul, *Pratique des référés précontractuels*, préc., spéc. p. 86.

juge désigné par les autorités nationales de tirer les conséquences de cette signature sur les effets du contrat. Il était, en effet, disposé que « si un contrat est conclu illégalement par l'autorité adjudicatrice pendant le délai suspensif, une telle conclusion est considérée comme sans effet. Les conséquences d'une telle illégalité sur les effets du contrat sont tirées par l'instance de recours compétente, cette dernière devant toutefois être saisie par un opérateur économique avant l'expiration d'un délai de prescription de six mois à compter de la date effective de la conclusion »[208]. La directive n° 2007/66/CE, dans sa version finale, ne s'inscrit pas dans la pleine continuité des travaux préparatoires, en ce qu'elle dispose qu'« afin de prévenir toute violation grave de l'obligation de délai de suspension et de suspension automatique, qui sont des conditions indispensables pour qu'un recours soit efficace, il convient que des sanctions effectives soient appliquées. Il convient dès lors que les marchés conclus en violation du délai de suspension ou de la suspension automatique soient considérés en principe comme dépourvus d'effets s'ils s'accompagnent de violations des directives 2004/18/CE ou 2004/17/CE telles qu'elles ont compromis les chances du soumissionnaire intentant un recours d'obtenir le marché »[209]. L'absence d'effets ne vise donc plus la conclusion du contrat, mais le contrat lui-même.

La révision des directives « Recours » aurait pu être l'occasion pour les pouvoirs publics français de transposer la directive n° 2007/66/CE, de manière plus stricte, dans le sens de l'absence d'effets du contrat résultant de l'absence d'effets de la signature du contrat conclu en méconnaissance de la clause de gel. À l'instar du Conseil d'État qui « s'était borné à aiguiller [le requérant évincé] vers une autre voie contentieuse »[210], les pouvoirs publics, à travers l'ordonnance du 7 mai 2009, ont fait le choix de ne pas confier le constat d'absence d'effets de la conclusion du contrat ou du contrat lui-même au juge des référés précontractuels, renvoyant au juge des référés contractuels, sous certaines conditions, le soin de décider du sort du contrat illégalement conclu[211]. Tout retour sur les principes directeurs de forclusion de l'action contentieuse en référé précontractuel semble dorénavant difficilement concevable et n'en est pas moins regrettable.

---

[208] Proposition de directive du Parlement européen et du Conseil modifiant les directives n° 89/665/CEE et n° 92/13/CEE du Conseil en ce qui concerne l'amélioration de l'efficacité des procédures de recours en matière de passation des marchés publics, Com(2006) 195 final.

[209] Directive n° 2007/66/CE, préc., point 18.

[210] Vincent-Legoux Marie-Caroline, « La signature des marchés : précipitation et référé précontractuel », note sous Conseil d'État, 7 mars 2005, Société Grandjouan-Saco », in *RFDA*, 2005, p. 1994 et s., spéc. p. 1996. V. également : CE, 15 février 2013, Société Novergie, préc.

[211] Sur les pouvoirs du juge des référés contractuels, v. ci-après § 97-105.

64. Enfin, les limites à l'efficacité de la suspension automatique de la signature du contrat résident dans les conditions d'introduction d'une requête en référé précontractuel.

La suspension de la signature du contrat n'est plus subordonnée à une ordonnance du juge des référés précontractuels enjoignant au pouvoir adjudicateur de différer la signature du contrat, mais est fonction de l'introduction du référé précontractuel auprès du tribunal administratif et de la notification simultanée au pouvoir adjudicateur du dépôt de la requête. La jurisprudence a estimé, à ce propos, que le défaut de notification du recours au pouvoir adjudicateur ne constitue pas une fin de non-recevoir à l'introduction d'un référé précontractuel[212]. L'institution d'une telle notification est uniquement motivée par le souci de prévenir le pouvoir adjudicateur de l'introduction d'un référé précontractuel et de l'interdire de signer le contrat. Ainsi, la jurisprudence dénie tout caractère impératif des dispositions des articles R. 551-1 et R. 551-2 du Code de justice administrative en transformant l'obligation de notification en formalité non substantielle, bien qu'en pratique indispensable.

Si la méconnaissance de cette formalité n'a aucune répercussion directe sur la recevabilité de l'action contentieuse en référé précontractuel, il n'en demeure pas moins que celle-ci sera indirectement sanctionnée par la fermeture du référé contractuel même lorsque le contrat aura été signé en violation de la suspension automatique de la signature dès l'introduction du recours. L'exception au principe du non-cumul des référés précontractuel et contractuel tirée de la méconnaissance de la suspension automatique de signature[213] ne jouera plus lorsque le requérant n'aura pas satisfait à la notification de sa requête au pouvoir adjudicateur au titre des articles R. 551 et R. 551-2 du Code de justice administrative. C'est en ce sens que la haute juridiction administrative s'est prononcée dans un arrêt du 30 septembre 2011, au terme duquel il a été considéré « qu'en vertu de l'article L. 551-14 du Code de justice administrative, le recours contractuel demeure ouvert au demandeur ayant fait usage du référé précontractuel dès lors que le pouvoir adjudicateur n'a pas respecté la suspension prévue à l'article L. 551-4 ou ne s'est pas conformé à la décision juridictionnelle rendue sur ce recours ; qu'il en va toutefois différemment lorsque le recours contractuel, présenté par un demandeur qui avait antérieurement présenté un recours précontractuel, est dirigé contre un marché signé durant la suspension prévue à l'article L. 551-4 alors que le pouvoir adjudicateur était dans l'ignorance du référé

[212]CE, 10 novembre 2010, Ministre de la défense, préc.

[213]Code de justice administrative, article L. 551-14.

précontractuel en raison de la méconnaissance, par le demandeur, de ses obligations de notification prévues à l'article R. 551-1 »[214].

§ 2 : Du changement de paradigme né de la jurisprudence « Smirgeomes » à la raréfaction de la sanction des manquements au droit de la commande publique

65. Nul ne contestera que la jurisprudence « Smigeomes » du 3 octobre 2008 a porté un « coup d'arrêt » au référé précontractuel[215]. Autant cette décision a-t-elle permis un retour au texte[216], autant a-t-elle engendré un véritable changement de paradigme : à la sanction quasi-automatique des manquements au droit de la commande publique dès lors que la requête était jugée recevable, s'y est substituée une raréfaction des corrections des comportements inadéquats de l'administration aux obligations de publicité et de mise en concurrence.

66. Jurisprudence « novatrice, en ce qu'elle contrevient à un principe du contentieux général, qui veut que lorsque les conclusions de la requête sont recevables, tous les moyens le sont nécessairement »[217] et mettant fin à « une perversion de la procédure contentieuse » dans l'utilisation qui en était faite[218], la décision « Smirgeomes » a conduit le juge à opérer un examen des

---

[214]CE, 30 septembre 2011, Commune de Maizières-les-Metz, req. n° 350148, Rec. p. 450. V. Dacosta Bertrand, conclusions sur CE, 30 septembre 2011, Commune de Maizières-les-Metz, in *BJCP*, novembre-décembre 2011, p. 465 et s., spéc. p. 468 : « la collectivité ne peut être regardée comme ayant méconnu la suspension prévue à l'article L. 551-4 ou à l'article L. 551-9 qu'à partir du moment où elle a été informée de la saisine du juge du référé précontractuel. [...] Dans cette optique, la collectivité qui signe le contrat sans avoir été avisée de la saisine du juge du référé précontractuel respecte la suspension de l'article L. 551-14, qui ne s'impose à elle qu'à compter du moment où elle est informée. Cette approche peut sembler d'autant plus justifiée que, comme on l'a vu, les articles R. 551-1 et R. 551-2 prévoient que l'auteur du recours doit notifier celui-ci à la collectivité 'en vue d'éviter que le marché contesté ne soit prématurément signé', pour reprendre votre décision Ministre de la défense. Il appartient donc à l'auteur du recours de procéder aux diligences requises, et de subir les conséquences de son éventuelle inertie. Sinon, on ne voit pas très bien quelles conséquences peut avoir la méconnaissance de l'obligation de notification ».

[215]Braconnier Stéphane, « Référé précontractuel : brutal coup d'arrêt », note sous CE, sect., 3 octobre 2008, Smirgeomes, in *RDI*, novembre 2008, p. 499 et s. ; Cassia Paul, « Coup d'arrêt au référé précontractuel », in *AJDA*, 2008, p. 2374 et s.

[216]Le Professeur Élise Langelier parle même d'« orthodoxie de retour au texte ». V. Langelier Élise, *L'office du juge administratif et le contrat administratif*, préc., spéc. p. 179.

[217]Bergeal Catherine, Lenica Frédéric, *Le contentieux des marchés publics*, Le Moniteur, 2010, spéc. p. 108. V. également : Brenet François, « Un nouveau référé précontractuel est né », note sous CE, sect., 3 octobre 2008, Smirgeomes, in *RJEP*, février 2009, p. 15 et s.

[218]Delvolvé Pierre, « Limitation des moyens invocables dans le référé précontractuel », note sous CE, sect., 3 octobre 2008, Smirgeomes, in *RFDA*, 2008, p. 1139 et s.

moyens soulevés au cas par cas en portant une attention particulière la lésion ou la potentielle lésion des intérêts du requérant[219].

67. Quantitativement, les ordonnances de rejet sont beaucoup plus nombreuses, au motif que « l'entreprise n'indique pas en quoi le manquement allégué l'aurait lésée ou aurait été susceptible de la léser »[220]. L'absence de lésion ou de potentielle lésion empêche le juge de statuer au fond sur l'illégalité du comportement de l'administration. Elle joue, en quelque sorte, un rôle protecteur des illégalités par le filtre qu'elle met en place. La jurisprudence « Smirgeomes » témoigne de la transformation d'un référé précontractuel *ab initio* artificiellement objectif[221] en un référé précontractuel en voie d'une subjectivisation absolue[222] dont l'efficacité peut être grandement remise en question[223]. À défaut, pour le requérant concurrent évincé, de jouir d'un recours réellement efficace, le référé précontractuel tend néanmoins à se maintenir au rang des voies de droit dont il est permis d'espérer la plus grande efficacité[224].

---

[219]V. ci-après § 92-96.

[220]V. par ex. : CE, 21 mai 2010, Commune de Bordeaux, req. n° 334845, T., p. 858.

[221]En ce sens que le juge s'est initialement écarté de la lettre du texte qui prévoyait la prise en compte de l'intérêt à conclure le contrat et de la potentielle lésion par le manquement invoqué.

[222]V. Langelier Élise, *L'office du juge administratif et le contrat administratif*, préc., pp. 180-181. Sur le mouvement général de la « subjectivisation » ou de « contextualisation » du contentieux contractuel, v. Auby Jean-Bernard, « Ancien régime et Révolution dans le contentieux contractuel », in *Droit administratif*, mai 2011, p. 1 et s., spéc. p. 1.

[223]Sur le basculement du centre de gravité du contentieux de la validité des contrats publics, v. Rees Philippe, « État des lieux du droit du contentieux de la validité des contrats de la commande publique », préc., spéc. p. 8. V. également : Benguigui Edith, « Le référé précontractuel constitue-t-il toujours une voie de droit efficace et rapide ? », in *JCP Administrations et collectivités territoriales*, 9 mars 2009, p. 46 et s.

[224]« Peut-être serait-il temps de [rouvrir un peu le référé précontractuel] pour tenir compte des évolutions peu favorables du contentieux post contractuel ». V. en ce sens : Noguellou Rozen, « Le référé contractuel : un recours subsidiaire », note sous CE, 19 janvier 2011, Grand port maritime du Havre, in *RDI*, mai 2011, p. 275 et s., spéc. p. 277. V. également : Benguigui Edith, « Le référé précontractuel constitue-t-il toujours une voie de droit efficace et rapide ? », préc., spéc. p. 48.

Chapitre 2 : Le référé précontractuel et le référé contractuel, deux voies de droit aux ressemblances trompeuses

68. La création du référé contractuel par la nouvelle directive « Recours » et par l'ordonnance du 7 mai 2009 participe de la volonté de poursuivre la correction des manquements aux obligations de publicité et de mise en concurrence après la signature du contrat. Les référés précontractuel et contractuel tendent ainsi à répondre à des objectifs similaires. Ceci explique que ces recours partagent, à la lecture des dispositions qui les régissent, des caractéristiques communes.

69. Pourtant, le référé contractuel, tel qu'il a été conçu, ne saurait être un référé précontractuel après la signature du contrat. Le référé contractuel n'a qu'une existence « négative », n'ayant vocation à être mis en œuvre qu'en raison de l'impossibilité pour le requérant d'avoir introduit ou exercé utilement un référé précontractuel[225]. Il ne constitue pas un recours de seconde chance.

70. Par conséquent, l'appréciation empirique des caractéristiques communes aux deux recours laisse entrevoir une différenciation de leur régime juridique. Ce constat vaut aussi bien pour l'identification des requérants susceptibles d'exercer ces recours (Section I) que pour les irrégularités corrigées (Section II).

Section I : L'apparente identité des requérants susceptibles de saisir les juges des référés précontractuel et contractuel

71. L'accès aux juges des référés précontractuel et contractuel n'est réservé qu'à certains requérants. Si, au regard des fondements textuels de ces recours, le constat liminaire est celui d'une identité des requérants susceptibles de saisir chacun de ces deux juges (§ 1), cette observation doit être nuancée en pratique (§ 2).

§ 1 : Une identité théorique des requérants à même d'exercer un référé précontractuel et un référé contractuel

72. Théoriquement, les requérants susceptibles d'exercer un référé précontractuel ou un référé contractuel sont identiques. Cette identité s'explique, d'une part, par une définition commune de l'intérêt à agir des

[225] Boulouis Nicolas, conclusions sur CE, 19 janvier 2011, Grand port maritime du Havre, in *BJCP*, mars-avril 2011, p. 125 et s., spéc. p. 127 : « On n'exerce le référé contractuel que parce que, pour des raisons indépendantes de sa volonté, on n'a pu bénéficier des effets qui auraient dû s'attacher à l'exercice d'un référé précontractuel. Par suite, les opérateurs économiques ne choisissent pas l'un plutôt que l'autre, ce qui impliquerait cette équivalence ».

requérants en référé précontractuel et en référé contractuel et, d'autre part, par l'adjonction expresse d'un requérant « spécial » nommément désigné, lui-même commun aux deux voies de droit[226].

73. Toute définition de l'intérêt à agir peut sembler superfétatoire, à partir du moment où il est un principe général du contentieux administratif selon lequel cet intérêt s'apprécie non pas au regard des moyens invoqués, mais des conclusions dont le juge est saisi[227]. Les pouvoirs publics ont toutefois pris le soin de définir l'intérêt à agir en référé précontractuel et en référé contractuel.

La définition de l'intérêt à agir en référé précontractuel apparaît dès la transposition des directives « Recours » dans leur version originale et est désormais codifiée à l'article L. 551-10 du Code de justice administrative dans sa rédaction issue de l'ordonnance du 7 mai 2009. Celui-ci dispose que « les personnes habilitées à engager les recours prévus aux articles L. 551-1 et L. 551-5 sont celles qui ont intérêt à conclure le contrat [...] et qui sont susceptibles d'être lésées par le manquement invoqué ». À l'instar du référé précontractuel, les textes organisant le régime juridique du référé contractuel font semblablement état du même principe. Aux termes de l'article L. 551-14 du même Code, « les personnes habilitées à agir sont celles qui ont un intérêt à conclure le contrat et qui sont susceptibles d'être lésées par des manquements aux obligations de publicité et de mise en concurrence auxquelles sont soumis ces contrats ».

Il ressort ainsi de ces dispositions que la définition de l'intérêt à agir en référé précontractuel et en référé contractuel est théoriquement établie selon une double acception fondée, d'une part, sur la prise en considération d'un intérêt à conclure le contrat et, d'autre part, sur la potentielle lésion des intérêts du requérant constituée par des manquements aux obligations de publicité et de mise en concurrence invoqués[228].

---

[226]L'étude portera uniquement sur le préfet qui pourra aussi bien agir en référé précontractuel qu'en référé contractuel. Il convient de relever que la saisine du juge des référés précontractuels par l'État agissant comme mandataire de la Commission européenne, garante de la légalité communautaire, n'a pas d'équivalent en référé contractuel. V. à cet effet, Directive n° 2007/66/CE, préc., article 1er, 3) ; Code de justice administrative, article L. 551-10.

[227]V. par ex. : CE, 15 mars 1957, Israël, req. n° 31113, Rec. p. 174 ; CE, sect., 13 décembre 1974, Ministre de l'aménagement du territoire, de l'équipement, du logement et du tourisme contre Demoiselle Gratet du Bouchage, req. n° 91496, Rec. p. 629.

[228]V. Directive n° 89/665/CEE, article 1er, 3° ; Directive n° 92/13/CEE, article 1er, 3° ; CJCE, 19 juin 2003, Werner Hackermüller, aff. C-249/01, Rec. p. I-06319, pt. 17-19 : « [...] il suffit de rappeler que, en vertu de l'article 1er, paragraphe 3, de la directive 89/665, les États membres sont tenus d'assurer que les procédures de recours prévues par ladite directive sont accessibles 'au moins' à toute personne ayant ou ayant eu intérêt à obtenir un marché public déterminé et ayant été ou risquant d'être lésée par une violation alléguée du droit communautaire en matière de marchés publics ou des règles nationales transposant ce droit. Il

In abstracto, les catégories de requérants recevables à agir en référés précontractuel et contractuel sont de deux types : les concurrents évincés[229] et les candidats potentiels. Par concurrents évincés, il faut entendre toutes les personnes qui ont été candidates à l'attribution du contrat et dont la candidature ou l'offre n'a pas été retenue. Cette qualité pour agir résulte de la seule démarche d'avoir participé à une procédure de consultation et de ne pas avoir obtenu l'adjudication. Sous la dénomination « candidats potentiels », il s'agit d'entendre l'ensemble des candidats qui n'ont pas participé à la procédure mais qui auraient pu le faire, faute pour l'administration d'avoir respecté les formalités de publicité adéquates ou de les avoir dissuadés de soumissionner en raison de la violation des obligations de mise en concurrence. Dans l'hypothèse où une entreprise aurait été vraisemblablement empêchée de participer à une consultation, c'est au juge qu'il revient la charge de vérifier qu'elle aurait été théoriquement à même de fournir la prestation faisant l'objet du contrat à conclure pour lui reconnaître la qualité de candidat potentiel[230]. À l'inverse, une entreprise qui ne s'est pas portée candidate alors qu'elle aurait pu le faire ne sera pas recevable à agir[231].

Si le juge administratif avait pu laisser entendre que l'attributaire pressenti avait intérêt à agir parce qu'ayant un intérêt à conclure le contrat en toute conformité avec les obligations de publicité et de mise en concurrence[232], il ne lui est dorénavant plus possible d'obtenir de « brevet de légalité » de la procédure de passation[233].

---

en découle que cette disposition n'oblige pas les États membres à rendre lesdites procédures de recours accessibles à toute personne souhaitant obtenir l'adjudication d'un marché public, mais qu'elle leur permet d'exiger, en plus, que la personne concernée ait été lésée ou risque d'être lésée par la violation qu'elle allègue. Il convient dès lors de répondre à la première question que l'article 1er, paragraphe 3, de la directive 89/665 ne s'oppose pas à ce que les procédures de recours prévues par ladite directive ne soient accessibles aux personnes qui souhaitent obtenir l'adjudication d'un marché public déterminé que si celles-ci ont été ou risquent d'être lésées par la violation qu'elles allèguent ».

[229] Les concurrents évincés se divisent en deux catégories : les candidats évincés et les soumissionnaires évincés. L'utilisation de l'une ou l'autre dénomination dépend de la temporalité de l'éviction selon l'analyse de l'offre au fond.

[230] V. par ex. : TA Grenoble, 10 avril 2006, Société Antennes Plus, req. n° 0601247.

[231] V. pour le cas particulier de dépôt d'une offre au-delà du délai imparti : TA Lyon, 3 octobre 2007, Société Eurovia Drôme Ardèche Loire Auvergne, req. n° 0706075 ; TA Lyon, 19 octobre 2007, Société Sepur, req. n° 0706952. V. également : CE, 23 juillet 2012, Commune de Villefranche-sur-Mer, req. n° 358779.

[232] V. par ex. : CE, 19 septembre 2007, Communauté d'agglomération de Saint-Étienne Métropole, req. n° 296192, T., p. 1007.

[233] V. par ex. : CE, 23 décembre 2011, Département de la Guadeloupe, req. n° 350231 : « Considérant que l'entreprise déclarée attributaire d'un contrat à l'issue de la procédure de passation n'est pas susceptible d'être lésée par des manquements aux obligations de publicité et de mise en concurrence auxquelles est soumis ce contrat ; qu'elle n'a pas intérêt à agir à l'encontre de cette procédure de passation du contrat et n'est donc pas habilitée à en demander

Certains requérants sont, en tout état de cause, irrecevables à saisir le juge des référés précontractuel et contractuel, parce qu'ils ne peuvent participer à une procédure de passation d'un contrat relevant de la commande publique. Ainsi, en est-il des élus locaux, à l'exemple d'un conseiller municipal[234] ; des représentants des intérêts professionnels, tels l'ordre des architectes[235] ; des associations locales[236], pour lesquels le contentieux de l'acte détachable du contrat était ouvert sous réserve de la démonstration d'un intérêt à agir[237] jusqu'à la décision « Département de Tarn-et-Garonne » du 4 avril 2014 et pour lesquels le recours en contestation de la validité du contrat nouvellement défini est, depuis lors, à leur disposition[238].

74. Outre une définition générique de l'intérêt à agir des requérants en référés précontractuel et contractuel, les articles L. 551-10 et L. 551-14 du Code de justice administrative réservent au représentant de l'État à l'échelon local la faculté de saisir les juges des référés précontractuel et contractuel[239]. Le préfet n'a pas d'intérêt à conclure le contrat et n'est pas susceptible d'être lésé par un manquement aux obligations de publicité et de mise en concurrence. Il peut toutefois saisir chacun de ces deux juges dans l'objectif qui lui est assigné de veiller au respect de la légalité, en sa qualité d'institution garante de la légalité à l'échelle locale[240].

§ 2 : Une dissemblance pratique des requérants à même d'exercer un référé précontractuel et un référé contractuel

75. Si, en théorie, les requérants susceptibles de saisir le juge des référés précontractuel et contractuel sont identiques, l'étude de la jurisprudence révèle que cette identité est illusoire. Cette dissemblance s'explique par une

l'annulation sur le fondement des dispositions de l'article L. 551-1 du code de justice administrative ; que cette entreprise peut seulement, le cas échéant, si la procédure de passation est entachée d'une irrégularité susceptible de conduire à l'annulation du contrat, retirer son offre avant la conclusion du contrat ». À rapprocher de : CE, sect., 3 octobre 2008, Smirgeomes, préc.

234 V. par ex. : TA Rennes, 31 mars 1994, Becam, T., p. 1043.

235 V. par ex. : CE, 16 décembre 1996, Conseil régional de l'Ordre des architectes de la Martinique, req. n° 158234, Rec. p. 493.

236 V. par ex. : TA Nice, 16 novembre 1993, Association de défense des intérêts des habitants du quartier La Plana, req. n° 933910.

237 Sur le fondement de l'arrêt CE, 4 août 1905, Martin, préc.

238 V. § 422-426.

239 Si la faculté pour le préfet de saisir le juge des référés précontractuels avait été initialement limitée aux contrats passés par les pouvoirs adjudicateurs, l'ordonnance du 7 mai 2009 a étendu ce dispositif aux contrats passés par les entités adjudicatrices.

240 Pour une appréciation pratique de l'action du préfet en référé précontractuel et en référé contractuel, v. § 599-605.

appréciation différente de l'intérêt à à agir en référé précontractuel (A) et en référé contractuel (B).

A – L'intérêt à agir en référé précontractuel

76. L'appréciation de l'intérêt à agir du requérant ne s'est jamais fondée sur un juste équilibre entre l'identification d'un intérêt à conclure le contrat, d'une part, et l'identification d'une lésion ou d'une potentielle lésion de ses intérêts, d'autre part, telle qu'elle apparaît dans les textes communautaires et en droit interne[241].

77. Avant l'arrêt « Smirgeomes », l'appréciation de l'intérêt à agir du requérant était uniquement fondée sur la conclusion le contrat. Selon une logique binaire, si le requérant avait effectivement un intérêt à conclure le contrat, alors il disposait d'un intérêt à agir en référé précontractuel ; à l'inverse, s'il n'avait aucun intérêt à conclure le contrat, alors il ne pouvait être recevable à introduire une requête en référé précontractuel.

78. La lésion ou la potentielle lésion des intérêts du requérant par les manquements aux obligations de publicité et de mise en concurrence invoqués n'était pas en elle-même prise en compte. Cet état du droit était justifié par le fait que « l'attribution du contrat à une entreprise tierce était présumée avoir causé une lésion à ses intérêts suffisamment intense pour lui ouvrir l'accès au prétoire du juge des référés »[242]. À partir du moment où l'accès au prétoire du juge des référés précontractuels était uniquement conditionné par le fait que le contrat avait été attribué à une autre entreprise, l'appréciation de l'intérêt à agir en référé précontractuel était empreinte d'un certain libéralisme. L'absence de démonstration d'une lésion ou d'une potentielle lésion des intérêts du requérant causée par les irrégularités invoquées rapprochait ainsi l'appréciation de l'intérêt à agir en référé précontractuel de celle en excès de pouvoir pour lequel il n'est pas exigé que le requérant fasse état d'une lésion causée à l'un de ses droits subjectifs. Le référé précontractuel était alors considéré comme un recours objectif[243]. L'entreprise requérante pouvait dès lors invoquer au soutien de sa requête tous les manquements aux obligations de publicité et de mise en

[241]Pour la jurisprudence de la Cour de justice, v. CJCE, 19 juin 2003, Werner Hackermüller, préc., pt. 17-19.

[242]Cassia Paul, *Pratique des référés précontractuels*, préc., spéc. p. 110. V. par ex. : CE, 19 mars 1997, Ministre de l'agriculture, de la pêche et de l'alimentation, req. n° 171140, T., p. 941.

[243]V. en ce sens : Braconnier Stéphane, « Référé précontractuel : brutal coup d'arrêt », préc., spéc. p. 499 : le référé précontractuel « était devenu, au fil du temps, un contentieux purement objectif et matériel ».

concurrence[244], sans aucune restriction, et même si ceux-ci n'avaient pas été commis à son détriment[245] et ou ne lui avaient pas porté préjudice[246].

79. Depuis l'arrêt « Smirgeomes », « en vertu des dispositions [...] de l'article L. 551-1 du Code de justice administrative, les personnes habilitées à agir pour mettre fin aux manquements du pouvoir adjudicateur à ses obligations de publicité et de mise en concurrence sont celles susceptibles d'être lésées par de tels manquements ; [...] il appartient dès lors au juge des référés précontractuels de rechercher si l'entreprise qui le saisit se prévaut de manquements qui, eu égard à leur portée et au stade de la procédure auquel ils se rapportent, sont susceptibles de l'avoir lésée ou risquent de la léser, fût-ce de façon indirecte en avantageant une entreprise concurrente »[247].

---

[244]Sur la consistance des manquements aux obligations de publicité et de mise en concurrence, v. ci-après § 85-90 et § 92-96.

[245]V. par ex. : CE, 19 octobre 2001, Société Alstom transport, req. n° 233173 SA, T., p. 868 ; CE, 10 mars 2004, Communauté d'agglomération de Limoges-Métropole, req. n° 259680 ; CE, 8 avril 2005, Société Radiometer, préc. ; CE, 20 octobre 2006, Commune d'Andeville, préc. ; CE, 13 juin 2007, Ville de Paris, req. n° 287955.

[246]V. par ex. : CE, 28 mai 2003, Assistance publique-Hôpitaux de Paris, req. n° 248429 ; TA Saint-Denis de la Réunion, 13 janvier 2005, Société Saipem, req. n° 0402101.

[247]Le candidat empêché de remettre une offre ou contraint de le faire dans le cadre d'un groupement a intérêt à agir en référé précontractuel (CE, 3 décembre 2012, Sybert, préc.). La prise en compte par le pouvoir adjudicateur de renseignements erronés relatifs aux capacités professionnelles, techniques et financières d'un candidat est susceptible de fausser l'appréciation portée sur les mérites de cette candidature au détriment des autres candidatures et, par conséquent, de porter atteinte du principe d'égalité de traitement entre les candidats. L'attribution du marché est susceptible d'avoir lésé le candidat qui invoque ce manquement, à moins que sa candidature ou son offre devait elle-même être écartée ou éliminée (CE, 3 octobre 2012, Société Déménagements Le Gars – Hauts-de-Seine Déménagements, req. n° 360952). Une insuffisance de la publicité préalable, à la supposer établie, est insusceptible d'avoir lésé le requérant dès lors qu'elle ne l'a pas empêché de remettre une offre (CE, 20 mai 2009, Ministre de la défense, req. n° 316601). Le candidat déclaré attributaire est, de ce seul fait, privé de tout intérêt à agir en référé précontractuel (CE, 23 décembre 2011, Département de la Guadeloupe, préc.). Une ambiguïté dans la notation d'un sous-critère ne peut être invoquée par une entreprise qui a obtenu la note maximum à ce sous critère (CE, 26 septembre 2012, Communauté d'agglomération Seine-Eure, req. n° 359706). Un candidat qui a déposé une candidature ou une offre non conforme ne saurait avoir été lésé, sauf s'il s'agit pour lui de contester le motif de cette non-conformité (CE, 12 mars 2012, Société Clear channel, req. n° 353826 et 353987, Rec. p. 86 ; CE, 15 février 2013, Commune de Monéteau, req. n° 364203) et ce, même si le manquement dont se plaint le requérant tient à l'irrégularité du choix de l'attributaire, tirée par exemple de ce que sa candidature était elle-même irrégulière (CE, 11 avril 2012, Syndicat Ody 1218 Newline du Lloyd's de Londres, req. n° 354652) ou de ce que son offre était anormalement basse (TA Cayenne, 5 décembre 2012, Société Sarvis, req. n° 1201620). La lésion est personnelle et seul le concurrent évincé a un intérêt à agir. La société mère du concurrent ne peut agir à sa place (TA Marseille, 28 juin 2012, Société Act Finances SAS, req. n° 120862). Il en est autrement des associés d'une société civile de moyens, laquelle avait candidaté pour le compte de ces derniers (CE, 26 septembre 2012, GIE Groupement des poursuites extérieures, req. n° 359389).

80. Ainsi que le relevaient Édouard Geffray et Sophie-Justine Liéber, « en visant la portée du manquement, la décision commentée tempère le formalisme de la jurisprudence traditionnelle, en excluant l'intérêt pour agir de l'entreprise que le manquement n'aurait pas lésée directement ou indirectement »[248]. Intérêt à agir et lésion sont dorénavant deux notions étroitement liées, tel que l'article L. 551-10 du Code de justice administrative le dispose[249]. De manière tardive, la haute juridiction administrative a mis un terme à une conception extensive du référé précontractuel fondée sur une appréciation quasi *contra legem* de l'intérêt à agir à travers le seul intérêt à conclure le contrat.

81. Force est, toutefois, de constater que la frontière entre l'analyse de l'intérêt à agir et celle de la requête au fond est loin d'être claire[250]. Lorsque le juge des référés précontractuels vérifie la recevabilité du requérant à le saisir, il vérifie son intérêt à agir, lequel est défini, par les textes, par référence à la lésion ou potentielle lésion de ses intérêts. Il semble que la jurisprudence « Smirgeomes » sème le doute quant à l'examen différencié de la recevabilité de la requête, d'une part, et de l'opérance des moyens, d'autre part[251]. À cet égard, les Professeurs François Llorens et Pierre Soler-Couteaux soulignaient à quel point « il est difficilement concevable ou en tout cas délicat de subordonner la recevabilité d'un recours à la portée d'un moyen dont l'appréciation requiert un examen au fond » avant d'en conclure que « c'est sans doute la raison pour laquelle l'arrêt Smirgeomes considère la lésion du requérant comme une condition de la sanction des procédures irrégulières et non comme une condition de recevabilité du recours »[252].

---

[248]Geffray Edouard, Liéber Sophie-Justine, « Référé précontractuel : une bouffée d'oxygène ? », in *AJDA*, 2008, p. 2161.

[249]CJCE, 19 juin 2003, Werner Hackermüller, préc.

[250]*Ibid.*

[251]D'autant plus que le juge des référés précontractuels doit motiver que le manquement a eu ou a pu avoir comme conséquence d'évincer le requérant ou d'avantager même indirectement un concurrent, même si le lien entre le manquement constaté et la lésion n'a pas à être établi de manière certaine et peut n'être que suffisamment vraisemblable. V. en ce sens : CE, 24 juin 2011, Ministre de l'écologie, du développement durable, des transports et du logement et Société Autostrade per l'Italia S.P.A., req. n° 347720 et 347779 et CE, 29 avril 2011, Garde des Sceaux, Ministre de la justice et des libertés, req. n° 344617.

[252]Llorens François, Soler-Couteaux Pierre, « L'arrêt Smirgeomes et la restructuration du contentieux des contrats administratifs : la voie de la raison », in *Contrats et marchés publics*, novembre 2008, repère 10. V. pour une comparaison avec le recours « Département de Tarn-et-Garonne » : Sestier Jean-François, « De l'arrêt 'Tropic' à l'arrêt 'Tarn-et-Garonne' : mort et résurrection du recours des tiers », préc. ; Dacosta Bertrand, « Le tiers au contrat dispose-t-il d'un recours en contestation de sa validité devant le juge du contrat ? », conclusions sur CE, ass., 4 avril 2014, Département de Tarn-et-Garonne, req. n° 358994, in *BJCP*, mai-juin 2014, pp. 204 et s.

82. La jurisprudence « Smirgeomes » conduit, en tout état de cause, à constater que la restriction des moyens opérants entraîne un resserrement *ispo facto* de l'accès au prétoire du juge des référés précontractuels[253]. Elle amène également le juge des référés précontractuels à fermer les yeux sur des irrégularités sous prétexte que le requérant qui l'a saisi n'a pas été « le bon ». En d'autres termes, cet état du droit revient à considérer qu'un brevet de légalité puisse être donné à une procédure de consultation irrégulière sous prétexte que le requérant qui a saisi le juge n'est pas le mieux placé pour ce faire par rapport aux répercussions de l'illégalité sur sa situation personnelle. Plus généralement, se pose la question de l'effectivité du droit à participer à une procédure de passation dans le respect des principes de liberté d'accès à la commande publique, d'égalité de traitement des candidats et de transparence des procédures[254].

B – L'intérêt à agir en référé contractuel

83. L'appréciation empirique de l'intérêt à agir en référé contractuel se fait en marge de sa définition exposée à l'article L. 551-14 du Code de justice administrative. L'examen immédiat de la situation personnelle du requérant est délaissée au profit de la prise en compte de ressorts procéduraux. L'intérêt à agir en référé contractuel est avéré si la mise en œuvre du référé précontractuel a été rendue impossible ou si le référé précontractuel préalablement introduit s'est soldé par un échec du fait de l'administration[255].

---

[253]Delvolvé Pierre, « Limitation des moyens invocables dans le référé précontractuel », note sous CE, 3 octobre 2008, Smirgeomes, in *RFDA*, 2008, p. 1139. Pour une comparaison avec le nouveau recours en contestation de la validité du contrat, v. Sestier Jean-François, « De l'arrêt 'Tropic' à l'arrêt 'Tarn-et-Garonne' : mort et résurrection du recours des tiers », commentaire sous CE, ass., 4 avril 2014, Département de Tarn-et-Garonne, in *JCP Administrations et collectivités territoriales*, 19 mai 2014, 2152.

[254]Afin de contrebalancer les effets négatifs de l'arrêt « Smirgeomes », il a pu être proposé la réserve de soulever des « moyens qui relèveraient d'un ordre public précontractuel, limité à quelques irrégularités majeures, mais invocables par tout requérant, à toute époque et sans condition de lésion. [...]. Un Smirgeomes II, en quelque sorte ». V. Dal Farra Thierry, « Les moyens du référé précontractuel après l'arrêt Smirgeomes », in *BJCP*, décembre 2008, p. 394 et s., spéc. p. 399. Toutefois, cette proposition reviendrait à réintroduire la distinction des illégalités substantielles et non substantielles, conception qui est contraire aux directives « Recours », lesquelles ne permettent pas aux instances chargées d'examiner les recours de procéder à des distinctions selon l'intensité de la violation du droit de la commande publique.

[255]V. ci-après à partir du § 357.

Section II : L'apparente identité des irrégularités corrigées

84. Si les juges des référés précontractuel et contractuel semblent corriger des irrégularités identiques eu égard à une définition similaire des manquements dont il peuvent avoir connaissance (§ 1), une fois encore, cette observation doit être nuancée (§ 2).

§ 1 : Une identité théorique des irrégularités corrigées par les juges des référés précontractuel et contractuel

85. *In abstracto*, les irrégularités invocables en référé précontractuel sont identiques à celles invocables en référé contractuel. En effet, aussi bien l'article L. 551-1 que l'article L. 551-14 du Code de justice administrative disposent que le juge des référés précontractuel et contractuel peuvent être saisis en cas de « manquement aux obligations de publicité et de mise en concurrence ».

86. Selon une conception classique, les « obligations de publicité » peuvent être définies comme les règles ayant pour objet de faire connaître aux entreprises potentiellement intéressées le projet de passation d'un contrat à conclure, auquel elles pourront se porter candidates. En revanche, une définition univoque des « obligations de mise en concurrence » ne semble exister à partir du moment où le juge lui-même éprouve des difficultés à les circonscrire ou, à tout le moins, ne les identifie qu'au prisme de principes, tels la liberté d'accès à la commande publique, l'égalité de traitement des candidats, la transparence et l'impartialité des procédures. S'il est aisé de reconnaître l'existence d'une « obligation de publicité » à la charge du pouvoir adjudicateur ou de l'entité adjudicatrice, déterminer ce que recouvre l'obligation de mise en concurrence est plus délicat. Le juge tend d'ailleurs à ne pas distinguer les obligations de mise en concurrence des obligations de publicité[256], sauf à ce que le manquement soit manifestement relatif à une obligation de publicité[257] ou manifestement relatif à une obligation de mise en concurrence[258].

---

[256] V. par ex. : CE, 29 avril 2002, Société Setec International, req. n° 239024 ; CE, 14 mars 2003, Société Dragados obras y proyectos, req. n° 250808 ; CE, 3 mars 2004, Commune de Châteaudun, préc.

[257] V. par ex. : CE, 19 octobre 2001, Société Alstom Transports SA, préc. ; CE, 25 juin 2004, SA Colas et autres, req. n° 261264 ; CE, 8 avril 2005, Société Radiometer, préc.

[258] V. par ex. : CE, 10 février 1997, Société Révillon, préc. ; CE, 29 juillet 1998, Commune de Léognan req. n° 190452, T., p. 1017 ; CE, 30 juin 2004, Ministre de l'équipement, des transports, du logement, du tourisme et de la mer contre M. Fourgeaud, req. n° 261919, T., p. 851 ; CE, 10 mai 2006, Société Bronzo, préc. ; CE, 6 avril 2007, Département de l'Isère, préc.

87. L'énoncé générique des manquements aux obligations de publicité et de mise en concurrence portés à la connaissance des juges des référés précontractuel et contractuel permet de prédéterminer ceux qui seraient susceptibles d'être soulevés comme ceux qui ne sauraient l'être.

88. Au titre des moyens théoriquement invocables, figurent l'information inexistante[259] ou insuffisante des candidats sur les éléments de la consultation, qu'il s'agisse de l'absence de diffusion d'un avis de pré-information[260], des lacunes affectant le contenu des avis d'appel public à la concurrence[261], des irrégularités dans le choix des supports de publicité[262] ou de la méconnaissance des délais de publicité[263]. Il en est également ainsi, lorsque l'administration recourt à une procédure de passation inadéquate[264] ; lorsque la dévolution du marché se fait en méconnaissance des règles d'allotissement[265] ; lorsque l'administration a inséré, dans les documents contractuels et notamment dans les cahiers des charges, des prescriptions techniques discriminatoires qui ont pour conséquence d'empêcher certains candidats de soumissionner[266] ou qui présentent un caractère ambigu pouvant conduire jusqu'à des contradictions[267] ou encore lorsque l'administration ne respecte pas les références exigées par le règlement de la consultation qui est obligatoire dans tous ses éléments[268].

89. Selon les particularités du litige, d'autres irrégularités peuvent constituer des manquements aux obligations de publicité et de mise en concurrence. Ces irrégularités ne sont pas, en elles-mêmes, caractéristiques de manquements aux obligations de publicité et de mise en concurrence, mais replacées dans le contexte d'une procédure de consultation, elles

---

259V. par ex. : CE, ass., 10 juin 1994, Commune de Cabourg, préc.

260V. par ex. : CE, 19 novembre 2003, Ville de Nîmes contre Société Dalkia France, req. n° 257100, T., p. 697.

261V. par ex. : CE, 3 mars 2004, Société Mak System, req. n° 258272, Rec. p. 121 ; CE, 6 janvier 2006, Syndicat mixte de collecte, de traitement et de valorisation des déchets du Vendômois, req. n° 281113 ; CE, 19 septembre 2007, Service départemental d'incendie et de secours du Nord, req. n° 298294, T., p. 938.

262V. par ex. : CE, 7 octobre 2005, Région Nord-Pas-de-Calais, req. n° 278732, Rec. p. 423.

263V. par ex. : CE, 18 décembre 2002, Ville de Paris, req. n° 241187, Rec. p. 480.

264V. par ex. : CE, ass., 10 juin 1994, Commune de Cabourg, préc. ; CE, sect., 20 mai 1998, Communauté de communes du Piémont de Barr, req. n° 188239, Rec. p. 201.

265V. par ex. : CE, 20 juin 2004, OPHLM de la ville de Nantes, req. n° 261472, T., p. 765 ; CE, 6 octobre 2004, Société la Communication hospitalière, req. n° 263083, T., p. 772 ; CE, 10 mai 2006, Société Schiocchet, req. n° 288435.

266V. par ex. : CE, sect., 3 novembre 1995, District de l'agglomération nancéienne, req. n° 152484, Rec. p. 396 ; CE, 29 juillet 1998, Commune de Léognan, préc.

267V. CE, 19 octobre 2001, Région de la Réunion, req. n° 234298, T., p. 1047 : CE, 22 mars 2000, M. et Mme Lasaulce, préc.

268V. par ex. : CE, 10 février 1997, Société Révillon, préc. V. également : CE, 23 novembre 2005, Société Axialogic, req. n° 267494, T., p. 966.

peuvent le devenir. Ainsi en est-il de l'irrégularité qui affecte la composition de la commission d'appel d'offres ou de la composition d'un jury de concours, lorsqu'un des membres de l'organisme collégial n'a pas fait preuve de l'impartialité attendue[269].

90. Certaines irrégularités sont, en tout état de cause, théoriquement exclues de la compétence des deux juges, soit parce qu'elles sont commises par les concurrents évincés, soit parce qu'elles résultent, certes, de manquements commis par l'administration, mais sont indépendantes des obligations de publicité et de mise en concurrence qui lui incombent. Par exemple, le refus d'une société de communiquer certains renseignements aux candidats à l'attribution d'une délégation de service public ou d'un marché public ne saurait être sanctionné par la voie du référé précontractuel et *a fortiori* par la voie du référé contractuel[270]. Il en est de même du moyen tiré du non-respect de son objet social par l'un des candidats à l'obtention d'un contrat relevant de la commande publique[271]. Par ailleurs, les irrégularités relatives à la compétence de la collectivité publique pour conclure le marché sont dépourvues de tout lien avec le droit de la commande publique[272] , tout comme le moyen relatif à la compétence du signataire du contrat en cours de passation[273] ou encore les irrégularités commises à l'encontre du droit de la concurrence sur le fondement de l'ordonnance n° 86-1243 du 1er décembre 1986 relative à la liberté des prix et de la concurrence[274].

---

[269]V. par ex. : CE, 27 juillet 2001, Société Degrémont et autre, req. n° 232820 et 232950, Rec. p. 413 ; CE, 28 juin 2006, Syndicat intercommunal d'alimentation en eau de la moyenne vallée du Gier, req. n° 288459.

[270]V. par ex. : TA Paris, 10 septembre 2003, Société Hitronetic, req. n° 0311967/6.

[271]V. par ex. : CE, 16 octobre 2000, Compagnie méditerranéenne d'exploitation des services d'eau, req. n° 212054, Rec. p. 422.

[272]V. par ex. : CE, 30 juin 1999, SA Demathieu et Bard, préc. : CE, 16 octobre 2000, Compagnie méditerranéenne d'exploitation des services d'eau, préc. : CE, 19 novembre 2004, Commune d'Auxerre contre Société Saur France, req. n° 266975, T., p. 763.

[273]V. par ex. : CE, 8 février 1999, Société Campenon-Bernard, préc.

[274]La haute juridiction administrative a infléchi sa jurisprudence originelle selon laquelle la méconnaissance, par une collectivité publique, des dispositions de l'ordonnance du 1er décembre 1986 (JORF du 9 décembre 1986, p. 14773) pouvait constituer un manquement aux obligations de publicité et de mise en concurrence, tout en précisant que les seuls manquements visés par les dispositions du Code de justice administrative régissant le référé précontractuel étaient « ceux commis par l'autorité responsable de la passation du contrat », à l'exclusion des manquements imputables aux entreprises candidates. V. dans un premier temps : CE, 9 juillet 1999, SA Bouygues et autres, préc. ; TA Rouen, 28 avril 2000, Entreprise Lefebvre Normandie, req. n° 000967 ; puis : CE, 14 mars 2003, Société Air Lib, req. n° 251610, T., p. 801 et CE, 5 juin 2007, Société Corsica Ferries, préc. Il convient toutefois de ne pas réfuter intégralement l'invocabilité des règles de concurrence au soutien d'un référé précontractuel ou contractuel dans la mesure où le principe d'égalité entre les candidats permet au juge d'appréhender ce qui pourrait être qualifié de « comportement anticoncurrentiel » au sens du droit de la concurrence. V. en ce sens : Cassia Paul, *Pratique*

§ 2 : Une dissemblance pratique des irrégularités sanctionnées par les juges des référés précontractuel et contractuel

91. En dépit d'un énoncé commun des manquements dont les juges des référés précontractuel et contractuel seraient amenés à connaître, les irrégularités effectivement sanctionnées par ces deux juges sont, en réalité, différentes. En effet, en référé précontractuel, la sanction des manquements aux obligations de publicité et de mise en concurrence est conditionnée par la lésion ou la potentielle lésion des intérêts du requérant (A). En référé contractuel, elle est limitée par les conditions de mise en œuvre des pouvoirs du juge (B).

A – Des irrégularités sanctionnées, en référé précontractuel, par référence à la lésion des intérêts du requérant

92. Dans sa très grande majorité, la doctrine a considéré que l'arrêt « Smirgeomes » constituait une véritable « révolution »[275], marquant un « brutal coup d'arrêt »[276], voire un véritable foudroiement du référé précontractuel[277], sauf à ce qu'il ne constitue qu'« un salutaire recadrage de l'office du juge »[278]. Le Conseil d'État a mis fin aux sanctions des manquements aux obligations de publicité et de mise en concurrence qui se trouvaient être véniels et qui ne lésaient aucunement les entreprises requérantes, sans même avantager les entreprises concurrentes[279]. « Le référé précontractuel [qui était] devenu une arme redoutable aux mains des entreprises candidates aux marchés publics et autres contrats 'à procédure' au point de donner l'impression de s'être détournée de ses objets initiaux (la

des référés précontractuels, préc., spéc. pp. 143-144. V. également : CE, 10 février 1997, OPAC du Puy-de-Dôme et du Massif central, req. n° 167569, T., p. 941 et Conseil d'Etat, *Collectivités publiques et concurrence, Rapport public, 2002*, La documentation française, spéc. p. 291.

[275]Bonnet Baptiste, Lalanne Alexis, « Une révolution dans le référé précontractuel », in *Droit administratif*, novembre 2008, p. 47 et s.

[276]Braconnier Stéphane, « Référé précontractuel : brutal coup d'arrêt », préc. ; Cassia Paul, « Coup d'arrêt au référé précontractuel », préc.

[277]Linditch Florian, « Le référé précontractuel foudroyé », in *JCP Administrations et collectivités territoriales*, 17 novembre 2008, p. 27 et s.

[278]Boiteau Claudie, « Le salutaire recadrage de l'office du juge du référé précontractuel », in *CP-ACCP*, décembre 2008, p. 3.

[279]V. Dacosta Bertrand, conclusions sur CE, sect., 3 octobre 2008, Smirgeomes, in *BJCP*, décembre 2008, p. 451 et s., spéc. p. 459 et p. 460 : « Une troisième option a notre faveur. Elle consiste à restituer au référé précontractuel le caractère qu'il aurait dû, à notre sens, conserver, celui d'un recours de plein contentieux destiné à protéger les intérêts de celui qui le forme ». « Il ne s'agit pas de restreindre indûment l'accès du référé précontractuel, mais de lui restituer sa portée utile ».

concurrence) pour en servir de moins ambitieux (le formalisme) »[280] a cessé d'exister.

93. La subjectivisation du référé précontractuel a eu pour conséquence de restreindre, de manière significative, l'étendue des irrégularités sanctionnées. Tous les moyens théoriquement invocables ne sont pas opérants. Le constat regrettable est celui de la raréfaction des irrégularités corrigées imputable au « mécanisme d'effet cliquet »[281], selon lequel il est possible de considérer que plus la procédure de passation du contrat sera avancée, moins il sera possible pour le candidat évincé d'invoquer une illégalité commise à son détriment[282]. Les ressorts d'une telle subjectivisation du référé précontractuel ne sont guère compréhensibles en terme de légalité à laquelle il n'est veillé que par éclipses.

94. Des moyens opérants, dans certains litiges, ne seront pas considérés comme tels dans d'autres circonstances, parce que la lésion ou la potentielle lésion des intérêts du requérant est appréhendée, d'un point de vue personnel et de manière casuistique. Des moyens estimés opérants avant la jurisprudence « Smirgeomes » ne le seront plus, parce qu'ils ne sauront, en tout état de cause, léser, même potentiellement, les intérêts du concurrent évincé. Par exemple, le moyen relatif à l'avis d'appel public à la concurrence publié qui ne respecte pas les prescriptions du Code des marchés publics faute de mention de la date de son envoi à l'office des publications officielles de l'Union européenne ou dans lequel le pouvoir adjudicateur est resté imprécis dans la qualification du marché au regard de la nomenclature communautaire ou s'est trompé dans les codes CPV ne saurait prospérer[283].

95. L'examen au cas par cas de l'opérance des moyens soulevés contrebalance l'espoir d'une prévisibilité des solutions contentieuses, laquelle semble se réduire à de faibles hypothèses dans lesquelles les irrégularités résultent du non-respect, par les documents de la consultation, de normes législatives ou réglementaires techniques, au regard desquelles les soumissionnaires alertent l'administration étant donné leur savoir-faire habituel[284].

---

[280]Braconnier Stéphane, « Référé précontractuel : brutal coup d'arrêt », préc., spéc. p. 499.

[281]Cassia Paul, « Coup d'arrêt au référé précontractuel », préc., spéc. p. 2375.

[282]Dans la plupart des cas, les requérants seront réputés avoir couvert l'irrégularité. V. par exemple : CE, 10 juin 2009, Port autonome de Marseille, req. n° 317671, T., p. 840 : sont considérés comme inopérants les moyens tirés de l'absence de conformité de l'avis à un règlement communautaire et l'absence de publication dans une revue spécialisée car le requérant avait pu, malgré cela, présenter sa candidature, puis une offre, au vu de laquelle il a pu être auditionné à plusieurs reprises.

[283]V. par ex. : CE, 5 novembre 2008, Commune de Saint-Nazaire, Communauté d'agglomération de la région nazairienne et estuaire et Société Abri Services SARL, req. n° 310484, T., p. 635.

[284]V. par ex. : CE, 4 février 2009, Commune de Toulon, req. n° 311344, T., p. 841.

96. Cet affaiblissement du référé précontractuel a pour regrettable effet de reporter la correction des irrégularités à une étape où le contrat n'est plus en cours de passation, mais conclu, pour lequel le juge de plein contentieux sera enclin non pas à prononcer une annulation du contrat, mais à prendre en compte l'intérêt général, voire les droits des cocontractants[285], quitte à tolérer, à nouveau, l'illégalité[286].

B – Des irrégularités sanctionnées, en référé contractuel, par référence aux circonstances d'application des pouvoirs du juge

97. Le juge des référés contractuels ne corrige pas les mêmes irrégularités que le juge des référés précontractuels. En référé précontractuel, la sanction des irrégularités dépend de la lésion ou la potentielle lésion des intérêts du requérant. En référé contractuel, les irrégularités sanctionnées sont identifiées par référence aux pouvoirs du juge.

98. La généralité des manquements énoncés à l'article L. 551-14 du Code de justice administrative contraste avec la précision des articles L. 551-18 et L.551-20 du même Code relatifs aux pouvoirs du juge des référés contractuels.

La question de l'interprétation de ces dispositions s'est, par conséquent, posée. Les partisans d'une interprétation extensive avançaient l'argument selon lequel les dispositions de l'article L. 551-18 ne visaient pas la restriction des manquements invocables, mais avaient pour unique objet de restreindre les prérogatives offertes au magistrat[287]. Selon cette logique, tous les manquements aux obligations de publicité et de mise en concurrence pouvaient être invoqués, mais le juge des référés contractuels n'aurait été tenu de prononcer la nullité que pour les hypothèses limitativement énumérées par l'article L. 551-18 du Code de justice administrative. Les partisans d'une conception plus restrictive, quant à eux, émettaient l'idée selon laquelle il fallait interpréter les dispositions du Code de justice administrative à la lumière des directives « Recours » et considérer que ledit article L. 551-18 évoquait bien la nature des moyens invocables et corrigés par le juge des référés contractuels par le prononcé de la nullité du contrat.

---

[285]Dans l'hypothèse du paradigme du recours « Tropic », à la différence du recours « Département de Tarn-et-Garonne ».

[286]V. ci-après § 275-278.

[287]V. Lafaix Jean-François, « La systématisation inachevée du contentieux de la commande publique. Commentaire de l'ordonnance n° 2009-515 du 7 mai 2009 », in *Contrats et marchés publics*, juillet 2009, p. 6 et s., spéc. p. 11 ; Pez Thomas, « Transposition de la nouvelle directive 'Recours' : du référé précontractuel au référé contractuel », in *Droit administratif*, juin 2009, p. 31 et s., spéc. p. 35.

L'article L. 551-20 du Code de justice administrative envisagerait d'autres hypothèses de sanction[288].

99. La nouvelle directive « Recours » conçoit le référé contractuel comme une voie de droit ayant uniquement pour objet de faire cesser les irrégularités les plus importantes au regard des obligations de publicité et de mise en concurrence, en les sanctionnant dès le début de l'exécution du contrat par une mesure appropriée, et non comme recours permettant de sanctionner n'importe quel vice de publicité et de mise en concurrence. Ainsi, le juge s'est-il orienté vers une conception restrictive des irrégularités corrigées par le juge des référés contractuels[289].

100. L'interprétation stricte des dispositions des articles L. 551-18 et L. 551-20 du Code de justice administrative conduit à scinder l'ensemble des manquements invocables et opérants en deux catégories : d'une part, les manquements corrigés par le prononcé de la nullité du contrat et, d'autre part, les manquements corrigés au titre du pouvoir de sanction du juge des référés contractuels autre que le prononcé de la nullité du contrat.

101. En aval de la signature du contrat, des irrégularités sont considérées comme tellement graves que le juge n'aura d'autre choix que de prononcer la nullité du contrat. Trois cas de figure sont exposés. Il s'agit, tout d'abord, de l'hypothèse où aucune mesure de publicité requise pour la passation du contrat n'a été prise[290] ou lorsque a été omise une publication au Journal officiel de l'Union européenne dans le cas où une telle publication est prescrite[291]. Il en est de même lorsque les modalités de remise en concurrence prévues pour la passation des contrats fondés sur un accord-cadre ou un système d'acquisition dynamique ont été méconnues[292]. Enfin, le juge des référés contractuels prononce également la nullité si celui-ci a été signé avant l'expiration de la clause de gel exigée après l'envoi de la décision

[288]Pour une synthèse des arguments, v. Hourcabie Aymeric, « La mise en œuvre des pouvoirs du juge des référés contractuels », in *CP-ACCP*, septembre 2009, p. 53 et s., spéc. p. 57.

[289]CE, 19 janvier 2011, Grand port maritime du Havre, req. n° 343435, Rec. p. 11 : « Considérant [...] qu'en ce qui concerne l'ensemble des contrats mentionnés aux articles L. 551-1 et L. 551-5, les manquements susceptibles d'être utilement invoqués dans le cadre du référé contractuel sont, comme les sanctions auxquelles ils peuvent donner lieu, limitativement définis aux articles L. 551-18 à L. 551-20 du même code ; qu'ainsi, le juge des référés ne peut prononcer la nullité mentionnée à l'article L. 551-18 - c'est-à-dire annuler le contrat - ou, le cas échéant, prendre les autres mesures prévues aux articles L. 551-19 et L. 551-20, que dans les conditions prévues à ces articles ». V. par ex. en contentieux des contrats privés de la commande publique : Cass. Com., 14 février 2012, pourvoi n° 11-18.070. V. également : CE, 29 mai 2013, Société Delta Process, req. n° 365954 : l'absence de publication de l'avis d'attribution du marché ne peut être utilement invoquée pour obtenir du juge des référés contractuels l'annulation de ce marché.

[290]V. par ex. en contentieux des contrats privés de la commande publique : Cass. Com., 14 février 2012, pourvoi n° 11-18.070.

[291]V. par ex. : CE, 23 novembre 2011, Société GIHP Transports Lorraine, req. n° 349746.

aux opérateurs économiques qui ont présenté une candidature ou une offre ou pendant le délai de suspension automatique de signature du contrat dès l'introduction du recours prévu aux articles L. 551-4 et L. 551-9 du Code de justice administrative, si deux autres conditions sont remplies : d'une part, il faut que la méconnaissance des obligations susmentionnées ait privé le demandeur de son droit d'exercer un référé précontractuel et, d'autre part, que les obligations de publicité et de mise en concurrence auxquelles la passation du contrat est soumise doivent avoir été méconnues d'une manière telle qu'elle a affecté les chances de l'auteur du recours d'obtenir le contrat[293].

102. Le prononcé de la nullité est, par conséquent, strictement circonstancié et ce, afin de donner un plein effet utile aux directives « Marchés » n° 2004/18 et n° 2004/17, ainsi qu'aux dispositions des directives « Recours » régissant le référé précontractuel dans l'objectif indirect d'assurer son effectivité et son efficacité.

103. Il convient, toutefois, de relever que si le juge des référés contractuels doit, en principe, prononcer la nullité du contrat, l'article L. 551-19 du Code de justice administrative l'autorise à adopter une autre sanction[294] en cas de raison impérieuse d'intérêt général[295]. Ce faisant, il peut

[292]CE, 29 juin 2012, Société Chaumeil, req. n° 358353 : la méconnaissance des modalités de remise en concurrence prévues pour la passation des marchés subséquents au sens de l'article L. 551-18 du Code de justice administrative ne peut être soulevée qu'en cas d'un accord-cadre multi-attributaire et non mono-attributaire.

[293]V. par ex. : CE, 1er juin 2011, Société Koné, préc. ; CE, 24 juin 2011, Office public de l'habitat interdépartemental de l'Essonne, Val d'Oise et des Yvelines et Société Seni, req. n° 346665 ; CE, 30 novembre 2011, Société DPM Protection, Centre hospitalier Andrée-Rosemon, req. n° 350788, Rec. p. 597. V. pour une même appréciation en contentieux des contrats privés de la commande publique : TGI Paris, 17 août 2012, req. n° 12/55912.

[294]La terminologie utilisée - « le juge prononce la nullité du contrat » - était susceptible de deux lectures. La première consistait à considérer que le juge des référés contractuels qui prononçait la nullité du contrat pouvait tout aussi bien la « constater ». Il n'aurait pas été question d'un réel pouvoir d'annulation car, dans les hypothèses strictement définies à l'article L. 551-18 du Code de justice administrative, le juge n'aurait pas eu le choix de la sanction la plus adéquate et aurait été, en quelque sorte, lié dans son office par le manquement effectivement constaté (nullité-état). Une deuxième lecture était toutefois possible en faveur d'un réel pouvoir d'annulation (nullité-sanction) à la lumière, d'une part, des termes utilisés dans l'alinéa second de l'article L. 551-18 - « la même annulation est prononcée » - et, d'autre part, des dérogations au prononcé de la nullité prévues à l'article L. 551-19 du Code de justice administrative. C'est dans le sens de la reconnaissance d'un véritable pouvoir d'annulation que la jurisprudence s'est orientée. V. en ce sens : CE, 19 janvier 2011, Grand port maritime du Havre, préc.

[295]Cette « raison impérieuse d'intérêt général » mérite d'être clarifiée par la jurisprudence. En tout état de cause, aux termes de l'article L. 551-19 alinéa 2nd du Code de justice administrative, « cette raison ne peut être constituée par la prise en compte d'un intérêt économique que si la nullité du contrat entraîne des conséquences disproportionnées et que l'intérêt économique atteint n'est pas directement lié au contrat, ou si le contrat porte sur une délégation de service public ou encore si la nullité du contrat menace sérieusement l'existence

sanctionner le manquement en prononçant la résiliation du contrat, en réduisant sa durée ou en infligeant une pénalité financière imposée au pouvoir adjudicateur ou à l'entité adjudicatrice. De manière prétorienne, le juge a également fait application de la jurisprudence « Association AC ! et autres »[296], en décidant que l'annulation qu'il prononçait pouvait être assortie d'un effet différé dans le temps[297].

104. Le juge des référés contractuels peut user de son pouvoir de sanction dans d'autres cas prévus à l'article L. 551-20 du Code de justice administrative. Il s'agit des cas où le « contrat a été signé avant l'expiration du délai exigé après l'envoi de la décision d'attribution aux opérateurs économiques ayant présenté une candidature ou une offre ou pendant la suspension prévue à l'article L551-4 ou à l'article L551-9 ». En d'autres termes, il s'agit de la même hypothèse visée au troisième alinéa de l'article L. 551-18 du Code de justice administrative, amputée de sa dimension attentatoire aux obligations de publicité et de mise en concurrence auxquelles la passation du contrat est soumise d'une manière affectant les chances de l'auteur du recours d'obtenir le contrat. La correction porte donc sur l'impossibilité objective d'avoir exercé un référé précontractuel. Afin de sanctionner cette irrégularité, le juge des référés contractuels peut soit prononcer la nullité du contrat, soit le résilier, soit en réduire la durée ou encore imposer une pénalité financière dont le montant « tient compte de manière proportionnée de leur objet dissuasif, sans pouvoir excéder 20% du montant hors taxe du contrat »[298].

105. Contrairement aux articles L. 551-18 et L. 551-19 du Code de justice administrative, les textes ne semblent pas lier le juge dans la sanction à mettre en œuvre. La présentation des pouvoirs du juge au titre des irrégularités à corriger sur le fondement de l'article L. 551-20 du Code de justice administrative laisse entendre que le juge des référés contractuels dispose d'une entière liberté dans le choix de la sanction la plus adéquate. Il reste qu'il est difficile de percevoir et de comprendre comment le juge des référés contractuels met en œuvre l'ensemble de ses pouvoirs pour la sanction de deux violations seulement, sauf à considérer que le juge prend en

---

même d'un programme de défense ou de sécurité plus large qui est essentiel pour les intérêts de sécurité de l'État ».

296CE, ass., 11 mai 2004, Association AC ! et autres, req. n° 255886, Rec. p. 197, GAJA n° 112.

297V. par ex. : CE, 1er juin 2011, Société Koné, préc. ; CE, 23 novembre 2011, Société GIHP Transports Lorraine, préc. ; CE, 30 novembre 2011, Société DPM Protection, Centre hospitalier Andrée-Rosemon, préc.

298Code de justice administrative, article L. 551-22. Il convient de préciser qu'il ne s'agit d'une pénalité financière prononcée contre l'administration au profit du candidat ou concurrent évincé - autrement dit d'une indemnisation -, mais d'une sanction destinée à dissuader la personne publique de récidiver. Cette pénalité financière est versée au Trésor public.

compte d'autres paramètres, tel que la nature et l'ampleur de la méconnaissance d'autres obligations de publicité et de mise en concurrence qui n'auront pas affecté les chances de succès du candidat ou du soumissionnaire[299]. La sanction *a minima* est, en tout état de cause, la pénalité financière versée au Trésor public[300].

[299]V. par ex. : CE, 30 novembre 2011, Société DPM Protection, Centre hospitalier Andrée-Rosemon, préc.
[300]V. par ex. : TA Lyon, 26 octobre 2011, Société Iserba, req. n° 1106110 ; CE, 30 novembre 2011, Société DPM Protection, Centre hospitalier Andrée-Rosemon, préc.

Sous-titre 2

Le recours en contestation de la validité du contrat en réponse à l'échec des procédures de référés

106. Si l'ordonnance du 7 mai 2009 a contribué à achever la recherche d'une complémentarité temporelle des recours par la création du référé contractuel, symétrie partielle du référé précontractuel après la signature du contrat, il convient de remarquer que la recherche de cette complémentarité avait déjà été initiée quelques mois plus tôt par la création prétorienne du recours en contestation de la validité du contrat[301] ouvert à tout concurrent évincé de la conclusion d'un contrat administratif[302].

La jurisprudence « Tropic Travaux Signalisation » témoignait de la naissance d'une nouvelle voie de droit ouverte à une catégorie spécifique de requérants afin de contester directement la validité du contrat conclu, voie de droit que le juge administratif s'était toujours refusé à consacrer jusqu'alors. Ce revirement de jurisprudence opéré par le Conseil d'État s'inscrivait temporellement dans le mouvement des institutions communautaires à vouloir refondre les directives « Recours » originelles.

107. Par sa récente décision d'assemblée « Département de Tarn-et-Garonne » du 4 avril 2014[303], la haute juridiction administrative a modifié la physionomie du recours en contestation de la validité du contrat dessinée en 2007[304].

301CE, ass., 16 juillet 2007, Société Tropic Travaux Signalisation, préc.

302Avis CE n° 355446, 11 avril 2012, Société Gouelle, Rec. p. 148 : « Cette qualité de concurrent évincé est reconnue à tout requérant qui aurait eu intérêt à conclure le contrat, alors même qu'il n'aurait pas présenté sa candidature, qu'il n'aurait pas été admis à présenter une offre ou qu'il aurait présenté une offre inappropriée, irrégulière ou inacceptable ». V. antérieurement : CE, 16 novembre 2009, Ministre de l'immigration, req. n° 328826 et 328974, T., p. 839 ; CAA Nantes, 16 décembre 2010, Commune d'Epron, req. n° 09NT02195 et Seyfritz Mathieu, « Recours au fond en contestation de validité du contrat administratif ouvert aux concurrents évincés. - Recours « Tropic », in *JCl. Contrats et marchés publics*, Fasc. 31-1, 2 septembre 2011, pt. 14. V. également : CAA Lyon, 14 février 2013, Société ACS Production, req. n° 12LY00305 : en l'espèce, compte tenu du fait que le contrat rentrait dans le champ d'activité de la société requérante, celle-ci était recevable à contester la validité du contrat devant le juge de pleine juridiction, alors même qu'elle n'avait pas présenté de candidature, qu'elle n'établissait pas que ce renoncement découlait d'un fait précis imputable au pouvoir adjudicateur et qu'elle n'avait pas formé de référé précontractuel – ou encore : CAA Lyon, 16 mai 2013, M. E. B., req. n° 12LY01414 : la Cour rappelle qu'une personne physique qui n'a pas déposé de candidature régulière est un concurrent évincé recevable à agir dès lors qu'il aurait néanmoins eu intérêt à conclure le contrat.

303CE, ass., 4 avril 2014, « Département de Tarn-et-Garonne », préc.

108. L'avènement d'un nouveau recours en contestation de la validité du contrat à l'initiative des tiers[305] ne remet aucunement en cause la philosophie initiale du contentieux de pleine juridiction post-contractuel en terme d'articulation des voies de droit. Autrement dit, dans la continuité du paradigme du recours « Tropic », le recours en contestation de la validité du contrat nouvellement défini peut être présenté comme une voie de droit en réponse à l'échec d'une procédure en référé précontractuel[306] et d'une procédure en référé contractuel (Chapitre 2)[307].

---

[304]Sestier Jean-François, « De l'arrêt 'Tropic' à l'arrêt 'Tarn-et-Garonne' : mort et résurrection du recours des tiers », préc. ; Dacosta Bertrand, « Le tiers au contrat dispose-t-il d'un recours en contestation de sa validité devant le juge du contrat ? », préc. ; Gaudemet Mathieu, Dizier Angélique, « A propos du recours des tiers contre le contrat administratif : nouvelle tentative de rationalisation du Conseil d'Etat », in *Recueil Dalloz*, 29 mai 2014, p. 1179 ; Delvolvé Pierre, « De Martin à Bonhomme. Le nouveau recours des tiers contre les contrats administratifs », note sous CE, ass., 4 avril 2014, Département de Tarn-et-Garonne, in *RFDA*, 2014, p. 438 ; Braconnier Stéphane, « Le nouveau visage du contentieux des contrats administratifs », commentaire sous CE, ass., 4 avril 2014, Département de Tarn-et-Garonne, in *RDI*, juin 2014, p. 344.

[305]La distinction des tiers privilégiés, c'est-à-dire les concurrents évincés, d'une part, et les tiers non privilégiés, d'autre part, n'existe plus.

[306]Canedo-Paris Marguerite, « Contrats administratifs et sécurité juridique : nouvelles avancées jurisprudentielles », note sous CE, ass., 16 juillet 2007, Société Tropic travaux signalisation, in *RFDA*, 2007, p. 935 et s., spéc. p. 939 : « En tant qu'il s'exerce postérieurement à la conclusion du contrat, le nouveau recours en annulation apparaît comme le pendant et le complément du référé précontractuel qui est, lui aussi, restrictivement ouvert aux candidats malheureux à un marché en cas de manquement aux obligations de publicité et de mise en concurrence. [...] Ainsi, à partir de la conclusion du contrat, le nouveau recours en annulation, éventuellement assorti d'une demande de suspension, prendra le relais du référé précontractuel ». V. également : Linditch Florian, « Recours Tropic, le Conseil d'État définit le régime des conclusions indemnitaires », note sous avis CE, 11 mai 2011, Société Rébillon Schmit Prevot, in *JCP Administrations et collectivités territoriales*, 6 juin 2011, p. 18 et s., spéc. p. 19 : « On espérait une franche limitation d'un recours parfois perçu par les concurrents évincés, comme une seconde chance de critiquer le marché ou la délégation de service public, lorsque leur référé précontractuel a été rejeté. On s'était pris à rêver à une position du Conseil d'État rejetant comme irrecevables les moyens déjà soulevés devant le juge des référés, mais tel n'est pas le cas ».

[307]Gauch Guillaume, Metzger Olivier, « Recours 'Tropic' cinq ans après : un recours toujours utile ? », in *CP-ACCP*, juillet-août 2012, p. 60 et s., spéc. p. 62 : les auteurs parlent du recours « Tropic » comme succédané des actions en référé.

Chapitre 1 : Le recours en contestation de la validité du contrat comme réponse à l'échec d'un référé précontractuel

109. Chronologiquement, le recours « Tropic », parce qu'il a été institué avant le référé contractuel, constitue le premier moyen pour un concurrent évincé de contester la validité d'un contrat après sa conclusion.

110. La signature du contrat permet de différencier, avec clarté, la phase précontractuelle de la phase post-contractuelle, si bien que le référé précontractuel et le recours en contestation de la validité du contrat sont temporellement cumulables, indépendamment de l'évolution des modalités d'exercice du recours « Département de Tarn-et-Garonne »[308].

111. L'étendue de la phase précontractuelle ne posant aucune difficulté d'identification[309], il convient d'examiner les conditions de la recevabilité du recours en contestation de la validité du contrat des concurrents évincés (Section I), pour ensuite mettre en exergue les difficultés juridiques soulevées par la mise en œuvre successive de ces deux voies de droit (Section II).

Section I : La recevabilité du recours en contestation de la validité du contrat soumise à des conditions procédurales particulières

112. Pour être recevable, le recours en contestation de la validité du contrat à l'initiative des tiers[310] doit être introduit dans le respect de certaines conditions procédurales[311]. La jurisprudence « Tropic Travaux signalisation » comme la jurisprudence « Département de Tarn-et-Garonne » disposent expressément des modalités d'introduction de la requête, lesquelles sont constituées d'un délai de recours contentieux spécifique (§ 1) et d'un référentiel typique de computation de ce délai (§ 2).

---

[308] Bien que le dernier état de la jurisprudence soit celui fixé par la décision « Département du Tarn-et-Garonne » du 4 avril 2014, il n'en demeure pas moins que le recours « Tropic » sera visé en temps utiles dans la mesure où l'ensemble du contentieux introduit sur son fondement ne sera pas purgé avant plusieurs années.

[309] Sur le référé précontractuel, un recours préventif, v. précédemment § 24-28.

[310] Parmi lesquels figurent les concurrents évincés.

[311] L'applicabilité des dispositions de l'article R. 412-1 du Code de justice administrative au recours en contestation de la validité du contrat ne sera pas étudiée en l'espèce. Sous l'empire du recours « Tropic », le requérant doit produire dans le cadre de l'instruction le contrat dont il entend contester la validité. V. par ex. : CAA Lyon, 4 avril 2013, Société montluçonnaise de travaux publics et de bâtiments, req. n° 12LY02973. Sur les modalités d'une telle production, v. Samson-Dye Aline, « L'obligation de produire la décision attaquée appliquée au recours Tropic », note sous CAA Lyon, 4 avril 2013, Société montluçonnaise de travaux publics et bâtiments, in *AJDA*, 2013, p. 917 et s.

§ 1 : Un délai de recours contentieux spécifique imparti au requérant pour saisir le juge

113. Le délai de recours en contestation de la validité du contrat est particulier, dans la mesure où il ne se détache ni véritablement des caractéristiques du délai de recours contentieux de droit commun (A), ni s'y rattache totalement (B).

A – Les caractéristiques communes au délai de recours en contestation de la validité du contrat et au délai de recours contentieux de droit commun

114. Le titulaire d'un droit d'action ne peut obtenir du juge l'examen de ses prétentions sur le fond que si sa demande est présentée dans le respect de certaines règles de procédure et forme prescrites, parmi lesquelles figure le délai de recours. Sa brièveté traduit une « exigence qui tient à la considération qu'il est d'intérêt général que le sort des décisions de la puissance publique soit fixé aussitôt que possible »[312]. L'impératif de sécurité juridique implique que le bénéficiaire de la décision et les administrés tout comme l'administration doivent pouvoir compter sur une certaine stabilité juridique.

115. Le recours devant le juge est classiquement enfermé dans un délai de deux mois, lequel court à compter de la décision préalable. Pour tous les recours pour lesquels il n'en est pas disposé autrement[313], le requérant doit, en principe, saisir le juge d'un recours formé dans les « deux mois à partir de la notification ou de la publication de la décision attaquée »[314].

116. Le recours en contestation de la validité du contrat s'inscrit dans cette même perspective. Conformément aux conclusions du commissaire du gouvernement Didier Casas[315], la haute juridiction administrative a choisi

---

[312]Chapus René, *Droit du contentieux administratif*, Montchrestien, 2008, spéc. n° 688.

[313]V. par ex. : le délai de six mois pour les recours aux tribunaux départementaux des pensions militaires d'invalidité (décret du 20 février 1959 relatif aux juridictions de pensions, JORF du 25 février 1959, p. 2379, article 5) ; le délai de six mois pour la saisine de la juridiction par la Commission nationale des comptes de campagne (Code électoral, article L. 52-15) ; les délais de cinq et quinze jours respectivement pour les électeurs et candidats, d'une part, et les préfets, d'autre part, pour saisir le tribunal administratif en matière de contentieux des élections municipales et cantonales (Code électoral, article R. 119 et R. 113).

[314]Code de justice administrative, article R. 421-1.

[315]Le Commissaire du gouvernement Didier Casas soulevait l'importance de préciser des règles de délai de recours et soulignait que si la haute juridiction n'apportait aucune précision en ce point, la seule prescription trentenaire de l'article 2262 du Code civil pourrait s'appliquer au terme d'un raisonnement par analogie avec l'arrêt CE, 9 juillet 1937, Commune d'Arzon, req. n° 40717, Rec. p. 680. V. Casas Didier, conclusions sur CE, ass., 16 juillet 2007, Société

d'enfermer l'action contentieuse dans le délai de droit commun prévu à l'article R. 421-1 du Code de justice administrative à compter de l'accomplissement de mesures de publicité appropriées[316]. De la même manière que la jurisprudence « Tropic Travaux Signalisation », la décision « Département de Tarn-et-Garonne » dispose que « ce recours doit être exercé, y compris si le contrat contesté est relatif à des travaux publics, dans un délai de deux mois à compter de l'accomplissement des mesures de publicité appropriées [...] ».

117. Le délai pour exercer le recours en contestation de la validité du contrat a été envisagé dans le cadre spécifique de la création d'une nouvelle voie de droit pour des raisons tenant à la sécurité juridique du contrat conclu. La haute juridiction administrative, dans son œuvre prétorienne, entendait ne pas laisser subsister trop longtemps d'incertitudes sur la validité et le sort du contrat et par là-même assurer une certaine sécurité juridique en faveur des cocontractants qui ont « un intérêt à ce que leurs contrats soient consolidés afin qu'il puissent en assurer une exécution paisible »[317]. En outre, admettre, par la décision « Tropic Travaux Signalisation », qu'un tiers puisse directement avoir accès au juge du plein contentieux constituait une toute première exception au principe selon lequel seules les parties ont accès au juge du contrat[318]. Cette exception ne pouvait demeurer que si les modalités d'exercice du recours étaient elles-mêmes entendues de manière stricte[319].

118. Le délai de recours contentieux de droit commun de deux mois constitue un délai franc en vertu du principe jurisprudentiel selon lequel « tout délai de procédure, en l'absence de disposition contraire, a le caractère d'un délai franc »[320]. Par conséquent, en l'absence de toute disposition contraire dans l'arrêt « Tropic » comme dans l'arrêt « Département de Tarn-et-Garonne », le délai de deux mois à partir de l'accomplissement des mesures de publicité appropriées pour introduire un recours en contestation de la validité du contrat est un délai franc. Du point de vue de la computation, cela signifie donc que non seulement le premier jour de ce délai est le lendemain du jour de son déclenchement - *dies a quo* -, mais

---

Tropic travaux signalisation, in *RFDA*, 2007, p. 696 et s., spéc. p. 706.

316 Sur la consistance de la notion de « mesures de publicité appropriées », v. ci-après § 128-133.

317 Canedo-Paris Marguerite, « Contrats administratifs et sécurité juridique : nouvelles avancées jurisprudentielles », préc., spéc. p. 938.

318 CE, sect., 8 novembre 1974, Epoux Figueras, req. n° 83517, Rec. p. 545.

319 Casas Didier, conclusions sur CE, ass., 16 juillet 2007, Société Tropic travaux signalisation, préc., spéc. p. 704.

320 CE, 4 juin 1954, Commune de Decines-Charpieu, req. n° 9041, Rec. p. 336.

également que son dernier jour est également le lendemain du jour de son échéance – *dies ad quem*. En outre, si le dernier jour du délai est un samedi, un dimanche, ou bien un jour férié ou chômé, le délai est prolongé jusqu'à la fin du premier jour ouvrable suivant[321].

B – Les caractéristiques propres au délai du recours en contestation de la validité du contrat

119. Le délai de recours en contestation de la validité du contrat diffère de celui de droit commun du point de vue des dérogations relatives à l'objet du recours et du point de départ de computation généralement constitué de la notification ou de la publication de la décision.

120. Le recours en contestation de la validité du contrat par les tiers évincés de sa conclusion doit être exercé dans un délai de deux mois quel que soit l'objet de ce contrat. Si le contentieux des travaux publics déroge au délai classique de forclusion de l'action contentieuse, la jurisprudence « Tropic Travaux signalisation » comme la jurisprudence « Département de Tarn-et-Garonne » font office d'exception à la règle.

121. Le contentieux des travaux publics sont, en principe[322], soustraits à toute condition de délai. L'article R. 421-1 du Code de justice administrative dispose, en effet, que la juridiction administrative doit être saisie d'un recours formé contre une décision dans un délai de deux mois, « sauf en matière de travaux publics ».

122. Le champ d'application de cette exception est très étendu[323] et est lié à la dérogation à la règle de la décision préalable. Cette dérogation tient, d'une part, à une survivance historique selon laquelle cette règle ne s'appliquait pas aux recours adressés aux conseils de préfecture compétents, depuis l'an VIII, en matière de travaux publics[324] et, d'autre part, à la

[321]Par application des règles issues de l'article 642 du Code de procédure civile.

[322]Des exceptions existent toutefois, constituées par des dispositions de cahiers des charges de marchés publics relatives au contentieux opposant les parties au contrat. V. par exemple : CE, 13 juillet 1963, Schneider, req. n° 55211, Rec. p. 463.

[323]La matière des travaux publics fait l'objet d'une interprétation large. Par conséquent, l'exception concerne aussi bien les victimes de dommages accidentels ou permanents de travaux publics (v. par ex. : CE, sect., 26 mars 1976, Colboc, req. n° 88811, p. 184) que les litiges débordant le contentieux des dommages dus à de tels travaux (v. par ex. : CE, 12 mai 1965, Azeau, req. n° 58696, Rec. p. 272 ; CE, sect., 6 février 1970, Kerguelen, req. n° 76551, Rec. p. 87 ; CE, sect., 13 novembre 1981, Plunian, req. n° 16504, Rec. p. 413 ; CE, 28 octobre 2002, Communauté urbaine de Strasbourg, req. n° 214901, Rec. p. 363).

[324]Chapus René, *Droit du contentieux administratif*, préc., spéc. n° 641. Sur la détermination des motifs d'une telle exception, v. Roche Jean, « Les exceptions à la règle de la décision préalable devant le juge administratif », in *Mélanges offerts à Marcel Waline*, tome 2, LGDJ, 1974, p. 733 et s., spéc. pp. 737-738.

circonstance que le défendeur pouvait, en la matière, aussi bien être une personne publique qu'une personne privée[325].

123. Le Conseil d'État n'a pas jugé opportun de maintenir la contestation des contrats ayant pour objet des travaux publics hors du délai d'introduction du recours en contestation de la validité du contrat. La haute juridiction administrative écarte explicitement l'exception communément admise et admet que le recours « Tropic » comme le recours « Département de Tarn-et-Garonne » doit « être exercé, y compris si le contrat contesté est relatif à des travaux publics, dans un délai de deux mois à compter de l'accomplissement des mesures de publicité appropriées ».

124. Par cette démarche, l'ensemble du contentieux en contestation de la validité du contrat à l'initiative des tiers est harmonisé sans distinction de l'objet sur lequel il porte, ce qui assoit l'objectif de sécurité juridique sans complexifier davantage le contentieux contractuel. Pour reprendre les termes des Professeurs Dominique Pouyaud et Marguerite Canedo-Paris à propos de la décision « Tropic Travaux Signalisation » et transposables à la décision « Département de Tarn-et-Garonne », « la volonté d'assurer la stabilité contractuelle est très nette »[326] et ce, dans un domaine où « le besoin de sécurité juridique se fait sentir tout autant, si ce n'est plus »[327]. Le choix du délai de droit commun de deux mois pour la mise en œuvre du recours en contestation de la validité du contrat et son application indifférenciée quel que soit l'objet du contrat en question « évite [par là même] une complication supplémentaire de l'état du droit, spécialement en matière contractuelle où les voies de recours sont déjà très nombreuses et soumises à des régimes juridiques différenciés »[328].

125. Afin que le délai puisse être computé, le régime de droit commun impose que la décision soit portée à la connaissance des requérants potentiels et ce, de manière adéquate. S'agissant des actes réglementaires et des actes « mixtes », la publicité est assurée par voie de publication - au Journal officiel pour les actes de l'administration centrale de l'État et dans le Recueil des actes administratifs pour les actes des collectivités territoriales - ou par voie d'affichage[329]. Elle doit être conforme aux prescriptions imposées par les textes, sous peine de ne pas déclencher le délai de recours. Concernant

---

325 Chapus René, *ibid.*

326 Pouyaud Dominique, « Un nouveau recours contentieux : le recours en contestation de la validité du contrat à la demande du concurrent évincé », note sous CE, ass., 16 juillet 2007, Société Tropic Travaux Signalisation Guadeloupe, in *RFDA*, 2007, p. 923 et s., spéc. p. 927.

327 Canedo-Paris Marguerite, « Contrats administratifs et sécurité juridique : nouvelles avancées jurisprudentielles », préc., spéc. p. 938.

328 Braconnier Stéphane, Brenet François, « Le contentieux des contrats publics d'affaires (1ère partie). Le nouveau recours en contestation de la validité du contrat administratif 'à procédure' », in *Contrats et marchés publics*, octobre 2007, p. 39 et s., spéc. p. 39.

les décisions individuelles, le point de départ varie selon la qualité du requérant. Pour les tiers, il est constitué par la publicité de la décision qui peut, soit prendre la forme d'une publication[330], soit la forme d'un affichage[331]. Pour le destinataire, il est constitué par la notification de la décision, accompagnée de la mention du délai et des voies de recours[332]. Dans l'hypothèse où les actes n'ont pas fait l'objet des mesures de publicité requises, le Conseil d'État, dans son œuvre prétorienne, a remédié à la situation de fragilité juridique de ces actes par la théorie de la connaissance acquise[333].

126. Le recours « Tropic » comme le recours « Département de Tarn-et-Garonne » étant des recours ouverts aux tiers, les mesures de publicité auraient ainsi pu être constituées de la publication ou d'un affichage. Toutefois, qu'il s'agisse de la première modalité ou de la seconde, leur transposition au contentieux contractuel est impossible. À partir du moment où le contrat a, en principe, un effet relatif seulement entre les parties et une dimension *intuitu personae*[334], il est difficilement concevable d'envisager une publication ou un affichage au vu et au su du plus grand nombre[335].

---

[329]A l'exemple de la délibération qui prescrit l'élaboration ou la révision du plan local d'urbanisme qui fait également l'objet d'une publication. V. Code de l'urbanisme, article R. 123-25.

[330]Code de justice administrative, article R. 421-1 alinéa 2.

[331]V. par ex., Code de l'urbanisme, article R. 424-15 concernant l'affichage sur le terrain des autorisations d'urbanisme.

[332]Pour des précisions récentes sur la notification d'un acte administratif, v. CE, 25 mars 2013, Établissement public d'ingénierie pour l'informatique et les technologies de l'information et de la communication du Val-de-Marne, req. n° 352586.

[333]Quoiqu'en voie de disparition. V. CE, 11 mars 1998, Mme Mauline, req. n° 120079, Rec. p. 80. V. également : Pellissier Gilles, « La théorie de la connaissance acquise, nouveau Lazare juridique ? », commentaire sous CE, 1er juillet 2009, Société Holding JLP, in *JCP Administrations et collectivités territoriales*, 31 août 2009, p. 24 et s.

[334]En dépit du fait que les procédures de passation de contrats relevant de la commande publique contribuent, dans une certaine mesure, à rendre impersonnel le choix du cocontractant de l'administration.

[335]Dans ses conclusions sur l'arrêt « Tropic Travaux Signalisation », le Commissaire du gouvernement Didier Casas établissait une distinction entre publication et affichage. S'il ne lui paraissait pas envisageable, pour des raisons matérielles et des raisons tenant au secret des affaires, d'inciter les personnes publiques à publier les contrats qu'elles signent, il avait proposé un affichage des contrats les plus modestes. V. Casas Didier, conclusions sur CE, ass., 16 juillet 2007, Société Tropic travaux signalisation, préc., spéc. pp. 706-707. Il ne nous semble pas que l'affichage soit une mesure de publicité appropriée. Cette méthode est présentée alternativement au mode de publication intégrale susceptible de méconnaître le secret des affaires. Or, envisager l'affichage des contrats passés selon une procédure adaptée, c'est oublier que le faible montant du contrat n'est pas synonyme d'un savoir technique moindre ou non innovateur de l'entreprise dans la réalisation de la prestation. Le secret des affaires conserve toute son importance pour n'importe quel contrat, même ceux dont les montants sont plus modestes. V. également : CE, ass., 4 avril 2014, Département de Tarn-et-

127. De manière dérogatoire, la haute juridiction administrative précise le point de départ du délai de recours contentieux. Afin de tenir compte de la dimension contractuelle du litige, l'« accomplissement des mesures de publicité appropriées » a été retenu comme point de départ du délai de recours contentieux[336].

§ 2 : Un référentiel spécifique de computation du délai de recours

128. Le juge administratif, dans l'arrêt « Tropic » comme dans l'arrêt « Département de Tarn-et-Garonne », n'a pas défini la notion de « mesures de publicité appropriées »[337]. Le Commissaire du gouvernement Didier Casas proposait de retenir « une solution à la fois simple et souple permettant aux collectivités publiques qui signent des contrats de faire courir le délai de recours dans de bonnes conditions »[338]. C'est ainsi qu'il a pu être proposé une modalité générale d'affichage, à l'exclusion de toute publication[339]. Le contenu de cette publicité a également fait l'objet d'une réflexion particulière : « le délai pourrait courir à compter de la date de publication de la décision de signer le contrat, publication qui mentionnerait également le lieu où le contrat lui-même serait consultable »[340]. La proposition de publication de la décision de signer le contrat a été justifiée par le fait qu'elle « aurait l'avantage de matérialiser cette décision, ce qui éviterait les

Garonne, préc.

336 Sous l'empire du recours « Tropic », le délai de recours contentieux de deux mois peut être prorogé en cas de recours gracieux. V. CAA Douai, 4 octobre 2012, Agence T'Kint, req. n° 11DA01878. V. également : Moreau David, conclusions sur CAA Douai, 4 octobre 2012, Agence T'Kint, req. n° 11DA01878, in *JCP Administrations et collectivités territoriales,* 7 janvier 2013, p. 37 et s. Sur la prorogation du délai à la suite d'une demande de déféré, v. TA Dijon, 13 juin 2011, Société Lyonnaise des eaux, req. n° 0902313 et Lambert François, « Comment concilier les jurisprudences Brasseur et Tropic travaux », note sous TA Dijon, 13 juin 2011, Société Lyonnaise des eaux, in *AJDA*, 2011, p. 2478 et s. Par ailleurs, la recevabilité du recours en contestation de la validité du contrat n'est pas subordonnée à la condition que le requérant ait été empêché d'exercer un référé précontractuel. V. en ce sens : TA Grenoble, 6 mars 2012, Société des Autocars Bertolami, req. n° 0904037.

337 La question de l'extension de la notion de « mesures de publicité appropriées » dans le paradigme de la jurisprudence « Département de Tarn-et-Garonne » reste ouverte dans la mesure où le recours en contestation de la validité du contrat est dorénavant ouvert aux tiers et non plus seulement aux concurrents évincés.

338 Casas Didier, conclusions sur CE, ass., 16 juillet 2007, Société Tropic travaux signalisation, préc., spéc. p. 706.

339 V. précédemment note de bas de page n° 335.

340 Casas Didier, conclusions sur CE, ass., 16 juillet 2007, Société Tropic travaux signalisation, préc., spéc. p. 706.

conséquences fâcheuses de la jurisprudence issue de la décision Chambre de commerce de Tamatave »[341].

129. La solution retenue par le Conseil d'État est tellement simple et souple qu'elle ne donne aucune information sur la consistance de ces « mesures de publicité appropriées »[342]. Néanmoins, l'utilisation de l'adjectif « appropriées » laisse entendre que les mesures de publicité ainsi visées ne revêtent pas une forme, ni un contenu prédéterminés. Les mesures de publicité pourraient varier selon la nature et l'importance du contrat. En tout état de cause, ces mesures visent à ce que l'information de la conclusion du contrat parvienne non seulement à des concurrents identifiés - c'est-à-dire ceux qui ont participé à la consultation au stade des candidatures ou du dépôt des offres -, mais également à des candidats potentiels qui seraient en mesure de prouver qu'il auraient pu être candidats[343].

130. Si le juge administratif a identifié l'insuffisance des « mesures de publicité appropriées » à travers l'exemple de la seule publication de la liste annuelle des marchés passés par une commune qui contient le nom des attributaires et leur montant, mais qui ne mentionnent pas les modalités de consultation du contrat[344], il reste que celui-ci n'a pas encore fourni de guide quant à la détermination de ces mesures dans une acception positive au-delà de l'exposé d'un exemple qu'il prend pour modèle[345]. En effet, l'arrêt

---

[341]Casas Didier, conclusions sur CE, ass., 16 juillet 2007, Société Tropic travaux signalisation, préc., spéc. p. 707. V. également : CE, sect., 9 novembre 1934, Chambre de commerce, d'industrie et d'agriculture de Tamatave, req. n° 18275, Rec. p. 1034, arrêt qui a admis la possibilité d'obtenir l'annulation d'un acte détachable du contrat non formalisé, révélé par la seule conclusion du contrat et que les auteurs du *Traité des contrats administratifs* ont considéré comme « un peu subtile ». V. en ce sens : de Laubadère André, Moderne Franck, Delvolvé Pierre, *Traité des contrats administratifs*, tome 2, LGDJ, 1984, p. 1041. V. également : Pouyaud Dominique, « Un nouveau recours contentieux : le recours en contestation de la validité du contrat à la demande du concurrent évincé », préc., spéc. p. 927.

[342]D'ailleurs, le juge du litige « Tropic » a jugé recevable la demande de référé suspension introduite par l'entreprise évincée et ce, même « faute de publicité appropriée », affirmation que la haute juridiction administrative n'a, au demeurant, guère motivée.

[343]V. par ex. : TA Strasbourg, 21 octobre 2009, Société Barisien, req. n° 09-4653 ; CE, 16 novembre 2009, Ministre de l'immigration, de l'intégration, de l'identité nationale et du développement solidaire, préc. ; avis CE n° 355446, 11 avril 2012, Société Gouelle, préc.

[344]V. par ex. : CAA Marseille, 15 octobre 2009, EURL Cabinet RSD, req. n° 07MA03259. V. également : CAA Lyon, 30 janvier 2014, SARL Marot, req. n° 13LY00468.

[345]Sûrement ne le fera-t-il jamais. En 2007, le Professeur Marguerite Canedo-Paris espérait « au regard du principe de sécurité juridique et afin de permettre une stabilisation des situations contractuelles, que le juge administratif ne se montrera pas ici trop exigeant, faute de quoi les contrats concernés pourront être attaqués sans condition de délai » et ce, d'autant plus que les actes détachables qui ne sont ni forcément matérialisés, ni donc publiés, sont attaquables sans condition de délai, dont la propre annulation pourrait subséquemment provoquer l'annulation du contrat. V. Canedo-Paris Marguerite, « Contrats administratifs et sécurité juridique : nouvelles avancées jurisprudentielles », préc., spéc. p. 939. Les hypothèses

« Tropic » comme l'arrêt « Département de Tarn-et-Garonne » disposent seulement que les mesures de publicité appropriées peuvent être réalisées, « notamment au moyen d'un avis mentionnant à la fois la conclusion du contrat et les modalités de sa consultation dans le respect des secrets protégés par la loi ». Il est ainsi conseillé que l'avis contienne deux informations : la première est relative à la conclusion du contrat, la seconde concerne les modalités de sa consultation. L'exemple soumis peut cependant être considéré comme insatisfaisant de par l'imprécision du contenu de la première information. Par ailleurs, l'attention portée par le juge sur ces deux informations est, en réalité, asymétrique, dans la mesure où elle se concentre davantage sur l'information des modalités de consultation du contrat[346].

131. La détermination d'orientations quant au contenu des « mesures de publicité appropriées » est-elle réellement indispensable ? Il est possible de douter d'une réponse positive et il s'agit sûrement de la raison pour laquelle le Conseil d'État est jusqu'alors resté dans le silence. Que le concurrent évincé puisse consulter le contrat est une chose, qu'il puisse tirer avantage de cette consultation en est une autre, le respect des secrets protégés par la loi faisant obstacle à une consultation « utile ». L'intérêt de telles mesures de publicité appropriées concerne davantage l'administration afin de faire courir le délai de recours contentieux.

132. L'attention portée aux « mesures de publicité appropriées » ne doit pas l'être au titre de leur contenu, mais bien au titre de leur support, non pas dans l'intérêt du concurrent évincé, mais bien dans celui de l'administration, afin que celle-ci puisse bénéficier de la forclusion du recours en contestation de la validité du contrat. Face au silence de la jurisprudence administrative, il est toujours possible de procéder par analogie en faisant, en quelque sorte, correspondre les « mesures de publicité appropriées » avec la publication d'un avis d'attribution du contrat dans le même support qui a préalablement reçu l'avis d'appel public à la concurrence, avis d'attribution notamment visé par les dispositions des articles 85 et 85-I du Code des marchés publics et l'article R. 551-7 du Code de justice administrative régissant le référé contractuel. Aligner le support des « mesures de publicité appropriées » sur celui de l'avis d'attribution tout en respectant l'orientation de leur contenu eu égard à la jurisprudence, présente l'avantage, pour l'administration, de ne pas

---

d'annulation du contrat par ricochet de l'annulation de l'un de ses actes détachables doivent néanmoins être relativisées (v. ci-après à partir du § 553), même si la sécurité juridique ne serait maximale qu'à partir du moment où les « actes support » seraient eux-mêmes publiés. V. également : Pouyaud Dominique, « Un nouveau recours contentieux : le recours en contestation de la validité du contrat à la demande du concurrent évincé », préc., spéc. p. 927. Pour le changement de paradigme du contentieux de l'excès de pouvoir depuis la décision « Département de Tarn-et-Garonne » du 4 avril 2014, v. *infra* § 422-426.

[346] V. par ex. : CAA Marseille, 15 octobre 2009, EURL Cabinet RSD, préc.

soumettre ses contrats à une vulnérabilité intemporelle. À supposer que le délai de recours contentieux ne court jamais faute de « mesures de publicité appropriées », le recours en contestation de la validité du contrat demeure recevable sur une période de temps indéterminée à partir de la conclusion du contrat. Les « mesures de publicité appropriées » constituent, par conséquent, le gage pour l'administration de ne plus être dans la crainte perpétuelle que le contrat qu'elle a conclu soit remis en cause[347].

133. Si le juge n'accorde pas plus d'importance à la consistance des « mesures de publicité appropriées », c'est aussi parce que ce sujet ne mérite peut-être pas tant d'attention que cela, à partir du moment où lorsque la sécurité juridique des conventions et la stabilité contractuelle ne sont pas protégées en début d'exécution du contrat, elles peuvent l'être en aval par l'adéquation de la sanction du juge par rapport aux irrégularités commises et l'écoulement du temps. S'ouvre alors la perspective de s'interroger sur la raison d'être du recours en contestation de la validité du contrat et sur son intérêt du point de vue de son efficacité[348].

Section II : Les difficultés juridiques soulevées par la mise en œuvre successive d'un référé précontractuel et d'un recours en contestation de la validité du contrat éventuellement assorti d'un référé suspension

134. D'un point de vue strictement procédural, rien ne fait obstacle à ce qu'un recours en contestation de la validité du contrat soit introduit par un concurrent évincé à la suite d'un référé précontractuel qui ne lui a préalablement donné satisfaction, puisque la conclusion du contrat délimite deux champs temporels d'action bien distincts. Toutefois, le cumul de ces voies de droit soulève des difficultés juridiques qui tiennent à la prise en compte de la décision du juge des référés précontractuels. Ces difficultés juridiques sont en réalité doubles car, bien avant l'intervention du juge du principal (§ 2), la décision du juge des référés précontractuels pourra être portée à la connaissance du juge du référé suspension si un tel recours aura été introduit accessoirement (§ 1).

---

[347]Les circonstances dans lesquelles l'arrêt « Tropic Travaux Signalisation » a été rendu sont topiques du risque d'insécurité juridique encouru par les parties au contrat dès lors qu'aucune mesure de publicité appropriée n'a été réalisée par l'administration. La convention dont s'agissait, signée le 26 novembre 2005, aurait pu voir son exécution perturbée après plus d'un an et demi d'exécution. Mais si la haute juridiction administrative a jugé recevable la requête en référé suspension introduite par la Société Tropic travaux signalisation sur le fondement de l'absence de mesures de publicité appropriées, à défaut desquelles le délai de recours contre le marché n'avait pas commencé à courir, elle n'a pas suspendu le contrat en l'absence de doute sérieux quant à la légalité du marché.

[348]V. Conclusion générale.

§ 1 : Le juge du référé suspension confronté à la décision du juge des référés précontractuels

135. La jurisprudence « Tropic Travaux Signalisation » comme la jurisprudence « Département de Tarn-et-Garonne » consacrent expressément la possibilité pour les concurrents évincés de la conclusion d'un contrat d'exercer accessoirement au recours en contestation de la validité du contrat un référé suspension (A). L'intervention de ce juge du provisoire postérieurement à celle du juge des référés précontractuels implique de déterminer son office par rapport à la décision préalablement rendue (B).

A – L'introduction possible d'un référé suspension accessoire à un recours en contestation de la validité du contrat

136. L'arrêt « Tropic Travaux Signalisation » dispose, en effet, qu'« une requête contestant la validité d'un contrat peut être accompagnée d'une demande tendant, sur le fondement des dispositions de l'article L. 521-1 du Code de justice administrative, à la suspension de son exécution ». Dans des termes semblables, la décision « Département de Tarn-et-Garonne » dispose que « les requérants peuvent éventuellement assortir leur recours d'une demande tendant, sur le fondement de l'article L. 521-1 du Code de justice administrative, à la suspension de l'exécution du contrat ».

137. Le référé suspension est une voie de droit qui a pour objet de faire provisoirement échec au caractère exécutoire des décisions administratives, auquel le Conseil d'État a donné la qualification de « règle fondamentale du droit public »[349]. Le régime juridique du référé suspension se distingue de celui d'autres référés[350], en ce qu'il n'a pas d'existence propre. En effet, celui-ci n'est recevable que si la demande de suspension accompagne un recours principal, tel que le dispose le Code de justice administrative : « quand une décision administrative, même de rejet, fait l'objet d'une requête en annulation ou en réformation, le juge des référés, saisi d'une demande en ce sens, peut ordonner la suspension de l'exécution de cette décision, ou de certains de ses effets, lorsque l'urgence le justifie et qu'il est fait état d'un moyen propre à créer, en l'état de l'instruction, un doute sérieux quant à la légalité de la décision ». Il ressort de ces dispositions non seulement que le référé suspension a un caractère accessoire, mais également qu'il ne peut être l'accessoire de n'importe quel type de recours. Le recours principal doit, en principe, être un recours de type objectif destiné à faire annuler ou réformer la décision administrative par le juge administratif.

---

[349]CE, ass., 2 juillet 1982, Huglo et autres, req. n° 25288, Rec. p. 357.

[350]Tels, par exemple, les référés liberté et provision.

138. En disposant explicitement qu'il est possible d'assortir un recours en contestation de la validité du contrat d'un référé suspension, l'arrêt « Tropic Travaux Signalisation » a renouvelé la conception classique de ce référé strictement considéré comme accessoire à un recours objectif contre une acte administratif[351]. La mise en œuvre du référé suspension n'est plus limitée aux seules décisions administratives et peut dorénavant concerner un contrat administratif. Cette nouvelle conception du référé suspension introduite par la jurisprudence « Tropic Travaux Signalisation » et confirmée par la décision « Département de Tarn-et-Garonne » implique toutefois de souligner qu'elle ne peut être envisagée qu'au terme d'une dénaturation des dispositions de l'article L. 521-1 du Code de justice administrative.

En effet, de telles dispositions visent expressément et strictement « une décision administrative ». Dans une acception positive, la « décision administrative » est le contenu de l'acte décisoire. Celui-ci procède de la volonté de son auteur d'édicter une norme destinée à modifier l'ordonnancement juridique, qu'elle soit explicite ou implicite[352]. Elle peut même être présumée ou déduite des faits de la cause ou « révélée » par eux[353]. Elle est également appréhendée par son caractère unilatéral[354]. Le Professeur Bertrand Seiller faisait remarquer que « la caractérisation d'une décision administrative est indépendante de toute considération formelle et conditionnée [...] par le contenu de l'acte à qualifier. Son caractère normatif sera reconnu, quelle que soit sa présentation, dès lors qu'il contient, suppose ou révèle une proposition impérative »[355]. Dans une acception négative, il convient alors d'exclure les mesures préparatoires et les avis - parce qu'ils ne « tranchent » rien et ne font naître ni obligation, ni droit - ainsi que le simple comportement ou l'agissement.

L'assimilation du contrat administratif à une décision administrative n'est donc pas évidente. Cette assimilation a pu être contestée par une partie de la doctrine sur le fondement même des définitions du contrat administratif et de la décision administrative[356]. En outre, si le contrat, comme l'acte décisoire, affecte l'ordonnancement juridique, le contrat ne saurait être analysé comme

---

[351] La décision « Département de Tarn-et-Garonne » confirme ce changement de paradigme.

[352] V. par ex. : CE, 20 décembre 2005, Meyet, req. n° 288253, Rec. p. 586.

[353] V. par ex. : CE, 12 mars 1986, Mme Cusenier, req. n° 76147, T., p. 403.

[354] V. Cassia Paul, « Le nouveau recours contre le contrat : questions périphériques de procédure contentieuse », in *AJDA*, 2007, p. 1964 et s., spéc. p. 1965.

[355] Seiller Bertrand, « Acte administratif », in *Répertoire de contentieux administratif*, Dalloz, 2010, pt. 279.

[356] V. par ex. : Pouyaud Dominique, « Un nouveau recours contentieux : le recours en contestation de la validité du contrat à la demande du concurrent évincé », préc., spéc. p. 926 ; Cassia Paul, « Le nouveau recours contre le contrat : questions périphériques de procédure contentieuse », préc., spéc. p. 1965.

une décision administrative, à partir du moment où la recevabilité du recours pour excès de pouvoir contre le contrat a toujours été refusée au motif qu'il ne s'agissait pas d'un acte décisoire[357].

La dénaturation des dispositions de l'article L. 521-1 du Code de justice administrative a pour conséquence de réduire la frontière autrefois étanche entre le contrat administratif et l'acte administratif. Le contrat n'est plus considéré comme une norme particulière, ce qui conduit le Professeur Dominique Pouyaud à constater que « l'obstacle de principe à la recevabilité du recours pour excès de pouvoir contre le contrat [est] déjà en partie franchi », même si « le Conseil d'État n'a pas souhaité aller jusque là »[358].

139. Si la conception classique du référé suspension est renouvelée en tant qu'il peut être introduit accessoirement à un recours de plein contentieux, les modalités de son exercice restent les mêmes : l'exécution du contrat ne pourra être suspendue que sous réserve de la démonstration de l'urgence et d'un doute sérieux quant à sa légalité, si toutefois le juge consent à y faire droit[359].

La suspension de la décision et, en l'espèce, du contrat, peut être ordonnée lorsque l'urgence la justifie. La charge de la preuve de l'urgence à ce que le contrat soit suspendu pèse sur le demandeur. Le juge considère qu'il y a urgence à suspendre la décision lorsqu'elle « préjudicie de manière suffisamment grave et immédiate à un intérêt public, à la situation du requérant ou aux intérêts qu'il entend défendre »[360]. Dans son appréciation, le juge prend donc en compte l'immédiateté et la gravité du préjudice.

---

357 Le caractère « décisoire » d'un acte est entendu relativement aux tiers. Le contrat administratif, parce qu'il est un contrat, n'a d'effets qu'entre les parties sur le fondement du principe de l'effet relatif des conventions et ne peut dès lors être un acte décisoire, sauf à considérer que des clauses réglementaires y figurent. V. en ce sens : Seiller Bertrand, « Acte administratif », in *Répertoire de contentieux administratif*, préc.

358 Pouyaud Dominique, « Un nouveau recours contentieux : le recours en contestation de la validité du contrat à la demande du concurrent évincé », préc., spéc. p. 926. Au regard de la protection accrue de la stabilité des relations contractuelles par le juge administratif, l'admission du recours pour excès de pouvoir contre le contrat administratif semble, à ce jour, une idée révolue.

359 Même si les conditions de l'urgence et du doute sérieux quant à la légalité de l'acte soumis sont réunies, le juge n'est pas tenu de prononcer la suspension. Pour une application sous le régime du sursis à exécution, v. par ex. : CE, ass., 13 février 1976, Association de sauvegarde du quartier Notre-Dame à Versailles, req. n° 99708, Rec. p. 100. Pour une application sous le nouveau régime du référé suspension, v. par ex. : CE, 15 juin 2001, Société Robert Nioche, req. n° 230637, T., p. 1120. Ce pouvoir ne peut être mis en œuvre qu'à titre exceptionnel et doit tenir à l'existence de conditions d'intérêt général. V. également : CE, 12 février 2001, Association France nature environnement, req. n° 229797, 229876, 230026, Rec. p. 56.

360 CE, sect., 19 janvier 2001, Confédération nationale des radios libres, req. n° 228815, Rec. p. 29, GACA n° 11.

L'urgence est appréciée objectivement et compte tenu de l'ensemble des circonstances de chaque espèce[361].

Il convient toutefois de relever que la définition de l'urgence telle qu'elle apparaît dans l'arrêt « Confédération nationale des radios libres » pourrait ne pas être intégralement transposée en contentieux contractuel. Si le préjudice grave et suffisamment immédiat à la situation de requérant est aisément identifiable[362], l'atteinte à un intérêt public et aux intérêts que le requérant entend défendre est plus délicate à circonscrire du fait de la subjectivisation conséquente du référé suspension accessoire à un recours de plein contentieux[363].

Outre la condition de l'urgence, le requérant doit invoquer un moyen propre à créer un doute sérieux quant à la légalité de la décision et, en l'espèce, du contrat. Afin d'apprécier ce doute, le juge doit procéder, en l'état de l'instruction, à un examen rapide et superficiel de l'affaire.

Contrairement aux dispositions régissant le référé précontractuel, la décision « Tropic Travaux Signalisation » n'établissait pas de restrictions quant aux moyens susceptibles d'être invoqués devant le juge du recours en contestation de la validité du contrat. L'avis « Société Gouelle » confirmait la largesse des moyens opérants[364]. Le requérant pouvait, par conséquent, invoquer au soutien de sa requête en référé suspension deux types d'arguments de nature à créer un doute sérieux quant à la légalité du contrat conclu. Les premiers étaient en relation directe avec la recevabilité et l'objet du recours, c'est-à-dire la contestation de la validité du contrat au prisme de la procédure de consultation. Il s'agissait donc de moyens relatifs aux obligations de publicité et de mise en concurrence que l'administration aura méconnues. La seconde catégorie, par exclusion, était constituée de l'ensemble des moyens de légalité interne et externe relatifs au contrat lui-même et à ses actes détachables, au-delà des seuls manquements aux obligations de publicité et de mise en concurrence[365].

La décision « Département de Tarn-et-Garonne » remet en cause le paradigme de le jurisprudence « Tropic Travaux Signalisation » telle que précisée par l'avis « Société Gouelle ». Elle dispose, en effet, que

---

[361]CE, sect., 28 février 2001, Préfet des Alpes-Maritimes, req. n° 229562, 229563, 229721, Rec. p. 109, GACA n° 12.

[362]L'urgence à suspendre le contrat peut *a fortiori* résulter de la situation financière dans laquelle se trouve le requérant du fait de son éviction de la conclusion du contrat à partir du moment où la suspension d'une décision a été admise du seul fait qu'elle a eu des répercussions financières. V. CE, sect., 19 janvier 2001, Confédération nationale des radios libres, préc.

[363]Sur le changement de l'office du juge du référé suspension saisi accessoirement d'un recours en contestation de la validité du contrat, v. § 139 et 145.

[364]Avis CE n° 355446, 11 avril 2012, Société Gouelle, préc.

[365]Pour des exemples, v. *infra*.

« le représentant de l'Etat dans le département et les membres de l'organe délibérant de la collectivité territoriale ou du groupement de collectivités territoriales concerné, compte tenu des intérêts dont ils ont la charge, peuvent invoquer tout moyen à l'appui du recours ainsi défini ; que les autres tiers ne peuvent invoquer que des vices en rapport direct avec l'intérêt lésé dont ils se prévalent ou ceux d'une gravité telle que le juge devrait les relever d'office ». En d'autres termes, tous les moyens invoqués par le concurrent évincé - lequel est inclus dans la catégorie des « autres tiers » - ne seront pas considérés comme opérants. L'opérance des moyens dépendra de leur invocation utile par rapport à l'intérêt lésé directement. Une gradation des moyens est alors mise en place[366]. Pour reprendre les termes du Professeur Stéphane Braconnier, « une distribution du droit de critiquer les irrégularités commises est donc opérée, en fonction de l'intérêt invoqué par le tiers »[367], sous réserve des vices qui présentent une gravité telle que le juge devrait les relever d'office.

B – L'office du juge du référé suspension au regard de la décision préalable du juge des référés précontractuels

140. Dans l'hypothèse où le juge des référés précontractuels a déjà statué sur une requête introduite avant la conclusion du contrat, il est difficilement envisageable pour le juge du référé suspension de faire abstraction de la première décision rendue, surtout à partir du moment où un même juge peut intervenir à plusieurs titres[368] et où le requérant peut se fonder, pour étayer son argumentation, sur des moyens soulevés dans la première requête et contester indirectement la décision du juge des référés précontractuels. Il est alors indispensable de revenir sur l'autorité des décisions du juge des référés précontractuels (1) pour comprendre le degré de liberté laissé au juge du référé suspension dans l'appréciation du doute sérieux quant à la légalité du contrat, lorsqu'une telle décision aura préalablement été rendue (2). Les difficultés soulevées à l'occasion de l'étude de ces deux questions expliqueront en partie les réserves du juge du référé suspension à suspendre le contrat (3).

---

366 Sestier Jean-François, « De l'arrêt 'Tropic' à l'arrêt 'Tarn-et-Garonne' : mort et résurrection du recours des tiers », préc.

367 Braconnier Stéphane, « Le nouveau visage du contentieux des contrats administratifs », in *RDI*, juin 2014, pp. 344 et s., spéc. p. 349.

368 Sur le cumul des fonctions, v. ci-après à partir du § 291.

1 – La question ouverte de l'autorité de chose jugée des décisions du juge des référés précontractuels

141. En principe, les ordonnances de référé sont dépourvues de l'autorité de chose jugée[369]. Ceci s'explique par le fait que le juge des référés n'a pas jugé la contestation au fond et implique que les ordonnances de référés ne lient ni le juge des référés qui serait éventuellement saisi une seconde fois par le demandeur, ni le juge du fond[370].

142. Toutefois, la question de l'autorité de chose jugée des décisions du juge des référés précontractuels mérite d'être posée[371] à partir du moment où le juge peut être amené à décider, à juger et à retenir des mesures définitives et non seulement provisoires[372]. Trois hypothèses peuvent alors être distinguées[373] : le cas où le juge n'a tranché aucune contestation ; le cas où le juge a fait droit à la demande du requérant et le cas où le juge a rejeté la requête au motif qu'elle était mal fondée.

Dans le premier cas de figure, le juge n'a tranché aucune contestation, si bien qu'il ne saurait être reconnu une autorité de chose jugée à ses décisions.

Dans le second cas de figure, le juge n'aura pu faire droit à la demande qu'au terme d'une analyse juridique du litige. Le juge aura donc effectivement tranché une question de droit et, au soutien de sa décision, il aura pu user, en tant que juge du fond[374], de ses pouvoirs qui auront eu des incidences définitives. L'autorité de chose jugée de ses décisions devrait donc pouvoir lui être reconnue[375]. Il serait, en effet, incohérent de reconnaître l'autorité de chose jugée à la décision du juge de l'excès de pouvoir annulant un acte détachable de la procédure de passation, tout en déniant cette même autorité à l'ordonnance du juge des référés précontractuels procédant à cette même annulation[376]. Par ailleurs, la non-opposabilité de l'article 6 de la Convention européenne des droits de l'homme au juge du référé suspension

---

369CE, sect., 5 novembre 2003, Association Convention vie et nature pour une écologie radicale, req. n° 259339, Rec. p. 444.

370Elles ont, en revanche, l'autorité de chose ordonnée. V. Cassia Paul, « L'autorité de la chose ordonnée en référé », in *JCP Edition générale*, 29 septembre 2004, p. 1344 et s.

371Boulouis Nicolas, conclusions sur CE, 3 février 2010, Communauté de communes de l'Arc Mosellan, in *BJCP*, juin 2010, p. 217 et s., spéc. p. 219.

372V. précédemment § 35-43.

373Cassia Paul, *Pratique des référés précontractuels*, préc., spéc. pp. 212-218.

374CE, 29 juillet 1988, Garde des Sceaux contre Société Genicorp, préc.

375V. CE, 6 mars 2009, Société Biomérieux, req. n° 324064, Rec. p. 97 pour une interprétation *a contrario* : « si, eu égard à leur caractère provisoire, les décisions du juge des référés n'ont pas, au principal, autorité de chose jugée, elles sont néanmoins exécutoires et, en vertu de l'autorité qui s'attache aux décisions de justice, obligatoires ». V. également : Cassia Paul, *Pratique des référés précontractuels*, préc., spéc. p. 213 et Lafaix Jean-François, « La systématisation inachevée du contentieux de la commande publique », préc., spéc. pp. 12-13.

qui ne tranche aucune contestation et l'opérance de l'invocabilité de cet article à l'encontre d'une ordonnance du juge des référés précontractuels qui fait droit à la demande, signifierait implicitement que ses décisions sont revêtues de l'autorité de chose jugée[377]. Par conséquent, une procédure de passation qui méconnaîtrait une ordonnance faisant droit à la demande de référé serait par elle-même illégale[378].

Enfin, le troisième cas de figure est celui pour lequel le juge des référés précontractuels a statué au fond pour rejeter la requête au motif qu'elle était mal fondée. Si certaines juridictions ont considéré que ce rejet n'avait pas d'autorité de chose jugée[379], d'autres ont pu estimer qu'il était doté d'une telle autorité[380]. La difficulté réside en ce que le juge a certes tranché une contestation, mais en défaveur du requérant. À l'aune de la jurisprudence « Smirgeomes », deux hypothèses doivent alors être distinguées : celle pour laquelle le rejet de la requête est fondé sur l'absence de lésion des intérêts du requérant et celle pour laquelle le rejet de la requête est fondé sur une mauvaise interprétation de la règle de droit dont s'est prévalu le requérant. D'un côté, il est délicat de considérer que le juge des référés précontractuels a tranché le litige dans la mesure où il n'a pas dépassé le stade de l'opérance du moyen et n'a pas examiné au fond si l'obligation de publicité ou de mise en concurrence avait été ou non méconnue. De l'autre côté, en examinant au fond le moyen soulevé par le requérant, il serait possible d'admettre que le juge des référés précontractuels a bien jugé de la conformité de la procédure de passation du contrat au regard des règles de publicité et de mise en concurrence : la décision de rejet du juge des référés précontractuels met fin au litige en disant le droit. Du schéma d'analyse initial au terme duquel

---

[376]V. en ce sens : Stahl Jacques-Henri, Chauvaux Didier, « Régime du référé précontractuel », chr. sous CE, sect., 3 novembre 1995, Chambre de commerce et d'industrie de Tarbes et des Hautes-Pyrénées ; CE, sect., 3 novembre 1995, Société Stentofon communications ; CE, sect., 3 novembre 1995, District de l'agglomération nancéienne, in *AJDA*, 1995, p. 888 et s., spéc. pp. 891-892 - Chantepy Christophe, conclusions sur CE, sect., 3 novembre 1995, Chambre de commerce et d'industrie de Tarbes et des Hautes-Pyrénées ; CE, sect., 3 novembre 1995, District de l'agglomération nancéienne ; CE, sect., 3 novembre 1995, Société Stentofon communications, préc., spéc. p. 1081 ou encore MAUGUË Christine, « Brèves de jurisprudence sous TA Saint-Denis de la Réunion, 6 février 2011, Société Bourbonnaise de travaux publics de construction », in *BJCP*, novembre 2001, p. 545. Pour une critique de cette position, v. Cassia Paul, *Pratique des référés précontractuels*, préc., spéc. pp. 217-218.

[377]V. par ex. : CE, 15 juin 2001, Syndicat intercommunal d'adduction d'eau potable de Saint-Martin-de-Ré, La Flotte-en-Ré et Sainte-Marie-en-Ré, préc.

[378]V. par ex. : TA Versailles, 23 octobre 1997, Société Plastic Omnium contre SICTOM Région Isle Adam, req. n° 972625.

[379]V. par ex. : TA Caen, 2 mai 2006, Société des hôtels et casinos de Deauville, req. n° 0500398.

[380]V. par ex. : TA Saint-Denis de la Réunion, 6 juin 2001, Société Bourbonnaise de travaux publics de construction, req. n° 01-00022.

« rendues au terme d'une instruction à l'issue de laquelle le juge est parfaitement informé des données essentielles de l'affaire, les ordonnances de rejet du juge des référés précontractuels peuvent être considérées comme conférant une présomption de conformité de la procédure de passation aux obligations imposées à la personne publique en matière de publicité et de mise en concurrence »[381], les ordonnances de rejet doivent dorénavant être scindées en deux catégories afin de déterminer leur autorité de chose jugée.

143. L'hybridité du statut du juge des référés précontractuels, juge du fond statuant en la forme des référés, pourrait avoir des conséquences sur l'autorité des décisions qu'il rend. Contrairement à une conception classique de l'autorité de chose jugée monosémique fondée sur la nature univoque du recours[382], la conception de l'autorité de chose jugée en référé précontractuel pourrait être fonction de l'aptitude de la décision à mettre fin à un litige en disant le droit et serait par conséquent protéiforme[383]. Cette ambiguïté explique la réticence de la haute juridiction administrative à exposer une solution de principe explicite[384].

2 – La liberté d'appréciation du doute sérieux par le juge du référé suspension

144. Lorsque des moyens identiques sont présentés par le requérant au juge des référés précontractuels et au juge du référé suspension, le degré de liberté d'appréciation de ce dernier du doute sérieux quant à la légalité du contrat conclu n'est pas identifiable *in abstracto* et de manière certaine. Ceci s'explique par les silences des dispositions régissant le référé précontractuel et de la haute juridiction administrative sur la reconnaissance de l'autorité de chose jugée aux ordonnances du juge des référés précontractuels. Bien que ces silences soient majoritairement interprétés en défaveur de la reconnaissance d'une telle autorité de chose jugée, il est toutefois fort probable de penser que le juge du référé suspension, auquel seront soumis des moyens identiques à ceux présentés au juge des référés précontractuels et

---

[381]Cassia Paul, *Pratique des référés précontractuels*, préc., spéc. p. 216.

[382]V. néanmoins : TA Montreuil, 24 mai 2012, Société Enviro Conseil & Travaux, req. n° 1204094 pour les référés précontractuels en cascade.

[383]L'autorité des décisions du juge des référés précontractuels serait ainsi indépendante de la conception civiliste fondée sur l'article 1351 du Code civil par référence à l'identité de l'objet, de la cause et des parties au litige. Ces remarques pourront également être appliquées au référé contractuel. V. ci-après § 183-190.

[384]Dans une acception générique, le Conseil d'État se contente de faire état de « l'autorité attachée à l'ordonnance du juge [des référés précontractuels] » sans la qualifier davantage. V. en ce sens : CE, 5 janvier 2011, Société Voyages Dupas Lebeda, req. n° 342158.

sur lesquels ce dernier aura préalablement statué, se trouvera dans l'embarras à tous égards.

145. Dans l'hypothèse où il serait admis que les ordonnances du juge des référés précontractuels ne seraient pas revêtues de l'autorité de chose jugée, la conséquence logique serait de reconnaître au juge du référé suspension une liberté absolue d'appréciation du doute sérieux quant à la légalité du contrat en faisant totalement abstraction de l'ordonnance préalablement rendue.

Cette liberté absolue d'appréciation du doute sérieux n'est pourtant guère réaliste. C'est, en effet, oublier que le juge du référé suspension voit son office modifié à partir du moment où nouvellement saisi dans le cadre d'un contentieux de pleine juridiction, il doit s'adapter à la dimension des éléments subjectifs. Comme le soulignait le Professeur Paul Cassia, « en définitive, ce n'est pas 'un moyen de nature à faire naître un doute sérieux' sur la validité du contrat qui doit être soulevé, mais plutôt 'un moyen de nature à faire naître une possibilité sérieuse d'indemnisation du requérant, de réformation ou d'annulation' de ce contrat »[385]. Cette observation réalisée à l'occasion de l'avènement du recours « Tropic » est tout à fait transposable au paradigme de la jurisprudence « Département de Tarn-et-Garonne », à plus forte raison que la dimension des éléments subjectifs est accrue par une sorte de « Smirgeomisation des Tropics »[386]. Cela signifie donc que l'existence d'une palette des pouvoirs offerte au juge du principal crée une sorte d'effet boomerang de la prise en compte d'éléments subjectifs en amont par le juge du référé suspension dans l'appréciation du doute sérieux. Par conséquent, la subjectivisation de l'office du juge du référé suspension saisi accessoirement à un recours en contestation de la validité du contrat entraîne la participation

---

[385]Cassia Paul, « Questions sur le référé-suspension accessoire au nouveau recours contre le contrat », in *JCP Administrations et collectivités territoriales*, 3 décembre 2007, p. 3 et s., spéc. p. 4.

[386]V. Agnus Olivier, « Plaidoyer pour une 'Smirgeomisation des Tropics' », in *AJDA*, 2013, p. 1268 et s. ; Llorens François, Soler-Couteaux Pierre ; Le contentieux administratif des contrats poursuit sa mue : quelques réflexions à propos de l'arrêt Département de Tarn-et-Garonne », in *Contrats et marchés publics*, mai 2014, repère 5 ; Sestier Jean-François, « De l'arrêt 'Tropic' à l'arrêt 'Tarn-et-Garonne' : mort et résurrection du recours des tiers », préc. ; Lanzarone Eric, BRAUSTEIN Hanna, « L'arrêt Tarn-et-Garonne : un nouveau recours en contestation de validité du contrat », in *CP-ACCP*, juin 2014, pp. 76 et s., spéc. p. 78 ; Brenet François, « L'élargissement du recours Tropic aux tiers justifiant d'un intérêt lésé », commentaire sous CE, ass., 4 avril 2014, Département de Tarn-et-Garonne, in *Droit administratif*, juin 2014, comm. 36 ; Dyens Samuel, « Le recours 'Tarn-et-Garonne' : quand la sécurité juridique prime sur la légalité », in *AJCT*, juillet-août 2014, pp. 375 et s., spéc. p. 378. Pour un appréciation plus nuancée, v. Lafaix Jean-François, « Ouverture du recours Tropic à tous les tiers intéressés », commentaire sous CE, ass., 4 avril 2014, Département de Tarn-et-Garonne, in *RJEP*, juillet 2014, comm. 31.

de celui-ci à la construction jurisprudentielle des droits subjectifs en matière contractuelle[387].

Dès lors, il paraît difficile d'admettre que le juge du référé suspension puisse agir en toute liberté lorsque des moyens identiques à ceux soulevés en référé précontractuel lui auront été présentés, voire se mettre en porte à faux avec l'ordonnance du juge des référés précontractuels qui a nécessairement statué sur des droits subjectifs. S'il n'est pas obligé en droit, sa décision pourrait ne pas être neutre en fait.

146. Dans l'hypothèse où l'autorité de chose jugée serait, dans certaines circonstances, reconnues aux ordonnances du juge des référés précontractuels en fonction de leur capacité à mettre fin au litige, la position du juge du référé suspension serait tout aussi inconfortable. L'écran de la décision du juge des référés précontractuels à laquelle l'autorité de chose jugée aura été reconnue fera obstacle à la liberté d'appréciation du doute sérieux par le juge du référé suspension. Elle s'imposera à celui-ci et le juge sera, dans une certaine mesure, en situation de compétence liée[388]. Pourtant, le juge du référé suspension ne saurait être le simple témoin des décisions rendues par le juge des référés précontractuels, dans la mesure où il a une mission et un office qui lui sont propres et étant donné que l'appréciation de l'autorité de chose jugée des décisions de ce dernier sera réalisée non pas du point de vue de l'identité de l'objet, de la cause et des parties au litige, - dans une acception objective -, mais en fonction du traitement du litige - dans une acception empirique.

3 – La réticence du juge du référé suspension à faire droit à la demande de suspension du contrat

147. Les difficultés liées à la prise en considération, par le juge du référé suspension, de l'ordonnance préalablement rendue par le juge des référés précontractuels peuvent expliquer, pour partie, la réticence du premier à faire droit à la demande de suspension de l'exécution du contrat. Cette affirmation n'a de valeur que pour autant que le juge du recours en contestation de la validité du contrat a été saisi, un référé suspension a été accessoirement

---

[387]Sans nécessairement remettre en cause le principe selon lequel le juge de l'accessoire ne saurait préjuger de la décision du juge du principal et ce, d'autant plus que le juge du recours en contestation de la validité du contrat statue en forme collégiale.

[388]Un parallélisme peut être fait avec le juge du contrat, lorsqu'il était saisi à la suite de l'annulation pour excès de pouvoir d'un acte détachable du contrat et de l'intervention du juge de l'exécution. V. en ce sens : CE, 9 avril 2010, Commune de Levallois-Perret, req. n° 309480 et 309481, Rec. p. 106, mais dont la solution a été remise en cause par l'arrêt CE, 21 février 2011, Société Ophrys, req. n° 337349, Rec. p. 54.

introduit et que le juge des référés précontractuels est intervenu avant la conclusion du contrat.

148. Cette remarque s'inscrit dans une réalité plus large qui est celle d'une tendance pour le juge du référé suspension à ne pas faire droit à la demande qui lui est présentée, faute d'urgence à suspendre le contrat. Si, en certaines matières, le juge du référé suspension se montre favorable à l'admission d'une présomption d'urgence[389], en matière contractuelle, le juge administratif refuse de faire bénéficier le concurrent évincé d'une telle présomption résultant de ce que le contrat litigieux risquerait d'être exécuté[390]. Rares sont les espèces où le juge a reconnu l'urgence à suspendre le contrat[391] et lorsqu'il la reconnaît, c'est au terme d'une analyse poussée de

---

389 A l'exemple des recours contre les permis de construire, v. CE, 27 juillet 2001, Commune de Meudon, req. n° 231991, T., p. 1115 ; CE, 13 décembre 2005, Commune de Cabriès, req. n° 280329, T., p. 1024 ; la présomption d'urgence se retrouve également en droit des étrangers, v. CE, sect., 14 mars 2001, Ministre de l'intérieur contre Ameur, req. n° 229773, Rec. p. 123.

390 TA Besançon, 12 février 2008, Société CBS, req. n° 800115 ; TA Versailles, 5 juin 2008, Société Compass, req. n° 0805259. V. toutefois : CE, 6 mars 2009, Société Biomérieux, préc., qui reconnaît une présomption d'urgence, constituée de la méconnaissance par la collectivité publique du caractère exécutoire de l'ordonnance du juge des référés précontractuels. Par ailleurs, il convient de relever que l'atteinte à un intérêt public a été reconnue alors que la subjectivisation du référé suspension accessoire à un recours « Tropic » invitait à penser que la définition de l'urgence de l'arrêt « Confédération nationale des radios libres » ne serait que partiellement transposée au contentieux contractuel. L'arrêt « Biomérieux » dispose sans ambiguïté que la signature en violation de l'ordonnance de suspension porte une atteinte grave et immédiate à un intérêt public.

391 Le juge administratif refuse de reconnaître l'urgence à suspendre l'exécution du contrat lorsque l'administration a violé le *délai de standstill* imposé par l'article 80 du Code des marchés publics entre l'information des candidats évincés et la signature du contrat – et donc la méconnaissance subséquente de leur droit à exercer un référé précontractuel. V. TA Toulouse, 16 juin 2009, Société Lign'Expo, req. n° 09-02577 ; TA Pau, 27 août 2009, Société Delta Construction, req. n° 0901662 ; TA Rennes, 7 octobre 2009, Société Beauvais Diffusion c/ Brest Métropole Habitat, req. n° 0903988 et 0903991. L'effet utile du référé précontractuel malmené, la solution inverse aurait pu être retenue. Le Conseil d'État considère également que la condition d'urgence du référé suspension n'est pas remplie lorsque le pouvoir adjudicateur a signé son contrat avant l'ordonnance définitive du juge des référés précontractuels mais après expiration du délai de vingt jours de suspension de la signature. V. CE, 3 février 2010, Communauté de communes de l'Arc Mosellan, req. n° 330237. Il en est de même lorsque le candidat évincé qui sollicite la suspension du contrat ne justifie pas qu'il avait une chance sérieuse de se voir attribuer ledit marché. V. en ce sens : TA Versailles, 28 avril 2009, Société Presspali France, req. n° 0902728. Parfois, l'urgence n'a pas été reconnue au motif que l'éviction du concurrent n'est qu'une manifestation du « douloureux déroulement de la vie des affaires ». V. par exemple : TA Orléans, 28 mai 2008, Société Compost Sud Essonne, req. n° 0801420 ; TA Châlons-en-Champagne, 28 août 2008, CIBC, req. n° 0801856. Enfin, l'urgence est écartée lorsque le contrat est largement exécuté (v. TA Dijon, 13 août 2008, Société Municipalité Service, req. n° 0801715) et lorsque le requérant se heurte à sa propre turpitude de ne pas avoir engagé un référé précontractuel alors que le recours lui était ouvert (v. TA

la situation personnelle dans laquelle se trouve le requérant[392] ou sur le fondement de considérations d'opportunité[393] et en l'absence d'éléments avancés par la partie adverse pouvant contrebalancer la suspension du contrat[394]. L'obstacle de la démonstration de l'urgence est tel qu'il a pu être qualifié d'« insurmontable » par la doctrine[395].

149. Ainsi, a-t-il pu être proposé un « plaidoyer pour une inversion de l'ordre d'appréciation des conditions de l'urgence et du doute sérieux quant à la légalité de l'acte »[396], même si l'on voit mal dans quelle mesure la difficulté serait surmontée, étant donné que les deux conditions d'urgence et de doute sérieux sont cumulatives. Le commissaire du gouvernement Didier Casas insistait davantage sur l'illégalité manifeste du contrat dont la suspension est demandée : « en cas de référé-suspension, soit le juge ordonne la suspension, soit il ne l'ordonne pas. Dans le premier cas, les parties seront tout de suite fixées sur l'avenir du contrat et n'auront pas à attendre plusieurs années, comme c'est le cas actuellement, avant de se rendre compte que le contrat est nul. Dans le second cas, si le juge des

---

Versailles, 19 mars 2008, Société CRC SA et Société Clichy-Dépannage, req. n° 0801326).

[392]V., par ex., en sens contraire : TA Toulouse, 10 décembre 2007, Société Cofathec Coriance, req. n° 0705123 ; TA Besançon, 12 février 2008, Société CBS, préc. ; TA Versailles, 5 juin 2008, Société Compass Groupe France, préc. Le juge exige que l'atteinte aux intérêts du requérant soit significative. V. par ex. : TA Dijon, 13 août 2008, Société Municipalité Service, préc. ; TA Versailles, 19 mars 2008, Société CRC SA et Société Clichy-Dépannage, préc.

[393]V. par ex. : CE, 6 mars 2009, Société Biomérieux, préc. Dans cet arrêt, il est difficile d'établir le lien direct entre la méconnaissance du caractère exécutoire de l'ordonnance du juge des référés précontractuels et l'urgence à suspendre le contrat. En revanche, la position du Conseil d'État peut être justifiée par les conséquences qu'aurait pu engendrer une décision dans le sens inverse. Dans l'hypothèse où la signature irrégulière n'aurait pas été sanctionnée, il aurait pu se trouver des pouvoirs adjudicateurs empressés de signer les contrats en violation de l'ordonnance du juge des référés précontractuels, entraînant à terme la disparition de l'effet utile du référé précontractuel.

[394]L'arrêt « Biomérieux » émet la réserve que « l'instruction fasse apparaître des éléments précis relatifs aux risques pour la collectivité publique qui résulteraient de la suspension du marché ». En l'espèce, « l'Assistance Publique - Hôpitaux de Marseille n'établit pas que le service public hospitalier serait susceptible d'être interrompu par la suspension de l'exécution du marché de fourniture de réactifs de laboratoire avec mise à disposition d'automates de bactériologie, ni qu'elle ne serait pas en mesure de se procurer des réactifs par d'autres moyens ; qu'est caractérisée ainsi la situation d'urgence requise par les dispositions de l'article L. 521-1 du code de justice administrative précitées ». En d'autres termes, pour échapper à la suspension de l'exécution du contrat, l'administration pourrait démontrer que la continuité du service public serait susceptible d'être interrompue. V. en ce sens : TA Nice, 15 mars 2010, Société Ricoh France, req. n° 100070.

[395]Linditch Florian, « Recours Tropic : la condition tenant à l'urgence, obstacle insurmontable à l'obtention du référé-suspension », in *JCP Administrations et collectivités territoriales*, 31 mars 2008, p. 31 et s.

[396]Linditch Florian, « Recours Tropic : la condition tenant à l'urgence, obstacle insurmontable à l'obtention du référé-suspension », préc., spéc. p. 31.

référés ne constate aucun doute sérieux quant à la validité du contrat, cela sera de nature à rassurer grandement les parties quant à une éventuelle issue contentieuse. [...] Bien sûr, le jugement au fond peut être contraire à l'opinion première du juge des référés [...]. Dans la plupart des hypothèses, la position du juge, lors du référé, sera de nature à éclairer rapidement les parties sur le sens de la décision à intervenir »[397]. Sans que les commentaires du commissaire du gouvernement n'engagent la juridiction administrative, ils témoignent néanmoins du rôle qui pourrait être assigné au juge du référé suspension comme sanctionnateur, à titre liminaire, d'une irrégularité patente.

150. En l'état actuel du droit, le défaut d'urgence prive les concurrents évincés de l'appréciation du doute sérieux[398]. Sauf à ce que le législateur modifie les conditions de l'article L. 521-1 du Code de justice administrative afin de hiérarchiser les deux conditions cumulatives du référé suspension[399] en faveur du doute sérieux et au détriment de l'urgence[400], cette jurisprudence ne devrait pas évoluer.

151. Il reste que l'avènement du nouveau recours en contestation de la validité du contrat par la décision « Département de Tarn-et-Garonne » pourrait constituer l'occasion d'apporter un second souffle au régime juridique du référé suspension[401].

397Casas Didier, « Un nouveau recours qui préserve la sécurité juridique des contrats publics », in *Le Moniteur TP*, 26 octobre 2007, p. 106 et s., spéc. p. 108.

398V. TA Besançon, 12 février 2008, Société CBS, préc. : « [Considérant] que, dans ces conditions, il n'apparaît pas, en l'état de l'instruction, que l'urgence, qui, ainsi qu'il a été dit, s'apprécie objectivement et globalement, justifie la suspension de l'exécution de la décision contestée dans l'attente du jugement au fond ; qu'au surplus, retenir des arguments susanalysés de la requérante reviendrait à admettre quasi automatiquement la condition d'urgence dans les procédures de marché ou de délégation de service public, lorsque le recours serait présenté par le candidat évincé ; qu'il résulte des dispositions de l'article L. 521-1 du Code de justice administrative éclairées par les débats parlementaires ayant abouti à son vote que telle n'est pas la volonté du législateur ; que, par suite, et sans qu'il soit besoin d'examiner s'il existe un doute sérieux quant à la légalité de la décision attaquée, il y a lieu de rejeter les concluions de la société CBS aux fins de suspension ».

399Exception qui pourrait être strictement admise dans l'hypothèse d'un référé suspension exercé accessoirement à un recours en contestation de la validité.

400Le juge du référé suspension pourrait, en effet, difficilement justifier le refus de suspendre le contrat au motif qu'il existerait bien un doute sérieux quant à sa validité, mais pour lequel le défaut d'urgence ferait obstacle à la sanction de l'irrégularité.

401Braconnier Stéphane, « Le nouveau visage du contentieux des contrats administratifs », préc., spéc. p. 348 ; Hul Sylvain, « 'Pauvre Martin' : Généralisation de l'accès des tiers au juge du contrat ; ouverture ou impasse ? », commentaire sous CE, ass., 4 avril 2014, Département de Tarn-et-Garonne, in *JCP Administrations et collectivités territoriales*, mai 2014, 2153 ; Dacosta Bertrand, « Le tiers au contrat dispose-t-il d'un recours en contestation de sa validité devant le juge du contrat ? », conclusions sur CE, ass., 4 avril 2014, Département de Tarn-et-Garonne, req. n° 358994, in *BJCP*, mai-juin 2014, pp. 204 et s., spéc. p. 214.

§ 2 : Le juge du recours en contestation de la validité du contrat confronté à la décision du juge des référés précontractuels

152. Le juge du recours en contestation de la validité du contrat ne peut faire totalement abstraction de la première décision rendue, pour des raisons identiques à celles présentées pour le juge du référé suspension. L'étude de l'office du juge de pleine juridiction au regard d'une première décision du juge des référés précontractuels (A) conduira à mettre en évidence d'éventuelles discordances des solutions contentieuses (B).

A - L'office du juge du recours en contestation de la validité du contrat au regard de la décision préalable du juge des référés précontractuels

153. L'office du juge du recours « Tropic » (1) comme celui du juge du recours « Département de Tarn-et-Garonne » (2) doivent être analysés dans la mesure où ces deux voies de droit coexisteront pendant plusieurs années selon leur introduction par rapport à la date du 4 avril 2014.

1 – L'office du juge du recours « Tropic »

154. Le juge du recours « Tropic » effectue un examen large de la légalité. La jurisprudence « Tropic Travaux Signalisation » dispose, en effet, que « saisi de telles conclusions par un concurrent évincé [contestant la validité du contrat ou de certaines de ses clauses], il appartient au juge, lorsqu'il constate l'existence de vices entachant la validité du contrat, d'en apprécier les conséquences » et l'avis « Société Gouelle » qu'« à l'appui de son recours en contestation de la validité du contrat, mais aussi de ses conclusions indemnitaires présentées à titre accessoire ou complémentaire, le concurrent évincé peut invoquer tout moyen ».

155. A la différence du référé précontractuel et du référé contractuel[402], les moyens invocables et opérants ne sont pas limités dans leur nature, l'avis « Société Gouelle » précisant bien qu'« il ne résulte par ailleurs d'aucun texte ni principe que le caractère opérant des moyens ainsi soulevés soit subordonné à la circonstance que les vices auxquels ces moyens se rapportent aient été susceptibles de léser le requérant »[403].

156. A l'instar des arguments invocables et opérants en référé suspension pour emporter la conviction du juge quant au doute sérieux sur la validité du

[402] V. *supra*.

[403] Avis CE n° 355446, 11 avril 2012, Société Gouelle, préc.

contrat[404], deux types d'argument seront susceptibles d'être soulevés au fond : d'une part, ceux relatifs à la nature du « contrat à procédure » qui aura été conclu et, d'autre part, à des moyens de légalité externe et interne directement relatifs au contrat ou indirectement relatifs à celui-ci qui concerneront ses actes détachables et qui auront une incidence sur sa conclusion[405].

157. Le large examen de la légalité auquel procède le juge du recours « Tropic » n'exclut pas la possibilité pour celui-ci de connaître des moyens relatifs aux obligations de publicité et de mise en concurrence et, *a fortiori*, de connaître de ceux qui auront été préalablement présentés au juge des référés précontractuels. À l'instar de l'office du juge du référé suspension, la question se pose donc de savoir dans quelle mesure le juge du recours « Tropic » devra prendre en compte l'ordonnance du juge des référés précontractuels préalablement rendue.

158. S'il est inutile de revenir davantage sur l'autorité de la chose jugée des décisions du juge des référés précontractuels[406], il convient néanmoins de souligner la nature et les caractéristiques du recours « Tropic ». Ainsi que le dispose l'arrêt « Tropic Travaux Signalisation », cette voie de droit est un « recours de pleine juridiction contestant la validité de ce contrat ou de certaines de ses clauses, qui en sont divisibles ». En conséquence, bien au-delà de la liberté d'appréciation dont jouit le juge du référé suspension, celle du juge « Tropic » est considérable et ce, pour plusieurs raisons : tout d'abord, parce que l'office du juge consiste à déterminer si le contrat conclu qui lui est soumis est respectueux de la légalité au sens large du terme, les moyens opérants n'étant plus limités ni dans leur nature, ni dans leur impact par rapport à la situation personnelle du requérant ; ensuite, parce que le juge connaît d'un nouveau litige qui n'a pas été préalablement porté à la connaissance d'un autre juge et dont il devra connaître selon une procédure contentieuse propre : ce litige est né de la conclusion du contrat spécifique dont la légalité est contestée et a été introduit à l'initiative de requérants déterminés pouvant soulever des moyens particuliers de légalité ; enfin, parce que le recours en contestation de la validité du contrat est un recours au principal pour lequel il incombera au juge de mettre fin au litige.

159. La nouvelle voie de droit ouverte à la suite de l'œuvre prétorienne de la haute juridiction administrative implique que le juge procède à une étude complète du litige qui lui est soumis, indépendamment de la

---

404V. *supra*.

405V. par exemple, pour des moyens en lien avec la nature du contrat : CAA Versailles, 30 juin 2011, Société STEM Propreté, req. n° 09VE01384 (sanction du défaut de publicité des sous-critères et de leur pondération).

406V. précédemment § 141-143.

circonstance que des moyens identiques aient été ou non soulevés en référé précontractuel[407]. L'indépendance des offices des juges des référés précontractuels et du recours « Tropic » a pour conséquence un possible double examen des moyens relatifs aux obligations de publicité et de mise en concurrence, sans que la décision du premier ait d'influence sur la décision du second.

2 – L'office du juge du recours « Département de Tarn-et-Garonne »

160. Dans des termes identiques, la question se posera de savoir dans quelle mesure le juge du nouveau recours en contestation de la validité du contrat devra prendre en compte l'ordonnance du juge des référés précontractuels préalablement rendue.

161. Le juge du recours « Département de Tarn-et-Garonne » sera saisi d'un nouveau litige qui n'aura pas été préalablement porté à la connaissance d'un autre juge. C'est l'examen d'un nouveau litige qui aura lieu.

162. L'étendue des moyens invocables et opérants sera plus restreinte. En effet, l'époque du rejet de la « Smirgeomisation » du recours « Tropic » est révolue[408]. L'appel à la « Smirgeomisation » du recours « Tropic » a bien été entendu[409] et la haute juridiction administrative l'a transcrit dans sa récente décision « Département de Tarn-et-Garonne » du 4 avril 2014. Pour les contrats signés à compter de la lecture de cette décision et contrairement au recours « Tropic », l'opérance des moyens est dorénavant circonscrite. Les vices invoqués doivent être en rapport direct avec l'intérêt lésé dont les requérants se prévalent ou sont ceux d'une gravité telle que le juge devrait les relever d'office[410].

163. De la même manière, un double examen des moyens relatifs aux obligations de publicité et de mise en concurrence pourrait avoir lieu, à plus forte raison si une certaine souplesse est adoptée par le juge dans l'appréciation du rapport direct du vice invoqué avec l'intérêt lésé[411].

---

[407]V. Linditch Florian, « Recours Tropic, le Conseil d'État définit le régime des conclusions indemnitaires », préc., spéc. p. 19

[408]Les juges du fond avaient écarté l'application de la jurisprudence « Smirgeomes » au recours en contestation de la validité du contrat par les tiers concurrents évincés de celui-ci et avaient, à cet effet, considéré qu'il ne leur était pas nécessaire de démontrer la lésion ou la potentielle lésion de leurs intérêts par les manquements invoqués. V. par ex. : TA Caen, 9 juillet 2009, Société foncière d'investissements immobiliers et société Foncim, req. n° 0800458 ; TA Paris, 2 juillet 2010, Société Cegelec Paris, req. n° 08-12756.

[409]Agnus Olivier, « Plaidoyer pour une 'Smirgeomisation des Tropics' », in *AJDA*, 2013, p. 1268 et s.

[410]V. précédemment § 139.

B – Le risque de divergences des solutions contentieuses

164. A partir du moment où il est acquis qu'un même moyen relatif aux obligations de publicité et de mise en concurrence peut être soulevé devant le juge des référés précontractuels et devant le juge du recours en contestation de la validité du contrat, la succession des deux recours peut mettre en évidence des appréciations divergentes qui peuvent avoir lieu à deux échelles : d'une part, du point de vue de l'opérance des moyens et, d'autre part, du point de vue de son bien fondé et de la sanction des manquements. Ce risque de divergences des solutions contentieuses doit être souligné aussi bien dans le paradigme de la jurisprudence « Tropic Travaux Signalisation » (1) que dans le paradigme de la décision « Département de Tarn-et-Garonne » (2).

1 – Dans le paradigme de la décision « Tropic Travaux Signalisation »

165. A l'échelle de la première acception, il s'agira surtout des hypothèses où le juge des référés précontractuels n'aura pas reconnu l'opérance d'un moyen soulevé par le requérant évincé alors que le juge « Tropic » la reconnaîtra.

166. Le cas de figure inverse selon lequel le juge des référés précontractuels reconnaîtrait l'opérance d'un moyen que le juge du recours « Tropic » écartera n'a pas lieu de se poser, dès lors que l'opérance des moyens en référé précontractuel est beaucoup plus stricte qu'en recours de plein contentieux[412]. En d'autres termes, à partir du moment où le juge des référés précontractuels considère un moyen comme opérant, il est difficile d'envisager des hypothèses où le juge du recours « Tropic » statuera en sens contraire.

---

[411] Cette souplesse est espérée par certains commentateurs autorisés. V. en ce sens : Lanzarone Eric, Braunstein Hanna, « L'arrêt Département de Tarn-et-Garonne : un nouveau recours en contestation de validité du contrat », préc., spéc. p. 78 : « En pratique, cette restriction des moyens susceptibles d'être invoqués par les tiers à l'occasion d'un recours Tarn-et-Garonne devra être précisée par la jurisprudence. Il semble que son efficacité à constituer un véritable filtre au recours des tiers dépendra de l'appréciation portée par les juridictions en la matière. L'on ne peut toutefois qu'espérer une certaine souplesse, du moins à l'égard des concurrents évincés, pour lesquels l'exigence d'un rapport direct avec l'intérêt lésé se trouve être restrictif par rapport aux possibilités qui leur étaient ouvertes avec le recours Tropic ».

[412] Sauf à considérer que le juge des référés précontractuels a statué en méconnaissance des règles procédurales et matérielles relatives au droit de la commande publique, auquel cas le juge du recours « Tropic » se présenterait comme un censeur des erreurs de droit commises par le juge des référés précontractuels.

167. Il en est tout autrement du cas dans lequel le juge des référés précontractuels n'a pas retenu comme opérant un moyen tiré de la méconnaissance d'obligations de publicité et de mise en concurrence. En effet, ainsi qu'il a été précédemment observé, tout moyen soulevé en référé précontractuel n'est pas opérant. L'opérance du moyen dépendra de la lésion ou de la potentielle lésion des intérêts du requérant qui l'invoque[413]. La mise en œuvre des pouvoirs du juge des référés précontractuels est, par conséquent, strictement circonscrite. Au contraire, le juge du recours « Tropic », dans le cadre du plein contentieux objectif[414], qui n'est pas limité dans l'appréciation des moyens qui lui sont soumis, pourra faire droit à tout moyen tiré de la méconnaissance des obligations de publicité et de mise en concurrence.

168. Au-delà de l'appréciation de l'opérance des moyens présentés à chacun des deux juges, la divergence des solutions contentieuses peut également être appréciée à l'échelle du bien fondé du moyen et de la mise en œuvre des pouvoirs de chacun des deux juges.

Les hypothèses les plus topiques sont celles constituées, d'une part, d'une reconnaissance par le juge des référés précontractuels de l'opérance d'un moyen pour lequel le manquement sera sanctionné d'une certaine façon et, d'autre part, d'une reconnaissance par le juge du recours en contestation de la validité du contrat de l'opérance d'un moyen pour lequel le manquement sera sanctionné d'une autre façon. En d'autres termes, un même manquement pourra être sanctionné différemment par le juge des référés précontractuels et le juge « Tropic », parce que l'un intervient à titre préventif tandis que le second intervient, en principe, à titre sanctionnateur, même si son intervention s'avère être davantage protectrice des intérêts de l'administration étant donné l'exécution du contrat. À titre d'exemple, est-il possible d'envisager l'application du pouvoir de réformation du juge des référés précontractuels destiné à modifier une des clauses du contrat à conclure[415], puis l'emploi par le juge du recours « Tropic » de son pouvoir de modification des mêmes clauses[416]. Beaucoup plus courantes et nombreuses seront les situations dans lesquelles le juge des référés précontractuels aura

---

[413]V. précédemment § 92-96.

[414]Bailleul David, *L'efficacité comparée des recours pour excès de pouvoir et de plein contentieux objectif en droit public français*, LGDJ, 2002 ; Lepetit-Collin Hélène, *Recherches sur le plein contentieux objectif*, LGDJ, 2011.

[415]Bien que le juge demeure réticent à mettre en œuvre ce pouvoir. V. précédemment § 40.

[416]Ce pouvoir dont dispose le juge du plein contentieux est tout aussi contestable que celui dont dispose le juge des référés précontractuels. Alors juge-administrateur, son ingérence dans ce qui constitue la loi des parties est difficilement défendable. Le juge « Tropic » est également réticent à mettre en œuvre un tel pouvoir. Le juge du nouveau recours en contestation de la validité du contrat, tel que défini dans la décision « Département de Tarn-et-Garonne » ne dispose plus d'un tel pouvoir.

usé de son pouvoir d'injonction afin de permettre à l'administration de remédier par elle-même à son irrégularité, cette injonction n'aura pas été respectée[417] et le juge du recours en contestation de la validité du contrat estimera que le contrat doit être résilié ou annulé[418].

2 – Dans le paradigme de la décision « Département de Tarn-et-Garonne »

169. Dans le paradigme de la décision « Département de Tarn-et-Garonne », des appréciations divergentes de l'opérance d'un même moyen pourront subvenir. Elles dépendront de l'interprétation que fera le juge du plein contentieux du rapport direct du vice avec l'intérêt lésé dont se prévaut le concurrent évincé en comparaison de l'analyse de la lésion ou de la potentielle lésion des intérêts du requérant en référé précontractuel[419].

170. Par ailleurs, un même manquement pourra être sanctionné différemment par le juge des référés précontractuels et le juge du nouveau recours en contestation de la validité du contrat, eu égard à la palette des pouvoirs dont il dispose. Ainsi, il lui revient « après avoir pris en considération la nature de ces vices, soit de décider que la poursuite de l'exécution du contrat est possible, soit d'inviter les parties à prendre des mesures de régularisation dans un délai qu'il fixe, sauf à résilier ou résoudre le contrat ; [...] en présence d'irrégularités qui ne peuvent être couvertes par

[417]Bien souvent, l'injonction reste lettre morte faute de l'incapacité pour le juge des référés précontractuels à se substituer à l'administration pour la faire respecter, sauf à ce que le requérant mette en œuvre une nouvelle procédure contentieuse destinée à contraindre l'administration à respecter l'injonction du juge des référés précontractuels.

[418]A moins que l'annulation porte une atteinte excessive à l'intérêt général ou aux droits des cocontractants.

[419]Les difficultés soulevées par la succession des voies de droit avaient été mises en valeur par le rapporteur public Bertrand Dacosta dans ses conclusions sur la décision « Département de Tarn-et-Garonne » : « Pour le concurrent évincé, on peut même se demander si un retour en arrière ne serait pas envisageable : à partir du moment où il a pu exercer un référé précontractuel ou un référé contractuel, est-il opportun de lui ménager une troisième chance de succès contentieux ? Il faut toutefois être conscient que la voie du référé précontractuel n'est pleinement ouverte que pour les marchés supérieurs aux seuils européens (avec l'obligation d'informer les candidats non retenus et de respecter un délai avant la signature). En ce qui concerne les autres contrats de la commande publique, rien n'interdit à la collectivité de les signer dès que l'attributaire a été désigné ; par suite, le seul manquement invocable devant le juge du référé contractuel est l'absence totale de publicité. Une restriction de l'accès au juge du contrat n'aurait donc de pertinence que pour les marchés passés selon une procédure formalisée. Partielle, elle introduirait une complexité supplémentaire dans un univers dont la simplicité n'est pas la vertu première ». V. en ce sens : Dacosta Bertrand, « Le tiers au contrat dispose-t-il d'un recours en contestation de sa validité devant le juge du contrat ? », conclusions sur CE, ass., 4 avril 2014, Département de Tarn-et-Garonne, req. n° 358994, in *BJCP*, mai-juin 2014, pp. 204 et s., spéc. pp. 212-213.

une mesure de régularisation et qui ne permettent pas la poursuite de l'exécution du contrat, il lui revient de prononcer, le cas échéant avec un effet différé, après avoir vérifié que sa décision ne portera pas une atteinte excessive à l'intérêt général, soit la résiliation du contrat, soit, si le contrat a un contenu illicite ou s'il se trouve affecté d'un vice de consentement ou de tout autre vice d'une particulière gravité que le juge doit ainsi relever d'office, l'annulation totale ou partielle de celui-ci ; [...] il peut enfin, s'il en est saisi, faire droit, y compris lorsqu'il invite les parties à prendre des mesures de régularisation, à des conclusions tendant à l'indemnisation du préjudice découlant de l'atteinte à des droits lésés »[420].

[420]Pour une analyse de ces pouvoirs, v. *infra*.

Chapitre 2 : Le recours en contestation de la validité du contrat comme réponse à l'échec d'un référé contractuel

171. L'ordonnance du 7 mai 2009 a complété l'arsenal des recours contentieux à la disposition des tiers évincés de la conclusion d'un contrat relevant du droit de la commande publique par l'adjonction du référé contractuel, voie de droit subsidiaire susceptible d'être introduite après la signature du contrat. Le recours en contestation de la validité du contrat considéré jusqu'alors, au regard de son régime juridique, comme voie de droit en réponse à l'échec d'une procédure en référé précontractuel, peut également être appréhendé en tant que recours complémentaire à l'exercice d'un référé contractuel[421]. Si l'exercice successif d'un référé contractuel et d'un recours en contestation de la validité du contrat ne semble être confronté à aucun obstacle (Section I), il n'en demeure pas moins que des difficultés juridiques vont naître du cumul de ces deux voies de droit (Section II).

Section I : Le principe de non prohibition de l'exercice cumulatif d'un référé contractuel et d'un recours en contestation de la validité du contrat

172. Aucun obstacle ne semble se dresser contre l'exercice d'un référé contractuel et d'un recours en contestation de la validité du contrat. Les régimes juridiques de chacun des recours ne sont pas incompatibles (§ 1), ce qui laisse entrevoir différentes hypothèses d'exercice cumulatif de l'un et de l'autre (§ 2).

§ 1 : L'absence d'incompatibilité des régimes juridiques du référé contractuel et du recours en contestation de la validité du contrat

173. La possibilité d'exercer cumulativement un référé contractuel et un recours en contestation de la validité du contrat est principalement justifiée

[421]Dans le paradigme de la jurisprudence « Tropic Travaux Signalisation », eu égard à l'étendue limitée des moyens invocables et opérants en référé contractuel, seul l'exercice d'un recours en contestation de la validité du contrat en réponse à l'échec d'un référé contractuel est concevable. Admettre l'hypothèse inverse ne serait guère logique à partir du moment où le référé contractuel a un champ d'application et un régime juridique beaucoup plus stricts que ceux du recours « Tropic ». Dans le paradigme de la jurisprudence « Département de Tarn-et-Garonne », le recours en contestation de la validité du contrat est appréhendé « indépendamment […] des actions ouvertes […] devant le juge du référé contractuel sur le fondement des articles L. 551-13 et suivants du code de justice administrative ».

par l'absence d'exclusion expresse d'un tel exercice par les dispositions régissant le régime juridique de chacune des voies de droit, laquelle est confirmée par une compatibilité implicitement fondée sur des modalités d'introduction des requêtes distinctes.

En effet, les dispositions régissant le référé contractuel restent silencieuses quant à son éventuelle articulation avec le recours en contestation de la validité du contrat. Seule l'articulation des référés précontractuel et contractuel est envisagée à l'article L. 551-14 du Code de justice administrative[422]. Cette articulation a également été précisée par la jurisprudence[423]. Ceci est aisément compréhensible, d'une part, au regard des circonstances de la création du référé contractuel dont la justification est nettement établie dans l'exposé des motifs de la nouvelle directive « Recours » et, d'autre part, du fait que l'existence du recours en contestation de la validité du contrat résulte de l'œuvre prétorienne de la haute juridiction administrative.

De la même manière, la jurisprudence « Tropic Travaux signalisation » comme les avis complémentaires « Société Gouelle »[424] et « Société Rebillon Schmit Prevot »[425] ne font état d'aucune exclusion d'une articulation avec le nouveau référé créé par l'ordonnance du 7 mai 2009. Le nouveau recours en contestation de la validité du contrat défini par la décision « Département de Tarn-et-Garonne » est indépendant du référé contractuel, tel qu'il en est ainsi disposé expressément[426].

174. L'absence d'exclusion explicite de l'exercice successif d'un référé contractuel et d'un recours en contestation de la validité du contrat est implicitement confirmée par les modalités d'introduction des différentes requêtes. Les délais de recours contentieux comme les modes de computation de ces délais sont spécifiques à chacune des voies de droit et ne font théoriquement pas obstacle à leur cumul. Si le référé contractuel a pour point commun, avec le recours en contestation de la validité du contrat, d'être introduit après la signature du contrat, chacun obéit à des conditions de recevabilité différentes.

A compter de l'accomplissement des mesures de publicité appropriées, le recours en contestation de la validité du contrat doit être introduit dans un

---

[422]V. ci-après à partir du § 357.

[423]V. par ex. : CE, 10 novembre 2010, Établissement public national des produits de l'agriculture et de la mer – France Agrimer, req. n° 340944 ; CE, 19 janvier 2011, Grand port maritime du Havre, préc. ; CE, 1er juin 2011, Koné, préc. ; CE, 24 juin 2011, Office public habitat interdépartemental Essonne, Val d'Oise et Yvelines et Société Seni, préc. ; CE, 30 septembre 2011, Commune de Maizières-les-Metz, préc.

[424]Avis CE n° 355446, 11 avril 2012, Société Gouelle, préc.

[425]Avis CE n° 347002, 11 mai 2011, Société Rebillon Schmit Prevot, préc.

[426]V. note de bas de page n° 421.

délai de deux mois sous peine de forclusion de l'action contentieuse[427]. En l'absence de telles mesures, le délai de recours ne commence jamais à courir, si bien que le contrat est soumis à une vulnérabilité intemporelle que seul l'accomplissement des mesures de publicité appropriées peut arrêter. Les conditions de recevabilité des requêtes en référé contractuel sont établies à l'article R. 551-7 du Code de justice administrative, lequel dispose que « la juridiction peut être saisie au plus tard le trente et unième jour suivant la publication d'un avis d'attribution du contrat ou, pour les marchés fondés sur un accord-cadre ou un système d'acquisition dynamique, suivant la notification de la conclusion du contrat » et qu'« en l'absence de la publication d'avis ou de la notification mentionnées à l'alinéa qui précède, la juridiction peut être saisie jusqu'à l'expiration d'un délai de six mois à compter du lendemain du jour de la conclusion du contrat ».

Les conditions d'exercice du référé contractuel et du recours en contestation de la validité du contrat font apparaître quatre délais de recours contentieux différents, computés à partir de formalités dissemblables : pour ce qui concerne le recours de pleine juridiction, le délai de principe de recours contentieux est de deux mois à compter de l'accomplissement des mesures de publicité appropriées ; toutefois, en l'absence de l'accomplissement de telles mesures, le délai ne court pas, si bien que la voie de droit n'est jamais forclose ; dans l'hypothèse où un avis d'attribution du contrat est publié, le référé contractuel doit être introduit dans un délai de trente-et-un jours ; si aucune publication d'un tel avis n'a eu lieu, le référé contractuel est ouvert pendant un délai de six mois à compter du lendemain du jour de la conclusion du contrat.

L'existence de ces quatre délais de recours contentieux en référé contractuel et en recours en contestation de la validité du contrat conduit, par conséquent, à envisager différentes probabilités de succession des deux voies de droit.

§ 2 : Les hypothèses d'exercice cumulatif d'un référé contractuel et d'un recours en contestation de la validité du contrat

175. Il existe deux principales hypothèses d'exercice cumulatif d'un référé contractuel et d'un recours en contestation de la validité du contrat. La première recouvre la situation où le requérant anticipe l'irrecevabilité ou l'échec du référé contractuel en introduisant de manière préventive un recours en contestation de la validité du contrat (A). La seconde concerne l'introduction « à titre répressif » du recours en contestation de la validité du contrat à la suite du prononcé d'une ordonnance en référé contractuel (B).

[427] V. précédemment § 112-133.

A – L'introduction du recours en contestation de la validité du contrat en prévention de l'échec d'un référé contractuel

176. L'exercice du recours en contestation de la validité du contrat peut être conçu, dans un premier temps, comme un moyen d'anticiper l'échec d'un référé contractuel[428], quitte à ce que le requérant se désiste, par la suite, de son action en cas de succès en référé contractuel. Il s'agit de l'hypothèse où le requérant préférera, à titre préventif, saisir le juge du recours en contestation de la validité du contrat « au cas où » le référé contractuel préalablement introduit ne lui donnerait pas satisfaction. Eu égard aux modalités d'exercice des deux recours, trois cas de figure peuvent être distingués. Le référé contractuel et le recours en contestation de la validité du contrat seront exercés de manière simultanée ou quasi-simultanée.

Tout d'abord, l'exercice simultané ou quasi-simultané du référé contractuel et du recours en contestation de la validité du contrat sera possible en cas d'uniformisation des points de départ des délais de recours contentieux. La correspondance des mesures de publicité appropriées du recours de plein contentieux avec la publication de l'avis d'attribution[429] du référé contractuel permettra de computer les délais respectifs de deux mois et de trente-et-un jours à partir d'une même formalité et, par conséquent, d'une même date. Cela conduit donc, à titre préventif, à ouvrir une faculté d'exercice simultané ou quasi-simultané du recours en contestation de la validité du contrat et du référé contractuel pendant une durée maximale de trente-et-un jours.

Un autre cas de figure recouvre la situation dans laquelle les mesures de publicité appropriées sont à distinguer de la publication de l'avis d'attribution et où les premières ont été réalisées à défaut de la seconde. En d'autres termes, le délai de recours en contestation de la validité du contrat de deux mois courra normalement à compter de l'accomplissement des « mesures de publicité appropriées ». Toutefois, dans la mesure où la publication d'un avis d'attribution n'aura pas eu lieu, le délai de recours contentieux en référé

---

[428]Si ce n'est d'un véritable échec, il est possible de parler d'une insatisfaction du requérant née de l'ordonnance rendue par le juge des référés contractuels. Le succès en référé contractuel ne doit pas être seulement entendu du point de vue de la sanction du manquement de manière statique. Il doit l'être également au regard de la correction de l'irrégularité prononcée par le juge dans une acception dynamique. Le requérant espère que le contrat soit annulé. Si la probabilité qu'une annulation soit prononcée est plus grande sur le fondement de l'article L. 551-18 du Code de justice administrative, il n'en demeure pas moins que l'article L. 551-19 du même Code tempère le pouvoir d'annulation du juge « si le prononcé de la nullité du contrat se heurte à une raison impérieuse d'intérêt général ». Quant à la sanction des manquements sur le fondement de l'article L. 551-20 du Code de justice administrative, le juge demeure libre dans l'application de ses pouvoirs (v. précédemment § 105).

[429]V. également § 132.

contractuel à prendre en compte est celui de six mois à compter de la conclusion du contrat. En conséquence, à titre préventif, l'exercice simultané ou quasi-simultané du recours de pleine juridiction et du référé contractuel sera possible au maximum pendant un délai de deux mois, durée correspondant au délai de principe du recours en contestation de la validité du contrat à partir de l'accomplissement des mesures de publicité appropriées.

Enfin, la dernière situation recouvre l'hypothèse dans laquelle les mesures de publicité appropriées et la publication d'un avis d'attribution du contrat sont différenciées, où aucune mesure de publicité appropriée n'aura été effectuée tandis qu'un avis d'attribution aura été publié. Le délai de recours contentieux en référé contractuel est de trente-et-un jours à compter de la publicité de cet avis. Le délai de recours de pleine juridiction, quant à lui, ne courra jamais. L'exercice simultané ou quasi-simultané du recours en contestation de la validité du contrat et du référé contractuel est alors concevable pendant un délai maximal de trente-et-un jours.

B - L'exercice « répressif » d'un recours en contestation de la validité du contrat en réaction à l'échec d'un référé contractuel

177. Dans une autre perspective, le requérant peut penser le recours en contestation de la validité du contrat comme une voie de droit lui permettant de réagir face à l'insatisfaction née de l'ordonnance rendue par le juge des référés contractuels, lorsque celle-ci n'aura pas répondu à ses attentes. L'exercice du recours de plein contentieux à titre répressif constitue l'illustration topique de la stricte mise en œuvre consécutive de cette voie de droit à la suite d'un référé contractuel dont la procédure contentieuse aura été achevée. Eu égard au délai imparti pour le juge des référés contractuels pour statuer[430], les situations dans lesquelles un recours en contestation de la validité du contrat sera introduit une fois que la procédure de référé contractuel sera complètement terminée sont rares. Quatre situations peuvent être distinguées, mais la plupart d'entre elles ne resteront que des cas d'école.

178. Tout d'abord, l'exercice du recours de pleine juridiction à titre répressif serait possible en cas d'alignement des points de départ des délais

[430]Code de justice administrative, article R. 551-9 : « Le président du tribunal administratif ou le magistrat qu'il délègue statue dans un délai d'un mois sur les demandes qui lui sont présentées en vertu de l'article L. 551-13 ». Aucune précision n'a été apportée par la jurisprudence sur la question de savoir si le dépassement de ce délai par le juge des référés contractuels entraîne ou non son dessaisissement. Par analogie en référé précontractuel, le dépassement de ce délai pourrait ne pas impliquer le dessaisissement du juge. V. en référé précontractuel : Code de justice administrative, article R. 551-5 ; CE, sect., 3 novembre 1995, District de l'agglomération nancéienne, préc. ; CE, 2 juillet 1999, SA Bouygues et autres, préc.

de recours contentieux pendant un certain laps de temps dont la durée serait fonction de l'empressement du requérant à introduire son référé contractuel et de la diligence du juge à rendre une ordonnance. L'introduction d'un recours en contestation de la validité du contrat à la suite de l'échec d'un référé contractuel pourrait avoir lieu pendant un délai minimal de vingt-neuf jours, si la requête en référé contractuel est introduite le lendemain de la publication de l'avis d'attribution et si le juge des référés contractuels statue dans le délai de trente jours qui lui est imparti[431]. De manière optimale, le délai pour introduire un recours de plein contentieux à titre répressif serait allongé si, toujours dans la même configuration d'introduction du référé contractuel, le juge des référés statue bien avant le délai qui lui est imparti pour ce faire. Plus le requérant tardera à introduire un référé contractuel et se rapprochera de l'échéance de forclusion de l'action contentieuse, plus l'introduction d'un recours de pleine juridiction à titre répressif sera difficile, voire impossible, surtout si le juge des référés contractuels utilise intégralement le délai qui lui est imparti pour statuer ou le dépasse[432].

179. En cas de dissociation des modalités à compter desquelles les délais de recours contentieux seront computés, l'exercice à titre répressif d'un recours en contestation de la validité du contrat pourra avoir lieu sous réserve d'un décalage dans le temps de l'accomplissement des mesures de publicité appropriées par rapport à la publication d'un avis d'attribution du contrat. Dans ce cas de figure, la publication de l'avis d'attribution du contrat doit intervenir avant l'accomplissement des mesures de publicité appropriées de telle manière à optimiser le cumul des délais de recours contentieux.

180. Il est une troisième hypothèse pour laquelle un recours en contestation de la validité du contrat pourra être introduit à titre répressif en cas de publication d'un avis d'attribution du contrat mais en dehors de tout accomplissement des mesures de publicité appropriées. Le délai d'introduction du référé contractuel sera de trente-et-un jours, alors que le délai du recours de pleine juridiction ne commencera jamais à courir. En conséquence, il sera possible d'introduire à n'importe quel moment un recours en contestation de la validité du contrat tant que les mesures de publicité appropriées n'auront pas été effectuées. En cas d'accomplissement de telles mesures, la possibilité d'introduire un recours de plein contentieux après le prononcé d'une ordonnance par le juge des référés contractuels

[431] Au délai de deux mois du recours en contestation de la validité du contrat (sur la base de 60 jours), il convient de retrancher le délai indicatif de trente jours laissé au juge des référés contractuels pour statuer ainsi que le jour de battement entre la publication de l'avis d'attribution et l'introduction de la requête.

[432] Il s'agirait de l'hypothèse où le requérant introduit sa requête en référé contractuel le jour J+31 à compter de la publication de l'avis d'attribution et où le juge des référés contractuels statue en dernière limite le jour J+61 (J+31+30 jours pour le juge pour statuer).

dépendra du laps de temps qui s'est écoulé entre la publication de l'avis d'attribution et l'accomplissement des mesures de publicité appropriées, du temps pris par le requérant pour agir en référé contractuel ainsi que de celui pris par le juge pour statuer.

181. Enfin, lorsque aucune modalité permettant la computation des délais n'aura été initialement effectuée, ni pour le référé contractuel, ni pour le recours en contestation de la validité du contrat, un recours de plein contentieux pourra être exercé à titre répressif sous réserve de l'exercice préalable d'un référé contractuel dans le délai de six mois à compter de la conclusion du contrat, du prononcé d'une ordonnance par le juge des référés alors saisi et du non-accomplissement, entre-temps, des mesures de publicité appropriées.

Section II : Les difficultés juridiques soulevées par la mise en œuvre successive d'un référé contractuel et d'un recours en contestation de la validité du contrat éventuellement assorti d'un référé suspension

182. A l'instar de l'exercice successif du référé précontractuel et du recours en contestation de la validité du contrat, des difficultés juridiques peuvent naître du cumul d'un référé contractuel et d'un recours en contestation de la validité du contrat éventuellement assorti d'un référé suspension. Elles tiennent à l'indétermination de l'autorité de chose jugée des ordonnances du juge des référés contractuels (§ 1) ainsi qu'à sa réception par le juge du référé suspension et le juge du recours en contestation de la validité du contrat (§ 2).

§ 1 : L'autorité indéterminée des ordonnances du juge des référés contractuels

183. Autant les jurisprudences relatives à l'autorité des ordonnances en référé précontractuel se font rares, autant celles relatives à l'autorité des ordonnances en référé contractuel sont inexistantes et ce, en raison de la récente création de cette voie de droit et du caractère « négatif » du recours. Face à ce silence du juge, la détermination de l'autorité de chose jugée des ordonnances rendues en référé contractuel peut être établie à la lumière des outils méthodologiques utilisés pour résoudre cette même question en référé précontractuel. De l'étude de l'office et des pouvoirs du juge des référés contractuels par rapport à ceux du juge des référés précontractuels, une reconnaissance de l'autorité de chose jugée des ordonnances rendues en référé contractuel n'est pas à exclure.

184. Les offices et les pouvoirs des juges des référés précontractuels et contractuels sont comparables du fait d'une complémentarité temporelle et d'une ressemblance asymétrique des deux voies de droit destinées à sanctionner la méconnaissance de certaines obligations de publicité et de mise en concurrence.

185. Le juge des référés précontractuels est considéré comme un « juge du fond statuant en la forme des référés ». Le juge des référés contractuels pourrait pleinement bénéficier de cette même qualification. Il peut, en effet, être considéré comme un juge du fond, dès lors que la question de la légalité du contrat conclu lui est soumise et quand bien même son étude soit seulement réalisée au prisme d'une dimension très réduite du droit de la commande publique. Il doit, en outre, être considéré comme « statuant en la forme des référés » au regard du déroulement d'une procédure contentieuse allégée et de l'aptitude du juge à statuer rapidement.

186. Si le juge des référés contractuels dispose de pouvoirs qui diffèrent substantiellement de ceux du juge des référés précontractuels, aussi bien du point de vue de leur consistance que de l'« esprit » de leur exercice, il n'en demeure pas moins qu'ils s'inscrivent dans une démarche répressive ou, à tout le moins, sanctionnatrice. Si une réserve pouvait être apportée quant au pouvoir de suspension du contrat, il convient de souligner qu'il ne saurait être l'équivalent du pouvoir de suspension de la procédure de la passation en référé précontractuel. La suspension de l'exécution du contrat en référé contractuel peut seulement être ordonnée pendant la durée de l'instance[433]. À la différence du référé précontractuel, il n'est accompagné d'aucun pouvoir d'injonction destiné à régulariser les manquements préalablement commis[434].

---

[433]Code de justice administrative, article L. 551-17. L'impossibilité pour le juge des référés contractuels d'ordonner la suspension de l'exécution du contrat en dehors de la durée de l'instance réside dans le fait qu'il ne bénéficie pas d'un pouvoir d'injonction. Les pouvoirs de suspension et d'injonction sont consubstantiels. La suspension de l'exécution du contrat par le juge reste vaine, si l'administration n'est pas en mesure de remédier aux irrégularités qu'elle a commises. Par conséquent, il semble difficile que le juge des référés contractuels puisse s'auto-conférer, de manière prétorienne, un pouvoir de suspension de l'exécution du contrat jusqu'à ce qu'une régularisation soit réalisée à la suite d'une injonction elle-même prétoriennement décidée. V. également note de bas de page ci -dessous.

[434]Admettre un pouvoir d'injonction dans la palette des pouvoirs du juge des référés contractuels n'aurait aucun sens, dans la mesure où le juge des référés contractuels ne sanctionne que les manquements aux obligations de publicité et de mise en concurrence les plus graves et ceux qui manifestent que l'administration a voulu faire obstacle à l'exercice du référé précontractuel. L'on aurait, en effet, du mal à comprendre les raisons qui pousseraient le juge à enjoindre à l'administration de procéder à une publicité qui n'a pas eu lieu ou de remettre en concurrence un contrat qui n'a pas été soumis aux modalités de remise en concurrence prévues pour la passation des contrats fondés sur un accord-cadre ou un système d'acquisition dynamique, alors que le contrat est signé. L'injonction destinée à remédier à la signature anticipée du contrat en méconnaissance du *délai de standstill* comme celle

En conséquence, l'ensemble des pouvoirs accordés au juge des référés contractuels ont des implications définitives et sont aptes à mettre fin au litige.

187. Ainsi qu'il a été précédemment démontré, la reconnaissance de l'autorité de chose jugée aux ordonnances rendues en référé précontractuel n'a ni explicitement été affirmée, ni explicitement été déniée. L'hybridité de l'office et des pouvoirs du juge des référés précontractuels, juge du fond statuant en la forme des référés, capable de prononcer des mesures aussi bien provisoires que définitives, expliquent la prudence de la haute juridiction administrative à reconnaître ou à exclure de manière péremptoire l'autorité de chose jugée de telles ordonnances. En l'état actuel du droit, rien n'empêcherait donc de concevoir la reconnaissance de l'autorité de chose jugée des ordonnances rendues en référé précontractuel en fonction de leur portée provisoire et/ou définitive, même si du point de vue de la sécurité juridique, la solution retenue pourrait choquer[435].

188. Le juge des référés contractuels semble être un « juge du fond statuant en la forme des référés ». À mi-chemin entre les caractéristiques du juge du principal et du juge des référés classiques, l'office du juge des référés contractuels ne permet pas d'établir avec certitude l'autorité de chose jugée de ses ordonnances. Néanmoins, l'intervention du juge des référés contractuels après la conclusion du contrat implique de concevoir l'usage de ses pouvoirs à titre répressif et donc aux conséquences définitives, si tant est que le juge fait droit à la demande en référé. Le cas échéant, la question de la reconnaissance de l'autorité de chose jugée demeure ouverte.

189. En ne faisant pas droit à la demande en référé, le juge a-t-il pour autant mis un terme au litige ? Une réponse affirmative ne va pas soi, surtout lorsque le rejet de la requête est fondé sur l'inopérance des moyens, le juge n'ayant réellement tranché aucune contestation.

190. A l'instar du référé précontractuel pour lequel l'autorité de chose jugée pourrait être reconnue aux ordonnances rendues dans ce cadre contentieux, les ordonnances du juge des référés contractuels pourraient bénéficier de cette même qualité selon qu'il est fait droit ou non à la demande.

---

intervenue en méconnaissance de la suspension automatique de la signature du contrat dès l'introduction du référé précontractuel n'aurait guère de logique non plus.

[435] V. précédemment § 141-143.

§ 2 : La délicate réception par le juge du référé suspension et par le juge du recours en contestation de la validité du contrat des ordonnances du juge des référés contractuels

191. A l'image du référé précontractuel, il ne peut inéluctablement être fait abstraction d'une possible reconnaissance de l'autorité de chose jugée aux ordonnances du juge des référés contractuels à la double raison, d'une part, que le juge met un terme au litige et, d'autre part, qu'il statue à titre répressif par des mesures définitives après la conclusion du contrat. Les conséquences de cette hypothétique reconnaissance de l'autorité de chose jugée des ordonnances du juge des référés contractuels sur l'office des juges du référé suspension et du recours en contestation de la validité du contrat sont partiellement similaires à celles identifiées en référé précontractuel.

192. Dans le cadre de la succession d'un référé précontractuel et d'un référé suspension accessoire à un recours en contestation de la validité du contrat et dans l'hypothèse où aucune autorité de chose jugée ne serait reconnue aux ordonnances de référé précontractuel, il a été admis qu'il semblerait difficile, dans les faits, d'admettre que le second juge puisse agir en toute liberté lorsque des moyens identiques à ceux soulevés en référé précontractuel lui auront été présentés, eu égard à la subjectivisation de son office et à sa participation nouvelle à la construction des droits subjectifs en matière contractuelle aux côtés du juge des référés précontractuels[436]. Cette conclusion n'est qu'en partie transposable à l'office du juge du référé suspension par rapport à l'ordonnance du juge des référés contractuels dans l'hypothèse où le juge du référé suspension serait amené à connaître de moyens soulevés en référé contractuel.

193. Il n'est, en effet, pas certain que le juge des référés contractuels participe, de la même manière que le juge des référés précontractuels, à la construction des droits subjectifs en matière contractuelle. En effet, la condition de la lésion ou de la potentielle lésion des intérêts du candidat ou du soumissionnaire évincé pour agir sur le fondement des articles L. 551-13 et suivants du Code de justice administrative ne constitue qu'un artifice, la recevabilité du référé contractuel étant subordonnée à des conditions procédurales liées à l'ouverture et à la mise en œuvre effective du référé précontractuel[437]. En conséquence, si le juge du référé suspension serait tenté, en pratique, de s'aligner sur l'ordonnance du juge des référés précontractuels[438], il pourrait aussi prendre davantage de recul par rapport à l'ordonnance rendue en référé contractuel.

---

[436] V. *supra*.

[437] V. ci-après à partir du § 357.

[438] Même s'il n'y est évidemment pas tenu.

194. Dans l'hypothèse où l'autorité de chose jugée serait reconnue aux ordonnances du juge des référés contractuels, l'écran de ses décisions ferait obstacle à la liberté d'appréciation du doute sérieux par le juge du référé suspension. Elle s'imposerait à celui-ci et le juge se trouverait, en quelque sorte, dans une situation de compétence liée dans laquelle il ne saurait pourtant être.

195. Quant à l'office du juge du recours « Tropic » par rapport à des moyens soulevés devant le juge des référés contractuels, il sera identique à celui identifié dans la situation d'une succession d'un référé précontractuel et d'un recours « Tropic ». L'indépendance des missions imparties à chacun des juges a pour conséquence un possible double examen des moyens relatifs aux obligations de publicité et de mise en concurrence, sans que la décision du juge des référés contractuels ait d'influence sur la décision du juge du recours en contestation de la validité du contrat. Une fois encore, l'exercice d'un recours « Tropic » postérieurement à l'exercice d'un référé contractuel sera susceptible de mettre en évidence des appréciations divergentes dans la sanction des manquements.

196. Enfin, dans le paradigme de la jurisprudence « Département de Tarn-et-Garonne », le double examen des moyens relatifs aux obligations de publicité et de mise en concurrence et les appréciations divergentes dans la sanction des manquements dépendront de l'interprétation que fera le juge du rapport direct du vice avec l'intérêt lésé dont se prévaut le concurrent évincé.

Conclusion du titre 1.

197. L'articulation des voies de droit topiques du contentieux de la commande publique *stricto sensu* – référé précontractuel, référé contractuel et recours en contestation de la validité du contrat – doit, dans un premier temps, être appréhendée d'un point de vue temporel. Ces recours sont caractérisés par la temporalité de leur introduction autour du référentiel de la signature du contrat, laquelle matérialise la phase précontractuelle et la phase post contractuelle. Le référé précontractuel constitue la seule voie de droit que le concurrent évincé peut mettre en œuvre avant la signature du contrat. Le référé contractuel et le recours en contestation de la validité du contrat s'ouvrent à lui dès la conclusion de celui-ci.

198. Le référentiel de la signature du contrat conduit à concevoir le référé précontractuel comme garde-fou de la légalité des procédures de passation des contrats relevant de la commande publique, puisque aucune autre voie de droit parallèle faisant intervenir un juge aussi spécialisé n'est offerte au concurrent évincé afin de contester les circonstances de son éviction avant la conclusion du contrat. La position hégémonique contentieuse conférée au référé précontractuel explique l'horlogerie délicate de son régime juridique arrêtée par le législateur communautaire et transposée en droit interne, même si cette voie de droit voit son effectivité et son efficacité réduite en pratique.

199. Le référé contractuel et le recours en contestation de la validité du contrat s'articulent temporellement avec le référé précontractuel. D'une première approche en cascade où il peut être constaté, tout d'abord, l'enchaînement temporel du référé précontractuel et du recours en contestation de la validité du contrat, puis, celui du référé précontractuel et du référé contractuel, enfin, celui du référé contractuel et du recours en contestation de la validité du contrat, voire l'enchaînement du référé précontractuel, du référé contractuel et du recours en contestation de la validité du contrat, il en ressort, en tout état de cause, que le recours en contestation de la validité du contrat peut être appréhendé comme une voie de droit en réponse à l'échec des procédures de référés. L'ordonnance du 7 mai 2009 parachève la recherche d'une complémentarité temporelle des recours, certes, en faisant du référé contractuel une voie de droit hybride à la physionomie précontractuelle introduite après la conclusion du contrat, mais également en mettant un terme au débat né sur la concurrence inutile du référé contractuel et du recours en contestation de la validité du contrat créé, de manière prétorienne, par le Conseil d'État. Si l'enchaînement du référé précontractuel et du recours en contestation de la validité du contrat ne soulève guère de difficulté au regard des modalités de leur introduction, l'articulation temporelle du référé contractuel et du recours en contestation de la validité du contrat est plus délicate à manier.

200. Quelle que soit l'articulation envisagée, l'intervention de deux juges *a minima* suscite des questionnements quant à la cohérence des solutions contentieuses eu égard à la question ouverte de l'autorité des décisions rendues par les premiers juges saisi et à l'office propre du juge appelé à intervenir en second lieu.

Titre 2

L'ouverture d'autres prétoires en cas d'enchaînement infructueux du référé précontractuel, du référé contractuel et du recours en contestation de la validité du contrat

201. En terme de disciplines juridiques, la légalité des contrats passés par l'administration agissant en qualité de pouvoir adjudicateur ou d'entité adjudicatrice ne relève pas exclusivement du droit de la commande publique. D'autres branches du droit sont concernées en raison, d'une part, du statut particulier de l'administration qui ne saurait être assimilée à celui du particulier civilement entendu et, d'autre part, des moyens octroyés à l'administration dans l'exercice de ses missions.

202. Si le référé précontractuel, le référé contractuel ainsi que le recours en contestation de la validité du contrat constituent les archétypes du contentieux de la commande publique, la veille du respect des règles de publicité et de mise en concurrence n'est pas l'apanage des juges saisi de ces recours. D'autres juges - dont l'action n'est pas uniquement centrée sur le respect du droit de la commande publique - peuvent être amenés à s'assurer, dans l'exercice des missions qui leur sont imparties à titre principal, que les règles de publicité et de mise en concurrence ont été bien été respectées. Il en est ainsi des juges pénal et financier dont la sollicitation et l'intervention peuvent être pensées comme *ultima ratio* du contentieux de la commande publique (Sous-titre 1). La diversité des acteurs de la légalité contractuelle en matière de respect des règles de publicité et de mise en concurrence implique de s'interroger sur la dispersion des voies de recours et l'altération de l'homogénéité des solutions contentieuses en droit de la commande publique (Sous-titre 2).

Sous-titre 1

L'accès aux prétoires du juge pénal et du juge financier comme ultima ratio du contentieux de la commande publique

203. Le Professeur Stéphane Braconnier parlait d'*ultima ratio* pour désigner l'apport de l'ordonnance du 7 mai 2009 et l'institution du référé contractuel[439]. Qu'il nous soit permis d'affirmer que le contentieux de la commande publique dépasse le strict cadre du droit public des affaires pour toucher d'autres disciplines juridiques.

En effet, dans les hypothèses où les procédures de référé précontractuel, de référé contractuel et de recours en contestation de la validité du contrat sont définitivement achevées ou forcloses ou, lorsque du point de vue du requérant, le résultat de leur mise en œuvre est insatisfaisant, les prétoires des juges pénal et financier peuvent apparaître comme l'ultime moyen de faire respecter le droit de la commande publique et de remédier indirectement à l'irrégularité que l'administration a commise par la mise en jeu de la responsabilité des acteurs publics, laquelle prendra différentes formes[440]. Il est nécessaire de mettre en évidence les circonstances dans lesquelles chacun des juges pénal (Chapitre 1) et financier (Chapitre 2) est amené à connaître de telles questions.

439Braconnier Stéphane, « L'autonomie contrastée du contentieux des contrats publics d'affaires », préc., spéc. p. 329.

440Dans les recherches qui ont été menées, l'accès aux prétoires des juges pénal et financier est présenté comme *ultima ratio* du contentieux de la commande publique au vu, d'une part, de la prévisibilité du requérant évincé d'une procédure de consultation de se tourner, en premier lieu, vers les juges spécialisés en droit de la commande publique puis, en second lieu, vers des juges plus généralistes qui seraient éventuellement amenés à connaître des mêmes questions de droit et, d'autre part, des délais de prescription des comportements litigieux auxquels s'ajoutent les délais de procédure. Il n'est toutefois pas nié que les saisines des juges pénal et financier peuvent avoir lieu concomitamment à celles des juges des référés précontractuels, des référés contractuels et du recours en contestation de la validité du contrat, voire exclusivement en dehors de toute saisine de ces derniers. En revanche, il ne saurait être envisagé, de manière pragmatique, une réponse des juges pénal et financier avant toute saisine des juges des référés précontractuels et contractuels et du recours en contestation de la validité du contrat, de telle manière à ce que ces derniers soient conduits à prendre en considération la décision des premiers. La seule exception pourrait éventuellement être celle de la prise en compte de la décision du juge pénal ou du juge financier par le juge du recours en contestation de la validité du contrat lorsque le délai de recours contentieux n'aura jamais commencé à courir faute de l'accomplissement des mesures de publicité appropriées. En tout état de cause, les remarques qui seront apportées lors du constat de la dispersion des voies de recours et de l'altération de l'homogénéité du contentieux contractuel vaudront quel que soit la physionomie des articulations envisagées.

204. Le recours au juge pénal par les concurrents évincés n'est pas naturellement pensé comme un moyen complémentaire permettant de veiller à ce que les obligations de publicité et de mise en concurrence aient été respectées par l'administration[441]. La mise en jeu de la responsabilité pénale de l'administration et de ses acteurs a toujours été autonome par rapport aux voies de droit mises en œuvre devant l'ordre juridictionnel administratif. Si l'action pénale est autonome, il convient néanmoins de souligner qu'elle peut être motivée sur le fondement de la méconnaissance des obligations de publicité et de mise en concurrence topique du contentieux de la commande publique. C'est en ce sens que l'action pénale peut être appréhendée comme l'une des actions de dernière chance aux fins de faire respecter indirectement le droit de la commande publique[442]. Il est donc possible de saisir le juge pénal à l'office étendu sur le fondement d'une incrimination spécifique (Section I), à noter toutefois que l'accès à ce prétoire n'est le gage ni de la sanction indirecte et effective de l'ensemble des manquements aux obligations de publicité et de mise en concurrence, ni de la condamnation pénale des acteurs publics pour les méconnaissances commises (Section II).

[441] Les candidats évincés ne sauraient, en principe, agir par la voie pénale, parce que leur préjudice apparaît comme hypothétique, éventuel. Indubitablement, les concurrents évincés pourront prétendre qu'ils auront perdu une chance dans l'attribution du contrat, perte qui pourra avoir des effets néfastes sur la situation financière de l'entreprise, voire sa pérennité. Néanmoins, selon une jurisprudence constante, le juge pénal ne prend en considération que la perte d'une chance insusceptible de doute. V. par ex. : Cass. Crim., 16 février 1981, Bull. Crim. 1981, n° 58 ; Cass. Crim., 11 mars 1986, Bull. Crim. 1986, n° 103. La probabilité de l'événement favorable qui a disparu par l'effet du délit doit être établie. V. par ex. : Cass. Crim., 23 février 1977, Bull. Crim., 1977, n° 73. Il convient de noter toutefois que la jurisprudence de la Cour de cassation adopte une position de plus en plus souple en matière de favoritisme : elle a pu approuver la décision des juges du second degré qui avait déclaré recevable la constitution de partie civile d'une société évincée, au motif que « l'attribution irrégulière desdits marchés [avait] eu pour conséquence directe de lui faire perdre une chance sérieuse d'en être déclarée attributaire ». V. en ce sens : Cass. Crim., 28 janvier 2004, Bull. Crim. 2004, n° 23.

[442] L'impact psychologique de la justice pénale en la matière n'est pas à négliger. La crainte de l'élu ou du représentant du pouvoir adjudicateur du procès pénal et de sa médiatisation est bien présente. Celui-ci peut alors préférer renoncer à la conclusion d'un contrat que de prendre le risque que lui soit reproché son attribution en méconnaissance des règles de publicité et de mise en concurrence et ce, d'autant plus que les règles relatives à la prescription ne sont pas favorables. V. par ex. : Cass. Crim., 2 avril 1998, Jurisdata n° 1998-002045 ; Cass. Crim., 1er décembre 2004, Jurisdata n° 2004-026407 ; Cass. Crim., 30 novembre 2005, Jurisdata n° 2005-031249 ; Cass. Crim., 8 avril 2010, Jurisdata n° 2010-005949.

Section I : Le juge pénal à l'office étendu saisi sur le fondement d'une incrimination spécifique

205. L'action pénale devient un atout contentieux dans la promotion indirecte du respect du droit de la commande publique, d'une part, lorsqu'elle est introduite sur le fondement d'une incrimination spécifique que le législateur a établi : le délit d'octroi d'avantage injustifié également appelé délit de favoritisme[443] (§ 1) et, d'autre part, lorsqu'est pris en considération le fait que les juridictions répressives disposent d'une compétence étendue dans l'exercice de leur office (§ 2).

§ 1 : L'incrimination du délit d'octroi d'avantage injustifié

206. Le délit d'octroi d'avantage injustifié est une infraction qui s'inscrit dans le contexte plus large des conflits d'intérêts[444]. L'institution d'une telle incrimination est caractéristique de la volonté du législateur de moraliser tant la vie politique que la vie économique (A). Il conviendra d'en détailler les éléments constitutifs (B).

A – La justification de l'indispensable moralisation de la vie politique et de la vie économique

207. La moralisation de la vie politique et de la vie économique n'est pas une quête nouvelle. Dès 1810, le législateur avait défini, dans le Code pénal, des crimes et des délits contre la chose publique ainsi que des délits contre la Constitution. Il s'agissait pour l'essentiel des crimes et délits de soustraction de deniers, de concussion, d'ingérence ou encore de corruption. Toutefois, aucune infraction n'était établie pour assurer l'égalité des opérateurs

---

[443]Les sanctions des délits de corruption passive ou active (articles 432-11 et 433-1 du Code pénal) et de prise illégale d'intérêts (articles 432-12 et 432-13 du Code pénal) sont également susceptibles de participer à la veille indirecte du respect du droit de la commande publique. Elles ne sont cependant pas théoriquement destinées à réprimer principalement les manquements aux obligations de publicité et de mise en concurrence de l'administration. C'est pourquoi, l'attention sera davantage portée au délit d'octroi d'avantage injustifié topique de ces situations que le Professeur Philippe Cossalter et Dominique Deporcq ont qualifié de « délit phare du droit pénal des marchés publics ». V. Cossalter Philippe, Deporcq Dominique, « Le casse-tête des quatre juridictions », in *Moniteur TP*, 23 juillet 1993, p. 18. Sur le conflit d'intérêts et la passation des contrats de la commande publique, v. Cassia Paul, « Conflit d'intérêts et passation des contrats de la commande publique », in *AJDA*, 2012, p. 1040 et s. Sur le cumul d'infractions, v. également : Savoye José, « De la répression du délit de favoritisme et autres infractions en matière de marchés publics », Dalloz, 1999, p. 169 et s., spéc. pp. 170-172.

[444]Cassia Paul, « Conflit d'intérêts et passation des contrats de la commande publique », préc.

économiques face aux commandes de l'administration destinées à satisfaire ses besoins. À partir du moment où, du point de vue du secteur privé, la libre concurrence est devenue un principe directeur du système économique libéral et, du point de vue du secteur public, l'administration territoriale a vu son autonomie croître, il en est résulté des pratiques d'octroi d'avantages à certaines entreprises. L'intervention du législateur par la loi n° 91-3 du 3 janvier 1991 relative à la transparence et à la régularité des procédures de marchés et soumettant la passation de certains contrats à des règles de publicité et de mise en concurrence[445] participe à la volonté de remédier au silence du Code pénal de 1810, de pallier l'inefficacité des sanctions juridictionnelles tardives des violations des dispositions du Code des marchés publics dans un contexte où les recours spécifiques du droit de la commande publique, s'ils étaient naissants en droit communautaire, n'existaient pas encore en droit interne et surtout d'étouffer l'immoralité des méthodes employées par les acteurs publics, lesquels englobent aussi bien l'administration que la sphère politique dont elle dépend.

208. A cette époque, avait donc été instituée « une mission interministérielle d'enquête sur les marchés, chargée de procéder à des enquêtes portant sur les conditions de régularité et d'impartialité dans lesquelles sont préparés, passés ou exécutés les marchés de l'État, des établissements publics autres que ceux qui ont le caractère industriel et commercial, des collectivités territoriales et de leurs établissements publics, et des sociétés d'économie mixte locales »[446] dont les membres étaient habilités à constater l'infraction de délit d'octroi d'avantage injustifié défini à l'article 7 alinéa 1er de cette même loi[447]. Ces dispositions ont par la suite été

---

[445]Loi n° 91-3 du 3 janvier 1991 relative à la transparence et à la régularité des procédures de marchés et soumettant la passation de certains contrats à des règles de publicité et de mise en concurrence, JORF n°4 du 5 janvier 1991, p. 236.

[446]Loi n° 91-3 du 3 janvier 1991 relative à la transparence et à la régularité des procédures de marchés et soumettant la passation de certains contrats à des règles de publicité et de mise en concurrence, préc., art. 1er. Ces dispositions ont été par la suite modifiées par la loi n° 92-1336 du 16 décembre 1992 relative à l'entrée en vigueur du nouveau Code pénal et à la modification de certaines dispositions de droit pénal et de procédure pénale rendue nécessaire par cette entrée en vigueur (JORF n° 0298 du 23 décembre 1992, p. 17568, puis par la loi n° 93-122 du 29 janvier 1993 relative à la prévention de la corruption et à la transparence de la vie économique et des procédures publiques (JORF n° 25 du 30 janvier 1993, p. 1588). La mission interministérielle d'enquête sur les marchés a été supprimée par la loi n° 2012-387 du 22 mars 2012 relative à la simplification du droit et à l'allègement des démarches administratives (JORF n° 0071 du 23 mars 2012, p. 5226).

[447]Loi n° 91-3 du 3 janvier 1991 relative à la transparence et à la régularité des procédures de marchés et soumettant la passation de certains contrats à des règles de publicité et de mise en concurrence, article 7 : « Toute personne investie d'un mandat électif, tout représentant, administrateur ou agent des collectivités ou organismes visés à l'article 1er ou toute personne intervenant pour le compte de ceux-ci, qui aura procuré ou tenté de procurer à autrui un

intégrées dans le nouveau Code pénal par la loi n° 92-686 du 22 juillet 1992 portant réforme des dispositions du Code pénal relatives à la répression des crimes et délits contre la nation, l'État et la paix publique[448]. Son article 432-14 prévoit, dans l'actuelle rédaction en vigueur, qu'« est puni de deux ans d'emprisonnement et de 30 000 euros d'amende le fait par une personne dépositaire de l'autorité publique ou chargée d'une mission de service public ou investie d'un mandat électif public ou exerçant les fonctions de représentant, administrateur ou agent de l'État, des collectivités territoriales, des établissements publics, des sociétés d'économie mixte d'intérêt national chargées d'une mission de service public et des sociétés d'économie mixte locales ou par toute personne agissant pour le compte de l'une de celles susmentionnées de procurer ou de tenter de procurer à autrui un avantage injustifié par un acte contraire aux dispositions législatives ou réglementaires ayant pour objet de garantir la liberté d'accès et l'égalité des candidats dans les marchés publics et les délégations de service public ».

B – Les éléments constitutifs de l'infraction

209. Il ressort des dispositions de l'article 432-14 du Code pénal que trois éléments doivent être réunis pour que les faits commis puissent recevoir la qualification de délit d'octroi d'avantage injustifié : l'auteur doit avoir agi sous une qualité spécifique ; un avantage injustifié doit avoir été octroyé ; cet avantage doit avoir été accordé en contrariété aux dispositions législatives ou réglementaires ayant pour objet de garantir la liberté d'accès et l'égalité des candidats dans les marchés publics et les délégations de service public.

210. Toute personne ne peut être rendue coupable du délit d'octroi d'avantage injustifié. L'article 432-14 du Code pénal énonce de manière limitative les acteurs susceptibles d'être inquiétés de délit de favoritisme[449].

---

avantage injustifié par un acte contraire aux dispositions législatives et réglementaires qui ont pour objet de garantir la liberté d'accès et l'égalité des candidats dans les marchés passés par les collectivités et organismes susmentionnés, sera puni d'un emprisonnement de six mois à deux ans et d'une amende de 5 000 F à 200 000 F ou de l'une de ces deux peines seulement ».

[448]Loi n° 92-686 du 22 juillet 1992 portant réforme des dispositions du code pénal relatives à la répression des crimes et délits contre la nation, l'État et la paix publique, JORF n° 169 du 23 juillet 1992, p. 9893.

[449]Le principe d'interprétation stricte de la loi pénale invite à penser que seules les personnes visées à cet article sont susceptibles d'être poursuivies sur le fondement du délit d'octroi d'avantage injustifié. Il est toutefois permis de s'interroger sur l'éventuelle extension du champ *ratione personae* de ce délit du point de vue de la problématique de la complicité, lorsqu'elle ne concerne pas l'une des personnes mentionnées à l'article 432-14 du Code pénal. La jurisprudence semble s'orienter dans cette direction en estimant que sont susceptibles d'être poursuivis, comme complices, tous les individus ayant fourni une aide ou assistance dans la préparation ou la consommation du délit. V. en ce sens : Cass. Crim., 14 février 2007, Jurisdata n° 2007-037891 ; Cass. Crim., 6 octobre 2010, pourvoi n° 10-82.839.

Par personne dépositaire de l'autorité publique, sont visées les personnes investies d'un pouvoir de décision ou de contrainte sur les individus et sur les choses, manifesté dans et par l'exercice de fonctions permanentes ou temporaires qui leur sont confiées par délégation de la puissance publique.

Les personnes chargées d'une mission de service public peuvent également être poursuivies sur le fondement du délit d'octroi d'avantage injustifié, mais elles sont plus délicates à discerner dans la mesure où il convient de distinguer la mission de service public de la mission d'intérêt général et que toute mission d'intérêt général n'emporte pas nécessairement la qualification de mission de service public[450]. En tout état de cause, ces personnes doivent participer à des activités de puissance publique[451].

Les personnes investies d'un mandat électif public sont aisément identifiables[452]. L'expression vise, entre autres, les élus locaux[453].

Le recensement des qualités d'auteur de l'infraction de délit d'octroi d'avantage injustifié auquel procède l'article 432-14 du Code pénal s'achève par l'énumération de personnes exerçant certaines activités. Au titre des fonctions de représentant, administrateur ou agent de l'État et des collectivités territoriales, ont, par exemple, pu être condamnés un président d'un syndicat mixte des ordures ménagères[454], un président d'une communauté urbaine[455] ou encore un directeur général des services d'une commune qui disposait du pouvoir de « préparer ou de proposer les décisions prises par d'autres »[456]. En matière d'établissements publics, la jurisprudence met en évidence la poursuite de présidents d'offices publics

---

450CE, sect., 22 février 2007, Association du personnel relevant des établissements pour inadaptés, req. n° 264541, Rec. p. 92.

451En droit de la presse, seules les personnes qui disposent d'une portion de l'autorité publique peuvent être poursuivies sur le fondement du délit d'octroi d'avantage injustifié. V. par ex. : Cass., crim., 15 juin 1934, Bull. Crim. 1934, n° 112 ; Cass., crim., 12 novembre 1958, Bull. Crim. 1958, n° 673.

452Une controverse est toutefois née sur la question de savoir si une personne investie d'un mandat électif entre dans la catégorie des personnes dépositaires de l'autorité publique. V. en ce sens : Colcombet François, rapport AN n° 2244, 1991, tome 1, Exposé général – Examen des articles, p. 128 ; Masson Paul, rapport Sénat n° 274, 1992, p. 92.

453Sont, par conséquent, concernés les maires (v. par exemple : Cass., crim., 15 mai 2008, Bull. Crim. 2008, n° 121 ; Cass., crim., 4 novembre 2010, pourvoi n° 10-80.720), les adjoints au maire « délégués aux marchés publics » (Cass., crim., 14 février 2007, Jurisdata n° 2007-037891 ; Cass., crim., 25 juin 2008, Jurisdata n° 2008-044926), les présidents et les vice-présidents de conseil général (v. respectivement : CA Chambéry, 10 mai 2000, Jurisdata n° 2000-118619 et CA Nîmes, 7 septembre 2006, Jurisdata n° 2006-333904), les conseillers municipaux (CA Aix-en-Provence, 16 mai 2007, Jurisdata n° 2007-336744), les conseillers généraux (CA Nîmes, 7 septembre 2006, Jurisdata n° 2006-333904).

454V. par ex. : CA Paris, 16 avril 1999, Jurisdata n° 1999-023215.

455V. par ex. : Cass. Crim., 1er septembre 2005, Jurisdata n° 2005-029294.

456Cass. Crim., 20 avril 2005, Jurisdata n° 2005-028292.

d'habitations à loyer modéré[457]. Les présidents de sociétés d'économie mixte sont également concernés[458].

211. La définition de l'élément matériel de l'infraction – le bénéfice d'un avantage injustifié par un acte contraire aux dispositions législatives ou réglementaires ayant pour objet de garantir la liberté d'accès et l'égalité des candidats dans les marchés publics et les délégations de service public – est essentielle dans l'opération de qualification du délit de l'article 432-14 du Code pénal.

Au sens commun, l'avantage renvoie à ce qui est utile ou profitable et a pour synonymes « profit » et « intérêt ». L'adjectif qualificatif « injustifié » précise que l'avantage octroyé est illégitime, illégal ou n'est pas motivé[459]. À défaut d'une définition juridique univoque de l'avantage injustifié, les juges du fond et la Cour de cassation précisent, au fur et à mesure de leurs jurisprudences, ce qu'il faut y entendre. L'avantage injustifié est en lien étroit avec la distorsion de la concurrence. Toute distorsion de concurrence va potentiellement être de nature à faire apparaître le délit, lequel sera identifiable au regard des actes liés à la préparation du contrat, des actes liés à la passation du contrat ou encore des actes liés à l'exécution du contrat. Les principales atteintes à la concurrence sont relatives au fractionnement des marchés[460], à la mise en œuvre de procédures tendant à limiter le nombre de candidats[461], à l'examen des offres[462], à la composition d'un jury ou d'une

---

[457]V. par ex. : CA Aix-en-Provence, 17 mars 1998, Jurisdata n° 1998-042976 ; Cass. Crim., 14 décembre 2005, Jurisdata n° 2005-031772.

[458]V. par ex. : Cass., crim., 19 octobre 2005, Jurisdata n° 2005-031097.

[459]L'absence de justification peut être établie selon deux acceptions : d'une part, « est injustifié un avantage qui résulte de la violation des lois et règlements » et, d'autre part, « est injustifié un avantage qui viole l'application de la notion d'offre la plus intéressante ». La première acception légaliste s'oppose à la seconde acception davantage subjective, mais qui comporterait en elle-même des éléments objectifs. V. Mescheriakoff Alain-Serge, « Le délit de favoritisme », in *Les petites affiches*, 15 février 1995, p. 6 et s., spéc. pp. 7-8.

[460]V. par ex. : Cass. Crim., 13 décembre 2000, Bull. Crim. 2000, n° 374 ; Cass. Crim., 26 janvier 2005, pourvoi n° 04-82.542 ; Cass. Crim., 13 septembre 2006, pourvoi n° 05-83.159 ; Cass. Crim., 10 septembre 2008, Jurisdata n° 2008-045161.

[461]V. par ex. : Cass. Crim., 30 juin 2004, Jurisdata n° 2004-024820 : condamnation de l'impossibilité de recourir à la procédure négociée en raison du savoir-faire exclusif d'une société ; Cass., Crim., 23 mai 2007, Jurisdata n° 2007-039877 : condamnation de la sous-estimation volontaire du coût des prestations pour pouvoir déclarer un appel d'offres infructueux et attribution du marché à une entreprise qui n'était pas la moins disante ; Cass. Crim., 20 mai 2009, Jurisdata n° 2009-049043 : condamnation de l'organisation d'une mise en concurrence de telle manière à ce que la société attributaire soit la seule à pouvoir répondre à la consultation ; Cass. Crim., 3 mai 2012, pourvoi n° 11-83.179 : condamnation de la passation d'un marché négocié en urgence impérieuse et de la réalisation d'une publicité qui avantagerait l'un des concurrents.

commission d'appel d'offres[463], aux irrégularités relatives aux critères de choix[464].

Si l'étude de l'article 432-14 du Code pénal invite à penser que l'élément matériel de l'infraction se dédouble en l'identification de l'octroi d'un avantage injustifié, d'une part, et en l'identification d'« un acte contraire aux dispositions législatives ou réglementaires ayant pour objet de garantir la liberté d'accès et l'égalité des candidats dans les marchés publics et les délégations de service public », d'autre part, les juges du fond comme la Cour de cassation s'attachent en réalité à mettre en évidence le second aspect de l'élément matériel de l'infraction, car de la violation des dispositions législatives ou réglementaires ci-dessus visées découle nécessairement un avantage injustifié.

Du point de vue des sources protégées, la question s'est posée de savoir si les directives européennes entraient dans le corpus des « dispositions législatives ou réglementaires ayant pour objet de garantir la liberté d'accès et l'égalité des candidats ». Par un arrêt du 17 octobre 2007, la Chambre criminelle de la Cour de cassation a estimé que « l'article 55 du Code des marchés publics, alors en vigueur, qui n'était pas contraire à l'article 34 de la directive n° 92/50/CEE du Conseil du 18 juin 1992, invoquée au moyen, n'impos[ait] pas aux pouvoirs adjudicateurs de demander aux soumissionnaires les pièces manquantes »[465]. De cette formulation, il est permis de penser que le juge répressif se réserve la possibilité d'écarter une disposition du Code des marchés publics contraire à une disposition d'une directive communautaire qu'elle transpose. En l'absence de transposition, il semblerait que la directive ne puisse servir de référentiel dans la détermination de l'acte irrégulier et ne saurait, en conséquence, participer à l'établissement de l'élément matériel de l'infraction de l'article 432-14 du Code pénal. En ce sens, la Cour de justice des communautés européennes avait considéré que l'absence de transposition d'une directive ne saurait avoir

---

462V. par ex : Cass. Crim., 3 juin 2004, Jurisdata n° 2004-024618 : condamnation de l'omission d'écarter une offre non conforme à l'objet du marché pour permettre à son bénéficiaire de concourir ; Cass. Crim., 15 mai 2008, Jurisdata n° 2008-044283 : condamnation d'un maire qui avait imposé à la commission d'appel d'offres le choix d'une société pour l'attribution du contrat par l'intermédiaire des services techniques, lesquels n'avaient ni procédé à aucune analyse des offres, ni ouvert l'ensemble de celles-ci.

463V. par exemple : CA Caen, 20 avril 1998, Jurisdata n° 1998-041752 : éviction du jury de personnes qualifiées aux fins que puissent être effectués des choix d'opportunité ; Cass. Crim., 15 septembre 1999, Jurisdata n° 1999-003934 : en l'espèce, le maire avait laissé siéger les commissions d'appels d'offres avec la participation d'un seul conseiller municipal ayant voix délibérative et ce, en violation du principe de la collégialité des organes délibérants.

464V. par ex. : Cass. Crim., 19 octobre 2005, Jurisdata n° 2005-031097 ; Cass. Crim., 20 mai 2009, Jurisdata n° 2009-049043.

465Cass. Crim., 17 octobre 2007, Jurisdata n° 2007-041353.

pour effet de « déterminer ou d'aggraver la responsabilité pénale de ceux qui agissent en infraction à ses dispositions »[466], ni de servir de fondements à des poursuites pénales contre des particuliers[467].

212. La question de la nécessité de démontrer un élément intentionnel pour qualifier le délit d'octroi d'avantage injustifié s'est posée à partir du moment où cette infraction a été introduite dans le Code pénal et dès lors que la catégorie des délits matériels a été supprimée. L'article 121-3 du Code pénal dispose, en effet, qu'« il n'y a point de crime ou de délit sans intention de le commettre », exceptions faites de certaines hypothèses légales « en cas de faute d'imprudence, de négligence ou de manquement à une obligation de prudence ou de sécurité ». Le rapprochement des articles 432-14 et 121-3 du Code pénal conduit donc à soumettre la qualification du délit d'octroi d'avantage injustifié à la démonstration d'un élément intentionnel. En l'absence d'un tel élément, le doute profite à l'accusé[468].

Si, théoriquement, l'élément intentionnel doit être mis en évidence pour retenir la qualification du délit de l'article 432-14 du Code pénal, la jurisprudence se montre relativement latitudinaire dans sa preuve. La chambre criminelle de la Cour de cassation a pu considérer que la seule constatation de la violation en connaissance de cause d'une prescription légale ou réglementaire implique de la part de son auteur une intention coupable[469]. Il est, en effet, usuellement considéré que les auteurs du délit d'octroi d'avantage injustifié, en raison même de leurs qualités spécifiques, sont présumés avoir connaissance des prescriptions qu'ils appliquent, ce qui signifie inversement que la méconnaissance des dispositions légales ou réglementaires ne peut être que le fruit de leur propre volonté[470]. L'erreur de

---

[466] CJCE, 11 juin 1987, Pretore di Salo contre X, aff. 14/86, Rec. p. I-2545, pt. 20.

[467] CJCE, 8 octobre 1987, Kolpinghuis Nilmegen BV, aff. 80/86, Rec. p. I-3969, pt. 6-10.

[468] V. par ex. : CA Aix-en-Provence, 27 mars 2002, arrêt qui a néanmoins été censuré par : Cass. Crim., 30 avril 2003, Jurisdata n° 2003-019543.

[469] V. par ex. : Cass. Crim., 24 mai 1994, Bull. Crim. 1994, n° 203 ; Cass. Crim., 12 juillet 1994, Bull. Crim. 1994, n° 280.

[470] V. pour d'autres exemples : Cass. Crim., 15 septembre 1999, Jurisdata n° 1999-003934 ; Cass. Crim., 14 janvier 2004, Jurisdata n° 2004-021971 ; Cass. Crim., 10 septembre 2008, Jurisdata n° 2008-045161. Cette position radicale de la Chambre criminelle de la Cour de cassation n'est pas partagée par la doctrine administrative et par les juges du fond. Ainsi que l'indique une réponse ministérielle, « le délit de favoritisme n'est pas la pénalisation automatique de toute violation du Code des marchés publics, mais un délit intentionnel, qui exige la preuve de la commission d'une irrégularité pour octroyer un avantage injustifié à autrui. Il n'y a donc aucune automaticité, ni dans la poursuite, ni dans la sanction, et la recherche de l'intention frauduleuse nécessite des investigations, au terme desquelles les magistrats apprécient souverainement les suites à réserver à la procédure. Les personnes de bonne foi ayant commis de simples erreurs matérielles ou procédurales n'encourent donc pas les rigueurs de la loi et il appartient au parquet d'exercer son pouvoir d'opportunité des poursuites pour les faits de favoritisme révélant des fautes vénielles ». V. Rép. min., n° 23486,

droit, au sens de l'article 122-3 du Code pénal ne saurait donc être invocable[471]. En d'autres termes, la qualification du délit d'octroi d'avantage injustifié dépend principalement de la qualité de l'auteur et de l'élément matériel de l'infraction. Si l'existence de l'intention est déduite de la gravité des faits, « du nombre des manquements relevés »[472] ou « de l'ensemble des manœuvres ayant abouti à faire apparaître une entreprise comme étant la moins disante »[473], certains juges répressifs veillent néanmoins à ne pas tomber dans l'excès en présumant automatiquement l'élément intentionnel de l'élément matériel. Ainsi, il a pu être jugé que l'existence de l'élément intentionnel n'était pas avérée à la lumière de la seule circonstance qu'une personne ait dissimulé un lien de parenté avec le président de la société attributaire d'un marché[474]. Le pragmatisme appelle les juges répressifs à prendre en considération les responsabilités, les qualifications, les expériences et l'ancienneté du prévenu dans l'exercice de ses fonctions[475].

§ 2 : L'office étendu du juge pénal dans la connaissance des questions relevant du droit de la commande publique

213. Les juridictions répressives veillent au respect du droit de la commande publique à travers la sanction du délit d'octroi d'avantage injustifié. Pour ce faire, le juge pénal échappe au principe de la stricte séparation des autorités administratives et judiciaires (A), ce qui le conduit, de manière autonome et optimale, à connaître des actes administratifs aussi bien du point de vue de leur interprétation que de l'appréciation de leur légalité (B).

JO Sénat Q 25 mai 2000, p. 1881. V. également : CA Paris, 9ème ch., 20 janvier 2000, BJCP, mai 2000, p. 215 ; CA Riom, 3 février 2000, n° 99/00718.

[471]Code pénal, article 122-3 : « N'est pas pénalement responsable la personne qui justifie avoir cru, par une erreur sur le droit qu'elle n'était pas en mesure d'éviter, pouvoir légitimement accomplir l'acte ».

[472]V. par ex. : CA Grenoble, 27 septembre 1997, Jurisdata n° 1997-043079 ; Cass. Crim., 3 novembre 2011, pourvoi n° 10-87.674.

[473]V. par ex. : Circ. CRIM-98.4/G3 du 2 juillet 1998, in *Moniteur des travaux publics*, 2 octobre 1998, p. 385.

[474]V. CA Paris, 16 avril 1999, Jurisdata n° 1999-023215. V. pour une appréciation du lien de parenté devant le juge administratif : CE, 9 mai 2012, Commune de Saint-Maur-des-Fossés, req. n° 355756, Rec. p. 213.

[475]V. par ex. : Cass. Crim., 15 décembre 2004, pourvoi n° 03-83.474 ; Cass. Crim., 8 mars 2006, pourvoi n° 05-85.276. Sur les prémices d'une évolution de l'appréciation de l'élément intentionnel, v. Linditch Florian, « Un an de droit pénal des marchés publics », in *Contrats et marchés publics*, octobre 2012, p. 17 et s. V. également : Cass. Crim., 3 mai 2012, pourvoi n° 11-83.179 ; Cass. Crim., 7 novembre 2012, pourvoi n° 11-82.961.

A – L'absence de soumission des juridictions répressives au principe de la séparation des autorités administratives et judiciaires

214. Pour certains, le droit pénal constitue une branche du droit privé[476]. Pour d'autres, il constitue une ramification du droit public[477]. Pour d'autres encore, il est un droit autonome, irréductible à la *summa divisio* droit public/droit privé[478]. L'ensemble des débats sur la nature de ce droit résulte de l'objet de la justice pénale et de la corrélative physionomie particulière de l'office du juge répressif. La justice pénale ne saurait, en effet, faire abstraction des problématiques de droit privé et de droit public. Ainsi que le note le Professeur Gweltaz Eveillard, « le droit administratif entretient avec le droit pénal des rapports suffisamment particuliers pour justifier des développements distincts. [...] il existe un principe d'indépendance du droit administratif et du droit pénal [...]. Toutefois, ces relations s'expriment également en termes d'interactions [...], d'influence [...] et même de complémentarité [...] »[479]. Parce qu'il importe au juge pénal de se prononcer aussi rapidement que possible, l'office particulier du juge répressif s'inscrit dans une volonté de raréfaction des questions préjudicielles dont l'existence découle du principe de séparation des autorités administratives et judiciaires formulé par la loi des 16 et 24 août 1790[480] ainsi que par le décret du 16 fructidor an III[481], lesquelles deviennent alors synonymes de ralentissements procéduraux. Si le juge judiciaire ne peut, en principe, s'immiscer dans les compétences de la juridiction administrative, ni dans celles de l'administration et, inversement, si le juge administratif ne saurait connaître de questions de droit relevant de la compétence du juge judiciaire, la spécificité de la justice pénale explique que les juridictions répressives soient soustraites de ce principe. « Le principe de séparation des autorités cède

---

[476]Certains auteurs ont pu le qualifier de « droit privé dérogatoire » : v. Eveillard Gweltaz, « Droit administratif et droit pénal », in Gonod Pascale, Melleray Fabrice, Yolka Philippe (dir.), *Traité de droit administratif*, tome 1, Dalloz, 2011, p. 652 et s., spéc. p. 652.

[477]Bouzat Pierre, Pinatel Jean, *Traité de droit pénal et de criminologie*, tome 1, Dalloz, 1970, spéc. pp. 3 et s. ; Bouloc Bernard, *Droit pénal général*, Dalloz, 2009, spéc. p. 25 et s.

[478]Stefani Gaston, *Quelques aspects de l'autonomie du droit pénal : études de droit criminel*, Dalloz, 1956.

[479]Eveillard Gweltaz, « Droit administratif et droit pénal », préc., spéc. p. 652.

[480]Loi des 16 et 24 août 1790, article 13 : « Les fonctions judiciaires sont distinctes et demeureront toujours séparées des fonctions administratives. Les juges ne pourront, à peine de forfaiture, troubler, de quelque manière que ce soit, les opérations des corps administratifs, ni citer devant eux les administrateurs pour raison de leurs fonctions ».

[481]Décret du 16 fructidor an III : « Défenses itératives sont faites aux tribunaux de connaître des actes d'administration, de quelque espèce qu'ils soient, aux peines de droit ».

ainsi sans nuances devant ce que recommande 'la nature de la mission assignée au juge pénal' »[482].

215. Initiée par la décision du Tribunal des conflits « Avranches et Desmarets » en 1951[483], la dérogation à la soumission du juge pénal au principe de la séparation des autorités administratives et judiciaires n'était admise que dans certaines circonstances : « considérant qu'il résulte de la nature de la mission assignée au juge pénal que celui-ci a, en principe, plénitude de juridiction sur tous les points d'où dépend l'application ou la non-application des peines ; qu'il lui appartient, à cet effet, non seulement d'interpréter, outre les lois, les règlements administratifs, mais encore d'apprécier la légalité de ceux-ci, qu'ils servent de fondement à la poursuite ou qu'ils soient invoqués comme moyen de défense ; que la compétence de la juridiction pénale ne connaît de limite en ce domaine, que quant à l'appréciation de la légalité des actes administratifs non réglementaires, cette appréciation étant, sauf dans le cas de la prescription législative contraire, réservée à la juridiction administrative en vertu de la séparation des pouvoirs ». Si le juge pénal était compétent pour interpréter et apprécier la légalité des actes administratifs réglementaires sous réserve qu'ils servent de fondement aux poursuites ou qu'ils soient invoqués comme moyen de défense, il n'était pas compétent pour apprécier la légalité des actes non réglementaires et *a fortiori* pour les interpréter. Toutefois, cette répartition des compétences n'a pas été partagée par la chambre criminelle de la Cour de cassation[484]. Celle-ci n'opérait aucune distinction selon que l'acte était réglementaire ou non en matière d'appréciation de la légalité des actes administratifs dès lors qu'ils servaient de fondement aux poursuites[485]. Quant à l'interprétation des actes administratifs, la chambre criminelle considérait que le juge pénal était compétent pour interpréter les règlements lorsqu'ils servaient de fondement aux poursuites, mais non pour interpréter les actes non réglementaires alors même qu'il pouvait apprécier leur légalité[486]. L'adoption du nouveau Code pénal par la loi du 22 juillet 1992 a élargi les pouvoirs du juge pénal en prévoyant, dans un article 111-5, sa compétence

---

[482]Chapus René, *Droit administratif*, tome 1, Montchrestien, 2001, spéc. p. 927.

[483]TC, 5 juillet 1951, Avranches et Desmarets, req. n° 01187, Rec. p. 638 ; confirmée, par la suite, par : TC, 2 juillet 1962, Préfet de la Loire-Atlantique, req. n° 1777, Rec. p. 827.

[484]V. par ex. : Cass. Crim., 21 décembre 1961, Dame Le Roux, JCP Edition générale, 1962, II, 12680.

[485]V. par ex. : Cass. Crim., 21 décembre 1961, Dame Le Roux, préc. ; Cass. Crim., 1er juin 1967, Canivet, Bull. Crim. 1967, n° 166. Pour la chambre criminelle de la Cour de cassation, le juge pénal était incompétent pour apprécier la légalité d'un acte administratif non assorti de sanction pénale invoqué comme moyen de défense. V. toutefois l'exception des décrets d'amnistie : Cass. Crim., 14 novembre 1963, Pommery et Delmas, Bull. Crim. 1963, n° 322.

[486]V. par ex. : Cass. Crim., 21 décembre 1961, préc. ; Cass. Crim., 1er juin 1967, Canivet, préc.

pour procéder à l'interprétation et à l'appréciation de la légalité de tous les actes administratifs dont dépend l'issue du procès.

B – La compétence des juridictions répressives pour interpréter et apprécier la légalité des actes administratifs

216. L'article 111-5 du Code pénal vient mettre un terme à une jurisprudence peu cohérente sur l'office du juge pénal en matière d'interprétation et d'appréciation de légalité des actes administratifs. Il dispose, en effet, que « les juridictions pénales sont compétentes pour interpréter les actes administratifs, réglementaires ou individuels et pour en apprécier la légalité lorsque, de cet examen, dépend la solution du procès pénal qui leur est soumis ». Cette compétence étendue du juge pénal, d'interprétation et d'appréciation de la légalité de l'ensemble des actes administratifs, réglementaires ou individuels, correspond à l'idée de plénitude de juridiction, laquelle n'existe qu'à la seule condition que la solution du procès pénal dépende de l'examen de l'acte.

217. Bien que les termes de l'article 111-5 du Code pénal viennent arbitrer la divergence de jurisprudence entre le Tribunal des conflits et la chambre criminelle de la Cour de cassation, il n'en demeure pas moins que d'autres difficultés d'interprétation sont apparues. Il convient non seulement de s'interroger sur le lien de dépendance entre la nécessité d'interpréter et/ou d'apprécier la légalité de l'acte administratif et la solution du procès pénal, mais également sur ce qu'il faut entendre par « acte administratif » au-delà de la dichotomie des actes réglementaires et individuels.

218. Le lien de dépendance entre l'interprétation et/ou l'appréciation de la légalité de l'acte et la solution du procès pénal peut revêtir deux formes : le juge pénal peut exercer sans réserve son contrôle, d'une part, lorsque l'acte administratif est pénalement sanctionné et sert de fondement à la poursuite pénale et, d'autre part, lorsque l'acte administratif est invoqué comme moyen de défense[487]. Il est cependant nécessaire de veiller, dans la seconde situation, à ce que le moyen soulevé en défense soit en relation suffisamment directe avec le procès pénal. Dans l'hypothèse où le moyen soulevé en défense est totalement étranger au litige, l'acte administratif dont s'agit ne saurait être regardé comme déterminant pour la résolution du procès pénal. Sans être totalement étranger au procès pénal, l'acte administratif invoqué comme moyen de défense peut indirectement l'intéresser. Comme le remarque le Professeur René Chapus, « il peut, en effet, arriver que le

[487]Pour une étude approfondie, v. Dantonel-Cor Nadine, « Le juge judiciaire répressif et l'acte administratif unilatéral depuis la réforme du code pénal », in *Revue de science criminelle*, 1999, p. 17 et s.

jugement du procès se heurte à une difficulté sérieuse tenant à l'appréciation de la légalité d'un règlement administratif qui n'est pas un élément du procès : parce qu'il est relatif, de façon générale, à l'organisation de la juridiction ou, plus largement, du service de la justice judiciaire »[488]. Du fait de sa nature, l'acte administratif ne peut ni justifier les poursuites engagées, ni légitimer le comportement de la personne poursuivie. Il peut être considéré comme détachable du procès pénal en cours et être l'objet d'une question préjudicielle, si son illégalité, invoquée comme moyen de défense, pose une difficulté sérieuse.

219. En dépit de la précision apportée par l'article 111-5 du Code pénal sur le caractère réglementaire et individuel des actes administratifs susceptibles d'être interprétés ou appréciés par le juge répressif, force est de constater le silence de ces dispositions sur le cas des actes contractuels[489]. Ce silence du législateur n'a été que partiellement brisé par la jurisprudence, laquelle n'a ni formellement admis, ni formellement rejeté la possibilité pour le juge pénal d'interpréter et/ou d'apprécier la légalité des contrats administratifs. Si les apparences conduisaient à croire que le juge pénal n'était pas compétent pour ce faire[490], la chambre criminelle de la Cour de cassation a, par la suite, nuancé son propos. Après avoir considéré que « c'est à tort que la cour d'appel a cru devoir fonder sa décision sur l'article 111-5 du Code pénal [pour se reconnaître compétente pour apprécier la validité de contrats administratifs], alors que seuls les actes administratifs, réglementaires ou individuels entrent dans les prévisions de ce texte », elle a précisé que la cour d'appel n'encourait pas pour autant la cassation car « la compétence des juridictions administratives pour apprécier la validité d'un contrat administratif ne fait pas obstacle à ce que les tribunaux judiciaires, chargés d'instruire ou de se prononcer sur les crimes et délits, caractérisent les divers éléments de l'infraction dont ils sont saisis ». Elle conclut alors à la

---

488Chapus René, *Droit administratif*, tome 1, préc., spéc. p. 927.

489Peut-être la *summa divisio* entre les actes administratifs par essence « unilatéraux » et les contrats administratifs tend-elle à disparaître, au profit d'une nouvelle définition de l'acte administratif. Les jurisprudences « Tropic Travaux Signalisation » et « Département de Tarn-et-Garonne » sont significatives à cet égard. L'expression « actes administratifs de nature contractuelle » est, par ailleurs, apparue dans la littérature juridique. V. en ce sens : Stillmunkes Josette, « Compétence des juridictions judiciaires à l'égard des actes administratifs », in *JCl. Administratif*, Fasc. 1056, 18 janvier 2011, pt. 182.

490V. par ex. en matière de concession de stationnement payant : Cass. Crim., 31 mai 1995, Droit pénal, octobre 1995, p. 12 : « [...] l'appréciation, par la juridiction répressive de la légalité des actes administratifs y compris depuis l'entrée en vigueur du nouveau Code pénal ayant, en son article 111-5, légalement consacré ce pouvoir jusqu'alors délimité par la seule jurisprudence sur le fondement de l'article R. 26-15 ancien, ne peut porter que sur l'interprétation et le contrôle de la légalité des actes administratifs réglementaires ou individuels, à l'exclusion des contrats administratifs dont la connaissance est réservée à la juridiction administrative en vertu du principe de la séparation des pouvoirs ».

confirmation de la décision du juge pénal qui, saisi du délit de fourniture de prestations de pompes funèbres en violation de droits d'exclusivité conférés par une commune à un concessionnaire, se prononce sur la validité, contestée par le prévenu, du contrat de concession[491]. Par conséquent, la Cour de cassation a, en substance, jugé que l'article 111-5 du Code pénal ne concerne pas les contrats administratifs, mais dans la mesure où le juge pénal doit « caractériser les divers éléments de l'infraction » dont il est saisi, il devient compétent pour en apprécier la validité[492].

Section II : Le délit d'octroi d'avantage injustifié, une infraction insuffisamment sanctionnée

220. Grâce à l'aménagement d'un mécanisme de répression pénale visant à sanctionner certains comportements commis en méconnaissance des obligations de publicité et de mise en concurrence et à la plénitude de juridiction du juge pénal, la saisine du juge répressif tend à devenir l'un des moyens de parachèvement du respect du droit de la commande publique. Elle ne le deviendra complètement qu'à partir du moment où le législateur aura mis un terme au paradoxe de la transformation du délit d'octroi d'avantage injustifié d'infraction intentionnelle en infraction formelle dans un contexte de restriction des contrats concernés par ce délit (§ 1) et cc, peu importe si l'ambiguïté laissée par la jurisprudence quant à l'étendue de l'office du juge pénal est levée ou non (§ 2).

§ 1 : Le paradoxe de la définition du délit d'octroi d'avantage injustifié

221. L'actuelle définition du délit d'octroi d'avantage injustifié est intrinsèquement paradoxale en ce que le législateur n'a pas significativement fait évoluer la définition de l'infraction depuis sa création et sa codification dans le nouveau Code pénal de 1992 tandis que la jurisprudence en a progressivement remodelé les éléments constitutifs. Ce phénomène résulte, d'une part, de l'effacement progressif de l'élément intentionnel de l'infraction au profit de son élément matériel aboutissant, en conséquence, à l'extension des possibilités de qualification du délit d'octroi d'avantage injustifié (A) et,

---

[491]Cass. Crim., 25 septembre 1995, Corolleur, pourvoi n° 94-83.771.

[492]L'ambiguïté de la rédaction de ce dernier arrêt n'a toutefois pas ébranlé la certitude d'une partie de la doctrine quant à l'exclusion des contrats administratifs du champ d'application de l'article 111-5 du Code pénal. V. en ce sens : Moreau Jacques, « De la compétence des juridictions pénales pour apprécier la légalité des actes administratifs. Bilan de dix années de jurisprudence de la chambre criminelle de la Cour de cassation », in *JCP Administrations et collectivités territoriales*, 2 mai 2005, p. 751 et s., spéc. p. 754.

d'autre part, du cantonnement du champ d'application de l'infraction aux seuls marchés publics et délégations de service public abstraction faite de la naissance d'un nouveau droit, celui de la commande publique (B).

A – L'évolution attendue d'une identification croissante du délit

222. En dépit de l'appartenance du délit d'octroi d'avantage injustifié à la catégorie des délits intentionnels, le juge répressif n'a pas prêté à l'élément intentionnel de cette infraction l'attention particulière qui lui est habituellement portée dans l'opération de qualification d'autres infractions appartenant à cette catégorie. En l'espèce, la preuve de l'élément intentionnel du délit n'est pas exigée à peine de rejet de sa qualification. L'élément intentionnel est présumé en raison des qualités, des responsabilités, des qualifications, des expériences et de l'ancienneté du prévenu[493] et l'appréciation de son existence est seulement conçue dans une dimension négative dans le cadre d'une démarche pragmatique afin d'éviter toute qualification abusive de délit d'octroi d'avantage injustifié[494] ou pour mettre en évidence la tentative d'infraction qui est également punissable[495]. Cette lecture déformante de la loi pénale imputable au juge répressif est dorénavant bien ancrée. En témoigne le récent arrêt de la Chambre criminelle de la Cour de la cassation du 29 janvier 2011[496], à propos duquel Rodolphe Mesa notait que « la chambre criminelle continue à apprécier extensivement la matérialité de l'infraction tout en restant particulièrement souple sur la caractérisation de son élément moral », avant d'ajouter que « l'arrêt commenté se place dans le droit fil de la jurisprudence antérieure, et notamment de l'arrêt rendu par la chambre criminelle le 14 janvier 2004, dans lequel il a été jugé que l'élément moral du favoritisme peut s'établir par l'accomplissement, en connaissance de cause, d'un acte contraire aux dispositions législatives ou réglementaires ayant pour objet de garantir la liberté d'accès et l'égalité des candidats dans les marchés publics et les délégations de service public »[497].

223. La quasi-disparition de l'élément moral de l'infraction conduit à faire reposer la qualification du délit d'octroi d'avantage injustifié sur les seuls éléments personnel et matériel, soit la qualité de l'auteur et la procuration d'un avantage injustifié en méconnaissance des dispositions

---

493V. précédemment § 210.

494*Ibid.*

495V. par ex. : Cass. Crim., 14 janvier 2004, pourvoi n° 03-83.396.

496Cass. Crim., 29 juin 2011, pourvoi n° 10-87.498.

497Mesa Rodolphe, « Précisions sur le régime des délits de favoritisme et de prise illégale d'intérêts », note sous Cass. Crim., 29 juin 2011, pourvoi n° 10-87.498, in *AJDA*, 2011, p. 2015 et s., spéc. pp. 2016-2017.

législatives ou réglementaires ayant pour objet de garantir la liberté d'accès et l'égalité des candidats dans les marchés publics et les délégations de service public. De surcroît, au vu de l'absence de difficultés majeures dans la détermination de l'élément personnel de l'infraction dans la mesure où les auteurs susceptibles d'être poursuivis sont limitativement énumérées à l'article 432-14 du Code pénal[498], il est même permis de penser que les enjeux de la qualification reposent principalement sur l'élément matériel, lequel fait lui-même l'objet d'une dénaturation en ce qu'est présumé le lien de causalité entre la méconnaissance des obligations de publicité et de mise en concurrence et l'octroi de l'avantage injustifié. De nouveau, l'arrêt précité du 29 juin 2011 est significatif à cet égard : il n'établit aucunement dans quelle mesure la rupture d'égalité est à l'origine d'un avantage injustifié[499]. Et Rodolphe Mesa de relever qu'« une telle solution, bien qu'opportune au plan de la répression, est regrettable au regard du texte incriminateur car elle transforme le favoritisme en infraction formelle. La rédaction de l'article 432-14 du Code pénal commande en effet d'établir une relation causale entre la violation de la règle protectrice de la liberté d'accès ou de l'égalité des candidats et l'attribution d'un avantage injustifié. La jurisprudence déplace, en ne suivant pas cette voie, le résultat de l'infraction qu'elle fait résider dans la seule rupture d'égalité, et rend ainsi indifférente la réalisation concrète et effective de l'avantage injustifié »[500]. Par conséquent, la probabilité de

---

[498]Sous réserve des hypothèses de complicité. V. note de bas de page n° 449.

[499]L'arrêt dispose, en effet : « Attendu que, pour déclarer la prévenue coupable de favoritisme, l'arrêt relève que les travaux supplémentaires, estimés à 16 022 m3, qui s'expliquent en partie par la nécessité de "sur-draguer" l'avant-port afin de pouvoir y déposer les sédiments prélevés dans le port, ont généré une augmentation du prix du marché de plus de 5 %, qui nécessitait la conclusion d'un avenant ; que les juges ajoutent qu'en autorisant de tels travaux, non compris dans l'acte d'engagement, lesquels étaient pour partie soumis à une réglementation spéciale, ainsi qu'à des contraintes techniques plus onéreuses, le maire a rompu la concurrence et l'égalité de traitement des candidats, lesquels n'ont pu concourir sur ces derniers qui ne figuraient pas dans l'appel d'offres ; qu'ils énoncent enfin que la connaissance par la prévenue du caractère illégal des travaux se déduit tant des manœuvres ayant présidé à la signature du contrat que des conditions dans lesquelles ils ont été effectués ; Attendu, qu'en l'état de ces énonciations, procédant de son pouvoir souverain d'appréciation des faits, et dès lors que les travaux supplémentaires devaient faire l'objet d'un avenant approuvé par la collectivité délibérante, pris après avis de la commission d'appel d'offres, en vertu de l'article 8 de la loi du 8 février 1995 relative aux marchés publics et aux délégations de service public alors applicable, disposition de nature à garantir la liberté d'accès et l'égalité des candidats dans les marchés publics, au sens de l'article 432-14 du Code pénal, en ce qu'elle permet à la commission d'appel d'offres d'apprécier la légalité d'un avenant au regard de l'économie du marché et de son objet, la cour d'appel, qui a statué dans les limites de sa saisine et s'est justement référée à l'acte d'engagement pour en déduire le prix forfaitaire du marché, a justifié sa décision ».

[500]Mesa Rodolphe, « Précisions sur le régime des délits de favoritisme et de prise illégale d'intérêts », préc., spéc. p. 2016.

qualification du délit n'est que plus importante et à plus forte raison au regard de la sanctionnabilité de la tentative[501].

B – La persistance d'un frein au respect du droit de la commande publique *lato sensu*

224. Tandis que la sanctionnabilité de l'infraction tend à se développer en proportions significatives du fait de l'interprétation extensive de ses éléments constitutifs, le champ des contrats concernés demeure restreint aux marchés publics et aux délégations de service public. Il semble pourtant difficile de justifier la restriction de la sanction du délit d'octroi d'avantage injustifié aux seuls marchés publics et délégations de service publics à l'heure où le droit de la commande publique est en plein essor. La définition actuelle du délit d'octroi d'avantage injustifié ne saurait permettre la punition effective de tout octroi d'un avantage injustifié résultant, pour reprendre les termes de l'article 432-14 du Code pénal, d'« un acte contraire aux dispositions législatives ou réglementaires ayant pour objet de garantir la liberté d'accès et l'égalité des candidats », car la liberté d'accès et l'égalité des candidats ne concernent pas uniquement « les marchés publics et les délégations de service public »[502]. En d'autres termes, la répression pénale du délit d'octroi d'avantage injustifié ne deviendra optimale qu'à partir du moment où le législateur réactualisera la définition de l'infraction en surmontant la restriction apportée au champ d'application des contrats concernés par l'infraction[503].

225. A cette fin, le législateur dispose d'un premier choix qui est celui de se référer aux principes du droit de la commande publique tels que solennellement rappelés dans la décision n° 2003-473 DC du 26 juin 2003 du Conseil constitutionnel[504]. La sanction du délit d'octroi d'avantage injustifié reposerait ainsi sur la méconnaissance des principes de liberté d'accès à la commande publique, d'égalité de traitement des candidats et de

---

501La tentative est incriminée. Elle est caractérisée par un commencement d'exécution non suivi d'un désistement volontaire. Ainsi en sera-t-il le cas lorsqu'un marché n'aura pas été conclu en raison des recours qui ont été exercés contre la décision de son attribution. V. Cass. Crim., 21 septembre 2005, Jurisdata n° 2005-030489. V. également : CA Aix-en Provence, 14 mars 2007, Jurisdata 2007-332413.

502Ainsi que le soulignait Thierry Dal Farra : « curieusement, les contrats de partenariat, qui sont des marchés publics au sens du droit communautaire, mais pas du droit français, ne sont pas concernés, ni du reste les autres contrats (BEA, BEH, concessions de travaux, etc.) de la commande publique non expressément visés par le délit, alors même que leur passation peut être soumise à une procédure de publicité et de mise en concurrence ». V. Dal Farra Thierry, « Le risque pénal dans les contrats publics : délits et personnes visées », in *CP-ACCP*, décembre 2011, p. 48 et s., spéc. p. 50.

503Il est toutefois peu vraisemblable que le législateur souhaite élargir le champ d'application du délit.

transparence des procédures dont l'interprétation serait guidée selon une logique finaliste. Un deuxième choix - bien que la méthode soit devenue obsolète depuis l'ordonnance du 7 mai 2009 - consisterait en un énoncé des contrats concernés par l'infraction. La dernière solution envisageable se situe en quelque sorte à mi-chemin des deux solutions précédentes et découle de l'ordonnance du 7 mai 2009 : pourraient alors être visés les « cas de manquement aux obligations de publicité et de mise en concurrence auxquelles est soumise la passation par les pouvoirs adjudicateurs de contrats administratifs ayant pour objet l'exécution de travaux, la livraison de fournitures ou la prestation de services, avec une contrepartie économique constituée par un prix ou un droit d'exploitation, ou la délégation d'un service public », expression dont l'interprétation est à la fois finaliste, mais dont le champ d'application matériel est également délimité par référence aux définitions du droit communautaire.

226. Quelle que soit la méthode que retiendrait le législateur, il est, en tout état de cause, nécessaire que soit sanctionnée la méconnaissance des obligations de publicité et de mise en concurrence à l'occasion de procédures de passation autres que celles mises en œuvre en matière de marchés publics et de délégations de service public. Sont ainsi concernés les contrats relevant de l'ordonnance du 6 juin 2005 relative aux marchés passés par certaines personnes publiques ou privées non soumises au Code des marchés publics, les contrats de partenariat[505], certains contrats immobiliers[506], les contrats de

---

[504]CC, 26 juin 2003, loi habilitant le gouvernement à simplifier le droit, préc. V. également : avis CE n° 246921, 29 juillet 2002, Société MAJ Blanchisserie de Pantin, préc. ; CE, 23 décembre 2009, Établissement public du musée et du domaine national de Versailles, req. n° 328827, préc. V. en droit de l'Union européenne : CJCE, 7 décembre 2000, Telaustria Verlags GmbH et Telefonadress GmbH contre Telekom Austria AG, préc.

[505]Lesquels étaient, antérieurement à l'ordonnance du 7 mai 2009, également visés par l'article L. 551-1 du Code de justice administrative en matière de référé précontractuel.

[506]En effet, un contrat conclu par un pouvoir adjudicateur qui comporterait une contrepartie économique appartiendrait au champ de la commande publique, à partir du moment où l'ouvrage est réalisé conformément aux besoins précisés par lui et ce, peu importe que celui-ci exerce ou non la maîtrise d'ouvrage. L'exercice de la maîtrise d'ouvrage par la personne publique comme condition de qualification du marché public de travaux est imposée par le Code des marchés publics, mais elle n'est pas reprise en droit communautaire. V. en ce sens : CJCE, 12 juillet 2001, Ordre des architectes de la province de Milan, aff. C- 399/98, Rec. p. I-05409 ; CJCE, 29 octobre 2009, Commission contre Allemagne, aff. C-536/07, Rec. p. I-10355. En conséquence, des montages contractuels dans lesquels le pouvoir adjudicateur n'exerce pas la maîtrise d'ouvrage – à l'exemple des ventes en l'état futur d'achèvement ou des baux emphytéotiques – peuvent être concernés. V. en droit de l'Union européenne : CJUE, 25 mars 2010, Helmut Müller GmbH contre Bundesanstalt für Immobilienaufgaben, aff. C-451/08, Rec. p. I-02673 et en droit interne : CE, sect., 8 février 1991, Région Midi-Pyrénées, req. n° 57679, Rec. p. 41 ; CE, sect., 25 février 1994, SOFAP Marignan Immobilier, req. n° 144641, Rec. p. 94. Les concessions d'aménagement entrent également dans cette catégorie.

type concessif ne portant pas sur une activité de service public[507] et plus généralement tous les montages contractuels complexes qui répondront aux définitions du marché public et de la concession en droit communautaire[508]. Il faudra, en revanche, exclure, pour le moment les conventions domaniales ayant pour unique objet l'occupation du domaine indépendamment de toute gestion d'un équipement déjà installé. Si l'Autorité de la concurrence comme les juges du fond aspirent à ce que la passation de ces conventions soient soumises à des obligations de publicité et de mise en concurrence[509], la haute juridiction administrative s'y refuse[510]. « Le rattachement de ces conventions à l'idée de commande publique n'est pas certain [car] le propriétaire du

---

[507]Dès lors que « les contrats de la commande publique sont ceux par lesquels les personnes publiques cherchent à se procurer un bien ou un service, y compris ce service d'une nature particulière qui consiste à gérer, avec une relative autonomie, une activité ou un équipement » (V. Llorens François, « Typologie des contrats de la commande publique », préc., spéc. p. 15), certaines conventions qui ne portent pas sur une activité de service public mais qui se rapprochent d'une délégation d'activité sont également concernées, car elles peuvent constituer des prestations de services compensées par un droit d'exploitation. Ainsi en est-il des concessions domaniales confiant la gestion d'un équipement implanté sur une dépendance du domaine public ou du domaine privé, même si aucune activité de service public ne peut être identifiée. V. par exemple : CE, 12 mars 1999, Ville de Paris contre Stella Maillot - Orée du bois, req. n° 186085, T., p. 778.

[508]Directive n° 2014/24/UE du Parlement européen et du Conseil du 26 février 2014 sur la passation des marchés publics et abrogeant la directive n° 2004/18/CE, JOUE du 28 mars 2014, L94/65 ; Directive 2014/25/UE du Parlement européen et du Conseil du 26 février 2014 relative à la passation de marchés par des entités opérant dans les secteurs de l'eau, de l'énergie, des transports et des services postaux et abrogeant la directive n° 2004/17/CE, JOUE du 28 mars 2014, L94/243 ; Directive n° 2014/23/UE du Parlement européen et du Conseil du 26 février 2014 sur l'attribution de contrats de concession, JOUE du 28 mars 2014, L94/1.

[509]Cons. Conc., avis n° 04-A-19, 21 octobre 2004 : « Le respect des règles de la concurrence incombe à la collectivité publique qui ne peut en être déchargée du seul fait qu'elle a confié la gestion du domaine public à son délégataire. En l'absence de texte, la collectivité doit organiser sa propre procédure pour la délivrance d'autorisations domaniales à des opérateurs économiques. À ce titre, une publicité préalable est recommandée afin d'informer les opérateurs susceptibles d'être intéressés ». V. également : TA Nîmes, 24 janvier 2008, Société des trains touristiques G. Eisenreich, req. n° 0620809 et Vautrot-Schwarz Charles, « La publicité et la mise en concurrence dans la délivrance des titres d'occupation domaniale », in *AJDA*, 2009, p. 568 et s.

[510]CE, sect., 3 décembre 2010, Ville de Paris - Association Paris Jean Bouin, req. n° 338272, 338527, Rec. p. 472 : « Considérant, en troisième lieu, qu'aucune disposition législative ou réglementaire ni aucun principe n'imposent à une personne publique d'organiser une procédure de publicité préalable à la délivrance d'une autorisation ou à la passation d'un contrat d'occupation d'une dépendance du domaine public, ayant dans l'un ou l'autre cas pour seul objet l'occupation d'une telle dépendance ; qu'il en va ainsi même lorsque l'occupant de la dépendance domaniale est un opérateur sur un marché concurrentiel ; Considérant que si, dans le silence des textes, l'autorité gestionnaire du domaine peut mettre en œuvre une procédure de publicité ainsi que, le cas échéant, de mise en concurrence, afin de susciter des offres

domaine agit plutôt en qualité d'offreur que de bénéficiaire d'une prestation »[511].

227. Dans la démarche d'optimisation de la répression pénale du délit, il restera enfin à déterminer si l'élément matériel de l'infraction devra être considéré comme constitué en cas de méconnaissance des obligations de publicité et de mise en concurrence auxquelles l'administration se sera spontanément soumise alors qu'elle n'y était pas astreinte[512].

§ 2 : L'indifférente ambiguïté de l'office des juridictions pénales quant à l'appréciation de la légalité du contrat

228. Retenir une interprétation littérale de l'article 111-5 du Code pénal peut sembler, de prime abord, inapproprié pour qualifier le délit d'octroi d'avantage injustifié. D'un côté, la lettre de ces dispositions conduit à réserver la plénitude de juridiction du juge pénal aux seuls actes administratifs réglementaires et individuels. En outre, la jurisprudence de la chambre criminelle de la Cour de cassation manque de clarté quant à l'exclusion impérative de l'appréciation de la validité du contrat par les juridictions répressives[513]. De l'autre côté, force est d'admettre que la qualification du délit d'octroi d'avantage injustifié n'a lieu que parce qu'un contrat est à la base de l'infraction.

229. A la lumière de ces considérations, deux conclusions peuvent alors être envisagées. La première consiste à interpréter strictement l'article 111-5 du Code pénal et à exclure le contrat de la plénitude de juridiction du juge pénal, aussi bien en matière d'interprétation qu'en matière d'appréciation de la légalité. La seconde conduit à dépasser la stricte interprétation littérale des dispositions de l'article 111-5 du Code pénal pour admettre que le juge répressif puisse connaître du contrat pour sanctionner le délit. C'est en ce

---

concurrentes, en l'absence de tout texte l'imposant et de toute décision de cette autorité de soumettre sa décision à une procédure préalable, l'absence d'une telle procédure n'entache pas d'irrégularité une autorisation ou une convention d'occupation d'une dépendance du domaine public ».

511 Lafaix Jean-François, « Systématisation inachevée du contentieux de la commande publique », préc., spéc. p. 9.

512 En l'état actuel du droit, une circulaire ministérielle du 22 février 2005 a pris soin de préciser que « la violation par l'acheteur public des règles qu'il se serait fixé ne saurait en elle-même être constitutive de favoritisme, l'article 432-14 du Code pénal ne visant que la violation de dispositions législatives ou réglementaires », mais qu'une telle violation constituera « un indice de nature à asseoir d'éventuelles poursuites, préalablement au contrôle de l'adaptation de la procédure à l'objet et aux caractéristiques du marché ». V. Circ. min. Just. n° CRIM.05-3/G3, 22 février 2005 relative au décret n° 2004-15 du 7 janvier 2004 portant Code des marchés publics, NOR JUS D05-30037C.

513 V. *supra*.

sens que concluait Catherine Prebissy-Schnall dans ses travaux de recherche sur « La pénalisation du droit des marchés publics » à l'occasion desquels elle notait que « le pouvoir d'appréciation de la légalité du marché public semble ainsi moins résulter de l'article 111-5 du Code pénal que des principes qui gouvernent l'office du juge répressif », avant d'ajouter qu'« une interprétation restrictive de l'article 111-5 du Code pénal qui conduirait à exclure toute possibilité d'appréciation d'un marché par le juge pénal affecterait l'efficacité du système répressif et la recherche du délit de favoritisme »[514].

230. Si la question de la qualification du délit d'octroi d'avantage injustifié se pose parce qu'un contrat est à la base de l'infraction, il n'est, en revanche, pas certain que les clauses du contrat soient à même de servir de référentiel dans l'identification de l'élément matériel de l'infraction, parce qu'elles ne préfigurent pas nécessairement la méconnaissance des obligations de publicité et de mise en concurrence. Le contrat n'est que le « reflet », le « produit fini » de la procédure de consultation qui a préalablement été menée[515].

231. En réalité, la question de l'appréciation de la validité du contrat dans l'opération de qualification du délit constitue presque une fausse question, car la référence à la liberté d'accès et d'égalité des candidats renvoie implicitement à la « procédure de fabrication du contrat », c'est-à-dire à la procédure de consultation. La qualification du délit d'octroi d'avantage injustifié sera davantage établie à partir des comportements de l'administration ainsi qu'au regard des différents actes administratifs qui auront été adoptés tout au long de la procédure de passation. D'ailleurs, les divers recensements des éléments matériels symptomatiques du délit d'octroi d'avantage injustifié font état de pratiques de l'administration commises dans l'irrespect des principes de liberté d'accès et d'égalité de traitement des candidats et ne concernent pas l'étude des clauses du contrat.

---

[514] Prebissy-Schnall Catherine, *La pénalisation du droit des marchés publics*, LGDJ, 2002, spéc. p. 274 et 276.

[515] V. pour quelques exemples restreints : Dal Farra Thierry, « Principe de favoritisme et délit de légalité », in *Mélanges en l'honneur du Professeur Michel Guibal*, vol. I, Presses de la faculté de droit de Montpellier, 2006, p. 95 et s., spéc. p. 98.

232. A l'instar du juge pénal, l'accès au prétoire du juge financier peut être considéré comme un moyen de dernière chance afin d'obtenir indirectement la sanction de la méconnaissance, par l'administration, de ses obligations de publicité et de mise en concurrence lors de la conclusion d'un contrat relevant de la commande publique. Le juge financier n'a pas pour mission principale de veiller à ce que le droit de la commande publique soit effectivement respecté, mais de par les circonstances de sa saisine, il peut être amené à connaître de telles questions. Il lui incombe, en effet, de veiller à la bonne gestion des deniers publics et parce que les contrats de l'administration constituent des actes de gestion et supposent des dépenses, la régularité de leur passation devient justiciable de la juridiction financière. C'est dans ces circonstances que le juge financier promeut indirectement le respect du droit de la commande publique en tant que « juge administratif à double visage » (Section I), même si l'on ne pourra que regretter l'efficacité limitée de son intervention (Section II).

Section I : L'intervention du juge financier, juge administratif à double visage

233. Ainsi que le relevait Aline Kurek dans ses travaux de recherches sur « Le juge financier, juge administratif », « au sens des dispositions du Code des juridictions financières, trois acteurs peuvent être identifiés en tant que juge financier : la Cour des comptes créée par la loi du 16 septembre 1807, les Chambres régionales des comptes mises en place par la loi du 3 mars 1982, et la Cour de discipline budgétaire et financière établie par la loi du 25 septembre 1948 »[516]. Dans une autre acception, le droit de la commande publique peut ainsi être contrôlé par un juge financier à deux visages : d'une part, la Cour des comptes et ses démembrements et, d'autre part, la Cour de discipline budgétaire et financière (§ 1). L'efficacité d'un tel contrôle devrait être accrue dès lors que le juge financier est lui-même un juge administratif (§ 2).

[516] Kurek Aline, *Le juge financier, juge administratif*, Thèse, Lille II, 2010, spéc. p. 1. Le juge financier peut également être désigné sous le vocable « juridiction financière », expression couramment employée par la doctrine. V. par exemple : Albert Jean-Luc, Saïdj Luc, *Finances publiques*, Dalloz, 2011, spéc. p. 159 ; Bertucci Jean-Yves, Raynaud Jean, *Les juridictions financières*, coll. Que-sais-je ?, PUF, 2003, spéc. p. 128.

§ 1 : Le contrôle du respect du droit de la commande publique par le juge financier, juge à double visage

234. L'étude de ce juge à double visage implique, d'une part, de présenter les différents acteurs de la répression financière (A) et, d'autre part, d'identifier les fondements de leur saisine relativement au droit de la commande publique (B).

A – Les acteurs de la répression financière

235. Le juge financier - ou la juridiction financière - a deux visages. Identifiés organiquement par la Cour des comptes et les Chambres régionales des comptes, d'un côté, et la Cour de discipline budgétaire et financière, de l'autre, chacun des ces acteurs intervient en fonction de la mission qui lui est assignée, laquelle dépend des acteurs publics contrôlés selon le principe de séparation des ordonnateurs et des comptables. Tandis que la mise en jeu de la responsabilité personnelle et pécuniaire des comptables publics par la Cour des comptes constitue une tradition ancienne, la création de la Cour de discipline budgétaire et financière appelée à sanctionner certaines irrégularités commises par des ordonnateurs ou administrateurs est relativement récente.

236. Dans sa forme moderne, la Cour des comptes a été instituée par la loi du 16 septembre 1807 et le décret du 28 septembre 1807. Elle a été principalement régie par la loi n° 67-483 du 22 juin 1967[517] et le décret n° 85-199 du 11 février 1985[518], respectivement jusqu'en 1994[519] et en 2000[520]. Ces dispositions sont dorénavant codifiées dans le Code des juridictions financières. Il lui incombe principalement[521] de « [juger] les comptes des comptables publics, sous réserve de la compétence que les dispositions du présent Code attribuent, en premier ressort, aux chambres régionales et territoriales des comptes [...] »[522], de « [vérifier] sur pièces et sur place la

517Loi n° 67-483 du 22 juin 1967 relative à la Cour des comptes, JORF du 23 juin 1967, p. 6211

518Décret n° 85-199 du 11 février 1985 relatif à la Cour des comptes, JORF du 15 février 1985, p. 1959.

519Loi n° 94-1040 du 2 décembre 1994 relative à la partie Législative des livres Ier et II du Code des juridictions financières, JORF n° 282 du 6 décembre 1994, p. 17222.

520Décret n° 2000-337 du 14 avril 2000 relatif aux dispositions de la partie Réglementaire du Code des juridictions financières relevant d'un décret délibéré en conseil des ministres, JORF n° 91 du 16 avril 2000, p. 5837

521Pour l'ensemble des compétences de la Cour des comptes, v. Code des juridictions financières, Partie législative, Livre Ier, Titre Ier, Chapitre Ier.

522Code des juridictions financières, article L. 111-1.

régularité des recettes et des dépenses décrites dans les comptabilités publiques et [de s'assurer] du bon emploi des crédits, fonds et valeurs gérés par les services de l'État et, sous réserve des dispositions de l'article L. 131-3 [...], par les autres personnes morales de droit public » [523] ou encore de « [s'assurer] que les comptes des administrations publiques sont réguliers, sincères et donnent une image fidèle du résultat de leur gestion, de leur patrimoine et de leur situation financière [...] »[524].

237. Les Chambres régionales des comptes ont été créées par la loi n° 82-213 du 2 mars 1982[525]. Leur existence est intimement liée à l'allègement de la tutelle sur les collectivités territoriales. Leur mission consiste essentiellement à juger les comptes des comptables publics[526], à examiner la gestion et à contrôler les actes budgétaires à l'échelon local aussi bien pour les collectivités territoriales que pour les établissements publics locaux[527].

238. En dépit de la reconnaissance de la responsabilité pécuniaire des ordonnateurs par le législateur au cours du XIXème siècle, aucun juge n'avait été institué pour apprécier cette responsabilité[528]. La création tardive de la Cour de discipline budgétaire et financière par la loi n° 48-1484 du 25 septembre 1948 a constitué une innovation importante[529]. Il lui appartient de sanctionner les atteintes aux dispositions réglementant les finances publiques commises par les ordonnateurs qui en sont justiciables.

Ces derniers sont énoncés à l'article L. 312-1 du Code des juridictions financières, lequel exclut également les ordonnateurs qui ne sont pas

---

[523] Code des juridictions financières, article L. 111-3.

[524] Code des juridictions financières, article L. 111-3-1A.

[525] Loi n° 82-213 du 2 mars 1982 relative aux droits et libertés des communes, des départements et des régions, préc.

[526] Code des juridictions financières, article L. 211-1.

[527] Code des juridictions financières, article L. 211-8.

[528] Au cours du XIXème siècle, le législateur, par les lois du 25 mars 1817 et du 15 mai 1850, avait reconnu la responsabilité pécuniaire des ordonnateurs, notamment celle des ministres dans les situations de dépenses engagées sans crédits. Au début du XXème siècle, la loi du 10 août 1922 avait réaffirmé cette responsabilité sous la qualification de « forfaiture » dont la sanction relevait de la Cour de justice. À mi-chemin entre la responsabilité politique et la responsabilité personnelle, les dispositions de ces lois n'ont jamais été appliquées, créant ainsi une lacune dans la mise en jeu de la responsabilité pécuniaire des ordonnateurs.

[529] Loi n° 48-1484 du 25 septembre 1948 tendant à sanctionner les fautes de gestion commises à l'égard de l'État et de diverses collectivités et portant création d'une Cour de discipline budgétaire et financière. L'adoption de cette loi constitue la réponse jugée indispensable aux graves irrégularités budgétaires dénoncées par la Cour des comptes dans ses rapports publics au lendemain de la Seconde guerre mondiale. Gouvernement et Parlement, tous deux soucieux de redresser les finances publiques, ont recherché de nouvelles voies de sanction des manquements à la législation financière imputables aux ordonnateurs et ont été animés par le souci de distinguer avec clarté les responsabilités politique, pécuniaire, pénale et disciplinaire. La création de cette nouvelle juridiction tend à répondre à ces attentes.

justiciables de la Cour sous réserve toutefois des dispositions de l'article L. 312-2 du Code des juridictions financières. Concrètement, sont justiciables de la Cour, au titre de l'article L. 312-1 du Code des juridictions financière, les personnes appartenant au cabinet d'un membre du Gouvernement ; les fonctionnaires ou agents civils ou militaires de l'État, des collectivités territoriales, de leurs établissements publics ainsi que des groupements des collectivités territoriales ; les représentants, administrateurs ou agents des autres organismes qui sont soumis soit au contrôle de la Cour des comptes, soit au contrôle d'une chambre régionale des comptes ou d'une chambre territoriale des comptes ainsi que tous ceux qui exercent, en fait, les fonctions des personnes désignées ci-dessus.

Les ordonnateurs élus locaux, ne sont, en principe, pas justiciables de la Cour de discipline budgétaire et financière sous réserve de certaines circonstances depuis la loi n° 93-122 du 29 janvier 1993 relative à la prévention de la corruption et à la transparence de la vie économique et des procédures publiques[530]. En effet, l'article L. 312-1 du Code des juridictions financières dispose que « ne sont pas justiciables de la Cour à raison des actes accomplis dans l'exercice de leurs fonctions : […] ; b) Les présidents de conseil régional et, quand ils agissent dans le cadre des dispositions des articles L. 4132-3 à L. 4132-10, L. 4132-13, L. 4132-15, L. 4132-21, L. 4132-22, L. 4132-25, L. 4133-1, L. 4133-2, L. 4133-4 à L. 4133-8, L. 4231-1 à L. 4231-5 du Code général des collectivités territoriales, les vice-présidents et autres membres du conseil régional ; […] ; d) Les présidents de conseil général et, quand ils agissent dans le cadre des dispositions des articles L. 3221-3 et L. 3221-7 du Code général des collectivités territoriales, les vice-présidents et autres membres du conseil général ; e) Les maires et, quand ils agissent dans le cadre des dispositions des articles L. 2122-17 à L. 2122-20 et L. 2122-25 du Code général des collectivités territoriales, les adjoints et autres membres du conseil municipal ».

Toutefois, l'article L. 312-2 du même Code précise que les ordonnateurs élus locaux peuvent, dans certaines circonstances, le devenir : « par dérogation à l'article L. 312-1, les personnes mentionnées aux b à l de cet article sont justiciables de la Cour, à raison des actes accomplis dans l'exercice de leurs fonctions, lorsqu'elles ont commis les infractions définies par les articles L. 313-7 ou L. 313-12 ou lorsqu'elles ont engagé leur responsabilité propre à l'occasion d'un ordre de réquisition, conformément à l'article L. 233-1, à l'article LO 253-19, à l'article LO 264-5 ou à l'article LO 274-5 et enfreint les dispositions de l'article L. 313-6 ». Les ordonnateurs élus locaux deviennent alors justiciables de la Cour dans

[530]Loi n° 93-122 du 29 janvier 1993 relative à la prévention de la corruption et à la transparence de la vie économique et des procédures publiques, préc.

trois cas : tout d'abord, sur le fondement de l'article L. 313-7 du Code des juridictions financières, en raison d'agissements ayant entraîné la condamnation d'une personne morale de droit public ou d'un organisme de droit privé chargé de la gestion d'un service public à une astreinte en raison de l'inexécution d'une décision de justice ; ensuite, en vertu de l'article L. 313-12 du Code des juridictions financières, pour des manquements aux règles d'exécution des jugements par les personnes morales de droit public ; enfin, au regard de la combinaison de plusieurs dispositions au cœur desquelles se trouve l'article L. 313-6 du Code des juridictions financières relativement à l'octroi à autrui d'un avantage injustifié par un ordonnateur ayant usé du droit de requérir un comptable public.

B – Les compétences du juge financier en matière de commande publique

239. L'intervention du juge financier en matière de commande publique n'est possible que dans la mesure où il aura été saisi sur des fondements particuliers. Il conviendra, par conséquent, d'étudier chacun de ces fondements selon qu'un justiciable de la Cour des comptes ou des Chambres régionales des comptes (1) ou de la Cour de discipline budgétaire et financière (2) est à l'origine de la pratique incriminée.

1 – Les fondements de la saisine de la Cour des comptes et des Chambres régionales des comptes

240. Contrairement à la Cour de discipline budgétaire et financière, la Cour des comptes et les Chambres régionales des comptes n'ont pas vocation à réprimer des « infractions » au sens strict du terme[531]. Les dispositions du Code des juridictions financières relatives à la Cour des comptes et aux Chambres régionales des comptes ne font pas mention de l'expression « infraction ». La vérification du respect du droit de la commande publique par la Cour de comptes ou par les Chambres régionales des comptes se déroule dans le cadre général de leurs attributions respectives et donc de manière incidente. La veille indirecte du respect du droit de la commande publique est d'ailleurs davantage assurée par les Chambres régionales des comptes que par la Cour des comptes elle-même.

241. Au regard des compétences de la Cour des comptes énumérées par le Code des juridictions financières et qui s'exercent de plein droit[532], il apparaît que seuls les contrôles juridictionnels des comptes et les contrôles

[531] V. ci-après § 243 et s.

[532] Code des juridictions financières, article L. 111-9.

non juridictionnels de gestion des ordonnateurs sont susceptibles de permettre, plus ou moins directement, la vérification du respect des obligations de publicité et de mise en concurrence.

Il convient néanmoins de préciser qu'en matière d'exécution des dépenses, il ne saurait être reproché au comptable public d'avoir manqué à de telles obligations puisqu'il ne lui incombe pas de les respecter. Certes, sa responsabilité est engagée du seul fait du paiement irrégulier. Il est responsable du fait des contrôles qu'il doit opérer avant de procéder au paiement[533], ce qui implicitement signifie que si ces contrôles ne lui permettent pas de s'assurer de la régularité du paiement, il doit le suspendre pour éventuellement demander des éléments complémentaires. Toutefois, ces contrôles semblent circonscrits à la légalité externe et non interne[534], si bien qu'ils ne sauraient aller jusqu'à se transformer en un « contrôle général de la légalité des actes ou pratiques accomplis par l'ordonnateur »[535]. Il est dès lors impossible que la responsabilité du comptable public puisse être mise en jeu dans l'hypothèse de l'exécution d'une dépense pour laquelle un ordonnateur aurait préalablement méconnu le droit de la commande publique[536]. Comme le précise l'article 60-I de la loi n° 63-156 du 23 février 1963[537], « les comptables publics ne sont pas personnellement et pécuniairement responsables des opérations qu'ils ont effectuées sur réquisition régulière des ordonnateurs ».

Quant au contrôle non juridictionnel de gestion des ordonnateurs[538], la Cour des comptes ne dispose que d'un pouvoir d'avertissement lors du

---

[533]Le comptable public doit, par exemple, s'assurer de la compétence et de la qualité de l'ordonnateur (C. comptes, 16 décembre 1994, Payeur départemental des Alpes-Maritimes, La Revue du Trésor, 1995, p. 366), du caractère public de la dépense (C. comptes, 23 avril 2007, GIP ARH de Picardie, req. n° 48443), vérifier l'exacte imputation des dépenses (C. comptes, 16 juin 2004, CNASEA, La Revue du Trésor , 2005, p. 193).

[534]Delaloy Guillaume, « Comptables publics et marchés publics : contrôler n'est pas juger ! », in *CJFI*, deuxième trimestre 2012, p. 30 et s., spéc. pp. 30-32.

[535]Lascombe Michel, Vandendriessche Xavier, « Cour des comptes », in *Répertoire de contentieux administratif*, Dalloz, septembre 2009, pt. 380 : les auteurs relevaient que le contrôle du comptable sur l'ordonnateur devenait de plus en plus lâche. Pour une confirmation jurisprudentielle, v. CE, sect., 8 février 2012, Ministre du budget, des comptes publics et de la réforme de l'État, req. n° 340698 et n° 342825, Rec. p. 34. V. également : Delaloy Guillaume, « Comptables publics et marchés publics : contrôler n'est pas juger ! », préc. ; Michaut Christian, Sitbon Patrick, « Chronique de jurisprudence de la Cour des comptes et de la Cour de discipline budgétaire et financière », in *AJDA*, 2013, p. 1621 et s., spéc. p. 1622. Pour une application pratique, v. C. comptes, 7 juin 2013, M. Deroy, comptable du centre communal d'action sociale de Polaincourt, req. n° 67189.

[536]Kurek Aline, *Le juge financier, juge administratif*, préc., spéc. pp. 254-255.

[537]Loi n° 63-156 du 23 février 1963 de finances pour 1963, JORF du 24 février 1963, p. 1818.

[538]Si la Cour des comptes est incompétente pour juger les ordonnateurs, elle peut toutefois être amenée à connaître de leurs opérations à travers les pièces qui sont produites par les comptables à l'appui de leurs comptes.

contrôle de la justesse de leurs choix et de la légalité de leurs décisions. La Cour des comptes n'ayant aucune compétence pour prononcer quelque décision que ce soit à l'encontre des ordonnateurs justiciables de la Cour de discipline budgétaire et financière, seul un rapport d'instruction est établi, lequel comprend des propositions de communication relatives aux irrégularités décelées.

En définitive, la Cour des comptes ne contrôle pas directement le juste respect du droit de la commande publique à travers la recherche de la responsabilité pécuniaire et personnelle du comptable public en cas de dépense ordonnée par un ordonnateur en méconnaissance des règles de publicité et de mise en concurrence. Elle le contrôle de manière incidente, voire superficiellement[539], lorsqu'elle contrôle la gestion des ordonnateurs pour laquelle elle ne peut qu'établir un rapport d'instruction à la suite duquel elle pourra décider de renvoyer les auteurs d'infractions devant la Cour de discipline budgétaire et financière.

242. Les Chambres régionales des comptes semblent davantage être en mesure de contrôler le respect du droit de la commande publique. Pour ce faire, elles disposent de deux moyens de contrôle qu'Aline Kurek distinguait, dans ses travaux de recherches, selon la spécificité des outils mis en œuvre[540].

En application de l'article L. 211-8 du Code des juridictions financières, les Chambres régionales des comptes procèdent à un « examen de la gestion [qui] porte sur la régularité des actes de gestion, sur l'économie des moyens mis en œuvre et sur l'évaluation des résultats atteints par rapport aux objectifs fixés par l'assemble délibérante ». Dans le cadre de cet examen général de la régularité et de la qualité de la gestion, les Chambres régionales des comptes sont amenées à s'intéresser aux contrats conclus.

Plus spécialement, la loi du 6 février 1992 relative à l'administration territoriale de la République[541] a confié aux Chambres régionales des comptes un contrôle particulier sur les délégations de service public et les marchés publics et dont les modalités sont respectivement exposées aux articles L. 234-1, R. 234-1 du Code des juridictions financières et L. 1411-18 et R. 1411-6 du Code général des collectivités territoriales ainsi qu'aux articles L. 234-2 et R. 234-2 du Code des juridictions financières. Sur

---

539Dans la mesure où le contrôle de gestion est bien plus large que le contrôle du seul respect du droit de la commande publique.

540Kurek Aline, *Le juge financier, juge administratif*, préc., spéc. p. 27 : « Les Chambres régionales des comptes disposent de plusieurs moyens de contrôle des délégations de service public et des marchés publics en matière extra-juridictionnelle : un moyen non spécifique aux conventions et un moyen propre aux conventions ».

541Loi n° 92-125 du 6 février 1992 relative à l'administration territoriale de la République, préc.

transmission du représentant de l'État dans le département, il est possible pour les Chambres régionales des comptes d'examiner ces conventions du point de vue de leur passation, puisque le préfet transmet à cette occasion « outre le texte intégral de l'acte, tous documents et renseignements utiles à son examen et relatifs à sa passation »[542], ce qui permet à la juridiction financière d'établir « un avis motivé dans lequel elle examinera notamment les modalités de passation, l'économie générale de la convention ainsi que son incidence financière sur la situation de la collectivité ou de l'établissement public concerné »[543]. Les manquements au droit de la commande publique sont variés et concernent aussi bien la publicité[544] que la mise en concurrence[545], à tel point que le juge financier n'a pas hésité à qualifier les stratagèmes des personnes publiques de « montages complexes anticoncurrentiels » ayant pour effet, sinon pour objet, de limiter, voire d'éluder l'obligation de mise en concurrence[546]. À titre d'exemple, le juge financier a pu dénoncer les motifs invoqués pour fonder le choix de procédures exceptionnelles, les mises en concurrence faussées du fait de l'attribution de marchés avant le terme des procédures officielles de sélection ou encore la déclaration d'appel d'offres infructueux afin de justifier les négociations directes avec les entreprises[547].

2 – Les fondements de la saisine de la Cour de discipline budgétaire et financière

243. A la différence de la Cour des comptes et des Chambres régionales des comptes, la Cour de discipline budgétaire et financière est saisie sur le fondement d'« infractions » dont l'élément légal est établi dans le Code des juridictions financières. Ainsi que le soulignait Patrick Sitbon, « sans doute, le Code des juridictions financières ne fait-il aucune mention du droit de la

542Code général des collectivités territoriales, article R. 1411-6 alinéa 1er et Code des juridictions financières, article R. 234-2, alinéa 1er.

543Code général des collectivités territoriales, article R. 1411-6 alinéa 3 et Code des juridictions financières, article R. 234-2, alinéa 3.

544V. par ex. : CRC Champagne-Ardenne, avis de contrôle des conventions, 16 mars 2005, Commune d'Etrepigny, cité in Miller Gilles, Leyat Alain, « Les chambres régionales et territoriales des comptes et le contrôle des délégations de service public », in *AJDA*, 2007, p. 1696 et s.

545V. par ex. : CRC Île-de-France, avis de contrôle des conventions, 9 septembre 2005, Commune de Paris, cité in Miller Gilles, Leyat Alain, « Les chambres régionales et territoriales des comptes et le contrôle des délégations de service public », préc.

546Cour des comptes, *Rapport public annuel pour 1999*, consultable sur le site internet de la Cour des comptes, spéc. p. 744.

547Pour divers exemples, v. Cour des comptes, *Rapport public annuel pour 1999*, spéc. pp. 743-770.

commande publique mais, de façon constante, la Cour s'y réfère explicitement dans ses arrêts »[548]. L'analyse des infractions établies aux articles L. 313-1 à L. 313-14 du Code des juridictions financières et de la jurisprudence de la Cour de discipline budgétaire et financière montre que la veille de la légalité contractuelle du point de vue des obligations de publicité et de mise en concurrence est assurée à travers la sanction des infractions énoncées aux articles L. 313-4 et L. 313-6 du Code des juridictions financières[549].

244. L'article L. 313-4 du Code des juridictions financières dispose que « toute personne visée à l'article L. 312-1 qui, en dehors des cas prévus aux articles précédents, aura enfreint les règles relatives à l'exécution des recettes et des dépenses de l'État ou des collectivités, établissements et organismes mentionnés à ce même article ou à la gestion des biens leur appartenant ou qui, chargée de la tutelle desdites collectivités, desdits établissements ou organismes, aura donné son approbation aux décisions incriminées sera passible de l'amende prévue à l'article L. 313-1 ». Il ressort de la jurisprudence administrative et financière que la Cour de discipline budgétaire et financière retient une acception large de « l'infraction aux règles d'exécution des dépenses » par rattachement à la notion de « faute de gestion ». Par un arrêt de cassation, le Conseil d'État a considéré que les règles mentionnées à cet article incluaient les dispositions législatives ou réglementaires qui édictaient des prescriptions non détachables d'une procédure d'exécution de dépenses publiques, telles celles du Code des marchés publics[550]. La violation des règles connexes à la procédure de dépenses est donc également sanctionnée et parmi ces règles figurent celles relatives à la passation du contrat. C'est ainsi que la Cour a, par exemple, sanctionné le recours irrégulier à la procédure des marchés négociés[551] ou la violation des règles de publicité et de mise en concurrence s'agissant de marchés passés par une société d'économie mixte[552]. Le non-respect du seuil des marchés constitue également une infraction au titre de cet article[553]. Il en est de même du découpage artificiel d'une même prestation en plusieurs

---

548Sitbon Patrick, « La CDBF et les contrats publics : de la sanction au rappel de la norme », in *CP-ACCP*, décembre 2011, p. 25 et s., spéc. pp. 26-27.

549Il n'est pas rare de constater que l'infraction de l'article L. 313-4 du Code des juridictions financières se combine avec celle de l'article L. 313-6 du même Code. En d'autres termes, l'infraction aux règles d'exécution des dépenses peut également avoir procuré un avantage injustifié à autrui.

550CE, sect., 7 juillet 1978, Massip, req. n° 94837, Rec. p. 301. V. également : CDBF, 22 octobre 2012, Port autonome de Marseille, n° 185-692.

551CDBF, 11 décembre 2009, CHU de Reims, n° 170-652 ; CDBF, 23 avril 2012, Conseil économique et social, n° 182-682.

552CDBF, 25 novembre 2010, Société immobilière d'économie mixte de la ville de Paris-SIEMP, n° 171-603.

marchés[554] ou encore le fait de retenir des considérations tirées de l'opportunité artistique comme critère en vertu de l'ancien article 97 alinéa 2 du Code des marchés publics afin d'établir la liste des candidats admis dans le cadre d'un appel d'offre restreint[555].

245. L'article L. 313-6 du Code des juridictions financières constitue le second fondement de l'engagement des poursuites par la Cour de discipline budgétaire et financière en matière de commande publique. Aux termes de ces dispositions, « toute personne visée à l'article L. 312-1 qui, dans l'exercice de ses fonctions ou attributions, aura, en méconnaissance de ses obligations, procuré à autrui un avantage injustifié, pécuniaire ou en nature, entraînant un préjudice pour le Trésor, la collectivité ou l'organisme intéressé, ou aura tenté de procurer un tel avantage sera passible d'une amende dont le minimum ne pourra être inférieur à 300 euros et dont le maximum pourra atteindre le double du montant du traitement ou salaire brut annuel qui lui était alloué à la date de l'infraction ». La rédaction de cet article n'est pas sans rappeler celle de l'article 432-14 du Code pénal[556]. Sur ce fondement, la Cour de discipline budgétaire et financière sanctionne, par exemple, les violations du Code des marchés publics ayant pour effet de conférer un privilège exclusif à un architecte[557] ou encore l'entrave au libre jeu de la concurrence par des faveurs accordées à certaines entreprises par rapport aux autres fournisseurs potentiels[558].

§ 2 : Un contrôle approfondi de la procédure de passation du contrat par le juge financier, juge administratif

246. Le juge financier, amené à connaître de la procédure de passation d'un contrat relevant de la commande publique, exerce un contrôle approfondi de sa légalité car, derrière la figure du juge financier, transparaît en réalité celle du juge administratif. Il convient de revenir sur les

---

[553]CDBF, 30 octobre 1985, Martin et Demoget, Service du contrôle médical régional de Nancy, JORF du 3 mai 1986, p. 5992.

[554]CDBF, 28 avril 1987, Benoît et Souquière, AFPA, JORF du 13 novembre 1987, p. 13234 ; CDBF, 22 mai 1990, Georges et autres, CHS de Saint-Venant, JORF du 27 janvier 1995, p. 1497 ; CDBF, 14 janvier 1998, Service des immeubles et des affaires générales du ministère des affaires étrangères, La Revue du Trésor, 1999, p. 200 ; CDBF, 29 septembre 1999, Abitbol et Marzorati, La Revue du Trésor, 2000, p. 32.

[555]CDBF, 29 septembre 1999, Abitbol et Marzorati, préc.

[556]Sur les problèmes soulevés par la redondance de l'article L. 313-6 du Code des juridictions financières et l'article 432-14 du Code pénal, v. ci-après § 261 et s.

[557]CDBF, 24 novembre 1986, Rouquet, Centre hospitalier de Sainte Anne, JORF du 11 juillet 1987, p. 7806.

[558]CDBF, 6 novembre 1992, Billon, Pillay, Hébras, CPAM de Seine-et-Marne, La Revue du Trésor, 1993, p. 782.

fondements d'un tel rapprochement identitaire (A) avant d'examiner, d'un point de vue méthodologique, les conséquences de ce rapprochement sur l'exercice de l'office de ce juge à double visage (B).

A – Le rapprochement identitaire des juges financier et administratif

247. Le juge financier est classiquement qualifié de « juge administratif à vocation répressive »[559]. Cette qualification tient au rattachement de la juridiction financière à la juridiction administrative[560] ainsi qu'à la culture de la gestion publique induite de sa composition[561].

248. En ce qui concerne la Cour de discipline budgétaire et financière, son rattachement à la juridiction administrative réside dans le fait que ses arrêts, insusceptibles d'appel, peuvent faire l'objet d'un pourvoi en cassation devant le Conseil d'État[562]. Son contrôle qui porte aussi bien sur la légalité externe[563] que sur la légalité interne[564] des décisions rendues par la Cour lui permet de contribuer à l'élaboration d'une jurisprudence financière[565]. La culture de la gestion publique partagée par la Cour de discipline budgétaire et financière et la juridiction administrative trouve son fondement dans l'article L. 311-2 du Code des juridictions financières qui dispose de sa composition. Elle est, en effet, composée d'un président - le premier président de la Cour des comptes -, d'un vice-président - le président de la section des finances du Conseil d'État - et d'un nombre égal de conseillers d'État et de conseillers maîtres à la Cour des comptes. Il est porté un intérêt particulier à la présence continue des membres de la juridiction administrative dans les formations de la Cour de discipline budgétaire et

559 Expression originairement utilisée par Patrick Sitbon relativement à la Cour de discipline budgétaire et financière. V. Sitbon Patrick, « La CDBF et les contrats publics : de la sanction au rappel de la norme », préc., spéc. p. 25.

560 Aline Kurek notait, à ce titre, que « la problématique tendant à démontrer que le juge financier est un juge administratif n'a pas lieu d'être d'un point de vue organique ». V. Kurek Aline, *Le juge financier, juge administratif*, spéc. p. 1.

561 Sitbon Patrick, « La CDBF et les contrats publics : de la sanction au rappel de la norme », préc., spéc. p. 26.

562 Code des juridictions financières, article L. 315-2. V. également : Damarey Stéphanie, *Le juge administratif, juge financier*, Dalloz, 2001, spéc. pp. 21-74.

563 V. par ex. : CE, 29 décembre 1993, Guisset, req. n° 111866, La Revue du Trésor, mars-avril 1994, p. 189 : cassation pour motivation insuffisante ; CE, sect., 30 octobre 1998, Lorenzi, req. n° 159444, Rec. p. 374 : cassation pour défaut d'audience publique ou encore CE, ass., 4 juillet 2003, Dubreuil, req. n° 234353, Rec. p. 313 : cassation pour méconnaissance du principe d'impartialité.

564 V. par ex. : CE, 10 novembre 2000, Despessailles, req. n° 201755, Rec. p. 510 : cassation pour erreur de droit touchant l'application des dispositions de l'article L. 311-1 du Code des juridictions financières fixant le maximum de l'amende.

565 Damarey Stéphanie, *Le juge administratif, juge financier*, préc., spéc. pp. 75-128.

financière, aussi bien en terme de présidence de section que d'organisation des sections et des formations plénières. Chacune des deux sections de la Cour est respectivement présidée par son président et son vice-président et donc par le président de la Cour des comptes et le président de la section des finances du Conseil d'État. L'organisation des sections et des formations plénières obéit au principe de mixité qui établit l'obligation d'avoir au sein de la Cour de discipline budgétaire et financière des membres du Conseil d'État et des membres de la Cour des comptes[566].

249. Quant à la Cour des comptes, sa jurisprudence dépend directement du Conseil d'État qui est compétent pour connaître des pourvois formés à l'encontre des arrêts qu'elle rend lesquels sont insusceptibles d'appel. Les cas d'ouverture du pourvoi sont mentionnés à l'article R. 143-3 du Code des juridictions financières : celui-ci peut être introduit sur le fondement du vice de forme, de l'incompétence ou de la violation de la loi par les arrêts et les ordonnances rendus par la Cour des comptes. De la même manière, les Chambres régionales des comptes ont pour juge de cassation le Conseil d'État[567]. La culture de la gestion publique partagée par la Cour des comptes et les Chambres régionales des comptes et la juridiction administrative est toutefois plus ténue que celle partagée par cette dernière avec la Cour de discipline budgétaire et financière en raison de l'absence de qualités et fonctions jugées indispensables pour intégrer de telles institutions. Si les membres de la Cour de discipline budgétaire et financière sont nécessairement membres de la Cour des comptes et du Conseil d'État, le recrutement des magistrats de la Cour des comptes et des Chambres régionales des comptes n'obéit pas réellement à des conditions particulières de fonctions préalables[568].

B – Les caractéristiques de l'office du juge financier

250. La construction de la jurisprudence des juridictions financières sous l'égide du Conseil d'État et la participation de certains membres du Conseil d'État à cette construction jurisprudentielle a pour conséquence de rapprocher les offices des juges administratif et financier. Ces deux juges tendent ainsi à utiliser les mêmes méthodes d'analyse pour trancher des

---

[566]La mixité n'est pour autant pas synonyme de parité. V. Code des juridictions financières, article R. 311-1.

[567]Les jugements des Chambres régionales des comptes sont susceptibles d'appel devant la Cour des comptes.

[568]La voie normale de recrutement des conseillers est l'École nationale d'administration. V. Code des juridictions financières, articles R. 121-1 (pour les magistrats de la Cour des comptes) et L. 221-3 (pour les magistrats des Chambres régionales des comptes).

questions de droit identiques ou connexes[569], phénomène qui conduit alors à remarquer qu'« à la lecture de la jurisprudence financière, [doivent] être relevés des contrôles opérés par le juge financier dignes de ceux illustrant la jurisprudence administrative »[570], sans pour autant que leur contrôle n'emporte les mêmes conséquences que devant le juge administratif lui-même[571]. Comme le soulignait le Doyen Vedel, « dans l'examen de la régularité des comptes, la Cour procède à un examen objectif de légalité très comparable, dans sa sphère, à celui auquel procède le juge de l'excès de pouvoir. Elle place, en quelque sorte face à face, un acte administratif unilatéral et une règle de droit objective et conclut à la régularité ou à l'irrégularité de l'acte comme résultat de cette confrontation »[572], quand bien même le contrôle de légalité des décisions de la collectivité par le juge financier ne serait pas une fin en soi[573]. En outre, « le juge financier [assure] [...] des qualifications qui, parce que le juge financier est juge administratif spécialisé, auraient pu être exclues de ses interventions telles que circonscrites au regard du droit public financier »[574]. Ces qualifications intéressent aussi bien les contrats administratifs que les « qualifications organiques »[575] touchant à la nature de la personne publique concernée et les activités de service public des personnes publiques à travers la qualité de la mission considérée et les modalités d'exercice de cette mission.

Section II : La faiblesse de l'intervention du juge financier

251. En dépit de sa qualité de juge administratif et des fondements spécifiques pour sa saisine lui permettant de veiller indirectement à ce que le droit de la commande publique soit respecté, le juge financier voit l'efficacité de son action réduite par des considérations circonstancielles tenant au fonctionnement des juridictions financières (§ 1), mais également par des

[569]Le juge financier traite alors de problématiques relevant, *a priori*, de la compétence du « vrai juge administratif ». V. Groper Nicolas, Michaut Christian, « Incidents de parcours en gestion de fait », note sous Cour des comptes, 30 avril 2009, Département de l'Isère, in *AJDA*, 2009, p. 1188 et s., spéc. p. 1190.

[570]Kurek Aline, *Le juge financier, juge administratif*, préc., spéc. p. 16.

[571]*Ibid.*

[572]Vedel Georges, « La Cour des comptes et le juge administratif de droit commun », in *La Cour des comptes d'hier à demain*, LGDJ, 1979, p. 21 et s., spéc. p. 29.

[573]Levallois Bernard, « Le contrôle de la gestion et le rapport public », in *Les Chambres régionales des comptes*, Actes du colloque d'Angers, 1984, La documentation française, p. 141, spéc. p. 147 ; Michaut Christian, Sitbon Patrick, « Chronique de jurisprudence de la Cour des comptes et de la Cour de discipline budgétaire et financière », préc., spéc. p. 1622 : « le juge des comptes est juge de la régularité comptable, mais non de la légalité administrative ».

[574]Kurek Aline, *Le juge financier, juge administratif*, préc., spéc. p. 16

[575]Kurek Aline, *Le juge financier, juge administratif*, préc., spéc. p. 146.

raisons juridiques liées à l'autonomie et à la spécialité des juridictions financières (§ 2).

§ 1 : Les raisons circonstancielles tenant au fonctionnement des juridictions financières

252. L'efficacité réduite de la juridiction financière concerne aussi bien le juge des comptes que le juge disciplinaire. Elle est imputable, d'une part, à l'accès limité au prétoire de la Cour des comptes et des Chambres régionales des comptes ainsi qu'à la portée réduite de leurs interventions (A) et, d'autre part, au paradoxe de l'ouverture étendue du prétoire de la Cour de discipline budgétaire et financière et de la rareté des décisions rendues (B).

A – Un accès au prétoire restreint et une portée réduite des interventions de la Cour des comptes et des Chambres régionales des comptes

253. L'action de la Cour des comptes et des Chambres régionales des comptes en droit de la commande publique est doublement limitée par la restriction de l'accès au prétoire de ces institutions et par l'absence d'effets juridiques contraignants des décisions adoptées consécutivement à leurs interventions.

254. L'accès au prétoire de la Cour des comptes est très réduit. En effet, lorsqu'elle est amenée à connaître de la gestion des ordonnateurs, c'est elle-même qui décide du rayonnement de son contrôle afin d'obtenir une vision d'ensemble de la qualité de cette gestion. Les Professeurs Michel Lascombe et Xavier Vandendriessche notaient, à cet égard, que « la Cour ne pouvant en aucun cas vérifier la totalité des recettes et des dépenses de l'État, elle détermine chaque année les ministères ou services, missions, programmes ou comptes qu'elle contrôlera »[576]. La recherche de cette vision d'ensemble et le cadre non juridictionnel du contrôle expliquent que la Cour des comptes a tendance à déterminer elle-seule les modalités de celui-ci. Aussi bien les acteurs publics que les acteurs privés ne sauraient inévitablement l'orienter dans ses choix d'inspection. Néanmoins, rien ne permet totalement d'exclure l'influence du phénomène pathogène contentieux véhiculé par certains acteurs publics et surtout privés - notamment les candidats et soumissionnaires évincés - dans l'orientation des choix d'inspection de la Cour vers des ministères, des services, des missions, des programmes ou des comptes particuliers.

---

[576]Lascombe Michel,Vandendriessche Xavier, « La Cour des comptes », préc., spéc. pt. 381.

255. Quant aux Chambres régionales des comptes, l'accès à leur prétoire est également limité, qu'il s'agisse de l'examen général auquel elles procèdent pour étudier la régularité et de la qualité de la gestion ou du contrôle plus spécifique des marchés publics et des délégations de service public.

Ainsi que le dispose l'article L. 211-8 du Code des juridictions financières, « la chambre régionale des comptes examine la gestion des collectivités territoriales et de leurs établissements publics. Elle examine, en outre, la gestion des établissements, sociétés, groupements des établissements et organismes mentionnés aux articles L. 211-4 à L. 211-6, ainsi qu'aux articles L. 133-3 et L. 133-4, lorsque la vérification lui en est confiée par arrêté du premier président de la Cour des comptes. Elle peut également assurer ces vérifications sur demande motivée, soit du représentant de l'État dans la région ou le département, soit de l'autorité territoriale ». Indépendamment de l'auto-saisine de la Chambre régionale des comptes qui peut procéder d'elle-même à un contrôle non juridictionnel - éventuellement concomitant à un contrôle juridictionnel - de la gestion d'une collectivité territoriale ou d'un établissement public, seuls les préfets de région, les préfets de département et « l'autorité territoriale » qui doit être comprise comme l'exécutif territorial sont habilités à la solliciter.

La même restriction de l'accès au prétoire des Chambres régionales des comptes vaut pour le contrôle spécifique des marchés publics et des délégations de service public : les articles L. 1411-18 du Code général des collectivités territoriales et L. 234-2 du Code des juridictions financières disposent que « les conventions relatives à des délégations de service public [et marchés publics] peuvent être transmises par le représentant de l'État dans le département à la chambre régionale des comptes » à l'exclusion de tout autre demandeur.

Une fois encore, rien ne permet non plus d'exclure avec certitude l'absence de toute influence de la part des candidats et des soumissionnaires évincés dans ce type de contrôle à travers la sollicitation du représentant de l'État et indépendamment de tout déféré préfectoral ultérieur[577].

256. Les faiblesses de la juridiction financière sous le visage du juge des comptes se manifestent également à travers l'absence d'effets juridiques contraignants des décisions adoptées par la Cour des comptes et les Chambres régionales des comptes à l'encontre des auteurs des irrégularités. Les ordonnateurs étant justiciables de la Cour de discipline budgétaire et financière, la Cour des comptes n'a aucun pouvoir pour prononcer des sanctions à leur encontre lorsque le contrôle a mis en évidence des

577 Sur la sollicitation du représentant de l'État aux fins de déféré préfectoral, v. ci-après § 562 et s.

irrégularités de gestion[578]. La procédure d'instruction aboutit à l'établissement d'un rapport au vu duquel la Cour des comptes peut notamment décider de sa communication aux administrations ou du renvoi des auteurs des infractions devant la Cour de discipline budgétaire et financière à charge pour cette dernière de décider des suites de la poursuite. Les Chambres régionales des comptes, lorsqu'elles interviennent dans le cadre de leur contrôle de gestion générale, produisent seulement un rapport d'observations[579], lequel n'emporte aucune conséquence juridique directe[580]. Enfin, dans le cadre du contrôle spécifique des délégations de service public et des marchés publics, les Chambres régionales des comptes rendent des avis motivés notifiés au représentant de l'État ainsi qu'à la collectivité ou à l'établissement public intéressé, n'impliquant non plus d'effets juridiques contraignants, l'objet de ces contrôles étant de « garantir plus efficacement la régularité et la transparence des relations entre les collectivités et leurs cocontractants », voire de « concourir accessoirement à prévenir des difficultés financières futures »[581].

B – Le paradoxe de l'ouverture du prétoire de la Cour de discipline budgétaire et financière et de la rareté des décisions rendues

257. Contrairement à la Cour des comptes et aux Chambres régionales des comptes, l'accès au prétoire de la Cour de discipline budgétaire et financière n'est pas excessivement restreint. Aucun obstacle ne s'oppose, de prime abord, à penser que l'activité de l'institution serait d'autant plus importante. Pourtant, force est de constater que l'ensemble de la doctrine déplore la rareté des décisions rendues[582].

258. L'étendue de l'ouverture du prétoire de la Cour de discipline budgétaire et financière et la facilité de son accès s'apprécient au regard de la

[578]Code des juridictions financières, article L. 131-2.

[579]Code des juridictions financières, articles L. 243-1 à L. 243-6.

[580]Descheemaeker Christian, « Le juge financier », in *Les petites affiches*, 2 février 2000, p. 70 et s., spéc. p. 71.

[581]Chartier Jean-Louis, Doyelle Alain, « Les Chambres régionales des comptes et les collectivités en grave difficulté financière », in *AJDA*, 1992, p. 717 et s., p. 723. Au vu des délais nécessaires pour procéder à ces contrôles, les avis rendus par les Chambres régionales des comptes ne peuvent être considérés comme une aide au contrôle de légalité imparti au préfet. V. Bertucci Jean-Yves, Doyelle Alain, « L'examen des conventions relatives aux marchés ou à des délégations de service public », in *AJDA*, 1995, p. 200 et s. Ceci explique également, tel un cercle vicieux, que ce contrôle spécifique soit très peu utilisé. V. en ce sens : Descheemaeker Christian, « L'examen spécifique de conventions relatives à des marchés ou à des délégations de service public par les Chambres régionales des comptes », in *Les petites affiches*, 14 mai 2001, p. 81 et s.

liste des autorités visées à l'article L. 314-1 du Code des juridictions financières, laquelle est susceptible d'être indirectement élargie en prenant en considération d'autres acteurs publics ou privés capables d'exercer une influence déterminante sur certains requérants habilités à la saisir directement. Cet article dispose, en effet, qu'« ont seuls qualité pour saisir la Cour, par l'organe du ministère public : le président de l'Assemblée nationale ; le président du Sénat ; le Premier ministre ; le ministre chargé des finances ; les autres membres du Gouvernement pour les faits relevés à la charge des fonctionnaires et agents placés sous leur autorité ; la Cour des comptes ; les chambres régionales et territoriales des comptes ; les créanciers pour les faits visés à l'article L. 313-12. Le procureur général près la Cour des comptes peut également saisir la Cour de sa propre initiative ». Bien que restrictive, il convient de souligner que parmi les requérants potentiels de la Cour de discipline budgétaire et financière, figurent la Cour des comptes, les Chambres régionales des comptes et le procureur général près la Cour des comptes. Les actions de la Cour des comptes et des Chambres régionales des comptes peuvent être connexes aux contrôles de gestion précédemment étudiés. Par ailleurs, il n'est pas impossible de comparer le procureur général près la Cour des comptes à un ministère public classique auquel il est possible de rapporter des faits qu'il jugera alors nécessaire ou non de poursuivre. Une fois encore, l'activisme des concurrents évincés d'une procédure de passation d'un contrat relevant de la commande publique n'est pas à exclure à travers la sollicitation de ces trois requérants spécifiques.

259. L'ouverture de ce prétoire ne s'accompagne toutefois pas de l'activité juridictionnelle qui pourrait alors être supposée. La Cour de discipline budgétaire et financière demeure une juridiction ayant une faible activité aussi bien en terme qualitatif que quantitatif, à tel point que l'institution a pu être qualifiée de « tigre de papier » ou de « Belle au Bois dormant » par la doctrine[583]. Le Professeur Bernard Poujade relevait en 2005 « la modestie du bilan de cette juridiction, qui a rendu moins de 150 arrêts depuis sa création et dont la discrétion n'inspire visiblement guère de craintes d'autant qu'elle prononce des sanctions à bien des égards dérisoires, à savoir des amendes d'un montant généralement faibles »[584]. Aujourd'hui, l'activité de la Cour de discipline budgétaire et financière est toujours aussi

---

[582]V. par ex. : Poujade Bernard, « La responsabilité des ordonnateurs en droit public financier : état des lieux », in *AJDA*, 2005, p. 703 et s., spéc. p. 704 ; Froment-Meurice Anne, Groper Nicolas, « La responsabilité des acteurs de la gestion publique en matière budgétaire, financière et comptable : l'heure du bilan », in *AJDA*, 2005, p. 714 et s., spéc. p. 715 : « La responsabilité des ordonnateurs n'est mise en jeu qu'exceptionnellement, comme l'illustre la relative discrétion de la Cour de discipline budgétaire et financière ».

[583]Poujade Bernard, « La responsabilité des ordonnateurs en droit public financier : état des lieux », préc., spéc. pp. 703 et 705.

peu prolixe. Le rapport d'activité de la Cour pour l'année 2012 présenté au Président de la République en février 2013 établit à 187 le nombre d'arrêts rendus par l'institution depuis sa création en 1948[585]. Les derniers indicateurs de volume enseignent que la Cour de discipline budgétaire et financière a rendu sept arrêts en 2012 aux terme de quinze saisines et de la tenue de sept audiences publiques[586].

§ 2 : Les raisons juridiques liées à l'autonomie et à la spécialité de la juridiction financière

260. Outre les raisons circonstancielles tenant au fonctionnement de la Cour des comptes, des Chambres régionales des comptes et de la Cour de discipline budgétaire et financière, l'inefficacité de la juridiction financière découle également de considérations juridiques liées à son autonomie et à sa spécialité. Les pouvoirs publics ont tellement entendu construire un système juridictionnel indépendant et spécifique à la matière financière qu'ils ont institué des mécanismes juridiques faisant double emploi avec ceux d'autres disciplines (A). À l'instar de la matière pénale, le législateur n'a pas encore tiré les conséquences de l'évolution générale du droit de la commande publique pour adapter, préciser et renforcer l'intervention du juge financier dans les contrôles qu'il est amené à effectuer (B).

A – De l'autonomie de la juridiction financière à la redondance des infractions sanctionnées

261. Les interventions du juge financier sont rares. Celles en tant que gardien ponctuel du respect du droit de la commande publique le sont encore plus[587]. Indépendamment de la nature et des effets des contrôles opérés, la vérification du respect des obligations de publicité et de mise en concurrence par le juge financier est amoindrie du fait de la redondance des infractions sanctionnées par le juge financier et par le juge pénal.

---

584 Poujade Bernard, « La responsabilité des ordonnateurs en droit public financier : état des lieux », préc., spéc. p. 705. Sur le montant des sanctions, v. Vier Charles-Louis, « Les sanctions prononcées par les juridictions financières », in *Justice et cassation*, Dalloz, 2005, p. 88 et s.

585 Cour de discipline budgétaire et financière, Rapport présenté au président de la République, février 2013, p. 5. Ce rapport est consultable sur le site de la Cour des comptes et des Chambres régionales des comptes.

586 Cour de discipline budgétaire et financière, Rapport présenté au président de la République, février 2013, préc., p. 6.

587 V. pour un exemple récent : CDBF, 23 avril 2012, Conseil économique et social, req. n° 182-682.

262. Ainsi qu'il a pu être précédemment observé, la Cour de discipline budgétaire et financière sanctionne également une forme d'octroi d'avantage injustifié à travers les dispositions de l'article L. 313-6 du Code des juridictions financières, lesquelles ne sont pas sans rappeler celles de l'article 432-14 du Code pénal. Bien que semblables, elles ne sont pas similaires et leur confrontation conduit à observer, du point de vue de leur champ d'application, que l'article L. 313-6 du Code des juridictions financières vise des situations plus hétérogènes que celles de l'article 432-14 du Code pénal uniquement centré sur la méconnaissance des obligations de publicité et de mise en concurrence. Le « plus petit dénominateur commun » entre l'infraction de l'article L. 313-6 du Code des juridictions financières et celle de l'article 432-14 du Code pénal réside bien dans les dispositions de ce dernier article. L'infraction du délit d'octroi d'avantage injustifié sanctionnée par le juge pénal se fond dans celle établie à l'article L. 313-6 du Code des juridictions financières condamnée par le juge financier.

263. L'existence de deux juges capables de sanctionner des infractions connexes lorsqu'elles se rapportent à la passation de contrats publics conduit à s'interroger sur la pertinence d'un double mécanisme répressif[588]. Si, pour certains, l'existence d'une redondance d'infractions et donc de sanctions ne soulève guère de difficultés en soi du fait de la recherche du respect de deux ordres publics distincts[589], pour d'autres, cette redondance ne semble pas être inéluctablement nécessaire[590].

264. La rareté de l'intervention du juge financier et son échec à promouvoir le droit de la commande publique trouveraient partiellement son origine dans un accès plus aisé au juge pénal aussi bien dans une dimension institutionnelle que matérielle. L'accès au prétoire du juge financier doit peut-être être entendu comme un recours « ultima ultima ratio » par

---

[588]Sur les conséquences du cumul des responsabilités, v. ci-après § 342-344.

[589]Froment-Meurice Anne, Groper Nicolas, « La responsabilité des acteurs de la gestion publique en matière budgétaire, financière et comptable : l'heure du bilan », préc., spéc. p. 720 : « L'affirmation d'un régime de responsabilité spécifique dans le cadre du droit public financier, basé sur des fondements autonomes et dotés d'objectifs propres, constitue également une alternative au 'tout pénal', alors que la diminution des contrôles a priori, notamment s'agissant de la commande publique, accroît précisément le risque d'une plus grande pénalisation de la gestion publique ». [...] « Plus généralement, l'affirmation d'un dispositif cohérent de responsabilité de droit public financier, efficacement sanctionné, fondé sur des bases autonomes et doté d'objectifs propres (l'exigence démocratique de la protection particulière des deniers publics), permettrait ainsi de souligner son caractère sui generis et complémentaire par rapport au droit pénal ».

[590]Poujade Bernard, « La responsabilité des ordonnateurs en droit public financier : état des lieux », préc., spéc. p. 704 : « On peut se demander si l'infraction relative à l'avantage injustifié procuré à autrui est adaptée en raison de sa proximité avec l'infraction prévue par l'article 432-14 du nouveau code pénal issue de la loi du 3 janvier 1991, le délit de favoritisme ».

comparaison à la sollicitation du juge pénal. Si les infractions sanctionnées par les deux juges sont semblables, l'applicabilité de l'article L. 313-6 du Code des juridictions financières en contentieux de la commande publique est moins explicite que celle de l'article 432-14 du Code pénal. En outre, l'opacité dans le fonctionnement de la juridiction financière et la plus grande « popularité » du juge pénal orientent le requérant davantage vers ce dernier. Enfin et surtout, le bénéfice personnel pour le tiers concurrent évincé tiré de la sanction de l'octroi d'un avantage injustifié, s'il est faible en « droit pénal classique » malgré la constitution de partie civile, l'est encore plus en matière de répression financière.

B – De l'autonomie de la juridiction financière au contrôle diffus des contrats de la commande publique

265. L'autonomie de la juridiction financière a également eu des conséquences sur le travail du législateur dans son appréhension des matières connexes à celle pour laquelle il a été appelé à légiférer. À l'heure actuelle, à l'instar de la matière pénale, celui-ci n'a pas encore pris en considération l'évolution du droit de la commande publique pour l'adaptation des dispositions régissant les contrôles de gestion. Ce constat concerne principalement le juge des comptes et, plus précisément, les Chambres régionales des comptes et constitue un frein indéniable aussi bien dans la vérification du respect du droit de la commande publique que dans la qualité des contrôles de gestion opérés.

266. En dehors des contrôles de gestion les plus généraux au cours desquels l'ensemble des contrats administratifs, sans distinctions, peuvent être analysés, la restriction du champ d'application de l'actuel contrôle spécifique des conventions exécuté par les Chambres régionales des comptes sur le fondement des articles L. 234-1 et L. 234-2 du Code des juridictions financières surprend. Aucune raison particulière ne saurait justifier que ces contrôles spécifiques soient strictement circonscrits aux seuls marchés publics et délégations de service public. L'argument selon lequel les marchés publics et les délégations de service public sont les types de contrats les plus usités par les collectivités territoriales et les établissements publics pourrait certes être avancé. Ce serait cependant oublier l'usage développé des contrats de partenariat et des montages contractuels complexes et les importants volets financiers qu'ils impliquent. Dans le cadre d'un contrôle de gestion optimal, il devient fondamental d'étudier le partage des risques financiers surtout dans un environnement d'exigences performantielles. C'est notamment sous la réserve d'une extension du champ d'application du contrôle spécifique des conventions conclues par les collectivités territoriales et leurs établissements publics que le contrôle de gestion prendrait tout son sens afin que ces différentes personnes publiques puissent, pour leurs projets futurs, opter pour le montage contractuel le plus approprié. Au-delà d'un accroissement de l'efficacité du montage contractuel lui-même à court et moyen terme, il s'agit également d'assainir les finances publiques locales dans un souci de rationalisation à long terme.

Sous-titre 2

La dispersion des voies de droit ou l'altération de l'homogénéité du contentieux de la commande publique

267. Ainsi qu'il a pu être précédemment observé, le concurrent évincé d'une procédure de passation dispose d'une palette de voies de droit relativement large dont la mise en œuvre s'étend temporellement du référé précontractuel avant la signature du contrat à la saisine indirecte du juge financier dans un laps de temps indéterminé après la signature du contrat.

268. Cette palette de recours caractérise une certaine dispersion des moyens tendant à ce que la légalité contractuelle au prisme des obligations de publicité et de mise en concurrence soit rétablie.

269. L'intervention potentielle de différents juges explique que l'homogénéité du contentieux de la commande publique puisse être altérée. La cohérence du contentieux de la commande publique est menacée par l'intervention des juges spécialisés dans cette discipline (Chapitre 1). Cette menace est accrue par l'intervention additionnelle de juges non strictement spécialisés (Chapitre 2).

Chapitre 1 : L'hétérogénéité du contentieux de la commande publique du fait de l'intervention potentielle de différents juges spécialisés

270. Le juge des référés précontractuels, des référés contractuels et le juge du recours en contestation de la validité du contrat sont appelés à connaître de questions semblables voire identiques[591]. L'intervention de l'ensemble de ces juges est susceptible d'altérer la cohérence du contentieux de la commande publique. Ce risque d'altération peut être étudié selon deux approches : d'une part, du point de vue du cumul des voies de droit (Section I) et, d'autre part, du point de vue du cumul des fonctions par un même juge (Section II).

Section I : Un contentieux de la commande publique en perte de cohérence en raison du cumul des voies de droit

271. Le cumul des voies de droit constitue l'une des raisons pour lesquelles la cohérence du contentieux de la commande publique peut être mise à mal. Ce phénomène est imputable à l'indétermination de l'autorité des décisions rendues par les premiers juges saisis (§ 1) ainsi qu'à la divergence du traitement de l'irrégularité par chacun d'eux (§ 2).

§ 1 : Du cumul des recours au risque de méconnaissance de l'autorité des décisions rendues

272. Que le cadre d'étude soit celui du cumul d'un référé précontractuel et d'un référé contractuel, d'un référé précontractuel et d'un recours en contestation de la validité du contrat ou d'un référé contractuel et d'un recours en contestation de la validité du contrat, les décisions rendues par le premier juge saisi ont des conséquences directes sur la situation du requérant et des conséquences indirectes sur la construction d'une jurisprudence aspirée à devenir homogène. L'absence de reconnaissance de l'autorité de chose jugée aux ordonnances des juges des référés précontractuels et contractuels et les offices propres à chacun des juges sont à l'origine de difficultés dans l'accomplissement de cet objectif dans la mesure où le second juge saisi peut être amené à réexaminer des moyens précédemment appréciés par le premier juge. Ceci concerne tout autant les moyens qui auront pu être rejetés (A) que les moyens qui auront été considérés fondés (B).

---

[591] Le juge du référé suspension est accessoirement concerné.

A – Le réexamen des moyens antérieurement rejetés

273. Deux juges, dans le cadre d'un cumul des voies de droit, peuvent être amenés à connaître de moyens identiques soulevés par le concurrent évincé, à plus forte probabilité pour les moyens antérieurement rejetés pour lesquels le requérant estime avoir une nouvelle chance de succès à l'occasion du second recours qui lui est encore ouvert.

274. L'étendue des hypothèses de ce réexamen est fonction des recours contentieux concernés par l'exercice cumulatif.

Au regard des modalités d'articulation des référés précontractuel et contractuel[592], les cas de réexamen, par le second juge, des moyens antérieurement rejetés par le premier sont inexistants. La situation particulière où l'administration a bien respecté la suspension prévue à l'article L. 551-4 ou à l'article L. 551-9 du Code de justice administrative, mais ne s'est pas conformée à la décision juridictionnelle rendue sur ce recours pourrait constituer une exception[593]. Sous réserve d'interprétation de cette seconde condition, référé précontractuel et référé contractuel peuvent se succéder[594]. Le réexamen par le juge des référés contractuels des moyens antérieurement rejetés par le juge des référés précontractuels aurait alors été limité à l'absence de mesures de publicité requises pour la passation du contrat en cause ou lorsque a été omise une publication au Journal officiel de l'Union européenne dans le cas où une telle publication est prescrite[595] et, plus particulièrement, au second cas de figure. En effet, ce dernier moyen aurait pu ne pas avoir été considéré opérant par le juge des référés précontractuels en raison de l'absence de lésion des intérêts du requérant s'il avait participé à la consultation en déposant une offre. Le juge des référés contractuels aurait pu, dans une dimension contentieuse objective, sanctionner l'irrégularité. Toutefois, c'est oublier que la seconde condition de l'article L. 551-14 du Code de justice administrative tenant à la conformité du comportement de l'administration par rapport à l'ordonnance du juge des référés précontractuels vient au soutien de l'effectivité de cette voie de droit. L'absence de publication au Journal officiel de l'Union européenne n'ayant pas été sanctionnée en référé précontractuel, l'ordonnance de rejet de la requête n'emportait aucun comportement particulier de l'administration. Par conséquent, l'on voit difficilement dans quelle mesure cette irrégularité pourrait être sanctionnée en référé contractuel[596].

---

[592]V. *infra*.

[593]V. Code de justice administrative, article L. 551-14.

[594]V. *infra*.

[595]Code de justice administrative, article L. 551-18.

[596]V. Brotons Frédéric, « L'articulation des référés précontractuels et contractuels n'a pas fini de grincer », in *CJFI*, troisième trimestre 2012, p. 48 et s., spéc. p. 50.

L'étendue des moyens invocables et opérants à l'occasion du recours en contestation de la validité du contrat engendre des perspectives accrues de double examen qu'il ait été introduit à la suite d'une ordonnance du juge des référés précontractuels[597] ou à la suite d'une ordonnance du juge des référés contractuels[598].

275. La question se pose ensuite de savoir comment le juge du recours en contestation de la validité du contrat doit exercer son office face aux moyens antérieurement rejetés par le juge des référés précontractuels ou par le juge des référés contractuels. Les ordonnances des juges des référés précontractuels et contractuels ne sauraient faire obstacle au réexamen par le juge du plein contentieux des moyens rejetés par eux dans la mesure où il ne se situe pas, en principe, dans une « compétence liée ». En outre, dans le paradigme de la jurisprudence « Tropic Travaux signalisation »[599], l'amplitude des moyens invocables au soutien d'un recours en contestation de la validité du contrat et la précision de la haute juridiction administrative selon laquelle « il ne résulte par ailleurs d'aucun texte ni principe que le caractère opérant des moyens ainsi soulevés soit subordonné à la circonstance que les vices auxquels ces moyens se rapportent aient été susceptibles de léser le requérant »[600] conduit à ce que le juge réexamine l'ensemble des moyens soulevés aussi bien devant le juge des référés précontractuels que contractuels. Dans le cadre de l'articulation référé précontractuel / recours « Tropic », le juge du recours en contestation de la validité du contrat étant délié de toute contrainte d'appréciation de la lésion ou de la potentielle lésion des intérêts du requérant[601] peut apprécier, dans le cadre d'un contrôle objectif de légalité, la méconnaissance des obligations de publicité et de mise en concurrence. Dans ce cas de figure, il est fort probable qu'un moyen relativement aux obligations de publicité et de mise en concurrence rejeté par le juge des référés précontractuels faute de lésion ou de potentielle lésion des intérêts du requérant soit considéré comme fondé devant le juge du recours en contestation de la validité du contrat. Dans le cadre de l'articulation référé contractuel/recours « Tropic », le rejet par le juge des référés contractuels d'un moyen faute pour celui-ci de se rattacher aux compétences dont il dispose aux termes des articles L. 551-18 et L. 551-

---

597 V. Linditch Florian, « Recours Tropic, le Conseil d'État définit le régime des conclusions indemnitaires », préc., spéc. p. 19. V. Chapitre 1 : Le recours en contestation de la validité du contrat comme réponse à l'échec d'un référé précontractuel.

598 V. Chapitre 2 : Le recours en contestation de la validité du contrat comme réponse à l'échec d'un référé contractuel.

599 Dans le paradigme de la jurisprudence « Département de Tarn-et-Garonne », v. CE, ass., 4 avril 2014, Département de Tarn-et-Garonne, préc. et § 161 et s., 169 et s. et § 196.

600 Avis CE n° 355446, 11 avril 2012, Société Gouelle, préc.

601 *Ibid.*

20 du Code de justice administrative peut être reconsidéré par le juge du recours en contestation de la validité du contrat.

276. A défaut de méconnaître l'autorité de chose jugée des ordonnances des juges des référés précontractuels et contractuels qui n'existe pas encore, la faculté pour le juge de plein contentieux de reconsidérer les moyens antérieurement écartés par les deux autres juges nuit malgré tout à l'« autorité des décisions » qu'ils ont rendues au moins du point de vue de la « chose ordonnée »[602]. Sans prédire l'usage d'un pouvoir plutôt que d'un autre pour remédier à l'irrégularité en fonction des intérêts en présence, la « chose jugée » à l'occasion du second recours pourra entrer en contrariété avec la « chose ordonnée » à l'occasion du premier recours. Cette contrariété résultera, en tout état de cause, des examens divergents des moyens présentés par le requérant, compromettant en conséquence la cohérence des décisions rendues.

B – Le réexamen des moyens antérieurement fondés

277. Si les moyens antérieurement rejetés sont davantage susceptibles d'être examinés une seconde fois, il ne faut pas écarter les hypothèses d'une deuxième étude des moyens antérieurement considérés fondés. Il n'est pas à exclure, en effet, qu'un moyen fondé devant le juge des référés précontractuels ou devant le juge des référés contractuels soit à nouveau présenté par le requérant devant le juge du recours « Tropic » dans le cadre d'un examen plus étendu de la légalité, parce que le requérant s'est trouvé confronté à une forclusion de l'action contentieuse du fait de la signature du contrat en dépit d'une ordonnance de référé précontractuel qui aura fait l'objet d'un pourvoi en cassation en cours d'instruction ou sera insatisfait de l'usage des pouvoirs du premier juge saisi pour le traitement de l'irrégularité.

278. Étant donné l'étendue des moyens opérants devant le juge « Tropic », les moyens jugés fondés en référé précontractuel et en référé contractuel ne sauront être « déclassés » en moyens non fondés. Des différences de traitement de l'irrégularité pourront toutefois être constatées[603].

602V. Cassia Paul, « L'autorité de la chose ordonnée en référé », préc.

603Dans le paradigme de la jurisprudence « Département de Tarn-et-Garonne », v. CE, ass., 4 avril 2014, Département de Tarn-et-Garonne, préc. et § 161 et s., 169 et s. et § 196.

§ 2 : Du cumul des recours à la divergence de traitement des irrégularités

279. L'altération de la cohérence du contentieux contractuel résulte également de la divergence des solutions contentieuses née de la mise en œuvre des pouvoirs dont dispose chaque juge conformément à leur office. Bien que théoriquement comparables parce que d'appellations semblables, les pouvoirs des juges des référés précontractuels, des référés contractuels et du recours en contestation de la validité du contrat ne s'inscrivent pas dans un paradigme unique et commun d'application (A). Il en est également ainsi des réserves d'usage des pouvoirs de chacun des juges fondées sur l'intérêt général (B).

A – La mise en œuvre particulière des pouvoirs de chacun des juges

280. Chacun des juges des référés précontractuels, des référés contractuels et du recours en contestation de la validité du contrat dispose d'une palette de pouvoirs afin de remédier aux irrégularités commises. En référé précontractuel, cette palette est relativement large et la restriction de son usage n'a lieu que pour certains pouvoirs lorsque les conséquences négatives de certaines mesures prononcées l'emporteraient sur leurs avantages[604]. Elle existe également en référé contractuel mais elle doit être appréhendée de manière incidente par référence à l'exercice du pouvoir d'annulation : la liberté de choix du pouvoir à exercer est, en premier lieu, soumise à la condition selon laquelle le prononcé de la nullité du contrat se heurterait à une raison impérieuse d'intérêt général et limitée, en second lieu, aux hypothèses de méconnaissances des délais de *standstill* et de suspension automatique de signature dès l'introduction du recours[605]. Le juge « Tropic » bénéficie d'une certaine liberté dans l'usage de ses pouvoirs à partir du moment où la haute juridiction administrative a reconnu qu'il lui était loisible, « lorsqu'il constate l'existence de vices entachant la validité du contrat, d'en apprécier les conséquences ». Il en est de même pour le juge du recours « Département de Tarn-et-Garonne » pour lequel il lui appartient « lorsqu'il constate l'existence de vices entachant la validité du contrat, d'en apprécier l'importance et les conséquences ».

281. Le recensement des pouvoirs des juges des référés précontractuels, des référés contractuels et du recours en contestation de la validité du contrat fait apparaître qu'ils disposent de pouvoirs communs et de pouvoirs

---

[604] Code de justice administrative, articles L. 551-2 et L. 551-6.

[605] Code de justice administrative, articles L. 551-19 et L. 551-20.

davantage empreints de typicité. Chacun des quatre juges[606] dispose d'un pouvoir d'annulation. Le pouvoir de résiliation du contrat est partagé par le juge des référés contractuels et les juges de plein contentieux. Le juge des référés précontractuels et le juge du recours « Tropic » disposent d'un pouvoir de réformation et d'un pouvoir d'injonction[607]. En dépit d'une appellation commune, ces pouvoirs s'appliquent dans des circonstances bien particulières.

En effet, le pouvoir d'annulation en référé précontractuel concerne uniquement la procédure de passation, puisque le contrat n'est pas encore né et est envisagé implicitement en dernier recours lorsqu'il n'est pas possible de remédier autrement aux irrégularités commises par la suspension de la procédure et l'injonction à l'administration de se conformer à ses obligations[608]. En référé contractuel, le juge use de ce pouvoir au vu de la commission des manquements les plus graves au droit de la commande publique et pour sanctionner l'administration qui n'a pas laissé l'opportunité au requérant d'agir sur le fondement d'un référé précontractuel ou d'avoir entravé l'effet utile de cette voie de droit[609]. Le pouvoir d'annulation du juge du recours « Tropic », comme celui du juge du recours « Département de Tarn-et-Garonne » est présenté par la haute juridiction administrative comme un moyen ultime de remédier aux illégalités lorsque celles-ci sont telles que la stabilité des relations contractuelles ne saurait être conservée[610].

Le juge des référés contractuels use de son pouvoir de résiliation, lorsque l'annulation du contrat n'est pas la sanction la plus adaptée face à des raisons impérieuses d'intérêt général[611] ou lorsque seuls ont été méconnus les délais de *standstill* ou de suspension automatique de la signature du contrat dès

---

606Le juge de pleine juridiction se dédouble en juge du recours « Tropic » et juge du recours « Département de Tarn-et-Garonne ».

607Le juge du recours « Département de Tarn-et-Garonne » ne bénéficie plus du pouvoir de réformation.

608V. précédemment § 39.

609Si le juge des référés contractuels entend infliger une sanction différente de l'annulation et que celle-ci n'a pas été invoquée dans le débat contentieux, il doit en informer préalablement les parties. V. CE, 1er mars 2012, OPAC du Rhône, req. n° 355560.

610V. par ex. : CAA Nantes, 16 décembre 2010, Commune d'Epron, préc. (annulation du contrat prononcé à la suite du constat du non-respect de l'obligation d'un avis communautaire résultant d'une mauvaise appréciation du montant d'un traité de concession) ; CAA Nancy, 28 janvier 2013, SAS ACE, req. n° 12NC00126 (défaut de qualité du titulaire justifiant l'annulation du contrat) ; CAA Bordeaux, 12 février 2013, Bureau européen d'assurance hospitalière, req. n° 11BX03355 (attribution d'un contrat à une entreprise dont l'offre est irrégulière). Dans le paradigme de la jurisprudence « Département de Tarn-et-Garonne », l'annulation est prononcée « soit, si le contrat a un contenu illicite ou s'il se trouve affecté d'un vice de consentement ou de tout autre vice d'une particulière gravité que le juge doit ainsi relever d'office ».

611V. par ex. : TA Amiens, 15 décembre 2010, Société Demouselle, req. n° 1003206.

l'introduction du référé précontractuel sans que la méconnaissance de ces obligations ait privé le demandeur de son droit d'exercer le référé précontractuel et que les obligations de publicité et de mise en concurrence auxquelles sa passation est soumise aient été méconnues d'une manière affectant les chances de l'auteur du recours d'obtenir le contrat. Le pouvoir de résiliation du juge du recours en contestation de la validité du contrat est appréhendé comme un pouvoir d'application circonstancielle au vu des faits de l'espèce[612].

Le pouvoir de réformation en référé précontractuel a vocation à assainir le contrat de toute irrégularité dans le but d'une stabilité future des relations contractuelles. Son usage par le juge du recours « Tropic » permet d'asseoir en aval cette stabilité.

A défaut d'utiliser l'expression « pouvoir d'injonction », les juges du recours en contestation de la validité du contrat détiennent tout de même ce pouvoir, lorsque la jurisprudence « Tropic Travaux Signalisation » dispose que le juge peut « décider de la poursuite de son exécution, éventuellement sous réserve de mesures de régularisation par la collectivité contractante » et la décision « Département de Tarn-et-Garonne » que le juge peut « soit [...] décider que la poursuite de l'exécution du contrat est possible, soit [...] inviter les parties à prendre des mesures de régularisation dans un délai qu'il fixe, sauf à résilier ou résoudre le contrat ». À l'instar du pouvoir de réformation, le pouvoir d'injonction permet d'asseoir la stabilité des relations contractuelles. Celui du juge des référés précontractuels s'inscrit dans une dimension préventive de la légalité du contrat à naître.

A l'inverse, les pouvoirs de suspension de la procédure de passation et d'astreinte sont propres au juge des référés précontractuels. Les pouvoirs de réduire la durée du contrat et d'infliger une pénalité financière à l'administration contrevenante sont uniquement accordés au juge des référés contractuels.

282. Qu'il s'agisse des pouvoirs communs ou des pouvoirs spécifiques, leur application et les solutions contentieuses qui en découlent conduisent à l'altération de la cohérence du contentieux de la commande publique. Toute irrégularité ne sera pas traitée de manière identique par chaque juge et anticiper le traitement de l'irrégularité est un exercice délicat au regard de la

---

612V. par ex. : CAA Nantes, 1er juillet 2011, Société Saur, req. n° 10NT02576 (défaut d'information des candidats à une délégation de service public sur les critères de sélection de leurs offres) ; CAA Lyon, 22 mars 2012, Régie départementale des transports de l'Ain, req. n° 11LY01323 (erreur dans l'analyse des offres par la commission). Il convient de noter que la jurisprudence « Département de Tarn-et-Garonne » précise davantage les circonstances d'application du pouvoir de résiliation : le juge prononce la résiliation du contrat, le cas échéant avec un effet différé, après avoir vérifié que sa décision ne portera pas une atteinte excessive à l'intérêt général, « en présence d'irrégularités qui ne peuvent être couvertes par une mesure de régularisation et qui ne permettent pas la poursuite de l'exécution du contrat ».

liberté dont chacun dispose dans le choix de la mesure la plus adéquate pour y remédier[613]. Les pouvoirs des juges des référés précontractuels, des référés contractuels et du recours en contestation de la validité du contrat n'ont de commune mesure que celle de leur dénomination et leur usage ne répond pas à des objectifs identiques du fait de l'adaptation de leur exercice à l'avancement temporel de l'exécution du contrat. À titre particulier, l'usage du pouvoir d'annulation par le juge du plein contentieux est topique de ce schéma d'analyse dans la mesure où il est envisagé comme le dernier pouvoir à exercer. Plus l'exécution du contrat est avancée, plus la sanction de l'irrégularité sera indulgente, voire inexistante dans la perspective de stabilité des relations contractuelles et de sécurité juridique[614].

283. La liberté laissée aux juges dans le choix de la sanction la plus adéquate conduit alors à s'interroger sur l'interprétation à donner à des décisions qui témoigneraient d'un traitement différent d'une même irrégularité. Comment, par exemple, interpréter la pénalité financière prononcée par le juge des référés contractuels face à un traitement plus radical de l'irrégularité par le juge du recours en contestation de la validité du contrat ?

L'obstacle à fournir une réponse irrévocable réside dans la multiplicité même des recours spécifiques à la commande publique et aux offices impartis à chaque juge. Insoluble pour le moment sans remise en cause de l'architecture actuelle du paysage des recours contentieux, une réponse partielle pourrait être trouvée dans l'inversion de la logique du problème soulevé : à défaut d'asseoir une jurisprudence constante permettant d'anticiper la sanction prévisible d'une même irrégularité, il semblerait que l'anticipation des solutions contentieuses puisse se faire à rebours à travers la réserve d'usage des pouvoirs de chacun des juges selon divers intérêts parmi lesquels figurent l'intérêt public et certains intérêts privés.

B – L'appréciation de la réserve d'usage des pouvoirs particuliers de chacun des juges

284. Par « réserve d'usage des pouvoirs particuliers de chacun des juges », il convient d'entendre l'ensemble des hypothèses où les juges des

---

[613] L'usage des pouvoirs du juge paraît davantage orienté dans le paradigme de la jurisprudence « Département de Tarn-et-Garonne ». Une échelle de gravité des sanctions semble avoir été instaurée.

[614] Le Professeur Philippe Cossalter soulignait que « la stabilité de la relation contractuelle s'oppose de manière frappante au véritable ouragan qui a bouleversé tous les principes classiques régissant la publicité et la mise en concurrence, ainsi que les voies de recours des tiers ». V. Cossalter Philippe, « Vingt ans de contentieux administratif des contrats publics : permanence et innovations », préc., spéc. p. 233.

référés précontractuels, des référés contractuels et du recours en contestation de la validité du contrat peuvent décider de ne pas exercer certains des pouvoirs qui sont à leur disposition. Les dispositions du Code de justice administrative pour le référé précontractuel et le référé contractuel, d'une part, et les jurisprudences « Tropic Travaux Signalisation » et « Département de Tarn-et-Garonne », d'autre part, prévoient, en effet, des dérogations à une application inéluctable des pouvoirs de chaque juge dans un souci de proportionnalité, d'adéquation de la justice administrative par rapport aux enjeux globaux du litige au-delà de la stricte sanction de l'illégalité.

Le Code de justice administrative dispose, pour les référés précontractuels en matière de contrats passés par les pouvoirs adjudicateurs, que le juge peut user de ses pouvoirs d'injonction et de suspension « sauf s'il estime, en considération de l'ensemble des intérêts susceptibles d'être lésés et notamment de l'intérêt public, que les conséquences négatives de ces mesures pourraient l'emporter sur leurs avantages »[615]. Pour les contrats passés par les entités adjudicatrices, le juge des référés précontractuels peut user de la faculté de ne pas exercer ses pouvoirs d'injonction, de suspension et d'astreinte « en considération de l'ensemble des intérêts susceptibles d'être lésés et notamment de l'intérêt public »[616].

Le juge des référés contractuels peut « sanctionner le manquement soit par la résiliation du contrat, soit par la réduction de sa durée, soit par une pénalité financière imposée au pouvoir adjudicateur ou à l'entité adjudicatrice, si le prononcé de la nullité du contrat se heurte à une raison impérieuse d'intérêt général »[617].

Il revient au juge du recours « Tropic », « après avoir pris en considération la nature de l'illégalité éventuellement commise, soit de prononcer la résiliation du contrat ou de modifier certaines de ses clauses, soit de décider de la poursuite de son exécution, éventuellement sous réserve de mesures de régularisation par la collectivité contractante, soit d'accorder des indemnisations en réparation des droits lésés, soit enfin, après avoir vérifié si l'annulation du contrat ne porterait pas une atteinte excessive à l'intérêt général ou aux droits des cocontractants, d'annuler, totalement ou partiellement, le cas échéant avec un effet différé, le contrat ».

Enfin, il appartient au juge du recours « Département de Tarn-et-Garonne », « après avoir pris en considération la nature de ces vices, soit de décider que la poursuite de l'exécution du contrat est possible, soit d'inviter les parties à prendre des mesures de régularisation dans un délai qu'il fixe, sauf à résilier ou résoudre le contrat ; qu'en présence d'irrégularités qui ne

[615]Code de justice administrative, article L. 551-2.

[616]Code de justice administrative, article L. 551-7.

[617]Code de justice administrative, article L. 551-19.

peuvent être couvertes par une mesure de régularisation et qui ne permettent pas la poursuite de l'exécution du contrat, il lui revient de prononcer, le cas échéant avec un effet différé, après avoir vérifié que sa décision ne portera pas une atteinte excessive à l'intérêt général, soit la résiliation du contrat, soit, si le contrat a un contenu illicite ou s'il se trouve affecté d'un vice de consentement ou de tout autre vice d'une particulière gravité que le juge doit ainsi relever d'office, l'annulation totale ou partielle de celui-ci ».

285. Ces réserves d'usage des pouvoirs particuliers de chaque juge mettent en exergue la protection d'intérêts divers, aussi bien publics que privés. En référé précontractuel, sont pris en considération « les intérêts susceptibles d'être lésés » en dehors de toute autre précision. En dépit de cette largesse, l'inclusion explicite de « l'intérêt public » conduit à conclure que l'ensemble des intérêts précédemment invoqués sont a fortiori privés. En référé contractuel, aucun intérêt privé ne semble être visé. Seule apparaît la « raison impérieuse d'intérêt général » qui, à défaut d'être définie, est précisée dans une acception économique : l'article L. 551-19 du Code de justice administrative indique que « cette raison ne peut être constituée par la prise en compte d'un intérêt économique que si la nullité du contrat entraîne des conséquences disproportionnées et que l'intérêt économique atteint n'est pas directement lié au contrat, ou si le contrat porte sur une délégation de service public ou encore si la nullité du contrat menace sérieusement l'existence même d'un programme de défense ou de sécurité plus large qui est essentiel pour les intérêts de sécurité de l'État »[618]. Quant au recours « Tropic », la dichotomie intérêts privés / intérêt général est expressément exposée lorsqu'il est fait mention de « l'atteinte excessive à l'intérêt général ou aux droits des cocontractants ». Dans le paradigme de la jurisprudence « Tarn-et-Garonne », seule l'atteinte excessive à l'intérêt général est visée et la référence aux droits des cocontractants a disparu.

286. La diversité des formulations sémantiques de ces réserves est telle qu'il est permis de s'interroger sur leur équivalence du point de vue de leur consistance et de l'intensité de protection des intérêts concernés. Les « intérêts susceptibles d'être lésés » en référé précontractuel et donc avant la signature du contrat relèvent-ils de la même logique que l'« atteinte excessive aux droits des cocontractants » visée par la jurisprudence « Tropic Travaux Signalisation » ? L'« intérêt public » protégé en référé précontractuel est-il similaire à l'« intérêt général » protégé en référé

---

[618]Sur les difficultés d'application de telles dispositions, v. Lafaix Jean-François, « Systématisation inachevée du contentieux de la commande publique. - Commentaire de l'ordonnance n° 2009-515 du 7 mai 2009 », in *JCl. Contrats et marchés publics*, Fasc. 2, 8 mai 2009, pt. 49 ; Moreau David, « Deux ans de pratique du référé contractuel : questions tranchées et questions en suspens », note sous CE, 30 novembre 2011, Société DPM Protection, Centre hospitalier Andrée-Rosemon, in *RJEP*, avril 2012, p. 20 et s., spéc. p. 24.

contractuel et en recours en contestation de la validité du contrat ? Enfin et surtout, la protection de l'« intérêt public » dans le recours avant signature du contrat est-elle de la même intensité que la protection de l'« intérêt général » dans les recours après signature du contrat ?

287. En référé précontractuel, les « intérêts susceptibles d'être lésés » tels qu'exposés par rapport à l'intérêt public le contiennent du fait de l'usage de l'adverbe « notamment ». Les « intérêts susceptibles d'être lésés » regroupent, en conséquence, intérêt public et intérêts privés. La jurisprudence n'est guère explicite quant aux notions d'« intérêts susceptibles d'être lésés » et d'« intérêt public ». La réserve d'usage des pouvoirs du juge est appliquée en fonction des faits de l'espèce[619]. Aucune grande tendance générale de justification n'est identifiable. Il n'est dès lors pas impossible de penser, au regard de la décomposition des « intérêts susceptibles d'être lésés » en « intérêt public » et en « intérêts non publics », que les intérêts privés pourraient en substance renvoyer aux droits des futurs cocontractants[620] de la même manière qu'ils sont pris en considération dans le paradigme de la jurisprudence « Tropic Travaux Signalisation ». Si l'intérêt porté par le juge aux intérêts des futurs cocontractants est théoriquement possible, l'état du contentieux précontractuel plaide, en pratique, en sa défaveur dans la mesure où la tendance sera à la correction des irrégularités aux obligations de publicité et de mise en concurrence, le plus en amont possible, afin d'éviter une contestation des obligations contractuelles nées entre les parties. En d'autres termes, la recherche d'une stabilité des relations contractuelles à naître à l'aune du principe de légalité fait obstacle à ce que les droits des futurs cocontractants soient pris en compte. Par conséquent, se pose la question de savoir ce que recouvre réellement les « intérêts non publics » en théorie protégés, si, au demeurant, ils peuvent exister.

288. Les notions d'« intérêt public » et d'« intérêt général » souffrent d'une certaine élasticité[621] qui impliquerait de s'interroger à nouveau sur leur identité dans le contentieux de la commande publique. L'« intérêt public » en référé précontractuel n'a pas fait l'objet d'attention particulière par la jurisprudence, pas plus que l'« intérêt général » n'a été défini en référé contractuel et en recours en contestation de la validité du contrat. En référé

---

[619]V. par ex. : TA Clermont-Ferrand, 17 avril 2012, Société SADE, req. n° 1200587 : l'intérêt public attaché à la réhabilitation d'une station d'épuration d□'une commune de 350 habitants ne fait pas obstacle à l'annulation de la procédure de passation d'un marché passé selon une procédure adaptée.

[620]En fonction de l'avancement de la procédure de passation par exemple.

[621]Lafaix Jean-François, *Essai sur le traitement des irrégularités dans les contrats de l'administration*, Dalloz, 2009, spéc. p. 664 : « A cet égard, il semble que le juge administratif s'oriente vers une acception large des finalités d'intérêt général autorisant le maintien d'un contrat irrégulièrement conclu ».

contractuel, il convient de remarquer que l'intérêt général n'est pas défini à rebours des intérêts privés qui n'apparaissent pas, puisque seules sont visées « les raisons impérieuses d'intérêt général ». La jurisprudence « Tropic Travaux Signalisation » distingue frontalement l'« atteinte excessive à l'intérêt général » et l'« atteinte excessive aux droits des cocontractants ». La question principale ne réside finalement peut-être pas dans l'équivalence de ces exceptions ou dans la synonymie de l'« intérêt public » et de l'« intérêt général » qui, en tout état de cause, sont appréciés en fonction des données du litige. Elle la dépasse éventuellement pour s'intéresser davantage à l'intensité de leur protection.

289. Les dispositions régissant le référé contractuel font, en effet, état d'une « raison impérieuse d'intérêt général » tandis que les jurisprudences « Tropic » et « Département de Tarn-et-Garonne » disposent d'une « atteinte excessive à l'intérêt général »[622]. Leur identification n'est a priori pas évidente. L'analyse terminologique de ces deux expressions conduit néanmoins à supposer une différence de degré : l'« atteinte excessive » à l'intérêt général semble moins rigoureuse que la « raison impérieuse d'intérêt général ». La haute juridiction administrative n'a pas encore eu l'occasion de se prononcer sur la nature exacte de ces « raisons impérieuses »[623]. Peut-être d'ailleurs ne le fera-t-elle jamais. L'absence de définition de la « raison impérieuse d'intérêt général » constitue peut-être un mal pour un bien : non seulement, il est difficile d'en saisir la distinction avec l'« atteinte excessive à l'intérêt général », plus encore elle aurait davantage sa place dans le contentieux de la contestation de la validité du contrat eu égard à l'avancement de l'exécution des obligations contractuelles par rapport au moment où le juge intervient.

290. Les ambiguïtés terminologiques des réserves d'usage des pouvoirs des juges des référés précontractuels, des référés contractuels et du recours en contestation de la validité du contrat auxquelles s'ajoute une jurisprudence silencieuse sur leurs conditions d'application nuisent à la cohérence des futures solutions contentieuses en droit de la commande publique dans la

---

[622]Les origines de ces deux notions sont différentes. La « raison impérieuse d'intérêt général » est une catégorie d'origine communautaire qui a été initialement créée par la Cour de justice afin de justifier des entraves aux libertés de circulation des marchandises, des capitaux, des services et des personnes pour des raisons non prévues par le droit primaire. La directive n° 2007/66/CE dispose explicitement de cette « raison impérieuse d'intérêt général », laquelle a été reprise par les pouvoirs publics lors de sa transposition par l'ordonnance n° 2009-515 du 7 mai 2009. L'« atteinte excessive à l'intérêt général » s'inscrit, quant à elle, dans une perspective purement interniste. Pour une étude des « exigences impératives d'intérêt général » et des « raisons impérieuses d'intérêt général », v. Bertrand Brunessen, « Que reste-t-il des exigences impératives d'intérêt général ? », in *Revue Europe*, janvier 2012, p. 6 et s.

[623]Moreau David, « Deux ans de pratique du référé contractuel : questions tranchées et questions en suspens », préc., spéc. p. 25.

mesure où il est impossible de mettre en évidence une ligne de conduite propre à chaque juge, asseyant par là-même la pérennité d'une logique casuistique[624]. Néanmoins, tendent-elles à participer à l'anticipation des solutions contentieuses à rebours de l'application directe des pouvoirs de chaque juge étant donné la faiblesse quantitative des sanctions prononcées.

Section II : Un contentieux de la commande publique en perte de cohérence en raison du cumul des fonctions

291. Au regard de la composition des juridictions administratives, il n'est pas impossible qu'un juge soit appelé à connaître d'une même affaire pour laquelle deux recours contentieux auront été successivement introduits. Se pose dès lors la question de l'impartialité de la juridiction administrative et, plus particulièrement, celle du juge appelé à se prononcer une seconde fois. La cohérence du contentieux contractuel risque d'être encore plus altérée lorsque le juge, à l'occasion du second contentieux, méconnaît le principe d'impartialité dans sa dimension subjective sans se déporter.

292. Bien que le cumul des fonctions ait été encadré structurellement afin de donner un plein effet au principe d'impartialité, il n'en demeure pas moins que les limites posées restent vaines si le juge, personnellement, ne prend pas la responsabilité de se décharger du litige face à sa première appréhension (§ 1). Le cumul des fonctions devient alors un obstacle supplémentaire au cumul des voies de droit dans la construction d'un contentieux de la commande publique cohérent et mérite d'être repensé avec d'autant plus d'acuité en cette discipline que la jurisprudence récente a soulevé des questions auxquelles elle n'a pas encore répondu (§ 2).

§ 1 : Du cumul des fonctions au risque de partialité subjective

293. Le cumul des fonctions par un même juge n'est, en principe, pas prohibé à partir du moment où des garanties sont offertes aux justiciables en terme d'impartialité de la juridiction administrative. Il ne saurait en être autrement dans la mesure où le nombre de magistrats dans chaque juridiction est limité. Afin de préserver la neutralité des jugements à l'occasion de l'intervention d'un même magistrat au titre de différentes voies de droit, le

[624] Lafaix Jean-François, *Essai sur le traitement des irrégularités dans les contrats de l'administration*, préc., spéc. pp. 668-669 et la note de bas de page afférente : « [...] dès lors que le maintien du contrat suppose une 'atteinte excessive' à l'intérêt général, c'est-à-dire la concrétisation d'un standard abstrait, la ligne jurisprudentielle ne peut guère être tracée a priori [...]. Il est certain que ce contrôle n'est pas objectif puisque le poids des intérêts en présence varie selon des valeurs qui leur sont attribuées en fonction d'un code culturel déterminé ».

cumul des fonctions a été encadré structurellement de manière objective (A). Toutefois, la subjectivité inhérente à l'activité de jugement implique de reconsidérer l'efficacité des règles d'organisation et de fonctionnement des formations de jugement mises en place à titre préventif (B).

A – L'encadrement structurel du cumul des fonctions

294. L'impartialité est un principe « applicable à toutes les juridictions administratives »[625]. Dans sa dimension objective, ce principe a vocation à agir de manière préventive à travers l'institution de règles d'organisation et de fonctionnement des formations de jugement afin qu'un juge appelé plusieurs fois à statuer sur un même litige, au titre de recours successifs, ne soit empreint ni de subjectivité, ni de parti pris à l'égard de la solution contentieuse.

295. Cette quête de l'impartialité - au demeurant simple en apparence - devient plus complexe dès lors qu'il est porté un intérêt particulier à la composition des juridictions administratives, à la compétence territoriale du tribunal administratif saisi et au statut du juge des référés. Chacun de ces facteurs réduit de manière significative le nombre de magistrats amenés potentiellement à statuer sur un litige aux contours plus ou moins semblables à deux reprises à l'occasion de la mise en œuvre de voies de droit distinctes.

Aussi élémentaire soit-il, il convient tout d'abord de rappeler que le nombre de magistrats au sein des juridictions administratives est limité. Il sont, par ailleurs, répartis en chambres[626], lesquelles sont spécialisées par matière.

Ensuite, la compétence territoriale de chaque tribunal administratif est strictement encadrée[627]. Celle-ci ne peut, en principe, faire l'objet de dérogations par voie d'élection de domicile ou accord entre les parties, sauf en matière de marchés, contrats ou concessions. Aux termes de l'article R. 312-1 du Code de justice administrative, « lorsqu'il n'en est pas disposé autrement par les dispositions de la section 2 du présent chapitre ou par un texte spécial, le tribunal administratif territorialement compétent est celui dans le ressort duquel a légalement son siège l'autorité qui, soit en vertu de son pouvoir propre, soit par délégation, a pris la décision attaquée ou a signé le contrat litigieux […] ». Néanmoins, sur le fondement des articles R. 312-2 et R. 312-11 du Code de justice administrative, « les litiges relatifs aux

---

[625] V. par ex. : CE, ass., 23 février 2000, Société Labor Métal, req. n° 195715, Rec. p. 83 ; CE, ass., 6 avril 2001, SA Entreprise Razel Frères, req. n° 206764, Rec. p. 176.

[626] Aux termes de l'article R. 221-4 du Code de justice administrative, « le nombre de chambres de chaque tribunal administratif est fixé par arrêté du vice-président du Conseil d'État ».

[627] Code de justice administrative, articles R. 312-1 à R. 312-19.

marchés, contrats, quasi-contrats ou concessions relèvent de la compétence du tribunal administratif dans le ressort duquel ces marchés, contrats, quasi-contrats ou concessions sont exécutés. Si leur exécution s'étend au-delà du ressort d'un seul tribunal administratif ou si le lieu de cette exécution n'est pas désigné dans le contrat, le tribunal administratif compétent est celui dans le ressort duquel l'autorité publique contractante ou la première des autorités publiques dénommées dans le contrat a signé le contrat, sans que, dans ce cas, il y ait à tenir compte d'une approbation par l'autorité supérieure, si cette approbation est nécessaire. Toutefois, si l'intérêt public ne s'y oppose pas, les parties peuvent, soit dans le contrat primitif, soit dans un avenant antérieur à la naissance du litige, convenir que leurs différends seront soumis à un tribunal administratif autre que celui qui serait compétent en vertu des dispositions de l'alinéa précédent ». Le nombre des tribunaux ayant compétence pour connaître d'un litige contractuel est limité : il s'agit soit du tribunal dans le ressort duquel l'autorité publique a pris la décision attaquée ou signé le contrat litigieux, soit du tribunal dans le ressort duquel le contrat est exécuté, soit du tribunal désigné contractuellement par les parties. Cette restriction de la compétence territoriale est également confirmée par le fait que le tribunal administratif compétent connaît, certes, de la demande principale, mais également de toutes les demandes qui y sont accessoires, incidentes ou reconventionnelles[628], ce qui évite la dispersion des requêtes auprès de différents tribunaux.

Enfin, il convient de souligner le statut particulier du juge des référés. Défini à l'article L. 511-2 du Code de justice administrative, « sont juges des référés les présidents des tribunaux administratifs et des cours administratives d'appel ainsi que les magistrats qu'ils désignent à cet effet et qui, sauf absence ou empêchement, ont une ancienneté minimale de deux ans et ont atteint au moins le grade de premier conseiller ». La lecture combinée de ces dispositions avec celles des articles L. 551-1 et L. 551-5 du Code de justice administrative sur le référé précontractuel et celles de l'article L. 551-13 du Code de justice administrative sur le référé contractuel limite sensiblement le nombre de juges à statuer sur les référés spécifiques au droit de la commande publique. Par ailleurs, bien que le recours en contestation de la validité du contrat soit jugé en formation collégiale[629], les magistrats appelés à en connaître sont généralement restreints à ceux affectés à l'une des chambres de la juridiction spécialisée en matière contractuelle.

628Code de justice administrative, article R. 312-3.

629Le recours en contestation de la validité du contrat ne fait pas partie des exceptions prévues à l'article R. 222-13 du Code de justice administrative établissant les domaines de compétence du juge unique, formation de jugement dérogatoire au principe de la collégialité énoncé à l'article L. 3 du même Code.

Le principe d'impartialité ne fait donc pas obstacle au cumul des fonctions inhérent à la composition structurelle des juridictions administratives.

296. En considération du nombre de magistrats par juridiction et de leurs fonctions, le Conseil d'État a progressivement esquissé des règles de fonctionnement afin de veiller à ce que ce principe d'impartialité soit toujours promu. Le Professeur René Chapus notait à cet égard que le Conseil d'État adoptait une position relativement souple « à mi-chemin entre les exigences du principe d'impartialité et les contraintes tenant à ce qu'est l'effectif des magistrats disponibles dans une juridiction »[630].

Par exemple, la haute juridiction administrative a jugé conforme à ce principe le fait qu'un même magistrat se prononce successivement dans un jugement avant-dire droit et dans le jugement sur le fond de l'affaire, relativement à l'office du juge du provisoire qui ne doit pas préjuger de l'issue du litige au principal[631]. Il en a également été ainsi du cumul des fonctions lorsque le recours en tierce-opposition est jugé par la formation de jugement ou le juge qui a préalablement rendu la décision pour laquelle la rétractation est demandée[632].

En d'autres termes, la possibilité pour un même magistrat de connaître d'un litige aux contours semblables à deux reprises au titre de recours contentieux différents est admise si la première solution contentieuse a seulement entraîné des conséquences provisoires et non définitives ou encore si le premier juge a manifestement jugé sans disposer de l'ensemble des éléments nécessaires à sa résolution, notamment lorsque des personnes n'ont pas été mises en cause, parce que les tiers opposants n'ont pas été appelés à l'instance et n'ont dès lors pu être considérés comme parties ou comme défaillants. Dans le premier cas, la première intervention du juge n'a pas vocation à éteindre le litige ; dans le second cas, le litige est certes formé, mais sa discussion n'a pas été complète ce qui a empêché le juge de statuer en toute connaissance de cause.

A contrario, ces jurisprudences laissent entendre que le premier juge qui aurait statué par le prononcé de mesures définitives au terme d'une procédure qui aurait permis de mettre en lumière tous les enjeux du litige ne saurait

[630]Chapus René, *Droit du contentieux administratif*, préc., spéc. n° 1142.

[631]V. par ex. : avis CE, sect., n° 265184, 12 mai 2004, Commune de Rogerville, Rec. p. 223, GACA n° 4. Plus particulièrement en contentieux de la commande publique, « la circonstance que le même magistrat ait enjoint que la signature du marché soit différée et statué sur la demande présentée sur le fondement de l'article L. 551-1 du Code de justice administrative n'est pas constitutive d'un manquement au principe d'impartialité » du fait que la suspension de la signature du contrat n'était, sous l'empire des dispositions en vigueur à l'époque, qu'une mesure conservatoire qui ne préjugeait en rien de l'issue de la procédure. V. également : CE, 24 octobre 2008, Communauté d'agglomération de l'Artois, req. n° 313600, T., p. 643.

[632]V. par ex. : CE, 10 décembre 2004, Société Résotim, req. n° 270267, T., p. 755.

connaître à nouveau des mêmes faits dans le cadre de recours contentieux ultérieurs. Le fait pour le juge d'exercer un office dont il ressort que l'exercice de ses pouvoirs aura des conséquences définitives fait en tout état de cause obstacle à ce qu'il puisse, à titre personnel, exercer une seconde fois l'activité de juger en toute objectivité[633]. En outre, il serait particulièrement difficile de justifier les raisons pour lesquelles un juge qui a statué de manière définitive une première fois puisse revenir sur sa propre décision à l'occasion du second recours contentieux[634].

Tout particulièrement en contentieux de la commande publique, cette interprétation a été confirmée dans un arrêt du Conseil d'État du 3 février 2010, « Communauté de communes de l'Arc Mosellan »[635], à l'occasion duquel la haute juridiction administrative a considéré que le juge du référé suspension, saisi sur le fondement des dispositions de l'article L. 521-1 du Code de justice administrative et accessoirement à un recours en contestation de la validité du contrat, ne saurait connaître d'un même litige pour lequel il a antérieurement statué en tant que juge des référés précontractuels au motif que la première procédure avait conduit le juge à prendre position sur la question par une décision qui n'était pas provisoire[636].

B – L'insuffisant encadrement structurel du cumul des fonctions pour la garantie d'une justice impartiale

297. L'efficacité de l'encadrement structurel du cumul des fonctions ne saurait être appréhendée de manière abstraite[637]. Le principe d'impartialité intéresse également le comportement individuel des magistrats, « le juge en tant qu'homme »[638]. Les exigences de l'État de droit impliquent que toute juridiction doit se prononcer sans parti pris, ni volonté de favoriser l'une des parties au détriment de l'autre. Si l'absence de parti pris suppose, d'une part, que le juge n'ait aucun lien avec les parties, elle suppose, d'autre part, que le juge ne se soit pas forgé d'intime conviction définitive sur l'issue du litige qui lui est soumis.

---

[633]Ce que Emmanuel Glaser appelle « la capacité effective du magistrat à faire abstraction ». V. Glaser Emmanuel, conclusions sur avis CE, sect., 12 mai 2004, Commune de Rogerville, in *RFDA*, 2004, p. 723 et s., spéc. p. 725.

[634]Outre la difficulté à se déjuger, c'est aussi la crédibilité du juge aux yeux du justiciable qui est en jeu. V. Glaser Emmanuel, conclusions sur avis CE, sect., 12 mai 2004, Commune de Rogerville, préc., spéc. p. 725.

[635]CE, 3 février 2010, Communauté de communes de l'Arc Mosellan, préc.

[636]Sur la motivation de l'arrêt « Communauté de communes de l'Arc Mosellan », v. *infra*.

[637]V. par ex. : CE, sect., 26 novembre 2010, Société Paris Tennis, req. n° 344505, Rec. p. 464.

[638]Glaser Emmanuel, conclusions sur avis CE, sect., 12 mai 2004, Commune de Rogerville, préc., spéc. p. 723.

298. Ce second aspect est d'autant plus délicat à apprécier que sonder la conviction du juge dépend de l'indépendance d'esprit dont celui-ci fait preuve dans son activité de juger et relève d'une appréciation subjective de celui qui juge l'activité de juger d'un point de vue extérieur quitte à « entrer dans l'ère du soupçon »[639]. Le préjugement, défini comme « le fait pour un juge d'aborder une affaire avec une idée préconçue dont il aurait du mal à se défaire et qui altérerait sa capacité à regarder objectivement l'ensemble des faits et arguments qui lui sont soumis »[640], est par conséquent apprécié de manière concrète. Le commissaire du gouvernement Mattias Guyomar dans ses conclusions sur l'arrêt d'assemblée « Dubreuil » du 4 juillet 2003 indiquait la réunion de trois conditions afin de le qualifier : tout d'abord, « les fonctions successivement exercées doivent l'avoir été à propos de la même affaire » ; ensuite, « l'exercice de la première fonction doit avoir révélé l'existence d'un parti pris sur l'issue de l'affaire » ; enfin, « la part prise par le juge, dans l'exercice de sa première fonction, doit légitimement laisser à penser qu'il a personnellement pris position sur l'affaire »[641] - l'ensemble impliquant nécessairement de porter une attention particulière aux pouvoirs du juge, aux mesures prononcées et à la motivation des ordonnances ou des premières décisions rendues[642].

299. C'est ce schéma de raisonnement qui a été appliqué pour analyser l'enchaînement des procédures dont le Conseil d'État a eu à connaître à l'occasion de l'affaire « Communauté de communes de l'Arc Mosellan »[643]. En l'espèce, la communauté de communes de l'Arc Mosellan avait lancé une consultation pour la passation d'un marché d'exploitation d'un centre de stockage de déchets. Deux entreprises candidates évincées ont saisi le juge des référés du tribunal administratif de Strasbourg d'un référé précontractuel sur le fondement de l'article L. 551-1 du Code de justice administrative. Après avoir suspendu la signature du contrat pour une durée de vingt jours, le juge des référés précontractuels a décidé de l'annulation de la procédure de passation en cause sans avoir eu, entre-temps, connaissance de la signature du marché. Face au dessaisissement inéluctable du juge des référés précontractuels du fait de la signature du contrat, les entreprises requérantes se sont tournées vers le juge du recours en contestation de la validité du

---

[639]Glaser Emmanuel, conclusions sur avis CE, sect., 12 mai 2004, Commune de Rogerville, préc., p. 725.

[640]*Ibid.*

[641]Guyomar Mattias, conclusions sur CE, ass., 4 juillet 2003, M. Dubreuil, Rec. p. 314 et s., spéc. p. 317.

[642]V. par ex : CE, 2 novembre 2005, Fayant, req. n° 279660, Rec. p. 466. V. également : Cassia Paul, « Méconnaissance du principe d'impartialité par le juge des référés », note sous CE, 2 novembre 2005, Fayant », in *AJDA*, 2006, p. 327 et s.

[643]CE, 3 février 2010, Communauté de communes de l'Arc Mosellan, préc.

contrat et ont également saisi le juge du référé suspension sur le fondement de l'article L. 521-1 du Code de justice administrative. Le juge de l'urgence ayant suspendu l'exécution du marché, le pouvoir adjudicateur s'est alors pourvu en cassation devant le Conseil d'État. La question se posait alors de savoir si le juge du référé suspension nouvellement saisi pouvait connaître de ce recours quand bien même il était auparavant intervenu sur la même affaire en tant que juge des référés précontractuels. La haute juridiction administrative a répondu par la négative au motif « qu'eu égard aux pouvoirs du juge des référés précontractuels qui s'était prononcé sur la question de la précision de l'objet du marché, le juge des référés, en se prononçant à nouveau, au titre de l'article L. 521-1 du Code de justice administrative sur cette question, a statué dans des conditions qui méconnaissent les exigences qui découlent du principe d'impartialité ».

300. Bien qu'une partie de la doctrine ait estimé que cet arrêt ne traitait pas de la partialité subjective[644], il est toutefois permis d'en douter au regard des recours dont s'agissait. Si, du point de vue du cumul des fonctions, il est, certes, possible de considérer que l'arrêt soulève directement une question de partialité objective en ce qu'un même magistrat a connu d'une même affaire dans le cadre de procédures juridictionnelles distinctes, il n'en demeure pas moins que, de manière incidente, ce cumul de fonctions dissimule en réalité un risque de partialité subjective dans la mesure où le référé précontractuel n'est pas une procédure de référé comme les autres. Étant donné que le juge des référés précontractuels n'est pas uniquement un juge du provisoire, certaines mesures qu'il adopte ont des conséquences définitives. « Juge du fond statuant en la forme des référés », le juge des référés précontractuels termine un litige né entre le concurrent évincé et le pouvoir adjudicateur ou l'entité adjudicatrice. À cette occasion, il procède à un examen des données de l'espèce et se forge une conviction sur la réalité des irrégularités commises. Ceci explique donc que la haute juridiction administrative a motivé la cassation de l'ordonnance du juge du référé suspension en s'appuyant sur les pouvoirs du juge des référés précontractuels. La distinction entre impartialité objective et impartialité subjective, censée théoriquement être claire, devient subtile[645].

644V. par ex. : Brenet François, « Les conséquences de la succession des recours en matière contractuelle », commentaire sous CE, 3 février 2010, Communauté de communes de l'Arc Mosellan, in *Droit administratif*, avril 2010, p. 24 et s., spéc. p. 25 : « N'était donc pas en cause un cas de partialité subjective mais bien un cas de partialité objective individuelle. Ce n'est évidemment pas 'le juge en tant qu'homme' [...] qui était en cause mais bien en tant que magistrat ayant connu d'une même affaire dans le cadre de procédures juridictionnelles distinctes ».

§ 2 : La nécessité de repenser le cumul des fonctions dans le contentieux de la commande publique

301. En dépit des apparences, la jurisprudence « Communauté de communes de l'Arc Mosellan » laisse perplexe quant au fonctionnement de la juridiction administrative et à l'organisation des formations de jugement pour le traitement du contentieux de la commande publique. Une lecture plus attentive de l'arrêt montre que les règles régissant le cumul des fonctions ne sont pas claires. La possibilité entrouverte par le Conseil d'État d'appréhender le cumul des fonctions et la méconnaissance du principe d'impartialité au regard des moyens soulevés par le requérant et appréciés par le juge est inconcevable tant du point de vue de la sécurité juridique que de la prévisibilité des solutions contentieuses.

302. Bien que la motivation semble se concentrer autour des pouvoirs du juge des référés précontractuels et de leur capacité à mettre un terme au litige, il apparaît que cette motivation est également circonstanciée. Lorsque l'arrêt dispose « qu'eu égard aux pouvoirs du juge des référés précontractuels qui s'était prononcé sur la question de la précision de l'objet du marché, le juge des référés, en se prononçant à nouveau, au titre de l'article L. 521-1 du Code de justice administrative sur cette question, a statué dans des conditions qui méconnaissent les exigences qui découlent du principe d'impartialité », la haute juridiction administrative vise aussi les circonstances de l'enchaînement des procédures juridictionnelles et les questions dont le juge des référés précontractuels et le juge du référé suspension ont eu à connaître. En l'espèce, le juge a, en effet, été saisi d'une même question : celle de la précision insuffisante de l'objet du marché. Le juge des référés précontractuels avait annulé la procédure de passation du marché au motif que son objet n'était pas clairement défini. Le juge du référé suspension a suspendu l'exécution du marché en se fondant sur le même motif.

---

[645]Nous nous rattachons à la position exprimée par le commissaire du gouvernement Emmanuel Glaser dans ses conclusions sur l'avis CE, sect., 12 mai 2004, Commune de Rogerville, dans lesquelles il exposait que les questionnements sur l'impartialité ne pouvaient dissocier l'impartialité objective de l'impartialité subjective : « De ce point de vue la question qui vous est posée renvoie aussi bien à l'impartialité subjective, puisque le juge des référés statuant seul son opinion est connue, qu'à l'impartialité objective : même si cette opinion n'était pas connue, par exemple parce que la formation serait collégiale, on pourrait de toute façon se demander si le juge qui s'est prononcé en référé conserve la liberté d'esprit nécessaire pour statuer ensuite au fond ». Quand bien même l'ordre des recours provisoire et au fond soit inversé dans le cas de figure qui nous intéresse, le raisonnement tenu par le commissaire du gouvernement y est tout à fait applicable. V. Glaser Emmanuel, conclusions sur avis CE, 12 mai 2004, Commune de Rogerville, préc., spéc. p. 723.

303. Par conséquent, le Conseil d'État n'a pas établi une interdiction de principe du cumul des fonctions de juge des référés précontractuels et de juge du référé suspension, mais a posé une « interdiction conditionnée » de l'exercice successif par un même juge de ces fonctions[646]. De manière pragmatique, il ne pouvait réellement interdire par principe ce cumul en raison du nombre limité de magistrats par juridiction et du statut du juge des référés. À l'inverse, l'admission d'un tel cumul de fonctions et de l'absence d'atteinte au principe d'impartialité au motif que le juge des référés précontractuels et le juge du référé suspension ne traitaient pas de la même affaire - puisque l'un juge de la légalité de la procédure de passation tandis que l'autre juge de la légalité du contrat - aurait été inattendue[647].

304. Une lecture *a contrario* de la solution retenue par le Conseil d'État invite à considérer que le cumul, par un même juge, de fonctions en référé précontractuel et en référé suspension serait envisageable dans l'hypothèse où les motivations des ordonnances ne seraient pas identiques. Au moins à deux égards, cet état du droit est insatisfaisant. D'une part, il implique une analyse rétrospective *a posteriori* de la violation du principe d'impartialité, ce qui est absurde : ce ne serait que sous la réserve où le juge, appelé une seconde fois à statuer sur le fondement d'une nouvelle procédure juridictionnelle, aurait retenu une motivation identique à celle de la décision issue de la première procédure qu'il y aurait méconnaissance du principe d'impartialité et donc censure de sa décision. Il est certes possible d'estimer que le juge puisse prévenir ce risque de partialité. Seulement, cette partialité ne lui serait révélée qu'en fin de travail d'analyse, ce qui lui reviendrait *in fine* à reconnaître que l'ensemble du travail effectué est totalement inutile et qu'obligation lui est ainsi faite de se déporter. D'autre part, elle convie le juge du référé suspension à restreindre son office, « voire à utiliser un artifice pour ne pas éveiller les soupçons quant à son impartialité »[648]. Enfin, la jurisprudence « Communauté de communes de l'Arc Mosellan » soulève la question de l'atteinte au principe d'impartialité lorsque le juge appelé à intervenir au titre de l'article L. 521-1 du Code de justice administrative aura initialement prononcé des mesures provisoires en référé précontractuel. Peut-

[646] V. Brenet François, « Les conséquences de la succession des recours en matière contractuelle », préc., spéc. p. 25 ; Gérard Hervé, « La délicate articulation entre référé précontractuel et référé-suspension, entre impartialité et urgence à suspendre le contrat », note sous CE, 3 février 2010, Communauté de communes de l'Arc Mosellan, in *AJDA*, 2010, p. 1085 et s., spéc. pp. 1087-1088.

[647] Brenet François, « Les conséquences de la succession des recours en matière contractuelle », préc., spéc. p. 25 ; Boulouis Nicolas, conclusions sur CE, 3 février 2010, Communauté de communes de l'Arc Mosellan, préc., spéc. p. 219.

[648] Brenet François, « Les conséquences de la succession des recours en matière contractuelle », préc., spéc. p. 25.

être la conviction du juge et son parti pris sur le litige sont-ils d'intensité moindre en laissant à l'administration la possibilité de corriger son erreur que s'il procède de lui-même à sa correction par l'adoption d'une mesure définitive.

305. Cette solution intermédiaire soulève indubitablement des difficultés d'interprétation et de prospection si le cas du cumul d'un référé précontractuel et d'un référé suspension venait à se représenter, le juge des référés précontractuels ayant cette fois-ci rendu une ordonnance définitive ayant autorité de chose ordonnée, appliquée par l'administration sans l'obstacle de la signature du contrat.

306. Anticiper la partialité du juge dans les autres hypothèses de cumul de fonctions constitue également une mission délicate. Si le cumul des fonctions de juge des référés précontractuels et de juge des référés contractuels est impossible au fond pour les mêmes raisons avancées quant à l'impossibilité, pour le juge des référés contractuels, de réexaminer des moyens antérieurement rejetés par le juge des référés précontractuels[649], la question de la méconnaissance du principe d'impartialité demeure ouverte en cas de succession d'un référé précontractuel et d'un recours en contestation de la validité du contrat ainsi que dans le cas de l'exercice successif d'un référé contractuel et d'un recours en contestation de la validité du contrat.

En effet, il n'est pas impossible qu'un juge des référés précontractuels ou un juge des référés contractuels fasse partie de la formation collégiale de jugement au titre du second recours juridictionnel. Le cumul des fonctions au titre de l'exercice successif d'un référé précontractuel ou d'un référé contractuel, d'une part, et d'un recours en contestation de la validité du contrat, d'autre part, se pose en des termes particuliers qu'il sera sûrement nécessaire d'appréhender sous le prisme de la collégialité de la formation de jugement.

A partir du moment où les juges des référés précontractuels et le juge des référés contractuels disposent de pouvoirs aux conséquences définitives qui leur permettent de mettre fin au litige, le même juge appelé à statuer au titre d'un recours en contestation de la validité du contrat est présumé être dans une situation de partialité subjective. Il est peut-être néanmoins permis de relativiser la fréquence des atteintes manifestes au principe d'impartialité, la collégialité limitant sa violation dans la mesure où le juge appelé à statuer, en premier lieu, en tant que juge des référés précontractuels ou en tant que juge des référés contractuels devient un juge parmi d'autres au sein de la formation de jugement.

---

[649] V. *supra*.

Chapitre 2 : L'hétérogénéité du contentieux de la commande publique du fait de l'intervention additionnelle de juges non strictement spécialisés

307. Outre l'intervention des juges spécialisés dans le contentieux de la commande publique - les juges des référés précontractuels, des référés contractuels et le juge du recours en contestation de la validité du contrat -, le juge pénal et le juge financier disposent également d'occasions de connaître du droit de la commande publique. Leurs interventions sporadiques constituent alors autant de possibilités d'éclatement de la cohérence du contentieux contractuel, non seulement parce qu'ils interviennent dans une discipline qui ne leur est pas familière, mais également parce que chacun de leur office est propre au droit dont ils ont vocation à assurer l'application sans nécessairement être identique aux offices des juges spécialisés. De manière caractéristique, la plénitude de juridiction du juge pénal est telle qu'elle lui confère une certaine autonomie par rapport au juge administratif sans néanmoins aller jusqu'à une totale indépendance (Section I). Quant au juge financier, si son identité administrative constitue un facteur propice à la construction d'un contentieux de la commande publique cohérent, il n'en est pas de même de l'autonomie dont il dispose lors de ses différents contrôles particulièrement par rapport au juge pénal (Section II).

Section I : L'affranchissement contingent du juge pénal par rapport au juge administratif

308. La possibilité pour le juge pénal de connaître de questions de droit similaires ou semblables à celles qui ressortissent, par nature, de la compétence du juge administratif nuit à la construction d'un contentieux de la commande publique cohérent, à plus forte raison que le juge pénal dispose, en raison de sa pleine juridiction, d'une relative autonomie. L'affranchissement du juge pénal par rapport au juge administratif est contingent dans la mesure où son autonomie est circonstanciée (§ 1). Elle ne saurait pour autant se transformer en totale indépendance (§ 2).

§ 1 : De la plénitude de juridiction du juge pénal à son autonomie par rapport au juge administratif

309. L'autonomie du juge pénal trouve son fondement dans l'article 111-5 du Code pénal qui dispose de sa pleine juridiction en matière d'interprétation et d'appréciation de la légalité des actes administratifs réglementaire et individuel. Cette pleine juridiction sous-entend que le juge pénal procède de lui-même à l'interprétation et à l'appréciation de la légalité de l'ensemble des actes administratifs selon ses propres modalités (A), lesquelles impliquent, en conséquence, de s'interroger sur la portée des contrôles effectués (B).

A – Les modalités du contrôle des actes administratifs opéré par le juge pénal

310. Reconnaître à un juge extérieur à l'ordre juridictionnel administratif la capacité d'interpréter et d'apprécier la légalité des actes administratifs peut sembler surprenant au vu de la dualité des ordres juridictionnels. Néanmoins, est-il admis qu'a été érigée « une compétence reconnue à toutes les juridictions répressives, et qui semble 'concurrente' de celle que possèdent les tribunaux administratifs dans le domaine de l'annulation et de la réformation des actes de puissance publique – domaine 'réservé', pourrait-on dire, par la célèbre décision du Conseil constitutionnel 'Conseil de la concurrence' à la juridiction administrative »[650]. Cette faculté reconnue par le législateur au juge pénal répond à la nécessité de ne pas ralentir le cours de la justice criminelle par des considérations procédurales[651]. Lorsque le juge pénal saisi est amené à s'interroger sur l'interprétation ou sur l'appréciation de la légalité d'un acte administratif, l'obligation de saisir l'ordre juridictionnel administratif d'une question préjudicielle ne s'impose pas à lui. Il n'a pas à surseoir à statuer[652].

311. Admise depuis longtemps pour les actes réglementaires[653], l'interprétation des actes administratifs par le juge répressif est une pratique qui a été consacrée par le législateur à l'article 111-5 du Code pénal. Ces dispositions demeurent néanmoins silencieuses sur les modalités concrètes d'interprétation.

312. En matière d'appréciation de la légalité, bien que le juge pénal soit étranger à l'ordre juridictionnel administratif, il convient de noter que celui-ci use des méthodes d'analyse habituellement utilisées par le juge administratif. Le juge répressif s'appuie sur l'ensemble des cas d'ouverture

---

[650]Moreau Jacques, « De la compétence des juridictions pénales pour apprécier la légalité des actes administratifs. Bilan de dix années de jurisprudence de la chambre criminelle de la Cour de cassation », in *JCP Administrations et collectivités territoriales*, 2 mai 2005, p. 751 et s., spéc. p. 751.

[651]Un véritable statut de juge administratif est reconnu au juge pénal. V. Dantonel-Cor Nadine, « Le juge judiciaire répressif et l'acte administratif unilatéral depuis la réforme du code pénal », préc., p. 25. V. également Drago Roland, « Le juge judiciaire, juge administratif », in *RFDA*, 1990, p. 757 et s. ; Delvolvé Pierre, « Paradoxes du (ou paradoxes sur) le principe de la séparation des autorités administrative et judiciaire », in *Mélanges René Chapus*, Montchrestien, 1992, p. 135 et s.

[652]V. par ex. : Cass. Crim., 18 novembre 1976, Pittau et Givernaud, Bull. Crim., n° 332.

[653]V. TC, 5 juillet 1951, Avranches et Desmarets, préc.

usités par le juge administratif dans le cadre de l'examen d'un recours pour excès de pouvoir. Le Professeur René Chapus soulignait à cet égard que c'est « à des solutions consacrées par la jurisprudence administrative que se réfèrent les tribunaux répressifs quand il leur revient de se prononcer sur la légalité d'actes administratifs. Le catalogue des modalités de l'illégalité, externe et interne, leur sert de guide et ils ne paraissent pas se séparer de la jurisprudence administrative quand il s'agit d'apprécier si le contrôle à exercer doit être normal ou restreint »[654]. Les juridictions répressives vérifient, par conséquent, aussi bien le respect des règles de compétence[655] que l'absence de vices de forme ou de vices de procédure[656] et veillent à ce qu'il n'y ait ni violation de la loi[657], ni détournement de pouvoir[658]. Plus caractéristique encore, la volonté du juge pénal d'adopter les solutions retenues par le juge administratif transparaît clairement lorsqu'il trouve à contrôler la qualification juridique des faits ou lorsqu'il utilise de manière distincte et raisonnée la technique du contrôle normal et du contrôle restreint[659].

B – La portée et les effets du contrôle des actes administratifs opéré par le juge pénal

313. La capacité du juge répressif à interpréter et à apprécier la légalité des actes administratifs implique de s'interroger sur la portée des contrôles ainsi opérés. Pas plus que la jurisprudence de la Cour de cassation ne prête d'attention sur les modalités d'interprétation des actes administratifs individuels et réglementaires par le juge pénal, elle ne donne de précision sur ses effets. Seule la doctrine s'est attachée à en cerner les conséquences. La question de l'appréciation de la légalité des actes administratifs par le juge pénal a, en revanche, autant interpellé la Cour suprême de l'ordre judiciaire que la doctrine.

314. En matière d'interprétation, le silence de la jurisprudence pénale sur ses modalités d'exercice par le juge répressif explique, en aval, l'absence de développements jurisprudentiels sur ses conséquences[660]. À défaut de pouvoir mettre en évidence les lignes directrices des méthodes d'interprétation des actes administratifs employées par le juge pénal pour les

---

654 Chapus René, « Dualité de juridictions et unité de l'ordre juridique », in *RFDA*, 1990, p. 739 et s., spéc. p. 742.

655 V. par ex., d'un point de vue général sur l'office du juge pénal : Cass. Crim., 3 juin 1935, Hiron, Sirey, 1937, p. 234.

656 V. par ex. : Cass. Crim., 12 mars 1997, Jurisdata n° 1997-002586.

657 V. par ex. : Cass. Crim., 1er février 1956, Bull. Crim. 1956, n° 118.

658 V. par ex. : Cass. Crim., 21 décembre 1961, Dame Le Roux, préc.

659 V. par ex. : Cass. Crim., 21 octobre 1987, Montorio, Bull. Crim. 1987, n° 362.

comparer à celles du juge administratif, les risques de divergence d'interprétation entre les deux juges sont d'autant plus élevés. Le Professeur Brunessen Bertrand relevait à cet égard que « malgré les avantages pratiques de [l'interprétation des actes administratifs unilatéraux par le juge pénal] pour la bonne administration de la justice, et l'application très mesurée qu'en fait le juge, il semble que certaines interprétations audacieuses du juge pénal fragilisent un dispositif déjà menacé par les divergences d'interprétations entre les différents ordres de juridiction plus qu'au sein de l'ordre judiciaire lui-même »[661].

315. En matière d'appréciation de la légalité des actes administratifs, il importe de rappeler que cette faculté dont dispose le juge pénal ne constitue pas une compétence qui lui est exclusive. Il incombe, en principe, au juge administratif de l'excès de pouvoir de connaître de la légalité d'un acte administratif réglementaire ou individuel et de l'annuler le cas échéant. Le juge pénal n'étant pas le « juge naturel » de la légalité des actes administratifs, les constats d'illégalité ne sauraient emporter leur annulation. En conséquence, la décision du juge pénal qui constate l'illégalité d'un acte administratif individuel ou réglementaire entraîne, en principe, sa mise à l'écart du procès pénal en cours.

---

[660]V. en doctrine : Dantonel-Cor Nadine, « Le juge judiciaire répressif et l'acte administratif unilatéral depuis la réforme du code pénal », préc., spéc. p. 25 : « Pour autant que l'on ait à l'esprit le vœu d'une bonne administration de la justice, il est impossible de ne pas admettre la compétence du juge répressif. Si cette compétence est logique, il n'en demeure pas moins qu'elle peut être dangereuse lorsqu'elle se traduit par un comportement trop hégémonique. Pour en cerner les contours, on doit s'interroger sur le phénomène d'interprétation des actes administratifs comme sur celui de leur appréciation de légalité. L'interprétation amène en premier lieu à s'interroger sur le rôle du juge. Au bénéfice des interrogations qui précèdent, on doit revenir sur la célèbre expression de Hans Kelsen selon laquelle le juge est créateur de droit. Si, comme Portalis le déclarait déjà, « l'office de la loi est de fixer, par de grandes vues, les maximes générales du droit, d'établir des principes féconds en conséquence, et non de descendre dans le détail des questions qui peuvent naître sur chaque matière », n'est-ce pas justement l'acte réglementaire qui devrait avoir pour but de compléter la loi et en principe de la clarifier, sinon de la préciser ? Il n'en va pas toujours ainsi et les textes réglementaires ne sont pas toujours aisés à comprendre. Pour ces raisons, bien qu'elle s'abrite sous le manteau de Noé de l'interprétation, « l'action créatrice du juge est loin d'être une activité subsidiaire, végétant à l'ombre du peuplier géant et quelque peu étouffant de la loi ; cette activité, en réalité, est d'une grande ampleur... » (BELAÏD Sadok, Essai sur le pouvoir créateur et normatif du juge, LGDJ, Paris, 1974, p. 281). Si personne ne conteste plus aujourd'hui ce phénomène inévitable et même souhaitable, il importe, avec le recul de quelques années, de s'interroger sur l'opportunité de cette compétence du juge répressif instituée par le législateur».

[661]Bertrand Brunessen, « L'interprétation des actes administratifs unilatéraux », in *Droit administratif*, décembre 2010, p. 6 et s., spéc. p. 11. V. également : Dantonel-Cor Nadine, « Le juge judiciaire répressif et l'acte administratif unilatéral depuis la réforme du code pénal », préc., spéc. pp. 25 et 26.

Si « le juge pénal acquiert un rôle considérable [...] puisqu'il peut priver de tout effet l'acte administratif »[662], il convient néanmoins de souligner que le principe de la mise à l'écart de l'acte illégal ne trouvera pas à s'appliquer au délit de favoritisme dans la mesure où c'est bien l'illégalité de l'octroi d'un avantage injustifié qui est sanctionnée au titre de l'article 432-14 du Code pénal, lequel a pour *instrumentum* un acte administratif, voire un contrat[663]. La mise à l'écart de l'acte serait potentiellement de nature à engendrer la disparition de l'infraction elle-même.

A l'instar de l'interprétation des actes administratifs, l'appréciation de leur légalité par les juges pénal et administratif est susceptible d'entraîner des divergences de positions aussi bien du point de vue de la solution finale - reconnaissance de l'illégalité ou non de l'acte - que de la motivation de la décision, même si le premier juge tend à appliquer les méthodes d'analyse du second. Ainsi que le remarquait le Professeur Gweltaz Eveillard, « [la compétence reconnue au juge pénal] n'interdit pas au juge administratif de statuer sur la légalité des mêmes actes, avec tous les risques de contradiction qui peuvent en résulter - quoique le juge pénal emploie pour apprécier la légalité des actes administratifs des méthodes identiques à celles employées par le juge administratif »[664].

316. La construction d'un contentieux de la commande publique cohérent est d'autant plus menacée qu'outre le risque de divergence des solutions contentieuses entre le juge pénal et le juge administratif quant à l'appréciation de la légalité de l'acte administratif et des motifs au soutien de cette appréciation[665], s'ajoute le fait que la décision du juge pénal ne s'impose pas au juge administratif. Ce dernier n'est pas lié par la déclaration d'illégalité du juge pénal[666]. L'autorité de la chose jugée des décisions des juges répressifs ne s'attache « qu'aux constatations de fait contenues dans leur jugement et qui sont le support nécessaire du dispositif dudit jugement »[667] et non aux constatations de droit[668]. La décision du juge pénal qui constate l'illégalité n'a que l'autorité relative de la chose jugée.

662Frier Pierre-Laurent, Petit Jacques, *Précis de droit administratif*, Montchrestien, 2010, pt. 716.

663Sur le débat de l'inclusion du contrat dans le champ d'application de l'article 111-5 du Code pénal, v. *supra*.

664Eveillard Gweltaz, « Droit administratif et droit pénal », préc., p. 652 et s., spéc. p. 652.

665Langelier Élise, « Les élus, le juge et l'entreprise 'favorisée' : 'trop de prudence nuit' », commentaire sous CE, 9 mai 2012, Commune de Saint-Maur-des-Fossés, in *Le complément territorial CGCT*, novembre 2012, p. 7 et s., spéc. pp. 7 et 9 ; Langelier Élise, « Les associations transparentes face au droit pénal des marchés publics », in *CP-ACCP*, avril 2013, p. 38 et s., spéc. p. 40.

666V. par ex : CE, 29 décembre 1993, Zouaouki, req. n° 137883, T., p. 580.

667V. par ex. : CE, 29 novembre 1999, Mme Wach, req. n° 179624 et n° 188976, Rec. p. 368.

§ 2 : De la plénitude de juridiction du juge pénal à l'exclusion de son indépendance intégrale par rapport au juge administratif

317. Pourvu d'une certaine autonomie, le juge pénal n'est pas pour autant intégralement indépendant du juge administratif en matière d'appréciation de la légalité des actes administratifs. En effet, le juge pénal doit tenir compte des décisions d'annulation prononcées par le juge administratif, circonstance qui implique *in fine* une atteinte à sa plénitude de juridiction (A) et entraîne conséquemment une variabilité des solutions contentieuses entre le juge administratif et le juge pénal (B).

A – La situation de compétence liée du juge pénal par rapport aux décisions d'annulation du juge administratif

318. Autonomie ne signifie pas indépendance. Le juge pénal, en vertu de sa plénitude de juridiction, peut certes interpréter et apprécier la légalité des actes administratifs réglementaires et individuels, mais ces compétences ne lui sont pas exclusives. Le juge pénal n'a aucun pouvoir d'annulation et ne saurait se transformer en juge de l'excès de pouvoir.

319. Une seconde limite à sa plénitude de juridiction est constituée de l'obligation faite au juge pénal de tenir compte d'une décision d'annulation prononcée par le juge administratif. En d'autres termes, bien qu'il n'incombe pas au juge pénal de saisir le juge administratif au titre d'une question préjudicielle lorsqu'il est amené à connaître d'une infraction en connexité avec un acte administratif, son autonomie en matière d'interprétation et d'appréciation de la légalité s'efface au profit du monopole dont dispose le juge administratif pour en connaître, notamment lorsque ce dernier a été saisi d'un recours pour excès de pouvoir contre un acte administratif, lequel a fait l'objet d'une censure.

320. Si le juge administratif est uniquement lié par la décision du juge pénal concernant les faits certains et non sur les questions de droit traitées par lui lors de l'examen de la légalité de l'acte, le juge pénal est, quant à lui, dans une situation de compétence liée par rapport à ce qu'a décidé le juge

---

[668] Le commissaire du gouvernement Jacques Thery avait exposé les raisons d'une telle autorité des constatations de fait dans ses conclusions sur l'arrêt du Conseil d'État du 8 janvier 1971, Ministre contre Dame Desamis, Rec. p. 19 : « Devant le juge pénal peuvent se trouver mis en cause le patrimoine, l'honneur, la liberté, voire la vie même du citoyen. Pour des raisons d'ordre public et bien qu'aucun texte ne l'impose, il a paru impossible d'admettre que dans l'exercice de cette mission répressive, indispensable au maintien de tout ordre social, l'autorité du juge pénal puisse se trouver ébranlée par des décisions de justice desquelles il résulterait que doit être réputé innocent celui qui a été condamné ou coupable celui qui a été acquitté ».

administratif relativement à la légalité ou à l'illégalité de l'acte dont le juge pénal a également à connaître lors la sanction de l'infraction. Ceci s'explique par le caractère d'autorité absolue de la chose jugée de l'annulation attachée à la décision du juge administratif[669].

321. L'annulation de l'acte administratif détachable préalable à la conclusion du contrat peut intervenir à différents moments du processus contractuel. Dans l'hypothèse où cette annulation interviendrait avant que le contrat soit signé, elle emporterait consécutivement la disparition de l'élément matériel de l'infraction. Le contrat n'ayant pas été signé, il est difficile d'identifier *in fine* l'octroi d'un avantage injustifié. Quand bien même, l'octroi d'un quelconque avantage serait intervenu au cours de la procédure de passation et aurait été matérialisé par l'acte administratif lui-même, son annulation emporte, en tout état de cause, la disparition de l'élément matériel du délit. Toutefois, il peut en être différemment lorsque le contrat a été conclu et lorsque l'annulation de l'acte détachable préalable à la conclusion du contrat ou l'annulation de la décision de conclure le contrat intervient postérieurement. Le processus contractuel amputé de l'acte détachable annulé est susceptible de laisser transparaître l'élément matériel du délit de favoritisme : l'annulation d'un acte administratif relatif à la passation du contrat peut devenir un indice pour le juge pénal dans l'identification de l'infraction. Tout acte administratif relatif à une procédure de passation d'un contrat de la commande publique qui se trouve être annulé par le juge administratif ne constitue cependant pas la preuve irréfragable qu'un avantage injustifié ait été octroyé par le pouvoir adjudicateur ou l'entité adjudicatrice à un opérateur économique. La motivation retenue par le juge administratif pour annuler l'acte peut s'avérer déterminante dans l'opération de qualification de l'infraction par le juge pénal. La tâche risque néanmoins d'être délicate au regard de l'économie de moyens dont le juge de l'excès de pouvoir est susceptible de faire preuve.

322. La compétence liée du juge pénal par rapport au constat de l'illégalité de l'acte administratif et son annulation par le juge de l'excès de pouvoir conduit à s'interroger, de manière plus étendue, sur les conséquences des décisions des juges administratifs spécialisés dans le contentieux de la commande publique sur l'office du juge pénal[670]. Il ressort, certes, du monopole du juge de l'excès de pouvoir d'annuler les actes administratifs illégaux parmi lesquels figurent les actes administratifs relatifs à la procédure de passation du contrat selon divers motifs de légalité externe et interne, mais d'autres figures du juge administratif peuvent être conduites à

669V. par ex. : Cass. Crim., 4 décembre 1930, Abbé Gautrand, Dalloz, 1931, I, p. 33 ; Cass. Crim., 6 février 1989, Bull. Crim. 1989, n° 47.

670Dal Farra Thierry, « Principe de favoritisme et délit de légalité », préc., spéc. p. 101.

apprécier la légalité d'une procédure de passation d'un contrat et la validité du contrat lui-même à l'aune des comportements de l'administration par rapport à ses obligations de publicité et de mise en concurrence. La question se pose donc de savoir si le juge pénal est également lié par la décision d'annulation de la procédure de passation par le juge des référés précontractuels, par la décision d'annulation du contrat par le juge des référés contractuels et par celle du juge du recours en contestation de la validité du contrat.

Les ordonnances du juge des référés précontractuels n'ont, à l'heure actuelle, aucune autorité de chose jugée et donc *a fortiori* aucune autorité absolue de chose jugée. À supposer que les ordonnances du juge des référés précontractuels soient revêtues de l'autorité de chose jugée en raison du caractère définitif de ses effets[671], il reste à déterminer si cette autorité de chose jugée est relative ou absolue. Si la chose jugée en excès de pouvoir a une autorité absolue, il n'est pas certain qu'il en soit ainsi en référé précontractuel, dès lors que le juge subordonne la sanction de la procédure de passation à la condition de la lésion ou de la potentielle lésion des intérêts du requérant. L'aspect subjectif pris en compte par le juge des référés précontractuels nuit *a priori* à ce que la chose jugée ait un rayonnement bien au-delà du litige entre le pouvoir adjudicateur et la société candidate ou concurrente évincée. Toutefois, lorsque le juge des référés précontractuels estime que la procédure de passation doit être annulée, soit intégralement, soit partiellement à partir du stade où l'irrégularité a été commise, l'annulation ne concerne pas seulement le requérant, mais également l'ensemble des candidats ou soumissionnaires qui auront effectivement participé à la procédure de la consultation, voire ceux qui auraient pu le faire et qui y ont été éventuellement empêchés. Bien que cette annulation de la procédure ne concerne qu'un champ restreint de personnes et n'a pas vocation à avoir des effets *erga omnes* au sens premier du terme, rien n'empêcherait de considérer le juge pénal lié par la décision du juge des référés précontractuels quant à l'illégalité de la procédure de consultation.

Les ordonnances du juge des référés contractuels n'ont pas d'autorité de chose jugée et encore moins d'autorité absolue de chose jugée[672]. Néanmoins, l'annulation du contrat concerne aussi bien le requérant que l'ensemble des concurrents évincés et potentiels et ce, d'autant plus que l'article L. 551-18 du Code de justice administrative prévoit le cas particulier de l'absence de mesures de publicité requises pour la passation du contrat et l'omission de la publication au Journal officiel de l'Union européenne dans le cas où une telle

---

[671]Sur l'autorité de chose jugée des décisions du juge des référés précontractuels, v. précédemment § 141-143.

[672]Sur l'autorité de chose jugée des décisions du juge des référés contractuels, v. précédemment § 183-190.

publication est prescrite. En revanche, cette remarque doit être nuancée au regard de l'annulation prononcée sur le fondement du troisième alinéa de l'article L. 551-18 du Code de justice administrative, lequel conduit le juge des référés contractuels à juger des conséquences du comportement de l'administration ayant empêché le requérant d'exercer utilement un référé précontractuel. La compétence liée du juge pénal par rapport à la décision d'annulation du juge des référés contractuels pourrait, dans certaines circonstances, être admise.

A l'instar de l'annulation de la procédure de passation du contrat et de l'annulation du contrat par le juge des référés contractuels, l'annulation du contrat par le juge de plein contentieux emporte des conséquences indirectes sur les concurrents évincés et potentiels, surtout lorsque cette annulation est motivée par la méconnaissance des obligations de publicité et de mise en concurrence. De la même manière, le juge pénal pourrait être lié par la décision d'annulation du juge du recours en contestation de la validité du contrat.

B – De la variabilité des solutions contentieuses entre le juge pénal et le juge administratif

323. Bien que le juge pénal dispose en théorie d'une plénitude de juridiction pour interpréter et apprécier la légalité des actes administratifs réglementaires et individuels, force est de constater qu'elle demeure circonstanciée : elle dépend de l'introduction concomitante ou successive des recours et de l'ordre du prononcé de chaque jugement.

Dans l'hypothèse où le juge pénal est saisi d'une infraction impliquant l'appréciation de la légalité d'un acte administratif de manière concomitante à la saisine du juge de l'excès de pouvoir, la décision rendue en premier lieu par ce dernier s'imposera de manière inéluctable au juge pénal. À l'inverse, dans le cas où le juge pénal est saisi d'une action indépendamment de tout recours auprès du juge administratif ou si celui-ci a été saisi ultérieurement au prononcé de la sanction, le juge pénal dispose de sa plénitude de juridiction. Demeure, enfin, du point de vue du juge administratif cette fois-ci, la question de déterminer le comportement qu'il doit adopter face à la plénitude de juridiction du juge pénal, lorsqu'une action pénale est portée à sa connaissance. Aucune disposition n'impose au juge administratif de surseoir à statuer dans l'attente de l'issue du procès pénal, ce qui ne manquait pas à Guillaume Delvolvé de remarquer la naissance de situations délicates[673].

Délicates sont, en effet, l'ensemble des situations à l'occasion desquelles le justiciable se trouve confronté à des solutions contentieuses divergentes. Ainsi que le Professeur Jacques-Henri Robert le notait, cet état de la jurisprudence entraîne des frustrations lorsque le prévenu constate non seulement son succès devant la juridiction administrative, mais également sa condamnation par le juge répressif[674]. Bien au-delà des frustrations du prévenu, ce sont bien les obstacles à la construction d'une jurisprudence harmonieuse qui posent des difficultés. La faculté, pour deux juges *a minima*[675] relevant d'ordres juridictionnels distincts, d'apprécier la légalité d'un acte administratif ou d'un comportement de l'administration, la géométrie variable de la plénitude de juridiction du juge pénal et l'absence de dispositions imposant au juge administratif de surseoir à statuer dans l'attente de l'issue du procès pénal constituent autant de difficultés à la construction d'une jurisprudence cohérente en contentieux de la commande publique.

324. Même si les juges pénal et administratif n'ont pas vocation à agir de concert, il n'en demeure pas moins que pour des raisons de sécurité juridique, de cohérence jurisprudentielle et de compréhension du justiciable, des écarts décisionnels ne sont pas bienvenus. Sans remettre intégralement en cause la plénitude de juridiction du juge pénal, peut-être faudrait-il s'attacher à l'encadrer quelque peu. D'ailleurs, sans être réellement encadrée, des limites y sont apportées, lesquelles sont fonction de l'ordre du prononcé des jugements par le juge administratif et le juge pénal.

673Delvolvé Guillaume, « Autorité de chose jugée de l'administratif sur le judiciaire et du judiciaire sur l'administratif », in *Revue Procédures*, août-septembre 2007, p. 17 et s., spéc. p. 20 : « Il n'existe pas de disposition qui impose au juge administratif de surseoir à statuer dans l'attente de l'issue du procès pénal. Il n'est pas possible d'appliquer à l'administratif la règle énoncée à l'article 4 du Code de procédure pénale : le criminel ne tient pas l'administratif en état, pas plus d'ailleurs que l'administratif ne tient le criminel ou le civil en état. Il peut alors survenir des situations délicates [...] ».

674Robert Jacques-Henri, « Obéissez d'abord, vous discuterez après », commentaire sous Cass. Crim., 12 décembre 2002, pourvoi n° 01-88255, in *Droit pénal*, mars 2003, p. 18. L'arrêt commenté dispose, en effet, qu'« il n'y a pas lieu à révision de la condamnation prononcée [...] pour avoir refusé de se soumettre à une décision préfectorale, qui était exécutoire au moment des faits, dès lors que la compétence du juge répressif pour apprécier, en application de l'article 111-5 du Code pénal, la légalité de l'acte administratif, lorsque, de cet examen, dépend la solution du procès pénal, exclut que l'annulation ultérieure de cet acte, prononcée par la juridiction administrative, puisse constituer un fait nouveau de nature à faire naître un doute sur la culpabilité du condamné [...] ».

675Les juges pénal et du recours pour excès de pouvoir sont avant tout visés. Il faut garder à l'esprit les possibles interventions des juges des référés précontractuels, des référés contractuels et du recours en contestation de la validité du contrat.

325. Intrinsèquement, la plénitude de juridiction du juge pénal est sujette à discussion : si l'interprétation et l'appréciation des actes administratifs réglementaires par le juge pénal semble pouvoir être admise en dehors de toute question préjudicielle pour des raisons qui relèvent de l'inflation normative[676], l'interprétation et l'appréciation de la légalité d'un acte administratif individuel par le juge pénal soulève, en revanche, davantage de difficultés dans la mesure où, dans ce cas de figure, le juge ne délimite plus abstraitement la portée des pouvoirs administratifs, mais s'immisce directement dans la mise en œuvre des pouvoirs administratifs[677].

De manière pragmatique, en matière d'appréciation de la légalité, même si le juge pénal s'efforce d'utiliser les méthodes d'analyse du juge administratif, il ne saurait se transformer en juge administratif et acquérir sa dextérité, surtout dans des matières aussi complexes que celle du droit de la commande publique.

En conséquence, il ne serait pas impossible d'envisager de préserver le principe de la plénitude de juridiction du juge pénal sous réserve des difficultés sérieuses qui pourraient naître soit de l'interprétation, soit de l'appréciation de la légalité d'un acte administratif. Le juge pénal serait alors invité à dialoguer avec le juge administratif, voire à se subordonner à lui. Cette réserve des difficultés sérieuses transparaît de manière incidente dans la décision du Tribunal des conflits du 17 octobre 2011[678], laquelle rappelle qu'« en vertu du principe de séparation des autorités administratives et judiciaires posé par l'article 13 de la loi des 16-24 août 1790 et par le décret du 16 fructidor an III, sous réserve des matières réservées par nature à l'autorité judiciaire et sauf dispositions législatives contraires, il n'appartient qu'à la juridiction administrative de connaître des recours tendant à l'annulation ou à la réformation des décisions prises par l'administration dans l'exercice de ses prérogatives de puissance publique ; que de même, le juge administratif est en principe seul compétent pour statuer, le cas échéant par voie de question préjudicielle, sur toute contestation de la légalité de telles décisions, soulevée à l'occasion d'un litige relevant à titre principal de l'autorité judiciaire », avant de considérer que « l'exigence de bonne administration de la justice [et] les principes généraux qui gouvernent le

---

676 V. TC, 16 juin 1923, Septfonds, req. n° 00732, Rec. p. 498, GAJA n° 39. V. également : Dantonel-Cor Nadine, « Le juge judiciaire répressif et l'acte administratif unilatéral depuis la réforme du code pénal », préc., spéc. p. 25.

677 Dantonel-Cor Nadine, « Le juge judiciaire répressif et l'acte administratif unilatéral depuis la réforme du code pénal », préc., spéc. p. 25. V. également : Benoît Francis-Paul, *Le droit administratif français*, Dalloz, 1968, n° 783.

678 TC, 17 octobre 2011, SCEA du Chéneau c/ INAPORC, req. n° 3828 et n° 3829. V. également : TC, 12 décembre 2011, Société Green Yellow et autres c/ Electricité de France, req. n° C3841, Rec. p. 705 ; Cass., Civ. 1ère, 24 avril 2013, Commune de Sancoins, pourvoi n° 12-12.180.

fonctionnement des juridictions, en vertu desquels tout justiciable a droit à ce que sa demande soit jugée dans un délai raisonnable » implique que « si, en cas de contestation sérieuse portant sur la légalité d'un acte administratif, les tribunaux de l'ordre judiciaire statuant en matière civile doivent surseoir à statuer jusqu'à ce que la question préjudicielle de la légalité de cet acte soit tranchée par la juridiction administrative, il en va autrement lorsqu'il apparaît manifestement, au vu d'une jurisprudence établie, que la contestation peut être accueillie par le juge saisi au principal ».

L'application de cette jurisprudence à l'office du juge pénal dans le paradigme d'une plénitude de juridiction aménagée équivaudrait alors à considérer que si l'illégalité dont s'agit est manifeste selon une jurisprudence bien établie, le juge pénal pourrait directement statuer et si, à l'inverse, une difficulté sérieuse se présentait, il lui incomberait d'en saisir le juge administratif dans l'hypothèse où le requérant n'aurait pas déjà saisi la juridiction administrative. Cette subordination du juge pénal au juge administratif aurait pour avantage d'éviter les discordances des solutions contentieuses, de renforcer par là-même la sécurité juridique, de satisfaire la compréhension du justiciable sans nécessairement alourdir l'ensemble des procédures contentieuses.

Section II : L'affranchissement contingent du juge financier par rapport au juge administratif et au juge pénal

326. Les risques de discordance de jurisprudence redoutés par l'intervention accessoire du juge pénal en sus de la saisine du juge administratif à différents titres sont accrus par le potentiel concours du juge financier. Les décisions du juge financier peuvent apparaître comme un nouvel obstacle à la construction d'un contentieux de la commande publique cohérent dans la mesure où celui-ci dispose également d'une certaine autonomie.

327. A l'instar du juge pénal, l'affranchissement du juge financier par rapport au juge administratif est contingent car, même si le juge financier est un juge administratif, ce seul rapprochement identitaire ne constitue pas le gage d'une application *sine qua non* des méthodes d'analyse du juge administratif de droit commun par le juge financier (§ 1). Par ailleurs, la spécialisation du juge financier et le recoupement des infractions et des comportements sanctionnés par lui et par le juge pénal sont tels que l'octroi d'un avantage injustifié peut ne pas être apprécié de la même manière (§ 2).

§ 1 : L'aspiration à une construction jurisprudentielle cohérente en contentieux de la commande publique à l'initiative du juge financier et du juge administratif

328. Ainsi qu'il a pu être précédemment rappelé, la juridiction financière - qu'il s'agisse de la Cour de discipline budgétaire et financière ou de la Cour des comptes et des Chambres régionales des comptes - est organiquement rattachée au Conseil d'État, juge de cassation des décisions qu'elle adopte[679]. Le juge financier fait partie intégrante de l'ordre juridictionnel administratif. De par ce rattachement, il est considéré comme un juge administratif spécialisé pour lequel le mécanisme de la question préjudicielle n'a pas lieu d'être mis en œuvre.

329. Parce qu'il est susceptible de subir la censure du Conseil d'État en cassation, le juge financier est présumé utiliser des méthodes d'analyse identiques à celles employées par le juge administratif de droit commun pour trancher des questions identiques ou semblables. Sans pour autant se transformer en juge naturel de la légalité des actions de l'administration, il tend à procéder à un examen objectif de la légalité externe et interne des actes administratifs portés à sa connaissance et aux qualifications des actes contractuels conformément aux lignes directrices dégagées par le juge administratif de droit commun. Son acuité à recourir aux pratiques analytiques du Conseil d'État est bien plus substantielle que celle du juge pénal animé seulement d'un mimétisme afin d'amenuiser les risques de divergences d'interprétation et d'appréciation de la légalité.

330. A l'instar de l'emploi, par le juge pénal, des grilles d'analyse du juge administratif et à plus forte raison pour le juge financier qui est un juge administratif spécialisé, la construction d'une jurisprudence homogène sur les questions relevant par nature de l'ordre juridictionnel administratif est attendue. Cette question se pose en des termes différents pour le juge pénal et pour le juge financier : le premier, en raison de sa plénitude de juridiction, dispose d'une autonomie tellement étendue qu'il la restreint de lui-même, volontairement, par le mimétisme des méthodes d'analyse du juge administratif ; à l'inverse, le second n'est pas réellement censé disposer d'une autonomie particulière en raison de son appartenance à l'ordre juridictionnel administratif et ainsi soumis à l'autorité du Conseil d'État, mais sa spécialisation est telle qu'il importe de s'interroger si elle n'est pas *in fine* à l'origine de l'abstraction de la nature administrative de la juridiction financière lui permettant de s'affranchir des méthodes analytiques du juge administratif de droit commun. Si nul ne conteste le rapprochement

[679] V. *supra*.

identitaire des juges administratif et financier, la stricte identité des offices des deux juges n'est pas clairement établie.

331. Le Doyen Vedel remarquait, à cet égard, que la Cour des comptes plaçait face à face un acte administratif unilatéral et une règle de droit pour conclure ou non à la régularité de l'acte. Il ne soulignait pas l'identité parfaite des offices du juge financier et du juge administratif, mais faisait seulement état d'un « examen objectif de légalité très comparable dans sa sphère »[680]. Ce constat revèle que le juge financier n'est pas, en réalité, un juge administratif de droit commun. Au sein de l'ordre juridictionnel administratif, seraient par conséquent susceptibles d'exister différentes méthodes et différents degrés d'analyse d'une même question de droit quand bien même la haute juridiction administrative s'efforcerait d'accorder l'ensemble de ces actions.

332. Si cette affirmation choque dans la mesure où il est difficile d'admettre l'autonomie du juge financier alors même qu'il fait partie intégrante de l'ordre juridictionnel administratif et est soumis à l'autorité du Conseil d'État, il est nécessaire de garder à l'esprit que l'attention de la juridiction financière est portée sur la légalité du flux financier qu'il s'agisse du contrôle de gestion des ordonnateurs par la Cour des comptes, du contrôle général ou du contrôle particulier de gestion des Chambres régionales des comptes ou de la sanction juridictionnelle des infractions des articles L. 313-4 et L. 313-6 du Code des juridictions financières par la Cour de discipline budgétaire et financière[681].

333. Le caractère non juridictionnel et la globalité du contrôle de gestion des ordonnateurs par la Cour des comptes laissent suggérer que les remarques qui sont établies s'inscrivent dans le cadre général du contrôle de la gestion des finances publiques du point de vue de l'efficacité et de la performance, sans nécessairement aller jusqu'à un examen approfondi de la justesse de chaque choix et de la légalité de chaque décision. Ce n'est que dans l'hypothèse où les ordonnateurs sont renvoyés devant la Cour de discipline budgétaire et financière pour des infractions commises en méconnaissance du droit de la commande publique que la différenciation des offices du juge financier et du juge administratif de droit commun soulève des difficultés en terme de cohérence des solutions contentieuses dès lors qu'un examen plus attentif est attendu à l'occasion de la qualification de l'infraction légalement définie dans le Code des juridictions financières.

---

[680]Vedel Georges, « La Cour des comptes et le juge administratif de droit commun », préc., spéc. p. 29.

[681]Michaut Christian, Sitbon Patrick, « Chronique de jurisprudence de la Cour des comptes et de la Cour de discipline budgétaire et financière », préc., spéc. p. 1622 : « Le juge des comptes est juge de la régularité comptable, mais non de la légalité administrative ».

334. Un raisonnement quasi identique peut être transposé au contrôle général des Chambres régionales des comptes, lorsque leur examen porte sur « la régularité des actes de gestion, sur l'économie des moyens mis en œuvre et sur l'évaluation des résultats atteints par rapport aux objectifs fixés par l'assemblée délibérante »[682]. Il deviendra délicat de justifier les différentes méthodes analytiques et les écarts décisionnels du juge financier par rapport au juge administratif de droit commun, lorsque le premier devra contrôler, de manière tout à fait spécifique et précise, les délégations de services public et les marchés publics au titre des articles L. 234-1 et R. 234-1 du Code des juridictions financières, des articles L. 1411-18 et R. 1411-6 du Code général des collectivités territoriales et des articles L. 234-2 et R. 234-2 du Code des juridictions financières[683]. À cette occasion, le représentant de l'État transmet aux Chambres régionales des comptes le texte intégral du contrat et l'ensemble des documents et des renseignements utiles à son examen et relatifs à sa passation[684]. Bien que les conséquences du contrôle de gestion ne soient pas identiques à celles d'un contrôle de légalité emportant déféré préfectoral, il n'en demeure pas moins que l'objet de ce contrôle particulier des Chambres régionales des comptes s'apparente en tous points à une sorte de contrôle de légalité de la procédure de passation du contrat et du contrat lui-même sans en porter le nom.

335. Enfin, en dépit de la largesse des infractions des articles L. 313-4 et L. 313-6 du Code des juridictions financières, la Cour de discipline budgétaire et financière, à la différence de la Cour des comptes et des Chambres régionales des comptes, juge de véritables infractions à l'issue d'une procédure juridictionnelle. Elle a d'ores et déjà pu fonder sa motivation sur des méconnaissances au droit de la commande publique[685]. Au regard de l'engagement potentiel de la responsabilité des ordonnateurs, les divergences

---

682Code des juridiction financières, article L. 211-8.

683Pour une comparaison avec le cas spécifique de l'engagement de la responsabilité du comptable public, v. Renouard Louis, « L'exécution des marchés publics : trois années de décisions du juge des comptes », in *Gestion et finances publiques*, décembre 2012, p. 4 et s., spéc. pp. 4-5. L'auteur compare un arrêt de la Cour des Comptes et une décision du juge administratif dont il ne cite pas les références mais seulement l'apport. La Cour des comptes avait considéré, au vu des faits de l'espèce, que « s'il appartenait au comptable de contrôler l'existence du marché, et, en l'espèce, de clauses fixant la rémunération du co-contractant et déterminant sa liquidation selon une formule vérifiable à la facturation, il ne lui revenait pas de s'assurer avant paiement si ces clauses étaient régulières au regard des principes et modalités applicables du Code des marchés publics [...] » (C. comptes, 8 décembre 2011, Maison de retraite Les Fontenoftes à Ancy-le- Franc, Rec. C. comptes p. 117). Le juge administratif aurait, par la suite, décidé de l'annulation des marchés en question.

684Code général des collectivités territoriales, article R. 1411-6 alinéa 1er et Code des juridictions financières, article R. 234-2, alinéa 1er.

685V. *supra*.

de jurisprudence entre le juge financier et le juge administratif sur une même problématique relative au droit de la commande publique seraient difficilement acceptables et ne seraient guère compréhensibles. S'il existe une décision du juge administratif constatant l'irrégularité d'un acte détachable de la procédure de passation du contrat - voire l'illégalité de la procédure de passation du contrat si l'on se place dans le cadre des référés précontractuels ou l'illégalité du contrat lui-même dans l'hypothèse d'un référé contractuel ou d'un recours en contestation de la validité du contrat - à la lumière des obligations de publicité et de mise en concurrence qui incombent à l'administration, l'irresponsabilité de l'ordonnateur prononcée par le juge financier serait surprenante dans le cas de motivations semblables. Inversement, il en serait de même de la confrontation de la décision du juge financier qui reconnaîtrait la responsabilité de l'ordonnateur à celle du juge administratif qui n'admettrait pas de manquement aux obligations de publicité et de mise en concurrence indépendamment du traitement de l'irrégularité.

§ 2 : Le risque d'appréciations divergentes des infractions sanctionnées par le juge financier et le juge pénal

336. Si le juge financier dispose d'une certaine autonomie par rapport au juge administratif de droit commun, il bénéficie d'une réelle indépendance vis-à-vis du juge pénal. La cohérence du contentieux de la commande publique risque d'être d'autant plus ébranlée que le juge financier et le juge pénal peuvent être amenés à sanctionner des faits matériellement identiques contrevenant au droit de la commande publique sur le fondement d'infractions spécifiques à l'objet de leurs interventions (A) dont l'appréciation souveraine est susceptible de conduire à des divergences d'appréciation des responsabilités (B).

A – Le recoupement des infractions sanctionnées par les juges financier et pénal

337. Les termes de l'article L. 313-6 du Code des juridictions financières ne sont pas sans rappeler ceux de l'article 432-14 du Code pénal. Le premier dispose que « toute personne visée à l'article L. 312-1 qui, dans l'exercice de ses fonctions ou attributions, aura, en méconnaissance de ses obligations, procuré à autrui un avantage injustifié, pécuniaire ou en nature, entraînant un préjudice pour le Trésor, la collectivité ou l'organisme intéressé, ou aura tenté de procurer un tel avantage sera passible d'une amende dont le minimum ne pourra être inférieur à 300 euros et dont le maximum pourra atteindre le double du montant du traitement ou salaire brut annuel qui lui était alloué à la date de l'infraction ». Le second prescrit qu'« est puni de deux ans d'emprisonnement et de 30000 euros d'amende le fait par une personne dépositaire de l'autorité publique ou chargée d'une mission de service public ou investie d'un mandat électif public ou exerçant les fonctions de représentant, administrateur ou agent de l'État, des collectivités territoriales, des établissements publics, des sociétés d'économie mixte d'intérêt national chargées d'une mission de service public et des sociétés d'économie mixte locales ou par toute personne agissant pour le compte de l'une de celles susmentionnées de procurer ou de tenter de procurer à autrui un avantage injustifié par un acte contraire aux dispositions législatives ou réglementaires ayant pour objet de garantir la liberté d'accès et l'égalité des candidats dans les marchés publics et les délégations de service public ». Les dispositions de l'article L. 313-6 du Code des juridictions financières ne conditionnent pas explicitement la sanction de l'infraction de l'octroi d'un avantage injustifié à la méconnaissance « des dispositions législatives ou réglementaires ayant pour objet de garantir la liberté d'accès et l'égalité des candidats dans les marchés publics et les délégations de service public » à l'image de l'article 432-14 du Code pénal. Néanmoins, la Cour de discipline budgétaire et financière a sanctionné l'avantage procuré à autrui lorsque le Code des marché publics avait été violé[686].

338. Au-delà d'une identité des faits susceptibles d'être portés à la connaissance des juges pénal et financier, les jurisprudences financière et pénale relatives au régime juridique de ces infractions se sont construites autour de principes directeurs analogues, à tel point que la proximité des deux infractions a conduit le Professeur Bernard Poujade à s'interroger sur l'adaptation de l'infraction établie dans le Code des juridictions financières[687].

339. La juridiction financière considère, en effet, que l'article L. 313-6 du Code des juridictions financières ne permet pas de sanctionner les agissements par lesquels l'intéressé s'était procuré à lui-même un avantage injustifié[688]. Elle rejoint la position du juge pénal qui applique clairement la distinction que le législateur a établi entre le délit d'octroi d'avantage injustifié et la prise illégale d'intérêts[689]. En outre, le juge financier estime qu'il n'est pas nécessaire que l'avantage injustifié ait été effectivement constaté, sanctionnant ainsi la simple tentative[690]. Il est également de

---

686 V. par ex. : CDBF, 24 novembre 1986, Rouquet, Centre hospitalier de Sainte Anne, préc.

687 Poujade Bernard, « La responsabilité des ordonnateurs en droit public financier : état des lieux », préc., spéc. p. 704.

688 CDBF, 20 décembre 1982, Gouet et Andrau, GAJF, Dalloz, 1996, n° 55.

689 Code pénal, article 432-12.

690 CDBF, 22 mai 1957, Piette, Société nationale de constructions aéronautiques du Nord, JORF du 23 juin 1957, p. 6288.

jurisprudence constante que le juge pénal sanctionne la tentative sur le fondement de l'article 432-14 du Code pénal[691]. Enfin, selon le juge financier, l'application de l'article L. 313-6 du Code des juridictions financières n'exige pas que l'agent mis en cause ait eu l'intention de procurer à autrui un avantage injustifié ayant entraîné un préjudice pour l'organisme dont il relève, mais uniquement que les décisions prises par lui en méconnaissance de ses obligations aient conduit à un tel résultat[692]. De la même manière, l'application de l'article 432-14 du Code pénal ne requiert pas, en pratique, une stricte démonstration de l'élément intentionnel, celui-ci étant caractérisé par l'accomplissement, en connaissance de cause, d'un acte contraire aux dispositions législatives ou réglementaires qui ont pour objet de garantir la liberté d'accès et l'égalité des candidats dans les marchés publics et les délégations de service public[693].

340. Considérer que l'infraction de l'article L. 313-6 du Code des juridictions financières équivaudrait à celle de l'article 432-14 du Code pénal serait toutefois une erreur. Les circonstances d'application de l'article L. 313-6 du Code des juridictions financières sont à la fois plus larges et plus restreintes que celles de l'article 432-14 du Code pénal : d'une part, l'article L. 313-6 du Code des juridictions financières ne fait pas expressément référence à la violation du droit de la commande publique selon une formule similaire à l'article 432-14 du Code pénal, si bien qu'implicitement, l'infraction de l'article L. 313-6 du Code des juridictions financières est plus large que celle de l'article 432-14 du Code pénal ; d'autre part, la sanction de la procuration d'un avantage injustifié au titre de l'article L. 313-6 du Code des juridictions financières est moins aisée que celle au titre de l'article 432-14 du Code pénal eu égard aux difficultés que soulève la mise en accusation des élus locaux, par exemple, qui ne sont, en principe, pas justiciables de la Cour de discipline budgétaire et financière et qui ne le deviennent que sous réserve d'avoir émis un ordre de réquisition du comptable en bonne et due forme. En ces points, le régime de la responsabilité financière des ordonnateurs conserve toute sa singularité[694].

341. Néanmoins, conformément à l'article L. 312-2 du Code des juridictions financières, toutes les fois où l'infraction de l'article L. 313-6 sera connexe à la violation du droit de la commande publique et où le comptable aura été valablement requis, il existera un recoupement des

---

[691]V. par ex. : Cass. Crim., 14 janvier 2004, préc. ; Cass. Crim., 21 septembre 2005, préc. ; CA Aix-en Provence, 14 mars 2007, préc.

[692]CBDF, 30 septembre 1987, Le Goff, École des hautes études en sciences sociales, Rec. p. 515.

[693]V. par ex. : Cass. Crim., 14 janvier 2004, préc.

[694]Froment-Meurice Anne, « La responsabilité des acteurs de la gestion publique en matière budgétaire, financière et comptable : l'heure du bilan », préc., spéc. p. 720.

infractions susceptibles d'être sanctionnées à la fois par le juge financier et par le juge pénal, ouvrant ainsi la voie à autant de situations potentiellement de nature à nuire à la construction d'un contentieux contractuel cohérent.

B - De l'indépendance intégrale du juge financier par rapport au juge pénal à la divergence d'appréciation conséquente des responsabilités

342. Contrairement aux relations qu'entretiennent le juge judiciaire et le juge administratif[695], d'une part, et le juge administratif et le juge financier[696], d'autre part, aucune disposition ou mécanisme n'existe afin de régir les rapports que doivent entretenir les juges financier et pénal lorsqu'ils sont amenés à connaître d'une même question de droit. Le silence du législateur, comme de la jurisprudence, invite à admettre une indépendance intégrale de chacun des juges envers l'autre, ce qui n'est pas sans poser de difficultés dès lors qu'ils sont susceptibles de connaître de faits et de problématiques juridiques identiques. En aval, cela conduit à de potentielles divergences d'appréciation des responsabilités.

343. Même si l'autorité absolue de chose jugée a été reconnue aux décisions du juge pénal, sa restriction à ce qui a été nécessairement et certainement jugé du point de vue de l'affirmation ou de la négation des faits implique que les constatations de droit en sont dépourvues. Les décisions du juge répressif n'empêchent donc pas le juge financier de raisonner selon des méthodes analytiques et des catégories juridiques qui lui sont propres[697].

344. Bien qu'ayant des finalités différentes, les infractions des articles L. 313-6 du Code des juridictions financières et 432-14 du Code pénal partagent des points communs. Objectivement, la méconnaissance du droit de la commande publique sert de fondement à l'identification, dans les deux infractions, de l'octroi d'un avantage injustifié. Pour autant, les conséquences à tirer du constat de la violation des dispositions législatives ou réglementaires ayant pour objet de garantir la liberté d'accès et l'égalité des candidats à une procédure de consultation ne seront pas forcément identiques. Des divergences peuvent naître de l'appréciation des responsabilités entre le juge financier et le juge pénal, si ce n'est dans leur principe, au moins dans leur *quantum*, laissant ainsi transparaître des conceptions discordantes de la gravité des manquements aux obligations de publicité et de mise en concurrence.

---

[695]V. *supra.*

[696]V. *supra.*

[697]V. spécifiquement sur les rapports entre la Cour des comptes et le juge répressif : Chapus René, « La Cour des comptes et le juge judiciaire », in *La Cour des comptes d'hier à demain*, LGDJ, 1979, p. 119 et s.

Conclusion du titre 2.

345. Le juge pénal et le juge financier participent également à la veille du respect des obligations de publicité et de mise en concurrence. Sans remettre en cause la procédure de consultation ou la validité du contrat, la mise en jeu de la responsabilité pénale et de la responsabilité financière de certains acteurs publics témoigne indirectement de la veille du respect des obligations de publicité et de mise en concurrence qui incombent à l'administration. Le requérant confronté à l'échec de l'ensemble des voies de droit spécialisées dans le contentieux de la commande publique peut se tourner, de manière résignée, vers le juge pénal et le juge financier. C'est en ce sens que l'accès aux prétoires des juges pénal et financier peut être pensé comme voies de droit *ultima ratio* du contentieux de la commande publique.

346. Pourtant, l'efficacité de ces voies de droit doit être relativisée. Bien que la moralisation de la vie publique et politique soit, en apparence, promue, force est de constater la rareté de la mise en jeu de la responsabilité pénale des acteurs de la commande publique sur le fondement du délit d'octroi d'avantage injustifié. Si l'on comprend la réticence du concurrent évincé à solliciter la justice pénale à la suite de son éviction d'une procédure de passation, laquelle a pu préalablement être contestée devant le juge administratif, l'on comprend moins bien, en revanche, celle du ministère public à poursuivre alors que le juge tend à une répression accrue de cette infraction. L'intervention du juge financier n'est pas satisfaisante non plus. La Cour de discipline budgétaire et financière ne remplit pas son rôle répressif des comportements illégaux des ordonnateurs. La Cour des comptes et les Chambres régionales des comptes disposent de pouvoirs limités dans la mesure où il leur est impossible de prononcer des sanctions ayant des effets contraignants.

347. La complémentarité de ces voies de droit avec le référé précontractuel, le référé contractuel et le recours en contestation de la validité du contrat conduit inéluctablement à s'interroger sur la cohérence du contentieux de la commande publique. Si celle-ci est déjà malmenée lorsqu'est uniquement prise en considération l'articulation temporelle du référé précontractuel, du référé contractuel et du recours en contestation de la validité du contrat, elle l'est encore plus lorsque le juge pénal et le juge financier sont saisis. Même si le juge pénal ne dispose pas des mêmes pouvoirs que les juges spécialisés dans le contentieux de la commande publique, il n'en demeure pas moins que des différences d'appréhension et de traitement des irrégularités peuvent être observées en terme de degrés du point de vue du *quantum* de la sanction prononcée. L'intervention sporadique de la Cour de discipline budgétaire et financière et les interventions « à titre informatif » de la Cour des comptes et des Chambres régionales des comptes suscitent les mêmes craintes, si ce n'est au regard du *quantum* des sanctions prononcées par la Cour de discipline budgétaire et financière, eu égard à la généralité et à l'éparpillement des contrôles de gestion opérés par la Cour des comptes et par les Chambres régionales des comptes.

Conclusion de la Première partie.

348. A partir du constat de la multiplicité des voies de droit à la disposition du concurrent évincé d'une procédure de passation, il semble possible de les faire passer de l'agitation à l'âge de raison en retenant une approche fondée sur la complémentarité et sur la spécialité des recours. D'une conception stricte de la spécialité par rapport à la discipline maîtrisée par le juge, l'articulation des référés précontractuels, des référés contractuels et du recours en contestation de la validité du contrat s'inscrit dans une logique temporelle confortée par l'ordonnance du 7 mai 2009. D'une conception plus large des voies de droit permettant de sanctionner la méconnaissance des obligations de publicité et de mise en concurrence, l'accès aux prétoires des juges pénal et financier s'inscrit dans cette même continuité temporelle, mais à plus long terme. Dans cette perspective, la prolifération des voies de droit à la disposition du concurrent évincé devient théoriquement synonyme de l'assurance de plus grandes chances de succès de recours.

349. Il convient toutefois de nuancer ce constat à l'aune des caractéristiques intrinsèques de chaque voie de droit indépendamment de toute logique d'articulation. Preuve en est que quantité ne rime pas avec qualité. Le référé précontractuel, au demeurant privilégié en droit de l'Union européenne et en droit interne, perd de son efficacité. Le référé contractuel ne constitue pas la transposition du référé précontractuel après la signature du contrat. Les modalités de la mise en œuvre de l'office du juge du recours en contestation de la validité du contrat sont encore inconnues[698]. Le juge pénal est trop peu sollicité. Le contrôle du juge financier est excessivement diffus.

350. En outre, l'âge de raison du contentieux de la commande publique fondé sur une approche temporelle laisse place à l'absence de cohérence du contentieux de la commande publique dans sa globalité. L'agitation née de la multiplicité des voies de droit et qui semblait avoir disparu rejaillit pernicieusement à travers la divergence des solutions contentieuses nées des appréciations différenciées des irrégularités et de leur traitement par chaque juge. Ceci nous conduit, par conséquent, à affirmer, qu'il importe peu, *in*

[698]Quoique progressivement précisées par la décision « Département de Tarn-et-Garonne ».

fine, de tenter, en l'état actuel du droit de mettre de l'ordre dans ce désordre. La multiplicité des voies de droit spécifiques au droit de la commande publique est en intrinsèquement et structurellement de nature à faire obstacle à ce passage de l'agitation à l'âge de raison si recherché. L'adjonction des recours de droit commun n'arrange rien. Pire encore, elle entretient l'illusion, pour le concurrent évincé, de la capacité absolue du choix et d'exercice des voies de droit.

SECONDE PARTIE

L'illusion de la capacité absolue du choix et d'exercice des recours de droit commun et des recours spécifiques à la commande publique

351. L'opérateur économique qui souhaite contester l'éviction de sa candidature ou de son offre se trouve confronté à une multiplicité des voies de droit telle qu'il lui est *a priori* raisonnablement possible de penser qu'il dispose, symétriquement, d'une entière liberté dans le choix des procédures à mettre en œuvre.

352. Cette multiplicité des voies de droit résulte de l'ensemble des recours spécifiques au droit de la commande publique auxquels il convenait/convient d'ajouter les recours de droit commun - recours pour excès de pouvoir et sollicitation du préfet aux fins de déféré préfectoral - lesquels, même s'ils ne sont pas destinés à veiller de manière topique aux obligations de publicité et de mise en concurrence, pouvaient/peuvent être utilisés aux mêmes fins parce que leur usage est déduit du respect de la légalité entendue au sens large du terme[699].

353. Toutefois, cette liberté absolue de choix et d'exercice des voies de droit est illusoire : soit elle était/est altérée par des considérations procédurales, substantielles et circonstancielles (Titre 1), soit elle l'était/est au vu de considérations d'opportunité (Titre 2).

[699] Braconnier Stéphane, « L'autonomie contrastée du contentieux des contrats publics d'affaires », préc., spéc. p. 342.

Titre 1

Une liberté de choix et d'exercice des voies de droit altérée en raison de considérations procédurales, substantielles et circonstancielles

354. Les « considérations procédurales » renvoient à des mécanismes d'exclusion dans le cadre d'un cumul des recours. Sont ainsi visées l'ensemble des situations dans lesquelles il est impossible pour le requérant d'exercer cumulativement - successivement ou simultanément - deux recours parce que l'exercice de l'un a pour conséquence d'exclure l'exercice de l'autre. L'altération de la liberté de choix et d'exercice est d'intensité maximale dans la mesure où l'exercice de la seconde voie de droit est, en principe, impossible (Sous-titre 1).

355. Les « considérations substantielles et circonstancielles » renvoient aux caractéristiques extrinsèques et intrinsèques des recours et au facteur temporel de leur introduction. La comparaison de l'étendue de l'objet, des délais de recours, des moyens susceptibles d'être invoqués et opérants ainsi que des pouvoirs du juge pour chacune des voies de droit permet de déterminer celles qui seraient stratégiquement les mieux à même de répondre aux attentes de l'opérateur économique évincé qui souhaite saisir le juge aux fins de contester les circonstances de la dévolution du contrat. La liberté de choix et d'exercice des voies de droit est altérée dans une moindre mesure que celle envisagée au prisme des « considérations procédurales ». Deux voies de droit seraient susceptibles de faire l'objet d'un choix légitime de la part du requérant : le référé précontractuel et le recours en contestation de la validité du contrat (Sous-titre 2).

Sous-titre 1

La prise en compte de considérations procédurales ou la voie de droit exclue

356. Les considérations procédurales constituent la principale limite à la liberté de choix et d'exercice de certaines voies de droit par le requérant. Ce dernier qui espérait user de la faculté du cumul des recours afin d'optimiser ses chances de succès pouvait se trouver confronté à l'impossibilité d'exercer sa seconde requête. Il en est ainsi des rapports entre, d'une part, le référé précontractuel et le référé contractuel (Chapitre 1) et, d'autre part, le recours en contestation de la validité du contrat et le recours pour excès de pouvoir à l'encontre des actes détachables préalables à la conclusion du contrat[700] (Chapitre 2)

[700]En l'état actuel du droit et d'un point de vue statique, la décision « Département de Tarn-et-Garonne » est venue clore l'usage du recours pour excès de pouvoir à l'encontre des actes détachables préalables à la conclusion du contrat. D'un point de vue dynamique, il importe toutefois d'étudier l'articulation du contentieux objectif et du plein contentieux dans le paradigme de la jurisprudence « Tropic Travaux Signalisation », étant donné que la jurisprudence « Département de Tarn-et-Garonne » n'a pas d'effet rétroactif.

Chapitre 1 : Les relations exclusives du référé contractuel et du référé précontractuel

357. L'opérateur économique évincé d'une procédure de passation d'un contrat relevant de la commande publique voit sa liberté de recourir à l'exercice successif et simultané des référés précontractuel et contractuel annihilée.

L'exercice simultané ne saurait être envisagé dans la mesure où, d'une part, le référé précontractuel est uniquement recevable avant la signature du contrat et, d'autre part, le référé contractuel peut seulement être introduit dans un délai computé à partir de la conclusion du contrat ou de la publication d'un avis d'attribution.

Quant à l'exercice successif des deux recours, le principe est celui d'une relation exclusive du référé contractuel et du référé précontractuel. L'usage du référé précontractuel interdit l'exercice ultérieur du référé contractuel (Section I). Bien que des exceptions au principe de non-cumul de ces deux voies de droit soient admises, elles ne sont offertes au requérant que dans une perspective indépendante de sa volonté (Section II).

Section I : Le principe de non-cumul des référés précontractuel et contractuel

358. Il est, en principe, impossible d'exercer un référé précontractuel, puis un référé contractuel. Ce principe de non-cumul trouve ses fondements dans les articles L. 551-14 et L. 551-15 du Code de justice administrative, lesquels disposent respectivement du mécanisme de « fermeture automatique » (§ 1) et du mécanisme de « fermeture manuelle » (§ 2) du référé contractuel.

§ 1 : Le mécanisme de « fermeture automatique » du référé contractuel

359. Le mécanisme de « fermeture automatique » du référé contractuel - plus encore que le mécanisme de « fermeture manuelle » de cette voie de droit - atteste de la volonté du législateur communautaire de considérer l'existence de cette voie de droit de manière négative comme « [garantie] ultime de l'efficience du référé précontractuel »[701] dont il assure la continuité (A). Conformément à la nouvelle directive « Recours », l'ordonnance du

[701] Braconnier Stéphane, « L'autonomie contrastée du contentieux des contrats publics d'affaires », préc., spéc. p. 338.

7 mai 2009 dispose des modalités d'exclusion automatique d'exercice du référé contractuel lorsqu'un référé précontractuel aura été préalablement introduit (B).

A – Un mécanisme de « fermeture automatique » consacrant l'existence négative du référé contractuel

360. Si l'institution du référé contractuel avait initialement été pensée comme un moyen permettant de compléter l'arsenal des recours contentieux à la disposition des candidats et des soumissionnaires évincés d'une procédure de passation, elle est apparue in fine comme « un outil de préservation de l'intérêt des autres voies de recours contentieuses ouvertes aux candidats évincés à l'attribution du marché plus qu'une véritable arme contentieuse »[702]. À ce jour, nul ne conteste l'existence négative du référé contractuel. Sous des formules plus ou moins similaires, il est unanimement admis que le référé contractuel n'a pas d'existence propre.

Qualifié de « voie de droit subsidiaire, uniquement destinée à combler les insuffisances du référé précontractuel »[703] ou encore de « recours exceptionnel »[704], le référé contractuel s'impose telle une parade à une stratégie de contournement volontaire du référé précontractuel par l'administration. Ainsi que le relève le rapporteur public Nicolas Boulouis, « le mécanisme de fermeture est assez sophistiqué mais il a sa cohérence. L'article L. 551-14 bloque en principe la porte du référé contractuel à celui qui a engagé un référé précontractuel, sous réserve d'exceptions destinées à parer des manœuvres du pouvoir adjudicateur (ou de l'entité adjudicatrice) »[705]. En d'autres termes, « on n'exerce le référé contractuel que parce que, pour des raisons indépendantes de sa volonté, on n'a pu bénéficier des effets qui auraient dû s'attacher à l'exercice du référé précontractuel »[706].

361. La directive n° 2007/66/CE dispose, en effet, que « le renforcement de l'efficacité des recours nationaux devrait inciter les personnes concernées à faire un plus grand usage des possibilités de recours par voie de référé

---

[702]Rouveyran Thomas, Ricci Nathalie, « Le référé contractuel, un succès relatif ? », in *CP-ACCP*, juillet-août 2012, p. 41 et s., spéc. p. 44.

[703]Noury Arnauld, « Le référé contractuel : une voie de droit subsidiaire, des pouvoirs bridés », in *RLCT*, décembre 2011, p. 29 et s., spéc. p. 29.

[704]Glaser Emmanuel, « Recevabilité du référé contractuel », note sous CE, 24 juin 2011, Office public de l'habitat intedépartemental de l'Essonne, du Val d'Oise et des Yvelines et Société Seni, in *RLCT*, novembre 2011, p. 32.

[705]Boulouis Nicolas, conclusions sur CE, 19 janvier 2011, Grand port maritime du Havre, in *BJCP*, mars-avril 2011, p. 125 et s., spéc. p. 126.

[706]Boulouis Nicolas, conclusions sur CE, 19 janvier 2011, Grand port maritime du Havre, préc., spéc. p. 127.

avant la conclusion du contrat », sous entendant ainsi que le référé contractuel est conçu comme un « mécanisme correcteur » qu'il y a lieu de « recentrer sur les violations graves du droit communautaire en matière de marchés publics »[707].

Par conséquent, le référé contractuel ne constitue pas une voie de droit de rattrapage pour le candidat ou le soumissionnaire évincé d'une procédure de passation d'un contrat qui n'aurait pas obtenu gain de cause à la suite de l'introduction d'un référé précontractuel antérieurement à la signature du contrat. La logique de cette voie de droit est intimement dépendante de l'effet utile du référé précontractuel[708] ou plus exactement de son « effet inutile »[709], ce dernier ne devant pas être la conséquence des propres négligences du requérant[710].

362. C'est ainsi que l'article L. 551-14 du Code de justice administrative dispose que « les personnes habilitées à agir sont celles qui ont un intérêt à conclure le contrat et qui sont susceptibles d'être lésées par des manquements aux obligations de publicité et de mise en concurrence auxquelles sont soumis ces contrats, ainsi que le représentant de l'État dans le cas des contrats passés par une collectivité territoriale ou un établissement public local » en précisant toutefois que « le recours régi par la présente section n'est pas ouvert au demandeur ayant fait usage du recours prévu à l'article L. 551-1 ou à l'article L. 551-5 dès lors que le pouvoir adjudicateur ou l'entité adjudicatrice a respecté la suspension prévue à l'article L. 551-4 ou à l'article L. 551-9 et s'est conformé à la décision juridictionnelle rendue sur ce recours ».

B – Les modalités de « fermeture automatique » du référé contractuel

363. L'article L. 551-14 du Code de justice administrative soumet la « fermeture automatique » du référé contractuel à trois conditions cumulatives. Tout d'abord, le requérant doit avoir préalablement fait usage de la voie du référé précontractuel. Ensuite, l'administration doit avoir respecté les délais de suspension prévus aux articles L. 551-4 et L. 551-9 dudit Code, c'est-à-dire qu'elle doit s'être abstenue de signer le contrat à compter de la saisine du tribunal administratif jusqu'à la notification au pouvoir

---

[707]Directive n° 2007/66/CE, considérant 28.

[708]Noury Arnault, « Le référé contractuel : une voie de droit subsidiaire, des pouvoirs bridés », préc., spéc. p. 29.

[709]Grand Rémi, « Les passerelles entre référés précontractuel et contractuel », note sous CE, 30 septembre 2011, Commune de Maizières-les-Metz, req. n° 350148, in *AJDA*, p. 108 et s., spéc. p. 110.

[710]CE, 2 août 2011, Société Clean Garden, préc.

adjudicateur ou à l'entité adjudicatrice de la décision juridictionnelle. Enfin, l'administration doit s'être conformée à la décision juridictionnelle rendue par le juge des référés précontractuels. Si l'une de ces conditions n'est pas remplie, le référé contractuel demeure, en principe, ouvert[711].

364. Autant la vérification de la matérialité des deux premières conditions ne soulève guère de difficultés, autant la troisième condition est sujette à interprétation. La saisine antérieure du juge des référés précontractuels sera au plus tôt révélée lors de l'enregistrement du référé contractuel par le greffe du tribunal administratif - sous réserve que cette information parvienne jusqu'au second juge nouvellement saisi - et au plus tard par la production des mémoires respectifs des parties au litige. La compétence territoriale du juge des référés précontractuels et du juge des référés contractuels est identique[712]. Le mémoire du pouvoir adjudicateur révélera particulièrement si le contrat a entre-temps été signé en méconnaissance du délai de suspension automatique. Il appartiendra toutefois à la juridiction administrative de répondre à la question de savoir ce qu'il faut entendre par l'expression : « l'administration doit s'être conformée à la décision juridictionnelle rendue par le juge des référés précontractuels ». La notion de conformité peut être appréhendée à divers degrés.

365. En tout état de cause, une lecture *a contrario* des dispositions de l'article L. 551-14 du Code de justice administrative est exclue : le référé contractuel n'est pas ouvert aux requérants qui se sont abstenus librement d'introduire un référé précontractuel en attendant la signature du contrat[713], cette impossibilité de choix étant justifiée par le mécanisme de « fermeture manuelle »[714].

§ 2 : Le mécanisme de « fermeture manuelle » du référé contractuel

366. En sus du mécanisme de « fermeture automatique » du référé contractuel, un mécanisme de « fermeture manuelle » de cette voie de droit a été consacré. Si le mécanisme de « fermeture automatique » du référé contractuel dépend, en amont, des agissements de la partie demanderesse et, en aval, du comportement du pouvoir adjudicateur ou de l'entité adjudicatrice, le mécanisme de « fermeture manuelle » relève d'une logique différente en ce qu'il procède uniquement des manœuvres de l'administration dans une perspective *ab initio* de sécurisation de l'achat public (A). À l'instar

---

[711] V. ci-après § 390 et s.

[712] Code de justice administrative, article R. 312-1.

[713] Boulouis Nicolas, conclusions sur CE, 19 janvier 2011, Grand port maritime du Havre, préc., spéc. p. 127.

[714] *Ibid.*

du mécanisme de « fermeture automatique » du référé contractuel, la nouvelle directive « Recours » et l'ordonnance du 7 mai 2009 disposent des modalités du mécanisme de « fermeture manuelle » dont il conviendra d'apprécier la teneur (B).

A – Un mécanisme de « fermeture manuelle » initialement pensé afin de sécuriser l'achat public

367. A côté du mécanisme de « fermeture automatique » du référé contractuel, un mécanisme de « fermeture manuelle » a été créé et mis à la disposition de l'administration afin de sécuriser juridiquement les achats auxquels elle procède. Ce mécanisme de « fermeture manuelle » a vocation à s'appliquer à l'ensemble des procédures de passation des contrats relevant de la commande publique pour lesquels les concurrents évincés sont, en l'absence d'information, dans l'impossibilité de saisir le juge des référés précontractuels, sans que cette absence résulte d'une manœuvre frauduleuse de l'administration.

368. La possibilité est offerte au pouvoir adjudicateur ou à l'entité adjudicatrice de promouvoir la voie du référé précontractuel afin de purger, le plus en amont possible, le contrat à conclure des irrégularités qui auraient pu éventuellement être commises lors de sa passation pour fermer la voie du référé contractuel une fois les relations contractuelles nouées entre l'administration et l'opérateur économique retenu. Techniquement, l'administration dispose de la faculté d'ouvrir spontanément un délai de recours contentieux susceptible de permettre aux candidats ou aux soumissionnaires évincés d'introduire un référé précontractuel toutes les fois où le respect d'un *délai de standstill* n'a pas été prescrit.

369. L'article 80 du Code des marchés publics qui dispose du *délai de standstill* n'est applicable qu'aux procédures formalisées[715]. Le pouvoir adjudicateur ou l'entité adjudicatrice n'est pas dans l'obligation de respecter ces dispositions pour les marchés dont la passation n'est pas soumise à une obligation de publicité préalable[716], ni pour les marchés soumis à publicité préalable mais auxquels ne s'applique pas l'obligation de communiquer la décision d'attribution aux candidats non retenus[717]. Aucune disposition

[715]La même règle existe pour les marchés passés par certaines personnes publiques ou privées non soumises au Code des marchés publics sur le fondement de l'ordonnance du 6 juin 2005 et de son décret d'application du 30 décembre 2005. V. en ce sens : Décret n° 2005-1742 du 30 décembre 2005, préc., article 46.

[716]Sont particulièrement visés les marchés négociés de l'article 35-II du Code des marchés publics et les marchés de moins de 15 000 euros de l'article 28-III du même Code.

[717]Il s'agit des marchés publics passés selon une procédure adaptée de l'article 28-I du Code des marchés publics.

législative ou réglementaire, ni aucun principe général du droit n'impose à l'administration d'informer au préalable les concurrents malheureux du rejet de leur candidature ou de leur offre et de respecter un *délai de standstill* avant de signer le contrat, « même si l'efficacité maximale du référé précontractuel le commanderait »[718]. Et si la haute juridiction administrative a admis, dans un arrêt du 29 décembre 2007, « Syndicat intercommunal d'alimentation en eau potable du Confolentais »[719], l'existence, indépendamment de tout texte, d'un délai raisonnable entre l'information des candidats évincés et la signature du contrat, il convient de replacer cet arrêt dans le contexte d'une anticipation, sous l'empire du Code des marchés publics 2001, des dispositions de l'article 80 du Code des marchés publics 2006. En d'autres termes, de cette jurisprudence, il était impossible de dégager l'idée d'un principe non écrit applicable à tous les contrats. Le Conseil s'y refuse aujourd'hui catégoriquement[720].

370. L'administration dispose néanmoins de la faculté de se soumettre volontairement à une procédure formalisée[721]. L'article 28 alinéa 3 du Code des marchés publics dispose expressément que « pour la détermination [des

---

718Boulouis Nicolas, conclusions sur CE, 19 janvier 2011, Grand port maritime du Havre, préc., spéc. p. 127. L'absence d'un tel principe général est regrettée par certains auteurs. V. par exemple : Rees Philippe, « Premier bilan de la jurisprudence administrative en matière de référé contractuel », in *Contrats et marchés publics*, août-septembre 2011, p. 7 et s., spéc. p. 9. Les juridictions de premier ressort tendent à faire émerger un tel principe général. V. en ce sens : TA Limoges, 26 janvier 2012, Société Toffoluti, req. n° 1102083 : en l'espèce, il a été reconnu, en matière de marchés publics passés selon une procédure adaptée, une obligation de respect un délai de suspension entre la notification aux candidats évincés du rejet de leur offre et la signature du marché. Le juge a déduit d'une lecture combinée du Code de justice administrative et de l'article 2 sexies de la directive du 21 décembre 1989 un principe général tenant au droit d'accès effectif au juge qui serait méconnu dès lors que ne serait pas respecté un *délai de standstill* minimum, même en matière de marchés publics passés selon une procédure adaptée. Il en est également ainsi de l'obligation d'information des candidats évincés pour les marchés publics passés selon une procédure adaptée. V. en ce sens : CAA Bordeaux, 7 juin 2011, Association Collectif des Citoyens du Breuil-Coiffault, req. n° 09BX02775 ; TA Cergy-Pontoise, 27 avril 2012, M. Gachi contre Commune de Villeneuve-la-Garenne, req. n° 1104926.

719CE, 29 décembre 2007, Syndicat intercommunal d'alimentation en eau potable du Confolentais, req. n° 291487, T., p. 1007.

720CE, 26 juin 2012, Société Pro 2C, req. n° 357976, Rec. p. 258 : « Considérant, en second lieu, que les principes de liberté d'accès à la commande publique et d'égalité de traitement des candidats ainsi que la règle de transparence des procédures qui en découle, n'imposent aux pouvoirs adjudicateurs ni d'indiquer aux candidats évincés les motifs du rejet de leurs offres ni de respecter un délai raisonnable entre la notification de ce rejet et la conclusion du contrat ; que, par suite, la société PRO 2C n'est pas fondée à soutenir que le consulat général de France en Tunisie a méconnu ses obligations de publicité et de mise en concurrence en ne lui communiquant pas les motifs de rejet de son offre et en ne respectant pas un délai raisonnable entre la notification de ce rejet et la signature du contrat avec la société TLS Contact ».

721V. par ex. : CE, 25 juin 2004, SA Colas et autres, préc.

modalités de la procédure adaptée], le pouvoir adjudicateur peut s'inspirer des procédures formalisées, sans pour autant que les marchés en cause soient alors soumis aux règles formelles qu'elles comportent. En revanche, s'il se réfère expressément à l'une de ces procédures formalisées, le pouvoir adjudicateur est tenu de l'appliquer dans son intégralité ». La seule circonstance que l'acheteur ait notifié aux candidats ou aux concurrents évincés le rejet de leur candidature ou de leur offre ne saurait le faire regarder comme s'étant volontairement soumis à l'article 80 du Code des marchés publics s'il ne s'y réfère pas explicitement[722] ; inversement, si référence expresse est faite à cet article 80, il sera considéré comme s'y étant volontairement soumis[723].

371. De la même manière, pour les autres contrats relevant du droit de la commande publique, un *délai de standstill* d'une durée de seize jours est généralement imposé. La précision du mécanisme de « fermeture manuelle » du référé contractuel affirme implicitement qu'une distinction est opérée entre les procédures formalisées et celles qui ne le sont pas. En matière de délégation de service public, le pouvoir réglementaire a précisé ce mécanisme de « fermeture manuelle » du référé contractuel à l'article R. 1411-2-1 du Code général des collectivités territoriales. Il en est également ainsi des concessions de travaux publics tel que le dispose l'article R. 1415-9 du Code général des collectivités territoriales. Les régimes juridiques des concessions d'aménagement - selon qu'elles sont soumises au droit communautaire des concessions ou au droit communautaire des marchés - font état de cette même distinction, respectivement sur les fondements des articles R. 300-9-1 et R. 300-11-5-1 du Code de l'urbanisme. Enfin, en matière de contrats de partenariat, l'identification d'un *délai de standstill* obligatoire en procédure formalisée et d'un mécanisme de « fermeture manuelle » du référé contractuel résultent d'une lecture combinée des articles L. 1414-10 et D. 1414-1 du Code général des collectivités territoriales.

372. Pour le candidat ou le soumissionnaire évincé, la possibilité d'introduire un référé précontractuel en vertu du mécanisme de « fermeture manuelle » du référé contractuel constitue un avantage certain : en dépit de la jurisprudence « Smirgeomes », la probabilités de succès du recours devant ce juge demeure plus importante que celle devant le juge des référés contractuels du fait d'un régime juridique contentieux plus favorable.

373. Il n'est, en revanche, pas certain que ce mécanisme de « fermeture manuelle » constitue un réel atout pour l'administration au-delà d'une

---

[722] V. par ex. : TA Melun, 10 novembre 2010, Société Nord Désamiantage, req. n° 1007144-1 ; TA Lille, 15 décembre 2010, Société Banque Archives Alsacienne, req. n° 1007065.

[723] V. par ex. : TA Toulon, 17 décembre 2010, Société Secapem, req. n° 1002817, 1002818, 1002820.

sécurisation des contrats à conclure. À partir du moment où la haute juridiction administrative a admis, dans un arrêt du 19 janvier 2011, « Grand port maritime du Havre »[724], que l'annulation d'un marché public passé selon une procédure adaptée ne pouvait être prononcée que si l'un des deux vices les plus graves exposés à l'article L. 551-18 du Code de justice administrative était avéré - c'est-à-dire l'absence des mesures de publicité requises pour la passation du contrat et la méconnaissance des modalités de remise en concurrence prévues pour la passation des contrats fondés sur un accord-cadre ou un système d'acquisition dynamique -, il n'est pas dans l'intérêt de l'administration de permettre l'ouverture d'une voie de droit à même de sanctionner, de manière plus large, d'autres manquements aux obligations de publicité et de mise en concurrence.

374. Le mécanisme de « fermeture manuelle » qui était pensé à l'origine dans une démarche de sécurisation des achats publics se révèle peu intéressant pour l'administration. Ce paradigme est regrettable du fait vu des seuils de passation sans cesse rehaussés[725], le recours aux procédures adaptées étant de plus en plus important.

B – Les modalités de « fermeture manuelle » du référé contractuel

375. La voie du référé contractuel se ferme si l'administration a offert la possibilité au candidat ou au soumissionnaire évincé d'user de la faculté d'introduire un référé précontractuel. Le mécanisme de « fermeture manuelle » du référé contractuel est établi à l'article L. 551-15 du Code de justice administrative, lequel dispose, d'une part, que « le recours régi par la présente section ne peut être exercé ni à l'égard des contrats dont la passation n'est pas soumise à une obligation de publicité préalable lorsque le pouvoir adjudicateur ou l'entité adjudicatrice a, avant la conclusion du contrat, rendu publique son intention de le conclure et observé un délai de onze jours après cette publication, ni à l'égard des contrats soumis à publicité préalable auxquels ne s'applique pas l'obligation de communiquer la décision d'attribution aux candidats non retenus lorsque le pouvoir adjudicateur ou l'entité adjudicatrice a accompli la même formalité » et, d'autre part, que « la même exclusion s'applique aux contrats fondés sur un accord-cadre ou un système d'acquisition dynamique lorsque le pouvoir adjudicateur ou l'entité adjudicatrice a envoyé aux titulaires la décision d'attribution du contrat et observé un délai de seize jours entre cet envoi et la conclusion du contrat,

---

[724] CE, 19 janvier 2011, Grand port maritime du Havre, préc.

[725] Les seuils actuels ont été fixés par le décret n° 2013-1259 du 27 décembre 2013 (JORF n° 0302 du 29 décembre 2013, p. 21741).

délai réduit à onze jours si la décision a été communiquée à tous les titulaires par voie électronique ».

376. Qu'il s'agisse des contrats dont la passation n'est soumise à aucune obligation de publicité préalable, des contrats auxquels ne s'appliquent pas l'obligation du *délai de standstill* et d'information des candidats et des soumissionnaires évincés ou des contrats fondés sur un accord-cadre ou un système d'acquisition dynamique, la « fermeture manuelle » du référé contractuel découle de l'accomplissement de deux formalités distinctes : la publicité de l'intention de conclure le contrat et le respect d'un délai avant de procéder à sa signature[726].

377. Des solutions divergentes sont nées de l'interprétation des règles énoncées à l'article L. 551-15 du Code de justice administrative.

Les tenants d'une lecture formelle ont considéré que « seuls la publication volontaire au Journal officiel de l'Union européenne de l'avis prévu par l'article 40-I du Code des marchés publics puis le respect d'un délai de 11 jours entre la date de publication de cet avis et la date de signature du contrat sont de nature à rendre irrecevable [...] l'exercice d'un recours en référé contractuel contre un marché passé selon une procédure adaptée »[727]. Les deux conditions ont été envisagées de manière cumulative, ce qui implique, selon cette conception, que si l'acheteur n'a pas rendu publique son intention de conclure le contrat, le référé contractuel demeure recevable[728] quand bien même le candidat évincé aurait été personnellement informé du rejet de son offre plus de 11 jours avant la signature du contrat[729].

D'un autre côté, il a pu être considéré que, « s'agissant des contrats non soumis à l'obligation de communiquer la décision d'attribution aux candidats non retenus, la recevabilité est admise lorsque le pouvoir adjudicateur n'a pas rendu publique son intention de conclure le contrat ou n'a pas observé, avant de le signer, un *délai de standstill* spontanément porté à la connaissance des

---

[726]Le fait pour l'administration d'« envoyer aux titulaires la décision d'attribution du contrat », pour les contrats conclus sur le fondement d'un accord-cadre ou d'un système d'acquisition dynamique, peut être considéré comme une publicité de l'intention de conclure. Par ailleurs, s'agissant des délégations de service public, il a pu être jugé que seule la publication de l'intention de conclure le contrat au BOAMP et le respect d'un délai de onze jours ensuite avant de le signer permettent au pouvoir adjudicateur de ferme la voie au référé contractuel. V. en ce sens : CE, 25 octobre 2013, Commune de la Seyne-sur-Mer, req. n° 370393.

[727]V. par ex. : TA Lille, 10 février 2011, Société Artois équipement collectivités, req. n° 1100422 ; TA Lille, 11 février 2011, Société RCE, n° 1100288 ; TA Montreuil, 25 mai 2011, Société Creno Impex, req. n° 1004470.

[728]V. par ex. : TA Besançon, 15 octobre 2010, SAS L'eau pure, req. n° 1001235.

[729]V. par ex. : TA Versailles, 16 juillet 2010, Entreprise Alain Jeulain, req. n° 1004492 ; TA Bordeaux, 28 février 2011, Société B2R, req. n° 1100580, TA Grenoble, 29 mars 2011, SARL Alpha Chauffage, req. n° 1101234. V. également : TA Cergy-Pontoise, 31 janvier 2011, Société EGS, req. n° 1100177 relativement à une convention de délégation de service public.

candidats non retenus »[730]. En dépit de l'apparent exercice alternatif de ces formalités, l'attention a particulièrement été portée sur la possibilité offerte au candidat ou concurrent évincé d'introduire un référé précontractuel en temps utiles : si le délai spontanément porté à la connaissance des candidats ou soumissionnaires non retenus est suffisamment raisonnable, le juge considère que le référé contractuel n'est pas recevable et il lui importe peu de vérifier que l'intention de conclure le contrat ait été effectivement rendue publique et que le *délai de standstill* ait été effectivement respecté[731]. Dans cette perspective, ont été jugés raisonnables des délais de 8 jours à 21 jours[732], sous réserve de certaines caractéristiques des procédures de passation mises en œuvre[733].

378. Ni la première, ni la seconde interprétation des juges du fond n'est satisfaisante, pas plus que ne l'est d'ailleurs la jurisprudence du Conseil d'État pour laquelle il est possible de s'interroger sur une maladresse rédactionnelle[734].

En effet, la première interprétation subordonne la publicité de l'intention de conclure à des formes strictement déterminées qui dépassent le rayonnement de la publicité de la procédure de passation - si celle-ci a eu lieu - et le rayonnement de la mise en concurrence.

Quant à la seconde interprétation, si elle a le mérite de se concentrer sur l'effet utile du référé précontractuel, elle est contraire à la lettre des dispositions de l'article L. 551-15 du Code de justice administrative et

---

[730]V. par ex. : TA Châlons-en-Champagne, 15 mars 2011, Société Ferrari, req. n° 1100310.

[731]V. par ex. : TA Cergy-Pontoise, 7 juin 2011, Société Cab Com, req. n° 1104085.

[732]V. par ex. : TA Châlons-en-Champagne, 15 mars 2011, Société Ferrari, préc. : un délai de 8 jours a été considéré comme raisonnable eu égard à l'importance du marché en l'absence de publication au BOAMP ; TA Nantes, 3 août 2010, Société Ouest aménagement, req. n° 104899 : un délai de 12 jours a été jugé raisonnable pour un marché de maîtrise d'œuvre partielle d'un itinéraire cyclable de moins de 90 000 euros ; TA Cergy-Pontoise, 7 juin 2011, Société Cab Com, préc. (délai de 16 jours jugé raisonnable) ; TA Strasbourg, 28 juin 2010, Me Rosenstiehl, req. n° 1002610 (délai de 18 jours jugé raisonnable) ; TA Marseille, 10 janvier 2011, SARL Shipping Center Apprenticeship Mediterranean, req. n° 1007823 (délai de 21 jours jugé raisonnable sans mention de l'importance du marché). V. pour les conventions de délégation de service public : TA Lyon, 3 septembre 2010, Société Cars Berthelet, req. n° 1004741 (délai de 17 jours considéré comme raisonnable).

[733]V. par ex. : TA Amiens, 2 septembre 2010, Société Conseil et formation en restauration collective, req. n° 1002171 : la condition du délai raisonnable n'est pas remplie lorsque la notification du rejet a lieu le jour même de la signature du contrat ; TA Strasbourg, 26 juillet 2010, Laboratoire Cevidra, req. n° 1003254 et TA Bastia, 26 août 2010, SARL Corse européenne d'entreprise, req. n° 10784 : un délai de 5 jours ne saurait être considéré comme raisonnable à plus forte raison pour un délai incluant un week-end et un jour férié ; TA Paris, 30 juillet 2010, Société Althing, req. n° 1012380 : n'est pas un délai raisonnable le délai de 8 jours au vu de l'importance du marché de services pour lequel la publication au BOAMP sous-entend que sa valeur est d'un montant supérieur à 90 000 euros.

[734]V. ci-après : CE, 23 novembre 2011, Société GIHP Lorraine Transports, préc.

semble, de manière excessive, faire reposer le système de « fermeture manuelle » du référé contractuel sur le caractère « raisonnable » du *délai de standstill.* L'article L. 551-15 du Code de justice administrative dispose explicitement que deux conditions doivent être réunies pour que la fermeture manuelle du référé contractuel soit acquise. Ces deux conditions ne sont pas exclusives l'une de l'autre. Par ailleurs, le second courant ne s'attache qu'au caractère raisonnable du délai communiqué et non au respect effectif du délai raisonnable auquel l'administration s'est astreint. Dans l'hypothèse où le délai communiqué ne serait pas raisonnable, le référé contractuel demeurerait recevable ; le non-respect effectif de ce délai non raisonnable confirmerait l'idée qu'en tout état de cause, aucun effet utile n'a été assuré au référé précontractuel. En revanche, dans le sens inverse, on aurait peine à comprendre et à justifier comment la communication d'un délai raisonnable aux candidats ou aux soumissionnaires évincés suffirait à fermer la voie du référé contractuel, parce qu'elle aurait soi-disant conféré un effet utile au référé précontractuel, toutes les fois où, en réalité, il n'aurait pas été respecté.

Enfin, la jurisprudence du Conseil d'État ne tranche pas les débats nés entre les juges du fond. Elle tend malencontreusement à proposer une troisième configuration. Dans un arrêt du 23 novembre 2011, « Société GIHP Lorraine Transports », la haute juridiction administrative a, en effet, admis qu'« il résulte des dispositions des articles L. 551-13 et suivants du Code de justice administrative que sont recevables à saisir le juge d'un référé contractuel, outre le préfet, les candidats qui n'ont pas engagé un référé précontractuel, lorsque le pouvoir adjudicateur ou l'entité adjudicatrice n'a pas communiqué la décision d'attribution aux candidats non retenus ou n'a pas observé, avant de signer le contrat, un délai de onze jours après cette communication »[735], dissociant ainsi les deux conditions cumulatives qui sont énumérées à l'article L. 551-15 du Code de justice administrative en y substituant le choix exclusif de communiquer la décision d'attribution aux candidats non retenus ou d'observer un délai de onze jours après cette communication.

379. C'est ainsi qu'une synthèse médiane des trois interprétations précédemment exposées des dispositions de l'article L. 551-15 du Code de justice administrative peut être proposée. Tout en conservant les conditions cumulatives du mécanisme de « fermeture manuelle » du référé contractuel – respectant ainsi la lettre de ces dispositions - il conviendrait, dans la perspective de donner un effet utile au référé précontractuel, d'entendre la publicité de l'intention de conclure comme formalité destinée à informer l'ensemble des candidats et des soumissionnaires qui ont été évincés et qui auraient été potentiellement concernés par l'objet du contrat à conclure selon

[735]CE, 23 novembre 2011, Société GIHP Lorraine Transports, préc.

un schéma de raisonnement semblable à celui qui est tenu pour la détermination des caractéristiques de la publicité et des modalités de mise en concurrence à assurer lors de la passation d'un contrat selon une procédure adaptée, ainsi fondé sur les principes de proportionnalité et d'adéquation. Un délai minimal de 11 jours doit, en tout état de cause, être respecté. Ce délai doit être porté à la connaissance des concurrents non retenus et son respect effectif par l'administration doit être contrôlé par le juge.

Section II : Les exceptions au principe de non-cumul d'exercice des référés précontractuel et contractuel

380. Des exceptions au principe de non cumul d'un référé précontractuel et d'un référé contractuel existent et résultent d'un comportement fautif de l'administration. Il en est ainsi lorsque le contrat a été prématurément signé par l'administration (§ 1) et lorsque l'ordonnance du juge des référés précontractuels n'a pas été respectée (§ 2).

§ 1 : Un possible cumul des voies de droit en cas de signature prématurée du contrat par l'administration

381. L'exercice successif d'un référé précontractuel et d'un référé contractuel devient possible en cas de signature prématurée du contrat par l'administration. L'une des hypothèses d'ouverture du référé contractuel est envisagée par le Code de justice administrative, lorsque la signature du contrat intervient pendant le délai de suspension automatique de signature dès l'introduction du référé précontractuel (A). L'autre a été ajoutée par la jurisprudence « Établissement public national des produits de l'agriculture et de la mer - France Agrimer » propre aux marchés passés selon une procédure formalisée : il s'agit de la méconnaissance de l'article 80 du Code des marchés publics (B).

A – L'hypothèse de la méconnaissance de la suspension automatique de la signature du contrat dès l'introduction du référé précontractuel

382. Aux termes du second alinéa de l'article L. 551-14 du Code de justice administrative, « [le référé contractuel] n'est pas ouvert au demandeur ayant fait usage du recours prévu à l'article L. 551-1 ou à l'article L. 551-5 dès lors que le pouvoir adjudicateur ou l'entité adjudicatrice a respecté la suspension prévue à l'article L. 551-4 ou à l'article L. 551-9 et s'est conformé à la décision juridictionnelle rendue sur ce recours ».

Une lecture *a contrario* de ce texte laisse donc entrevoir que le référé contractuel demeure ouvert au demandeur qui aurait préalablement introduit un référé précontractuel lorsque l'administration n'aurait pas respecté l'obligation de suspension automatique de signature du contrat dès la saisine du juge des référés précontractuels. Il incombe, en effet, à l'administration, aussi bien pour les contrats passés par les pouvoirs adjudicateurs que pour ceux passés par les entités adjudicatrices, sur le fondement des articles L. 551-4 et L. 551-9 du Code de justice administrative, de s'abstenir de signer le contrat « à compter de la saisine du tribunal administratif et jusqu'à la notification au pouvoir adjudicateur de la décision juridictionnelle ».

383. Le Conseil d'Etat a eu l'occasion de préciser les circonstances de la recevabilité du référé contractuel à la suite de l'exercice d'un référé précontractuel sur le fondement d'une lecture *a contrario* des dispositions de l'article L. 551-14 du Code de justice administrative et de départager les situations dans lesquelles l'administration avait réellement fait preuve de mauvaise foi en procédant volontairement à la signature anticipée du contrat et celles dans lesquelles l'administration avait signé le contrat se croyant légitimement dans la capacité de le faire. La distinction de ces situations dépend de la connaissance ou non du pouvoir adjudicateur ou de l'entité adjudicatrice de ce que le juge des référés précontractuels a été saisi. À cet effet, il revient, en principe, à l'opérateur économique évincé de l'en informer au regard des dispositions de l'article R. 551-1 du Code de justice administrative. Ce dernier peut néanmoins ne pas avoir procédé à cette formalité.

Après avoir apprécié les conséquences de la méconnaissance par le requérant des dispositions de l'article R. 551-1 du Code de justice administrative sur la recevabilité même du référé précontractuel[736], le Conseil d'État a précisé, dans un arrêt « Commune de Maizières-les-Metz » du 30 septembre 2011[737], les implications d'un tel manquement sur l'articulation des référés précontractuel et contractuel. Faute pour le requérant d'avoir notifié son référé précontractuel au pouvoir adjudicateur ou à l'entité adjudicatrice, la voie du référé contractuel se ferme à lui. À défaut de cette notification, l'administration était dans l'ignorance qu'un référé précontractuel avait été introduit. Il lui était ainsi possible de procéder à la signature du contrat. Une position inverse de la jurisprudence aurait été surprenante : il aurait été difficile, d'une part, de justifier la non-application

---

[736]CE, 10 novembre 2010, Ministre de la défense, préc. : la formalité de l'article R. 551-1 du Code de justice administrative n'est pas prescrite à peine d'irrecevabilité du référé précontractuel. Elle a pour finalité, dans l'intérêt de l'auteur du référé, d'éviter que le marché contesté ne soit prématurément signé par l'administration resté dans l'ignorance de l'introduction du recours.

[737]CE, 30 septembre 2011, Commune de Maizières-les-Metz, req. n° 350148, préc.

de l'adage « nemo auditur » et, d'autre part, de justifier l'ouverture d'une session de rattrapage sous la forme d'un référé contractuel à partir d'une irrégularité qui, en définitive, n'a pas handicapé le candidat[738].

Malgré la faute pour l'opérateur économique de ne pas avoir procédé à la notification à l'administration de l'introduction du référé précontractuel, la haute juridiction administrative, dans une démarche pragmatique, n'a pas donné de blanc-seing à la bonne foi de l'administration qui aurait signé le contrat dans l'ignorance du recours. Elle s'est attachée à établir un égal partage des responsabilités entre le requérant et l'administration. C'est ainsi qu'elle a pu considérer que la voie du référé contractuel demeurait ouverte au demandeur qui avait antérieurement introduit un référé précontractuel, si le marché avait été signé pendant la suspension prévue à l'article L. 551-4 du Code de justice administrative, quand bien même le requérant aurait méconnu son obligation de notification du recours prévue à l'article R. 551-1 du Code de justice administrative, dans la mesure où la signature est intervenue alors que l'administration avait connaissance du référé précontractuel[739]. Une lecture combinée des arrêts « Commune de Mézières-les-Metz » et « OPAC du Rhône » implique non seulement de prendre en considération l'erreur de l'opérateur économique dans la notification de son référé précontractuel à l'administration, mais également de tenir compte de la réalité de l'ignorance de l'administration quant à la saisine du juge des référés précontractuels.

La voie du référé contractuel ne sera définitivement fermée au requérant que dans l'hypothèse où le pouvoir adjudicateur a effectivement été dans l'ignorance totale du recours[740]. Le fait pour le greffe du tribunal administratif d'avoir informé l'administration de l'introduction d'un référé précontractuel implique l'obligation pour celle-ci de suspendre la signature du contrat. Que le requérant ait omis de notifier son référé précontractuel au pouvoir adjudicateur devient une circonstance indifférente. La signature anticipée du contrat permet au requérant de saisir le juge des référés contractuels.

[738]Dacosta Bertrand, conclusions sur CE, 30 septembre 2011, Commune de Maizières-les-Metz, préc., spéc. pp. 468-469.

[739]CE, 1er mars 2012, OPAC du Rhône, préc.

[740]Pour apprécier l'ignorance du pouvoir adjudicateur, le juge du référé contractuel ne doit pas rechercher si, eu égard à l'ensemble des circonstances de l'espèce qui lui est soumise, le pouvoir adjudicateur doit être regardé comme ayant eu connaissance du référé précontractuel du demandeur, mais doit se borner à vérifier si celui-ci a été communiqué par le greffe du tribunal administratif ou notifié au pouvoir adjudicateur dans les conditions prévues par l'article R. 551-1 du Code de justice administrative. V. CE, 5 mars 2014, Société Eiffage TP, req. n° 374048 et 374049.

B – L'hypothèse de la méconnaissance des obligations découlant de l'article 80 du Code des marchés publics

384. La jurisprudence est venue compléter l'hypothèse de cumul des référés précontractuel et contractuel exposée dans le Code de justice administrative en y adjoignant une seconde catégorie de situations nées de la méconnaissance de l'article 80 du Code des marchés publics.

385. Aux termes de l'arrêt « Établissement public national des produits de l'agriculture et de la mer – France Agrimer » du 10 novembre 2010, « les dispositions de l'article L. 551-14 du Code de justice administrative [...] n'ont pas pour effet de rendre irrecevable un recours contractuel introduit par un concurrent évincé qui avait antérieurement présenté un référé précontractuel alors qu'il était dans l'ignorance du rejet de son offre et de la signature du marché par suite d'un manquement du pouvoir adjudicateur au respect des dispositions de l'article 80 du Code des marchés publics qui prévoit l'obligation de notifier aux candidats le rejet de leurs offres et fixe un délai minimum de seize jours, réduit à onze jours dans le cas d'une transmission électronique, entre cette notification et la conclusion du marché »[741].

En d'autres termes, l'introduction d'un référé précontractuel ne ferme pas la voie du référé contractuel lorsque le requérant ignorait le rejet de son offre et la signature du contrat. D'un point de vue procédural, ceci se traduit par la recevabilité des conclusions de référé contractuel dans le cadre de l'instance de référé précontractuel[742]. En l'espèce, l'article 80 du Code des marchés publics est explicitement visé : cet état du droit a vocation à s'appliquer aux contrats passés selon une procédure formalisée à l'issue de laquelle obligation est faite à l'administration, d'une part, de notifier aux candidats et aux soumissionnaires évincés le rejet de leurs candidatures et de leur offres en indiquant les motifs de ce rejet et, d'autre part, de respecter un *délai de standstill*. Le juge veille à ce que ces deux formalités soient respectées.

[741]CE, 10 novembre 2010, Établissement public national des produits de l'agriculture et de la mer - France Agrimer, préc.

[742]Le cumul des conclusions est ainsi rendu possible dans l'articulation référé précontractuel/référé contractuel. Il n'y a pas lieu nécessairement de présenter des demandes distinctes dans deux actions différentes. Ce cumul des conclusions avait été refusé s'agissant d'un cumul d'un référé suspension et d'un référé précontractuel, d'un référé suspension et d'un référé liberté, d'un référé liberté et d'un référé mesures utiles, d'un référé mesures utiles et d'un référé provision ou encore d'un référé suspension et d'un référé provision. V. respectivement en ce sens : CE, 29 juillet 2002, Ville de Nice, req. n° 243686, Rec. p. 299 ; CE, sect., 28 février 2001, Philippart et Lesage, req. n° 230112, Rec. p. 111 ; CE, 6 mars 2002, Société des pétroles Shell, req. n° 241534, T., p. 852 ; CE, 21 mai 2003, SARL Pico, req. n° 249541, T., p. 911 ; CE, 12 août 2004, M. Appiah, req. n° 174877.

386. De manière générale, le Conseil d'État a rappelé que le *délai de standstill* est « un délai dont la computation s'opère de date à date »[743]. Il ne s'agit pas d'un délai franc dont la computation ne tiendrait compte ni du jour de déclenchement ni du jour d'expiration du délai[744].

387. Plus spécifiquement, le Conseil d'État s'est intéressé au dernier alinéa du 1° de l'article 80-I, lequel dispose que la notification de l'attribution du marché ou de l'accord-cadre doit comporter l'indication de la durée du délai de suspension que le pouvoir adjudicateur s'impose au regard du mode de transmission retenu[745]. Ainsi a-t-il pu juger que le candidat qui avait déjà formé un référé précontractuel était recevable à former, par la suite, un référé contractuel si, dans le courrier l'informant du rejet de sa candidature ou de son offre, le pouvoir adjudicateur n'avait pas indiqué quel délai de suspension il s'imposait jusqu'à la signature du marché[746].

388. L'opérateur économique doit avoir été dans l'ignorance de la signature du marché : il ne doit pas en avoir eu connaissance par d'autres moyens, à travers, par exemple, une lettre ou une publicité[747]. Le Conseil d'État a même été jusqu'à préciser les modalités pratiques que devaient

---

[743]CE, 2 août 2011, Société Clean Garden, préc.

[744]Une telle computation s'inscrit pleinement en conformité avec les directives « Recours » dont les articles 2 bis disposent que « la conclusion du contrat qui suit la décision d'attribution d'un marché relevant du champ d'application de la directive 2004/18/CE [directive 2004/17/CE] ne peut avoir lieu avant l'expiration d'un délai d'au moins dix jours calendaires à compter du lendemain du jour où la décision d'attribution du marché a été envoyée aux soumissionnaires et candidats concernés si un télécopieur ou un moyen électronique est utilisé ou, si d'autres moyens de communication sont utilisés, avant l'expiration d'un délai d'au moins quinze jours calendaires à compter du lendemain du jour où la décision d'attribution du marché est envoyée aux soumissionnaires et candidats concernés, ou d'au moins dix jours calendaires à compter du lendemain du jour de réception de la décision d'attribution du marché ».

[745]Conformément aux directives « Recours » telles que modifiées par la directive n° 2007/66/CE. Un article 2 bis § 2 est inséré dans chacune des directives « Recours » originelles disposant que « la décision d'attribution est communiquée à chaque soumissionnaire et candidat concernés, accompagnée : — d'un exposé synthétique des motifs pertinents visés à l'article 41, paragraphe 2 [article 49, paragraphe 2], de la directive 2004/18/CE [directive 2004/17/CE], sous réserve des dispositions de l'article 41, paragraphe 3, de ladite directive, et — d'une mention précise de la durée exacte du délai de suspension applicable, en vertu des dispositions nationales transposant le présent paragraphe ».

[746]V. par ex. : CE, 24 juin 2011, Office public de l'habitat interdépartemental de l'Essonne, du Val-d'Oise et des Yvelines et Société Seni, préc. ; CE, 30 novembre 2011, Société DPM Protection, Centre hospitalier Andrée-Rosemon, préc. V. pour une comparaison en contentieux des contrats privés de la commande publique : Cass. Com., 14 mai 2013, pourvoi n° 12-17.890.

[747]Linditch Florian, « La sanction du manquement aux obligations de publicité et de mise en concurrence dans le cadre du référé contractuel », commentaire sous CE, 30 novembre 2011, Société DPM Protection, Centre hospitalier Andrée-Rosemon, in *JCP Administrations et Collectivités territoriales*, 9 janvier 2012, p. 29 et s., spéc. p. 31.

respecter l'administration : « le seul rappel du délai minimum prévu par l'article 80 du Code des marchés publics dans l'indication des voies et délai de recours ne [peut] valoir fixation d'un tel délai »[748]. L'ensemble de ces solutions permet de « désamorcer les stratégies de contournement des règles de standstill »[749].

389. Par ailleurs, dans un arrêt « Métropole Nice Côte d'Azur » du 18 décembre 2012[750], la haute juridiction administrative a estimé que « les dispositions [...] de l'article L. 551-14 du Code de justice administrative, qui prévoient que le référé contractuel n'est pas ouvert au demandeur ayant fait usage du référé précontractuel dès lors que le pouvoir adjudicateur a respecté la suspension prévue à l'article L. 551-4 et s'est conformé à la décision juridictionnelle rendue sur ce recours, n'ont pas pour effet de rendre irrecevable un référé contractuel introduit par un concurrent évincé qui avait antérieurement présenté un référé précontractuel alors qu'il était, par suite d'un manquement du pouvoir adjudicateur au respect des dispositions [...] de l'article 80 du Code des marchés publics, dans l'ignorance des motifs de rejet de son offre et du choix de l'offre retenue ». Le Conseil d'État a fait le choix de ne pas seulement protéger l'accès au juge des référés précontractuels, mais de s'assurer de l'exercice, par le concurrent évincé, d'un « référé précontractuel utile », l'information insuffisante étant, en effet, susceptible de faire obstacle à l'introduction d'une requête ou à la production d'un mémoire suffisamment argumenté, parce que le requérant n'aura pas été en possession de l'ensemble des informations nécessaires à la contestation de la procédure de passation à laquelle il a participé.

§ 2 : Un possible cumul des voies de droit en cas de méconnaissance par l'administration de l'ordonnance du juge des référés précontractuels

390. Une seconde lecture *a contrario* des dispositions de l'article L. 551-14 du Code de justice administrative fait apparaître un deuxième cas de figure de l'enchaînement possible d'un référé précontractuel et d'un référé contractuel. Ce dernier demeurerait ouvert toutes les fois où l'administration ne se serait pas conformée à la décision juridictionnelle rendue par le premier juge saisi : le juge des référés précontractuels aura certes été saisi, mais le requérant se trouvera privé de l'exécution totale ou partielle d'une décision de justice ayant autorité de chose ordonnée.

748CE, 29 juin 2012, Société Signature, req. n° 357617.

749Linditch Florian, « La sanction du manquement aux obligations de publicité et de mise en concurrence dans le cadre du référé contractuel. », préc., spéc. p. 31.

750CE, 18 décembre 2012, Métropole Nice Côte d'Azur, préc..

Le second cas d'ouverture du référé contractuel constitue, par conséquent, le parachèvement de la volonté d'assurer un effet utile au référé précontractuel. La promotion de l'accès au juge des référés précontractuels par la garantie d'un *délai de standstill* serait vaine si son ordonnance n'était pas respectée. Les dispositions de l'article L. 551-14 du Code de justice administrative confortent ainsi l'idée que l'« effet utile du référé précontractuel » s'étend jusqu'à la possibilité offerte au requérant de bénéficier effectivement des effets d'une décision rendue au fond par le juge saisi.

391. *A priori* claire, la règle empreinte de logique reste néanmoins floue. Il importe, en effet, de s'interroger sur l'interprétation à donner à la condition d'ouverture du référé contractuel lorsque « le pouvoir adjudicateur ou l'entité adjudicatrice ne se sera pas conformé à la décision juridictionnelle rendue par le juge des référés précontractuels ». La notion de « conformité » est somme toute relative et le juge administratif n'a pas encore eu l'occasion de la préciser[751]. Il lui incombera de déterminer si l'acheteur devra strictement se conformer à l'ordonnance rendue par le juge des référés précontractuels ou, à l'inverse, si la conformité pourra être appréciée par équivalence pour fermer la voie du référé contractuel.

D'ores et déjà, est-il possible de se reporter aux pouvoirs dont dispose le juge des référés précontractuels. La distinction entre ses pouvoirs aux conséquences définitives et ses pouvoirs aux conséquences provisoires peut servir de référentiel à l'étude de cette conformité. D'ailleurs, l'étude de la conformité par équivalence pourra être admise lorsque le juge usera de ses pouvoirs aux conséquences provisoires. Ainsi qu'il a pu être précédemment observé, en usant de son pouvoir de suspension et de son pouvoir d'injonction, le juge réserve une certaine liberté à l'administration afin de réparer son erreur[752], laquelle réparation peut prendre différentes orientations en fonction de ce que le juge aura plus ou moins précisément prescrit dans son ordonnance. Dans l'hypothèse où le juge des référés précontractuels aura annulé les décisions qui se rapportent à la passation du contrat ou supprimé certaines clauses ou prescriptions destinées à y figurer, il est difficile d'imaginer comment l'administration pourrait ne pas se conformer à l'ordonnance du juge, exception faite du lancement d'une nouvelle procédure de passation en adoptant la même décision – qui aura été auparavant annulée - ou en y insérant la même clause ou prescription destinée à figurer dans le contrat – qui aura été auparavant supprimée.

C'est au juge des référés contractuels qu'il incombera de déterminer si le pouvoir adjudicateur ou l'entité adjudicatrice s'est conformé ou non à

---

[751] *Ibid.*

[752] V. précédemment § 37.

l'ordonnance rendue par le premier juge afin de décider de la recevabilité ou de l'irrecevabilité de la seconde voie de droit. Le juge des référés contractuels apparaît alors comme devant se comporter en juge de l'exécution des décisions adoptées par le juge des référés précontractuels. Ainsi que le soulevait Frédéric Brotons, « le juge du référé contractuel doit-il se comporter en juge de l'exécution des décisions prises par son homologue précontractuel ? Le peut-il seulement ? »[753]. Il semble que telle est la conséquence de l'article L. 551-14 du Code de justice administrative. Il s'agit là d'un second rôle assigné au juge des référés contractuels. L'on ne pourrait donc que constater le dédoublement de son office : le juge des référés contractuels interviendrait en aval de la conclusion du contrat non seulement lorsque l'exercice d'un référé précontractuel aurait été rendu impossible, mais également lorsque la décision du juge des référés précontractuels n'aurait pas été respectée, ces deux missions s'inscrivant *in fine* dans l'objectif de faire du référé précontractuel une voie de droit incontournable.

Il reste à déterminer quel sera l'office du juge des référés contractuels par rapport à l'ordonnance du juge des référés précontractuels dans l'hypothèse où l'administration ne se serait pas conformée - même par équivalence – à la décision du premier juge. Doit-il réexaminer le fond du litige selon le même office que le juge des référés précontractuels ? L'on en doute fortement, sauf à faire du juge des référés contractuels, non pas seulement un juge de l'exécution des ordonnances du juge des référés précontractuels, mais un véritable double du juge des référés précontractuels. Doit-il faire application de son office, tel que défini dans le Code de justice administrative, tout en prenant en considération l'ordonnance du premier juge ? Une réponse positive semble délicate. Si une telle question devait se présenter devant la haute juridiction administrative, il est à espérer que, dans ces circonstances, le juge des référés contractuels s'auto-confère prétoriennement le pouvoir d'enjoindre à l'administration sous astreinte de se conformer à l'ordonnance du juge des référés précontractuels au regard de son autorité de chose ordonnée. Cette solution aurait le mérite de ne pas bouleverser l'office du juge des référés contractuels et de s'inscrire dans la continuité de la pratique selon laquelle, pour remédier à l'inaction de l'administration par rapport à l'ordonnance du juges des référés précontractuels, il est toujours possible au requérant de saisir le juge de l'injonction pour ce faire.

---

[753]Brotons Frédéric, « L'articulation des référés précontractuels et contractuels n'a pas fini de grincer », préc., spéc. p. 50.

Chapitre 2 : Les relations exclusives du recours pour excès de pouvoir et du recours en contestation de la validité du contrat

392. Le recours pour excès de pouvoir et le recours en contestation de la validité du contrat ont toujours entretenu des relations exclusives. En d'autres termes, dès l'avènement du recours « Tropic », un mécanisme d'articulation de ces voies de droit a été précisé par la haute juridiction administrative. La décision « Département de Tarn-et-Garonne » est venue renforcer cette relation d'exclusivité. Si elle peut être qualifiée de « tempérée » dans le premier paradigme (Section I), elle est absolue dans le second (Section II).

Section I : Une relation d'exclusivité tempérée dans le paradigme de la décision « Tropic Travaux Signalisation »

393. L'arrêt « Tropic Travaux Signalisation » précisait les modalités de l'articulation du recours en contestation de la validité du contrat avec le recours pour excès de pouvoir contre les actes détachables préalables à la conclusion du contrat : « à partir de la conclusion du contrat, et dès lors qu'il dispose du recours ci-dessus défini, le concurrent évincé n'est, en revanche, plus recevable à demander l'annulation pour excès de pouvoir des actes préalables qui en sont détachables ». Si le principe était celui de l'impossibilité de cumul des deux voies de droit (§ 1), des exceptions pouvaient néanmoins être identifiées (§ 2).

§ 1 : Le principe de non cumul du recours pour excès de pouvoir et du recours en contestation de la validité du contrat

394. Les relations qu'entretenaient le recours pour excès de pouvoir et le recours en contestation de la validité du contrat étaient, en principe, de nature exclusive selon le principe de l'exception de recours parallèle (A). L'ouverture du recours en contestation de la validité du contrat au concurrent évincé fermait, à compter de la conclusion de celui-ci, la voie du recours pour excès de pouvoir contre les actes détachables qui y étaient préalables (B).

A - Le principe de non cumul fondé sur l'exception de recours parallèle

395. Si l'exception de recours parallèle est un principe initialement appliqué au contentieux des parties au contrat qui ne soulève guère de difficultés dans sa mise en œuvre (1), l'extension de son champ d'application au contentieux des tiers au contrat a fait naître certaines interrogations (B).

1 – Un principe initialement appliqué au contentieux des parties au contrat

396. L'exception de recours parallèle a été élaborée par le Conseil d'État dans la deuxième moitié du Second Empire. Elle avait pour fonction d'empêcher que le Conseil d'État ne devienne une « juridiction universelle »[754] en raison de l'ouverture du recours pour excès de pouvoir. Ainsi que le relevait Frédéric Blancpain, il s'agissait « d'endiguer le flot des recours provoqués par le décret de 1864 »[755]. Et Alexandre Ciaudo de noter que « [l'exception de recours parallèle a [...] émergé à contre-courant de la libéralisation du recours pour excès de pouvoir par la dispense du ministère d'avocat opérée par le décret du 2 novembre 1864 »[756].

397. Sur le fondement de cette exception, l'existence d'un recours permettant au requérant d'obtenir satisfaction devant un autre juge constitue devant le juge de l'excès de pouvoir une exception d'irrecevabilité[757]. Ainsi que le soulignait le Président Odent, « elle est destinée à éviter que la légalité d'actes administratifs étroitement liés à des litiges relevant de la compétence des juridictions autres que celles qualifiées pour statuer sur les recours pour excès de pouvoir dirigés contre ces actes puisse être discutée devant le juge de l'excès de pouvoir, qui imposerait ainsi directement ou indirectement ses propres solutions à d'autres juridictions, empiéterait sur leurs attributions et en arriverait à ressusciter, sous une forme moderne, la pratique des évocations si justement décriée sous l'Ancien Régime »[758]. L'exception de recours parallèle participe au respect des compétences juridictionnelles[759]. Elle se trouve finalement être un instrument utilisé en fonction des nécessités

---

[754]Aucoc Léon, conclusions sur CE, 20 février 1868, Couder et Bouchers de Paris, Rec. p. 139 et s., spéc. p. 194 ; Aucoc Léon, *Des recours pour excès de pouvoir devant le Conseil d'État*, Paris, 1878, spéc. p. 44.

[755]Blancpain Frédéric, *La formation historique de l'acte administratif unilatéral*, Thèse, 1979, spéc. p. 249.

[756]Ciaudo Alexandre, *L'irrecevabilité en contentieux administratif français*, L'Harmattan, 2009, spéc. p. 208.

[757]V. Pacteau Bernard, *Traité de contentieux administratif*, PUF, 2008, p. 252 ; Perrin Alix, « Conditions d'exercice du recours pour excès de pouvoir. - Conditions particulières relatives à la nature de l'acte contesté », in *JCl. Administratif*, Fasc. 1140, 28 novembre 2011, pt. 10.

[758]Odent Raymond, *Contentieux administratif*, tome 2, Dalloz, 2007, spéc. p. 280.

[759]Gonod Pascale, « Introduction de l'instance. - Recevabilité. - Décision attaquée, auteur du recours », in *JCl. Justice administrative*, Fasc. 40, 1er octobre 2001, pt. 40 : « concrètement, la condition de recevabilité liée à l'exception de recours parallèle constitue sans conteste une sanction des règles de répartition des compétences juridictionnelles ».

du travail juridictionnel : « le mouvement de flux et de reflux qui a animé [...] la théorie du recours parallèle est fonction de divers éléments tour à tour privilégiés par le juge. Ces éléments constituent un faisceau d'indices que la juridiction combinera librement selon le résultat qu'il lui paraît préférable d'atteindre [...]. Parfois domine le souci d'opérer un classement rationnel entre plein contentieux et excès de pouvoir, dans d'autres hypothèses l'emporte la prise en compte des avantages et des inconvénients respectifs des deux contentieux, ou encore l'application pertinente des règles de compétence au sein de l'ordre juridictionnel administratif »[760].

398. Spécialement en matière contractuelle, l'application de cette exception a, jusqu'à la jurisprudence « Tropic Travaux Signalisation », été circonscrite au contentieux des parties au contrat[761]. Jusqu'alors, les tiers au contrat, quel qu'eût été leur qualité, ne disposaient d'aucun recours contentieux de pleine juridiction leur permettant de contester la validité du contrat et pouvaient seulement exercer un recours pour excès de pouvoir à l'encontre des actes détachables préalables à la conclusion du contrat, de la décision même de conclure le contrat et des actes détachables de son exécution[762], si bien que la question de l'exception de recours parallèle ne se posait pas.

399. Dans le contentieux des parties au contrat, par le jeu de l'exception de recours parallèle, le cocontractant de l'administration n'est pas recevable à agir par la voie du recours pour excès de pouvoir à l'encontre des mesures d'exécution d'un contrat émanant de l'administration[763]. À partir de la conclusion du contrat, les parties disposent de la possibilité de porter devant le juge du contrat - juge de pleine juridiction - le contentieux de son exécution engendré par des actes tels que les modifications ou les refus de modifications des clauses contractuelles, les sanctions prononcées par l'administration à l'encontre de son cocontractant, les décisions relatives au règlement financier du contrat ou encore les résiliations ou les refus de résiliation[764]. Ces actes, considérés comme n'étant pas détachables à l'égard des parties, sont donc insusceptibles de recours pour excès de pouvoir et la

---

760 Tercinet Josiane, « Le retour de l'exception de recours parallèle », in *RFDA*, 1993, p. 705 et s., spéc. p. 713.

761 V. par ex. : CE, 19 février 1958, Société Air Tahiti, req. n° 35783, Rec. p. 113.

762 V. par ex. : CE, sect., 24 avril 1964, Société anonyme de livraisons industrielles et commerciales, req. n° 53518, Rec. p. 239.

763 Pour une critique de l'application de l'exception de recours parallèle au contentieux contractuel des parties, v. Janicot Lætitia, « Réflexions sur la théorie de l'acte détachable dans le contentieux contractuel », préc., spéc. pp. 364-365.

764 Le commissaire du gouvernement Marc Fornacciari expliquait qu'« après la conclusion définitive du contrat, celui-ci est la seule loi des parties, qui n'ont d'autre choix que de faire trancher le litige par le juge du contrat ». V. Fornacciari Marc, conclusions sur CE, sect., 31 mars 1989, Département de la Moselle, in *RFDA*, 1989, p. 466 et s., spéc. p. 469.

jurisprudence est constante sur ce point[765]. Elle s'applique aussi bien aux conventions génératrices d'effets réglementaires[766] qu'aux conventions conclues entre deux personnes publiques portant sur l'organisation du service public[767]. L'exception de recours parallèle ne souffre que de dérogations limitées[768], lesquelles peuvent être regroupées en deux catégories : « soit des décisions en réalité extracontractuelles, soit des actes qualifiés de contrats, mais qui sont en réalité proches d'actes réglementaires »[769].

2 – Le silence de la haute juridiction administrative sur les modalités pratiques de l'articulation-exclusion à propos de la décision de conclure le contrat

400. Jusqu'alors circonscrite au contentieux des parties au contrat, l'exception de recours parallèle a, par la jurisprudence « Tropic Travaux Signalisation », été étendue au contentieux de certains tiers au contrat. Si l'application de l'exception ne soulève pas de difficultés dans le contentieux des parties au contrat, il n'en a pas été ainsi dans le contentieux des tiers au contrat.

401. En premier lieu, l'extension du champ d'application de l'exception au contentieux des tiers au contrat a nuit à la lisibilité des recours contentieux dont dispose le tiers concurrent évincé à l'encontre des actes détachables du contrat jusqu'à sa conclusion.

En effet, au nom de l'exception de recours parallèle, les concurrents évincés se voyaient fermer, à compter de la conclusion du contrat, le recours pour excès de pouvoir contre les actes détachables préalables à la conclusion du contrat, parce que le recours « Tropic » leur était ouvert. Si l'on comprend que le mécanisme de l'exception de recours parallèle reposait sur le pivot

---

765V. par ex. : CE, 24 octobre 1952, Chambre syndicale de l'industrie de la bonneterie du Sud-Ouest, req. n° 99132, Rec. p. 465 ; CE, sect., 6 mai 1955, Société des grands travaux de Marseille, req. n° 20711, Rec. p. 244 ; CE, 29 juin 1966, Société pour le traitement industriel des bois et équipement de la montagne, req. n° 60080 et 60081, Rec. p. 423 ; CE, 15 novembre 1971, Demoiselle Leduc, req. n° 72263, 72269, 72286, 76675, 76679, Rec. p. 688 ; CE, 9 juillet 1997, Société des eaux de Luxeuil-les-Bains, req. n° 156784, n° 156785 ; CE, 9 juillet 1997, Ville de Cannes, req. n° 163238 et 163240, T., p. 998. V. plus récemment : CAA Bordeaux, 27 décembre 2012, Électricité réseau distribution France, req. n° 12BX00329.

766V. par ex. : CE, ass., 2 février 1987, Société TV6, req. n° 81131, 82432, 82437, 82443, Rec. p. 28.

767V. par ex. : CE, 15 février 1993, Commune de Nay-Bourdettes, req. n° 133223.

768A leur propos, le commissaire du gouvernement Marc Fornacciari se demandait même s'il s'agissait de véritables exceptions. V. Fornacciari Marc, conclusions sur CE, ass., 2 février 1987, Société TV6 et Société France 5, in *RFDA*, 1987, p. 29 et s., spéc. p. 30.

769Pouyaud Dominique, « Contentieux des contrats administratifs - Exécution et fin du contrat », in *JCl. adm.*, Fasc. 1127, 1er février 2011, pt. 199-201.

temporel de la signature du contrat, la formule utilisée par la haute juridiction administrative révélait un silence sur le sort contentieux à réserver à la décision même de conclure le contrat qui n'existe pas matériellement et qui est révélée par sa signature. En d'autres termes, de par la lecture de cette jurisprudence, il était acquis que tout tiers intéressé pouvait contester jusqu'à la signature du contrat, par le biais d'un recours pour excès de pouvoir, tous les actes détachables préalables à sa conclusion, lesquels recouvraient l'ensemble des actes administratifs adoptés par le pouvoir adjudicateur ou l'entité adjudicatrice tout au long de la procédure de passation jusqu'aux actes d'approbation ; dès lors que le contrat était signé, la voie du recours pour excès de pouvoir se fermait au profit du recours en contestation de la validité du contrat ; toutefois, force était constater le silence du Conseil d'État sur les modalités de l'articulation des voies de droit en question pour contester la décision de conclure le contrat.

De deux choses l'une : ou bien il importait peu de s'interroger sur la possibilité de contester la décision de signer le contrat par le biais du recours pour excès de pouvoir, parce que le juge du recours en contestation de la validité du contrat avait la possibilité d'en connaître s'il était saisi de moyens tirés de son illégalité ; ou bien, le silence de la jurisprudence « Tropic Travaux Signalisation » invitait à admettre la possibilité pour le requérant de contester par la voie du recours pour excès de pouvoir la décision de conclure le contrat quand bien même celui-ci avait été signé et en dépit du jeu de l'exception de recours parallèle.

La seconde solution semblait pouvoir être admise dans son principe. En effet, au terme d'une jurisprudence constante, la décision de conclure le contrat est traditionnellement considérée comme un acte détachable de celui-ci[770]. Que l'action contentieuse ait été introduite par le cocontractant de l'administration ou le tiers au contrat, le recours pour excès de pouvoir à l'encontre de la décision de conclure le contrat a, depuis longtemps, été déclaré recevable[771]. Il serait devenu, par conséquent, difficile de justifier le

---

[770]Le Professeur René Chapus soulignait que « la circonstance que la décision de contracter soit ainsi 'incluse' dans le contrat n'est pas un obstacle à sa détachabilité : le fait qu'elle en est intellectuellement détachable suffit ». V. Chapus René, *Droit du contentieux administratif*, préc., spéc. pt. 816. V. par ex. : CE, 8 avril 1911, Commune d'Ousse-Suzan, req. n° 38638, Rec. p. 468 ; CE, 9 novembre 1934, Chambre de commerce, d'industrie et d'agriculture de Tamatave, préc. ; CE, 7 février 1936, Département de la Creuse, req. n° 30145, Rec. p. 171 ; CE, 20 janvier 1989, Ville de Millau, préc. ; CE, sect., 8 novembre 1974, Epoux Figueras, préc.

[771]V. pour le cocontractant de l'administration : CE, 5 décembre 1958, Secrétaire d'État à l'Agriculture c/ Union des pêcheurs à la ligne et au lancer de Grenoble et du département de l'Isère, req. n° 41722, Rec. p. 620, même si cette jurisprudence est ancienne. V. également : Boulouis Nicolas, « Les recours autour de la signature », in *Commande publique. Les contentieux de la passation : comment les gérer*, Actes de colloque organisé par l'Afac le 27

fait que le tiers concurrent évincé ne puisse user du recours pour excès de pouvoir pour contester la légalité de la décision de conclure le contrat au nom du jeu de l'exception de recours parallèle, alors que cette exception ne joue pas dans le contentieux des parties au contrat pour laquelle seuls les actes d'exécution sont concernés[772]. La maladresse rédactionnelle dont a fait preuve la haute juridiction administrative dans la décision « Tropic Travaux Signalisation » n'était donc pas incompatible avec la jurisprudence constante relative à la recevabilité du recours pour excès de pouvoir des parties ou des tiers au contrat contre la décision de conclure celui-ci.

402. En second lieu, se posait la question du comportement du juge administratif face à un recours pour excès de pouvoir contre un acte détachable préalable à la conclusion d'un contrat de droit privé relevant de la commande publique introduit postérieurement à sa signature par un candidat ou un soumissionnaire évincé. Le tiers concurrent évincé d'un contrat de droit privé relevant de la commande publique était dans la même situation que le tiers concurrent évincé d'un marché public, à la différence près que s'ils disposaient tous deux du référé précontractuel, du référé contractuel et du recours pour excès de pouvoir contre les actes détachables du contrat, le premier ne disposait pas du recours « Tropic » créé, de manière prétorienne, par la haute juridiction administrative. Bien que le tiers concurrent évincé d'un contrat de droit privé relevant de la commande publique bénéficie du référé contractuel, ses conditions d'ouverture sont aussi limitées que celle du référé contractuel administratif. Il semblait difficile de conclure à l'irrecevabilité de tels recours pour excès de pouvoir contre la décision de conclure le contrat auquel cas le tiers concurrent évincé d'un contrat de droit privé relevant de la commande publique se trouvait démuni d'une voie de droit lui permettant de contester la procédure de passation après la conclusion du contrat. Seule la transposition de la jurisprudence « Tropic Travaux Signalisation » et de l'exception de recours parallèle dans le contentieux judiciaire aurait permis de remettre en cause cette recevabilité.

---

janvier 2011, p. 5 et s., spéc. p. 6. Cette jurisprudence s'applique sous réserve toutefois que l'acte n'ait pas un caractère de droit privé (v. en ce sens : CE, 29 avril 1994, Groupement d'intérêt économique Groupetudebois, req. n° 91549, T., p. 786).

[772] V. néanmoins : TA Cergy-Pontoise, 26 janvier 2012, Société Paysage Clément, req. n° 1106540. À la lumière de la jurisprudence « Commune de Béziers », la pérennité du contentieux de l'excès de pouvoir des actes détachables préalables à la conclusion du contrat à l'initiative des parties au contrat se pose.

B - L'application du principe de l'exception de recours parallèle strictement limitée aux actes préalables et détachables du contrat

403. Le rappel de la portée de l'exception (1) conduit à l'étude des questions soulevées par son application en l'espèce (2).

1 - La portée de l'exception de recours parallèle

404. Le recours pour excès de pouvoir est traditionnellement présenté comme le recours de droit commun ouvert contre tous les actes administratifs pour lesquels le requérant conteste la légalité[773]. L'exercice du recours pour excès de pouvoir peut néanmoins être limité par l'exception de recours parallèle.

L'application de cette exception entraîne l'irrecevabilité du recours pour excès de pouvoir si la personne « lésée par un acte administratif unilatéral argué d'illégalité peut obtenir satisfaction en exerçant un autre recours, dit recours parallèle, devant une juridiction judiciaire ou administrative »[774]. Une fin de non recevoir tirée de l'existence d'un recours parallèle peut, en conséquence, être opposée au requérant ayant saisi le juge de l'excès de pouvoir si trois conditions sont réunies[775]. Tout d'abord, le requérant doit disposer d'une action contentieuse formée devant une juridiction administrative ou judiciaire[776]. Ensuite, le requérant doit pouvoir prendre l'initiative d'un tel recours[777]. Enfin, le recours parallèle n'est constitué que s'il est susceptible de produire, pour le requérant, les mêmes effets pratiques que le recours pour excès de pouvoir[778].

405. A l'instar des parties au contrat qui se voient fermer la voie du recours pour excès de pouvoir dès lors qu'elles disposent de la faculté de

---

[773]CE, 17 février 1950, Dame Lamotte, req. n° 86949, Rec. p. 110, GAJA n° 61.

[774]Laferrière Édouard, *Traité de la juridiction administrative et des recours contentieux*, tome 2, Berger-Levrault, 1888, spéc. p. 444.

[775]Gonod Pascale, « Introduction de l'instance. - Recevabilité. - Décision attaquée, auteur du recours », *Jurisclasseur Justice administrative*, Fasc. 40, pt. 38. V. également : Guillien Raymond, *L'exception de recours parallèle. Distinction des contentieux. Compétence juridictionnelle et recevabilité en doctrine et jurisprudence administratives*, Sirey, 1934, spéc. pp. 21-34 : l'auteur résumait ainsi les conditions du jeu de l'exception de recours parallèle : la nécessité d'un recours à forme juridictionnelle, la nécessité d'une action et l'insuffisance corrélative d'une exception ainsi que la nécessité de détourner les effets de l'acte incriminé et l'insuffisance d'une réparation.

[776]Un recours administratif, même obligatoire, ne constitue pas un recours parallèle. V. en ce sens : CE, sect., 15 février 1935, Bladanet, req. n° 27940 et 33712, Rec. p. 202.

[777]Ceci signifie que le recours parallèle doit être un recours direct. Il ne doit pas être une simple exception qui pourrait être soulevée devant le juge. V. par exemple : CE, sect., 4 décembre 1931, Espiard et autres, req. n° 2499, Rec. p. 1082.

saisir le juge du contrat, les tiers concurrents évincés ne pouvaient plus saisir le juge de l'excès de pouvoir à partir du moment où, à compter de la conclusion du contrat, ceux-ci disposaient de la faculté de saisir le juge du recours « Tropic ». La signature du contrat - sans qu'il n'y ait lieu de vérifier sa régularité[779], ni la publicité d'un avis d'attribution[780] -, faisait obstacle à l'exercice d'un recours pour excès de pouvoir introduit contre un acte détachable préalable à cette conclusion, parce que le requérant devait faire usage du recours en contestation de la validité du contrat. Tout recours pour excès de pouvoir contre un acte détachable introduit par un concurrent évincé postérieurement à la conclusion du contrat était déclaré irrecevable[781].

406. Pourtant, il n'était pas certain que le recours pour excès de pouvoir à l'encontre des actes détachables préalables à la conclusion du contrat fût dénué de tout intérêt pour le candidat ou le concurrent évincé. Même s'il

[778]Le recours parallèle doit permettre, si ce n'est l'annulation de l'acte, d'en paralyser les effets. V. en ce sens : CE, 26 novembre 1952, Garnett, req. n° 9597, Rec. p. 533. Il ne faut toutefois pas oublier que les décisions adoptées par le juge de l'excès de pouvoir sont revêtues de l'autorité absolue de chose jugée et ont un effet *erga omnes*. V. Tercinet Josiane, « Le retour de l'exception de recours parallèle », préc., spéc. p. 706. V. également : Guillien Raymond, *L'exception de recours parallèle. Distinction des contentieux. Compétence juridictionnelle et recevabilité en doctrine et jurisprudence administratives*, préc., spéc. p. 21 : « Le juge de l'exception de recours parallèle reposait sur ce postulat : des voies de droit différentes peuvent donner des résultats pratiquement équivalents. Que l'équivalence des résultats se révélât tout à fait impossible ou même insuffisante, le recours pour excès de pouvoir devait être recevable » ; Fay François-Michel, *L'exception de recours parallèle*, Thèse, Rennes, 1970, spéc. p. 170 : « Il n'eut pas été admissible, en effet, que le Conseil d'État refusât de recevoir un recours pour excès de pouvoir alors que la voie de droit parallèle était de nature à procurer une satisfaction moindre au demandeur. Le désir de respect des compétences, si exigeant fût-il, ne devait pas conduire au déni de justice » ; Gohin Olivier, *Contentieux administratif*, Lexis Nexis, 2012, pt. 234.

[779]V. par ex. : TA Versailles, 23 octobre 2008, Société Stem Propreté, req. n° 08-01460.

[780]V. par ex. : CAA Lyon, 5 janvier 2012, Société Portelinha, req. n° 10LY02248.

[781]V. par ex. : CAA Lyon, 5 janvier 2012, Société Portelinha, préc. ; CAA Lyon, 2 février 2012, SARL Lapied, req. n° 10LY02198. Du point de vue de l'application de la jurisprudence « Tropic Travaux Signalisation » dans le temps, toutes les requêtes en excès de pouvoir introduites postérieurement à la conclusion du contrat n'étaient pas déclarées irrecevables. Dès lors que l'arrêt « Tropic Travaux Signalisation » dispose « qu'il appartient en principe au juge d'appliquer les règles définies ci-dessus qui, prises dans leur ensemble, n'apportent pas de limitation au droit fondamental qu'est le droit au recours ; que toutefois, eu égard à l'impératif de sécurité juridique tenant à ce qu'il ne soit pas porté une atteinte excessive aux relations contractuelles en cours et sous réserve des actions en justice ayant le même objet et déjà engagées avant la date de lecture de la présente décision, le recours ci-dessus défini ne pourra être exercé qu'à l'encontre des contrats dont la procédure de passation a été engagée postérieurement à cette date », le recours pour excès de pouvoir contre les actes détachables préalables à la conclusion du contrat constituait la seule voie de droit à la disposition des concurrents évincés - qui n'avaient pas engagé avant cette date une action en justice ayant pour objet de contester la validité de ces contrats - pour contester la conclusion des contrats dont la procédure de passation avait été engagée avant le 16 juillet 2007.

disposait du recours en contestation de la validité du contrat, le recours pour excès de pouvoir à l'encontre des actes détachables du contrat était une voie de droit qui n'aurait pas dû être exclue des actions juridictionnelles à sa disposition, surtout dans la configuration dans laquelle l'exercice du référé précontractuel aurait été empêché du fait d'une conclusion hâtive du contrat par l'administration. Bien que les conséquences de l'annulation d'un acte détachable du contrat sur la pérennité du contrat lui-même fussent aléatoires, cette seule annulation participait au moins au respect de la légalité au risque, dans le pire des cas, pour le requérant, de n'en retirer, par la suite, aucun bénéfice à titre personnel devant le juge du contrat[782]. L'absence « d'utilité » que mentionnait le commissaire du gouvernement Didier Casas dans ses conclusions sur l'arrêt « Tropic Travaux Signalisation »[783] n'était pas certaine[784] : s'il était permis de douter de l'utilité du recours pour excès de pouvoir à l'encontre des actes détachables préalables à la conclusion du contrat au terme d'une analyse *in abstracto* de son articulation avec le recours de pleine juridiction au moment de sa création, son inutilité apparente aurait dû être repensée au regard de l'évolution de l'office du juge du recours « Tropic » dans le sens d'une plus grande stabilité des relations contractuelles nées entre les parties[785].

407. Enfin, l'on ne pouvait que rester dubitatif quant à la justification de l'articulation du recours pour excès de pouvoir et du recours en contestation de la validité du contrat du point de vue de l'application de l'exception de recours parallèle, construction doctrinale, conçue comme unique moyen de répartition des compétences et de distinction des recours contentieux.

408. La consécration du recours en contestation de la validité du contrat et l'extension de l'application de l'exception de recours parallèle au contentieux des tiers avaient pour inconvénients, d'une part, l'immixtion des tiers dans les relations contractuelles nées entre les parties au contrat et,

---

782Sur les conséquences de l'annulation de l'acte détachable sur la pérennité du contrat, v. ci-après § 553 et s.

783Casas Didier, conclusions sur CE, ass., 16 juillet 2007, Société Tropic travaux signalisation, préc., spéc. p. 707.

784De notre point de vue, cette question se pose toujours, même si la décision « Département du Tarn-et-Garonne » ferme définitivement la voie de l'excès de pouvoir contre certains actes détachables préalables à la conclusion du contrat et constitue, *de facto*, un point de non retour sur la pérennité du contentieux objectif dans le contentieux contractuel.

785L'inutilité supposée du recours pour excès de pouvoir devait être repensée à l'aune du principe de légalité. À l'occasion d'un recours en contestation de la validité du contrat, rien n'interdisait aux candidats ou soumissionnaires évincés de s'appuyer sur les irrégularités des actes détachables préalables à la conclusion du contrat au soutien de leur recours « Tropic ». L'exception de leur illégalité pouvait être soulevée, mais elle n'aurait su emporter des effets aussi satisfaisants que ceux résultant d'une annulation par voie d'action. Sur l'office du juge « Tropic » et la stabilité des relations contractuelles, v. *supra*.

d'autre part, le détournement du regard du juge de l'excès de pouvoir sur la phase précontractuelle, alors même qu'il s'agit de la période caractéristique de potentiels manquements aux obligations de publicité et de mise en concurrence à l'origine de l'éviction du candidat ou du soumissionnaire requérant.

Ce détournement du regard du juge de l'excès de pouvoir ne s'était parallèlement pas accompagné d'une attention particulière du juge du plein contentieux quant au traitement effectif des irrégularités à l'aune du principe de légalité. Eu égard à son office, il lui incombait, en effet, de prendre en considération l'intérêt général ainsi que les relations contractuelles entre les parties au contrat du point de vue notamment de l'avancement de son exécution. Bien que le même reproche pût être réalisé à l'encontre du juge de l'exécution et du juge du contrat saisis à la suite de l'annulation d'un acte détachable, il n'en demeurait pas moins que l'acte administratif détachable du contrat était annulé et que le juge veillait bien à la légalité de l'action administrative. Un raisonnement en deux étapes - appréciation de la légalité de l'acte d'abord, appréciation des conséquences de l'illégalité de l'acte sur la pérennité des relations contractuelles ensuite - confirmait le rôle social du juge administratif[786] dont on peut douter de l'existence lorsque les appréciations objective et subjective sont confondues dans une même analyse.

In fine, la contestation directe de la légalité des actes détachables préalables à la conclusion du contrat devenait impossible pour le requérant dès lors qu'il disposait de la capacité d'introduire une action sur le fondement du recours « Tropic ». L'efficacité de la contestation indirecte de la légalité des actes détachables préalables à la conclusion du contrat était somme toute relative sur l'issue du recours en contestation de la validité du contrat. C'est bien au principe de légalité qu'il était porté atteinte. Bien qu'en théorie, aucun blanc-seing de légalité ne fût donné aux actes détachables préalables à la conclusion du contrat, l'extension de l'exception de recours parallèle au recours en contestation de la validité du contrat par les tiers concurrents évincés leur en conférait un en pratique, réserve faite de l'annulation du contrat et de la régularisation de l'acte unilatéral.

2 – La question ouverte de l'exercice cumulatif du recours pour excès de pouvoir et du recours en contestation de la validité du contrat

409. Si l'arrêt « Tropic Travaux Signalisation » disposait que la voie du recours pour excès de pouvoir contre un acte détachable antérieur à la

[786]Marcovici Laurent, « Sauvons l'arrêt Martin ! », préc.

conclusion du contrat était fermée lorsque le requérant pouvait faire usage du recours en contestation de la validité du contrat, certaines interrogations sont nées d'une insuffisance d'information sur le fonctionnement du mécanisme d'articulation de ces deux voies de droit.

De la même manière que pour l'exception de recours parallèle dans le contentieux des parties au contrat, l'irrecevabilité du recours pour excès de pouvoir semblait être présentée comme une sanction dont le prononcé était *in jure* appréhendé dans des temporalités réduites où recours pour excès de pouvoir et recours de plein contentieux étaient tous deux à la disposition du justiciable. Bien que deux recours fussent offerts au requérant, la capacité de choix était illusoire. Elle n'existait pas. L'exception de recours parallèle avait pour conséquence inéluctable l'exclusion de l'exercice du recours pour excès de pouvoir parce que le recours de pleine juridiction était censé aboutir aux mêmes effets dans un cadre contentieux plus général et davantage favorable au requérant.

410. Au-delà des hypothèses de coexistence effective des deux voies de droit, il importait de s'interroger sur les modalités d'application de l'exception de recours parallèle lorsque le second recours – celui de pleine juridiction – n'était pas encore ouvert au requérant, mais le devenait par la suite. Il convenait, en effet, de s'intéresser au sort du recours pour excès de pouvoir formé par un candidat ou un soumissionnaire évincé à l'encontre d'un acte détachable préalable à la conclusion du contrat, lorsque cette dernière était entre-temps intervenue avant que le juge de l'excès de pouvoir n'eût le temps de se prononcer sur la légalité ou l'illégalité de l'acte[787]. En d'autres termes, qu'advenait-il du recours pour excès de pouvoir régulièrement introduit lorsque s'ouvrait au justiciable la possibilité d'introduire un recours parallèle de pleine juridiction ?

Trois hypothèses se présentaient alors : parce qu'en vertu du mécanisme d'exclusion, le requérant devait faire usage du recours en contestation de la validité du contrat à compter de la conclusion de celui-ci, le recours pour

---

[787]En tout état de cause, lorsque la signature du contrat n'est jamais intervenue, le recours pour excès de pouvoir contre un acte détachable formé par un candidat ou un soumissionnaire évincé demeure recevable sous réserve de la forclusion de l'action contentieuse propre à cette voie de droit. L'exception de recours parallèle ne saurait jouer dès lors que la possibilité d'introduire le deuxième recours n'existe pas. V par exemple : TA Nice, 15 novembre 2007, SARL Arcet Notation et SA Euro 2C, req. n° 0705783 : « la procédure de passation du marché litigieux, auquel la SARL Arcet Notation et la SA Euro 2C s'étaient portées candidates, a été engagée antérieurement au 16 juillet 2007 ; qu'en outre, aucune action en justice ayant pour objet la contestation de la validité dudit marché a été engagée avant cette date par les sociétés requérantes ; qu'il suit de là, que faute pour elles de disposer du recours de pleine juridiction ouvert au concurrent évincé d'un marché, la SARL Arcet Notation et la SA Euro 2C sont recevables à demander l'annulation pour excès de pouvoir des actes préalables qui sont détachables du marché litigieux alors même que l'acte d'engagement de ce marché a été signé ».

excès de pouvoir devenait irrecevable ; à défaut de juger de l'irrecevabilité de la requête, le juge saisi du recours pour excès de pouvoir devait prononcer un non-lieu à statuer ; enfin, il était possible d'admettre que la faculté ouverte par la conclusion du contrat au profit du tiers concurrent évincé d'exercer un recours en contestation de la validité du contrat ne faisait aucunement obstacle à la poursuite de l'action devant le juge de l'excès de pouvoir.

411. En l'état actuel du droit, les juges du fond et la doctrine sont toujours en désaccord sur la solution à retenir pour mettre en œuvre le mécanisme d'articulation du recours pour excès de pouvoir et du recours en contestation de la validité du contrat et la haute juridiction administrative n'a pour l'heure pas définitivement encore tranché le débat[788].

Les juges du fond n'adoptent pas les mêmes solutions : si certains - majoritaires, au demeurant - ont considéré que la survenance en cours d'instance de la conclusion du contrat constituait une irrecevabilité manifeste insusceptible d'être régularisée justifiant le rejet au visa de l'article R. 222-1 du Code de justice administrative[789], d'autres ont estimé qu'il s'agissait plutôt d'un non-lieu à statuer en raison de la disparition de l'objet du recours[790].

---

[788]V. par ex. : CAA Bordeaux, 18 mars 2014, Groupe d'architecture Ellipse, req. n° 11BX03387.

[789]V. par ex. : TA Paris, 27 mars 2008, Société Arcet Notation, Société Euro2C, préc. ; TA Toulouse, 9 avril 2008, SARL Baltis, req. n° 08/01392 ; TA Strasbourg, 15 avril 2008, Société Performance Partner, req. n° 0801511 ; TA Nîmes, 11 juin 2008, Société Jerlaure, req. n° 0801772. Certains juges de premier ressort qui ont considéré que la chose était entendue n'ont pas pris la peine de préciser, dans leur décision, que le contrat avait été signé. V. par ex. : TA Limoges, 2 juillet 2008, Association pour le développement des compétences, req. n° 0800792 : « il ressort des pièces du dossier que la procédure de passation du marché de services d'insertion professionnelle auprès des demandeurs d'emploi de la région Limousin a été engagée (...) après le 16 juillet 2007 ; que, par suite, la requête de l'ADC, tendant à l'annulation des décisions en date du 10 avril 2008 et du 25 avril 2008, par lesquelles la CAO (...) a procédé au classement des offres et écarté celle qu'elle avait présentée, qui constituent des actes préalables qui sont détachables du marché litigieux, est entachée d'une irrecevabilité manifeste et qui n'est pas susceptible de donner lieu à régularisation ».

[790]V. par ex. : CAA Lyon, 12 janvier 2012, Société Portelinha, req. n° 10LY02249 : « Considérant qu'il ressort des pièces produites pour la première fois en appel par l'office public de l'habitat de Clermont-Ferrand, que le contrat en cause a été signé le 3 novembre 2009 ; que si les conclusions de la société requérante dirigées contre la décision détachable du 16 juillet 2009 étaient recevables lorsqu'elle a saisi le tribunal administratif, la signature du contrat intervenue en cours d'instance les a rendues sans objet dès lors qu'elle disposait, à partir de cette date, du recours précité devant le juge du contrat ; qu'il n'y avait, dès lors, plus lieu d'y statuer ; qu'ainsi le jugement du Tribunal administratif de Clermont-Ferrand, qui a statué sur ces conclusions, doit être annulé ; Considérant qu'il y a lieu d'évoquer ; Considérant que, si la société Portelinha, qui, n'ayant été informée que par le mémoire en défense présenté au cours de l'instance d'appel de ce que le contrat avait été signé, aurait été de ce fait recevable à former pour la première fois devant la cour le recours de pleine juridiction dont, ainsi que dit ci-dessus, elle disposait après cette signature, elle s'en est abstenue ; que, dans ces conditions, ses conclusions, qui tendent seulement à l'annulation d'un acte détachable du

La doctrine est également divisée : il est des défenseurs, d'une part, du prononcé d'une décision constatant un non-lieu à statuer[791] et, d'autre part, de la recevabilité et de la poursuite de l'action en excès de pouvoir malgré l'ouverture du recours en contestation de la validité du contrat[792].

Parmi l'ensemble des solutions proposées, certaines d'entre elles sont inappropriées, d'autres sont discutables. D'une part, le prononcé d'un non-lieu à statuer s'impose lorsque la requête est devenue sans objet. L'obligation de statuer qui s'impose au juge administratif disparaît lorsque l'acte à apprécier ou à interpréter a disparu. Or, en l'espèce, l'acte déféré à la connaissance du juge de l'excès de pouvoir n'a pas disparu : il n'a été ni

---

contrat, ne peuvent qu'être déclarées sans objet ». Cette solution est d'autant plus surprenante que la même juridiction a statué, quelques jours plus tard, sur un litige connexe relativement à un autre lot du contrat en question, en établissant non pas le non-lieu à statuer, mais en confirmant la décision du juge de première instance qui avait jugé de l'irrecevabilité du recours pour excès de pouvoir : « Considérant qu'il ressort des pièces du dossier et qu'il n'est pas contesté que le contrat en cause attribué à la société retenue a été signé le 4 juin 2009 ; que, dès lors, la société requérante, qui disposait du recours de pleine juridiction à l'encontre du contrat litigieux dans les conditions susmentionnées, n'était plus recevable le 4 septembre 2009, date d'enregistrement de sa demande devant le tribunal administratif, à demander l'annulation pour excès de pouvoir de la décision rejetant son offre, détachable dudit contrat ; que la circonstance que sa demande devant le tribunal administratif a été présentée avant que l'avis d'attribution du contrat en cause ait fait l'objet d'une publicité appropriée et qu'elle n'en ait eu connaissance que par le mémoire en défense devant le tribunal administratif est à cet égard sans incidence sur la recevabilité de ses conclusions en annulation d'un acte détachable du contrat ; qu'il est constant que, après avoir été informée par le mémoire en défense de l'office public de l'habitat de Clermont-Ferrand que le contrat avait été signé pour le lot litigieux, elle n'a pas, comme il lui aurait été loisible de le faire, saisi les premiers juges du recours contestant la validité du contrat dont elle disposait alors ; Considérant qu'il résulte de ce qui précède que la société Portelinha n'est pas fondée à soutenir que c'est à tort que, par le jugement attaqué, le Tribunal administratif de Clermont-Ferrand a rejeté sa demande [comme irrecevable] ». V. en ce sens : CAA Lyon, 5 janvier 2012, Société Portelinha, req. n° 10LY02248.

[791] V. par ex. : Braconnier Stéphane, « Brèves observations sur l'impact de l'arrêt Société Tropic travaux signalisation sur le droit et le contentieux de la commande publique », in *RDC*, 2008, p. 599 et s., spéc. p. 609 ; Lenica Frédéric, Boucher Julien, « Recours des tiers contre les contrats et modulation dans le temps des effets des changements de jurisprudence : 'never say never' », note sous CE, ass., 16 juillet 2007, Tropic travaux signalisation, in *AJDA*, 2007, p. 1577 et s., spéc. p. 1582.

[792] V. Rees Philippe, « État des lieux du droit du contentieux de la validité des contrats de la commande publique », préc., spéc. p. 9 : « [...] cette interdiction fondée sur l'existence d'un recours parallèle ne s'étend pas [aux recours pour excès de pouvoir] formés antérieurement à la conclusion du contrat contre les actes détachables qui s'y rapportent » ; Llorens François, Soler-Couteaux Pierre, « Jurisprudence 'Tropic Travaux Signalisation' : irrecevabilité du recours pour excès de pouvoir formé par un candidat évincé contre la décision rejetant son offre », obs. sous TA Versailles, 23 octobre 2008, Société STEM Propreté, in *Contrats et marchés publics*, janvier 2009, p. 34 : « Il signale, enfin, que le recours en annulation contre l'acte détachable avait été introduit postérieurement à la signature du contrat, ce qui laisse à penser qu'un tel recours, enregistré avant la date de cette signature, aurait été déclaré

retiré, ni précédemment annulé[793]. D'autre part, la solution jusqu'alors majoritairement retenue par les juridictions du fond - celle de l'irrecevabilité manifeste de la requête insusceptible de régularisation - est tout à fait critiquable, car au terme d'une jurisprudence constante, il est acquis que la recevabilité d'une requête s'apprécie à la date de son introduction[794] - c'est-à-dire non pas à la date à laquelle le juge statue, mais à la date à laquelle le recours a été enregistré au greffe[795] - sous réserve du jeu des régularisations[796]. Il devient difficile de justifier dans quelle mesure le recours pour excès de pouvoir deviendrait irrecevable, d'une part, au regard de l'ouverture ultérieure d'un nouveau recours sans disparition de l'intérêt à agir du requérant et, d'autre part, au vu des irrecevabilités insusceptibles de régularisation qui ne touchent aucunement à l'articulation des voies de droit[797].

412. En conséquence, la solution proposée par le second courant doctrinal serait tout à fait valable. À défaut de jurisprudence infirmative ou confirmative de la haute juridiction administrative, aucun obstacle ne semble donc se dresser contre la possibilité de considérer que tout recours pour excès de pouvoir introduit antérieurement à la conclusion du contrat peut être jugé sans que l'exception du recours parallèle n'y fasse échec par le

---

recevable même si ladite signature était intervenue en cours d'instance » ; Boulouis Nicolas, conclusions sur CE, 23 janvier 2012, Commune de Six-Fours-les-Plages, in *BJCP*, mai-juin 2012, p. 200 et s., spéc. p. 200 : « Mais si l'on a coutume de dire que le recours pour excès de pouvoir contre ces actes est fermé [aux concurrents évincés] depuis [l'arrêt Tropic], il faut immédiatement préciser qu'il ne l'est qu'à compter de la conclusion du contrat. Il est donc toujours possible en principe à un concurrent évincé de saisir le juge de l'excès de pouvoir dès lors que son recours est enregistré avant la signature du contrat. Et, dans l'hypothèse où la décision faisant grief intervient au stade de l'examen des candidatures, il ne s'agit pas d'une possibilité purement théorique ».

[793]V. par ex. : CE, 30 juillet 1949, Saucier, req. n° 88729, T., p. 783 ; CE, 16 janvier 1970, Mandereau, req. n° 74653, T., p. 1147.

[794]V. par ex. : CE, 5 octobre 1977, Secrétaire d'État à la culture contre Société Elido World Corporation, req. n° 01501 et 01510, T., p. 686.

[795]Louvaris Antoine, « Recours contre les actes détachables et les clauses réglementaires : état des lieux », préc., spéc. p. 66.

[796]Code de justice administrative, article R. 612-1. V. également : Rohmer-Benoit Florence, *La recevabilité dans le droit du contentieux administratif français*, Thèse, Strasbourg, 1984, spéc. p. 442 ; Ciaudo Alexandre, *L'irrecevabilité en contentieux administratif français*, préc., spéc. p. 251.

[797]Formery Simon-Louis, « Instruction. – Régularisations. Mise en demeure, désistement d'office, acquiescement aux faits », in *JCl. Justice administrative*, Fasc. 61, 3 avril 2007, pt. 5-8. Les irrecevabilités insusceptibles de régularisation sont de quatre natures : la requête a été dirigée contre un acte insusceptible de recours ; la requête a été enregistrée avec l'expiration du délai de recours contentieux ; l'irrecevabilité peut résulter du défaut d'accomplissement d'un recours administratif préalable lorsque celui-ci a été prescrit à titre obligatoire ; l'hypothèse spécifique de l'article R. 600-1 du Code de l'urbanisme.

dessaisissement du juge à travers le prononcé d'une irrecevabilité ou d'un non-lieu à statuer.

413. S'il est acquis que l'exception de recours parallèle faisait, en tout état de cause, obstacle, à la recevabilité du recours pour excès de pouvoir contre un acte détachable préalable à la conclusion du contrat, dès lors que le contrat avait été conclu et, conséquemment, que le recours de plein contentieux devait être utilisé par le tiers concurrent évincé s'il désirait contester la procédure de passation du contrat, il sera également admis qu'il incombera au juge de l'excès de pouvoir régulièrement saisi antérieurement à la conclusion du contrat de statuer conformément à son office sans que l'ouverture du recours « Tropic », entre-temps intervenue, s'y oppose.

§ 2 : Des exceptions limitées au principe de non-cumul du recours pour excès de pouvoir et du recours en contestation de la validité du contrat

414. Le cumul de deux voies de droit peut être entendu de deux manières : ou bien en considérant l'exercice simultané des deux voies de droit en question ; ou bien à travers l'exercice successif des deux recours. En l'espèce, la première hypothèse était à exclure, car, dès lors que le contrat était conclu, l'exception de recours parallèle faisait obstacle à la recevabilité du recours pour excès de pouvoir contre un acte détachable préalable à la conclusion du contrat. En revanche, de l'ambiguïté née de la jurisprudence et des divergences doctrinales quant à la question de savoir si le juge du recours pour excès de pouvoir devait poursuivre ou non l'examen de la requête lorsque, par la suite, le recours « Tropic » était ouvert du fait de la conclusion du contrat, la faculté, pour le requérant, d'exercer successivement un recours pour excès de pouvoir et un recours « Tropic » pouvait être envisagée (§ 1). Il est également nécessaire d'appréhender les implications engendrées par les deux recours pendants (§ 2).

A - L'hypothèse de l'exercice successif des deux voies de droit

415. L'hypothèse de l'exercice successif du recours pour excès de pouvoir contre un acte détachable préalable à la conclusion du contrat et d'un recours en contestation de la validité du contrat concernait aussi bien les candidats que les soumissionnaires évincés. Néanmoins, pour ces derniers, cet exercice s'inscrivait dans des temporalités plus réduites, dans la mesure où plus la procédure de passation était avancée, plus la signature du contrat était imminente. L'exercice successif de ces voies de droit pouvait donc être appréhendé selon deux acceptions : l'une stricte, l'autre plus large, renvoyant respectivement à la situation personnelle du candidat et du soumissionnaire.

416. Il était un premier cas de figure où un recours pour excès de pouvoir contre un acte détachable préalable à la conclusion du contrat, en amont de la procédure de passation, aurait été introduit devant le juge de l'excès de pouvoir ; le juge de l'excès de pouvoir aurait statué ; enfin, s'ouvrait ultérieurement la voie du recours « Tropic » à compter de la conclusion du contrat.

Dans cette configuration, le juge de l'excès de pouvoir[798] aurait pu statuer sans que se pose la question de l'éventuelle mise en jeu de l'exception de recours parallèle, car à aucun moment, les deux recours n'auraient coexisté et n'auraient été à la disposition du requérant. De manière étanche, la conclusion du contrat devenait le référentiel entre la phase précontractuelle et la phase postcontractuelle et le requérant concevait son action contentieuse dans l'instant présent et indépendamment de toute stratégie.

Le nombre des contrats soumis à des obligations de publicité et de mise en concurrence a considérablement augmenté sous l'influence du droit de l'Union européenne. La complexité des besoins de l'administration - dans leur définition ou dans les modalités de leur satisfaction - entraîne l'extension de la durée des procédures de passation, notamment lorsque l'administration a recours aux procédures négociée ou au dialogue compétitif. Dès lors, plus la procédure de passation du contrat était longue, plus les risques contentieux relatifs aux actes détachables préalables à la conclusion du contrat étaient élevés.

Dans cette perspective, il n'était donc pas impossible qu'un recours pour excès de pouvoir contre un acte détachable préalable à la conclusion du contrat fût introduit et que le juge de l'excès de pouvoir disposât du temps nécessaire pour statuer en premier ressort avant que le contrat fût conclu et fît naître le recours « Tropic ». Indépendamment des tiers *lato sensu* ayant qualité et intérêt pour agir, parmi les « tiers privilégiés »[799], c'étaient bien les candidats évincés qui étaient concernés par ces démarches contentieuses. Plus tôt l'acte détachable préalable à la conclusion du contrat - dont la légalité était contestée - était intervenu en amont de la procédure de passation et déféré au juge de l'excès de pouvoir, plus la probabilité que le juge eût disposé du temps nécessaire pour statuer était grande[800].

---

[798]Le cas échéant, le juge du référé suspension également.

[799]Tel qu'entendus avant le changement de paradigme opéré par la décision « Département de Tarn-et-Garonne ».

[800]Il convient néanmoins de réserver les hypothèses où la décision - d'annulation de l'acte ou de rejet de la requête - du juge de l'excès de pouvoir fait l'objet d'un recours devant les juges du second degré, voire d'un pourvoi en cassation.

417. Il était un second cas de figure où un recours pour excès de pouvoir contre un acte détachable préalable à la conclusion du contrat aurait été introduit devant le juge de l'excès de pouvoir, mais cette fois-ci, plus en aval de la procédure de passation.

La faculté optimisée pour le juge de l'excès de pouvoir de statuer avant la conclusion du contrat lorsque celui-ci était saisi en amont de la procédure de passation ne saurait être transposée à l'hypothèse de la saisine du juge pour un acte intervenu à une échéance relativement avancée de la procédure de passation. Plus la conclusion du contrat se rapprochait, plus le laps de temps dont bénéficiait le juge de l'excès de pouvoir pour statuer était court[801], plus forte était la probabilité que celui-ci ne pût statuer avant la signature du contrat. Indépendamment de la possibilité pour le juge de l'excès de pouvoir de statuer avant la conclusion du contrat, celui-ci n'aurait pas été dessaisi du recours valablement introduit[802].

Du point du vue du requérant, cette configuration visait davantage les actions contentieuses engagées par les soumissionnaires évincés, même si les candidats pouvaient également être concernés selon les modalités et la durée de la procédure de passation du contrat.

B - Les implications engendrées par l'ouverture des deux recours

418. Le recours pour excès de pouvoir était pendant devant le juge régulièrement saisi avant la conclusion du contrat. La signature du contrat ouvrait au requérant la possibilité d'agir sur le fondement du recours en contestation de la validité du contrat. Deux solutions s'offraient alors au requérant : se désister de son recours pour excès de pouvoir et introduire une nouvelle requête sur le fondement du recours « Tropic » ou maintenir son recours pour excès de pouvoir et introduire une requête supplémentaire devant le juge du recours en contestation de la validité du contrat. Il convenait, néanmoins, de s'interroger sur la pertinence de la stratégie contentieuse à tenir.

419. Le recours pour excès de pouvoir n'avait pour objet et pour effet que l'annulation d'un acte administratif irrégulier. Les pouvoirs du juge de l'excès de pouvoir étaient limités au rejet de la requête ou à l'annulation totale ou partielle de l'acte administratif, éventuellement différée dans le temps[803]. L'annulation de l'acte détachable n'avait aucune répercussion immédiate sur la situation du tiers concurrent évincé, si ce n'était la satisfaction personnelle d'avoir contribué au respect de la légalité. Elle ne modifiait en rien la

[801]Il en est de même pour le juge du référé suspension.

[802]V. *supra*.

[803]CE, ass., 11 mai 2004, Association AC ! et autres, préc.

situation d'éviction du tiers qui avait participé à la procédure de passation d'un contrat au demeurant illégale. S'ensuivait, dès lors, pour le requérant qui avait obtenu l'annulation de l'acte administratif « une course au juge du contrat » afin d'établir les conséquences de l'annulation de l'acte détachable sur le contrat, sans que celles-ci lui fussent inéluctablement favorables[804].

420. De l'autre côté, le recours « Tropic » avait un objet plus large que celui du recours pour excès de pouvoir, puisqu'il permettait de remettre en question la validité du contrat dans sa globalité en caractérisant des « vices ». Le recours de pleine juridiction offrait la possibilité au requérant d'exciper de l'illégalité du contrat lui-même et des actes qui en étaient détachables par la voie de l'exception. Les moyens invocables et opérants étaient étendus[805] et le requérant pouvait présenter des conclusions indemnitaires[806]. Néanmoins, les aléas de la mise en œuvre des pouvoirs du juge contrebalançaient les avantages du nouveau recours par rapport aux attentes du requérant. Il appartenait, en effet, au juge, « lorsqu'il constate l'existence de vices entachant la validité du contrat d'en apprécier les conséquences ». Cette palette de pouvoirs témoignait de l'arbitrage auquel il devait nécessairement procéder au regard des circonstances de fait et de droit existant au jour de la décision.

421. Le départage de la voie de droit la plus adéquate entre le recours pour excès de pouvoir contre l'acte détachable et le recours en contestation de la validité du contrat était une entreprise difficile aussi bien *in abstracto* que *in concreto*. Dès lors que les deux voies de droit étaient ouvertes au requérant, il était sans doute préférable pour lui de ne pas se désister de son recours pour excès de pouvoir au profit du recours de plein contentieux et de soumettre, dans des perspectives certes différentes, des questions de droit connexes devant les deux juges.

Section II : Une relation d'exclusivité absolue dans le paradigme de la décision « Département de Tarn-et-Garonne »

422. La jurisprudence « Département de Tarn-et-Garonne » constitue une révolution dans le contentieux contractuel. Elle vient, en effet, fermer le contentieux objectif de certains actes détachables préalables à la conclusion du contrat administratif. Après avoir esquissé les contours du nouveau recours en contestation de la validité du contrat, la décision « Département

[804] Sur la course au juge, v. § 553 et s. V. également : Langelier Élise, « Vers une ouverture aux tiers d'un recours de plein contentieux ? », in *CP-ACCP*, juillet-août 2012, p. 67 et s., spéc. p. 68.

[805] Avis CE n° 355446, 11 avril 2012, Société Gouelle, préc.

[806] Avis CE n° 347002, 11 mai 2011, Société Rebillon Schmit Prevot, préc.

de Tarn-et-Garonne » précise que « la légalité du choix du cocontractant, de la délibération autorisant la conclusion du contrat et de la décision de le signer, ne peut être contestée qu'à l'occasion du recours ainsi défini ». La haute juridiction administrative a suivi les conclusions de son rapporteur public Bertrand Dacosta, dans cette affaire, lequel soulignait que « l'évolution jurisprudentielle [...] ne sera une source de simplification que si elle signe la mort de l'acte détachable du contrat administratif, et donc l'abandon de la vénérable jurisprudence Martin »[807].

423. La décision « Département de Tarn-et-Garonne » témoigne d'un changement de schéma d'analyse flagrant. Une relation d'exclusivité absolue entre le recours pour excès de pouvoir et le recours de pleine juridiction s'est substituée à la relation d'exclusivité tempérée précédemment décrite dans le paradigme de la jurisprudence « Tropic Travaux Signalisation ».

424. Ainsi, à compter du 4 avril 2014, tous les tiers, à l'exception du préfet[808], sont interdits de recours contre l'acte détachable et ce, à quelque moment que ce soit de la formation du contrat. Seul le contentieux de pleine juridiction leur est ouvert après sa signature.

425. Le champ d'application de la fermeture du recours pour excès de pouvoir est circonscrit. En premier lieu, ainsi que le relevait le Professeur Stéphane Braconnier, « la création, au profit des tiers, d'un recours en contestation de la validité du contrat devant le juge du contrat, si elle sonne le glas de la théorie des actes détachables pour les contrats administratifs, ne devrait donc pas entraîner sa remise en cause pour les contrats de droit privé »[809]. En second lieu, la décision « Département de Tarn-et-Garonne » vise expressément l'acte par lequel le cocontractant est choisi, la délibération autorisant la conclusion du contrat ainsi que la décision de le signer[810].

Cet énoncé laisse donc la question ouverte de la possibilité d'introduire un recours pour excès de pouvoir contre les actes antérieurs à la conclusion du contrat qui n'entrent pas dans cette énumération, telle la délibération se prononçant sur le principe de la délégation de service public ou déclarant d'utilité publique un projet d'aménagement donnant lieu, par la suite, à un

---

[807]Dacosta Bertrand, « Le tiers au contrat dispose-t-il d'un recours en contestation de sa validité devant le juge du contrat ? », préc., spéc. p. 209.

[808]V. *infra*.

[809]V. Braconnier Stéphane, « Le nouveau visage du contentieux des contrats administratifs », préc., spéc. p. 348. V. également : Rouault Marie-Christine, « Le contentieux contractuel ouvert aux tiers, sans exception, mais sous conditions », in *Revue Procédures*, juin 2014, alerte 26.

[810]Le Professeur François Brenet s'interrogeait sur la nécessite d'identifier aussi clairement les actes unilatéraux dont le contentieux est transféré au juge du contrat. V. en ce sens : Brenet François, « L'élargissement du recours Tropic aux tiers justifiant d'un intérêt lésé », commentaire sous CE, ass., 4 avril 2014, Département de Tarn-et-Garonne, in *Droit administratif*, juin 2014, comm. 36.

contrat et, plus généralement, les actes préalables à la conclusion d'un contrat potentiel[811].

Il semblerait toutefois que la formule employée par la haute juridiction administrative laisse transparaître une définition de la détachabilité par référence à la sphère subjective du contrat[812].

426. En tout état de cause, à partir du 4 avril 2014, le concurrent évincé ne peut plus faire usage du recours pour excès de pouvoir à l'encontre des actes visés par la décision « Département de Tarn-et-Garonne ». Dans ces circonstances, toute articulation du contentieux objectif et du plein contentieux est exclue aussi bien en théorie qu'en pratique. Il en ressort une « simplification partielle du contentieux de la formation du contrat »[813], mais également « un mélange des genres [...] entre excès de pouvoir (dont la mort annoncée est aussitôt suivi d'une résurrection), et plein contentieux (dont l'essor ne cesse de s'affirmer) »[814] qui subsistera jusqu'à l'épuisement du stock des actions introduites avant le 4 avril 2014 sur le fondement de la jurisprudence « Martin » et de la jurisprudence « Tropic Travaux Signalisation ».

[811]V. Braconnier Stéphane, *Ibid.* ; Sestier Jean-François, « De l'arrêt 'Tropic' à l'arrêt 'Département de Tarn-et-Garonne' : mort et résurrection du recours des tiers », préc. ;Lafaix Jean-François, « Ouverture du recours Tropic à tous les tiers », préc.

[812]Braconnier Stéphane, *Ibid.*

[813]A noter que ce nouvel état du droit n'est pas appliqué à l'espèce au nom de l'impératif de sécurité juridique et afin de ne pas porter d'atteinte excessive aux relations contractuelles en cours. V. Lafaix Jean-François, « Ouverture du recours Tropic à tous les tiers », préc.

[814]427. Gaudemet Mathieu, Dizier Angélique, « A propos du recours des tiers contre le contrat administratif : nouvelle tentative de rationalisation du Conseil d'Etat », in *Recueil Dalloz*, 2014, pp. 1179 et s., spéc. p. 1179.

Sous-titre 2

La prise en compte de considérations substantielles et circonstancielles ou la liberté de choix et d'exercice de certaines voies de droit partiellement retrouvée

427. Les « considérations substantielles et circonstancielles » constituent la seconde limite de la liberté du requérant dans le choix et l'exercice des voies de droit spécifiques au droit de la commande publique. Multiplicité et efficacité des recours ne coïncident pas. Dans une perspective stratégique, le concurrent évincé s'attachera aux caractéristiques extrinsèques et intrinsèques des voies de droit afin de déterminer celles qui sont susceptibles de répondre au mieux à ses attentes contentieuses lorsqu'il désire contester les circonstances de son éviction. De ces comparaisons, il ressort que le requérant retrouve une certaine liberté de choix et d'exercice des recours, bien que réduite : elle concerne l'exercice du référé précontractuel (Chapitre 1) et du recours en contestation de la validité du contrat (Chapitre 2).

428. Tant que le contrat n'est pas encore signé, l'opérateur économique évincé peut saisir le juge des référés précontractuels[815]. L'exercice de cette voie de droit dépend du facteur temps de la signature du contrat et reste possible sur une durée s'étalant du début de la procédure de passation jusqu'à sa conclusion[816]. Pendant ce laps de temps, le concurrent évincé dispose de la liberté d'introduire ou non un référé précontractuel (Section I). Le choix discrétionnaire de saisir ou de ne pas saisir le juge des référés précontractuels emporte, en aval, des conséquences sur l'articulation des recours contentieux et les voies de droit supplémentaires que le requérant pourra ou non mettre en œuvre (Section II).

Section I : La liberté de l'opérateur économique évincé d'exercer ou de ne pas exercer de référé précontractuel avant la signature du contrat

429. Le concurrent évincé d'une procédure de passation d'un contrat relevant de la commande publique qui entend contester, par la voie du référé précontractuel, les circonstances de sa dévolution n'est restreint que par l'incidence de la conclusion du contrat. Pourvu que ce dernier ne soit pas signé, l'opérateur économique évincé est totalement libre d'exercer ou de ne pas exercer de référé précontractuel. Que le candidat ou le soumissionnaire évincé décide (§ 1) ou non (§ 2) de saisir le juge sur le fondement de cette voie de droit, ce choix est, en tout état de cause, discrétionnaire.

§ 1 : Le choix de l'opérateur économique évincé d'introduire un référé précontractuel

430. Le choix du concurrent évincé d'exercer un référé précontractuel peut être motivé de deux manières : d'une part, parce que le référé précontractuel présente d'indéniables avantages de par ses caractéristiques extrinsèques et intrinsèques (A) et, d'autre part, parce que les autres voies de droit spécifiques au contentieux de la commande publique qui lui sont offertes ne sont pas susceptibles de répondre suffisamment à ses attentes (B).

[815] D'ailleurs semble-t-il pouvoir exercer des référés précontractuels en cascade sous réserve que les moyens invoqués à l'occasion du second recours ne reposent pas sur la même cause juridique que celle sur laquelle reposaient les moyens invoqués lors de la précédente instance. : TA Montreuil, 24 mai 2012, Société Enviro Conseil & Travaux, préc.

[816] V. précédemment § 24-28.

A – Le référé précontractuel, un atout contentieux majeur

431. Tant au regard de ses caractéristiques extrinsèques que de ses caractéristiques intrinsèques, le référé précontractuel apparaît comme un atout stratégique contentieux majeur pour le candidat et le soumissionnaire évincé afin de contester les conditions de dévolution du contrat. Cette voie de droit a été promue par le législateur communautaire à travers l'adoption de la directive « Recours » n° 2007/66/CE qui a développé des mécanismes destinés à asseoir son effectivité. C'est grâce à la combinaison du droit à l'information, du temps à la réflexion et du temps au jugement - à travers les mécanismes d'information des candidats et des soumissionnaires évincés de la décision d'adjudication, de la clause de gel et de la suspension automatique du contrat dès l'introduction du recours - que le référé précontractuel tend à devenir le garde-fou de la légalité des procédures de passation des contrats relevant de la commande publique[817].

La correction des manquements aux obligations de publicité et de mise en concurrence intervient en amont de la naissance des rapports contractuels entre les parties. À l'image de l'adage « mieux vaut prévenir que guérir », la sanction et la correction de l'inobservation des règles du droit de la commande publique par l'administration sont plus aisées avant la signature du contrat qu'une fois celui-ci conclu.

432. Si tous s'accordent à admettre que la jurisprudence « Smirgeomes » a porté un coup d'arrêt au référé précontractuel[818], nul ne conteste cependant que ce recours demeure la voie de droit spécifique au contentieux de la commande publique la plus efficace pour corriger les manquements aux obligations de publicité et de mise en concurrence, par comparaison avec les autres recours[819], ne serait-ce qu'au regard de son caractère préventif et de l'amplitude exceptionnelle des pouvoirs dont le juge dispose[820]. Ses pouvoirs

---

[817]V. précédemment : Chapitre 1 : Le référé précontractuel, garde-fou de la légalité des procédures de passation des contrats relevant de la commande publique.

[818]V. par ex. : Braconnier Stéphane, « Référé précontractuel : brutal coup d'arrêt », préc. ; Cassia Paul, « Coup d'arrêt au référé précontractuel », préc. ; Linditch Florian, « Le référé précontractuel foudroyé », préc.

[819]Llorens François, Soler-Couteaux Pierre, « Des limites du recours Tropic travaux signalisation », in *Contrats et marchés publics*, mai 2008, p. 1 ; Dreyfus Jean-David, « Pour un renouveau du référé précontractuel », in *AJDA*, 2010, p. 1553 ; Delelis Philippe, « Les insuffisances des procédures de référé », in *AJDA*, 2011, p. 320 et s., spéc. p. 322 ; Noguellou Rozen, « Le référé contractuel : un recours subsidiaire », préc., spéc. p. 277 ; Noury Arnauld, « Le référé contractuel : une voie de droit subsidiaire, des pouvoirs bridés », in *RLCT*, décembre 2011, p. 29 et s. ; Rouveyran Thomas, Ricci Nathalie, « Le référé contractuel : un succès relatif ? », in *CP-ACCP*, juillet-août 2012, p. 41 et s.

[820]Sur le caractère préventif du recours, v. précédemment § 24-28. Sur l'amplitude exceptionnelle des pouvoirs du juge, v. précédemment § 33 et s.

sont tels qu'ils lui permettent de mettre fin au litige de manière définitive en épargnant ainsi au justiciable une « course au juge » à l'instar de celle rencontrée dans le contentieux des actes détachables du contrat[821]. Sans être lié par les demandes du requérant, il est loisible au juge des référés précontractuels de statuer *ultra petita*[822]. La procédure de référé précontractuel est rapide[823]. Les termes des dispositions de l'article R. 551-5 du Code de justice administrative disposent, en effet, que « le président du tribunal administratif ou le magistrat qu'il délègue statue dans un délai de vingt jours sur les demandes qui lui sont présentées ». Bien qu'il s'agisse seulement d'un délai indicatif n'impliquant pas le dessaisissement du juge en cas de dépassement, la procédure de référé précontractuel reste bien plus rapide que les autres procédures juridictionnelles administratives.

B – Les insuffisances des autres voies de droit spécifiques au contentieux de la commande publique

433. En dépit de la jurisprudence « Smirgeomes »[824], le référé précontractuel constitue une voie de droit privilégiée pour le candidat ou le soumissionnaire évincé afin de faire sanctionner les manquements aux obligations de publicité et de mise en concurrence, parce que les autres recours à sa disposition présentent des inconvénients notables.

434. Le référé contractuel est empreint de restrictions. Le référé contractuel est à la fois limité dans son champ d'application *ratione personae*[825] et dans la sanction des manquements aux obligations de publicité et de mise en concurrence[826], parce qu'il n'est pas un « recours indépendant ». Le référé contractuel n'est pas la symétrie du référé précontractuel par rapport à la signature du contrat ; il n'est qu'une « voie de droit hybride à la physionomie précontractuelle » dont l'existence n'est envisagée que négativement par rapport au référé précontractuel[827].

435. Le recours « Tropic » était empreint de largesse et permettait au juge d'apprécier la légalité du contrat au prisme d'un spectre très large. En dépit de la restriction de la recevabilité *ratione personae* du recours en

---

[821] Sur la course au juge, v. *infra*.

[822] V. précédemment § 44-50.

[823] Sur l'affaiblissement des garanties procédurales, v. CJUE, 9 décembre 2010, Combinatie Spijker Infrabouw-De Jonge Konstruktie, van Spijker Infrabouw BV, de Jonge Konstruktie BV/Provincie Drenthe, aff. C-568/08, Rec. p. I-12655.

[824] V. précédemment § 65-67 ; 76-82 ; 92-96.

[825] V. précédemment § 83.

[826] V. précédemment § 97-105.

[827] V. Koebel Bruno, « Le référé contractuel dans l'ombre et au service du référé précontractuel », in *CP-ACCP*, novembre 2012, p. 64 et s.

contestation de la validité du contrat à certains « requérants privilégiés », les moyens susceptibles d'être soulevés au soutien de la requête étaient tellement étendus[828] que le respect des obligations de publicité et de mise en concurrence ne constituait qu'un aspect parmi d'autres de la légalité *lato sensu* qu'il incombait au juge de protéger.

436. Le nouveau recours en contestation de la validité du contrat dessiné par la décision « Département de Tarn-et-Garonne » vient mettre fin à l'avis « Société Gouelle » en ce que les concurrents évincés « ne peuvent invoquer que des vices en rapport direct avec l'intérêt lésé dont ils se prévalent ou ceux d'une gravité telle que le juge devrait les relever d'office ».

437. Par ailleurs, le référé contractuel et le recours en contestation de la validité du contrat sont introduits après la conclusion du contrat. Les liens contractuels nés entre les parties au contrat sont un obstacle à la sanction de la méconnaissance des obligations de publicité et de mise en concurrence. La prise en compte, par le juge des référés contractuels, de « l'ensemble des intérêts susceptibles d'être lésés et notamment de l'intérêt public » dans la mise en œuvre de son pouvoir de suspension de l'exécution du contrat, des « raison[s] impérieuse[s] d'intérêt général » dans l'application de son pouvoir d'annulation ou encore l'attention portée, par le juge du plein contentieux, à l'« atteinte excessive à l'intérêt général »[829], constituent autant de justifications à la pérennité du contrat et à son exécution plutôt qu'à la sanction radicale de la méconnaissance des obligations de publicité et de mise en concurrence.

438. En outre, du point de vue de l'office de ces juges, force est de constater que conjecturer la future décision juridictionnelle est en tâche difficile : si les décisions du juge des référés contractuels semblent davantage prévisibles[830], il reste encore à déterminer comment le nouveau

---

828 Avis CE n° 355446, 11 avril 2012, Société Gouelle, préc.

829 Le juge du recours « Tropic » prenait en compte les atteintes excessives à l'intérêt général et aux droits des cocontractants. La référence aux droits des cocontractants a disparu dans l'arrêt « Département de Tarn-et-Garonne ».

830 Les hypothèses d'annulation du contrat sont strictement limitées (article L. 551-18 du Code de justice administrative). L'application des sanctions alternatives à l'annulation du contrat au titre de l'article L. 551-18 du Code justice administrative dépend de la réserve des « raison[s] impérieuse[s] d'intérêt général » (article L. 551-19 du Code de justice administrative). Quant à l'application de l'article L. 551-20 du Code de justice administrative, il semblerait que la sanction de la méconnaissance du *délai de standstill* ou de la suspension automatique de signature du contrat consécutive à l'introduction d'un référé précontractuel puisse être anticipée au terme d'une jurisprudence qui commence à se dessiner et consisterait au prononcé d'une pénalité financière et ce, même si le Conseil d'État estime que « pour déterminer la mesure qui s'impose, le juge du référé contractuel peut prendre en compte, notamment, la nature et l'ampleur de la méconnaissance constatée, ses conséquences pour l'auteur du recours ainsi que la nature, le montant et la durée du contrat en cause et le comportement du pouvoir adjudicateur ». V. en ce sens : CE, 30 novembre 2011, Société DPM Protection, Centre

juge du recours en contestation de la validité du contrat appliquera concrètement ses pouvoirs, même si une méthode d'application semble esquissée dans l'arrêt « Département de Tarn-et-Garonne » en comparaison de la jurisprudence « Tropic Travaux Signalisation »[831]. La crainte reste néanmoins celle de l'aléa des solutions contentieuses du fait de la liberté du juge dans le prononcé ou non d'une sanction, dans la détermination de sa nature et ce, de manière casuistique[832].

439. Enfin, même si les juges pénal et financier peuvent être amenés à s'assurer du respect du droit de la commande publique, la probabilité que le concurrent évincé y recourt en premier lieu est quasi-nulle dans la mesure où ces voies de droit, d'une part, sont méconnues[833] et, d'autre part, ne sont pas uniquement orientées vers le respect du droit de la commande publique. La portée des décisions de ces juges reste aléatoire, surtout celles du juge financier qui n'a pas de réels pouvoirs de sanction[834].

---

hospitalier Andrée Rosemon, préc. V. par ex. : TA Rennes, 13 septembre 2010, Société Botrel, req. n° 1003208 ; TA Pau, 17 décembre 2010, Société Isoplac 64, req. n° 1002185 ; TA Lyon, 26 octobre 2011, Société Iserba, préc.

831 V. *infra*.

832 Ainsi que l'analysait le Professeur Élise Langelier, le juge devient « un véritable moteur de la décision [...]. Il est dès lors conduit à l'abandon d'une certaine neutralité et contraint à se positionner comme garant tant de l'intérêt général que des intérêts particuliers de ceux représentés devant lui – l'administration et le concurrent évincé – ou n'ayant pas eu accès à cet office particulier – notamment les tiers (usagers ou non) et le cocontractant. Plus que la légalité, c'est dès lors l'équilibre de ces intérêts qu'il s'agit de protéger ». V. Langelier Élise, *L'office du juge administratif et le contrat administratif*, préc., spéc. p. 144. Nous nous rattachons à cette position uniquement du point de vue du rôle du juge comme « véritable moteur de la décision » eu égard à chaque étude empirique des faits litigieux qui lui sont soumis. Nous nous en détachons dans la mesure où la protection des intérêts en présence ne nous semble pas équilibrée.

833 Exceptionnellement, la saisine en premier lieu du juge pénal peut être envisagée par le requérant dans l'ignorance d'autres recours plus techniques au fond, dans la mesure où la justice pénale est plus démocratique dans son appréhension. S'ajoute à cela le fait que, sociologiquement, la justice pénale est davantage crainte, ne serait-ce que par l'image médiatique des élus véhiculée à cette occasion, bien que, juridiquement, le délit de favoritisme demeure un « épouvantail ». V. en ce sens : Cadieu Pascal, « Le contrôle de la commande publique à la croisée des chemins », in *RLCT*, juillet-août 2012, p. 34 et s., spéc. p. 35. V. également : Laval-Mader Nathalie, « Les évolutions du risque pénal dans la gestion publique locale », in *RDFA*, 2012, p. 707 et s.

834 Sur les pouvoirs de la Cour des comptes et des Chambres régionales des comptes, v. *supra*. La Cour de discipline budgétaire et financière dispose du pouvoir de mettre en jeu la responsabilité financière des ordonnateurs, mais elle n'y procède que trop rarement et selon des *quantum* trop peu élevés.

§ 2 : Le choix de l'opérateur économique évincé de ne pas exercer de référé précontractuel

440. Le candidat ou le soumissionnaire évincé peut également décider de s'abstenir de saisir le juge sur le fondement des articles L. 551-1 et L. 551-5 du Code de justice administrative[835]. Désabusé, le concurrent évincé s'abstient de recourir au juge en ayant à l'esprit que les mécanismes conçus afin de promouvoir l'usage et l'effectivité du référé précontractuel sont partiellement inefficaces dans la mesure où leur mise en œuvre dépend du comportement de l'administration, laquelle peut, à tout moment, signer le contrat (A). Par ailleurs, le caractère préventif du référé précontractuel, atout majeur de cette voie de droit, peut se révéler être son inconvénient principal, en ce que le requérant peut ne pas disposer des informations stratégiques au soutien de sa requête, l'office du juge des référés précontractuels ayant également ses limites (B).

A – La potentielle ineffectivité du référé précontractuel engendrée par le comportement de l'administration

441. Bien que la nouvelle directive « Recours » et l'ordonnance du 7 mai 2009 disposent de mécanismes destinés à asseoir l'effectivité du référé précontractuel, ceux-ci ne constituent pas l'assurance d'un accès systématique au juge des référés précontractuels et, *a fortiori*, du prononcé d'une ordonnance définitive au terme de la procédure juridictionnelle. Qu'il s'agisse de l'obligation d'information des concurrents évincés, du *délai de standstill* ou de la suspension automatique de la signature du contrat dès l'introduction du recours, chacun de ces trois dispositifs trouve ses propres failles dans ses caractéristiques intrinsèques dans la mesure où il incombe à l'administration de les appliquer et qu'il lui est loisible aussi bien de les respecter que d'y contrevenir[836].

442. Parmi ces trois mécanismes, la mauvaise foi de l'administration risque surtout de transparaître à travers la méconnaissance du *délai de standstill* et la non suspension de la signature du contrat à compter de la saisine du juge des référés précontractuels. Toute signature du contrat entraînant soit l'irrecevabilité de la requête, soit le prononcé d'un non-lieu à statuer[837], il n'est pas impossible que l'administration prenne le parti de signer volontairement le contrat afin d'empêcher toute introduction d'un référé précontractuel ou de faire échec à la procédure pendante. Certes, le référé

---

[835] Bien que, stratégiquement, tout conseil ne saurait résolument l'en convaincre.

[836] V. précédemment § 61 et s.

[837] V. précédemment § 24-28.

contractuel et le recours en contestation de la validité du contrat sont des voies de droit qui demeurent à la disposition du justiciable. Néanmoins, l'orientation de l'office de ces juges par des considérations d'opportunité au détriment de la stricte légalité affaiblit l'efficacité de ces voies de droit. La signature anticipée du contrat devient un moyen susceptible de conduire au maintien futur d'un contrat irrégulier.

443. *In fine*, l'opérateur économique évincé d'une procédure de passation d'un contrat relevant de la commande publique dispose d'un accès au juge des référés précontractuels subordonné à la conduite de l'administration, ce qui ne manque pas de s'interroger sur le contenu du droit d'accès au juge. Face à cette situation, le candidat ou le soumissionnaire évincé pourrait préférer ne pas saisir le juge sur le fondement des articles L. 551-1 et L. 551-5 du Code de justice administrative, eu égard non seulement à la perte de temps potentielle relative à une procédure juridictionnelle - qui pourrait ne pas arriver à son terme -, mais aussi à la perte financière liée à la sollicitation d'un conseil.

B – L'insuffisance des informations en la possession du requérant au soutien de sa requête

444. L'opérateur économique évincé peut également s'abstenir de saisir le juge des référés précontractuels, s'il estime qu'il ne dispose pas suffisamment d'informations au soutien de sa requête[838]. Il en sera particulièrement ainsi si le pouvoir adjudicateur ou l'entité adjudicatrice ne respecte pas les obligations qui lui sont imposées au titre de l'article 80 du Code des marchés publics, à moins que l'administration ne procède à un complément d'informations sur le fondement de l'article 83 du Code des marchés publics[839] ; mais encore faut-il que celui-ci soit complet et qu'il parvienne au

[838]Ramaut Pierre-Alexis, « Référé précontractuel et lésion », in *CP-ACCP*, juillet-août 2012, p. 37 et s., spéc. p. 38. V. pour un cas particulier de décision avant dire droit : CE, 11 mars 2013, Ministre de la défense contre Société Aéromécanic, req. n° 364827.

[839]Cette remarque concerne avant tout les marchés passés selon une procédure formalisée. La circonstance selon laquelle les contrats sont passés ou non selon une procédure formalisée est à prendre en compte. Il est à noter que les dispositions du Code général des collectivités territoriales sont muettes sur l'issue de la procédure de passation des délégations de service public quant à l'information des candidats et des concurrents évincés. Pour les contrats de partenariat, l'article L. 1414-10 du Code général des collectivités territoriales dispose d'un mécanisme d'information spontanée et d'un mécanisme d'information sur demande. Cependant, l'information spontanée n'a vocation qu'à « [informer] les candidats non retenus du rejet de leur offre ». Ce n'est que sous la réserve d'une demande écrite du concurrent évincé que « la personne publique indique par écrit dans les quinze jours les motifs du rejet de son offre, les caractéristiques et les avantages relatifs de l'offre retenue ainsi que le nom de l'attributaire du contrat ». L'obligation d'information des concurrents évincés des procédures de passation des concessions de travaux publics figure à l'article R. 1415-9 du Code général

requérant dans un délai raisonnable avant que le juge statue pour que le requérant soit considéré comme ayant pu exercer utilement son recours[840].

445. A défaut d'information suffisante aussi bien au titre de l'article 80 que de l'article 83 du Code des marchés publics[841], le concurrent évincé aurait pu trouver une solution alternative dans le mécanisme de la demande de communication de documents administratifs sur le fondement de la loi n° 78-753 du 17 juillet 1978 portant diverses mesures d'amélioration des relations entre l'administration et le public[842]. Cette loi a, en effet, posé le principe du libre accès aux documents administratifs qui a pour conséquence de faire reposer sur l'administration une obligation de communiquer les documents concernés par ladite loi parmi lesquels figurent les actes contractuels élaborés ou détenus par l'administration et l'ensemble des documents qui s'y rapportent. Sont ainsi notamment visés les marchés publics[843], les délégations de service public[844], les baux emphytéotiques administratifs qui se rattachent directement à l'exécution d'une mission de service public[845], les concessions d'aménagement[846] ou encore les documents se rapportant à une procédure d'appel à projet[847].

446. Toutefois, la communication des actes contractuels et des actes s'y rattachant est soumise à des conditions de forme et de fond[848]. En principe, les documents communicables sont ceux qui sont achevés et qui ne

des collectivités territoriales, lequel dispose : « la collectivité territoriale, dès qu'elle a fait son choix pour une candidature ou une offre en vue de la conclusion d'un contrat de concession de travaux publics d'un montant égal ou supérieur au seuil mentionné au II de l'article R. 1415-1, notifie à tous les autres candidats le rejet de leur candidature ou de leur offre avec les motifs de ce rejet. Cette notification précise le nom de l'attributaire, ainsi que les motifs ayant conduit au choix de son offre, aux candidats ayant soumis une offre et à ceux n'ayant pas encore eu communication du rejet de leur candidature ». Il en est de même en matière de concession d'aménagement, qu'il s'agisse de celles soumises au droit communautaire des concessions ou de celles soumises au droit communautaire des marchés (v. respectivement, articles R. 300-9-1 et R. 300-11-5-1 du Code de l'urbanisme).

840 CE, 6 mars 2009, Syndicat mixte de la région d'Auray Belz Quiberon, préc.

841 V. également pour d'autres contrats soumis à des obligations de publicité et de mise en concurrence, note de bas de page n° 839.

842 Loi n° 78-753 du 17 juillet 1978 portant diverses mesures d'amélioration des relations entre l'administration et le public, JORF du 18 juillet 1978, p. 2851. Le référé mesures utiles ne saurait être utilement introduit par un candidat évincé. V. en ce sens : Guillerm Maeva, « Le référé mesures utiles en matière contractuelle », in *CP-ACCP*, mai 2013, p. 51 et s.

843 V. par ex. : CADA, avis n° 20062949 du 11 juillet 2006 ; CADA, avis n° 20090412 du 12 février 2009 ; CADA, avis n° 20101586 du 20 mai 2010 ; CADA, conseil n° 20073686 du 27 septembre 2007 ; CADA, conseil, n° 20091745 du 14 mai 2009 ; CADA, conseil n° 20114251 du 3 novembre 2011.

844 V. par ex. : CADA, conseil n° 20114788 du 15 décembre 2011.

845 V. par ex. : CADA, avis n° 20103329 du 16 septembre 2010.

846 V. par ex. : CADA, avis n° 20122290 du 21 juin 2012.

847 V. par ex. : CADA, conseil n° 20120845 du 8 mars 2012.

présentent donc plus de caractère préparatoire[849]. Les documents relatifs à une procédure de passation du contrat sont considérés comme préparatoires aussi longtemps que la procédure n'est pas close, tant que le contrat n'est pas signé ou que la procédure n'a pas été abandonnée[850]. Avant la signature du contrat, certains documents administratifs sont communicables selon une doctrine de la Commission d'accès aux documents administratifs construite autour de leur « détachabilité » par rapport aux opérations d'attribution, à l'exemple des délibérations portant sur des lancements des appels d'offres, des appels à candidatures ou le règlement de la consultation. Les autres documents tels que les procès-verbaux d'ouverture des plis, les dossiers de candidatures, le rapport d'analyse des offres, revêtent un caractère préparatoire et ne peuvent être communiqués à des tiers[851]. Pourtant, ce sont bien les informations contenues dans ces derniers documents qui peuvent être déterminantes pour le candidat ou le soumissionnaire évincé dans son choix de contester les conditions de son éviction[852].

447. Enfin, il n'est pas certain que le juge des référés précontractuels soit dans la capacité de remédier à la carence des informations apportées par l'administration au requérant afin que ce dernier bénéficie d'un droit effectif à exercer un référé précontractuel utile. En d'autres termes, même si le délai de vingt jours imparti au juge pour statuer n'est pas prescrit à peine de dessaisissement de la requête, celui-ci est relativement court et sous-entend par là même que l'instruction sera, en tout état de cause, sommaire, même si une expertise peut être ordonnée[853]. L'intime conviction du juge sera, par

---

848 Du point de vue du fond, des restrictions à la communication sont apportées en lien avec le respect des secrets et, plus particulièrement, en matière industrielle et commerciale que la Commission d'accès aux documents administratifs rappelle très régulièrement. V. *infra*.

849 Loi n° 78-753 du 17 juillet 1978 portant diverses mesures d'amélioration des relations entre l'administration et le public, préc., article 2.

850 V. par ex. : CADA, avis n° 20033960 du 9 octobre 2003 ; CADA, avis n° 20040857 du 19 février 2004 ; CADA, avis n° 20090624 du 26 février 2009 ; CADA, avis n° 20111461 du 31 mars 2011 ; CADA, conseil n° 20114251 du 3 novembre 2011.

851 Pour les marchés publics, v. par ex. : CADA, conseil n° 20072665 du 5 juillet 2007 - pour les délégations de service public, v. par ex. : CADA, conseil n° 20063184 du 27 juillet 2006 ; CADA, conseil n° 20114788 du 15 décembre 2011 - pour les contrats de partenariat, v. par ex. : CADA, avis n° 20111735 du 28 avril 2011 ; CADA, conseil n° 20110317 du 3 mars 2011 ; CADA, conseil n° 20113036 du 22 septembre 2011 - pour les concessions d'aménagement, v. par ex. : CADA, avis n° 20122290 du 21 juin 2012 - pour les baux emphytéotiques administratifs qui se rattachent directement à l'exécution de la mission de service public, v. par ex. : CADA, avis n° 20103329 du 16 septembre 2010.

852 V. *infra* pour ce qui concerne l'utilité d'une telle communication dans les procédures contentieuses une fois le contrat signé.

853 V. par ex. : CE, sect., 3 novembre 1995, District agglomération nancéienne, préc.

conséquent, fondée sur l'échange des mémoires de chacune des parties et les observations orales présentées à l'audience publique[854].

448. Dans l'hypothèse où le requérant déciderait d'introduire un référé précontractuel, il reste alors à espérer qu'en dépit d'une requête sommaire ou générale[855], l'administration fournisse, de son propre chef et en tant que moyens de défense, des éléments suffisamment précis afin que le juge examine, de la manière la plus aboutie qui soit, la régularité de la procédure[856].

Section II : Les conséquences du choix de l'opérateur économique évincé d'introduire ou de ne pas introduire de référé précontractuel

449. Le comportement contentieux du concurrent évincé par rapport à l'introduction d'un référé précontractuel emporte des conséquences, du point de vue de l'articulation des recours, sur les voies de droit supplémentaires qu'il pourra utiliser une fois le référé précontractuel forclos ou la procédure juridictionnelle précontractuelle achevée. L'exercice discrétionnaire du référé contractuel lui sera, en tout état de cause, impossible (§ 1). Le recours en contestation de la validité du contrat lui demeurera toujours accessible tant que le délai de recours ne sera pas forclos, tout comme l'accès aux autres prétoires permettant indirectement de veiller au respect des obligations de publicité et de mise en concurrence (§ 2).

---

[854]Bien qu'allégé, le respect du principe de la contradiction exige toutefois que tout nouveau moyen présenté oralement soit consigné dans un mémoire. V. en ce sens : CE, 19 avril 2013, Commune de Mandelieu-la-Napoule, req. n°365617 : « Considérant que les décisions prises par le juge des référés sur le fondement de ces dispositions sont rendues à la suite d'une procédure particulière qui, tout en étant adaptée à la nature des demandes et à la nécessité d'assurer une décision rapide, doit garantir le caractère contradictoire de l'instruction ; que, si les parties peuvent présenter en cours d'audience des observations orales à l'appui de leurs écrits, elles doivent, si elles entendent soulever des moyens nouveaux, les consigner dans un mémoire écrit ; que le juge, qui ne saurait accueillir de tels moyens sans avoir mis le défendeur à même de prendre connaissance du mémoire qui les invoque, peut, compte tenu de ces nouveaux éléments, décider que la clôture de l'instruction n'interviendra pas à l'issue de l'audience mais la différer à une date dont il avise les parties par tous moyens ; que, s'il décide de tenir une nouvelle audience, l'instruction est prolongée jusqu'à l'issue de cette dernière ». Par ailleurs, l'exigence du contradictoire n'oblige pas le juge à appeler à l'instance l'entreprise s'étant vue attribuer le contrat dont la procédure est contestée. V. en ce sens : CE, 23 juillet 2012, Commune de Barbechat, req. n° 359103. V. également : CJUE, 9 décembre 2010, Combinatie Spijker Infrabouw-De Jonge Konstruktie, van Spijker Infrabouw BV, de Jonge Konstruktie BV/Provincie Drenthe, préc.

[855]Dacosta Bertrand, conclusions sur CE, 1er mars 2012, OPAC du Rhône, req. n° 355560, in *BJCP*, mai-juin 2012, p. 209 et s., spéc. p. 210.

[856]V. également : CE, 11 mars 2013, Ministre de la défense contre Société Aéromécanic, préc.

§ 1 : L'impossible exercice discrétionnaire du référé contractuel

450. La multiplicité des voies de droit à la disposition du concurrent évincé conduisait à croire que ce dernier aurait librement pu choisir la voie de droit considérée par lui comme étant la plus efficace pour contester son éviction. Le référé contractuel, de par ses caractéristiques, semblait initialement constituer une symétrie du référé précontractuel après la signature du contrat[857]. Néanmoins, très rapidement, la jurisprudence comme la doctrine se sont accordées à admettre, en conformité avec l'esprit des directives « Recours », que le référé contractuel ne constituait pas le pendant du référé précontractuel après la signature du contrat mais n'existait qu'« en creux » par rapport à celui-ci afin de le promouvoir[858].

451. Cette philosophie de la subsidiarité du référé contractuel a pour conséquence d'exclure tout choix discrétionnaire du requérant dans la saisine du juge sur le fondement de l'article L. 551-13 du Code de justice administrative. En d'autres termes, le candidat ou le soumissionnaire évincé ne dispose ni de la liberté de saisir à la fois le juge des référés précontractuels et le juge des référés contractuels, ni de celle de ne pas préalablement saisir le juge des référés précontractuels pour saisir ensuite le juge des référés contractuels. Les dispositions de l'article L. 551-14 du Code de justice administrative excluent la possibilité du cumul d'un référé précontractuel et d'un référé contractuel lorsque certaines circonstances sont réunies, c'est-à-dire lorsque, d'une part, le pouvoir adjudicateur ou l'entité adjudicatrice a respecté l'obligation de suspension de la signature du contrat à compter de la saisine du tribunal administratif et, d'autre part, s'est conformé à la décision juridictionnelle rendue par le juge des référés précontractuels[859]. Le requérant qui se serait abstenu de saisir le juge sur le fondement du référé précontractuel et qui aurait attendu la signature du contrat pour introduire un référé contractuel n'est pas recevable à agir[860]. *In fine*, que le requérant ait délibérément choisi d'introduire ou non un référé précontractuel selon la stratégie contentieuse adoptée n'a aucune incidence

---

[857] V. précédemment : Sous-titre 1 : Le référé précontractuel et le référé contractuel, symétries partielles par rapport à la signature du contrat.

[858] Koebel Bruno, « Le référé contractuel dans l'ombre et au service du référé précontractuel », préc.

[859] V. *supra* sur les conditions d'application des dispositions de l'article L. 551-14 du Code de justice administrative et sur les modalités d'articulation du référé précontractuel et du référé contractuel.

[860] V. CE, 19 janvier 2011, Grand port maritime du Havre, préc. et Boulouis Nicolas, conclusions sur CE, 19 janvier 2011, Grand port maritime du Havre, préc., spéc. p. 127.

sur l'exercice postérieur du référé contractuel, puisque la liberté d'exercice du référé contractuel n'existe pas.

452. Certes, des exceptions au non-cumul des référés précontractuels et contractuels existent, mais elles sont strictement limitées. Elles trouvent leur origine dans des fautes commises par le pouvoir adjudicateur ou l'entité adjudicatrice : signature prématurée du contrat en méconnaissance de la suspension automatique de sa signature dès l'introduction du référé précontractuel[861], signature prématurée du contrat en méconnaissance des dispositions de l'article 80 du Code des marchés publics ainsi qu'il en a été le cas dans l'arrêt « Établissement public national des produits de l'agriculture et de la mer – France Agrimer » du 10 novembre 2010[862], méconnaissance par l'administration de l'ordonnance du juge des référés précontractuels[863]. Toutefois, admettre, dans ces circonstances, que le choix du concurrent évincé d'introduire un référé contractuel est libre et discrétionnaire manquerait de pragmatisme. Si une certaine liberté de saisir le juge sur le fondement de l'article L. 551-13 du Code de justice administrative est retrouvée, c'est bien parce qu'elle résulte d'une défaillance du pouvoir adjudicateur ou de l'entité adjudicatrice. L'exercice discrétionnaire d'une voie de droit ne saurait être conditionnée, de quelle manière que ce soit, par des événements extérieurs à la propre volonté du requérant. *A maxima*, le concurrent évincé dispose de la faculté de poursuivre ou non l'action contentieuse préalablement introduite sur un nouveau fondement qui est celui du référé contractuel, parce que les conditions pour ce faire sont réunies[864].

§ 2 : La faculté d'exercer discrétionnairement un recours en contestation de la validité du contrat et d'accéder aux prétoires des juges pénal et financier

453. Contrairement à l'articulation des référés précontractuel et contractuel, il n'existe aucun mécanisme procédural d'exclusion tendant à ce que l'exercice du référé précontractuel empêche ultérieurement l'usage, par le requérant insatisfait de l'ordonnance prononcée par le juge en premier lieu saisi, du recours en contestation de la validité du contrat[865]. Par conséquent,

[861]V. précédemment § 380 et s.

[862]*Ibid.*

[863]*Ibid.*

[864]Il serait difficile d'expliquer le comportement du concurrent évincé qui renoncerait à poursuivre son action contentieuse au titre du référé contractuel lorsque l'administration aurait fait échec à la procédure précontractuelle.

[865]V. précédemment : Chapitre 1 : Le recours en contestation de la validité du contrat comme réponse à l'échec d'un référé précontractuel.

il importe peu de différencier les situations selon lesquelles le candidat ou le soumissionnaire évincé a choisi d'exercer ou non un référé précontractuel pour déterminer les conditions d'exercice du recours de plein contentieux. Tout exercice du recours en contestation de la validité du contrat résulte d'une stratégie contentieuse laissée à l'entière appréciation du requérant. À l'image de la liberté absolue dont jouit l'opérateur économique évincé dans sa décision d'introduire un référé précontractuel tant que le contrat n'est pas conclu, sa décision de saisir le juge du plein contentieux de la validité du contrat est prise dans des circonstances identiques tant que le délai de recours n'est pas épuisé.

454. Le concurrent évincé pourra également recourir aux prétoires des juges pénal et financier. Conçues comme des voies de droit « *ultima ratio* du contentieux de la commande publique », la saisine des juges pénal et financier constitue des occasions de parachever la recherche du respect du droit de la commande publique[866], qu'un recours en contestation de la validité du contrat ait d'ailleurs été entre-temps introduit ou non.

---

[866]Pour le juge pénal, v. précédemment : Chapitre 1 : Le juge pénal, juge du contentieux de la commande publique. Pour le juge financier, v. précédemment : Chapitre 2 : Le juge financier, juge du contentieux de la commande publique.

455. La recevabilité du recours en contestation de la validité du contrat est subordonnée à un délai fixé, de manière prétorienne, à deux mois à compter de l'accomplissement des mesures de publicité appropriées. En l'absence de telles mesures, le délai de recours ne commence jamais à courir, si bien que l'action demeure toujours recevable.

Tant que ce délai de deux mois n'est pas écoulé ou tant que le pouvoir adjudicateur ou l'entité adjudicatrice n'a pas procédé aux formalités nécessaires permettant de le faire courir, l'opérateur économique évincé dispose stratégiquement du choix discrétionnaire d'exercer ou de ne pas exercer cette voie de droit (Section I). Dans l'hypothèse où le recours en contestation de la validité du contrat ne lui donnerait pas satisfaction, les prétoires des juges pénal et financier lui sont toujours accessibles[867]. Toutefois, le dénouement du litige interviendra vraisemblablement sur le plan indemnitaire (Section II).

Section I : La liberté de l'opérateur économique évincé d'exercer ou de ne pas exercer de recours en contestation de la validité du contrat

456. Même si le recours en contestation de la validité du contrat semble davantage appréhendé comme une voie de droit seconde - du fait de l'échec préalable d'un référé précontractuel ou d'un référé contractuel[868] -, l'hypothèse de l'exercice premier du recours de pleine juridiction n'est pas à exclure.

457. A la lumière d'une articulation référé précontractuel / référé contractuel peu évidente à appréhender et des inconvénients de ces voies de droit, le recours en contestation de la validité du contrat apparaît comme un recours « à part » du fait de son indépendance, de son émancipation. Libéré de toute contrainte procédurale d'articulation de cette voie de droit par rapport à d'autres, l'opérateur économique évincé est entièrement libre de saisir (§ 1) ou de ne pas saisir (§ 2) le juge sur ce fondement, ce choix étant discrétionnaire.

[867] Cet aspect n'appelle pas plus de développements que ceux exposés en référé précontractuel. V. *supra*.
[868] V. *supra*.

§ 1 : Le choix de l'opérateur économique évincé d'introduire un recours en contestation de la validité du contrat

458. Depuis la décision « Département de Tarn-et-Garonne », la vérification de la légalité *lato sensu* du contrat ne constitue plus une considération pouvant emporter le choix du candidat ou du soumissionnaire évincé d'introduire un recours en contestation de la validité du contrat. En effet, à partir du moment où le requérant doit invoquer des vices en rapport direct avec l'intérêt lésé dont il se prévaut ou des vices d'une gravité telle que le juge devrait les relever d'office, le juge n'examine plus la validité du contrat dans sa dimension la plus large. Ce nouveau paradigme met un terme aux effets de l'avis « Société Gouelle » appliqué au recours « Tropic »[869].

459. Dorénavant, le choix de l'opérateur économique évincé d'introduire un recours en contestation de la validité du contrat est uniquement conditionné par le fait de disposer, à plus ou moins long terme, des informations nécessaires au soutien de sa requête et au règlement du litige par le juge en toute connaissance de cause. L'inconvénient majeur du contentieux au fond - la longueur des délais de jugement - devient un atout du fait de l'instruction qui est à l'occasion menée[870].

460. Si la loi n° 78-753 du 17 juillet 1978 portant diverses mesures d'amélioration des relations entre l'administration et le public[871] n'est guère utile au candidat ou au soumissionnaire évincé désirant contester son éviction devant le juge des référés précontractuels, elle retrouve un certain intérêt[872] dans le contentieux de la validité du contrat. En effet, une fois le

---

[869]Ni l'arrêt « Tropic Travaux Signalisation », ni l'avis « Société Gouelle » ne limitaient les moyens invocables et opérants : il s'agissait de ceux destinés « à remettre en question la 'validité' du contrat en caractérisant des 'vices' entachant cette validité » (Seyfritz Mathieu, « Recours au fond en contestation de validité du contrat administratif ouvert aux concurrents évincés. - Recours « Tropic », préc., pt. 24). C'est ainsi que le recours en contestation de la validité du contrat dans le paradigme de la jurisprudence « Tropic Travaux Signalisation » était censé constituer « un recours objectif, dont la finalité majeure est le respect de la légalité et non la protection des intérêts subjectifs des requérants » (Llorens François, Soler-Couteaux Pierre, « Un nouvel élan pour le recours Tropic. - À propos de l'avis du Conseil d'État du 11 avril 2012 », in *Contrats et marchés publics*, mai 2012, p. 1 et s., p. 1). L'étendue des moyens invocables et opérants permettait à la fois que fussent soulevés des moyens de légalité externe et interne semblables à ceux qui auraient pu être soulevés dans le cadre d'un recours pour excès de pouvoir contre un acte détachable de la procédure de passation, mais également des moyens de légalité davantage spécifiques relatifs au droit de la commande publique ou propres à la matière contractuelle.

[870]Code de justice administrative, articles R. 611-10 (tribunaux administratifs), R. 611-17 (cours administratives d'appel) et R. 611-26 à R. 611-29 (Conseil d'État).

[871]Loi n° 78-753 du 17 juillet 1978 portant diverses mesures d'amélioration des relations entre l'administration et le public, préc.

[872]Quoique limité également. V. ci-après.

contrat signé[873], les documents matérialisant les étapes du processus contractuel ne sont plus considérés comme préparatoires, mais comme des documents achevés. Ils deviennent communicables sous réserve des secrets absolus[874] et relatifs[875]. La circonstance selon laquelle un document contient des mentions couvertes par un secret ne fait pas inéluctablement obstacle à sa communication. Dans l'hypothèse où ces mentions peuvent être matériellement disjointes, le document peut être communiqué après leur occultation[876].

461. Une attention particulière est notamment portée au respect du secret en matière industrielle et commerciale, également appelé « secret des affaires »[877], lequel recouvre les mentions protégées par le secret des procédés, le secret des informations économiques et financières ainsi que le secret des stratégies commerciales.

462. Si, en principe, les pièces du marché sont communicables, les mémoires techniques, les propositions techniques ne le sont pas en raison des informations qu'ils contiennent relatives aux moyens humains, techniques et matériels du candidat retenu, ainsi qu'à ses procédés[878].

463. Relativement au déroulement de la mise en concurrence, les correspondances échangées avec les candidats, les questions complémentaires adressées aux entreprises et les lettres adressées aux entreprises lors des négociations qui ont permis de préciser le cahier des charges sont communicables sous réserve d'occulter certaines mentions[879].

464. Parmi les documents relatifs aux candidatures, sont en principe communicables : les déclarations sur l'honneur et les attestations fiscales, à l'exception des mentions couvertes par le secret des affaires, à l'exemple du chiffre d'affaires[880] ; les documents justifiant que l'entreprise satisfait aux conditions posées par une réglementation particulière, sous réserve que les

---

[873]La seule attribution du contrat ne suffit pas à ce que les documents de la procédure de passation ne soient plus considérés comme préparatoires. V. en ce sens : CADA, conseil n° 20023233 du 22 août 2002 ; CADA, conseil n° 20065427 du 21 décembre 2006.

[874]Loi n° 78-753 du 17 juillet 1978 portant diverses mesures d'amélioration des relations entre l'administration et le public, préc., article 6-I.

[875]Loi n° 78-753 du 17 juillet 1978 portant diverses mesures d'amélioration des relations entre l'administration et le public, préc., article 6-II.

[876]Loi n° 78-753 du 17 juillet 1978 portant diverses mesures d'amélioration des relations entre l'administration et le public, préc., article 6-III.

[877]V. par ex. : CADA, avis n° 20062458 du 15 juin 2006.

[878]V. par ex. : CADA, avis n° 20062949 du 11 juillet 2006 ; CADA, conseil n° 20062848 du 11 juillet 2006 ; CADA, conseil n° 20065427 du 21 décembre 2006.

[879]V. par ex. : CADA, avis n° 20020150 du 7 février 2002.

[880]V. par ex. : CADA, conseil n° 20020024 du 10 janvier 2002.

mentions protégées par le secret des affaires soient préalablement occultées[881].

465. Concernant les documents relatifs aux offres, la communication est plus ou moins étendue selon que les documents demandés concernent l'entreprise retenue ou les opérateurs économiques évincés. Dans le cadre contentieux, les documents demandés par le requérant concerneront davantage l'entreprise retenue. À cet égard, la Commission d'accès aux documents administratifs a considéré que l'offre de prix globale[882], l'offre de prix détaillée[883], le bordereau des prix unitaires[884] sont communicables et ce, pour la plupart des contrats soumis à des obligations de publicité et de mise en concurrence[885]. En revanche, pour les contrats de partenariat, les mentions qui définissent le montage juridico-financier et comptable arrêté par le partenaire ne l'est pas[886]. N'est pas non plus communicable le mémoire technique ou la présentation des moyens humains et matériels de l'entreprise retenue, sauf si ces éléments font partie intégrante de l'acte d'engagement[887].

466. Pour ce qui concerne, enfin, les document relatifs à l'analyse des candidatures et des offres, le rapport d'analyse des offres, les procès-verbaux, les rapports des commissions d'appel d'offres portant sur l'analyse, le classement et le choix de l'attributaire sont communicables, exceptées les mentions couvertes par le secret industriel et commercial[888].

467. Force est de constater - de manière regrettable - la variabilité des informations susceptibles d'être communiquées par le pouvoir adjudicateur ou par l'entité adjudicatrice au concurrent évincé quand celui-ci en aura fait la demande. Si des lignes directrices ont été dégagées par la Commission d'accès aux documents administratifs quant à la question du principe de la communication par rapport au(x) secret(s), le contenu de la communication

---

[881]V. par ex. : CADA, conseil n° 20033474 du 11 septembre 2003.

[882]V. par ex. : CADA, avis n° 20091401 du 16 avril 2009 ; CADA, conseil n° 20073686 du 27 septembre 2007 ; CADA, conseil n° 20110928 du 3 mars 2011.

[883]V. par ex. : CADA, avis n° 20091401 du 16 avril 2009 ; CADA, conseil n° 20073686 du 27 septembre 2007 ; CADA, conseil n° 20110928 du 3 mars 2011.

[884]V. par ex. : CADA, conseil n° 20065427 du 21 décembre 2006 ; CADA, avis n° 20141034 du 10 avril 2014.

[885]V. par ex. : CADA, conseil n° 20063184 du 27 juillet 2006 (délégation de service public) ; CADA, conseil n° 20120845 du 8 mars 2012 (appel à projets) ; CADA, avis n° 20122290 du 21 juin 2012 (concession d'aménagement).

[886]V. par ex. : CADA, avis n° 20111735 du 28 avril 2011.

[887]V. par ex. : CADA, avis n° 20062949 du 11 juillet 2006 ; CADA, conseil n° 20052631 du 7 juillet 2005 ; CADA, conseil n° 20065427 du 21 décembre 2006.

[888]V. par ex. : CADA, avis n° 20074116 du 25 octobre 2007 ; CADA, conseil n° 20052295 du 9 juin 2005 ; CADA, conseil n° 20073686 du 27 septembre 2007 ; CADA, conseil n° 20091745 du 14 mai 2009. V. également : CADA, conseil n° 20063184 du 27 juillet 2006 en matière de délégation de service public.

reste aléatoire du fait d'une définition intrinsèquement paradoxale du secret en matière industrielle et commerciale trop large et trop précise. L'identification suffisamment ciblée des composantes du secret en matière industrielle et commerciale - secret des procédés, secret des informations économiques et financières, secret des stratégies commerciales - ne permet pas de délimiter, en creux, ce qui ne relève pas de ce secret. L'étendue du secret en matière industrielle et commerciale et son opposabilité sont telles qu'elles deviennent un obstacle majeur dans la communication des documents qui pourraient intéresser le candidat ou le soumissionnaire évincé au nom de la protection du libre jeu de la concurrence[889]. L'utilité du document communiqué après occultation des mentions relatives à ce secret est remise en question, surtout lorsque celles-ci sont nombreuses.

468. Si la question de l'efficacité du mécanisme de communication des documents administratifs se pose du point de vue du concurrent évincé, encore faut-il souligner que l'instruction permettra, en tout état de cause, au juge de disposer des informations que le requérant n'aura pas eu préalablement en sa possession[890]. D'ailleurs, le juge est tenu de les lui communiquer quand bien même ils seraient couverts par le secret industriel et commercial.

La Cour de justice des communautés européennes, dans un arrêt « Varec SA contre Belgique » du 14 février 2008, avait pourtant considéré que « dans le cadre d'un recours formé contre une décision prise par un pouvoir adjudicateur relative à une procédure de passation d'un marché public, le principe du contradictoire n'implique pas pour les parties un droit d'accès illimité et absolu à l'ensemble des informations relatives à la procédure de passation en cause qui ont été déposées devant l'instance responsable du

[889]V. Capitant David, « Secret des affaires et marchés publics devant le juge communautaire », note sous CJCE, 14 février 2008, VAREC SA contre Belgique, in *RLCT*, mai 2008, p. 24 et s., spéc. p. 24 : « [...] le principe de transparence qui gouverne le droit communautaire de la passation des marchés publics s'efface parfois devant la nécessité de protéger certains secrets. En effet, ce principe n'est pas une fin en soi mais plutôt un moyen destiné à servir l'objectif des règles communautaires en matière de marchés publics qui consiste à favoriser la mise en concurrence des entreprises [...]. Or si la transparence des procédures de passation permet de limiter les atteintes à la concurrence en permettant à chacun de s'assurer de l'égal traitement des candidats, elle ne doit pas s'étendre jusqu'à menacer le secret des affaires, nécessaire lui aussi au libre jeu de la concurrence en ce qu'il permet à chaque entreprise de protéger des avantages compétitifs ».

[890]Le juge peut, en effet, ordonner la production de toutes pièces ou renseignements qui lui paraissent utiles au règlement du litige. V., par ex., en ce sens : CE, 28 mai 1954, Barel, req. n° 28238, Rec. p. 308. Le référé mesures utiles ne saurait être utilisé par le requérant pour obtenir la communication d'un document administratif utile à la solution du litige dans le cas où un recours au fond a déjà été formé. V. en ce sens : CE, 20 février 2012, Valery, req. n° 353134.

recours »[891], justifié par le fait que la protection du secret en matière industrielle et commerciale pendant la procédure de passation serait dépourvue d'effet utile si elle devait cesser pendant la procédure juridictionnelle[892].

Le Conseil d'État a néanmoins jugé, en opposition avec la jurisprudence communautaire, mais en accord avec la doctrine[893], que « pour écarter le moyen tiré de ce que la demande de ces mémoires aurait introduit un critère subjectif dans le choix des candidats, le juge s'est fondé sur le contenu de ces documents, sans les communiquer à la Société Baudin Chateauneuf, et sans s'assurer qu'ils avaient été communiqués directement à cette société ; que par suite, à supposer même que ces documents aient été couverts par le secret industriel et commercial, et quand bien même ils lui auraient été communiqués après la lecture de l'ordonnance attaquée, la société est fondée à soutenir que cette ordonnance est intervenue en méconnaissance du caractère contradictoire de la procédure »[894].

§ 2 : Le choix de l'opérateur économique évincé de ne pas introduire de recours en contestation de la validité du contrat

469. L'opérateur économique évincé peut également décider de ne pas exercer de recours en contestation de la validité du contrat au regard de la mise en balance de ses inconvénients et de ses avantages[895].

470. D'une part, le concurrent évincé est confronté à la difficulté de présenter des vices en rapport direct avec son intérêt lésé. La jurisprudence « Département de Tarn-et-Garonne » a ouvert la voie de la « Smirgeomisation des Tropics ». Il incombera au juge de déterminer le degré d'intensité du « rapport direct »[896].

471. A l'inverse du recours « Tropic », il n'incombe plus au juge du contrat de vérifier sa légalité *lato sensu.* L'étendue du contrôle de la validité n'est plus telle qu'elle dilue la spécificité des moyens soulevés relativement aux obligations de publicité et de mise en concurrence.

Dans le paradigme de la jurisprudence « Tropic Travaux Signalisation » et de manière *a priori* paradoxale, le concurrent évincé pouvait décider de ne

---

891 CJCE, 14 février 2008, VAREC SA contre Belgique, aff. C-450/06, Rec. p. I-581, pt. 51.

892 CJCE, 14 février 2008, VAREC SA contre Belgique, préc., pt. 39-41.

893 de Béchillon Denys, « Principe du contradictoire et protection du secret des affaires », in *RFDA*, 2011, p. 1107 et s.

894 CE, 10 juin 2009, Société Baudin Chateauneuf, req. n° 320037, T., p. 841.

895 Ce qui signifie que, dans le paradigme que nous avons choisi d'étudier, le requérant n'aura usé d'aucune des voies de droit spécialisées dans le contentieux de la commande publique : référé précontractuel, référé contractuel et recours en contestation de la validité du contrat.

896 Renvoi § 169 et s. et § 196.

pas introduire de recours en raison de la large vérification de la légalité du contrat. Si cette large vérification de la légalité du contrat pouvait sembler constituer un atout pour le candidat ou le soumissionnaire évincé, elle pouvait aussi apparaître comme un frein à la sanction des manquements aux obligations de publicité et de mise en concurrence principalement recherchée par le requérant qui souhaitait, de manière symptomatique, contester son éviction avant de contester la validité du contrat. En d'autres termes, la contestation de son éviction n'aurait pu prospérer du fait de la dilution des moyens très spécifiques relatifs aux obligations de publicité et de mise en concurrence parmi d'autres moyens de légalité touchant directement le contrat ou ses actes périphériques.

Le recours en contestation de la validité du contrat sur le fondement de la décision « Tropic Travaux Signalisation » était loin de garantir au requérant une résolution « personnelle » du litige. L'accès au juge « Tropic » n'était assujetti qu'à la seule circonstance que le concurrent ait été évincé, lequel était entendu comme celui « qui aurait eu intérêt à conclure le contrat, alors même qu'il n'aurait pas présenté sa candidature, qu'il n'aurait pas été admis à présenter une offre ou qu'il aurait présenté une offre inappropriée, irrégulière ou inacceptable »[897]. La décision « Tropic Travaux Signalisation » comme l'avis « Société Gouelle » ne rapprochaient pas particulièrement la situation d'éviction du concurrent évincé de la violation des obligations de publicité et de mise en concurrence qui aurait pu léser ses intérêts. L'absence de « Smirgeomisation » du recours « Tropic » conduisait à ce que le recours en contestation de la validité du contrat par les tiers revête la qualification de « recours de plein contentieux objectif » pour lequel la condition personnelle du requérant est seulement prise en considération lors de la recevabilité de la requête, abstraction faite, par la suite de la nature des moyens soulevés[898].

Enfin, les moyens relatifs aux obligations de publicité et de mise en concurrence étaient minimisés du fait de l'écoulement du temps. Au moment de l'introduction du recours « Tropic », le contrat était d'ores et déjà signé. L'avancement de la procédure juridictionnelle allait de pair avec l'exécution du contrat, lequel pouvait aussi bien être en cours d'exécution que totalement exécuté à l'issue de la procédure contentieuse. Ces temporalités conduisaient, de manière critiquable au regard du principe de légalité, à faire abstraction des conditions de passation du contrat, parce que l'intérêt général et les droits des cocontractants faisaient ensemble bloc contre les intérêts du concurrent évincé considérés comme mineurs.

---

[897]Avis CE n° 355446, 11 avril 2012, Société Gouelle, préc.

[898]Boulouis Nicolas, conclusions sur avis CE, 11 avril 2012, Société Gouelle, in *BJCP*, septembre-octobre 2012, p. 387 et s., spéc. p. 389. V. également en ce sens : Cassia Paul, « Précisions procédurales sur le recours en contestation de validité du contrat », note sous avis CE, 11 avril 2012, Société Gouelle, in *AJDA*, 2012, p. 1109 et s., spéc. p. 1111.

472. D'autre part, le concurrent évincé fait face à la difficulté de cerner l'office du juge du recours « Département de Tarn-et-Garonne » étant donné sa récente définition, même si celui-ci se trouve être, en théorie, davantage encadré que celui du juge du recours « Tropic ».

473. Si l'arrêt « Tropic Travaux Signalisation » énonçait clairement les pouvoirs dont disposait le juge et orientait leur mise en œuvre selon une certaine gradation[899], force est de constater que l'étude des décisions rendues sur son fondement ne permettait pas d'identifier des lignes directrices d'analyse dans l'objectif d'une prévisibilité des solutions contentieuses[900]. Celles-ci étaient caractérisées par la casuistique des faits et des circonstances portés à sa connaissance. De manière regrettable, la haute juridiction administrative avait fait preuve d'un libéralisme démesuré, lors de la création prétorienne de cette voie de droit en conditionnant l'exercice des pouvoirs du juge, d'une part, « à la nature de l'illégalité commise » et, d'autre part, à l'« atteinte excessive à l'intérêt général ou aux droits des cocontractants ». Par « nature de l'illégalité commise », il convenait d'entendre « la gravité de l'illégalité commise », mais sans référentiel d'appréciation, son examen était intrinsèquement aléatoire. Si les « droits des cocontractants » pouvaient davantage être appréhendés de manière autonome, « l'intérêt général » est très relatif de par sa définition contingente et le caractère excessif de l'atteinte portée d'autant plus difficilement appréciable.

En réalité, le seul schéma de raisonnement identifiable était celui selon lequel le juge devait s'interroger sur le point de savoir si l'annulation constituait une sanction exagérée au regard des vices constatés. En cas d'appréciation affirmative, le juge n'usait pas de son pouvoir d'annulation à charge pour lui, d'exercer l'un des autres pouvoirs de sa palette. En cas d'appréciation négative, il lui incombait de mettre en balance les conséquences de l'annulation du contrat avec l'atteinte excessive à l'intérêt général et aux droits des cocontractants, de déterminer si l'annulation devait être totale ou partielle, avec ou sans effet différé. Ce schéma liminaire de raisonnement était loin de constituer une aide à la décision.

Alors qu'il était possible de considérer que l'importance quantitative des vices aurait été à même de justifier l'annulation du contrat, le juge administratif a pu estimer qu'ils étaient seulement de nature à justifier sa

---

[899] La mise en œuvre du pouvoir d'annulation est strictement limitée à un cas d'extrême nécessité.

[900] Si ce n'est la volonté affichée du Conseil d'État de « favoriser la réfection et la poursuite du contrat ». V. Conseil d'Etat, *Le contrat, mode d'action publique et de production de normes, Rapport public, 2008*, La documentation française, spéc. p. 270.

résiliation[901]. Paradoxalement, en dépit d'irrégularités, le juge du recours en contestation de la validité du contrat pouvait décider de ne rien faire[902].

Les juges du fond étaient, par ailleurs, en désaccord, quant à la manière de prendre en compte l'avancement de l'exécution du contrat dans l'exercice du pouvoir d'annulation : si, pour certains, l'exécution totale ou l'avancée du contrat ne constituait pas un obstacle au prononcé d'une annulation rétroactive[903], pour d'autres, cette situation était de nature « à entraîner des conséquences notablement préjudiciables sur le fonctionnement du service public »[904].

474. La décision « Département de Tarn-et-Garonne » laisse entrevoir un office du juge du recours en contestation de la validité du contrat plus encadré : « il [...] revient [au juge du contrat], après avoir pris en considération la nature de ces vices, soit de décider que la poursuite de l'exécution du contrat est possible, soit d'inviter les parties à prendre des mesures de régularisation dans un délai qu'il fixe, sauf à résilier ou résoudre le contrat ; qu'en présence d'irrégularités qui ne peuvent être couvertes par une mesure de régularisation et qui ne permettent pas la poursuite de l'exécution du contrat, il lui revient de prononcer, le cas échéant avec un effet différé, après avoir vérifié que sa décision ne portera pas une atteinte excessive à l'intérêt général, soit la résiliation du contrat, soit, si le contrat a un contenu illicite ou s'il se trouve affecté d'un vice de consentement ou de tout autre vice d'une particulière gravité que le juge doit ainsi relever d'office, l'annulation totale ou partielle de celui-ci ». Contrairement au paradigme de la jurisprudence « Tropic Travaux Signalisation », l'usage de la palette des pouvoirs du juge n'est plus aussi libéral.

475. Les pouvoirs sont hiérarchisés autour de la possibilité de poursuivre ou non l'exécution du contrat. L'exercice des pouvoirs du juge du nouveau recours en contestation de la validité du contrat s'inscrit dans la continuité de la solution initiée par l'arrêt « Béziers I », telle que précisée par la jurisprudence postérieure[905]. Le juge peut décider que la poursuite de l'exécution du contrat est possible indépendamment de toute mesure de régularisation. Il peut également autoriser les parties à poursuivre l'exécution

---

[901] V. par ex. : TA Paris, 2 juillet 2010, Société Cegelec Paris, préc.

[902] V. par ex. : TA Cergy-Pontoise, 3 juillet 2012, Association des sourds et des interprètes de Provence, req. n° 1101334. V. également, sur le « pouvoir de ne rien faire » : Brenet François, « Le contentieux des contrats publics d'affaires (2e partie). – Le nouveau recours en contestation de la validité du contrat administratif 'à procédure' », in *Contrats et marchés publics*, décembre 2007, p. 33 et s., spéc. p. 34 ; Clamour Guylain, « Un an sous le soleil de 'Tropic' : recueil de décisions », in *Contrats et marchés publics*, novembre 2008, p. 11 et s., spéc. p. 19.

[903] V. par ex. : TA Orléans, 27 mai 2008, Société Arima Consultants, req. n° 0704464.

[904] V. par ex. : TA Toulon, 17 juin 2010, Société ADW Network, req. n° 09-01622.

du contrat à la condition de prendre des mesures de régularisation dans un délai qu'il fixe, sauf à résilier ou résoudre le contrat[906]. La disparition du contrat administratif ne doit être prononcée que pour les irrégularités substantielles insusceptibles de régularisation. Le juge devra, en outre, chercher à limiter temporellement et matériellement cette disparition. Par ailleurs, la résiliation devra être préférée à l'annulation qui est considérée comme la sanction ultime. Enfin, avant de prononcer ces mesures, le juge doit vérifier que sa décision ne portera pas une atteinte excessive à l'intérêt général.

476. A la différence du recours « Tropic », le juge ne dispose plus du pouvoir de modifier les clauses du contrat[907].

Section II : De la réserve d'exercice du recours en contestation de la validité du contrat au vraisemblable dénouement du litige sur le plan indemnitaire

477. Il n'existe aucune disposition spécifique quant à l'articulation du recours en contestation de la validité du contrat avec d'autres voies de droit. Le concurrent évincé qui a introduit un recours en contestation de la validité du contrat ne se voit fermer la porte d'aucun autre recours ultérieur[908] et celui

---

[905] V. Boulouis Nicolas, conclusions sur CE, 12 janvier 2011, Manoukian, req. n° 338551, in *BJCP*, mars-avril 2011, p. 121 ; Glaser Emmanuel, Béziers I, à propos d'un « notamment', in *A propos des contrats des personnes publiques, Mélanges en l'honneur du Professeur Laurent Richer*, LGDJ, 2013, p. 641.

[906] Le Professeur Jean-François Lafaix relevait que « la rédaction de l'arrêt permet de faire nettement la différence entre l'irrégularité non substantielle et la régularisation. L'adoption d'une mesure, unilatérale ou contractuelle, de régularisation présuppose que le vice est substantiel. L'exécution ne peut donc se poursuivre si les parties n'adoptent pas les mesures requises. Mais le Conseil n'impose pas la poursuite du contrat et laisse la possibilité aux parties de le résilier ou de le résoudre ». V. en ce sens : Lafaix Jean-François, « Ouverture du recours Tropic à tous les tiers intéressés », commentaire sous CE, ass., 4 avril 2014, Département de Tarn-et-Garonne, in *RJEP*, juillet 2014, comm. 31.

[907] Ce pouvoir avait été critiqué par la doctrine. V. en ce sens : Delvolvé Pierre, « Un nouveau juge pour le contrat administratif », in *RJEP*, 2007, dossier 1, n° 29 ; Brenet François, « Libres propos sur la 'judiciarisation' du contrat administratif : un nouveau juge pour un nouveau contrat administratif », in *A propos des contrats des personnes publiques, Mélanges en l'honneur du Professeur Laurent Richer*, LGDJ, 2013, p. 529. Il posait une difficulté dans l'exécution du contrat modifié. En effet, la clause réécrite bénéficiait de l'autorité de chose jugée. Elle n'aurait su faire par la suite l'objet d'un avenant. Le Professeur Jean-François Sestier s'interroge sur la question de savoir si le mutisme de la décision « Département de Tarn-et-Garonne » sur la question marque un abandon ou un simple atermoiement. V. Sestier Jean-François, « De l'arrêt 'Tropic' à l'arrêt 'Tarn-et-Garonne' : mort et résurrection du recours des tiers », comm. sous CE, ass., 4 avril 2014, « Département de Tarn-et-Garonne, in *JCP Administrations et collectivités territoriales*, 19 mai 2014, 2152.

[908] Sous réserve des délais de forclusion.

qui s'est abstenu de saisir le juge du plein contentieux disposera également de l'entière liberté d'accéder à d'autres prétoires. Assurément, le concurrent évincé peut recourir aux prétoires des juges pénal et financier en tant que voies de droit *ultima ratio* du contentieux de la commande publique[909]. À la lumière, toutefois, des caractéristiques du nouveau recours en contestation de la validité du contrat, il importe de souligner la place particulière occupée par le contentieux indemnitaire[910].

A défaut pour le candidat ou le soumissionnaire évincé d'une procédure de consultation de disposer d'une voie de droit réellement efficace après la conclusion du contrat, le contentieux indemnitaire peut lui apporter une certaine satisfaction à travers l'obtention d'une contrepartie financière à titre de dédommagement de l'absence de dévolution personnelle du contrat[911]. Cette demande d'indemnisation se déroulerait dans des circonstances particulières mais non nécessairement différentes selon que l'opérateur économique évincé a choisi d'introduire (§ 1) ou de ne pas introduire (§ 2) de recours en contestation de la validité du contrat.

---

[909]V. précédemment : Sous-titre 1 : L'accès aux prétoires du juge pénal et du juge financier comme *ultima ratio* du contentieux de la commande publique.

[910]Certains auteurs ont soulevé le risque de « déplacement du contentieux » vers le contentieux indemnitaire. V. en ce sens : Busson Étienne, « Est-il encore pertinent aujourd'hui de demander l'annulation de l'acte détachable alors qu'il existe un juge de plein contentieux ? », note sous CE, 11 mai 2011, Société lyonnaise des eaux France, in *JCP Administrations et collectivités territoriales*, 14 juin 2011, p. 21 et s., spéc. p. 23.

[911]La question s'était posée de savoir si l'indemnisation ne serait accordée que si le requérant obtenait que soit ordonnée la disparition du contrat ou dans la seule mesure d'une procédure de passation viciée. Le Professeur Florian Linditch estimait que « toute illégalité lésant le concurrent évincé doit pouvoir déboucher sur l'indemnisation du préjudice qu'il sera en mesure d'établir. À l'inverse, toute illégalité ne crée pas nécessairement un dommage au concurrent ». Autrement dit encore, « il n'y a pas de lien entre l'octroi de l'indemnité et la décision prise à l'égard du contrat ». V. Linditch Florian, « Recours Tropic, le Conseil d'État définit le régime des conclusions indemnitaires », note sous CE, avis, 11 mai 2011, Société Rebillon Schmit Prevot, in *JCP Administrations et collectivités territoriales*, 6 juin 2011, p. 18 et s., spéc. p. 19. Au regard de la jurisprudence ultérieure (v. ci-après), l'indemnisation est accordée indépendamment du traitement de l'irrégularité. Elle n'est pas subordonnée à la disparition du contrat. Il est seulement nécessaire de constater que la procédure de passation est entachée d'un vice et que l'irrégularité est la cause directe de l'éviction du requérant (v. CE, 10 juillet 2013, Compagnie martiniquaise de transports, req. n° 362777). La décision « Département de Tarn-et-Garonne » confirme ce schéma d'analyse, lorsqu'elle dispose que « le [juge] peut enfin, s'il en est saisi, faire droit, y compris lorsqu'il invite les parties à prendre des mesures de régularisation, à des conclusions tendant à l'indemnisation du préjudice découlant de l'atteinte à des droits lésés ». Pour une comparaison sur les conditions d'indemnisation des candidats irrégulièrement évincés au regard des directives « Recours », v. CJUE, 30 septembre 2010, Stadt Graz c/ Strabag AG, aff. C-314/09, Rec. p. I-08769 ; CJUE, 9 décembre 2010, Combinatie Spijker Infrabouw-De Jonge Konstruktie, van Spijker Infrabouw BV, de Jonge Konstruktie BV/Provincie Drenthe, aff. C-568/08, préc.

§ 1 : L'exercice du recours en contestation de la validité du contrat et la recevabilité des conclusions indemnitaires

478. La jurisprudence « Tropic Travaux Signalisation » envisageait expressément la possibilité de présenter des conclusions indemnitaires devant le juge du recours en contestation de la validité du contrat[912]. Par un avis du 11 mai 2011, « Société Rebillon Schmit Prevot »[913], le Conseil d'État précisait les modalités de présentation de telles conclusions indemnitaires. La décision « Département de Tarn-et-Garonne » confirme la faculté pour le juge de « faire droit, y compris lorsqu'il invite les parties à prendre des mesures de régularisation, à des conclusions tendant à l'indemnisation du préjudice découlant de l'atteinte à des droits lésés »[914].

479. Même si l'avis du 11 mai 2011 visait expressément l'arrêt « Tropic Travaux Signalisation », aucun obstacle ne semble se dresser quant à la transposition de son apport au nouveau recours en contestation de validité du contrat, tel qu'esquissé par la jurisprudence « Département de Tarn-et-Garonne » : le délai de recours contentieux applicable au recours en contestation de la validité du contrat ne s'appliquerait donc pas aux conclusions indemnitaires, à titre accessoire ou complémentaire (A) ; une décision préalable de l'administration de nature à lier le contentieux serait exigée (B) ; enfin, le requérant devrait présenter des conclusions motivées et chiffrées (C).

A – La non-application du délai de deux mois du recours en contestation de la validité du contrat aux conclusions indemnitaires

480. L'avis « Société Rebillon Schmit Prevot » apportait des précisions sur le délai pendant lequel le concurrent évincé pouvait présenter des conclusions indemnitaires[915]. Ainsi disposait-il que « la présentation de

[912]Le concurrent évincé pouvait également saisir le juge du plein contentieux d'une action autonome en responsabilité quasi-délictuelle sur le fondement de la perte d'une chance. V. avis CE n° 347002, 11 mai 2011, Société Rebillon Schmit Prevot, préc. Ainsi que le relevait le Professeur Florian Linditch, « il reste à déterminer le cas de figure dans lequel cette voie serait plus intéressante. *A priori*, il peut en effet sembler préférable de former le recours Tropic, en une fois, à la fois sur le terrain de l'annulation et celui de l'indemnisation ». V. Linditch Florian, « Recours Tropic, le Conseil d'État définit le régime des conclusions indemnitaires », préc., spéc. p. 19. Pour l'étude de cette question, v. ci-après.

[913]Avis CE n° 347002, 11 mai 2011, Société Rebillon Schmit Prevot, préc.

[914]Si le juge est saisi de telles conclusions.

[915]Une distinction devrait même être réalisée entre la notion de « candidat à l'attribution d'un contrat public » et celle de « concurrent évincé de la conclusion d'un contrat administratif ». La première expression peut être considérée comme une notion propre au recours indemnitaire. V. en ce sens : Tasciyan Daniel, « Le droit à réparation du candidat évincé », in

conclusions indemnitaires n'est pas soumise au délai de deux mois suivant l'accomplissement des mesures de publicité du contrat, applicables aux seules conclusions tenant à sa résiliation ou à son annulation ».

En distinguant deux types de délais, la haute juridiction administrative avait fait le choix d'allonger le temps laissé au requérant pour présenter ses conclusions indemnitaires. La perspective indemnitaire revêt une importance capitale pour le concurrent évincé, à plus forte raison que l'avancement de l'instruction peut lui permettre de se décider à présenter des conclusions indemnitaires s'il n'y avait déjà pensé ou de le conforter dans ses demandes.

L'« allongement du délai » ou « le temps de la réflexion » pour présenter des conclusions indemnitaires permettait au requérant de rassembler les éléments nécessaires au soutien de cette demande. À cette fin, l'échange des mémoires contentieux relativement à la validité du contrat constituait une aide non négligeable à la motivation des conclusions indemnitaires, lesquelles résultaient alors d'une « véritable construction juridique et économique »[916] qui se déroulait en quatre temps[917] : il appartenait, en premier lieu, au requérant de démontrer dans quelle mesure la procédure de passation était irrégulière et dans quelle mesure l'irrégularité lui avait causé un préjudice ; par la suite, le concurrent évincé devait établir sa perte de chance d'emporter le contrat[918] ; la société requérante faisait valoir une demande d'indemnisation correspondant à sa situation ; enfin, il incombait au concurrent évincé de procéder à une démonstration économique précise justifiant le montant de son indemnisation.

B – L'exigence d'une décision préalable de l'administration de nature à lier le contentieux

481. Ce même avis disposait, par ailleurs, que « la recevabilité des conclusions indemnitaires, présentées à titre accessoire ou complémentaire aux conclusions contestant la validité du contrat, est en revanche soumise, selon les modalités du droit commun, à l'intervention d'une décision préalable de l'administration de nature à lier le contentieux, le cas échéant, en cours d'instance, sauf en matière de travaux publics ».

AJDA, 2014, pp. 542 et s.

[916] Caillarec Pierre, « Suites du recours 'Tropic' : le Conseil d'État fixe le régime de présentation des conclusions indemnitaires du concurrent évincé », in *CP-ACCP*, juin 2011, p. 63 et s., spéc. p. 66.

[917] *Ibid.*

[918] La jurisprudence distingue, en principe, trois cas de figure : le candidat qui avait de sérieuses chances de remporter le contrat, le candidat qui n'avait pas été dépourvu de toutes chances de remporter le contrat et le candidat qui était dépourvu de toutes chances d'emporter le contrat. V. CE, 18 juin 2003, Groupement d'entreprises solidaires ETPO Guadeloupe, req. n° 249630, T., p. 865.

La distinction des conclusions indemnitaires accessoires et complémentaires n'était pas anodine. Elle sous entendait que la requête présentée au juge du recours « Tropic » pouvait *ab initio* ne pas contenir de telles conclusions indemnitaires. Celles-ci pouvaient être présentées en cours d'action, notamment parce que des éléments permettant au concurrent évincé de déterminer sa perte de chance d'emporter le contrat auraient pu, entre-temps, lui être communiqués.

482. En tout état de cause, l'exigence d'une décision préalable de l'administration de nature à lier le contentieux était posée[919]. Cette précision mettait ainsi fin aux discordances des solutions contentieuses des juges du fond. Si certains estimaient qu'il n'y avait pas lieu d'appliquer l'obligation de lier le contentieux[920], d'autres maintenaient l'obligation d'une telle liaison[921]. Ainsi que le relevait le rapporteur public Nicolas Boulouis dans ses conclusions sur l'avis « Société Rebillon Schmit Prevot », il n'aurait été guère possible de justifier des différences d'exigence de la décision préalable dans le cadre du contentieux indemnitaire classique et dans le recours « Tropic » alors que le fondement de l'action indemnitaire était le même et l'objet identique[922]. L'intervention de la décision préalable « en cours d'instance »[923] était un choix technique inévitable dans la mesure où le Conseil d'État ne pouvait faire autrement que de « désynchroniser » la liaison du contentieux indemnitaire, « sans quoi, il imposait au requérant d'agir dans les deux mois pour contester la légalité et simultanément d'obtenir la décision préalable, ce qui correspondait à une mission quasi

---

[919]Réserve faite où aucune irrecevabilité ne peut être opposée au requérant, compte tenu du fait que la personne publique a défendu au fond à titre principal, liant ainsi le contentieux. V. en ce sens : CE, sect., 29 mars 1957, Conseil national de l'ordre des chirurgiens-dentistes, req. n° 34077, 34078, Rec. p. 227. Pour une application plus récente, v. CAA Bordeaux, 14 mars 2013, Ecole nationale supérieure des techniques industrielles et des mines d'Albi, req. n° 11BX03091.

[920]V. par ex. : CAA Marseille, 15 octobre 2009, EURL Cabinet RSD, préc.

[921]V. par ex. : TA Orléans, 27 mai 2008, Société Arima Consultants, préc. ; CAA Douai, 27 avril 2010, Cabinet MPC Avocats, req. n° 08DA01632.

[922]Boulouis Nicolas, conclusions sur avis CE, 11 mai 2011, Société Rebillon Schmit Prevot, in *BJCP*, mai-juin 2011, p. 226 et s., spéc. p. 227.

[923]V. particulièrement : CE, sect., 11 avril 2008, Établissement français du sang, req. n° 281374, Rec. p. 168 : « Considérant qu'aucune fin de non-recevoir tirée du défaut de décision préalable ne peut être opposée à un requérant ayant introduit devant le juge administratif un contentieux indemnitaire à une date où il n'avait présenté aucune demande en ce sens devant l'administration lorsqu'il a formé, postérieurement à l'introduction de son recours juridictionnel, une demande auprès de l'administration sur laquelle le silence gardé par celle-ci a fait naître une décision implicite de rejet avant que le juge de première instance ne statue, et ce quelles que soient les conclusions du mémoire en défense de l'administration ; que lorsque ce mémoire en défense conclut à titre principal, à l'irrecevabilité faute de décision préalable et, à titre subsidiaire seulement, au rejet au fond, ces conclusions font seulement obstacle à ce que le contentieux soit lié par ce mémoire lui-même ».

impossible à réaliser »[924]. Le régime juridique de l'action en responsabilité classique était ainsi transposé au particularisme des conclusions indemnitaires dans le contentieux de validité du contrat sur le fondement de la jurisprudence « Tropic Travaux Signalisation ».

C – L'exigence d'une présentation de conclusions motivées et chiffrées

483. L'avis soulignait enfin qu'à peine d'irrecevabilité, les conclusions devaient être motivées et chiffrées parce qu'« il n'appartient, en effet, pas au juge du contrat, saisi d'un tel recours contestant la validité du contrat, d'accorder au concurrent évincé une indemnité alors même que celui-ci n'aurait pas formulé de conclusions en ce sens ». Cette disposition visait, avant tout chose, à réguler le contentieux indemnitaire et à prévenir les demandes abusives des candidats écartés.

484. Si le rappel de la motivation des conclusions et du chiffrage n'était guère surprenant, des difficultés pratiques pouvaient néanmoins apparaître.

Pour ce qui concerne la motivation, le requérant était tenté de se renvoyer aux conclusions ayant trait à la contestation de validité du contrat. Ce seul renvoi n'était toutefois pas de nature à établir le lien de causalité entre l'illégalité et le préjudice[925] ainsi que la réalité de ce dernier. Pour ce faire, il ne pouvait être que conseillé au requérant de produire un mémoire supplémentaire dans la perspective de motiver ses conclusions indemnitaires.

Du point de vue du chiffrage de l'indemnisation, il convient de rappeler que l'entreprise n'aura droit à aucune réparation dans l'hypothèse où elle n'aurait, de toute façon, pas été retenue[926]. Dans le cas où l'entreprise n'était pas dépourvue de toute chance de se voir attribuer le contrat, elle pourra obtenir une indemnité correspondant aux frais qu'elle a inutilement engagés[927]. En cas de perte de chance sérieuse, l'entreprise sera indemnisée du manque à gagner[928]. En revanche, le candidat ne peut prétendre à une indemnisation de ce manque à gagner si la personne publique renonce à

---

[924] Linditch Florian, « Recours Tropic, le Conseil d'État définit le régime des conclusions indemnitaires », préc., spéc. p. 20.

[925] Le juge vérifiait bien qu'un lien de causalité existait entre le manquement commis par l'administration relativement à ses obligations de publicité et de mise en concurrence et l'éviction du concurrent évincé. V. récemment : CE, 10 juillet 2013, Compagnie martiniquaise de transports, req. n° 362777. Pour une étude sur cette question, v. Simonnet Yann, « Indemnisation du candidat irrégulièrement évincé : l'exigence d'un lien de causalité entre les irrégularités et les préjudices invoqués », in *CP-ACCP*, janvier 2014, p. 78.

[926] V. par ex. : CE, 9 décembre 1987, Chambre d'agriculture des Deux-Sèvres, req. n° 70836, Rec. p. 404.

[927] V. par ex. : CE, 23 mars 1994, SIVU pour l'étude et pour la réalisation du golf de Cognac, req. n° 101079 et 116391, Rec. p. 158.

conclure le contrat pour un motif d'intérêt général[929]. Autant la justification des frais engagés pour présenter une offre ne soulève aucun embarras, autant la preuve du manque à gagner est plus délicate à établir du fait même de l'absence de définition claire de cette notion conduisant le juge à procéder à une appréciation souveraine et usant pour ce faire de la formule générale insatisfaisante selon laquelle « il sera fait une juste appréciation du manque à gagner »[930]. Si le manque à gagner semble devoir être déterminé par référence à la marge nette[931], force est de constater que les juges du fond emploient différentes méthodes pour l'évaluer, lesquelles entrent parfois en contradiction. L'évaluation du préjudice a pu être réalisée par référence au taux de marge habituellement constatée dans un secteur concerné[932]. Elle a également pu être chiffrée par référence à la marge globale de l'entreprise[933]. Ces méthodes sont critiquables en ce qu'elles déconnectent le préjudice indemnisable du préjudice réellement subi. D'autres juges du fond ont considéré que le préjudice subi ne saurait être évalué par différence entre le

---

928V. par ex. : CE 13 mai 1970, Monti contre Commune de Ranspach, req. n° 74601, Rec. p. 322 ; CE, 28 mars 1980, Centre hospitalier de Seclin, req. n° 11292, Rec. p. 787. V. plus récemment : CAA Douai, 5 juin 2012, Cabinet MPC Avocats, req. n° 11DA00464 ; CAA Marseille, 9 juillet 2012, Société Pisoni, req. n° 10MA00293.

929CE, 19 décembre 2012, Simon, req. n° 355139.

930Certains auteurs s'interrogeaient même sur le caractère véritablement « mathématique » de cette notion qui fait l'objet d'une analyse pragmatique par le juge. V. Larue Jérôme, Mokhtar Florian, « L'impossible définition du manque à gagner du candidat évincé », in *CP-ACCP*, avril 2012, p. 87 et s.

931V. CE, 28 janvier 1991, OPHLM de la ville de Toulon, req. n° 77862 : « le manque à gagner [...] doit être calculé [...] sur la marge nette que [les prestations] auraient engendré et non, comme l'a fait le tribunal administratif, sur la marge brute ». V. également : CE, 8 février 2010, Commune de la Rochelle, req. n° 314075, Rec. p. 14 : « le manque à gagner [de l'entreprise] ne doit être déterminé non en fonction du taux de marge brute constaté dans son activité mais en fonction du bénéfice net que lui aurait procuré le marché si elle l'avait obtenu ». V. enfin : CAA Lyon, 5 janvier 2012, Cabinet Seve, req. n° 10LY02566 : « [Considérant] que, pour déterminer le manque à gagner du requérant, il y a lieu toutefois de déduire l'ensemble des charges qu'il aurait dû supporter dans le cadre de l'exécution du contrat, qui incluent nécessairement la part de la masse salariale consacrée à cette dernière, alors même qu'elle n'aurait pas eu d'influence significative sur son activité ».

932V. par ex. : CAA Lyon, 21 juin 2011, Société rennaise de travaux publics, req. n° 09LY02978.

933V. par ex. : CAA Bordeaux, 19 décembre 2006, Société géotechnique et travaux spéciaux, req. n° 03BX02017 ; CAA Lyon, 4 novembre 2010, Holding Soprema SA, req. n° 08LY01008.

prix de vente des biens et leur coût de revient[934]. D'autres encore ont estimé que la marge bénéficiaire devait comprendre une somme correspondant à la masse salariale d'une partie du personnel spécialement affecté à l'exécution du marché[935].

§ 2 : L'absence d'exercice du recours en contestation de la validité du contrat et l'exercice autonome d'une action en responsabilité quasi-délictuelle

485. Le concurrent évincé qui aura fait le choix de ne pas introduire de recours en contestation de la validité du contrat dispose, sous réserve de la prescription quadriennale[936], de la faculté de saisir le juge du plein contentieux d'un recours en responsabilité quasi-délictuelle contre l'administration sur le fondement de la perte d'une chance d'obtenir le contrat. L'avis « Société Rebillon Schmit Prevot » précisait lui-même que le recours de pleine juridiction « Tropic » n'était pas le seul moyen d'obtenir l'indemnisation du préjudice subi en raison de l'illégalité de la conclusion du contrat dont le requérant a été évincé.

Ce recours en responsabilité peut, par conséquent, aussi bien être envisagé par le concurrent évincé de manière indépendante par rapport à la réserve d'exercice d'une voie de droit spécifique au contentieux de la commande publique qu'à la suite d'actions destinées à remettre en cause la validité de la procédure de passation du contrat ou du contrat lui-même à l'initiative d'autres tiers[937]. Il sera peut-être plus aisé de faire valoir un préjudice lorsqu'une décision sur la régularité de la procédure de consultation ou sur la validité du contrat à l'aune des obligations de publicité et de mise en concurrence aura été préalablement rendue.

934V. par ex. : CAA Lyon, 20 octobre 2011, Société HSC, req. n° 10LY02217. V. en sens contraire : CAA Lyon, 5 janvier 2012, Cabinet Seve, préc.

935V. par ex. : CAA Nancy, 23 mars 2006, Commune de Sarreguemines, req. n° 03NC00173. V. en sens contraire : CAA Lyon, 5 janvier 2012, Cabinet Seve, préc.

936Loi n° 68-1250 du 31 décembre 1968 relative à la prescription des créances sur l'État, les départements, les communes et les établissements publics, JORF du 3 janvier 1969, p. 76.

937Les tiers ainsi visés sont ceux qui auront usé des voies de droit spécifiques au droit de la commande publique et à l'occasion desquelles les juges auront reconnu, voire sanctionné des atteintes aux obligations de publicité et de mise en concurrence, mais également ceux qui auront exercé un recours pour excès de pouvoir contre un acte détachable de la procédure de passation ayant mis en exergue des violations au droit de la commande publique (sur le recours pour excès de pouvoir contre une acte détachable du contrat, v. *infra*). Il convient également d'y adjoindre le préfet qui, sur le fondement du déféré préfectoral, aura pu saisir le juge administratif aux fins de vérifier la légalité du contrat (sur le déféré préfectoral contractuel, v. *infra*).

486. A l'instar des conclusions indemnitaires accessoires ou complémentaires à un recours « Tropic », le recours en responsabilité quasi-délictuelle doit être fondé sur les fautes de l'administration liées aux règles de passation du contrat. Le requérant doit établir dans quelle mesure les modalités de la consultation l'ont privé d'une chance sérieuse d'obtenir le contrat[938]. L'appréciation du préjudice subi par le concurrent évincé sera établie par le juge en deux temps : il vérifiera tout d'abord que l'opérateur économique n'était pas dépourvu de toute chance de remporter le contrat, puis il recherchera si l'entreprise avait des chances sérieuses d'emporter le contrat dans des circonstances régulières de passation. Le calcul de l'indemnité sera établie dans les mêmes circonstances et sera soumis aux mêmes difficultés[939], à noter que, conformément au droit commun de la responsabilité pour faute, dans l'hypothèse où le concurrent injustement évincé aurait pu éviter tout ou partie du préjudice qui lui a été occasionné, le juge réduira à proportion le montant de l'indemnisation[940].

Conclusion du titre 1.

487. Le concurrent évincé ne jouit pas d'une liberté absolue dans le choix et l'exercice des voies de droit considérées par lui comme les plus adéquates. Les articulations des référés précontractuel et contractuel, d'une part, et du recours en contestation de la validité du contrat et du recours pour excès de pouvoir contre l'acte détachable préalable à la conclusion du contrat, d'autre part, obéissent à des considérations procédurales. L'exercice du référé précontractuel ferme, en principe, la voie du référé contractuel. La mise en œuvre du recours en contestation de la validité du contrat est normalement exclusive du recours pour excès de pouvoir à l'encontre d'un acte détachable préalable à la conclusion du contrat.

488. L'articulation-exclusion du référé précontractuel / référé contractuel cesse parfois d'être inhibitrice pour devenir conductrice, mais seulement dans des situations indépendantes de la volonté du requérant. Quant à l'articulation du recours en contestation de la validité du contrat et du recours pour excès de pouvoir, il importe de dissocier le paradigme de la

---

[938]La réalité de cette chance sérieuse peut être établie au vu des garanties professionnelles et financières (v. par ex. : CE, 4 juin 1976, Desforêts, req. n° 96356, Rec. p. 301). Peut également être prise en compte la conformité de l'offre par rapport aux exigences du règlement de la consultation (v. par ex. : CAA Marseille, 25 juin 2007, Société de transports Galiero, req. n° 03MA00359). Pour une étude générale de la qualification juridique de la chance sérieuse d'emporter le contract, v. Tasciyan Daniel, « Le droit à réparation du candidat évincé », in *AJDA*, 2014, pp. 542 et s.

[939]V. précédemment § 483 et s.

[940]V. par ex. : CAA Paris, 8 juin 1993, M. Tricoire, req. n° 92PA00430.

jurisprudence « Tropic Travaux Signalisation » de celui de la décision « Département de Tarn-et-Garonne ». D'un côté, le doute était permis quant à l'absence de dérogations au non-cumul de ces voies de droit. À défaut de confirmation ou d'infirmation de la jurisprudence dans un sens comme dans l'autre, peut-être le requérant retrouvait-il la possibilité d'exercer successivement les deux voies de droit dans l'hypothèse où la signature du contrat était intervenue postérieurement à l'introduction du recours en annulation. De l'autre côté, la relation d'exclusivité est absolue : pour certains actes détachables préalables à la conclusion du contrat, le juge de l'excès de pouvoir n'est plus accessible aux tiers, qu'importe la temporalité de l'action contentieuse.

489. Le concurrent évincé retrouve une certaine liberté dans l'exercice du référé précontractuel et du recours en contestation de la validité du contrat dans une perspective stratégique contentieuse, après mise en balance des avantages et des inconvénients des deux voies de droit. Toutefois, la liberté de leur exercice ne saurait être absolue dans la mesure où leur mise en œuvre est soumise à des conditions procédurales et, plus précisément, de délai.

Titre 2

Une liberté de choix altérée en raison de considérations d'opportunité

490. La genèse d'une « nébuleuse » de voies de droit topiques du contentieux de la commande publique n'a pas été accompagnée d'une obligation pour tout opérateur économique évincé d'une procédure de consultation d'y recourir en cas de contestation. Le paradigme de l'irrecevabilité du recours pour excès de pouvoir contre un acte détachable antérieur à la conclusion du contrat à compter de l'ouverture du recours « Tropic » résultait de considérations particulières et n'a pas été transposé à l'ensemble des voies de droit spécifiques au droit de la commande publique et aux recours de droit commun. Aucune substitution d'usage des seconds par les premières n'a eu lieu au titre de la spécificité du droit à protéger. En conséquence, le référé précontractuel, le référé contractuel, le recours en contestation de la validité du contrat coexistaient/coexistent avec le contentieux objectif des actes détachables préalables à la conclusion du contrat et la sollicitation du préfet aux fins de déféré.

491. La prise en compte des voies de droit commun ne modifiait/modifie pas le constat de l'illusion de la liberté de choix et d'exercice du recours considéré le plus adéquat. Le requérant était/est freiné, cette fois-ci, par des considérations d'opportunité. Aussi bien le recours pour excès de pouvoir contre les actes détachables préalables à la conclusion du contrat (Sous-titre 1) que la sollicitation du représentant de l'État aux fins de déféré (Sous-titre 2) trouvaient/trouvent leurs limites dans le contentieux de la commande publique.

Sous-titre 1

L'inadaptation du recours pour excès de pouvoir au contentieux de la commande publique

492. Le recours pour excès de pouvoir, « recours contentieux tendant à l'annulation d'une décision administrative et fondé sur la violation par cette décision d'une règle de droit »[941], « ouvert même sans texte contre tout acte administratif, et qui a pour effet d'assurer, conformément aux principes généraux du droit, le respect de la légalité »[942] n'était pas adapté au contentieux de la commande publique pour des raisons tenant à ses caractéristiques[943], qu'il s'agît de sa recevabilité *ratione materiae* (Chapitre 1) ou de l'office du juge saisi (Chapitre 2). La décision « Département de Tarn-et-Garonne » en a tiré les conséquences en fermant cette voie de droit au profit du contentieux de pleine juridiction[944].

[941] Cornu Gérard, *Vocabulaire juridique*, PUF, 2011, spéc. p. 857.

[942] CE, ass., 17 février 1950, Dame Lamotte, préc.

[943] V. Busson Étienne, « Est-il encore pertinent aujourd'hui de demander l'annulation de l'acte détachable alors qu'il existe un juge de plein contentieux ? », préc.

[944] Même si le recours pour excès de pouvoir contre certains actes détachables préalables à la conclusion du contrat ne peut plus être utilisé à compter du 4 avril 2014, il importe d'étudier le régime juridique de cette voie de droit au regard des recours pendants.

Chapitre 1 : Un intérêt limité du recours pour excès de pouvoir au regard de la condition de recevabilité *ratione materiae*

493. La recevabilité du recours pour excès de pouvoir était soumise à trois conditions constituées de la nature des actes attaquables, de l'intérêt à agir et du délai de recours. Dans le contentieux de la commande publique, le recours pour excès de pouvoir présentait un intérêt limité pour le candidat ou le soumissionnaire évincé, en ce qu'il ignorait le contrat en tant qu'objet du recours. Le recours pour excès de pouvoir avait, en principe, pour objet l'annulation d'une décision administrative[945] et le contrat n'aurait su faire l'objet d'un tel recours.

494. Le Professeur Jean-Marie Pontier relevait néanmoins que « le recours pour excès de pouvoir contre le contrat s'inscrit dans l'histoire [...], en ce sens que l'on peut discerner un certain nombre d'étapes par lesquelles des changements sont intervenus, changements qui apparaissent souvent comme des avancées, parfois comme des moments moins compréhensibles [...] »[946]. Dans des termes semblables, le Professeur François Brenet remarquait que les rapports entre le recours pour excès de pouvoir et le contrat étaient « paradoxaux »[947].

495. En effet, tout en n'étant pas recevable, en principe, contre le contrat (Section I), le recours pour excès de pouvoir le devenait contre ses actes détachables, ses clauses réglementaires et contre certains contrats particuliers, au terme de l'établissement de solutions de contournement (Section II).

Section I : L'immutabilité du principe de l'irrecevabilité du recours pour excès de pouvoir contre le contrat

496. Le principe de l'irrecevabilité du recours pour excès de pouvoir contre le contrat a été critiqué (§ 1). Pourtant, il a été maintenu (§ 2).

---

[945] Laferrière Édouard, *Traité de la juridiction administrative et des recours contentieux*, tome 2, préc., spéc. p. 390.

[946] Léger Jacques, Pontier Jean-Marie, *Contrat et recours pour excès de pouvoir*, Presses universitaires d'Aix-Marseille, 2008, spéc. p. 13.

[947] Brenet François, « Le recours pour excès de pouvoir et le contrat », in *JCP Administrations et collectivités territoriales*, 24 septembre 2012, p. 31 et s., spéc. p. 31.

§ 1 : L'irrecevabilité du recours pour excès de pouvoir contre le contrat critiquée

497. L'irrecevabilité du recours pour excès de pouvoir contre le contrat a été vivement critiquée. Dès 1934, Marcel Waline soulignait que rien ne pouvait justifier l'exclusion des contrats du champ d'application du recours pour excès de pouvoir[948]. Pierre Laroque estimait les solutions jurisprudentielles « confuses, souvent artificielles, en tout cas illogiques et contradictoires »[949]. Dans sa thèse, le doyen Georges Pequignot se livrait à une « appréciation critique des raisons qui ont été données de l'opposition du recours pour excès de pouvoir et du contrat ». Conscient de la hardiesse dont devrait faire preuve le Conseil d'État pour un revirement de jurisprudence, il émettait néanmoins le vœu que soient accueillies « les requêtes en annulation des actes anti-contractuels portés devant le juge du contrat, avant de faire absorber le plein contentieux par le contentieux de l'excès de pouvoir »[950]. Pierre-François Gonidec, quant à lui, remarquait que, d'un point de vue matériel, « il n'y a pas d'opposition véritable entre le contrat et le recours pour excès de pouvoir »[951].

498. La doctrine contemporaine s'inscrit dans cette continuité. Le Professeur René Chapus exprimait ses difficultés à comprendre pourquoi le juge de la légalité ne devait pouvoir toucher aux contrats que d'une « main tremblante »[952]. Le commissaire du gouvernement Jacques-Henri Stahl, dans ses conclusions sur l'affaire « Ville de Lisieux »[953], constatait que le « juge de l'excès de pouvoir n'a jamais pu s'emparer du contrat », « qu'il n'existe pas aujourd'hui de raison impérieuse justifiant se s'arc-bouter à la construction jurisprudentielle actuelle » et qu'« un fort courant doctrinal [...] incite à dépasser la distinction des contentieux et à admettre le recours pour excès de pouvoir contre le contrat »[954].

948Waline Marcel, *Notes d'arrêts de Marcel Waline*, Vol. I, Dalloz, 2004, p. 565 et s., spéc. pp. 566-567. Dans son Manuel élémentaire de droit administratif, il faisait référence à une « jurisprudence peut explicable et inexpliquée ». V. Waline Marcel, *Manuel élémentaire de droit administratif*, Sirey, 1946, spéc. p. 117.

949Laroque Pierre, *Les usagers des services publics industriels*, Sirey, 1933, spéc. p. 62 et s., p. 88 et s., p. 184 et s.

950Pequignot Georges, *Théorie générale du contrat administratif*, Pédone, 1945, spéc. p. 573 et s.

951Gonidec Pierre-François, « Contrat et recours pour excès de pouvoir », in *RDP*, 1950, p. 58 et s., spéc. p. 60.

952Chapus René, *Droit du contentieux administratif*, préc., spéc. n° 240.

953CE, sect., 30 octobre 1998, Ville de Lisieux, req. n° 149662, Rec. p. 375.

954Stahl Jacques-Henri, conclusions sur CE, sect., 30 octobre 1998, Ville de Lisieux, in *RFDA*, 1999, p. 128 et s., spéc. pp. 130 et 134.

499. Le maintien de cette solution s'inscrit dans le paradoxe que soulevait le Professeur François Brenet[955]. C'est, en effet, oublier que le recours pour excès de pouvoir avait, dans un premier temps, été ouvert contre le contrat. Sous le Second Empire, le Conseil d'État avait indirectement reconnu, dans un arrêt « Ville de Boulogne » du 30 avril 1863, la recevabilité de cette voie de droit contre le contrat[956]. Il s'agissait, en l'espèce, de répondre à la question de savoir si, « en interdisant à tout autre qu'au locataire l'accès du rivage à la mer, le ministre [n'avait] pas méconnu la destination de cette partie du domaine public, et excédé ses pouvoirs »[957]. Le commissaire du gouvernement, dans ses conclusions, ne s'était préoccupé que de la question au fond sans se soucier aucunement de la nature des actes en cause et concluait, par conséquent, qu'en donnant à un seul l'exercice du droit qui appartient à tous, il était nécessaire « d'annuler pour excès de pouvoir la décision ministérielle et la convention qui l'a suivie »[958]. C'est ainsi que Pierre Landon avait affirmé que « le contrat peut aussi bien que l'acte administratif unilatéral être objet ou cause du recours »[959].

500. La position du juge va néanmoins rapidement s'inverser à partir d'une date qu'il semble difficile à établir avec précision[960]. Plusieurs arrêts de la fin du XIXème siècle attestent que les actes administratifs qui ont préparé, décidé et autorisé le contrat, ne peuvent plus faire l'objet d'un recours devant le Conseil d'État[961]. L'acte préparatoire était considéré comme incorporé au contrat et l'ensemble de ces actes ne pouvait être porté que devant le juge du

---

955 Brenet François, « Le recours pour excès de pouvoir et le contrat », préc., spéc. p. 31.

956 CE, 30 avril 1863, Ville de Boulogne, req. n° 32994, Rec. p. 404. L'arrêt n'est toutefois pas pleinement significatif dans la mesure où il n'admet le recours pour excès de pouvoir d'un tiers que contre une clause qui serait qualifiée aujourd'hui de « réglementaire ». Les conclusions du Commissaire du gouvernement sont davantage révélatrices du raisonnement contentieux.

957 Robert, conclusions sur CE, 30 avril 1863, Ville de Boulogne, Rec. p. 405 et s., spéc. pp. 405-406.

958 Robert, conclusions sur CE, 30 avril 1863, Ville de Boulogne, Rec. p. 406.

959 Landon Pierre, *Le recours pour excès de pouvoir sous le régime de la justice retenue*, Thèse, 1942, spéc. p. 83.

960 Casas Didier, conclusions sur CE, ass., 16 juillet 2007, Société Tropic travaux signalisation, préc., spéc. p. 697. Pierre Landon et Pierre-François Gonidec évoquent la date de 1864. Joëlle Lefoulon évoquait 1884. Le professeur Dominique Pouyaud s'arrêtait à 1872. V. respectivement en ce sens : Landon Pierre, *Le recours pour excès de pouvoir sous le régime de la justice retenue*, préc., spéc. p. 201 ; Gonidec Pierre-François, « Contrat et recours pour excès de pouvoir », in *RDP*, 1950, p. 58 et s., spéc. p. 65 ; Lefoulon Joëlle, « Contribution à l'étude de la distinction des contentieux », in *AJDA*, 1976, p. 396 et s., spéc. p. 396 ; Pouyaud Dominique, *La nullité des contrats administratifs*, LGDJ, 1991, spéc. p. 293.

961 V. par ex. : CE, 26 décembre 1885, Commune de Fins, req. n° 63818, Rec. p. 995 ; CE, 26 janvier 1892, Commune d'Azillanet, req. n° 74370, Rec. p. 63 ; CE, 21 novembre 1890, Commune du Mas d'Azil, req. n° 70548, Rec. p. 850.

contrat et seulement par les parties[962]. Le recours pour excès de pouvoir directement exercé contre le contrat devenait, par conséquent, irrecevable[963].

501. Depuis lors, la question de la recevabilité du recours pour excès de pouvoir du contrat ne se pose plus, la solution étant acquise que cette voie de droit est irrecevable contre le contrat pour des raisons à la fois conjoncturelles et théoriques. Aussi contestable soit-il, l'argument tiré de l'accès facilité au juge de l'excès de pouvoir par le décret du 2 novembre 1864 du fait de la dispense du ministère d'avocat justifierait que les contrats soient exclus du champ *ratione materiae* du recours pour excès de pouvoir afin de ne pas encombrer davantage le prétoire du Conseil d'État[964]. Les raisons théoriques sont néanmoins celles qui, sur le long terme, expliquent l'immutabilité de ce principe.

§ 2 : Les raisons au fondement de la pérennité du principe

502. Aujourd'hui encore, le principe de l'irrecevabilité du recours pour excès de pouvoir contre le contrat demeure[965]. La création prétorienne du recours « Tropic » atteste de l'immutabilité du principe et le nouveau recours en contestation de la validité du contrat dessiné par la jurisprudence « Département de Tarn-et-Garonne » le confirme. La haute juridiction administrative n'a, en effet, pas fait le choix de le remettre en cause, mais a fait naître un recours contentieux de pleine juridiction contre le contrat, ouvert d'abord aux tiers concurrents évincés, puis aux tiers indistinctement.

503. L'ensemble des arguments au soutien du principe de l'irrecevabilité du recours pour excès de pouvoir contre le contrat s'inscrit dans l'approfondissement conceptuel du recours pour excès de pouvoir à une époque où la création progressive du régime juridique de ce recours s'est parallèlement accompagnée de la volonté de classifier les recours

---

[962]V. par ex. : CE, 3 août 1894, Ville de Lyon, req. n° 76693, Rec. p. 542 ; CE, 19 mai 1899, Levieux, req. n° 93313, Rec. p. 401.

[963]V. par la suite : CE, ass., 16 avril 1986, Compagnie luxembourgeoise de télédiffusion, req. n° 75040, Rec. p. 96 ; CE, 14 mars 1997, Compagnie d'aménagement des coteaux de Gascogne, req. n° 119055, T., p. 638.

[964]V. Léger Jacques, Pontier Jean-Marie, *Contrat et recours pour excès de pouvoir*, préc., spéc. p. 30. V. également : Guillien Raymond, *L'exception de recours parallèle. Distinction des contentieux. Compétence juridictionnelle et recevabilité en doctrine et jurisprudence administratives*, préc., spéc. p. 18 et s. ; Gonidec Pierre-François, « Contrat et recours pour excès de pouvoir », préc., spéc. p. 66.

[965]V. Vincent-Legoux Marie-Caroline, « Sur une tentative d'extension du recours pour excès de pouvoir en matière contractuelle », note sous TA Melun, 22 décembre 2006, Syndicat national CGT du ministère de l'Agriculture, in *RFDA*, 2007, p. 951 et s. V. également : CE, 18 février 2009, Association Comité CSG, req. n° 295233, T., p. 888.

contentieux[966]. Ces arguments sont présentés par la doctrine de manières plus ou moins semblables. Pour certains, l'irrecevabilité du recours pour excès de pouvoir contre le contrat est liée, d'une part, à la théorie du recours parallèle et, d'autre part, à la nature de l'acte contractuel[967]. Pour d'autres[968], le recours pour excès de pouvoir contre le contrat est écarté pour plusieurs raisons : la première d'entre elles consiste en « la volonté de laisser au juge du contrat [...] un contentieux qui lui revenait normalement »[969] ; la seconde consiste à ne pas admettre les tiers à contester des actes déterminant des droits subjectifs ; la troisième enfin réside dans le fait que le recours pour excès de pouvoir doit être limité aux « actes des diverses autorités administratives » selon les termes de la loi du 24 mai 1872, lesquels ne recouvrent pas les actes nés d'accords de volonté entre celles-ci et d'autres personnes. Le contentieux de l'excès de pouvoir s'attachant alors à la légalité objective, le contrat à l'origine de droits subjectifs en a été nécessairement exclu[970].

504. L'exception de recours parallèle se trouve, en réalité, être une fausse justification. Elle signifie, en effet, que le requérant ne saurait saisir le juge de l'excès de pouvoir en raison de l'ouverture parallèle du prétoire du juge du contrat. Or, les tiers au contrat n'avaient aucun accès au juge du contrat jusqu'à la généralisation du contentieux de la validité du contrat par la décision « Département de Tarn-et-Garonne ». De ce fait, ils se trouvaint privés de tout moyen d'action. Le Professeur François Brenet relevait, à cet égard, que « l'exception de recours parallèle était, à l'origine, tout au moins, un prétexte »[971] qui cachait une raison « d'ordre stratégique »[972] de désengorgement du prétoire du Conseil d'État[973].

505. Le Professeur René Chapus reconnaît que c'est « [...] le caractère contractuel de l'acte qui s'oppose à l'exercice du recours pour excès de

[966]Laferrière Édouard, *Traité de la juridiction administrative et des recours contentieux*, préc.., tome 2.

[967]V. par ex. : de Laubadère André, Moderne Franck, Delvolvé Pierre, *Traité des contrats administratifs*, tome 2, LGDJ, 1984, p. 1034.

[968]V. par ex. : Delvolvé Pierre, « Un nouveau juge pour le contrat administratif », in *RJEP*, octobre 2007, p. 327 et s., spéc. p. 327.

[969]Le juge du contrat, en premier ressort, était le conseil de préfecture, puis le tribunal administratif depuis le décret n° 53-934 du 30 septembre 1953 portant réforme du contentieux administratif (JORF du 1 octobre 1953, p. 8593).

[970]Selon Édouard Laferrière, le juge de l'excès de pouvoir ne pouvait remettre en cause les droits acquis par les parties du fait d'un contrat administratif. V. Laferrière Édouard, *Traité de la juridiction administrative et des recours contentieux*, tome 2, préc., p. 521.

[971]Brenet François, « Le recours pour excès de pouvoir et le contrat », préc., spéc. p. 33.

[972]de Béchillon Denys, Terneyre Philippe, « Contentieux des contrats administratifs », in *Répertoire de contentieux administratif*, Dalloz, 2000, spéc. pt. 97.

[973]V. *supra*.

pouvoir »[974] et conclut, en définitive, qu'« il n'y a pas d'explication juridique (et il ne peut d'ailleurs y en avoir) à l'état du droit jurisprudentiel »[975] qui conduit « à placer le contrat en marge du principe de légalité, à faire du contrat administratif un acte potentiellement hors du droit »[976].

Section II : L'établissement de solutions de contournement à l'irrecevabilité du recours pour excès de pouvoir contre le contrat

506. Pour des raisons partiellement inconnues - ou, du moins, non réellement justifiées -, il est acquis, de jurisprudence constante, que le recours pour excès de pouvoir est irrecevable contre le contrat. Toutefois, des tempéraments à ce principe ont été apportés par la jurisprudence[977]. Selon l'expression du Professeur Jean-Marie Pontier, des « entrées étroitement surveillées »[978] ont été ouvertes[979]. Elles pouvaient/peuvent être appréhendées selon la théorie des actes détachables du contrat (§ 1), la divisibilité des clauses réglementaires (§ 2) et les exceptions *ad hoc* admises par le juge administratif ayant reconnu la recevabilité du recours pour excès de pouvoir contre le contrat dans certaines circonstances (§ 3).

---

[974]Chapus René, *Droit du contentieux administratif*, préc., spéc. n° 240.

[975]*Ibid.*

[976]Brenet François, « Le recours pour excès de pouvoir et le contrat », préc., spéc. p. 33. Synthétisant l'ensemble de ces remarques, le Professeur Jean-François Brisson notait que « l'exclusion du recours pour excès de pouvoir contre les contrats pour être traditionnelle reste largement inexpliquée tant on comprend mal pourquoi les contrats devraient échapper au principe de légalité ». V. Brisson Jean-François, *Le recours pour excès de pouvoir. Tendances récentes du contentieux administratif*, Ellipses, 2004, spéc. p. 39.

[977]V. Louvaris Antoine, « Recours contre les actes détachables et les clauses réglementaires : état des lieux », in *CP-ACCP*, juillet-août 2012, p. 63 et s., spéc. p. 63 : « Parce qu'il est destiné à satisfaire aux besoins de l'administration, donc, notamment, au bon fonctionnement du service public, le contrat administratif intéresse autant les parties audit contrat que les administrés. Il s'en déduit que, tout à la fois chose et loi de parties, comme les contrats civils au sens des articles 1101 et 1134 du code civil, le contrat administratif ne saurait pour autant s'extraire des exigences du respect des droits que les tiers tirent de la légalité. Ainsi, cet acte multilatéral subjectif est-il tributaire, spécialement par cette contrainte, de la légalité objective. C'est pourquoi a été admise de longue date la possibilité pour les tiers de mettre en cause au contentieux certaines étapes de ce processus administratif complexe qu'est l'opération contractuelle [...] ».

[978]Léger Jacques, Pontier Jean-Marie, *Contrat et recours pour excès de pouvoir*, préc., spéc. p. 34.

[979]V. également : Gourdou Jean, Terneyre Philippe, « Pour une clarification du contentieux de la légalité en matière contractuelle », préc., spéc. p. 249.

§ 1 : La théorie des actes détachables du contrat

507. Peu de temps après les décisions « Le Buf » du 24 décembre 1897[980] et « Levieux » du 19 mai 1899[981], le Conseil d'État avait déjà apporté des atténuations au principe de l'irrecevabilité du recours pour excès de pouvoir contre le contrat. Selon le Professeur Laurence Folliot, les arrêts « Commune de Gorre »[982] et « Commune de Villers-sur-Mer »[983] sont venus, en effet, tempérer la radicalité des solutions antérieurement admises en reconnaissant la détachabilité de l'acte, parce que le requérant - en ces espèces, partie au contrat - avait invoqué des moyens de légalité propres à l'acte considéré[984].

508. C'est la décision « Martin » du 4 août 1905[985] et les conclusions éclairantes du commissaire du gouvernement Romieu qui ont, sans aucun doute, ancré la théorie des actes détachables du contrat[986]. Dans ses conclusions, Romieu déclarait que l'annulation ne pouvait porter que sur les actes administratifs en eux-mêmes et ne saurait entraîner *ipso facto* la rupture du lien contractuel entre les parties : « la solution que nous vous proposons concilie donc d'une manière complète le respect des compétences

---

980CE, 24 décembre 1897, Le Buf, préc.

981CE, 19 mai 1899, Levieux, préc.

982CE, 11 décembre 1903, Commune de Gorre, préc.

983CE, 22 avril 1904, Commune de Villers-sur-Mer, req. n° 11733, Rec. p. 324.

984Folliot Laurence, *Pouvoirs des juges administratifs et distinction des contentieux en matière contractuelle*, Thèse, Paris II, 1994, spéc. p. 243.

985CE, 4 août 1905, Martin, préc. V. également pour confirmation : CE, 29 décembre 1905, Petit, req. n° 18595, Rec. p. 1011 ; CE, 6 avril 1906, Camut, req. n° 17133, 17134 et 17135, Rec. p. 326.

986Certains auteurs ont pu s'interroger sur le véritable apport de l'arrêt « Martin ». V. Folliot Laurence, *Pouvoirs des juges administratifs et distinction des contentieux en matière contractuelle*, spéc. p. 246 ; Richer Laurent, *Droit des contrats administratifs*, LGDJ, 2012, spéc. pp. 187-188 : « La doctrine et Romieu lui-même ont trop rapidement amalgamé le cas du contrat de droit privé et celui du contrat administratif sans prendre garde que, depuis le début du XIXème siècle, le Conseil d'État avait admis la recevabilité du recours pour excès de pouvoir contre des actes précontractuels relatifs à des contrats administratifs [...]. L'arrêt Martin n'a pas innové en déclarant recevable le recours pour excès de pouvoir dirigé contre les délibérations d'un conseil général relatives à un contrat de concession. La seule innovation se trouvait dans les conclusions de Romieu selon lesquelles le recours pour excès de pouvoir n'était recevable que de la part des tiers, à l'exclusion des cocontractants qui peuvent saisir le juge du contrat. Cette restriction n'a été admise que par un arrêt (CE, 28 novembre 1954, Syndicat de la raffinerie de soufre française, Rec. 620) et elle a été abandonnée très peu de temps après (CE, 4 février 1955, Ville de Saverne, Rec. 73) car elle reposait sur la théorie du recours parallèle et du caractère subsidiaire du recours pour excès de pouvoir, qui a perdu son actualité depuis longtemps (en ce sens concl. Kahn sous CE, 5 décembre 1958, SE à l'agric. c/ Union des pêcheurs à la ligne, AJDA 1959, II, 57) ». V. également : Janicot Lætitia, « Réflexions sur la théorie de l'acte détachable dans le contentieux contractuel », préc., spéc. pp. 354-355.

et des droits acquis aux contractants avec le droit d'être jugé pour le citoyen qui, usant légitimement des garanties que la loi a entendu lui conférer, défère les illégalités administratives à la justice et saisit régulièrement le juge de l'excès de pouvoir »[987]. Tout en reconnaissant l'ouverture du recours pour excès de pouvoir contre les actes détachables du contrat à défaut du contrat lui-même, Romieu précisait néanmoins que « l'annulation pour excès de pouvoir dans cette catégorie de litiges n'aura parfois qu'un caractère platonique : l'Administration, en effet, pourra régulariser aussitôt l'acte entaché de nullité ; ou bien le contrat pourra subsister entre les parties, nonobstant l'annulation des actes qui ont servi à le former, si les contractants [...] ne demandent pas au juge ou n'obtiennent pas de lui la résolution de leurs obligations réciproques. [...] Le juge de l'excès de pouvoir n'a qu'à examiner si l'acte administratif attaqué doit ou non être annulé en raison du vice qui lui est reproché ; il n'a pas à se préoccuper des conséquences, positives ou négatives, de son jugement »[988].

509. La détachabilité correspondait pour certains actes à une réalité matérielle. Les actes préalables à la conclusion du contrat pouvaient s'en détacher formellement. Il en était ainsi, par exemple, d'une délibération d'un conseil municipal autorisant le maire à céder un bien appartenant au domaine privé[989], de l'arrêté ministériel qui concédait à une société privée la construction et l'aménagement d'un port de plaisance[990], de la décision attribuant un marché et celle rejetant l'offre de candidats concurrents[991] ou encore de la délibération se prononçant sur le principe du recours à la délégation de service public[992]. Pour d'autres actes, la détachabilité résultait d'une fiction juridique permettant au juge de l'excès de pouvoir de connaître de l'acte unilatéral le plus proche du contrat à défaut du contrat lui-même. Le Conseil d'État avait, en effet, consacré, depuis l'arrêt « Commune d'Ousse-Suzan » du 8 avril 1911[993], une conception extrême de la détachabilité, qualifiée par certains membres de la doctrine comme « outrancière »[994], en admettant la recevabilité du recours pour excès de pouvoir contre la décision

---

[987]Romieu, conclusions sur CE, 4 août 1905, Martin, Rec. p. 749 et s., spéc. p. 754.

[988]Romieu, conclusions sur CE, 4 août 1905, Martin, préc., spéc. p. 754. Sur les conséquences de l'annulation de l'acte détachable du contrat sur le contrat lui-même, v. ci-après § 553 et s.

[989]V. par ex. : CE, sect., 7 octobre 1994, Epoux Lopez, req. n° 124244, Rec. p. 430.

[990]V. par ex. : CE, 1er octobre 1993, Société le Yacht club international de Bormes-les-Mimosas, req. n° 54600, T., p. 875.

[991]V. par ex. : CE, 10 décembre 2003, Institut de recherche pour le développement, préc.

[992]V. par ex. : CE, 4 février 2011, Communauté de communes du pays entre Loire et Rhône, req. n° 332279.

[993]CE, 8 avril 1911, Commune d'Ousse-Suzan, préc.

[994]V. par ex. : Gourdou Jean, Terneyre Philippe, « Pour une clarification du contentieux de la légalité en matière contractuelle », préc., spéc. p. 255.

de conclure le contrat quand bien même celle-ci n'avait aucune existence réelle et se confondait avec la signature du contrat[995].

510. Le recours pour excès de pouvoir n'était recevable qu'à l'encontre des actes détachables administratifs et décisoires qui concouraient à la formation du contrat[996]. Toutes les demandes de renseignement sur le nom de l'attributaire d'un contrat[997], les avis émis par les commissions d'appel d'offres[998], les avis publiés sur les supports de publicité adéquats manifestant l'intention de la commune de passer un contrat[999], les délibérations de lancement de la procédure d'adjudication en tant que mesure préparatoire[1000], étaient exclus du champ du contrôle juridictionnel, parce qu'ils ne faisaient pas grief.

511. Dès lors, le requérant pouvait soulever tout moyen relatif à la légalité externe et interne à l'acte « péricontractuel »[1001], qu'il s'agît du vice d'incompétence[1002], du vice de forme et de procédure[1003], de la violation de la règle de droit[1004] ou du détournement de pouvoir[1005]. Le requérant pouvait également se fonder sur des moyens tirés des vices du contrat, lesquels sont appelés « moyens dits de contractualité »[1006]. Dans ce cas de figure, l'acte unilatéral « s'approprie l'illégalité des clauses contractuelles »[1007]. Par exemple, le Conseil d'État a pu annuler un acte détachable du contrat au

995Comme le relève le Conseil d'État, la décision de contracter « n'est pas constatée par un acte distinct du contrat lui-même ». V. spécialement : CE, sect., 8 novembre 1974, Epoux Figueras, préc. V. pour d'autres exemples de la détachabilité de la décision de conclure le contrat : CE, 9 novembre 1934, Chambre de commerce d'industrie et d'agriculture de Tamatave, préc. ; CE, 7 février 1936, Département de la Creuse, préc. ; CE, sect., 20 janvier 1978, Syndicat national de l'enseignement technique agricole public, req. n° 99613, Rec. p. 22 ; CE, 6 décembre 1995, Département de l'Aveyron, req. n° 148964, Rec. p. 428.

996V. par ex. : CE, 24 novembre 2010, Association fédérale de l'action régionale pour l'environnement, req. n° 318342, T., p. 848.

997V. par ex. : CE, 11 octobre 1985, Compagnie générale de construction téléphonique, req. n° 38788, Rec. p. 280.

998V. par ex. : CE, 10 octobre 1984, Compagnie générale de construction téléphonique, req. n° 16234, Rec. p. 322.

999V. par ex. : CE, 10 mai 1996, Conseil régional de l'ordre des architectes de la région Provence-Alpes-Côte-d'Azur, req. n° 162856, T., p. 665.

1000V. par ex. : CE, ass., 21 octobre 1988, Société TF1, req. n° 91912, Rec. p. 367.

1001Louvaris Antoine, « Recours contre les actes détachables et les clauses réglementaires : état des lieux », préc., spéc. p. 64.

1002V. par ex. CE, 11 décembre 1903, Commune de Gorre, préc. ; CE, 22 avril 1904, Commune de Villers-sur-Mer, préc.

1003V. par ex. : CE, 4 août 1905, Martin, préc. ; CE, 1er octobre 1997, Avrillier, req. n° 133849, T., p. 700.

1004V. par ex. : CE, 1er octobre 1993, Société le Yacht club international de Bormes-les-Mimosas, préc.

1005V. par ex. : CE, sect., 7 octobre 1994, Epoux Lopez, préc.

1006Brenet François, « Le recours pour excès de pouvoir et le contrat », préc., spéc. p. 34.

motif d'un vice propre à la convention qui contenait des stipulations sans valeur juridique[1008]. En revanche, il ne pouvait invoquer de moyens tirés de la violation des stipulations du contrat : le Conseil d'État a, en effet, jugé que « la méconnaissance des stipulations d'un contrat [...] ne peut être utilement invoquée comme moyen de légalité à l'appui d'un recours pour excès de pouvoir formé à l'encontre de décisions administratives »[1009] ; de même que des moyens relatifs aux caractéristiques et aux modalités de mise en œuvre d'une délégation de service public lorsque le recours pour excès de pouvoir n'était dirigé qu'à l'encontre de la délibération se prononçant sur le principe de la délégation[1010].

§ 2 : La divisibilité des clauses réglementaires

512. Le principe de l'irrecevabilité du recours pour excès de pouvoir contre le contrat était initialement entendu comme s'appliquant à l'ensemble des clauses du contrat, sans distinction de leur nature. Qu'il s'agît de stipulations « strictement conventionnelles » ou de stipulations réglementaires, tout recours pour excès de pouvoir introduit à leur encontre était déclaré irrecevable.

513. Le Conseil d'État, par un arrêt d'assemblée « Cayzeele » du 10 juillet 1996[1011], est néanmoins venu « cré[er] une brèche dans la règle de l'exclusion du recours pour excès de pouvoir en déclarant recevable celui formé par un tiers contre les 'dispositions réglementaires' d'un contrat de collecte des ordures ménagères »[1012]. Le requérant qui a alors qualité et intérêt pour agir dispose ainsi d'une nouvelle perspective contentieuse[1013], la recevabilité du recours pour excès de pouvoir contre les clauses

1007 Pouyaud Dominique, « Contentieux des contrats administratifs. - Formation du contrat », in *JCl. Administratif*, Fasc. 1126, 9 septembre 2010, pt. 153. V. également, pt. 155 : « La recevabilité de ces moyens tirés de l'irrégularité du contrat pose également le problème de leur qualification au regard des deux causes de légalité, externe et interne ».

1008 V. par ex. : CE, sect., 20 janvier 1978, Syndicat national de l'enseignement technique agricole public, préc.

1009 V. par ex. : CE, ass., 8 janvier 1988, Communauté urbaine de Strasbourg, req. n° 74361, Rec. p. 2 ; CE, 14 mars 1997, Compagnie d'aménagement des coteaux de Gascogne, préc.

1010 CE, 4 juillet 2012, Communauté urbaine Marseille Provence Métropole c/ Association Fédération d'action régionale pour l'environnement (FARE SUD), req. n° 350752.

1011 CE, ass., 10 juillet 1996, Cayzeele, req. n° 138536, Rec. p. 274.

1012 Pietri Jean-Paul, « Recours pour excès de pouvoir », in *JCl. Contrats et marchés publics*, Fasc. 31, 1er avril 2011, pt. 10.

1013 Laquelle a été récemment confirmée par la jurisprudence « Département de Tarn-et-Garonne » : le nouveau recours en contestation de validité du contrat est exposé « indépendamment des actions dont disposent les parties à un contrat administratif et des actions ouvertes devant le juge de l'excès de pouvoir contre les clauses réglementaires d'un contrat [...] ».

réglementaires du contrat constituant une seconde méthode de contournement du principe de l'irrecevabilité de cette voie de droit contre le contrat lui-même, en sus de celle constituée de la théorie des actes détachables[1014].

514. Dès lors qu'il est admis que l'administration puisse insérer dans un contrat des dispositions qu'elle aurait pu édicter par la voie réglementaire et qu'elle puisse les modifier sans que ne lui soient opposés des droits contractuellement acquis[1015], aucun obstacle ne posait quant à l'admission du recours des tiers contre ce type de clause[1016].

515. Il convient, en revanche, de s'interroger sur les méthodes permettant d'identifier les clauses réglementaires d'un contrat. Ainsi que le relevait le Professeur Pierre Delvolvé, « si [les clauses] sont réglementaires matériellement, elles restent conventionnelles formellement ; à cet égard, elles pourraient être illégales pour la seule raison qu'elles ont donné lieu à une convention, alors qu'elles n'auraient pu être adoptées qu'unilatéralement. Au moment même où, par la reconnaissance du caractère réglementaire d'une disposition figurant dans un contrat, est admise la recevabilité du recours pour excès de pouvoir contre elle, pourrait apparaître l'illégalité de cette disposition au motif qu'elle a été convenue entre les parties. L'avantage de l'admission du caractère réglementaire d'une clause sur le plan procédural tournerait en un inconvénient majeur au fond »[1017].

La substitution du terme « disposition » par celui de « clause » ne constitue guère un indice de définition de la clause réglementaire. D'un point

[1014]Si la décision « Cayzeele » a admis la recevabilité du recours pour excès de pouvoir contre les clauses réglementaires contenues dans un contrat de délégation de service public, elle n'a pas répondu à la question de savoir si un tiers pouvait contester les « clauses non réglementaires contenues dans un tel contrat ». Les clauses non réglementaires ne devraient, en principe, intéresser que les parties au contrat sans que le tiers ne puisse justifier d'aucune qualité pour s'immiscer dans les relations contractuelles au risque de remettre en cause l'économie générale du contrat. Certaines clauses non réglementaires - telles celles des cahiers des charges - n'ont pas pour objet l'organisation et le fonctionnement du service public ; elles ont néanmoins un impact sur le situation des tiers. La haute juridiction administrative a, par la suite admis la recevabilité du recours pour excès de pouvoir contre de telles clauses. V. CE, ass., 30 octobre 1996, Wajs et Monnier, req. n° 136071, Rec. p. 387.

[1015]Chauvaux Didier, Girardot Thierry-Xavier, « Les dispositions d'un contrat ayant un caractère réglementaire peuvent faire l'objet d'un recours pour excès de pouvoir », in *AJDA*, 1996, p. 732 et s., spéc. p. 733.

[1016]Léger Jacques, Pontier Jean-Marie, *Contrat et recours pour excès de pouvoir*, préc., spéc. p. 70.

[1017]Delvolvé Pierre, « Le recours pour excès de pouvoir contre les dispositions réglementaires d'un contrat », note sous CE, ass., 10 juillet 1996, Cayzeele, in *RFDA*, 1997, p. 89 et s., spéc. p. 96. Pour une étude récente, v. Amilhat Mathieu, « Les tiers au contrat ne peuvent se prévaloir que des clauses réglementaires de ce dernier... et elles sont strictement définies ! », commentaire sous CE, 31 mars 2014, Union syndicale du Charvet et autres, in *JCP Administrations et collectivités territoriales*, 19 mai 2014, 2154.

de vue positif, il s'agit d'une clause générale et impersonnelle affectant la situation des usagers[1018]. D'un point de vue négatif, elle serait celle qui ne confère pas de droits subjectifs aux cocontractants[1019]. À défaut d'une définition univoque et précise des clauses réglementaires, celles-ci sont déterminées par leur contenu et de manière casuistique. L'étude de la jurisprudence permet d'identifier la consistance de cette catégorie. C'est ainsi que sont, par exemple, considérées comme réglementaires les clauses du contrat qui sont relatives à l'organisation et au fonctionnement du service public, à l'exemple de celles relatives à la détermination des lignes de tramway à desservir[1020], aux cahiers des charges confiant l'exploitation du service à des sous-traitants[1021], ou encore celles imposant le dépôt des ordures ménagères dans des conteneurs[1022], celles fixant les conditions de l'évolution des principales redevances pour services rendus et déterminant les objectifs de qualité des services de l'aéroport de Paris[1023] et celles déterminant les conditions tarifaires d'un service public lesquelles, même si elles intéressent la rémunération du concessionnaire, constituent également un aspect de l'organisation du service public, dans la mesure où elles déterminent les redevances dues par les usagers[1024]. À l'inverse, les clauses déterminant, par exemple, les modalités de contrôle sur la construction et l'exploitation d'un ouvrage[1025] et plus généralement l'ensemble des clauses qui ont trait à l'exécution du contrat[1026] ou encore les clauses d'un contrat fixant strictement les rapports financiers entre l'administration et son cocontractant[1027] ne sont pas des clauses réglementaires.

[1018]Le Professeur Philippe Terneyre en retient une définition plus large : « ont un 'caractère' réglementaire les clauses des contrats administratifs qui ont un effet juridique direct sur des tiers au contrat – que ces tiers soient, principalement, des usagers du service public délégué, mais aussi, par exemple, des opérateurs concurrents du titulaire du contrat, en ce que ces clauses soit leur accordent un droit soit leur imposent une obligation ». V. en ce sens : Terneyre Philippe, « Réflexions nouvelles sur les 'clauses à caractère réglementaire' des contrats administratifs à objet de service public », in *RFDA*, 2011, p. 893 et s., spéc. p. 895.

[1019]Pietri Jean-Paul, « Recours pour excès de pouvoir », préc., pt. 11.

[1020]V. par ex. : CE, 21 décembre 1906, Syndicat des propriétaires et des contribuables du quartier Croix de Seguey-Tivoli, req. n° 19167, Rec. p. 962, GAJA n° 16.

[1021]V. par ex. : CE, 29 avril 1981, Établissements Fine Frères, req. n° 13209, Rec. p. 201 ; CE, 24 janvier 1990, Martinetti, req. n° 62781, Rec. p. 862.

[1022]V. par ex. : CE, ass., 10 juillet 1996, Cayzeele, préc.

[1023]V. par ex. : CE, 25 avril 2007, Fédération nationale de l'aviation marchande, req. n° 291976, Rec. p. 180.

[1024]V. par ex. : CE, ass., 30 octobre 1996, Wajs et Monnier, préc.

[1025]V. par ex. : CE, 28 avril 2004, Association Greenpeace France, req. n° 236076.

[1026]V. par ex. : CE, 29 décembre 1999, Commune de Port-Saint-Louis-du-Rhône, req. n° 158472.

[1027]V. par ex. : CE, 20 mars 1998, SEM sécurité active et télématique, req. n° 157586, T., p. 1022.

516. L'admission de la recevabilité du recours pour excès de pouvoir contre les clauses réglementaires a, par ailleurs, fait émerger la question de leur divisibilité par rapport aux stipulations contractuelles, à laquelle la jurisprudence « Cayzeele » n'avait apporté aucune réponse. Si le juge administratif a, dans un premier temps, reconnu qu'une clause réglementaire pouvait porter sur une condition essentielle du contrat et que son annulation reviendrait conséquemment à bouleverser l'équilibre de celui-ci[1028], il semble dorénavant que les clauses réglementaires d'un contrat sont considérées « par nature divisibles de l'ensemble du contrat »[1029]. Le caractère divisible de la clause réglementaire devient une critère de sa reconnaissance et, par conséquent, un élément de sa définition, ce qui est contestable dans la mesure où la détermination de la nature intrinsèque d'une clause devrait être indifférente de son articulation avec les stipulations contractuelles qui est une considération extrinsèque[1030].

517. En tout état de cause, les clauses réglementaires ont un régime contentieux hybride dans la mesure où elles demeurent contractuelles entre les parties et sont réglementaires à l'égard des tiers. Les clauses réglementaires sont modifiables par accord des cocontractants à la convention sans que ces derniers puissent former de recours pour excès de pouvoir à leur encontre. Les tiers pouvaient antérieurement à l'arrêt « Cayzeele » invoquer leur méconnaissance à l'appui d'un recours pour excès de pouvoir dirigé contre un acte administratif unilatéral[1031] par dérogation à la règle selon laquelle il est impossible d'invoquer la violation d'un contrat à l'appui d'un recours pour excès de pouvoir[1032]. Depuis lors, la possibilité leur est offerte de les contester directement devant le juge de l'excès de pouvoir[1033]. Ainsi que le relevait le Professeur François Brenet, « une fois de

---

1028 V. par ex. : CAA Marseille, 18 décembre 2006, Compagnie méditerranéenne d'exploitation des services d'eau, req. n° 02MA01595. En l'espèce, le requérant demandait à ce que soient annulées les clauses réglementaires relatives à la tarification de la rémunération que le délégataire était autorisé à percevoir des usagers en contrepartie de ses prestations. La Cour administrative d'appel a estimé que « si les tiers sont recevables à contester devant le juge de l'excès de pouvoir les dispositions réglementaires contenues dans un contrat, cette faculté ne saurait toutefois concerner les clauses qui, portant sur une condition essentielle du contrat, en constituent un élément indivisible, dont l'annulation aurait pour effet de priver le contrat de son objet ou d'en bouleverser l'équilibre ».

1029 V. par ex. : CE, sect., 8 avril 2009, Association Alcaly, req. n° 290604, Rec. p. 112 ; CE, 31 juillet 2009, Société les Sables d'Or, req. n° 303876.

1030 Brenet François, « Le recours pour excès de pouvoir et le contrat », préc., spéc. p. 34.

1031 V. par ex. : CE, 3 février 1905, Storch, req. n° 11627, Rec. p. 116 ; CE, 21 décembre 1906, Syndicat des propriétaires et des contribuables du quartier Croix de Seguey-Tivoli, préc.

1032 V. CE, ass., 8 janvier 1988, Communauté urbaine de Strasbourg, préc. ; CE, 14 mars 1997, Compagnie d'aménagement des coteaux de Gascogne, préc.

plus, le principe d'irrecevabilité du recours pour excès de pouvoir contre le contrat mène le juge administratif dans une impasse logique »[1034].

§ 3 : Les exceptions *ad hoc* reconnues par le juge de la recevabilité du recours pour excès de pouvoir à l'encontre du contrat

518. Parallèlement au maintien du principe de l'irrecevabilité du recours pour excès de pouvoir contre le contrat et indépendamment des méthodes de contournement constituées de la théorie des actes détachables et de la divisibilité de clauses réglementaires, le juge administratif a également construit une jurisprudence au terme de laquelle certains contrats peuvent être contestés par cette voie de droit par tout tiers ayant qualité et intérêt à agir. Cette dérogation est justifiée par le fait que ces contrats ne sont pas considérés comme des contrats « classiques ».

519. La première exception à l'irrecevabilité du recours pour excès de pouvoir contre le contrat concernent les « faux-contrats ». D'apparence contractuelle, ces « faux-contrats » sont en réalité des actes réglementaires ou des contrats à caractère réglementaire. La seconde « érosion » du principe[1035] est constituée de l'apport de l'arrêt « Ville de Lisieux »[1036], par lequel le Conseil d'État admet la recevabilité du recours pour excès de pouvoir formé par un tiers à l'encontre d'un contrat de recrutement d'un agent public.

Il a été, en effet, considéré que les contrats types ne sont pas de réels actes contractuels, mais des actes réglementaires. L'arrêt du Conseil d'État du 13 mai 1987, « Syndicat national professionnel des médecins du travail »[1037] le dispose expressément : « les 'contrats types' [...] dont les prescriptions s'imposent aux signataires de contrats ayant pour objet l'exercice de la médecine au service d'entreprises ou d'institutions de droit privé, n'ont pas un caractère contractuel, mais constituent des actes réglementaires pouvant

---

[1033]Selon la formule du professeur René Chapus, l'arrêt « Cayzeele » « n'est un événement que parce qu'il s'est fait attendre » et a mis fin à « un état du droit fait de solutions contradictoires et, par suite, juridiquement inexplicables ». V. Chapus René, *Droit du contentieux administratif*, préc., pt. 239-3.

[1034]Brenet François, « Le recours pour excès de pouvoir et le contrat », préc., spéc. p. 34.

[1035]Waline Jean, « Contrats et recours pour excès de pouvoir », in *Mélanges en l'honneur de Daniel Labetoulle*, Dalloz, 2007, p. 859 et s., spéc. p. 868.

[1036]CE, sect., 30 octobre 1998, Ville de Lisieux, préc. Pour les prémices de cette solution, v. CE, 25 mai 1979, Mme Rabut, req. n° 06436, Rec. p. 231 : le Conseil d'État se fondait sur la situation réglementaire dans laquelle les agents publics contractuels sont placés pour admettre la recevabilité du recours pour excès de pouvoir de l'agent contre les mesures d'exécution de son contrat.

[1037]CE, 13 mai 1987, Syndicat national professionnel des médecins du travail, req. n° 13751, T., p. 881.

être l'objet d'un recours pour excès de pouvoir devant la juridiction administrative, au même titre que la décision du conseil national d'en adopter les dispositions, qui en est indissociable ». Il en est de même des conventions relatives à l'organisation d'un service public considérées comme des contrats à caractère réglementaire[1038].

Le contrat de recrutement d'agents publics a, quant à lui, été considéré comme un contrat d'un genre particulier, « eu égard à la nature particulière des liens qui s'établissent entre une collectivité publique et ses agents non titulaires »[1039] qui les placent dans une situation très proche de celle des fonctionnaires[1040]. Usant de la formule utilisée par Bruno Genevois, le commissaire du gouvernement Jacques-Henri Stahl, dans ses conclusions sur l'arrêt « Ville de Lisieux », soulignait que « l'aspect proprement contractuel de ces contrats est purement illusoire dans la mesure où le contenu du contrat est le plus souvent prédéterminé par des dispositions réglementaires qui s'imposent aux parties »[1041].

520. En tout état de cause, par la reconnaissance de la recevabilité du recours pour excès de pouvoir contre les actes détachables du contrat, les clauses réglementaires divisibles de celui-ci et certains contrats spécifiques, le contrat n'était/n'est plus réellement exclu de la compétence du juge l'excès de pouvoir. L'ensemble de ces solutions et leur complexité amenaient à envisager un revirement de jurisprudence pour remettre en cause le principe séculaire de l'irrecevabilité du recours pour excès de pouvoir contre le contrat[1042]. Ainsi que le soulignaient Didier Chauvaux et Thierry-Xavier Girardot, « l'admission du recours pour excès de pouvoir contre les clauses non réglementaires des contrats et contre les contrats eux-mêmes est affaire de temps »[1043]. C'est néanmoins oublier « la crainte des conséquences que peut avoir sur les relations contractuelles une annulation pour excès de pouvoir, rétroactive et identique dans ses effets quelle que soit l'illégalité

1038V. par ex. : CE, 14 janvier 1998, Syndicat départemental Interco 35 CFDT, req. n° 186125 ; CE, 14 janvier 1998, Syndicat national du personnel des affaires sanitaires et sociales FO, req. n° 189350, Rec. p. 9.

1039CE, sect., 30 octobre 1998, Ville de Lisieux, préc..

1040La question de la pérennité de cette exception *ad hoc* reste ouverte depuis la jurisprudence « Département de Tarn-et-Garonne ».

1041Stahl Jacques-Henri, conclusions sur CE, sect., 30 octobre 1998, Ville de Lisieux, préc., spéc. p. 136.

1042*Ibid.*

1043Chauvaux Didier, Girardot Thierry-Xavier, « Détermination des dépenses de l'État pouvant être financées par les péages autoroutiers », note sous CE, ass., 30 octobre 1996, Mme Wasj et M. Monier, in *AJDA*, 1996, p. 973 et s., spéc. p. 975.

commise – fût-elle vénielle ou régularisable - [...] »[1044], sauf à ce que l'office du juge de l'excès de pouvoir soit repensé. Mais ce temps-là n'est pas encore venu[1045] et a fortiori n'arrivera-t-il jamais, la décision « Département de Tarn-et-Garonne » constituant très probablement un point de non retour.

[1044]Raynaud Fabien, Fombeur Pascale, « Recevabilité d'un tiers à demander l'annulation d'un contrat de recrutement d'un agent non titulaire par une collectivité publique », note sous CE, sect., 30 octobre 1998, Ville de Lisieux, in *AJDA*, 1998, p. 969 et s., spéc. p. 974.

[1045]Brenet François, « Le recours pour excès de pouvoir et le contrat », préc., spéc. p. 32 et pp. 35-36. Le professeur François Brenet constate, en effet, que « tout se passe comme si le contentieux des contrats administratifs était absorbé par le plein contentieux, à tel point que le recours pour excès de pouvoir n'aurait désormais qu'un rôle de second plan à y jouer, voire peut-être même demain aucun rôle du tout » (p. 32) et en déduit le « reflux contemporain du recours pour excès de pouvoir en matière contractuelle » (pp. 35-36).

Chapitre 2 : Un intérêt limité du recours pour excès de pouvoir au regard de l'office du juge

521. Au-delà des inconvénients liés à la recevabilité de la requête, le recours pour excès de pouvoir présentait un intérêt restreint du point de vue de l'office du juge. Les contrôles opérés par lui sont d'intensité variable et conduisent à l'exercice de pouvoirs limités (Section I). En outre, parce qu'il ne ressort pas, en principe, de sa compétence de remettre en cause le contrat[1046], la détermination des conséquences de l'annulation de l'acte détachable sur le sort du contrat lui est étrangère. À l'initiative du requérant, une véritable course au juge se mettait alors en place, laquelle faisait intervenir successivement le juge de l'exécution, puis le juge du contrat (Section II).

Section I : Un contrôle des actes déférés d'intensité variable et l'exercice de pouvoirs limités

522. Le contrôle des actes détachables antérieurs à la conclusion du contrat n'est pas uniforme (§ 1) et les pouvoirs que le juge exerce sont limités (§ 2).

§ 1 : Un contrôle d'intensité variable des actes en lien ou sans lien direct avec le choix du futur cocontractant

523. Le juge de l'excès de pouvoir opère habituellement un contrôle d'intensité variable sur la qualification juridique des faits en fonction des actes portés à sa connaissance[1047]. Ce contrôle dépend à la fois de la rédaction des normes de référence et d'un choix jurisprudentiel. Le juge administratif décide, en effet, suivant le type de questions, la technicité de celles-ci et leur caractère plus ou moins sensible, s'il souhaite laisser une certaine liberté à l'administration ou encadrer, de manière plus stricte son activité normative[1048], ce qui explique le caractère évolutif de son contrôle.

524. Le contrôle du juge de l'excès de pouvoir sur la qualification juridique des faits est de quatre types : l'absence de contrôle, le contrôle

---

[1046] Réserve faites de certains contrats.

[1047] Serge Daël parle, à cet égard, de « niveau de contrôle du juge de l'excès de pouvoir » ; le professeur René Chapus, d'« étendue du contrôle juridictionnel » ; le professeur Bertrand Seiller, d'« intensité ». V. respectivement : Daël Serge, *Contentieux administratif*, PUF, 2013, p. 250 ; Chapus René, *Droit administratif général*, tome 1, préc., n° 1247 ; Seiller Bertrand, *Droit administratif*, tome 2, Flammarion, 2005, spéc. p. 231.

[1048] Melleray Fabrice, « Recours pour excès de pouvoir. Moyens d'annulation », in *Répertoire de contentieux administratif*, Dalloz, janvier 2007, pt. 45.

restreint, le contrôle entier et le contrôle maximum. L'absence de contrôle va de pair avec le pouvoir discrétionnaire de l'administration. Le juge ne contrôle pas, sauf à empiéter l'action de l'administration. Le contrôle restreint consiste en la vérification que la qualification retenue par l'administration ou que l'adéquation de l'objet de l'acte à ses motifs n'est pas manifestement erronée ou ne souffre pas d'une disproportion manifeste. Le contrôle restreint - autrement appelé « contrôle de l'erreur manifeste d'appréciation » - relève d'un contrôle souple de proportionnalité et l'acte administratif n'est sanctionné que s'il apparaît très nettement disproportionné. L'erreur manifeste d'appréciation est « une erreur grossière, flagrante, repérable par le simple bon sens, et qui entraîne une solution choquante dans l'appréciation des faits par l'autorité administrative »[1049]. Par le contrôle entier, - dit également normal -, le juge de l'excès de pouvoir assure un contrôle de proportionnalité au terme duquel la décision doit se révéler « en rapport exact avec les faits, qui doivent être exactement de nature à la justifier juridiquement »[1050]. Enfin, le contrôle maximum a trait à l'adéquation de l'objet de la décision à ses motifs. Le juge vérifie si l'acte était le mieux adapté à la situation litigieuse et si aucune autre solution plus satisfaisante n'existait au terme d'un strict contrôle de proportionnalité. La décision ne sera alors considérée comme légale que si le juge estime qu'elle est exactement nécessaire et qu'aucune mesure moins rigoureuse n'aurait suffi.

525. Dans le cadre du contentieux des actes détachables préalables à la conclusion du contrat, le contrôle de la qualification juridique des faits opéré par le juge ne s'étend pas de l'absence de contrôle au contrôle maximum. Il est limité au contrôle de l'erreur manifeste d'appréciation et au contrôle normal. L'absence de contrôle ne pourrait guère être justifiée dans la mesure où le droit de la commande publique encadre très fortement la passation des contrats qui en relèvent. Le contrôle maximum ne saurait non plus l'être : en dépit de l'encadrement de l'administration dans la passation de certains de ses contrats, il n'en demeure pas moins que l'acte final est bien un contrat synallagmatique pour lequel le strict contrôle de proportionnalité de l'acte détachable et préalable à sa conclusion entrerait en contradiction plus ou moins directe avec la liberté contractuelle[1051].

526. L'intensité du contrôle est fonction de la liberté laissée à l'administration dans le cadre de son activité. Matériellement, il faut établir

---

[1049] Van Lang Agathe, Gondouin Geneviève, Inserguet-Brisset Véronique, *Dictionnaire de droit administratif*, Dalloz, 2011, p. 179.

[1050] Chapus René, *Droit administratif général*, tome 1, préc., n° 1256.

[1051] Sur la reconnaissance de la valeur constitutionnelle de la liberté contractuelle des personnes publiques, v. CC, 30 novembre 2006, Loi relative au secteur de l'énergie, n° 2006-543 DC.

une distinction entre les actes qui sont en lien direct ou non avec le choix du futur cocontractant.

Toutes les fois où l'acte est en lien direct avec le choix du futur cocontractant, le juge de l'excès de pouvoir n'exerce qu'un contrôle restreint limité à l'erreur manifeste d'appréciation, l'administration disposant d'une relative liberté de jugement dans le résultat de la consultation à partir du moment où elle a préalablement respecté l'ensemble des obligations de publicité et de mise en concurrence.

Par exemple, dans un arrêt du 23 janvier 2012, « Commune de Six-Fours-les-Plages »[1052], le juge de l'excès de pouvoir s'est limité à un contrôle de l'erreur manifeste d'appréciation de la décision de rejet d'une candidature à l'attribution d'un marché public au motif qu'elle ne présentait pas de garanties professionnelles suffisantes.

Aussi étonnant que cela puisse paraître, la question de l'intensité du contrôle exercé par le juge de l'excès de pouvoir sur la décision par laquelle l'autorité administrative écarte une candidature n'avait jamais été explicitement réglée par la jurisprudence avant cet arrêt. Auparavant, la haute juridiction administrative avait, en effet, seulement indiqué que l'administration disposait « d'un large pouvoir d'appréciation » dans l'admission des candidatures[1053].

Le choix du contrôle restreint est justifié par la double exclusion de l'absence de contrôle et du contrôle normal. Ainsi que le résumait le Professeur François Brenet, « le choix du contrôle restreint se justifie pleinement en ce qu'il permet d'éviter les erreurs grossières de l'administration, sans pour autant limiter outre mesure sa liberté d'appréciation. Retenir un contrôle moins poussé, voire même considérer que l'appréciation portée par l'autorité administrative n'était pas susceptible d'être contestée comme cela a pu être jugé en 1967[1054] [...] n'était évidemment pas concevable. À l'inverse, un contrôle entier [...] aurait été excessif. En effet, il faut bien voir que la sélection des candidatures s'opère sur la base de critères, dont certains sont purement objectifs [...] et d'autres empreints d'un certain subjectivisme, qui nécessitent une appréciation par l'autorité administrative. [...] Manifestement, l'autorité administrative dispose d'une capacité

1052CE, 23 janvier 2012, Commune de Six-Fours-les-Plages, req. n° 346970.

1053V. par ex. : CE, 27 février 1987, Hôpital départemental Esquirol, req. n° 61402. Quelques décisions faisaient néanmoins état d'un contrôle restreint. V. par ex. : CE, 13 octobre 1993, Commune de Mées, req. n° 142080. Toutefois, et ainsi que le précisait le rapporteur public Nicolas Boulouis dans ses conclusions sur CE, 23 janvier 2012, Commune de Six-Fours-les-Plages, ces décisions n'avaient pas été fichées dans le Recueil des arrêts du Conseil d'État, témoignant ainsi de l'indétermination de la réponse à apporter à cette question. V. Boulouis Nicolas, conclusions sur CE, 23 janvier 2012, Commune de Six-Fours-les-Plages, préc., spéc. p. 200.

1054CE, sect., 7 juillet 1967, OPHLM de la ville du Mans, préc.

d'expertise que n'a pas forcément le juge, et d'un historique de relations avec les entreprises du secteur considéré qui fait qu'elle peut avoir une intime conviction sur la capacité d'un candidat à exécuter le contrat. C'est précisément pour préserver cette marge d'appréciation que le Conseil d'État s'est refusé à exercer un contrôle normal »[1055].

Au-delà de l'examen des candidatures, la même solution a vocation à s'appliquer à la sélection des offres.

527. En revanche, au sein des actes sans lien direct avec le choix du futur cocontractant, dans la mesure où l'organisation et les modalités de la consultation sont réglementées, l'administration se trouve, dans certaines circonstances, dans une situation de compétence liée par rapport à laquelle le juge administratif exerce un contrôle normal.

528. L'intensité variable du contrôle des actes opéré par le juge de l'excès de pouvoir constituait un frein à ce que le candidat ou le concurrent évincé le saisisse dans le cadre du contentieux des actes détachables préalables à la conclusion du contrat[1056]. Si le contrôle normal de l'organisation et des modalités de la consultation offrait la garantie que soit respecté le principe de la liberté d'accès à la commande publique, le contrôle restreint à l'erreur manifeste d'appréciation du choix du cocontractant et de l'exclusion d'un candidat ou d'un soumissionnaire n'allait pas dans le sens du respect optimal du principe d'égalité de traitement des concurrents et du principe de transparence.

§ 2 : Un juge aux pouvoirs limités

529. Le juge du contentieux de l'excès de pouvoir a des pouvoirs limités. Ils sont restreints au seul choix binaire du rejet de la requête ou de l'annulation de l'acte bien que des tempéraments aient été admis (A) et le juge ne saurait remettre directement en cause la validité du contrat (B).

[1055] Brenet François, « Contrôle de l'erreur manifeste d'appréciation du juge de l'excès de pouvoir sur la décision de rejet d'une candidature à l'attribution d'un marché », note sous CE, 23 janvier 2012, Commune de Six-Fours-les-Plages, in *Droit administratif*, avril 2012, p. 24 et s., spéc. p. 25.

[1056] Le contrôle restreint n'est d'ailleurs plus l'apanage du juge de l'excès de pouvoir. Il peut également être effectué par le juge du plein contentieux. V. par ex. : CE, 8 février 2010, Commune de la Rochelle, préc. ; CE, 20 février 2013, Société American express voyages, préc.

A – Du choix binaire, mais tempéré, du rejet de la requête ou de l'annulation de l'acte

530. La nature des pouvoirs du juge résulte de la distinction des recours contentieux : « [le juge de l'excès de pouvoir] se prononce sur le bien fondé d'une requête quand [le juge du plein contentieux] vide un litige en statuant sur des droits subjectifs », si bien que « le premier ne peut qu'annuler ou rejeter la requête, le second peut réformer la décision administrative »[1057].

531. Si le recours pour excès de pouvoir était ab initio orienté vers la sanction de tout acte administratif contraire à la règle de droit, dans une conception négative, répressive et censoriale, sa détermination originelle et le rôle du juge ont progressivement évolué jusqu'à percevoir la finalité du rétablissement de la légalité. Le juge de l'excès de pouvoir n'est plus seulement un censeur de l'action de l'administration ; il est devenu correcteur des illégalités[1058]. La vision manichéenne des pouvoirs du juge de la légalité objective a été adaptée dans l'intérêt d'une bonne administration de la justice par la consécration jurisprudentielle de tempéraments, lesquels permettent au juge de moduler le champ, l'étendue et les conséquences qu'il entend tirer de l'illégalité de la décision, sans qu'il puisse néanmoins statuer *ultra petita*[1059]. La distinction des offices du juge de l'excès de pouvoir et du juge du plein contentieux n'est plus aussi étanche qu'auparavant[1060].

532. La théorie des vices non substantiels est l'illustration la plus caractéristique de ce changement de paradigme, dans la mesure où elle permet de ne tirer aucune conséquence d'une irrégularité procédurale. La haute juridiction administrative a également reconnu au juge de l'excès de pouvoir la faculté de procéder à l'annulation partielle des décisions administratives[1061]. Dans l'hypothèse où une décision a été fondée explicitement sur plusieurs motifs, il a été admis que le juge de l'excès de pouvoir puisse vérifier, s'il estime devoir censurer un ou plusieurs de ces motifs et avant d'annuler l'acte, que l'administration n'aurait pas pu prendre

---

[1057] Landais Claire, Lenica Frédéric, « La modulation des effets dans le temps d'une annulation pour excès de pouvoir », note sous CE, ass., 11 mai 2004, Association AC ! et autres, in *AJDA*, 2004, p. 1183 et s., spéc. p. 1187.

[1058] V. pour une étude générale : Blanco Florent, *Pouvoirs du juge et contentieux administratif de la légalité. Contribution à l'étude de l'évolution et du renouveau des techniques juridictionnelles dans le contentieux de l'excès de pouvoir*, PUAM, 2010.

[1059] Le juge administratif ne saurait censurer de lui-même les illégalités que ferait spontanément apparaître l'instruction de l'affaire. Contrairement au juge des référés précontractuels, le juge de l'excès de pouvoir ne dispose pas de la faculté de statuer *ultra petita*.

[1060] Melleray Fabrice, « La distinction des contentieux est-elle un archaïsme ? », préc. ; Lepetit-Collin Hélène, Perrin Alix, « La distinction des recours contentieux en matière administrative. Nouvelles perspectives », préc.

la même décision en se fondant sur les motifs non censurés[1062]. Il dispose, par ailleurs, de la faculté de procéder d'office à une substitution de base légale[1063] ou à une substitution de motif[1064] dans certaines circonstances. En outre, le pouvoir de modulation des effets d'une annulation contentieuse lui a été reconnu par l'arrêt d'assemblée « Association AC ! et autres » du 11 mai 2004[1065]. Bien que renouvelant l'office du juge de l'excès de pouvoir[1066], cette jurisprudence ne remet pas en cause le principe selon lequel « les actes annulés pour excès de pouvoir sont réputés n'être jamais intervenus »[1067]. L'arrêt « Association AC ! et autres » rappelle, en effet, que « l'annulation d'un acte administratif implique en principe que cet acte est réputé n'être jamais intervenu » avant d'exposer le champ d'application du pouvoir de modulation, les formes qu'il revêt, les critères de mise en œuvre de la modulation ainsi que les obligations d'ordre procédural[1068]. Dernièrement, il a été reconnu au juge du contentieux objectif le pouvoir de neutraliser certains vices de procédure[1069].

[1061]V. par ex. : CE, ass., 10 octobre 1958, Union de la propriété bâtie, req. n° 35820, 35835, Rec. p. 480. V. par extension les annulations « en tant que » (CE, 10 février 1995, Royer et Magnat, req. n° 78545, 78546, T., p. 642) et « en tant que ne pas » (CE, ass., 1er juillet 1988, Société immobilière d'économie mixte de la ville de Paris, req. n° 47887, Rec. p. 274). V. également : Corbel Michel-Pierre, « L'annulation partielle des actes administratifs », in *AJDA*, 1972, p. 138 et s.

[1062]V. par ex. : CE, ass., 12 janvier 1968, Ministre de l'économie et des finances contre Dame Perrot, req. n° 70951, Rec. p. 39.

[1063]V. par ex. : CE, 3 décembre 2003, Préfet de la Seine-Maritime contre El Bahi, req. n° 240267, Rec. p. 479.

[1064]V. par ex. : CE, sect., 6 février 2004, Mme Hallal, req. n° 240560, Rec. p. 48.

[1065]CE, ass., 11 mai 2004, Association AC ! et autres, préc. V. antérieurement : CE, 27 juillet 2001, Titran, req. n° 222509, Rec. p. 411. V. pour une nouvelle adaptation de la jurisprudence AC ! : CE, 23 juillet 2014, Société Octapharma France, req. n° 349717.

[1066]La solution de l'arrêt « Association AC ! et autres » a été fondée sur trois éléments : tout d'abord, la nécessité d'adapter la jurisprudence traditionnelle qui reposait sur une fiction juridique aux réalités concrètes ; ensuite, la prise en considération d'enseignements tirés du droit comparé ; enfin, le souci du juge de mieux définir les effets de la chose jugée afin d'en assurer le respect. V. Long Marceau, Weil Prosper, Braibant Guy, Delvolvé Pierre, Genevois Bruno, *Les grands arrêts de la jurisprudence administrative*, Dalloz, 2011, p. 859 et s., spéc. pp. 865-868. V. également : Devys Christophe, conclusions sur CE, ass, 11 mai 2004, Association AC ! et autres, in *RFDA*, 2004, p. 454 et s.

[1067]CE, 26 décembre 1925, Rodière, req. n° 88369, Rec. p. 1065.

[1068] La modulation dans le temps des effets d'une annulation contentieuse constitue uniquement une dérogation et n'est destinée à jouer qu'à titre exceptionnel.

[1069]CE, ass., 23 décembre 2011, Danthony et autres, req. n° 335033, Rec. p. 649. V. Domino Xavier, Bretonneau Aurélie, « Le vice, mode d'emploi », in *AJDA*, 2012, p. 195 ; Mialot Camille, « L'arrêt Danthony du point de vue du justiciable », in *AJDA*, 2012, p. 1484 et s. ; Cassia Paul, « L'office du juge administratif à l'égard du vice de procédure », note sous cE, 23 décembre 2011, Danthony, in *RFDA*, 2012, p. 296 ; Dumortier Gaëlle, « L'office du juge administratif à l'égard du vice de procédure », conclusions sur CE, 23 décembre 2011,

533. L'ensemble de ces tempéraments témoigne de la transformation de l'office du juge de l'excès de pouvoir, à tel point que le Professeur Fabrice Melleray constatait l'« avènement d'un nouveau recours pour excès de pouvoir »[1070]. En dépit d'un rapprochement de l'office du juge de l'excès de pouvoir et de celui du juge de pleine juridiction, il n'en demeure pas moins que les pouvoirs du juge du contentieux objectif restent centrés autour du choix binaire - et donc, par nature, limité - de l'annulation de l'acte administratif ou du rejet de la requête, certes devenu moins rigide du fait de la consécration de mécanismes destinés à rétablir la légalité.

B – L'absence de remise en cause directe du contrat par le juge de l'excès de pouvoir

534. Le juge de l'excès de pouvoir ne saurait remettre en cause le contrat, certes, pour des raisons qui tiennent à l'irrecevabilité du recours en annulation contre le contrat lui-même[1071], mais également du fait de l'absence de pouvoir destiné à tirer les conséquences de l'annulation de l'acte détachable sur le sort du contrat. La théorie de la détachabilité trouvait ses limites dans les effets de l'annulation de l'acte sur la pérennité des relations contractuelles[1072].

535. L'annulation de l'acte détachable, en elle-même, était dépourvue d'effets automatiques sur le contrat, ainsi que l'indiquait le commissaire du gouvernement Romieu dans ses conclusions sur l'arrêt « Martin »[1073]. Pourtant, le juge de l'excès de pouvoir exerçait parfois un contrôle très proche de celui opéré par le juge du contrat sur la formation du contrat, par exemple, lorsqu'il annulait la décision de conclure le contrat pour des motifs tirés de l'irrégularité du contrat lui-même. Il devenait, par conséquent, très difficile de justifier l'impossibilité pour le juge de l'excès de pouvoir de tirer les conséquences de l'annulation de l'acte détachable sur le contrat dans cette hypothèse. Néanmoins, l'annulation de l'acte support restait dépourvue d'effet direct sur le sort du contrat, lequel continuait d'exister. Si « en général

Danthony, req. n° 335033, in *RFDA*, 2012, p. 284.

[1070]Melleray Fabrice, « La distinction des contentieux est-elle un archaïsme ? », préc., spéc. p. 1236.

[1071]V. *supra*.

[1072]Certaines illégalités de l'acte détachable étaient parfois insusceptibles d'entraîner quelques conséquences que ce soit sur le contrat. Il en était ainsi de l'annulation de la délibération pour un motif de procédure qui n'avait trait ni à l'objet même du contrat ni au choix du cocontractant et qui n'était pas susceptible d'avoir exercé une incidence effective sur la dévolution de la concession à l'entreprise choisie. V. en ce sens : CAA Bordeaux, 24 mars 2009, Société Groupe Partouche et autres, req. n° 06BX01853.

[1073]Romieu, conclusions sur CE, 4 août 1905, Martin, préc. V. également : avis CE, 3 décembre 1997, SRE D. 283.

la détachabilité d'un acte permet de faire disparaître toute illégalité quand son annulation est prononcée », « dans le contentieux contractuel la détachabilité n'a qu'un effet limité car elle se heurte à la conclusion du contrat »[1074]. Ce constat invitait même une partie de la doctrine à s'interroger sur la logique intrinsèque de la théorie de l'acte détachable en se posant la question de savoir s'il était à la fois possible de détacher un acte du contrat pour l'annuler, puis le rattacher au contrat pour faire déployer sur celui-ci les effets de cette annulation[1075].

536. Dans le paradigme de la théorie de la détachabilité, c'est au juge du contrat qu'il appartenait de tirer les conséquences de l'annulation de l'acte détachable sur la pérennité des relations contractuelles nouées entre les parties. Jusque tout récemment, seules les parties au contrat y avaient un accès direct[1076]. Malgré l'illégalité de l'acte détachable, les parties avaient rarement un intérêt à la disparition du contrat, surtout lorsqu'il s'agissait de la seule question du respect du principe de légalité[1077]. L'administration n'était tenue qu'à la seule obligation « de décider sous le contrôle du juge de la suite à donner à l'exécution du contrat en cause »[1078]. Elle disposait d'une marge d'appréciation dans le choix des modalités destinées à régler les incidences de l'annulation de l'acte détachable sur la validité et l'exécution du contrat[1079]. En d'autres termes, « les répercussions de l'annulation de l'acte détachable trouveront ainsi, selon le choix de l'administration, soit une issue juridictionnelle si le juge du contrat est saisi d'une action en déclaration de nullité, soit un règlement non juridictionnel si l'administration use de son pouvoir de mettre fin au contrat de façon unilatérale ou convenue avec son cocontractant »[1080], pour autant qu'elle ne restait pas dans l'inertie[1081].

1074Pouyaud Dominique, « Contentieux des contrats administratifs. - Formation du contrat », préc., pt. 158.

1075Guettier Christophe, *Droit des contrats administratifs*, PUF, 2008, spéc. p. 494.

1076V. CE, ass., 4 avril 2014, « Département de Tarn-et-Garonne », préc.

1077Les parties au contrat pouvaient exciper de l'illégalité de l'acte détachable du contrat pour se défaire de leurs obligations contractuelles dans le cadre d'une exécution qui se révélait défavorable pour l'une d'elles ou qui ne répondait pas à leurs attentes. Cette configuration est aujourd'hui impossible en raison du renouvellement de l'office du juge du contrat saisi à l'initiative des parties exposé dans l'arrêt « Commune de Béziers » du 28 décembre 2009 fondé sur l'exigence de loyauté contractuelle. V. CE, ass., 28 décembre 2009, Commune de Béziers, préc.

1078Réponse de la section du rapport et des études du Conseil d'État à une demande d'éclaircissement, extrait du rapport public 1989 du Conseil d'État – Études et documents n° 41, p. 127 et s. V. également : Pacteau Bernard, « Quel retentissement de l'annulation d'un acte détachable sur la validité et l'exécution du contrat auquel cet acte se rapporte », in *CJEG*, avril 1991, p. 115 et s.

1079CE, 14 mai 2001, Avrillier, req. n° 194410, T., p. 1146.

1080Pietri Jean-Paul, « Recours pour excès de pouvoir », préc., pt. 40.

Les tiers ayant obtenu l'annulation d'un acte détachable du contrat et dans l'impossibilité de saisir le juge du contrat pouvaient, par conséquent, se trouver confrontés à une impasse. L'arrêt « Epoux Lopez » rendu par le Conseil d'État le 7 octobre 1994[1082] a constitué une évolution importante quant à la possibilité pour le tiers ayant obtenu l'annulation d'un acte détachable de la formation du contrat d'en faire tirer les conséquences sur la validité du contrat par le juge du fond. En l'espèce, les époux Lopez avaient manifesté leur intention de se porter acquéreur de l'appartement qu'ils louaient à la commune. Pour autant, la commune a procédé à la cession dudit appartement à une tierce personne présentée au conseil municipal comme le seul acquéreur potentiel. Les époux Lopez avaient obtenu du tribunal administratif l'annulation pour détournement de pouvoir de la délibération du conseil municipal autorisant la vente. À la suite de l'échec de différentes actions contentieuses pour tirer les conséquences de cette décision, le Conseil d'État a été saisi afin qu'il prononce une astreinte sur le fondement de la loi du 16 juillet 1980[1083]. La haute juridiction administrative a fait droit à leur requête en considérant que le jugement d'annulation de la délibération « avait privé de base légale la décision d'aliénation de la propriété prise par le maire de la commune ; qu'il appartenait, dès lors, au conseil municipal, faute d'y être parvenu par d'autres voies, de saisir le juge du contrat en vue d'obtenir le retour dans le domaine privé de la commune de la propriété aliénée, sans autorisation légale, au profit de la mère de M. Joseph Y..., afin de statuer à nouveau sur le principe et les conditions d'une cession éventuelle de ladite propriété » et a prononcé à l'encontre de la commune, « à défaut pour elle de justifier de ces mesures dans le délai de deux mois à compter de la notification de la présente décision, une astreinte de 5 000 francs par jour jusqu'à la date à laquelle ces mesures auront été prises ».

L'arrêt « Epoux Lopez » a permis, pour la première fois, aux tiers de contraindre l'administration à saisir le juge du contrat. Le lien dorénavant établi entre le juge de l'excès de pouvoir et le juge du contrat marquait le

---

1081Dans l'hypothèse de l'inaction de l'administration à la suite de l'annulation d'un acte détachable, la seule solution qui s'offrait aux tiers, jusqu'à l'arrêt « Epoux Lopez » du 7 octobre 1994, était de saisir le juge de pleine juridiction d'un recours en indemnisation. Il incombait néanmoins au requérant de prouver l'existence d'un préjudice, élément relativement difficile à démontrer à l'exception des tiers concurrents illégalement évincé d'une procédure de passation pouvant établir la perte d'une chance sérieuse d'obtenir le contrat. V. CE, sect., 13 mai 1970, Monti contre Commune de Ranspach, préc. ; CE, 10 janvier 1986, Société des travaux du Midi, req. n° 41778, T., p. 712 ; CE, 18 juin 2003, Groupement d'entreprises solidaires ETPO Guadeloupe, préc.

1082CE, sect., 7 octobre 1994, Epoux Lopez, préc.

1083Loi n° 80-539 du 16 juillet 1980 relative aux astreintes prononcées en matière administrative et à l'exécution des jugements par les personnes morales de droit public, JORF du 17 juillet 1980, p. 1799.

début de l'ère de la course au juge dans le contentieux de l'acte détachable du contrat dont l'efficacité était hasardeuse[1084].

Section II : De l'annulation de l'acte détachable à ses potentiels effets sur le contrat ou l'obstacle de la course au juge

537. L'effet platonique de l'annulation de l'acte détachable du contrat sur le contrat lui-même n'est plus ce qu'il était. L'intervention du juge de l'exécution, puis celle du juge du contrat, tendent à remettre en cause cet effet platonique. Pour autant, l'annulation de l'acte détachable n'implique pas automatiquement la remise en cause du contrat conclu. Après avoir obtenu l'annulation de l'acte détachable, le requérant se trouvait confronté à l'obstacle de l'effectivité de la décision rendue par le juge de l'excès de pouvoir. Aymeric Hourcabie constatait, dans ce sens, que « l'efficacité du juge de l'excès de pouvoir à l'égard d'un contrat est d'autant plus limitée qu'il appartient à d'autre juges que celui de l'excès de pouvoir de tirer, en cas de désaccord entre les parties, les conséquences d'une illégalité d'un acte détachable sur le contrat conclu. C'est [...] non pas le juge de l'excès de pouvoir, mais le juge de l'exécution et, en cas de désaccord entre les parties, le juge du contrat à qui il appartient de traiter l'illégalité d'un contrat lorsque celle-ci résulte de l'illégalité d'un acte détachable de ce dernier »[1085]. En d'autres termes, les conséquences de l'annulation de l'acte détachable du contrat sur l'existence de ce dernier sont strictement dépendantes d'une course au juge au sein de laquelle participe le juge de l'exécution en tant que passerelle entre le juge de l'excès de pouvoir et le juge du contrat (§ 1) et qui a pour répercussion de raréfier les hypothèses d'annulation du contrat (§ 2).

§ 1 : La passerelle entre le juge de l'excès de pouvoir et le juge du contrat assurée par le juge de l'exécution

538. Depuis la loi du 8 février 1995[1086], le juge qui a annulé un acte administratif pour excès de pouvoir peut intervenir en qualité de juge de l'exécution s'il a été saisi de conclusions en ce sens[1087]. À défaut, le juge de l'exécution peut être saisi ultérieurement sur le fondement de l'article L. 911-

[1084] V. Braconnier Stéphane, « L'autonomie contrastée du contentieux des contrats publics d'affaires », préc., spéc. p. 343.

[1085] Hourcabie Aymeric, « Les contrats administratifs et le traitement de leur illégalité par le juge administratif », in *Mélanges en l'honneur de Jean-Pierre Boivin*, IDPA, 2012, p. 259 et s., spéc. p. 269.

[1086] Loi n° 95-125 du 8 février 1995 relative à l'organisation des juridictions et à la procédure civile, pénale et administrative, JORF n° 34 du 9 février 1995, p. 2175.

[1087] Code de justice administrative, article L. 911-1.

4 du Code de justice administrative. Ces deux mécanismes ont vocation à permettre au requérant qui a obtenu l'annulation d'un acte détachable préalable à la conclusion du contrat de contourner son « effet platonique inné » sur le sort du contrat : « le contrat a [...] cessé d'être, pour les tiers, une citadelle imprenable, depuis que le législateur a reconnu au juge administratif un pouvoir d'injonction en vue d'assurer l'exécution de ses décisions »[1088]. Au regard de l'inaccessibilité des tiers au juge du contrat[1089], le juge de l'exécution se transformait en « passerelle » afin de déterminer les conséquences de l'annulation de l'acte détachable sur la pérennité des relations contractuelles en cas d'inaction des parties cocontractantes[1090]. L'intervention du juge de l'exécution comprise entre celle du juge de l'excès de pouvoir et celle du juge du contrat sous-tend un office particulier, lequel est à la fois respectueux de l'autorité de la chose jugée en excès de pouvoir (A) et de l'office du juge du contrat (B).

A – Un juge de l'exécution à l'office propre, mais également respectueux de l'autorité de la chose jugée en excès de pouvoir

539. Le juge de l'exécution est nécessairement tenu par ce qui a été jugé par le juge de l'excès de pouvoir. Ceci s'explique par le fait que les décisions rendues en excès de pouvoir ont une autorité absolue de chose jugée. Il ne peut rechercher si l'annulation de l'acte détachable aurait pu être fondée sur un autre moyen qui, par exemple, aurait été susceptible d'affecter la validité du contrat de façon plus significative[1091]. Ainsi que le rappelait le rapporteur

---

1088Dacosta Bertrand, conclusions sur CE, 21 février 2011, Société Ophrys, in *BJCP*, mars-avril 2011, p. 133 et s., spéc. p. 133.

1089Jusque tout récemment. V. en ce sens : CE, ass., 4 avril 2014, Département de Tarn-et-Garonne, préc.

1090Selon les termes des Professeurs Jean Gourdou et Philippe Terneyre, « l'administration cocontractante [est placée] dans une situation de 'liberté surveillée' quant à la détermination des suites à donner au jugement d'annulation. Cette dernière peut en effet, sous le contrôle du juge de l'exécution des décisions de justice, mettre à profit la discontinuité à la fois temporelle et matérielle ménagée entre la sanction de l'acte détachable et la fragilisation du éventuelle du contrat auquel il se rapporte, pour privilégier des solutions beaucoup moins traumatisantes que la mise à néant de cette convention ». V. Gourdou Jean, Terneyre Philippe, « Pour une clarification du contentieux de la légalité en matière contractuelle », préc., spéc. p. 252.

1091V. en sens contraire : CAA Paris, 7 juillet 1999, Secail, req. n° 96PA02322 : « Considérant que le tribunal administratif, lorsqu'il est saisi de conclusions tendant à ce qu'il soit enjoint à une commune de saisir le juge du contrat afin de faire constater la nullité d'un contrat signé par le maire en application d'une décision de ce dernier annulée par son jugement pour une irrégularité qu'il estime régularisable, est tenu de vérifier si, parmi les moyens invoqués par le demandeur, il en existe au moins un qui fait obstacle à toute régularisation et donc implique nécessairement le prononcé de l'injonction ; considérant que, pour rejeter les conclusions de M. Secail tendant à ordonner à la commune de Joinville-le-Pont de saisir le juge du contrat public Bertrand Dacosta dans ses conclusions sur l'affaire « Société Véolia propreté »[1092], le pouvoir d'injonction à l'égard de l'administration ne peut être exercé « que dans le seul cadre des dispositions législatives qui en ont organisé l'usage »[1093] et « il trouve son fondement et sa limite dans l'obligation pour l'Administration d'exécuter une décision juridictionnelle »[1094]. C'est ainsi que « le juge de l'injonction doit prendre en compte non seulement le dispositif du jugement mais aussi les motifs qui en constituent le soutien nécessaire. Par la suite, si le sort de la demande d'injonction peut varier selon le motif de l'annulation d'un acte administratif, le juge de l'exécution est nécessairement tenu par les motifs du jugement d'annulation, sauf à lui conférer un pouvoir excédant le champ de celui qui lui a été confié par le législateur »[1095]. Le Conseil d'État, dans cette affaire, a suivi son rapporteur public en considérant que « le juge, saisi de conclusions tendant à ce que soient prescrites les mesures d'exécution qu'implique nécessairement l'annulation d'un acte détachable d'un contrat, est tenu d'assurer l'exécution de la chose jugée s'attachant tant au dispositif qu'aux motifs qui en sont le support nécessaire, sans pouvoir retenir un autre motif que celui retenu comme fondement de cette annulation »[1096].

540. Le juge de l'exécution est un juge à part entière qui ne doit, certes, se défaire de ce qui a été jugé en excès de pouvoir, mais ne doit non plus se transformer en mime de ce dernier.

541. A partir du moment où il a été admis que l'annulation de l'acte détachable pouvait emporter la nullité du contrat en raison du degré de relation entre l'acte annulé et le contrat[1097], les pouvoirs du juge de l'exécution ont progressivement été précisés.

---

afin que soit déclarée la nullité du marché litigieux, le tribunal administratif s'est appuyé sur le seul motif que l'illégalité sanctionnée par son jugement pouvait donner lieu à régularisation et n'entraînait donc pas nécessairement la nullité du contrat ; qu'en statuant ainsi, sans examiner si parmi les autres moyens soulevés par M. Secail il en existait un qui fît obstacle à toute régularisation, ce qui eût impliqué nécessairement le prononcé de l'injonction, le tribunal administratif n'a pas épuisé sa compétence de juge de l'exécution ; que, par suite, M. Secail est fondé à demander l'annulation du jugement en tant qu'il a ainsi rejeté ses conclusions aux fins d'injonction ».

[1092]Dacosta Bertrand, conclusions inédites sur CE, 21 février 2011, Société Véolia-Propreté.

[1093]*Ibid.*

[1094]*Ibid.*

[1095]*Ibid.*

[1096]CE, 21 février 2011, Société Véolia propreté, req. n° 335306.

[1097]Pochard Marcel, conclusions sur CE, 1er octobre 1993, Société Le Yacht-Club international de Bormes-les-Mimosas, in *AJDA*, 1993, p. 810 et s., spéc. p. 812.

L'arrêt « Epoux Lopez » du 7 octobre 1994[1098] disposait, avant même l'entrée en vigueur de la loi du 8 février 1995[1099], de la faculté offerte au requérant, qui avait obtenu l'annulation d'un acte préalable détachable du contrat, de demander au juge de l'exécution d'ordonner à l'administration de prendre les mesures propres à faire disparaître le contrat sous astreinte.

L'affaire « Institut de recherche pour le développement », jugée par le Conseil d'État le 10 décembre 2003[1100], a été l'occasion de fournir un premier mode d'emploi de l'exercice des pouvoirs du juge de l'exécution : après avoir rappelé que « l'annulation d'un acte détachable d'un contrat n'implique pas nécessairement la nullité dudit contrat », la haute juridiction administrative indique qu'« il appartient au juge de l'exécution, saisi d'une demande d'un tiers d'enjoindre à une partie au contrat de saisir le juge compétent afin d'en constater la nullité, de prendre en compte la nature de l'acte annulé ainsi que le vice dont il est entaché et de vérifier que la nullité du contrat ne portera pas, si elle est constatée, une atteinte excessive à l'intérêt général ».

Depuis lors, ce mode d'emploi a évolué, eu égard à l'influence des jurisprudences « Société Tropic Travaux signalisation » du 16 juillet 2007 et « Commune de Béziers » du 28 décembre 2009[1101]. Le juge du contrat ne constate plus la nullité. Il en prononce dorénavant l'annulation qui n'est d'ailleurs pas automatique même dans les cas des illégalités les plus substantielles. Le rapporteur public Bertrand Dacosta notait qu'« en passant d'une logique de constat à une logique de sanction, la perspective change »[1102] et l'office du juge de l'exécution devait nécessairement évoluer à partir du moment où ce dernier et le juge du contrat sont habilités à examiner, en théorie, la nature de l'illégalité[1103] et le risque d'atteinte à l'intérêt général[1104].

542. Si le Conseil d'État prend toujours le soin de rappeler que l'annulation d'un acte détachable du contrat n'implique pas nécessairement la

---

1098CE, sect., 7 octobre 1994, Epoux Lopez, préc.

1099Loi n° 95-125 du 8 février 1995 relative à l'organisation des juridictions et à la procédure civile, pénale et administrative, préc.

1100CE, 10 décembre 2003, Institut de recherche pour le développement, préc.

1101CE, ass., 28 décembre 2009, Commune de Béziers, préc.

1102Dacosta Bertrand, conclusions sur CE, 21 février 2011, Société Ophrys, préc., spéc. p. 134.

1103La référence à la nature de l'acte attaqué disparaît au profit de la nature de l'illégalité commise, sous entendant ainsi que seule une illégalité d'une particulière gravité peut conduire à la disparition rétroactive du contrat.

1104Ainsi que le soulignait le rapporteur public Bertrand Dacosta à l'occasion de ses développements sur la remise en cause de la jurisprudence « Institut de recherche pour le développement », « si le juge de l'exécution va au bout des pouvoirs que lui confère [cette jurisprudence], le juge du contrat est privé de toute marge de manœuvre ». V. Dacosta Bertrand, conclusions sur CE, 21 février 2011, Société Ophrys, préc., spéc. p. 134.

nullité dudit contrat, il considère désormais qu'« il appartient au juge de l'exécution, après avoir pris en considération la nature de l'illégalité commise, soit de décider que la poursuite de l'exécution du contrat est possible, éventuellement sous réserve de mesures de régularisation prises par la personne publique ou convenues entre les parties, soit, après avoir vérifié que sa décision ne portera pas une atteinte excessive à l'intérêt général, d'enjoindre à la personne publique de résilier le contrat, le cas échéant avec un effet différé, soit, eu égard à une illégalité d'une particulière gravité d'inviter les parties à résoudre leurs relations contractuelles ou, à défaut d'entente sur cette résolution, à saisir le juge du contrat afin qu'il en règle les modalités s'il estime que la résolution peut être une solution appropriée »[1105].

Le juge de l'injonction dispose désormais de trois possibilités : il peut décider de la poursuite de l'exécution du contrat ; d'enjoindre sa résiliation ; ou encore inviter à sa résolution ou à la saisine du juge du contrat[1106].

543. Dans l'hypothèse où le contrat n'est pas directement affecté par l'illégalité commise dont souffre l'acte détachable, le juge pourra décider de la poursuite de son exécution, sous réserve de régularisations. À cet égard, la régularisation est encouragée par la haute juridiction administrative : le Conseil d'État a, en effet, indiqué, dans l'arrêt « Commune de Divonne-les-Bains » du 8 juin 2011[1107] que la personne publique pouvait adopter un

---

[1105]CE, 21 février 2011, Société Véolia propreté, préc. V. également : CE, 21 février 2011, Société Ophrys, req. n° 337349, Rec. p. 54.V. précédemment : CE, 9 avril 2010, Commune de Levallois-Perret, préc.

[1106]Une partie de la doctrine avait présenté ces trois solutions selon la dichotomie des « solutions de droit commun » - poursuite du contrat et résiliation - et des « solutions extrêmes » - résolution et saisine du juge du contrat - en remarquant l'absence de hiérarchisation des deux premières options. V. en ce sens : Langelier Élise, « Chronique de contentieux administratif », note sous CE, 11 mai 2011, Société Lyonnaise des eaux France ; CE, 21 février 2011, Société Ophrys ; CE, 8 juin 2011, Commune de Divonne-les-bains, in *Les petites affiches*, 26 mars 2012, p. 16 et s., spéc. pp. 18-20. Ceci ne nous semble pas exact dans la mesure où l'ensemble des pouvoirs du juge de l'injonction sont hiérarchisés à l'image de ceux du juge du contrat, et pour lesquels le pouvoir d'annulation est appréhendé comme solution extrême. L'application du pouvoir d'enjoindre à la personne publique de résilier le contrat n'est possible qu'après vérification par le juge que sa décision ne portera pas une atteinte excessive à l'intérêt général, élément qui n'est pas pris en compte lorsque le juge envisage de décider de la poursuite de l'exécution du contrat.

[1107]CE, 8 juin 2011, Commune de Divonne-les-Bains, req. n° 327515, Rec. p. 278. En l'espèce, le Conseil d'État avait considéré que, compte tenu du motif d'annulation de la première délibération, la commune avait pu valablement régulariser le vice de légalité externe qui l'entachait, car le nouvel avis des domaines confirmait l'évaluation initiale et le consentement de la collectivité avait été ainsi régulièrement réitéré. Pour les prémices d'une telle décision, v. CAA Lyon, 13 juillet 2004, Moreau, req. n° 99LY00005. La tardiveté de la consécration de la possibilité de régularisation rétroactive d'un acte détachable du contrat s'explique par l'atteinte portée au principe de non-rétroactivité des actes administratifs. V. CE, ass., 25 juin 1948, Société du journal l'Aurore, req. n° 94511, Rec. p. 289. V. également :

nouvel acte avec effet rétroactif dépourvu du vice, lorsque l'acte en question est entaché d'un vice de forme ou de procédure affectant les modalités selon lesquelles la personne publique a donné son consentement[1108].

544. A l'inverse, l'administration devra prendre les mesures propres à faire disparaître le contrat, soit par sa résiliation, soit par sa résolution d'un commun accord[1109], soit en saisissant le juge du contrat[1110], sauf à ce que le juge de l'exécution estime que la disparition du contrat par résiliation entraînerait une atteinte excessive à l'intérêt général[1111]. Aucun élément d'appréciation de l'« illégalité d'une particulière gravité » n'est donné. Dans un mouvement d'harmonisation du contentieux contractuel à l'initiative des tiers et des parties, la jurisprudence « Commune de Béziers » pourrait fournir certaines pistes de réflexion : « dans le cas seulement où il constate une irrégularité invoquée par une partie ou relevée d'office par lui, tenant au caractère illicite du contenu du contrat ou à un vice d'une particulière gravité relatif notamment aux conditions dans lesquelles les parties ont donné leur consentement, [le juge du contrat] doit écarter le contrat [...] »[1112].

Dacosta Bertrand, conclusions sur CE, 8 juin 2011, Commune de Divonne-les-Bains, in *BJCP*, septembre-octobre 2011, p. 381 et s.

[1108]Pour des vices régularisables, v. par ex. : CE, 4 juillet 2012, Communauté d'agglomération Chartres métropole, req. n° 352417 (insuffisance d'information des membres de l'organe délibérant qui a autorisé la conclusion d'une convention de délégation de service public) ; CE, 28 janvier 2013, Syndicat mixte Flandre Morinie, req. n° 358302 (incompétence d'organes délibérants qui pouvaient seulement régler les affaires courantes de la collectivité et non attribuer et autoriser la signature d'un marché qui, compte tenu du coût, du volume et de la durée des travaux, excède leur compétence). Pour des vices non régularisables, v. par ex. : CE, 10 décembre 2012, Société Lyonnaise des eaux France, req. n° 355127 (défaut d'information des candidats à une convention de délégation de service public sur les critères de choix des offres).

[1109]V. par ex. : CE, sect., 26 mars 1999, Société Hertz France, req. n° 202256, Rec. p. 96.

[1110]V. par ex. : CE, sect., 7 octobre 1994, Epoux Lopez, préc.

[1111]Dans le cadre de l'appréciation de l'atteinte excessive à l'intérêt général, il n'appartient pas au juge de l'exécution de rechercher si l'entreprise qui le saisit de conclusions afin qu'il soit enjoint à l'administration de saisir le juge du contrat pour voir constater sa nullité se prévaut de manquements susceptibles de l'avoir lésée, fût-ce de façon indirecte en avantageant une entreprise concurrente. V. en ce sens : CE, 11 mai 2011, Société Lyonnaise des eaux, req. n° 337927.

[1112]CE, ass., 28 décembre 2009, Commune de Béziers, préc. Sur les vices irréparables par régularisation et l'illicéité du contenu ou de la clause du contrat, v. Lafaix Jean-François, *Essai sur le traitement des irrégularités dans les contrats de l'administration*, Dalloz, 2009, spéc. pp. 279-281.

B – Un juge de l'exécution à l'office propre, mais également respectueux de l'office du juge du contrat

545. Même si le juge de l'exécution est nécessairement tenu par ce qui a été décidé par le juge de l'excès de pouvoir, il ne doit pas pour autant empiéter sur l'office du juge du contrat qui est, en principe, seul compétent pour déterminer les conséquences de l'annulation de l'acte détachable sur la pérennité du contrat. Le juge du contrat ne saurait être « réduit à la fonction de scribe œuvrant sous la dictée du juge de l'injonction »[1113].

546. Après avoir, dans un premier temps, rappelé qu'« il appartient en principe au juge du contrat d'apprécier, en fonction de la nature du vice ayant conduit à l'annulation de l'acte détachable du contrat et de son éventuelle régularisation, les conséquences de cette annulation sur la continuité ou la validité du contrat » pour en déduire maladroitement que celui-ci devait « assurer l'exécution de la chose jugée, laquelle s'attache tant au dispositif qu'aux motifs qui en sont le support nécessaire, sans pouvoir remettre en cause les mesures décidées par son premier jugement »[1114], le Conseil d'État est revenu sur cette jurisprudence en redéfinissant l'office du juge de l'exécution pour tenir compte de l'office du juge du contrat[1115]. Le juge du contrat ne saurait être en situation de compétence liée par rapport à la décision du juge de l'exécution sous-entendant par là même que cette dernière serait pourvue de l'autorité de chose jugée[1116].

Le maintien de la jurisprudence « Commune de Levallois-Perret » était impossible au moins pour deux raisons. D'une part, l'existence même du juge du contrat aurait été remise en cause, ce qui n'était pas concevable, puisqu'il est, par nature, le seul juge compétent pour statuer sur la légalité du contrat. Le contentieux des actes détachables du contrat aurait alors uniquement supposé les interventions du juge de l'excès de pouvoir et du juge de l'exécution. Indirectement, l'office du juge de l'exécution aurait été impacté : plus qu'exécutant, il aurait été amené à décider des conséquences de l'annulation de l'acte détachable sur le contrat de manière définitive sous la forme d'une décision pourvue de l'autorité de chose jugée. Par ailleurs, la disparition de la figure du juge du contrat saisi par les parties aurait été difficilement conciliable avec le maintien de la figure du juge du contrat alors saisi par les tiers sur le fondement de la jurisprudence « Tropic Travaux

1113Dacosta Bertrand, conclusions sur CE, 21 février 2011, Société Ophrys, préc., spéc. p. 143.

1114CE, 9 avril 2010, Commune de Levallois-Perret, préc.

1115CE, 21 février 2011, Société Véolia propreté, préc. ; CE, 21 février 2011, Société Ophrys, préc.

1116Hourcabie Aymeric, « Les contrats administratifs et le traitement de leur illégalité par le juge administratif », préc., spéc. p. 270.

Signalisation ». D'autre part, il importe que le juge du contrat reste en mesure d'apprécier les exigences de l'intérêt général au moment de l'appréciation de l'opportunité de la disparition rétroactive du contrat.

547. Autant l'emploi, par l'arrêt « Ophrys », de l'expression « résolution du contrat » avait pu sembler étrange sur le plan sémantique du fait de l'évolution de la distinction résiliation / nullité vers celle de la résiliation / annulation ainsi qu'au regard du caractère rétroactif de la résolution du contrat[1117], autant il met en exergue la volonté du Conseil d'Etat de bien circonscrire l'office du juge de l'exécution par rapport à celui du juge du contrat. La haute juridiction administrative s'est attachée à assurer le respect de l'office du juge du contrat à travers l'absence de référence à l'annulation du contrat qui demeure, en conséquence, « l'apanage du juge du contrat »[1118] en dernier recours, de même que la réserve du choix de la solution appropriée. En effet, face à une illégalité d'une particulière gravité, le juge de l'exécution peut « inviter les parties à résoudre leurs relations contractuelles ou, à défaut d'entente sur cette résolution, à saisir le juge du contrat afin qu'il en règle des modalités s'il estime que la résolution peut être une solution appropriée »[1119]. La résolution – ou pour ainsi dire l'annulation - du contrat n'intervient qu'en dernier lieu. C'est le juge du contrat lui-même qui en règle les modalités. Plus encore, il n'y procède que si la résolution – ou l'annulation – du contrat lui semble appropriée, ce qui signifie implicitement qu'il pourrait retenir une toute autre solution. Le Professeur Élise Langelier relevait, à cet égard, que « la rédaction prudente du considérant de principe dans l'affaire Société Ophrys ménage le pouvoir propre du juge du contrat »[1120]. Outre la prise en compte de l'objectif de la stabilité des relations contractuelles, la mise en œuvre ou non du pouvoir d'annulation du juge du contrat sera fonction des exigences de l'intérêt général et, plus précisément, de l'atteinte excessive à l'intérêt général que l'annulation du contrat pourrait engendrer. Le juge du contrat « prononce les mesures qui lui sembleraient appropriées, compte tenu de l'autorité de la chose jugée qui s'attache aux motifs de l'annulation pour excès de pouvoir et de la situation de fait et de

---

[1117]Langelier Élise, « Chronique de contentieux administratif », préc., spéc. p. 19. V. également : Lafaix Jean-François, *Essai sur le traitement des irrégularités dans les contrats de l'Administration*, préc., spéc. p. 640.

[1118]Vincent-Legoux Marie-Caroline, « L'office du juge de l'exécution après l'annulation d'un acte détachable de la passation du contrat », note sous CE, 21 février 2011, Société Véolia propreté, in *AJDA*, 2011, p. 1736 et s., spéc. p. 1743.

[1119]CE, 21 février 2011, Société Véolia propreté, préc. ; CE, 21 février 2011, Société Ophrys, préc.

[1120]Langelier Élise, « Chronique de contentieux administratif », préc., spéc. p. 20. V. en sens contraire : Louvaris Antoine, « Recours contre les actes détachables et les clauses réglementaires : état des lieux », in *CP-ACCP*, juillet-août 2012, p. 63 et s., spéc. p. 66 : « le pouvoir du juge du contrat est donc conditionné par la décision du juge de l'exécution ».

droit à la date où il statuera »[1121]. La situation de fait entre le moment où le juge de l'exécution et le juge du contrat statuent aura pu évoluer, la consistance de l'intérêt général n'étant pas figée[1122].

§ 2 : Vers une raréfaction des annulations prononcées par le juge du contrat

548. « Le temps n'est plus où l'annulation d'un acte détachable du contrat de l'Administration présentait un caractère platonique selon l'expression usuelle de Romieu, le temps n'est plus où toute irrégularité était susceptible de provoquer la remise en cause d'une procédure de passation, voire d'un contrat parfois entièrement exécuté. Le temps est aujourd'hui à la recherche d'un équilibre parfait, sinon presque parfait, entre les exigences de la légalité et celle de la sécurité juridique »[1123]. Le constat du Professeur François Brenet est tout à fait discutable dans la mesure où la balance des exigences de la légalité et de la sécurité juridique penche davantage du côté de la préservation des intérêts de l'administration[1124] du fait de la raréfaction des annulations prononcées par le juge du contrat. L'office du juge de l'exécution est tel qu'il permet de clore le débat contentieux et fait obstacle à la saisine du juge du contrat (A) et cette raréfaction des annulations prononcées par le juge du contrat est d'autant plus avérée que son office est orienté par l'objectif de stabilité des relations contractuelles et une nouvelle appréciation de l'intérêt général (B).

A – Le juge de l'exécution, filtre des saisines du juge du contrat

549. Certains commentateurs n'avaient pas manqué de remarquer la similitude des considérations examinées par le juge de l'exécution et par le juge du contrat[1125]. D'une part, le juge de l'exécution use de ses pouvoirs au regard de la nature de l'illégalité commise et de l'atteinte excessive à l'intérêt général. D'autre part, depuis la jurisprudence « Commune de Béziers »[1126], le juge du contrat n'est plus conduit à constater la nullité du contrat, quelle que

1121 CE, 16 novembre 2011, Société Sogedo, req. n° 342903.

1122 Le rapporteur public Bertrand Dacosta avait soulevé ce point dans ses conclusions sous l'arrêt « Société Ophrys ». V. Dacosta Bertrand, conclusions sur CE, 21 février 2011, Société Ophrys », préc., spéc. p. 135 : « Vous pourriez même admettre que le juge de l'injonction inclue dans les paramètres de son appréciation l'intérêt général, mais à la condition qu'il soit bien clair que le juge du contrat pourra, in fine, avoir une appréciation différente, en fonction de l'évolution des circonstances de droit et de fait ».

1123 Brenet François, « La régularisation rétroactive d'un acte détachable », note sous CE, 8 juin 2011, Commune de Divonne-les-Bains, in *Droit administratif*, août-septembre 2011, p. 35 et s., spéc. p. 37.

1124 Marcovici Laurent, « Sauvons l'arrêt Martin ! », préc.

soit la gravité du vice qui l'entachait. Dorénavant, lorsque le juge du contrat constate l'existence d'irrégularités, il lui incombe d'en apprécier l'importance et les conséquences et de prononcer l'annulation du contrat dans des cas strictement limités, eu égard à la nature de l'illégalité, compte tenu de l'objectif de stabilité des relations contractuelles et après avoir vérifié que sa décision ne portera pas d'atteinte excessive à l'intérêt général.

550. Si certains commentateurs autorisés auraient préféré cantonner le juge de l'exécution à un rôle de « courroie de transmission » entre le juge de l'excès de pouvoir et le juge du contrat[1127] au regard du renouvellement récent de l'office de ce dernier, le rapporteur public Bertrand Dacosta s'y était opposé au motif que le juge de l'exécution devait garder le pouvoir essentiel de clore le débat contentieux[1128]. Le juge de l'exécution, pas plus qu'il ne saurait prédire la solution à retenir par le juge du contrat, ne saurait être le mime du juge de l'excès de pouvoir, auquel cas son utilité et son existence même seraient remises en cause. Plus qu'une passerelle entre le juge de l'excès de pouvoir et le juge du contrat, le juge de l'exécution est un « filtre »[1129], en ce qu'il peut faire obstacle à la poursuite de la course au juge[1130] et il n'est pas lié par les mesures demandées par le requérant[1131]. Le contentieux de l'acte détachable n'a pas pour issue inéluctable la saisine du juge du contrat[1132] et peut s'arrêter au stade de la décision prononcée par le juge de l'injonction, parce que la nature de l'illégalité commise et l'atteinte excessive à l'intérêt général appréciés par lui commanderont le maintien du

---

[1125]V. par ex. : Lallet Alexandre, Domino Xavier, « Retour à Béziers », in *AJDA*, 2011, p. 665 et s., spéc. p. 669. D'ailleurs, tendent-ils à utiliser les mêmes grilles de lecture. V. en ce sens : Bourrel Antoine, « Le rapprochement de l'office du juge de l'exécution et de l'office du juge du contrat. Des suites de l'arrêt Ophrys », préc., spéc. pp. 167-170.

[1126]CE, ass., 28 décembre 2009, Commune de Béziers, préc..

[1127]V. par ex. : Lallet Alexandre, Domino Xavier, « Retour à Béziers », préc., spéc. p. 669.

[1128]Dacosta Bertrand, conclusions sur CE, 21 février 2011, Société Ophrys, préc., spéc. p. 135.

[1129]Dacosta Bertrand, conclusions sur CE, 21 février 2011, Société Ophrys, préc., spéc. p. 134.

[1130]Langelier Élise, « Chronique de contentieux administratif », préc., spéc. p. 20 ; Brenet François, « Annulation d'un acte détachable et office du juge de l'exécution », préc., p. 35 et s., spéc. p. 37.

[1131]CE, 10 décembre 2012, Société Lyonnaise des eaux France, préc. À rapprocher de CE, sect., 26 mars 1999, Société Hertz France et autres, préc. V. également : Pouyaud Dominique, « L'injonction de résoudre un contrat », note sous CE, sect., 26 mars 1999, Société Hertz-France et autres, in *RFDA*, 1999, p. 977 et s.

[1132]V. par ex., à défaut pour les parties de s'entendre sur la résolution amiable : CAA Lyon, 11 décembre 2012, Commune de Lorette, req. n° 12LY01387.

contrat[1133] éventuellement sous réserve de régularisation[1134] ou sa résiliation, le cas échéant avec un effet différé[1135].

551. Si l'on comprend aisément les raisons qui ont poussé la haute juridiction administrative à clarifier l'office du juge de l'exécution, il importe, par ailleurs, de souligner la radicalisation du contre-mouvement des constats de nullité - puis des annulations - du contrat dès lors qu'un acte détachable de celui-ci est vicié. L'automaticité du constat de la nullité du contrat à la suite de l'annulation d'un acte détachable par le juge de l'excès de pouvoir a progressivement laissé place à la règle selon laquelle l'annulation de l'acte détachable n'implique pas forcément la nullité du contrat. Cette dernière règle a elle-même été durcie dès lors que le juge de l'exécution dispose d'un pouvoir d'appréciation. Autant, auparavant, les constats de nullité étaient systématiques, autant, aujourd'hui, les hypothèses d'annulation du contrat sont amenuisées. Le changement de paradigme est flagrant et s'explique, certes, par la redéfinition de l'office du juge du contrat, mais également, en amont, par l'office du juge de l'exécution si méticuleusement réglé par le Conseil d'État.

552. L'horlogerie délicate à laquelle s'est prêté la haute juridiction administrative soulève néanmoins la question de savoir si l'office du juge de l'exécution n'a pas pour conséquence, - de manière inavouée -, d'empiéter sur l'office du juge du contrat[1136]. Bien que la possibilité soit réservée à ce dernier de statuer en dernier lieu et en toute connaissance de cause par l'appréciation de la nature de l'illégalité, de l'atteinte excessive à l'intérêt général, mais également eu égard à l'objectif de stabilité contractuelle, le juge de l'injonction est en mesure de clore le débat contentieux. En clôturant ainsi le débat contentieux, ne revient-il pas au juge de l'exécution, dans certaines circonstances, de revêtir quelques instants les habits du juge du

---

[1133] V. par ex. : CAA Marseille, 11 juillet 2011, Société d'équipement de la région montpelliéraine, req. n° 10MA01715.

[1134] V. par ex. : CAA Bordeaux, 13 juillet 2011, Société des crématoriums de France, req. n° 10BX01939 ; CE, 28 janvier 2013, Syndicat mixte Flandre Morinie, préc. Cet arrêt présente également l'intérêt de préciser que le juge de l'injonction doit obligatoirement envisager l'hypothèse d'une régularisation avant de décider toute autre mesure. Pour une comparaison avec le déféré préfectoral contractuel, v. CE, 4 juillet 2012, Communauté d'agglomération Chartres Métropole, préc.

[1135] V. par ex. : CE, 10 décembre 2012, Société Lyonnaise des eaux, préc.

[1136] Lallet Alexandre, Domino Xavier, « Retour à Béziers », préc., spéc. p. 669 : « Clairement, l'objectif poursuivi dans la décision Société Ophrys est de parvenir, dans la plupart des cas, à un raccourcissement de la chaîne contentieuse, en permettant au litige noué à propos du contrat de trouver aussi vite que possible une issue. […] Mais nous voudrions souligner tout de même à quel point la décision Société Ophrys en fait un juge hybride, presque chimérique, qui, pour tirer les conséquences d'un litige d'excès de pouvoir, va devoir se transformer en quasi-juge du contrat ».

contrat ? La régularisation de l'acte détachable, admise lorsqu'elle porte sur les modalités dans lesquelles l'administration a donné son consentement, constitue le moyen de neutraliser tout risque futur d'annulation[1137]. Dans ce cas de figure, le juge de l'exécution peut être considéré comme juge du contrat en ayant pris en considération la nature de l'illégalité commise pour décider de mettre fin au débat contentieux par la décision d'autoriser la poursuite de l'exécution du contrat. Cependant, tous les actes détachables du contrat ne pourront pas faire l'objet d'une telle régularisation : il en sera ainsi de ceux sur lesquels l'illégalité du contrat aura rejailli et probablement en cas de non-respect des règles de publicité et de mise en concurrence[1138]. Le même raisonnement peut être appliqué à l'usage, par le juge de l'exécution, de son pouvoir d'enjoindre à la personne publique de résilier le contrat. L'appréciation de la nature de l'illégalité et le constat d'une atteinte excessive à l'intérêt général lui sont propres et aboutissent *in fine* à clôturer le débat contentieux.

B – De l'appréciation quasi-systématique des exceptions à l'annulation par le juge du contrat

553. Une fois le stade du juge de l'exécution franchi, la saisine du juge du contrat peut se révéler inefficace du point de vue des intérêts du tiers concurrent évincé. Les annulations prononcées par le juge du contrat sont d'autant plus rares que son office est à la fois guidé par la nature de l'illégalité commise, l'objectif de stabilité des relations contractuelles et l'atteinte excessive à l'intérêt général qu'entraînerait la disparition du contrat de manière rétroactive.

[1137]Dreyfus Jean-David, « Tempérament au principe de non rétroactivité pour les actes administratifs en lien avec un contrat », préc., spéc. p. 1687.

[1138]La question se pose, en l'état actuel du droit, de savoir si la méconnaissance des règles de publicité et de mise en concurrence peut être régularisée au titre des modalités dans lesquelles l'administration a donné son consentement. Bien que le Conseil d'État n'y ait pas encore répondu, il est possible de supposer que la régularisation de tels manquements sera délicate aussi bien au regard des droits des tiers qu'à la protection de l'intérêt public visant à favoriser le libre accès à la commande publique et la bonne utilisation des deniers publics. V. en ce sens : Brenet François, « La régularisation rétroactive d'un acte détachable », préc., spéc. p. 37. V. également : Lafaix Jean-François, *Essai sur le traitement des irrégularités dans les contrats de l'administration*, préc., spéc. pp. 278-279 ; Dreyfus Jean-David, « Tempérament au principe de non rétroactivité pour les actes administratifs en lien avec un contrat », préc., spéc. p. 1687 et Dacosta Bertrand, conclusions sur CE, 8 juin 2011, Commune de Divonne-les-Bains, préc., spéc. p. 382. Sur le champ d'application de la régularisation, v. Cassia Paul, « Nullité d'ordre public des contrats de droit privé de l'administration », note sous Cass., Civ. 1ère, 16 janvier 2013, Société l'Axelloise, in *AJDA*, 2013, p. 1226 et s., spéc. pp. 1227-1228.

554. Si une première lecture du considérant de principe de l'arrêt « Société Ophrys » invitait *ab initio* à penser que le juge du contrat ne réglait que les modalités de la résolution du contrat préalablement décidée par le juge de l'exécution lorsque ce dernier constatait une illégalité d'une particulière gravité, il n'en est rien : le juge du contrat retrouve, en réalité, son entière liberté d'appréciation du litige dans la mesure où il lui est permis de régler les modalités de la résolution du contrat « s'il estime que [celle-ci] peut être une solution appropriée ». Il lui est, par conséquent, tout aussi bien permis de confirmer la décision du juge de l'exécution selon laquelle la résolution du contrat – ou son annulation – est bien la mesure adéquate face à la gravité de l'illégalité en ne s'attachant qu'à en régler les modalités que de décider d'une autre mesure eu égard à l'objectif de stabilité des relations contractuelles et de l'atteinte excessive à l'intérêt général[1139]. La précision de l'office du juge de l'exécution et la préservation conséquente de l'office du juge du contrat révèle *in fine* que la gravité de l'illégalité est, à nouveau, examinée par ce dernier, lequel pourra retenir une solution alternative[1140].

555. Bien que le juge du contrat soit saisi par l'une des parties au contrat, son office différera quelque peu de celui qui sera mis en œuvre dans le contentieux à l'initiative des parties au contrat *stricto sensu*, dès lors que sa saisine constituera, en l'espèce, l'aboutissement du contentieux de l'acte détachable. L'on voit mal, en effet, dans quelle mesure l'exigence de loyauté des relations contractuelles[1141] serait prise en compte par le juge du contrat dans ces circonstances[1142]. Cela signifie donc que l'objectif de stabilité des relations contractuelles et l'appréciation de l'atteinte excessive à l'intérêt général formeront les principes directeurs de son analyse. Si l'objectif de stabilité des relations contractuelles ne pose guère de difficultés dans son appréhension[1143], rien n'est moins sûr de l'examen de l'atteinte excessive à

[1139]Pour une injonction du juge tendant à la résolution du contrat et la décision du juge du contrat d'ordonner sa résiliation, v. par ex. : CE, 10 décembre 2012, Société Lyonnaise des eaux France, préc.

[1140]V. Bourrel Antoine, « Le rapprochement de l'office du juge de l'exécution et de l'office du juge du contrat. Des suites de l'arrêt Ophrys », préc., spéc. p. 165.

[1141]Beduschi-Ortiz Ana, « La notion de loyauté en droit administratif », in *AJDA*, 2011, p. 944.

[1142]L'exigence de loyauté des relations contractuelles avait été posée afin d'empêcher les parties cocontractantes de se soustraire volontairement de leurs obligations à la suite de la contestation de la validité du contrat sur le fondement d'une illégalité dont elles avaient connaissance. V. Chevalier Émilie, « La loyauté contractuelle : portée d'une notion novatrice en droit des contrats administratifs », in *JCP Administrations et collectivités territoriales*, 17 décembre 2012, p. 29 et s. ; Marguery Laure, « La 'loyauté des relations contractuelles' en droit administratif : d'un principe procédural à un principe substantiel », in *RFDA*, 2012, p. 663 et s.

l'intérêt général[1144]. C'est en ce dernier point d'ailleurs que la préservation de l'office du juge du contrat par rapport à l'office du juge de l'exécution a été considérée comme indispensable : l'écoulement du temps entre la décision du juge de l'exécution et l'appréciation au fond des conséquences de l'annulation de l'acte détachable sur le contrat par le juge du contrat implique nécessairement une nouvelle analyse des exigences de l'intérêt général aux caractères inconstant et contingent. En d'autres termes, il n'est pas impossible que le juge de l'exécution invite les parties à résoudre leurs relations contractuelles ou, à défaut d'entente, à saisir le juge du contrat afin qu'il en règle les modalités, parce qu'il considère que la disparition rétroactive du contrat ne portera pas d'atteinte excessive à l'intérêt général, mais que le juge du contrat estime que l'annulation du contrat ne saurait avoir lieu, parce que de nouvelles considérations relatives à l'intérêt général seront entre-temps apparues.

556. A l'heure où « la stabilité des relations contractuelles est de plus en plus le maître-mot »[1145], seules les irrégularités les plus graves seront sanctionnées, c'est-à-dire les vices empêchant radicalement le maintien du contrat. À défaut d'une liste exhaustive[1146], le juge administratif les identifie progressivement.

557. Si un manquement aux règles de passation du contrat ne fait, en principe, pas partie des cas justifiant que le juge règle un litige entre les parties sur un fondement extra-contractuel, il en va autrement lorsque, eu égard à la gravité de l'illégalité et aux circonstances dans lesquelles elle a été commise, le litige ne peut être réglé sur le fondement de ce contrat[1147].

Par exemple, même pour un marché d'un montant de 46 000 euros passé en procédure adaptée pour lequel le pouvoir adjudicateur s'était limité à une simple comparaison de devis, le juge administratif n'a pas considéré que le

---

[1143] Le juge entend protéger le contrat une fois qu'il a été conclu. L'objectif de stabilité des relations contractuelles est en étroite relation avec le principe de sécurité juridique. V. CE, ass., 24 mars 2006, Société KPMG et autres, req. n° 288460, Rec. p. 154, GAJA n° 113.

[1144] Il est d'ailleurs possible de s'interroger sur l'indépendance de l'objectif de la stabilité des relations contractuelles et des exigences de l'intérêt général, ne serait-ce qu'au regard du principe de la continuité du service public.

[1145] Langelier Élise, « Chronique de contentieux administratif », préc., spéc. p. 20 ; Marcovici Laurent, « Sauvons l'arrêt Martin ! », préc.

[1146] La haute juridiction administrative énonce seulement les vices « tenant au caractère illicite du contenu du contrat » ou « d'une particulière gravité relatif notamment aux conditions dans lesquelles les parties ont donné leur consentement ». V. CE, ass., 28 décembre 2009, Commune de Béziers, préc.

[1147] CE, 12 janvier 2011, M. Manoukian, req. n° 338551, Rec. p. 5 ; CE, 12 janvier 2011, Société des autoroutes du nord et de l'est de la France, req. n° 332136 ; CE, 19 janvier 2011, Syndicat mixte pour le traitement des résidus urbains, req. n° 332330. V. également : Boulouis Nicolas, conclusions sur CE, 12 janvier 2011, Manoukian, req. n° 338551, in *BJCP*, mars-avril 2011, p. 121 et s.

manquement aux règles de publicité et de transparence justifiait que le contrat soit écarté[1148]. La reconduction tacite d'un contrat soumis à l'obligation de mise en concurrence préalable imposée par l'article L. 1411-1 du Code général des collectivités territoriales constitue, certes, un manquement aux règles de passation, mais dont la gravité ne justifie pas d'écarter le contrat pour le règlement d'un litige relatif à son exécution[1149]. Le fait qu'un contrat n'a pas été signé par la personne responsable et qu'il a dépassé le seuil autorisé pour le recours à la procédure adaptée ne constitue pas un vice relatif aux conditions dans lesquelles les parties ont donné leur consentement d'une gravité telle que le litige opposant les parties ne puisse être réglé sur le terrain contractuel[1150]. Si l'absence illégale de mise en concurrence d'un marché est, certes, de nature à vicier celui-ci et constitue par là même une question d'ordre public que le juge doit relever d'office, le contrat ne doit pas être annulé en tant qu'elle ne concerne ni le contenu du contrat, ni les conditions dans lesquelles les parties ont donné leur consentement[1151]. Il a été également jugé que le fait pour un pouvoir adjudicateur d'exiger des candidats des renseignements non requis par les textes en méconnaissance de l'article 45 du Code des marchés publics et qui aurait omis de présenter des sous-critères pour le critère principe ne saurait justifier l'annulation du marché[1152].

Rares sont les hypothèses dans lesquelles le juge administratif a décidé de faire disparaître le contrat du fait d'un manquement de l'administration à ses obligations de publicité et de mise en concurrence eu égard à sa gravité et aux circonstances dans lesquelles il a été commis[1153].

[1148]CAA Lyon, 11 octobre 2012, Association pour la recherche et l'installation des médecins européens, req. n° 11LY01969.

[1149]CE, 23 mai 2011, Département de la Guyane, req. n° 314715.

[1150]CAA Marseille, 6 juin 2011, Société Le Marcory, req. n° 08MA04338.

[1151]CAA Bordeaux, 27 janvier 2011, Société Expertises Melloni, req. n° 10BX00574. V. également : CE, 6 novembre 2013, Commune de Marsannay-la-Côte, req. n° 365079.

[1152]CAA Bordeaux, 30 juin 2011, SAS Eurelec Aquitaine, req. n° 09BX02596.

[1153]V. par ex. : CAA Nancy, 6 mai 2013, Commune de Laroque d'Olmes, req. n° 12NC01355. En l'espèce, le premier manquement résultait de ce que la commune n'avait procédé à aucune forme de publicité ou de mise en concurrence pour la passation des contrats en question. Le second manquement résidait dans les conditions dans lesquelles la commune avait donné son consentement. Le juge a, en effet, relevé que les contrats, établis sur un formulaire-type émanant de la société, ont été signés par la commune le jour même de la livraison des matériels et que ce n'est qu'après que la société les a elle-même signés, si bien qu'il a estimé que, dans ces conditions, la commune n'avait pas disposé du temps nécessaire pour prendre connaissance des clauses du contrat. V. également : CAA Bordeaux, 20 juin 2013, SARL FD2F, req. n° 11BX02368 : la Cour administrative d'appel a jugé qu'un marché de fourniture conclu de gré à gré alors que son montant approche les 200 000 euros, sans information de l'assemblée délibérante, et que de forts soupçons de collusion entre la société et un conseiller municipal ont conduit le maire à déposer une plainte, ne saurait servir de fondement du

Il a, par ailleurs, été jugé que le seul vice tiré de la signature prématurée du contrat ne saurait être regardé comme d'une gravité telle que le contrat doive être écarté[1154]. L'absence de transmission de la délibération autorisant le maire à signer un contrat avant la date à laquelle le maire procède à signature constitue, certes, un vice affectant les conditions dans lesquelles les parties ont donné leur consentement ; néanmoins, ce seul vice ne saurait être regardé comme d'une gravité telle que le juge doive écarter le contrat[1155].

558. En revanche, les vices « tenant au caractère illicite du contenu du contrat » ou « d'une particulière gravité relatif notamment aux conditions dans lesquelles les parties ont donné leur consentement »[1156] sont de nature à entraîner l'annulation du contrat.

Par « caractère illicite du contenu du contrat », sont particulièrement visées l'illicéité de son objet ou l'illicéité de sa cause[1157].

Par vices « d'une particulière gravité relatif notamment aux conditions dans lesquelles les parties ont donné leur consentement », il faut y entendre l'absence de consentement ou les vices du consentement tels qu'entendus par la doctrine civiliste[1158] ou encore l'incompétence de la personne publique[1159].

---

règlement du litige entre la commune et l'entrepreneur. En l'espèce, c'est manifestement la réunion de l'ensemble de ces éléments et leur particulière gravité qui semble avoir conduit le juge à écarter le contrat. V. pour le seul vice tiré de l'absence de toute procédure de mise en concurrence et l'absence de mise à l'écart du contrat : CAA Bordeaux, 26 mars 2013, Garde des Sceaux, Ministre de la justice, req. n° 11BX01637.

1154CAA Bordeaux, 31 janvier 2012, Société de bâtiment et de travaux de montagne, req. n° 10BX02066.

1155CE, ass., 28 décembre 2009, Commune de Béziers, préc. V. précédemment : avis CE, sect., n° 176873, 176874, 176875, 10 juin 1996, Préfet de la Côte d'Or, préc.

1156CE, ass., 28 décembre 2009, Commune de Béziers, préc.

1157V. par ex. : CE, 15 février 2008, Commune de La-Londe-les-Maures, req. n° 279045, T., p. 809 ; CAA Lyon, 22 mars 2012, Société CTR, req. n° 11LY01402. Ce dernier arrêt est intéressant à deux égards. Conformément aux jurisprudences « Manoukian », « Société des autoroutes du nord et de l'est de la France » et « Syndicat mixte pour le traitement des résidus urbains », la Cour administrative d'appel de Lyon rappelle que les manquements aux règles de passation du contrat ne sauraient être invoqués aux fins de d'écarter le contrat pour le règlement du litige, exception faite de la gravité de l'illégalité et des circonstances dans lesquelles elle a été commise. Elle annule toutefois le contrat sur le fondement du caractère illicite de la cause du contrat et règle le litige sur le terrain extra contractuel. En l'espèce, la loi n° 71-1130 du 31 décembre 1971 portant réforme de certaines professions judiciaires et juridiques avait été méconnue.

1158La jurisprudence administrative recourt aux notions de dol et d'erreur utilisées en droit civil. V. par ex. d'un point de vue général : CE, 19 décembre 2007, Société Campenon-Bernard et autres, req. n° 268918, Rec. p. 507 (dol) ; CE, 13 octobre 1972, SA de banque « Le crédit du Nord » contre OPHLM du Calavados, req. n° 79499, Rec. p. 630 (erreur). V. par ex. depuis la jurisprudence « Commune de Béziers » : TA Lille, 20 décembre 2011, Société CBS, req. n° 0901836.

1159V. par ex. : CAA Marseille, 11 juillet 2011, Société générale méditerranéenne de travaux, req. n° 08MA03145.

Il convient néanmoins de souligner que tous les vices du consentement ou tous les cas d'incompétence imputables à la personne publique signataire du contrat ne constituent pas automatiquement une irrégularité de nature à justifier l'annulation du contrat[1160], parce qu'ils ne seront pas considérés comme revêtant un caractère suffisamment grave[1161].

[1160]Ne sont plus de nature à invalider le contrat : l'absence de transmission préalable au contrôle de légalité de la délibération autorisant l'exécutif à signer un contrat (CE, ass., 28 décembre 2009, Commune de Béziers, préc. ; CE, sect., 10 novembre 2010, Commune de Palavas-les-Flots, req. n° 314449, Rec. p. 429), le caractère incomplet de la délibération autorisant l'exécutif à signer (CAA Nancy, 5 juillet 2010, Société Sogreah Consultants, req. n° 09NC00896), le défaut de consultation du comité technique paritaire avant la passation d'une délégation de service public (CAA Marseille, 17 janvier 2011, Ville de Cannes, req. n° 08MA00632), le défaut d'information des élus lors du vote de la délibération autorisant la signature du contrat (CAA Nancy, 9 mai 2011, Société Etablissements J. Richard Ducros, req. n° 10NC01276), la signature du contrat par une personne ne disposant pas ou plus d'une délégation à cet effet (CAA Bordeaux, 6 décembre 2011, Ehpad La Chapelaude, req. n° 10BX02876), la signature du contrat par l'exécutif sans habilitation préalable de l'assemblée délibérante (CAA Lyon, 1er mars 2012, Société Girus Ingénierie, req. n° 10LY02532).

[1161]V. en sens contraire : Civ. 1ère, 16 janvier 2013, Société l'Axelloise, pourvoi n° 11-27.837. La Cour de cassation considère, en effet, que la méconnaissance des dispositions d'ordre public relatives à la compétence de l'autorité signataire d'un contrat conclu au nom de la commune doit être sanctionnée par la nullité absolue, en sorte qu'elle peut être invoquée par toute personne, justifiant ainsi d'un intérêt légitime à agir. Le Professeur Benoît Plessix relevait une « divergence apparente », mais également « relative ». Elle est divergente en « cela même qui a été jugé par la Cour de cassation semble en contradiction avec l'esprit de la jurisprudence Commune de Béziers I. En faisant de la méconnaissance des dispositions relatives à la compétence de l'autorité administrative une cause invariable de nullité absolue d'un contrat public, la Cour de cassation ne tient compte ni de la limitation des causes d'annulation d'un contrat public, ni de l'état d'esprit des relations contractuelles nouées, ni de la modulation des pouvoirs du juge. À aucun moment, la Cour de cassation ne fait de renvoi, ne serait-ce que de manière allusive, à la tentative de rationalisation casuistique des irrégularités contractuelles, comme son homologue administratif, aux seuls cas de l'objet illicite ou de vice d'une particulière gravité affectant l'expression du consentement des parties ». Elle doit néanmoins être relativisée dans la mesure où « [les juges d'appel] avaient très exactement partagé les mêmes préoccupations que leurs homologues de la juridiction administrative : en jugeant irrecevable l'action de la société privée, ils entendaient censurer le comportement immoral d'un cocontractant privé de l'administration qui, huit ans après avoir signé et exécuté un contrat, venait se prévaloir d'une irrégularité dans le but manifeste d'échapper à ses obligations contractuelles et d'obtenir le remboursement de huit années de loyers. Il serait donc injuste de présenter le juge judiciaire comme indifférent à la mauvaise foi des cocontractants de l'administration, à la nécessité de statuer en fonction du cas d'espèce, ou à la volonté des juge de garantir la stabilité des relations contractuelles et de préserver les finances publiques. Certes, en l'espèce, les juges du fond ont emprunté une argumentation

Sous-titre 2

L'inadaptation de la sollicitation du préfet aux fins de déférer dans le contentieux de la commande publique

559. Le déféré préfectoral est issu de la loi n° 82-213 du 2 mars 1982 relative aux droits et libertés des communes, des départements et des régions[1162]. Il constitue un moyen de saisir le juge administratif à la suite d'un contrôle de légalité des actes des collectivités territoriales, de leurs établissements publics et des sociétés d'économie mixte intervenant pour le compte d'une collectivité territoriale et relevant de l'exercice de prérogatives de puissance publique. Le recours est exercé par le préfet, représentant de l'État, contre les actes des collectivités territoriales qu'il estime irréguliers ou sur demande d'un administré.

560. Le concurrent évincé peut interpeller le préfet, aussi bien dans la perspective du renforcement de son contrôle de légalité[1163] que dans celle d'un déféré préfectoral soutenant parallèlement son action contentieuse directe sur le fondement d'un référé précontractuel, d'un référé contractuel, d'un recours en contestation de la validité du contrat ou d'un recours pour

---

juridique que la Cour de cassation a censurée. Mais peu importe ici, au regard de la présente démonstration : à lui seul, l'arrêt de la Cour de cassation témoigne de la bonne volonté des juges judiciaires d'œuvrer à la loyauté et à la stabilité des relations contractuelles nouées par les collectivités publiques ». V. en ce sens : Plessix Benoît, « La nullité d'un contrat de l'administration devant le juge judiciaire », note sous Civ. 1ère, 16 janvier 2013, Société l'Axelloise, in *RFDA*, 2013, p. 541 et s., spéc. p. 543 et 544. V. sous cet arrêt : Langelier Élise, « 'Souffler n'est pas jouer'... sauf dans les contrats publics de droit privé », note sous Cass. Civ. 1ère, 16 janvier 2013, in *JCP Administrations et collectivités territoriales*, 2 avril 2013, p. 49 et s. ; Cassia Paul, « Nullité d'ordre public des contrats de droit privé de l'administration », note sous Cass., Civ. 1ère, 16 janvier 2013, Société l'Axelloise, préc., p. 1226 et s. ; Llorens François, Soler-Couteaux Pierre, « Du sort des contrats de droit privé en cas d'annulation d'un acte détachables », in *Contrats et marchés publics*, août-septembre 2013, p. 1 et s.

[1162] Loi n° 82-213 du 2 mars 1982 relative aux droits et libertés des communes, des départements et des régions, préc. Cette loi a été modifiée et complétée par la loi n° 82-623 du 22 juillet 1982 précisant également les nouvelles conditions d'exercice du contrôle administratif sur les actes des autorités communales, départementales et régionales (JORF du 23 juillet 1982, p. 2347) ; la loi n° 92-125 du 6 février 1992 relative à l'administration territoriale de la République (JORF n° 33 du 8 février 1992, p. 2064) et la loi n° 93-122 du 29 janvier 1993 relative à la prévention de la corruption et à la transparence de la vie économique et des procédures publique (JORF n° 25 du 30 janvier 1993, p. 1588). V. Code général des collectivités territoriales : articles L. 2131-1 à L. 2131-13 pour les communes ; articles L. 3131-1 à L. 3131-6 et L. 3132-1 à L. 3132-4 pour les départements ; articles L. 4141-1 à L. 4141-6 et L. 4142-1 à L. 4142-4 pour les régions.

[1163] Lambert François, « Comment concilier les jurisprudences Brasseur et Tropic travaux », préc., spéc. p. 2481.

excès de pouvoir contre un acte détachable du contrat si l'action a été engagée avant le 4 avril 2014.

561. La sollicitation du représentant de l'État devient, dans ces circonstances, séduisante mais aussi étendu que soit le champ d'application de son contrôle, la saisine indirecte du juge administratif ne constitue pas l'assurance du respect des règles issues du droit de la commande publique.

Les conséquences de la mise en œuvre du déféré préfectoral à la suite du contrôle de légalité opéré par le préfet sont, en effet, aléatoires (Chapitre 1). Si tant est que le mécanisme de déféré préfectoral soit consubstantiel au rôle de gardien de la légalité imparti au préfet, son régime juridique ainsi que celui du contrôle de légalité doivent être à nouveau redessinés en prenant en considération l'éparpillement des autres voies de droit offertes au représentant de l'Etat pour dénoncer les irrégularités relatives aux obligations de publicité et de mise en concurrence qui incombent à l'administration et qui affectent les contrats publics nés ou à naître (Chapitre 2).

Chapitre 1 : Une mise en œuvre du déféré préfectoral aux conséquences aléatoires

562. Si, en théorie, le déféré préfectoral permet une sanction efficace des contrats publics irréguliers (Section 1), l'effectivité de cette sanction s'avère, en réalité, relative (Section 2).

Section I : L'efficacité théorique du déféré préfectoral dans la sanction des contrats publics irréguliers

563. La sanction des contrats publics irréguliers à travers le déféré est théoriquement efficace, dès lors que le préfet exerce le contrôle de légalité qui lui incombe à l'encontre de l'ensemble des actes du processus contractuel (§ 1), tout en disposant, pour ce faire, d'un statut contentieux spécifique (§ 2).

§ 1 : Le processus contractuel intégralement contrôlé

564. Dans le cadre de son contrôle de légalité, le préfet peut contrôler le processus contractuel dans son intégralité et le déféré préfectoral peut aussi bien concerner les actes administratifs unilatéraux et, par conséquent, les actes détachables antérieurs à la conclusion du contrat (A) que le contrat lui-même (B).

A – Le contrôle de légalité et le déféré préfectoral des actes détachables antérieurs à la conclusion du contrat

565. Les hypothèses de contrôle de légalité - et de déféré préfectoral conséquent - des actes détachables préalables à la conclusion du contrat sont potentiellement nombreuses. Le processus contractuel étant matériellement caractérisé par l'adoption successive d'actes administratifs unilatéraux, autant de possibilités de saisine du juge administratif s'offrent au préfet à la suite de son contrôle de légalité. La probabilité des potentielles saisines du juge administratif est d'autant plus accrue qu'une distinction doit être établie entre les actes administratifs adoptés par les collectivités territoriales obligatoirement soumis à transmission à l'autorité préfectorale et les actes non obligatoirement soumis à transmission, lesquels peuvent également être déférés par l'autorité préfectorale au juge administratif.

Le législateur a, en effet, distingué deux catégories d'actes susceptibles d'être soumis au contrôle de légalité du préfet. Si certains sont exécutoires de plein droit après l'accomplissement des mesures de publicité, de publication ou de notification, qui leur sont propres[1164], d'autres ne le deviennent qu'après avoir été, de surcroît, transmis au représentant de l'État[1165]. La transmission des actes limitativement énumérés aux articles L. 2131-2, L. 3131-2 et L. 4141-2 du Code général des collectivités territoriales - respectivement pour les communes, les départements et les régions - aboutit à un contrôle de légalité - du moins en théorie, s'il n'est réel en pratique – par le préfet, lequel pourra décider, s'ils les estime irréguliers, de saisir le juge administratif dans un délai de deux mois suivant leur transmission[1166] complète[1167]. Bien que les actes exécutoires de plein droit soient exempts de transmission et donc de contrôle de légalité, l'autorité préfectorale peut en prendre connaissance, soit spontanément, soit lorsqu'elle en sollicite la communication[1168] et ces contrôles supplémentaires peuvent également aboutir à la saisine du juge administratif. Le déféré spontané, en l'absence de demande d'une personne lésée[1169], obéit aux règles de computation du délai de droit commun s'établissant à compter de la date de publication ou de l'affichage de l'acte[1170]. Le déféré des actes portés à la connaissance du représentant de l'État à sa demande ne sera, quant à lui, possible dans un délai de deux mois à compter

---

[1164]Code général des collectivités territoriales : article L. 2131-3 pour les communes, article L. 3131-4 pour les départements, article L. 4141-4 pour les régions.

[1165]Code général des collectivités territoriales : articles L. 2131-1 et L. 2131-2 pour les communes, articles L. 3131-1 et L. 3131-2 pour les départements, articles L. 4141-1 et L. 4141-2 pour les régions.

[1166]Code général des collectivités territoriales : article L. 2131-6 pour les communes, article L. 3132-1 pour les départements, article L. 4142-1 pour les régions. Le délai de deux mois est computé à compter de la date de réception de l'acte par l'autorité préfectorale et non à partir de la date de son envoi par l'autorité locale. Il est à noter que le défaut de transmission rend le déféré recevable sans condition de délai (v. en ce sens : TA Nice, 24 octobre 1991, Epoux Léquio, req. n° 901278). Ce délai de deux mois peut également être prorogé par un recours gracieux ou par une demande de production de pièces complémentaires. V. par exemple : CE, 31 mars 1989, Commune de Septèmes-les-Vallons, req. n° 80272, Rec. p. 102 ; CE, 4 novembre 1996, Département de la Dordogne, req. n° 114956, Rec. p. 433 ; CE, 17 octobre 2003, District de Bastia, req. n° 223296, T., p. 674. En revanche, la lettre par laquelle le préfet demande à un OPHLM de bien vouloir lui « adresser toutes explications utiles » « pour lui permettre d'examiner la légalité » du marché ne constitue ni une demande de transmission de documents nécessaires pour en apprécier la légalité, ni un recours gracieux contre la passation de ce marché. V. en ce sens : CE, 15 mai 2013, Office public de l'habitat de Nice et des Alpes-Maritimes, req. n° 357031.

[1167]L'acte doit être produit dans son intégralité et accompagné des documents nécessaires à l'appréciation de sa légalité. V. CE, sect., 13 janvier 1988, Mutuelle générale des personnels des collectivités locales, req. n° 68166, Rec. p. 6 ; CE, sect., 26 juillet 1991, Commune de Sainte-Marie de la Réunion, req. n° 117717, Rec. p. 302. V. également : CAA Nancy, 18 avril 2013, Communauté d'agglomération Sarreguemines Confluences, req. n° 12NC02077.

[1168]Code général des collectivités territoriales : article L. 2131-3 pour les communes, article L. 3131-4 pour les départements, article L. 4141-4 pour les régions.

[1169]Sur le déféré à la demande d'une personne lésée, v. *infra*.

[1170]TA Lille, 3 juillet 1995, Préfet du Nord, req. n° 94645.

de leur communication que « si sa demande a été présentée dans le délai de deux mois à compter de la date à laquelle les actes sont devenus exécutoires »[1171].

566. Parce qu'elles sont soumises au régime de la transmission obligatoire, les délibérations des assemblées des collectivités territoriales pourront faire l'objet d'un déféré préfectoral toutes les fois où le représentant de l'État les considérera comme méconnaissant la légalité. À la différence du contentieux de l'excès de pouvoir, la jurisprudence n'établit aucune différence selon qu'elles sont décisoires ou non[1172], ce qui augmente considérablement la probabilité de contrôle de légalité du processus contractuel par le juge, puisque le déféré devient ainsi recevable contre toutes les délibérations, y compris celles ayant un caractère préparatoire[1173].

567. En réalité, le champ d'application du contrôle de légalité est d'autant plus étendu que le contrôle des actes soumis à transmission obligatoire implique également celui des pièces à joindre aux actes à transmettre[1174]. Particulièrement, le préfet ne pourra procéder au contrôle de la délibération autorisant l'exécutif d'une collectivité territoriale à signer un contrat que si celui-ci dispose de la copie de toutes les pièces servant de fondement juridique au futur contrat, telles celle attestant de l'existence d'une publicité préalable suffisante et d'une transparence dans la procédure de passation et même les pièces constitutives du contrat. *In fine*, l'ensemble des pièces produites par les collectivités territoriales lors de la procédure de passation et jusqu'à son achèvement ainsi que l'acte contractuel final prêt à être signé doivent être portés à la connaissance du préfet, lequel apprécie la légalité de l'acte qui lui est déféré à titre principal à la lumière de la légalité des actes qui en sont le soutien nécessaire.

[1171]Code général des collectivités territoriales : article L. 2131-3 pour les communes, article L. 3131-4 pour les départements, article L. 4141-4 pour les régions.

[1172]CE, sect., 29 décembre 1997, SARL ENLEM, req. n° 157623, Rec. p. 500 : « Considérant que par la délibération attaquée, intervenue en raison du risque d'incendie et des pollutions causés par les activités d'un établissement de la SARL Enlem gérant un dépôt de papiers usagés, le conseil municipal de Saint-Denis a demandé que le préfet de la Seine-Saint-Denis prenne immédiatement des mesures en vue de la fermeture de l'établissement et que des négociations s'engagent pour obtenir son transfert hors de l'agglomération ; qu'une telle délibération constitue non un acte faisant grief mais un vœu insusceptible de faire l'objet d'un recours devant le juge de l'excès de pouvoir même en raison de prétendus vices propres, à moins qu'il en soit disposé autrement par la loi ; que tel est le cas lorsque, sur le fondement de la loi susvisée du 2 mars 1982, le préfet défère au tribunal administratif les actes des collectivités territoriales et de leurs établissements publics qu'il estime contraires à la légalité ».

[1173]CE, ass., 15 avril 1996, Syndicat CGT des hospitaliers de Bédarieux, req. n° 120273, Rec. p. 130.

[1174]CE, sect., 13 janvier 1988, Mutuelle générale des personnels des collectivités locales, préc.

La stricte énumération des actes soumis à l'obligation de transmission établie par les articles L. 2131-2, L. 3131-2 et L. 4141-2 du Code général des collectivités territoriales est, en réalité, un leurre et révèle que bien d'autres actes peuvent être contrôlés par le représentant de l'État. Par exemple, en est-il ainsi des conventions de droit privé, mais également de certains contrats de droit public explicitement exclus par ces dispositions ou implicitement admis par l'absence de leur énumération, comme les « conventions relatives à des marchés et à des accords-cadres d'un montant inférieur à un seuil défini par décret »[1175] ou encore les conventions d'occupation domaniale. Le contrôle de leur légalité n'est pas exclu dans la mesure où ces contrats constituent des documents complémentaires nécessaires au contrôle de la légalité d'actes soumis eux-mêmes à transmission obligatoire, telles les délibérations[1176]. À défaut de ne pas être spontanément effectuée par l'autorité locale, leur transmission indirecte sera réclamée par le préfet.

B – Le contrôle de légalité et le déféré préfectoral du contrat lui-même

568. Le mécanisme de sanction des contrats irréguliers à l'initiative du représentant de l'État est théoriquement efficace, parce que le contrôle de légalité s'exerce non seulement à l'encontre des actes détachables du contrat, mais également à l'encontre du contrat lui-même.

Parmi les actes obligatoirement soumis à transmission, figurent explicitement aux articles L. 2131-2, L. 3131-2 et L. 4141-2 du Code général des collectivités territoriales « les conventions relatives aux emprunts, aux marchés et aux accords-cadres [...] ainsi que les conventions de concession ou d'affermage de services publics locaux et les contrats de partenariat ». Ces mêmes dispositions excluent de l'obligation de transmission les « conventions relatives à des marchés et à des accords-cadres d'un montant inférieur à un seuil défini par décret », lesquels peuvent toutefois être indirectement contrôlés à travers l'examen des délibérations soumises à transmission obligatoire[1177].

569. Si certains contrats administratifs sont obligatoirement transmis au représentant de l'État, force est néanmoins de constater que le contrôle de légalité de l'autorité préfectorale est loin de porter sur l'ensemble des contrats relevant de la commande publique. La restriction du contrôle du préfet au triptyque marché public / délégation de service public / contrat de partenariat

[1175] Code général des collectivités territoriales : article L. 3131-2, 4° pour les communes, article L. 3131-2, 4° pour les départements, article L. 4141-2, 3° pour les régions.

[1176] Le préfet a donc connaissance de l'ensemble des contrats passés par les collectivités territoriales, même ceux qui ne sont pas soumis à transmission obligatoire.

[1177] V. *supra*.

ne saurait guère être justifiée au regard de l'ensemble des obligations de publicité et de mise en concurrence qui incombent à l'administration au titre de la passation d'autres contrats, tels que la concession de travaux publics, la concession d'aménagement ou encore le bail emphytéotique administratif s'il est accompagné d'une convention accessoire non détachable relevant de la commande publique[1178].

570. Le contrôle des contrats publics d'affaires opéré par le préfet est entendu de manière large. Il s'applique également aux marchés passés au nom et pour le compte d'un syndicat intercommunal par un mandataire[1179], aux marchés passés au nom et pour le compte d'une commune par une société d'économie mixte locale relevant des prescriptions de la loi du 7 juillet 1983, ainsi qu'aux avenants à ce marché[1180] ou encore aux contrats conclus par un régisseur pour le compte d'un syndicat des eaux[1181]. En cas de pluralité de prestations, le déféré peut ne porter que sur des stipulations contractuelles concernant certaines prestations comprises dans un lot, lorsqu'elles sont dissociables des autres prestations[1182].

571. La transmission des marchés publics et des délégations de service public au titre du contrôle de légalité obéit à des conditions particulières[1183]. En effet, la lecture combinée des articles L. 2131-13, L. 3131-6, L. 4141-6 du Code général des collectivités territoriales, d'une part, et de l'article L. 1411-9 de ce même Code, d'autre part, indique que les marchés publics et les délégations de service public doivent être transmis au représentant de l'État dans un délai de quinze jours à compter de leur signature et que l'autorité territoriale doit joindre l'ensemble des pièces servant de fondement juridique à la convention transmise à titre principal[1184].

[1178]Code général des collectivités territoriales, article R. 1311-2.

[1179]V. par ex. : CE, 8 avril 1998, Préfet de l'Aube, req. n° 167372, T., p. 1018.

[1180]V. par ex. : CE, sect., 28 juillet 1995, Préfet de la région Île-de-France c/ Société de gérance Jeanne d'Arc, req. n° 143438, Rec. p. 321.

[1181]V. par ex. : CE, 4 novembre 1998, Préfet de la région Île-de-France, req. n° 161590, Jurisdata n° 1998-051175.

[1182]V. par ex. : CE, 2 juin 1995, Société Cofreth et Société Techni, req. n° 132280 et 132385, T., p. 672.

[1183]Les conditions de la transmission au titre du contrôle de légalité des contrats de partenariat sont incertaines, dans la mesure où celles qui sont exposées dans le Code général des collectivités territoriales s'appliquent explicitement aux marchés publics et aux délégations de service public. Néanmoins est-il possible de procéder par analogie.

[1184]L'article L. 1411-9 du Code général des collectivités territoriales précise également que « [l'autorité territoriale] certifie, par une mention apposée sur la convention notifiée au titulaire de la délégation, que celle-ci a bien été transmise, en précisant la date de cette transmission. Elle informe, dans un délai de quinze jours, le représentant de l'État dans le département ou son délégué dans l'arrondissement de la date de notification de cette convention ».

S'agissant des marchés publics, l'article R. 2131-5 et les articles R. 3132-2 et R. 4142-2 par renvoi à l'article R. 2131-5 du Code général des collectivités territoriales disposent que la transmission à l'autorité préfectorale des marchés publics comporte : la copie des pièces constitutives du marché, à l'exception des plans ; la délibération autorisant le représentant légal de la collectivité ou de l'établissement à passer le marché ; la copie de l'avis d'appel public à la concurrence ainsi que, s'il y a lieu, de la lettre de consultation ; le règlement de la consultation, lorsque l'établissement d'un tel document est obligatoire ; les procès-verbaux et rapports de la commission d'appel d'offres, de la commission de la procédure de dialogue compétitif et les avis du jury de concours, avec les noms et qualités des personnes qui y ont siégé, ainsi que le rapport de présentation de la personne responsable du marché prévu par l'article 79 du Code des marchés publics ; les renseignements, attestations et déclarations fournis en vertu des articles 45 et 46 du Code des marchés publics ; sans que cette liste soit exhaustive[1185].

Ces mêmes dispositions semblent substantiellement s'appliquer par analogie aux délégations de service public[1186] et *a fortiori* aux contrats de partenariat[1187]. Ainsi, les principales pièces de la procédure de passation du contrat révélatrices des obligations de publicité et de mise en concurrence qui incombent à l'administration sont soumises au contrôle indirect de légalité par leur transmission complémentaire à l'acte contractuel principal.

572. Le contrôle de légalité des contrats se trouve, par conséquent, doublement renforcé, d'une part, par la transmission obligatoire des délibérations et, plus spécifiquement, celle autorisant l'autorité exécutive de la collectivité territoriale ou de l'établissement public à signer le contrat, à laquelle sont jointes les pièces constitutives de la procédure de passation et du contrat elles-mêmes indirectement soumises au contrôle de légalité et, d'autre part, par la transmission obligatoire des principaux contrats conclus par les collectivités et les établissements publics auxquels sont jointes la délibération autorisant l'exécutif à signer et les principales pièces de la procédure de passation.

Autant est-il possible de reprocher à ce dispositif de conduire à l'exercice de deux contrôles de légalité distincts sur la forme, mais identiques sur le fond en matière contractuelle, - lorsque le premier porte sur l'acte administratif unilatéral constitué de la délibération autorisant l'exécutif à signer le contrat et le second sur le contrat lui-même -, autant est-il possible de voir dans ce double examen la possibilité de pallier certaines carences d'un contrôle de légalité non suffisamment abouti, faute pour le législateur

---

[1185]Code général des collectivités territoriales, article R. 2131-7.

[1186]Rép. min. QE n° 7598 du 23 octobre 2012, JOAN du 15 janvier 2013, p. 590.

[1187]V. note de bas de page n° 1183.

de viser l'ensemble des contrats soumis à des obligations de publicité et de mise en concurrence et pour lesquels le contrôle de la délibération autorisant l'autorité exécutive à signer le contrat constitue l'unique moyen, bien qu'indirect, de contrôler la conformité au droit de la commande publique de la dévolution des concessions de travaux publics, des concessions d'aménagements, voire des baux emphytéotiques, par exemple.

§ 2 : Le statut contentieux spécifique du préfet

573. Le statut contentieux du préfet participe également à l'efficacité théorique de la sanction des contrats irréguliers. L'autorité préfectorale bénéficie, en effet, d'avantages procéduraux tant dans la mise en œuvre d'une demande de suspension accessoire à un déféré préfectoral que de son octroi (A). Par ailleurs, le fait que le préfet puisse être sollicité par les administrés[1188] pour déférer les actes soumis à transmission obligatoire ou non renforce sa position de gardien de la légalité (B).

A – Le statut contentieux privilégié du préfet au regard des aménagements de la demande et de l'octroi de la suspension de l'acte déféré

574. La possibilité pour le préfet, tiers au contrat, de saisir le juge administratif de la légalité de cet acte, témoigne du rôle particulier qui lui est assigné en tant que gardien de la légalité. Très récemment, la décision « Département de Tarn-et-Garonne » du 4 avril 2014 lui a accordé une attention particulière en même temps qu'elle redessinait les contours du nouveau recours en contestation de la validité du contrat par les tiers *lato sensu*. Si le particularisme de son statut est, de manière statique, perceptible au regard de la recevabilité du déféré préfectoral à l'encontre de l'acte contractuel, il l'est, de manière dynamique, du point de vue du déroulement de l'action contentieuse. Le préfet bénéficie, en effet, de certaines prérogatives dont ne jouissent pas les tiers au contrat dans la mise en œuvre de leur recours. L'absence d'effet suspensif du recours en contestation de la validité du contrat introduit par les tiers concurrents évincés emporte, en effet, la nécessité - quasi-inéluctable dans la perspective d'un succès contentieux au moins partiel - de saisir le juge de l'urgence sur le fondement de l'article L. 521-1 du Code de justice administrative afin d'obtenir la suspension de son exécution. Pour ce faire, il leur incombe non seulement de démontrer l'urgence à suspendre les effets de l'acte contractuel, mais

[1188] Et notamment les concurrents évincés d'une procédure de consultation.

également l'existence d'un doute sérieux quant à sa légalité, ce qui n'est pas le cas pour le préfet.

575. Les modalités de la demande de suspension de l'acte déféré par le préfet[1189] sont en partie communes avec celles du référé suspension de l'article L. 521-1 du Code de justice administrative.

576. La suspension sur déféré et le référé suspension de droit commun partagent le caractère accessoire de la demande par rapport au recours au fond : la demande de suspension de l'acte transmis ne saurait être formée indépendamment d'un déféré à titre principal[1190]. Il n'y a pas lieu à statuer sur la suspension sur déféré, lorsque la décision est entièrement exécutée avant que le juge ne se soit prononcé sur la demande de sursis, - réserve faite des actes à exécution instantanée pouvant produire des effets permanents justifiant l'octroi du sursis[1191] ou de la suspension -, ou encore si le juge au fond statue sur la légalité de l'acte avant de se prononcer sur la demande de sursis[1192]. La suspension sur déféré peut être prononcée tant que l'acte n'est pas entièrement exécuté[1193]. Par ailleurs, aussi bien pour la suspension sur déféré que le référé suspension de droit commun, l'existence d'un doute sérieux quant à la légalité de l'acte doit être démontrée.

577. Toutefois, à la différence des tiers de droit commun, le préfet est dispensé de justifier l'urgence à suspendre l'acte[1194]. L'urgence à suspendre l'acte administratif unilatéral ou le contrat est présumée et, par conséquent, seule la démonstration vraisemblable d'un doute sérieux quant à la légalité de l'acte suffit[1195]. Le juge des référés commettrait une erreur de droit en rejetant, sur le fondement de l'article L. 522-3 du Code de justice

---

[1189]Le déféré préfectoral n'a, en principe, pas d'effet suspensif. La règle fondamentale de droit public selon laquelle les décisions administratives ont un caractère exécutoire qui ne saurait être tenu en échec par un recours s'applique au déféré préfectoral. V. CE, ass, 2 juillet 1982, Huglo et autres, préc. V. Code général des collectivités territoriales : article L. 2131-6 pour les communes, article L. 3132-1 pour les départements et article L. 4142-1 pour les régions ; Code de justice administrative, article L. 554-1. Sous réserve toutefois de l'exception prévue à l'article L. 554-2 du Code de justice administrative. V. ci-après.

[1190]TA Strasbourg, 28 juin 1983, COREP du Haut-Rhin contre Commune de Kaysersberg, req. n° 612/83.

[1191]CE, 14 janvier 1987, COREP du département du Calvados, req. n° 77770.

[1192]TA Pau, 13 mars 1983, Préfet des Pyrénées-Atlantiques, Dalloz, 1983, p. 457.

[1193]CE, 31 mars 1989, Commune de Septèmes-les-Vallons, préc.

[1194]Code général des collectivités territoriales : article L. 2131-6 alinéa 3 pour les communes, article L. 3132-1 alinéa 4 pour les départements et article L. 4142-1 alinéa 4 pour les régions : « Le représentant de l'État peut assortir son recours d'une demande de suspension. Il est fait droit à cette demande si l'un des moyens invoqués paraît, en l'état de l'instruction, propre à créer un doute sérieux quant à la légalité de l'acte attaqué ». V. également : Code de justice administrative, article L. 554-1. La jurisprudence l'a explicitement confirmé. V. en ce sens : CE, 23 avril 2003, Commune de Roquebrune-Cap-Martin, req. n° 251946, T., p. 912.

administrative[1196], une demande de suspension présentée par le préfet en subordonnant la suspension à une condition d'urgence non exigée dans le cadre de cette procédure[1197].

De surcroît, une distinction doit être opérée entre les actes administratifs unilatéraux et les actes contractuels et, plus précisément, les marchés publics et les délégations de service public. Lorsque la demande de suspension des marchés publics et des délégations de service public est formulée par le préfet dans un délai de dix jours à compter de la réception de l'acte, celle-ci est automatiquement octroyée, peu importante la démonstration d'un doute sérieux quant à la légalité du contrat. Au terme d'un délai d'un mois à compter de la réception, l'acte redevient exécutoire, même si le juge des référés n'a pas statué[1198].

Afin d'inciter le juge à statuer plus rapidement, le législateur, à travers l'article 44 de la loi n° 92-125 du février 1992 relative à l'administration territoriale de la République[1199], avait ajouté une nouvelle disposition précisant qu'« il est statué dans le délai d'un mois », bien que ce délai ne soit qu'indicatif.

Si, en droit commun, le juge des référés peut refuser de faire droit à la demande de suspension quand bien même les conditions d'octroi sont remplies[1200], les demandes de suspension sur déféré doivent être accueillies

---

[1195] Il ne s'agit pas de démontrer, en tout état de cause, l'existence d'une illégalité, mais de présenter au moins un moyen « [paraissant], en l'état de l'instruction, propre à créer un doute sérieux quant à la légalité de l'acte attaqué ». V. par ex. : CE, 18 février 1983, COREP de la Gironde, req. n° 47204, Rec. p. 72. V. plus récemment : CE, 9 mai 2012, Syndicat départemental des ordures ménagères de l'Aude, req. n° 355665, Rec. p. 192.

[1196] Code de justice administrative, article L. 522-3 : « Lorsque la demande ne présente pas un caractère d'urgence ou lorsqu'il apparaît manifeste, au vu de la demande, que celle-ci ne relève pas de la compétence de la juridiction administrative, qu'elle est irrecevable ou qu'elle est mal fondée, le juge des référés peut la rejeter par une ordonnance motivée sans qu'il y ait lieu d'appliquer les deux premiers alinéas de l'article L. 522-1 ».

[1197] CE, 11 mars 2005, Ministre de l'intérieur, de la sécurité intérieure et des libertés locales, req. n° 276181, Rec. p. 101.

[1198] Code général des collectivités territoriales : article L. 2131-6 alinéa 4 pour les communes, article L. 3132-1 alinéa 5 pour les départements et article L. 4142-1 alinéa 5 pour les régions. V. également : Code de justice administrative, article L. 554-2. Il convient de noter la différence rédactionnelle des dispositions du Code général des collectivités territoriales et du Code de justice administrative. Tandis que le premières ne s'appliquent qu'aux marchés publics et aux délégations de service public, les secondes incluent également les contrats de partenariat.

[1199] Loi n° 92-125 du 6 février 1992 relative à l'administration territoriale de la République, préc.

[1200] V. sur le fondement de l'article 54 du décret du 30 juillet 1963 modifié : CE, ass., 13 février 1976, Association de sauvegarde du quartier Notre-Dame, préc. V. sur le fondement de l'article L. 521-1 du Code de justice administrative : CE, 15 juin 2001, Société Robert Nioche, préc.

dès lors qu'un ou plusieurs moyens sont en l'état de l'instruction de nature à créer un doute sérieux sur la légalité de l'acte[1201].

Enfin, contrairement au droit commun du référé suspension, la délibération autorisant l'exécutif à conclure le contrat peut être suspendue à la suite d'une requête en suspension sur déféré, même si elle est entièrement exécutée - c'est-à-dire à partir du moment où le contrat est signé -, parce qu'elle est considérée comme produisant des effets continus matérialisés par l'existence et l'exécution du contrat[1202].

B – Le statut contentieux privilégié du préfet au regard du déféré préfectoral sur demande

578. Si le préfet peut, de lui-même, déférer un acte administratif unilatéral ou un contrat au juge administratif, il peut également y procéder sur la demande d'un administré. Le contrôle de légalité dont il a la charge se trouve ainsi davantage garanti, d'une part, dans la mesure où l'autorité préfectorale n'est pas à l'abri de l'absence de discernement d'une irrégularité surtout dans les matières techniques et, d'autre part, toutes les fois où les aléas circonstanciels et logistiques qui l'auront empêché de procéder à ce contrôle seront palliés par l'intervention d'un administré et, plus particulièrement, les concurrents évincés d'une procédure de passation qui auront un intérêt à ce que le contrat conclu soit remis en cause[1203]. Le fait que le préfet puisse être sollicité par les administrés pour déférer au juge administratif les actes adoptés par les collectivités territoriales, peu importe qu'ils soient soumis à transmission obligatoire ou non, renforce sa position de gardien de la légalité. La spécificité de son statut contentieux réside en ce qu'il est susceptible de se transformer en « courroie de transmission ».

579. Aux termes des articles L. 2131-8, L. 3132-3, L. 4142-3 du Code général des collectivités territoriales, la faculté de solliciter le préfet aux fins de déférer un acte ou un contrat au juge administratif n'est pas exclusive des recours directs dont disposent les personnes physiques ou morales lésées par lesdits actes. En d'autres termes, le déféré préfectoral sur demande se

---

[1201] CE, 23 avril 2003, Commune de Roquebrune-Cap-Martin, préc.

[1202] V. en droit commun du référé suspension : CE, 9 février 2004, Société d'économie mixte de la Lozère, req. n° 258369, T., p. 773. V. en suspension sur déféré : CE, 31 mars 1989, Commune de Septèmes-les-Vallons, préc. La question de la pérennité de cette solution se pose depuis la décision « Département de Tarn-et-Garonne ».

[1203] L'on concédera que le déféré sur demande n'est pas réservé aux concurrents évincés étant donné que tous les administrés peuvent demander à ce que le préfet saisisse le juge administratif. Il peut, en effet, s'agir d'une personne physique comme d'une personne morale, à partir du moment où l'acte a lésé ses intérêts. V. Code général des collectivités territoriales : article L. 2131-8 pour les communes, article L. 3132-3 pour les départements et article L. 4142-3 pour les régions.

présente comme une voie de droit supplémentaire, bien qu'indirecte, afin de remettre en cause l'existence d'un acte administratif unilatéral ou de contester la validité d'un contrat administratif. Le concurrent évincé peut recourir, de manière indépendante ou complémentaire, à l'autorité préfectorale. À partir du moment où la délibération autorisant l'exécutif à signer le contrat a été adoptée et que le contrat a été signé, le concurrent évincé pourrait tout aussi bien introduire un recours en contestation de la validité du contrat, voire un référé contractuel dans certaines circonstances[1204] et solliciter le préfet aux fins de déférer la délibération et/ou le contrat au juge administratif.

580. Aussi attrayante soit-elle, cette voie de droit indirecte soulève néanmoins des questions sur l'opportunité de sa mise en œuvre dans une triple dimension : la dimension temporelle, le pouvoir discrétionnaire du préfet de déférer l'acte au juge administratif et l'office du juge administratif saisi le fondement d'un déféré préfectoral.

581. La demande au représentant de l'État de déférer l'acte considéré doit être présentée dans le délai de deux mois à compter de la date à laquelle l'acte est devenu exécutoire[1205], sans que la demande ait pour effet de prolonger le délai de recours contentieux dont dispose le représentant de l'État pour le déférer lorsque l'acte concerné fait partie de la catégorie des actes obligatoirement soumis à transmission[1206].

Dans la mesure où le caractère exécutoire des actes obligatoirement soumis à transmission dépend de deux formalités distinctes cumulatives, - d'une part, de leur publication, de leur affichage ou de leur notification aux intéressés et, d'autre part, de leur transmission complète au représentant de l'État -, celui-ci pourra être constaté dans un laps de temps plus éloigné de la publicité de l'acte lorsque la collectivité aura omis de procéder à sa transmission ou à sa transmission intégrale. Avant le 4 avril 2014, cela signifiait donc que le recours pour excès de pouvoir pouvait être ouvert aux tiers concurrents évincés dès la publication de la délibération autorisant l'exécutif à signer le contrat et ce, bien avant que ne le soit le déféré préfectoral à l'encontre de cette même délibération. Dans cette perspective,

---

[1204] V. précédemment : Chapitre 1 : Les relations exclusives du référé contractuel et du référé précontractuel.

[1205] Code général des collectivités territoriales : article L. 2131-8 alinéa 1er pour les communes, article L. 3132-3 alinéa 1er pour les départements et article L. 4142-3 alinéa 1er pour les régions.

[1206] Code général des collectivités territoriales : article L. 2131-8 alinéa 2 pour les communes, article L. 3132-3 alinéa 2 pour les départements et article L. 4142-3 alinéa 2 pour les régions. En revanche, lorsque l'acte considéré n'est pas de ceux dont la transmission est obligatoirement exigée, le représentant de l'État peut déférer l'acte au juge dans les deux mois suivant sa saisine par la personne physique ou morale lésée. V. Code général des collectivités territoriales : article L. 2131-8 alinéa 3 pour les communes, article L. 3132-3 alinéa 3 pour les départements et article L. 4142-3 alinéa 3 pour les régions.

le déféré préfectoral sur demande présentait les caractéristiques d'une voie de droit supplémentaire « aux effets contentieux prolongés ».

En revanche, si la publicité de l'acte intervenait en même temps que sa transmission intégrale, les deux délais de recours étaient confondus et le déféré préfectoral sur demande présentait moins d'intérêt[1207].

Ce raisonnement peut être transposé au recours en contestation de la validité du contrat et au déféré sur demande relativement aux contrats des collectivités territoriales soumis à transmission obligatoire, sous réserve que le premier délai de recours contentieux court à compter de l'accomplissement des mesures de publicité appropriées. En leur absence, le délai de recours contentieux ne commence jamais à courir si bien que le déféré sur demande pourra être forclos alors que le recours en contestation de la validité du contrat ne le sera jamais[1208].

Par ailleurs, si la suspension automatique de l'exécution des marchés publics, des délégations de service public, voire des contrats de partenariat, par application notamment des dispositions de l'article L. 554-2 du Code de justice administrative constitue un avantage certain au regard des difficultés pour le concurrent évincé de voir sa demande de référé suspension accessoire à un recours en contestation de la validité du contrat satisfaite[1209], il n'en demeure pas moins que, pour en bénéficier indirectement, le concurrent évincé doit être en mesure de savoir que lesdits contrats ont bien été réceptionnés par les services préfectoraux et emporter la conviction du représentant de l'État de les déférer dans un laps de temps très court. Ceci semble très aléatoire.

582. L'opportunité de recourir au déféré sur demande trouve une limite importante dans le fait que le préfet dispose d'un pouvoir discrétionnaire de déférer l'acte ou le contrat au juge administratif[1210]. Ce refus qui ne faisait pas grief au demandeur n'était pas susceptible de recours ; il avait néanmoins pour effet de proroger le délai de recours pour excès de pouvoir ouvert au tiers jusqu'à la date de la réponse expresse ou implicite du préfet[1211], pour autant que l'acte concerné fût la délibération autorisant l'autorité exécutive à

[1207]Le déféré sur demande constitue toujours une voie de droit supplémentaire. Néanmoins, « les effets contentieux » ne sont pas temporellement prolongés.

[1208]D'ailleurs, convient-il de s'interroger sur les modalités de publicité des actes contractuels concernés par l'obligation de transmission.

[1209]V. *supra*.

[1210]CE, sect., 25 février 1991, Brasseur, req. n° 80969, Rec. p. 23. Pour un exemple plus récent, v. CAA Bordeaux, 20 décembre 2011, Compagnie Guadeloupéenne de service public, req. n° 11BX00494.

[1211]*Ibid.*

signer le contrat, puisque le recours pour excès de pouvoir à l'encontre du contrat est, en principe, irrecevable[1212].

En outre, même si le préfet décide de déférer l'acte, aucun obstacle ne se dresse quant à la faculté, pour lui, de se désister de son action même après l'avoir engagée[1213]. La responsabilité de l'État peut toutefois être engagée, lorsque le préfet s'abstient de déférer un acte qu'il sait irrégulier pour en avoir été informé par un tiers, lorsque son comportement est constitutif d'une faute lourde[1214].

583. Enfin, le déféré sur demande présente un intérêt limité, plus généralement, dans les pouvoirs du juge administratif nouvellement redéfinis lorsqu'il est saisi par l'autorité préfectorale. Si, à l'encontre des actes administratifs unilatéraux, le recours du représentant de l'État conserve les caractéristiques du recours pour excès de pouvoir[1215], il s'est transformé en recours de pleine juridiction à l'encontre du contrat[1216], soulevant ainsi les mêmes interrogations quant à la mise en œuvre des pouvoirs du juge du contrat[1217].

Section II : L'effectivité relative de la sanction des contrats publics irréguliers par le juge saisi sur le fondement du déféré préfectoral

584. Le déféré préfectoral semble théoriquement constituer une voie de droit efficace pour sanctionner les contrats publics d'affaires irréguliers. Force, pourtant, est d'anticiper - et de regretter - la rareté de ces sanctions par le juge. Ce dernier qui exerçait avant la redéfinition de son office un examen de la légalité poussé aux conséquences radicales (§ 1) doit dorénavant traiter les irrégularités constatées à la lumière de considérations factuelles (§ 2).

1212 L'exercice du recours pour excès de pouvoir dans de telles circonstances est révolu depuis la décision « Département de Tarn-et-Garonne ».

1213 CE, 16 juin 1989, Préfet des Bouches-du-Rhône, req. n° 103661, T., p. 512. Sur les conséquences de ce désistement, v. CE, 6 décembre 1999, Société Aubettes SA, req. n° 196403, Rec. p. 412. V. également : Lachaume Jean-François, « Remarques sur le contrôle a posteriori de la légalité des actes des autorités locales décentralisées », in *RFDA*, 1985, p. 529 et s., spéc. p. 533.

1214 CE, sect., 21 juin 2000, Ministre de l'équipement, des transports et du logement, req. n° 202058, Rec. p. 236. V. également : CAA Marseille, 5 avril 2009, SIVOM Cinarca Liamone, n° 07MA03382.

1215 CE, sect., 26 juillet 1991, Commune de Sainte-Marie de la Réunion, préc.

1216 CE, 23 décembre 2011, Ministre de l'intérieur, de l'outre-mer, des collectivités territoriales et de l'immigration, préc.

1217 V. *supra*.

§ 1 : Une sanction des contrats publics irréguliers auparavant accrue du fait de l'assimilation du déféré préfectoral au recours pour excès de pouvoir

585. Tant que le déféré préfectoral était considéré comme un recours pour excès de pouvoir[1218], la sanction des contrats publics irréguliers par le juge saisi par le représentant de l'État était effective. À la lumière des moyens de légalité externe et interne soulevés par le préfet[1219], le juge administratif saisi à la suite d'un déféré préfectoral exerçait un office semblable à l'office du juge de l'excès de pouvoir. Aucune conclusion n'aurait su tendre à d'autre fin que l'annulation de l'acte détachable du contrat ou du contrat lui-même. C'est ainsi que le Professeur Bertrand Faure définissait le déféré préfectoral comme désignant « l'opération consistant à saisir le juge administratif de l'acte d'une collectivité territoriale en vue de l'examen juridictionnel de sa régularité [...], le juge agissant avec les mêmes possibilités que le juge de l'excès de pouvoir susceptible soit de rejeter le recours, soit de l'accueillir en annulant l'acte illégal »[1220]. La mise en œuvre binaire des pouvoirs du juge du contentieux objectif était efficace du point de vue du respect de la légalité[1221].

586. Le déféré préfectoral présentait des caractéristiques qui faisaient de lui un recours pour excès de pouvoir singulier. En effet, lorsque le juge était saisi de conclusions en ce sens, il pouvait prononcer séparément ou ensemble l'annulation des actes détachables du contrat[1222]. En outre, si, en principe, l'annulation de l'acte détachable du contrat implique que le requérant sollicite le juge de l'exécution aux fins d'enjoindre les parties à saisir le juge du contrat pour en tirer les conséquences, en déféré préfectoral, l'illégalité de l'acte détachable entraînait « par voie de conséquence » celle du contrat[1223]. Ces aménagements étaient révélateurs de la mission

---

[1218]CE, sect., 26 juillet 1991, Commune de Sainte-Marie de la Réunion, préc. V. toutefois pour le déféré préfectoral contractuel : CE, 23 décembre 2011, Ministre de l'intérieur, de l'outre-mer, des collectivités territoriales et de l'immigration, préc.

[1219]Les moyens tirés de l'exécution du contrat n'étaient pas considérés comme opérants. V. en ce sens : CE, 27 avril 1987, COREP des Côtes-du-Nord, req. n° 68831, T., p. 721.

[1220]Faure Bertrand, *Droit des collectivités territoriales*, Dalloz, 2011, spéc. p. 603.

[1221]Certes, au détriment de la sécurité juridique et de l'intérêt général.

[1222]V. par ex. : CE, 2 novembre 1988, COREP des Hauts-de-Seine, req. n° 64954, T., p. 659.

[1223]V. par ex. : CE, 19 février 1988, COREP de la Seine-Saint-Denis, req. n° 68341. La haute juridiction administrative n'a pas encore eu l'occasion de statuer sur la question de savoir si cette jurisprudence était maintenue à la suite de l'arrêt du 23 décembre 2011, « Ministre de l'intérieur, de l'outre-mer, des collectivités territoriales et de l'immigration ». La coexistence des deux solutions est délicate à justifier sous peine de retirer à l'arrêt « Ministre de l'intérieur, de l'outre-mer, des collectivités territoriales et de l'immigration » tout son intérêt. À défaut de jurisprudence confirmative ou infirmative, il est considéré que la solution établie dans l'arrêt constitutionnelle de gardien de la légalité impartie au préfet. Le choix dichotomique de l'annulation ou du rejet de la requête s'appliquait également au déféré préfectoral contre l'acte contractuel proprement dit. Le juge administratif pouvait faire droit à la demande d'annulation du préfet, même si le contrat avait été entièrement exécuté[1224].

587. Aussi bien le retentissement automatique de l'annulation de l'acte détachable sur la pérennité du contrat que l'annulation du contrat lui-même à la suite d'un déféré préfectoral entraînaient des conséquences radicales sur le règlement financier de l'annulation. En raison de son effet rétroactif, l'annulation emporte des répercussions sur les prestations qui ont été réalisées et celles qui restent à exécuter[1225]. D'un côté, l'administration est en droit de réclamer au cocontractant le reversement des sommes indûment payées, soit sur le fondement d'une action en répétition de l'indu, soit par l'émission d'un titre exécutoire. De l'autre côté, la fourniture de prestations exécutées en application d'un contrat en apparence légal permet au cocontractant un droit à indemnisation au titre de l'enrichissement sans cause, la responsabilité pour faute de l'administration pouvant au surplus être engagée[1226]. L'indemnité est alors composée du montant des dépenses utiles exposées par le cocontractant de l'administration, éventuellement assortie d'une somme en réparation du préjudice résultant de l'illégalité du fait du contrat, laquelle peut couvrir la perte du bénéfice escompté sans pour autant excéder la limite du montant du contrat[1227].

§ 2 : Une sanction des contrats publics irréguliers dorénavant amoindrie du fait de l'appartenance du déféré préfectoral contractuel au contentieux de pleine juridiction

588. La sanction des contrats publics irréguliers à l'initiative du préfet est amoindrie du fait d'une nouvelle définition de la nature contentieuse du déféré préfectoral contractuel (A). Ce changement de paradigme conduit à s'interroger sur la pérennité du préfet en tant que figure emblématique de gardien de la légalité (B).

« COREP de la Seine-Saint-Denis » est toujours d'actualité.

1224 V. par ex. : CAA Marseille, 9 juillet 2007, Commune de Le Pontet, req. n° 05MA01513.

1225 Le règlement financier de cette situation peut être réalisé par le juge administratif s'il est saisi à cet effet ou, lorsque le contrat a été entièrement exécuté, par transaction sur le fondement de l'article 2044 du Code civil. Les parties peuvent en demander l'homologation au juge. Sur ce dernier point, v. CE, ass., 6 décembre 2002, Syndicat intercommunal des établissements du second cycle du second degré du district de l'Hay-les-Roses, req. n° 249153, Rec. p. 433, GACA n° 74.

1226 V. par ex. : CE, 26 mars 2008, Société Spie Batignolles, req. n° 270772.

1227 CE, 8 décembre 1995, Commune de Saint-Tropez, req. n° 144029, Rec. p. 431.

A – Une définition nouvelle de la nature contentieuse du déféré préfectoral

589. Du point de vue du contrat, le temps où le déféré préfectoral était assimilable au recours pour excès de pouvoir est révolu[1228]. Renversant sa jurisprudence « Commune de Sainte-Marie de la Réunion »[1229], la haute juridiction administrative a estimé, dans un arrêt du 23 décembre 2011, « Ministre de l'intérieur, de l'outre-mer, des collectivités territoriales et de l'immigration »[1230], que le déféré par lequel un préfet demande au juge d'annuler un marché public relevait du contentieux de pleine juridiction. Dans la continuité des jurisprudences « Société Tropic Travaux Signalisation »[1231], « Commune de Béziers »[1232] et « Société Ophrys »[1233], le Conseil d'État a renouvelé l'office du juge du contrat[1234], cette fois-ci saisi d'un déféré préfectoral, motivé par « le double souci de supprimer l'immunité juridictionnelle dont bénéficiait le contrat à l'égard des tiers, tout en permettant à un même juge, le juge du contrat, quelle que soit l'origine de sa saisine, de moduler la sanction éventuelle en tenant compte de la gravité de l'irrégularité, du principe de sécurité juridique et des conséquences de sa décision pour l'intérêt général »[1235].

590. Si la décision « Ministre de l'intérieur, de l'outre-mer, des collectivités territoriales et de l'immigration » a posé les fondements d'une

---

1228Cette analogie a été qualifiée de « sorte d'anomalie » par le rapporteur public Bertrand Dacosta, dans la mesure où le maintien du déféré préfectoral en tant que recours pour excès de pouvoir pourrait conduire « à des configurations contentieuses curieuses, dans l'hypothèse, par exemple, où le même contrat serait déféré par le préfet et attaqué par un concurrent évincé ». V. Dacosta Bertrand, conclusions sur CE, 23 décembre 2011, Ministre de l'intérieur, de l'outre-mer, des collectivités territoriales et de l'immigration, in *BJCP*, mars-avril 2012, p. 125 et s., spéc. p. 130. En outre, l'annulation prononcée par le juge de l'excès de pouvoir aurait été revêtue de l'autorité absolue de la chose jugée, contrairement à celle prononcée par le juge du contrat. V. Quyollet Matthieu, « Le juge, le chêne et l'olivier », note sous CE, 23 décembre 2011, Ministre de l'intérieur, de l'outre-mer, des collectivités territoriales et de l'immigration, in *AJDA*, 2012, p. 1064 et s., spéc. p. 1069.

1229CE, sect., 26 juillet 1991, Commune de Sainte-Marie, préc.

1230CE, 23 décembre 2011, Ministre de l'intérieur, de l'outre-mer, des collectivités territoriales et de l'immigration, préc.

1231CE, ass., 16 juillet 2007, Société Tropic travaux signalisation, préc.

1232CE, ass., 28 décembre 2009, Commune de Béziers, préc.

1233CE, 21 février 2011, Société Ophrys, préc.

1234Pour le dernier état de la jurisprudence, v. CE, ass., 4 avril 2014, Département de Tarn-et-Garonne, préc.

1235Dacosta Bertrand, conclusions sur CE, 23 décembre 2011, Ministre de l'intérieur, de l'outre-mer, des collectivités territoriales et de l'immigration, préc., spéc. pp. 129-130. V. également : Llorens François, Soler-Couteaux Pierre, « Quel sort l'évolution du contentieux contractuel peut-elle réserver au déféré préfectoral ? », in *Contrats et marchés publics*, janvier 2012, p. 1 et s., spéc. p.1.

nouvelle définition des pouvoirs du juge saisi d'un déféré préfectoral contractuel, l'arrêt du Conseil d'État du 9 mai 2012, « Syndicat départemental des ordures ménagères de l'Aude »[1236] est venu asseoir le revirement de jurisprudence précédemment opéré en les précisant dans le souci d'une plus grande cohérence avec les décisions « Société Tropic Travaux Signalisation », « Commune de Béziers » et « Société Ophrys ». Ce tatônnement dans la définition de l'office du juge s'est enfin éteint avec la décision « Département de Tarn-et-Garonne ».

Aux termes de l'arrêt « Ministre de l'intérieur, de l'outre-mer, des collectivités territoriales et de l'immigration », il incombait, en effet, au juge du déféré préfectoral contractuel, « après avoir pris en considération la nature de l'illégalité éventuellement commise, soit de prononcer la résiliation du contrat ou de modifier certaines de ses clauses, soit de décider de la poursuite de son exécution, éventuellement sous réserve de mesures de régularisation par la collectivité contractante, soit enfin, après avoir vérifié si l'annulation du contrat ne porterait pas une atteinte excessive à l'intérêt général ou aux droits des cocontractants, d'annuler, totalement ou partiellement, le cas échéant avec un effet différé, le contrat ».

Les juges du recours en contestation de la validité du contrat saisi par les tiers et les parties, le juge de l'exécution et le juge du déféré préfectoral contractuel partageaient les caractéristiques d'un office commun sans pour autant être strictement identique. Contrairement au juge du recours « Tropic », il n'appartenait pas au juge saisi d'un déféré préfectoral contractuel d'accorder des indemnisations[1237]. En revanche, il lui incombait de prendre en considération « l'atteinte excessive aux droits des cocontractants » qu'entraînerait l'annulation du contrat[1238]. Contrairement à la jurisprudence « Commune de Béziers », l'exigence de loyauté des relations contractuelles n'avait pas été reprise par la haute juridiction administrative. Le juge saisi d'un déféré préfectoral contractuel disposait ainsi d'une large palette de pouvoirs, sans néanmoins bénéficier de l'intégralité des pouvoirs du juge de pleine juridiction : résiliation, modification des clauses, poursuite de l'exécution du contrat, injonction de régulariser lorsqu'une telle régularisation est possible et même souhaitable, annulation totale ou partielle après mise en balance des divers intérêts en présence, le cas échéant avec effet différé.

[1236]CE, 9 mai 2012, Syndicat départemental des ordures ménagères de l'Aude, préc.

[1237]Cette exclusion est logique à partir du moment où le préfet agit en tant que gardien de la légalité et ne fait état d'aucun droit lésé.

[1238]Le rapporteur public Bertrand Dacosta n'était pas convaincu de l'opportunité d'un tel contrôle. V. Dacosta Bertrand, conclusions sur CE, 23 décembre 2011, Ministre de l'intérieur, de l'outre-mer, des collectivités territoriales et de l'immigration, préc., spéc. p. 130.

Par la décision « Syndicat départemental des ordures ménagères de l'Aude », le Conseil d'État a cependant donné une nouvelle définition de l'office du juge saisi d'un déféré préfectoral contractuel : « il appartient au juge, lorsqu'il constate l'existence de vices entachant la validité du contrat, d'en apprécier les conséquences, après avoir pris en considération la nature de l'illégalité commise, soit en décidant que la poursuite de l'exécution du contrat est possible, éventuellement sous réserve de mesures de régularisation prises par la personne publique ou convenues par les parties, soit en prononçant, le cas échéant avec un effet différé, après avoir vérifié que sa décision ne portera pas une atteinte excessive à l'intérêt général, la résiliation du contrat ou son annulation ». Depuis lors, le juge n'avait plus le pouvoir de modifier certaines clauses du contrat[1239]. Aussi bien l'annulation que la résiliation pouvaient faire l'objet d'un effet différé. Seule l'atteinte excessive à l'intérêt général était prise en compte par le juge indépendamment des droits de cocontractants[1240], aussi bien dans l'hypothèse d'une résiliation que d'une annulation du contrat.

La décision « Département de Tarn-et-Garonne » fixe définitivement l'office du juge du contrat, même lorsqu'il est saisi par le préfet. Le représentant de l'Etat fait partie intégrante des « tiers », même s'il bénéficie d'un statut particulier que le Conseil d'Etat met en exergue[1241].

591. Le déféré préfectoral à l'encontre des actes administratifs unilatéraux demeure assimilable à un recours pour excès de pouvoir : toute illégalité les affectant conduira le juge à les annuler. En revanche, le contrat jugé irrégulier après avoir été déféré par le représentant de l'État ne disparaîtra plus automatiquement, la mise en œuvre du pouvoir d'annulation

---

[1239]Pour le Professeur Pierre Delvolvé, le retrait de ce pouvoir est bienvenu dans la mesure où il va à l'encontre de la liberté contractuelle des parties : « si celles-ci ont commis une illégalité en les adoptant, il revient au juge de les annuler totalement ou partiellement ; il ne lui appartient pas de se substituer aux parties pour définir une clause les liant. [...] Il a justement disparu du considérant relatif au déféré préfectoral contre un contrat administratif ». V. Delvolvé Pierre, « Le déféré préfectoral contre les contrats administratifs : du recours pour excès de pouvoir au recours de plein contentieux », note sous CE, 23 décembre 2011, Ministre de l'intérieur, de l'outre-mer, des collectivités territoriales et de l'immigration et CE, 9 mai 2012, Syndicat départemental des ordures ménagères de l'Aude, in *RFDA*, 2012, p. 683 et s., spéc. p. 687. Cette remarque qui ne saurait être contestée doit également être adressée à l'encontre du pouvoir de modifier certaines clauses du contrat dont dispose le juge du recours en contestation de la validité du contrat saisi à l'initiative des tiers concurrents évincés sur le fondement de la jurisprudence « Société Tropic travaux signalisation ». La décision « Département de Tarn-et-Garonne » en a tiré les conséquences en supprimant l'exercice d'un tel pouvoir.

[1240]Dacosta Bertrand, conclusions sur CE, 23 décembre 2011, Ministre de l'intérieur, de l'outre-mer, des collectivités territoriales et de l'immigration, préc., spéc. p. 130.

[1241]Les membres des organes délibérants des collectivités territoriales ou des groupements de collectivités territoriales bénéficient également d'un statut particulier.

devenant exceptionnelle. À défaut de pouvoir classifier le déféré préfectoral au sein du contentieux objectif ou du contentieux de pleine juridiction, peut-être n'a-t-il jamais été aussi *sui generis*. La jurisprudence « Département de Tarn-et-Garonne » l'a récemment démontré en disposant que « dans le cadre du contrôle de légalité, le représentant de l'Etat dans le département est recevable à contester la légalité de ces actes devant le juge de l'excès de pouvoir jusqu'à la conclusion du contrat, date à laquelle les recours déjà engagés et non encore jugés perdent leur objet ». Dans le cadre du nouveau recours en contestation de la validité du contrat, « le représentant de l'Etat dans le département [...], compte tenu des intérêts dont [il a] la charge, [peut] invoquer tout moyen à l'appui du recours ainsi défini », alors que « les autres tiers ne peuvent invoquer que des vices en rapport direct avec l'intérêt lésé dont ils se prévalent ou ceux d'une gravité telle que le juge devrait les relever d'office ».

592. A rebours de l'annulation automatique du contrat lorsque celui-ci était illégal dans son contenu ou lorsque l'un de ses actes détachables était irrégulier, le paradigme est aujourd'hui celui du maintien du contrat dans le souci de l'intérêt général en dépit de son irrégularité[1242]. Aucun obstacle ne se dressait à l'encontre de ce changement de paradigme. Les dispositions du Code général des collectivités territoriales relatives au déféré préfectoral ne précisaient, ni ne préjugeaient de sa nature contentieuse. Bernard Stirn, dès 1989, le relevait : « Vous pourriez [regarder les déférés préfectoraux] comme des litiges d'excès de pouvoir soit en estimant que, par nature les déférés du préfet devant le tribunal administratif constituent des recours pour excès de pouvoir, soit en jugeant qu'il en va ainsi au moins de ceux qui sont formés en matière de révision des listes électorales. La première proposition irait loin. Elle conduirait en particulier à inclure dans le contentieux de l'excès de pouvoir les déférés que la loi du 2 mars 1982 permet au préfet de former contre les contrats passés par les collectivités locales [...]. Mais une telle analyse conduit, de façon contestable, à apprécier la nature d'un déféré préfectoral indépendamment de son objet »[1243].

593. En dépit de l'homogénéisation progressive du contentieux contractuel de pleine juridiction autour de la figure du juge du contrat, la nouvelle définition de l'office du juge administratif saisi d'un déféré préfectoral contractuel a soulevé plusieurs interrogations.

1242Pour quelques cas d'annulation, v. par ex. : CAA Lyon, 29 novembre 2012, Commune de Bron, req. n° 12LY00568.

1243Stirn Bernard, conclusions sur CE, ass., 3 février 1989, Mairie de Paris, in *RFDA*, 1989, p. 310 et s., spéc. p. 312.

La doctrine avait pu s'interroger sur l'avenir de la suspension du déféré[1244]. L'invocabilité d'un moyen propre à créer un doute sérieux quant à la légalité de l'acte par le représentant de l'État suffisait à ce que le juge accorde la suspension de l'acte déféré. Antérieurement à la redéfinition de la nature contentieuse du déféré préfectoral contractuel, la suspension sur déféré ne devait-elle pas conduire inéluctablement le juge du fond au prononcé de l'annulation de l'acte contractuel, quelle que soit l'illégalité dont il se trouvait entaché ? Il aurait été, en effet, étrange, d'une part, de suspendre un contrat dont on savait, d'autre part, qu'il ne méritait pas l'annulation. L'évolution de la nature contentieuse du déféré préfectoral à l'encontre d'un contrat implique de repenser la suspension sur déféré - pour reprendre les remarques du Professeur Paul Cassia à propos du référé suspension accessoire à un recours « Tropic » - non pas à la lumière d'« un moyen de nature à faire naître un doute sérieux sur la validité du contrat », mais plutôt d'« un moyen de nature à faire naître une possibilité sérieuse [de résiliation] ou d'annulation de ce contrat »[1245]. L'arrêt « Syndicat départemental des ordures ménagères de l'Aude » a apporté des précisions sur l'office du juge saisi d'une telle demande accessoire : « [il appartient également au juge] de prendre en considération la nature de l'illégalité commise pour se prononcer sur les conclusions à fin de suspension de l'exécution du contrat sur le fondement de l'article L. 2131-6 du Code général des collectivités territoriales ». Cette solution est partiellement en cohérence avec le renouvellement de l'office du juge saisi d'un déféré préfectoral dans la

---

1244V. par ex. : Llorens François, Soler-Couteaux Pierre, « Quel sort l'évolution du contentieux contractuel peut-elle réserver au déféré préfectoral ? », préc., spéc. p. 1 ; Brenet François, « La requalification du déféré préfectoral exercé contre un contrat administratif en cours de pleine juridiction », commentaire sous CE, 23 décembre 2011, Ministre de l'intérieur, de l'outre-mer, des collectivités territoriales et de l'immigration, in *RJEP*, mai 2012, p. 16 et s., spéc. p. 17.

1245V. par analogie : Cassia Paul, « Questions sur le référé-suspension accessoire au nouveau recours contre le contrat », préc. Cette nouvelle lecture implique que les dispositions du Code général des collectivités territoriales soient modifiées dans la mesure où la suspension sur déféré est appréhendée à l'aune d'un moyen propre à créer un doute sérieux quant à la légalité de l'acte d'un point de vue statique et non dynamique. V. Code général des collectivités territoriales : articles L. 2131-6 alinéa 3 pour les communes, article L. 3132-1 alinéa 4 pour les départements et article L. 4142-1 alinéa 4 pour les régions.

mesure où la nature de l'illégalité commise est prise en compte[1246], mais elle évince la lettre du Code général des collectivités territoriales.

Le Conseil d'État devra également déterminer des suites à donner à la jurisprudence « Ville de Lisieux »[1247]. Les contrats de recrutement des agents publics sont, pour l'heure, soumis au juge de l'excès de pouvoir. Le déféré préfectoral contractuel relevant dorénavant du contentieux de pleine juridiction pourrait faire basculer le contentieux de tels contrats dans le contentieux de pleine juridiction[1248].

Enfin, se pose la question du maintien de la jurisprudence selon laquelle l'annulation de l'acte détachable du contrat à la suite d'un déféré préfectoral entraîne par voie de conséquence l'annulation du contrat lui-même[1249].

B – Vers la disparition du préfet en tant que gardien de la légalité

594. Il n'est pas certain que la politique d'unification du contentieux contractuel dût toucher le déféré préfectoral à l'encontre du contrat[1250]. La mission de gardien de la légalité qui incombe au préfet sur le fondement du dernier alinéa de l'article 72 de la Constitution l'érige en requérant spécial[1251]. À l'argument selon lequel le changement partiel de la nature contentieuse du déféré préfectoral serait favorable à ce que les préfets fassent plus souvent usage de cette procédure contre des contrats « s'ils savaient qu'il [revenait] *in fine* au juge d'apprécier les conséquences des illégalités commises » parce que « le recours pour excès de pouvoir peut avoir un effet inhibant »[1252], il pourrait être répondu que « l'on ne saurait s'en prendre au gardien du temple,

1246Martin Julien, « L'unification du plein contentieux contractuel et la difficulté à obtenir la suspension du contrat en déféré préfectoral », note sous CE, 9 mai 2012, Syndicat départemental des ordures ménagères de l'Aude, in *AJDA*, 2012, p. 1688 et s., spéc. p. 1691. Pour un parallèle avec le référé suspension accessoire à un recours « Tropic », v. Cassia Paul, « Questions sur le référé-suspension accessoire au nouveau recours contre le contrat », préc ; Llorens François, Soler-Couteaux Pierre, « Le recours des candidats évincés contre les contrats : embarras du choix ou embarras tout court ? », préc. Pour un parallèle avec le référé suspension accessoire à un recours de plein contentieux des parties contre les actes d'exécution, v. Pietri Jean-Paul, « Contentieux de la contestation d'une mesure de résiliation par le cocontractant », note sous CE, 21 mars 2011, Commune de Béziers, in *Contrats et marchés publics*, mai 2011, p. 38 et s.

1247CE, sect., 30 octobre 1998, Ville de Lisieux, préc.

1248La jurisprudence « Département de Tarn-et-Garonne » ne dit rien quant à ces contrats dans le contentieux de la validité à l'initiative des tiers.

1249V. note de bas de page n° 1223.

1250Llorens François, Soler-Couteaux Pierre, « Quel sort l'évolution du contentieux contractuel peut-elle réserver au déféré préfectoral ? », préc., spéc. p. 1.

1251Maugüé Christine, conclusions sur CE, 4 novembre 1994, Département de la Sarthe, in *AJDA*, 1994, p. 898, spéc. p. 899. V. également : Gourdou Jean, Terneyre Philippe, « Pour une clarification du contentieux de la légalité en matière contractuelle », préc., spéc. p. 253.

quand bien même il n'y exercerait qu'une surveillance à éclipse et laisserait largement à d'autres le soin de veiller à son intégrité »[1253].

595. Le statut contentieux spécifique de l'autorité préfectorale est étroitement lié à sa mission constitutionnelle de gardien de la légalité, laquelle ne pouvait avoir comme conséquence que le rapprochement - certes implicite[1254] - du déféré préfectoral avec le contentieux de l'excès de pouvoir, qu'importe l'objet du recours[1255]. Si l'objet du litige détermine, en principe, les caractéristiques du contentieux[1256], une exception aurait dû demeurer pour le préfet en raison même de la mission qui lui est impartie, à défaut de quoi la spécificité de son statut contentieux n'aurait plus de raisons d'exister. C'est justement au regard de la plus grande facilité d'accès au juge administratif et de succès du recours - que ce soit à travers le déféré lui-même ou la suspension sur déféré - que le préfet aurait dû davantage user de l'opportunité de déférer les actes des autorités locales. L'on ne peut que regretter les lacunes du contrôle de légalité et la faiblesse des hypothèses de recours au juge imputables plus à des raisons logistiques qu'à des considérations juridiques[1257].

596. La transformation de la nature contentieuse du déféré préfectoral contractuel et la raréfaction conséquente des annulations prononcées par le

---

[1252]Dacosta Bertrand, conclusions sur CE, 23 décembre 2011, Ministre de l'intérieur, de l'outre-mer, des collectivités territoriales et de l'immigration, préc., spéc. p. 130.

[1253]Llorens François, Soler-Couteaux Pierre, « Quel sort l'évolution du contentieux contractuel peut-elle réserver au déféré préfectoral ? », préc., spéc. p.1.

[1254]Le législateur ne pouvait qualifier le déféré préfectoral de recours pour excès de pouvoir et s'enfermer dans une construction théorique de la doctrine sur la distinction des recours contentieux.

[1255]A l'époque de l'instruction de l'affaire « Commune de Sainte-Marie de la Réunion », le commissaire du gouvernement Henri Legal émettait des réserves quant à la qualification du déféré contractuel comme recours pour excès de pouvoir eu égard au fait que « le déféré des contrats se situe à l'intersection de critères contradictoires ». V. Legal Hubert, conclusions sur CE, sect., 26 juillet 1991, Commune de Sainte-Marie de la Réunion, in *RFDA*, 1991, p. 966 et s., spéc. p. 967. V. en sens contraire : Chapus René, *Droit du contentieux administratif*, préc., n° 233 : « Ni la dénomination, ni les particularités du déféré ne doivent provoquer d'erreur, quant à sa nature. Il s'agit bien d'un recours pour excès de pouvoir ».

[1256]Encore faut-il se placer dans la logique où la distinction des recours contentieux demeure nécessaire et existe réellement.

[1257]Pour des statistiques du nombre de déférés par rapport au nombre d'actes transmis au contrôle de légalité, v. Touret Corinne, « Le contrôle des actes administratifs entre modernisation et simplification », in *RLCT*, juillet 2009, p. 70 et s. , spéc. p. 71. Sur la raréfaction des moyens logistiques, v. Mézard Jacques, « Prendre acte de la décentralisation : pour une rénovation indispensable des contrôles de l'État sur les collectivités territoriales », Rapport d'information n° 300, Sénat, 25 janvier 2012. Pour ce même constat, peu de temps après la mise en place du contrôle de légalité, v. Lachaume Jean-François, « Remarques sur le contrôle *a posteriori* de la légalité des actes des autorités locales décentralisées », préc., spéc. pp. 530-532.

juge suscite la crainte d'une plus grande timidité du préfet à déférer les contrats des collectivités territoriales, parce qu'il sait que la saisine du juge pourra rester vaine dans le traitement des irrégularités[1258]. Si le préfet demeure garant de l'État de droit par l'exercice de son contrôle administratif[1259], il n'est pas certain qu'il soit toujours le garant de la légalité du fait de la neutralisation des conséquences de son contrôle par le juge de pleine juridiction.

Peut-être aurait-il été préférable que la haute juridiction administrative maintienne l'analogie du déféré préfectoral au recours pour excès de pouvoir en invitant le juge du déféré à avoir recours à la jurisprudence « Association AC ! et autres »[1260]. Le juge du déféré préfectoral aurait toujours revêtu les habits du juge de l'excès de pouvoir, sanctionnant les illégalités, mais adaptant les conséquences de l'annulation par rapport aux faits comme y procède le juge du plein contentieux. La possibilité de priver l'annulation du contrat de ses effets rétroactifs équivaut pour le juge à prononcer une résiliation. Cette solution aurait pu être envisagée à partir du constat où la modulation est entrée dans les mœurs, aussi bien dans le contentieux de l'excès de pouvoir *stricto sensu* pour atténuer la rigidité des pouvoirs du juge que dans le contentieux contractuel de pleine juridiction pour lequel la mise en œuvre du pouvoir d'annulation est devenue exceptionnelle. Le seul obstacle était *in fine* constitué du principe de la rétroactivité des annulations contentieuses posé par la jurisprudence « Association AC ! et autres » qui se trouve diamétralement opposé à l'évolution générale du contentieux administratif. Bien que cette solution n'eût pas permis d'éviter les divergences de traitement d'une même irrégularité par plusieurs juges, elle aurait cependant eu le mérite de maintenir leur sanction effective à l'initiative du préfet - gardien de la légalité et pas seulement de l'État de droit - dans le paradigme de la modulation et de l'adéquation des solutions juridictionnelles par rapport aux faits des espèces.

1258D'autant que « le débat contentieux n'est pas pour le préfet une forme naturelle d'expression ». V. Quyollet Matthieu, « Le juge, le chêne et l'olivier », spéc. p. 1071.

1259Ce contrôle administratif peut aboutir à la modification ou au retrait de l'acte entaché d'illégalité au terme d'un dialogue entre le préfet et les collectivités territoriales. Il est possible de supposer, par ailleurs, que la modification de l'office du juge renforcera ce dialogue. Sur l'importance de la phase non contentieuse, v. Lachaume Jean-François, « Remarques sur le contrôle a posteriori de la légalité des actes des autorités locales décentralisées », préc., spéc. pp. 534-536.

1260CE, ass., 11 mai 2004, Association AC ! et autres, préc. V. également : Brenet François, « Le recours pour excès de pouvoir et le contrat », préc., spéc. p. 35 et CE, 23 juillet 2014, Société Octapharma France, préc.

597. Le déféré est consubstantiel au rôle de gardien de la légalité constitutionnellement imparti au préfet. Néanmoins, l'évolution de sa nature contentieuse en matière contractuelle ne permet plus réellement de considérer le représentant de l'État comme tel, à partir du moment où toute illégalité dénoncée par lui ne sera pas automatiquement sanctionnée par le juge administratif. La modification de l'office du juge saisi sur le fondement du déféré préfectoral a eu pour conséquence indirecte de transformer le rôle du représentant de l'État de gardien de la légalité en simple garant de l'État de droit au regard de l'exercice de son contrôle administratif.

598. Afin d'assurer une cohérence entre la mission constitutionnelle de l'autorité préfectorale et les moyens mis à sa disposition pour y parvenir, il conviendrait, d'une part, de mettre un terme à la prolifération des voies de droit à sa disposition permettant de contester les irrégularités des contrats publics nés ou à naître, synonyme d'une potentielle dispersion de son action (Section I) et, d'autre part, de repenser le régime du contrôle de légalité conséquemment à celui du déféré préfectoral (Section II).

Section I : L'indispensable remise en question de la surabondance des voies de droit à la disposition du préfet

599. La rareté des déférés préfectoraux[1261] n'a pas empêché les pouvoirs publics de conférer au représentant de l'État la possibilité d'user d'autres voies de droit, particulièrement en matière contractuelle. Le préfet dispose, en l'état actuel du droit, d'au moins trois recours lui permettant de saisir le juge administratif de la légalité d'un contrat de la commande publique né ou à naître du point de vue des obligations de publicité et de mise en concurrence qui incombent à l'administration : le référé précontractuel, le référé contractuel et le déféré préfectoral[1262].

Aussi bien pour les contrats passés par les pouvoirs adjudicateurs que les contrats passés par les entités adjudicatrices, l'article L. 551-10 du Code de justice administrative dispose que « les personnes habilitées à engager [un référé précontractuel] sont celles qui ont un intérêt à conclure le contrat et qui sont susceptibles d'être lésées par le manquement invoqué, ainsi que le

---

[1261] V. Touret Corinne, « Le contrôle des actes administratifs entre modernisation et simplification », préc., spéc. p. 71 ; Mézard Jacques, « Prendre acte de la décentralisation : pour une rénovation indispensable des contrôles de l'État sur les collectivités territoriales », préc.

[1262] Réserve sera faite de l'interventionnisme préfectoral aux fins de saisir le juge financier.

représentant de l'État dans le cas où le contrat doit être conclu par une collectivité territoriale ou un établissement public local ».

En matière de référé contractuel, l'article L. 551-14 du même Code précise que « les personnes habilitées à agir sont celles qui ont un intérêt à conclure le contrat et qui sont susceptibles d'être lésées par des manquements aux obligations de publicité et de mise en concurrence auxquelles sont soumis ces contrats, ainsi que le représentant de l'État dans le cas des contrats passés par une collectivité territoriale ou un établissement public local ».

600. Le statut contentieux du préfet en tant que requérant privilégié, voire « super privilégié »[1263] est maintenu dans l'exercice du référé précontractuel, puisque contrairement aux candidats ou aux soumissionnaires évincés d'une procédure de passation, le représentant de l'État ne devrait pas établir la lésion ou la potentielle lésion de ses intérêts par le manquement invoqué. La transposition d'une telle condition subjective à l'autorité préfectorale n'aurait guère de sens, dès lors qu'elle n'a vocation à participer à aucune procédure de consultation. Autrement dit, la jurisprudence « Smirgeomes » ne devrait pas être transposée au référé précontractuel introduit par le préfet.

En revanche, il n'est pas certain que le préfet jouisse d'un contentieux spécifique en référé contractuel, dans la mesure où l'exercice de cette voie de droit dépend de considérations procédurales[1264].

601. En dépit de la promotion par les pouvoirs publics de l'usage des référés précontractuel et contractuel par le représentant de l'État[1265], ces recours ne sont guère utilisés[1266]. La surabondance des voies de droit à la

---

[1263]En dépit du changement de la nature contentieuse du déféré préfectoral contractuel, nous considérons que le préfet demeure, en tout état de cause, un requérant privilégié. Il est même un requérant « super privilégié » dans la mesure où l'accès au juge du fond et au juge de la suspension lui est grandement facilité. Le nouveau recours en contestation de la validité du contrat défini par la jurisprudence « Département de Tarn-et-Garonne » va également dans ce sens. Les privilèges contentieux attachés au statut du préfet sont, selon nous, à apprécier du point de vue de la recevabilité des requêtes au fond et en suspension et non du point de vue de l'avenir des actions contentieuses par rapport à l'office du juge. V. en sens contraire : Douteaud Stéphanie, « Face au contrat, le préfet reste-t-il un requérant 'super privilégié' ? », in *AJDA*, 2012, p. 2154 et s., spéc. p. 2161.

[1264]V. précédemment § 83.

[1265]Direction générale des finances publiques, Instruction n° 10-028-M0 du 22 novembre 2010, Le contrôle de légalité des actes des collectivités territoriales et de leurs établissements publics en matière de commande publique.

[1266]V. pour quelques exemples en référé précontractuel : CE, 10 février 1997, OPAC du Puy-de-Dôme et du Massif central, préc. ; CE, 22 juin 1998, Commune d'Amélie-les-Bains Palalda, req. n° 194740, T., p. 1031. V. également : Braconnier Stéphane, « L'autonomie contrastée du contentieux des contrats publics d'affaires », préc., spéc. p. 334 : « Force est toutefois de constater qu'en la matière, la puissance de l'arsenal contentieux dont disposent les disposition du représentant de l'État témoigne certes de la promotion de son image de gardien de la légalité, mais implique également une réflexion particulière quant à leur pérennité. Le référé précontractuel et le référé contractuel sont empreints d'une telle spécificité qu'il est possible de s'interroger sur l'opportunité de leur mise en œuvre par comparaison au déféré préfectoral dont le champ d'application est beaucoup plus large, même s'il est trop peu mis en application. En d'autres termes, il existe un phénomène de doublon des voies de droit à la disposition du préfet pour contester le contrat né ou à naître du point de vue des obligations de publicité et de mise en concurrence qui incombent à l'administration. En quelque sorte, à l'image du recours « Tropic » qui absorbait les procédures de référés précontractuel et contractuel de par la largesse de son régime juridique, le déféré préfectoral s'inscrit dans ce même schéma d'analyse.

602. Dans l'hypothèse où le contrat n'est pas encore né, le préfet peut tout aussi bien introduire un référé précontractuel afin que l'ensemble de la procédure de consultation soit annulée, qu'un déféré préfectoral à l'encontre de la délibération autorisant la signature du contrat, voire exercer les deux recours simultanément étant donné qu'aucun mécanisme d'exclusion des voies de droit n'existe. Si le déféré préfectoral présente l'avantage de l'étendue large des moyens invocables et opérants, le référé précontractuel constitue également une procédure juridictionnelle au régime juridique favorable eu égard au statut contentieux spécifique du préfet et au cœur de laquelle intervient un « juge du fond statuant en la forme des référés ». Même si l'administration peut toujours signer le contrat de manière anticipée en méconnaissance de la suspension automatique de signature du contrat dès l'introduction du recours, le référé contractuel comme le déféré préfectoral contre le contrat sont deux voies de droit qui s'offrent au représentant de l'État après la signature de celui-ci[1267], sans que la mise en œuvre de l'une ou

préfets est sans rapport avec la puissance de feu observée sur le terrain contentieux ».

[1267] V. spécialement pour l'articulation du référé précontractuel et du déféré préfectoral après signature du contrat : CE, 14 janvier 1998, Conseil régional de la région Centre, req. n° 155409, Rec. p. 7. Le juge a, dans cet arrêt, considéré que « les dispositions des articles L. 22 et R. 241-21 du Code des tribunaux administratifs et des cours administratives d'appel n'ont ni pour objet, ni pour effet de priver le représentant de l'État dans le département, dans les cas où il n'a pas mis en œuvre avant la conclusion d'un marché la procédure spéciale de référé prévue par ces dispositions, du pouvoir général dont il dispose de déférer au tribunal administratif les actes des collectivités territoriales et notamment les marchés qu'il estime contraires à la légalité ». La rédaction de cet arrêt est ambiguë. Une lecture *a contrario* de ce considérant invite à penser que, dans l'hypothèse où le préfet aurait exercé un référé précontractuel avant la conclusion du contrat, il lui serait impossible de saisir, par la suite, le juge administratif sur le fondement d'un déféré préfectoral. D'un autre côté, le Conseil d'État précise bien que les dispositions régissant le référé précontractuel « n'ont ni pour objet, ni pour effet de priver le représentant de l'État dans le département [...] du pouvoir général dont il dispose de déférer au tribunal administratif les actes des collectivités territoriales et notamment les marchés qu'il de l'autre n'implique leur exclusion réciproque. L'opérance des moyens soulevés en référé précontractuel introduit par le préfet ne soulève aucune difficulté, en comparaison de celle à laquelle sont confrontés les candidats et les soumissionnaires évincés. Le juge ne devrait pas vérifier la lésion ou la potentielle lésion des intérêts de l'autorité préfectorale. À la subjectivisation du référé précontractuel à l'initiative des concurrents évincés, s'opposerait ainsi le caractère objectif du référé précontractuel à l'initiative du préfet, lequel agit à l'image du requérant en *actio popularis* soulevant des moyens strictement limités à la méconnaissance, par l'administration, de ses obligations de publicité et de mise en concurrence. S'en suit néanmoins la question de déterminer comment le juge des référés précontractuels mettrait en œuvre ses pouvoirs[1268].

603. Dans l'hypothèse où le contrat est signé, le préfet dispose de la faculté d'exercer un référé contractuel sous réserve des mécanismes d'articulation du référé précontractuel et du référé contractuel[1269]. Il dispose, en tout état de cause, de la possibilité de saisir le juge administratif d'un déféré préfectoral contractuel[1270]. Toutefois, le référé contractuel perd de son intérêt au regard de la restriction des moyens invocables et opérants et des pouvoirs du juge[1271] face à l'étendue du régime juridique du déféré préfectoral.

604. En définitive, le représentant de l'État dispose du référé précontractuel, du référé contractuel, du déféré préfectoral contre un acte détachable préalable à la conclusion du contrat ainsi que du déféré

---

estime contraires à la légalité' », ce qui signifie que, par nature et sans qu'aucune exception puisse être admise, l'existence du référé précontractuel ne devrait avoir aucune incidence sur la mise en œuvre ultérieure du déféré préfectoral. De ces deux interprétations, nous en concluons à une maladresse rédactionnelle de la haute juridiction administrative et admettons que le référé précontractuel et le déféré préfectoral puissent être exercés successivement. Étant donné la mission constitutionnelle de gardien de la légalité impartie au préfet, l'on comprendrait difficilement les raisons pour lesquelles les pouvoirs publics privilégieraient une voie de droit d'origine communautaire au détriment d'un mécanisme contentieux par nature constitutionnelle, lesquels ne sont au demeurant pas incompatibles quant à la finalité qu'ils recherchent.

[1268]Dans le cas où le représentant de l'État saisit le juge des référés précontractuels de conclusions à fin d'annulation de la procédure de passation et à partir du moment où le référé précontractuel exercé par lui présenterait un caractère objectif, il serait possible d'admettre que le juge des référés précontractuels soit dans la situation de faire quasi-automatiquement droit à ses demandes.

[1269]V. précédemment : Chapitre 1 : Les relations exclusives du référé contractuel et du référé précontractuel.

[1270]Depuis la décision « Département de Tarn-et-Garonne », à compter de la date de la signature du contrat, les recours pour excès de pouvoir tendant à contester la légalité du choix du cocontractant, de la délibération autorisant la conclusion du contrat et de la décision de le signer, engagés et non encore jugés, perdent leur objet.

[1271]V. précédemment § 97-105.

préfectoral contractuel. Il peut aussi bien les exercer individuellement que cumulativement, sous réserve du jeu de l'exclusion de la mise en œuvre du référé contractuel par le référé précontractuel et du non-lieu à statuer en excès de pouvoir dès que le contrat est signé[1272].

605. Il est possible de douter de l'opportunité de laisser au préfet la faculté de saisir les juges des référés précontractuel et contractuel dans la mesure où ces voies de droit sont très peu utilisées et semblent redondantes du fait d'une trop grande précision de leur objet. L'argument du gain de temps pour obtenir une décision du juge peut être avancé, de même que celui du régime juridique favorable du référé précontractuel introduit par le représentant de l'État. L'usage du référé contractuel n'a que peu d'intérêt, le statut contentieux spécifique du préfet n'ayant aucune incidence sur la recevabilité du recours, puisqu'elle dépend de considérations procédurales et l'office du juge étant limité. En outre, aucune disposition des directives « Recours » n'implique que le représentant de l'État fasse partie des requérants susceptibles de saisir chacun des juges des référés précontractuels et des référés contractuels. Au-delà de l'initiative des candidats et des soumissionnaires évincés, les directives « Recours » ne soulignent que le « mécanisme correcteur », c'est-à-dire l'intervention particulière de la Commission qui « peut invoquer [le référé précontractuel] lorsque, avant la conclusion du contrat, elle considère qu'une violation claire et manifeste des dispositions communautaires en matière de marchés publics a été commise au cours d'une passation de marché relevant du champ d'application de la directive 2004/18/CE »[1273].

Section II : De l'évolution du régime juridique du déféré préfectoral au renouvellement de celui du contrôle de légalité

606. L'insatisfaction née du revirement de jurisprudence issu de la décision « Ministre de l'intérieur, de l'outre-mer, des collectivités territoriales et de l'immigration » conduit à envisager la perspective d'un nouveau changement de l'état du droit par une redéfinition du mécanisme du déféré préfectoral dans son ensemble (§ 1), lequel implique de revenir sur le contrôle de légalité de manière incidente (§ 2).

[1272] V. note de bas de page n° 1263.

[1273] Directive n° 2007/66/CE, article 1er, 3), modifiant l'article 3 de la directive n° 89/665/CEE et article 2, 4) modifiant l'article 8 de la directive n° 93/12/CEE. V. Code de justice administrative, article L. 551-10 alinéa 2.

§ 1 : L'opportunité d'une redéfinition intégrale du mécanisme de déféré préfectoral

607. L'assimilation du déféré préfectoral contractuel au recours de plein contentieux ne doit pas perdurer au regard de la mission constitutionnelle impartie au représentant de l'État. La réflexion autour de la nature contentieuse de cette voie de droit doit être engagée dans l'objectif d'une sanction plus efficace des contrats publics irréguliers à la lumière d'un office du juge réadapté (A). Plus encore, elle implique, en profondeur, de modifier le fonctionnement du mécanisme du déféré préfectoral du point de vue du déféré sur demande (B).

A – Une sanction plus efficace des contrats publics irréguliers à la lumière d'un office du juge repensé

608. Le changement de paradigme de l'office du juge administratif saisi sur le fondement d'un déféré préfectoral contractuel est radical. L'automaticité de l'annulation du contrat en cas d'illégalité de par l'assimilation de cette voie de droit au recours pour excès de pouvoir a laissé place à la raréfaction de principe de cette sanction par le juge du fait de la mutation de sa nature contentieuse en recours de pleine juridiction. Si certains s'accordent à admettre que cette évolution constitue un bienfait dans le mouvement d'harmonisation de l'office du juge du contrat[1274], nul ne s'est hasardé dans la voie d'une critique tangible du fonctionnement du déféré préfectoral dans la perspective du maintien de la légalité.

Certes, l'assimilation du déféré préfectoral au recours pour excès de pouvoir, telle qu'arrêtée par la jurisprudence « Commune de Sainte-Marie de la Réunion », ne pouvait perdurer et ce, pour au moins deux raisons : le mouvement d'ensemble d'harmonisation de l'office du juge du contrat et l'incohérence des solutions jurisprudentielles nées de l'annulation du contrat à la suite d'un déféré préfectoral et du traitement différencié des irrégularités dans les autres contentieux. Cependant, n'était-il peut-être pas nécessaire de passer d'un extrême à l'autre, d'une remise en cause totale de l'acte contractuel à son maintien le plus probable pour la satisfaction de l'intérêt général.

D'ailleurs, les dernières solutions jurisprudentielles suscitent à nouveau le débat quant à la nature contentieuse du déféré préfectoral. Par exemple, le récent arrêt de la Cour administrative d'appel de Douai, « Préfet de la région

---

[1274] V. par ex. : Ribot Catherine, « Le contrôle de légalité exercé par le préfet : entre perfectionnement contentieux et recherche administrative de performance », note sous CE, 23 décembre 2011, Ministre de l'intérieur, de l'outre-mer, des collectivités territoriales et de l'immigration, in *RLCT*, avril 2012, p. 51 et s., spéc. p. 52.

Nord-Pas-de-Calais », du 17 janvier 2013[1275], témoigne des limites du changement de paradigme de l'office du juge par rapport aux pratiques de jugement établies à partir de la décision « Commune de Sainte-Marie de la Réunion » jusqu'à la jurisprudence « Ministre de l'intérieur, de l'outre-mer, des collectivités territoriales et de l'immigration ». Bien que rappelant le considérant de principe de ce dernier arrêt, le juge douaisien n'en a pas moins décidé d'annuler un marché public déféré par le préfet de la région Nord-Pas-de-Calais, même si celui-ci avait été entièrement exécuté, au motif que « l'illégalité commise a affecté la validité même du choix de l'attributaire et constitue un vice suffisamment grave pour justifier l'annulation du marché litigieux ». Il importe de souligner l'extrême sévérité de la sanction eu égard à un contrat entièrement exécuté. Le Professeur Florian Linditch relevait que « la présente décision souffle le chaud et le froid »[1276].

609. Afin que le représentant de l'État puisse effectivement remplir sa mission constitutionnelle de gardien de la légalité, il importe de redonner au juge le moyen de sanctionner toute irrégularité tout en prenant en considération les difficultés liées à la coexistence du déféré préfectoral contractuel avec les autres voies de droit du contentieux de la commande publique. Pour ce faire, la réintégration du déféré préfectoral au sein du contentieux objectif de la légalité doit être envisagée sous réserve de l'aménagement des pouvoirs du juge de l'excès de pouvoir pour prendre en compte l'intérêt général.

Il conviendrait, dès lors, de maintenir la dualité des pouvoirs du juge fondée sur l'annulation de l'acte et le rejet de la requête et envisager une application quasi-systématique de la jurisprudence « Association AC ! et autres » qui lui permettrait ainsi de moduler dans le temps les effets d'une annulation contentieuse[1277]. Ce nouvel office du juge saisi d'un déféré préfectoral contractuel devra néanmoins être harmonisé avec l'office du juge de l'excès de pouvoir saisi à l'encontre d'un acte administratif unilatéral. À terme, il s'agit bien de remettre en cause la logique intrinsèque de la jurisprudence « Association AC ! et autres »[1278].

Les décisions rendues par le juge saisi d'un déféré préfectoral seraient toujours pourvues d'une autorité absolue de chose jugée et cette autorité de chose jugée devra nécessairement être prise en compte dans l'établissement d'une nouvelle articulation des voies de droit dans le contentieux de la

---

[1275]CAA Douai, 17 janvier 2013, Préfet de la Région Nord-Pas-de-Calais, req. n° 12DA00594.

[1276]Linditch Florian, « Déféré préfectoral – Illégalité justifiant l'annulation... d'un marché déjà exécuté », note sous CAA Douai, 17 janvier 2013, Préfet de la Région Nord-Pas-de-Calais, in *JCP Administrations et collectivités territoriales*, 27 mai 2013, p. 27.

[1277]V. *supra*.

[1278]V. *supra*.

commande publique, à commencer par l'impossible maintien du déféré préfectoral sur demande.

B – L'office du juge repensé au détriment du maintien du déféré sur demande

610. Si la nature contentieuse du déféré préfectoral contractuel doit, selon nous, à nouveau évoluer au regard de la mission constitutionnelle impartie au préfet, il importe, par ailleurs, de revenir sur le mécanisme de déféré sur demande.

En effet, à partir du moment où le déféré préfectoral contractuel serait à nouveau inclus dans le contentieux objectif de légalité, le déféré sur demande ne saurait perdurer du fait d'une incohérence des conséquences des voies de droit exercées. Plus précisément, est visé l'ensemble des situations dans lesquelles, d'une part, un administré - y compris le concurrent évincé d'une procédure de consultation - sollicite le représentant de l'État aux fins de déférer l'acte contractuel au juge administratif et, d'autre part, ce même concurrent évincé ou un autre requérant sollicite le juge du recours en contestation de la validité du contrat. Schématiquement, le recours pour excès de pouvoir et le recours de pleine juridiction seraient exercés à l'encontre d'un même acte. Les décisions de chaque juge pourraient entrer en conflit du point de vue de leur autorité de chose jugée, réserve faite où le juge du recours en contestation de la validité annulerait le contrat.

Le déféré sur demande d'un acte détachable du contrat devrait également être supprimé, dans la mesure où son annulation par le juge de l'excès de pouvoir[1279] emporte « par voie de conséquence » directement l'annulation du contrat[1280].

611. L'unique obstacle susceptible de se dresser à l'encontre de ce nouvel agencement du déféré préfectoral serait la nécessité de maintenir absolument le déféré sur demande considéré alors comme indispensable et comme prémisse d'une *actio popularis*[1281]. Les raisons d'être du déféré préfectoral sur demande sont étroitement liées à l'incapacité des services préfectoraux à

[1279] Il est bien possible de viser le juge administratif saisi d'un tel déféré sous cette dénomination, étant donné que, pour l'heure, seule la nature contentieuse du déféré préfectoral à l'encontre du contrat a évolué, sans préjudice de celle du déféré préfectoral à l'encontre des actes administratifs unilatéraux.

[1280] V. *supra*.

[1281] Pour une critique cinglante du déféré sur demande, v. Jebeili Cécile, « Le déféré sur demande en question... », in *Revue Collectivités territoriales intercommunalité*, août-septembre 2004, p. 10 et s., spéc. p. 10. L'auteur notait que « l'usage extrêmement limité que font les préfets du contrôle de légalité jette un doute certain sur l'intérêt et la validité de la procédure de déféré sur demande d'un administré qui s'apparente parfois à un véritable leurre juridique ».

pouvoir assumer un contrôle de légalité effectif et efficace de l'ensemble des actes transmis au regard de leur très grand nombre, ce qui renvoie davantage à des considérations conjoncturelles que juridiques. La promotion d'un contrôle de légalité plus ciblé conduirait sans doute à l'inutilité du dédoublement du déféré préfectoral[1282]. En outre, le fait que le représentant de l'État dispose d'un pouvoir discrétionnaire quant à la saisine du juge administratif à la suite d'une demande d'un administré témoigne du caractère subsidiaire du déféré sur demande qui n'est, par conséquent, pas automatiquement mis en œuvre. Enfin, le déféré provoqué s'exerce « sans préjudice du recours direct » dont dispose une personne physique ou morale lorsqu'elle est lésée par un acte d'une collectivité territoriale[1283], ce qui signifie que le recours au préfet dans la perspective de saisir le juge administratif constitue un doublon du recours en contestation de la validité du contrat pour les concurrents évincés à partir du moment où le contrat a été signé. Il reste alors que la neutralisation du déféré préfectoral sur demande devra être opérée par le législateur.

§ 2 : L'indispensable optimisation du contrôle de légalité

612. Dès lors que l'on considère que la nature contentieuse du déféré préfectoral contractuel doit être à nouveau réfléchie afin de soutenir l'action du représentant de l'État dans sa mission constitutionnelle de gardien de la légalité et que le déféré préfectoral constitue la voie de droit la plus significative pour ce faire au détriment des référés précontractuels et contractuels, il convient, par ailleurs, de porter une attention particulière au contrôle de légalité. Contrôle de légalité et déféré préfectoral participent ensemble à cet objectif constitutionnel et le déféré préfectoral ne saurait être promu sans une révision du mécanisme de contrôle de légalité. Le contrôle de légalité est tel qu'aujourd'hui rares sont les actes des collectivités

[1282]Sur les perspectives d'un nouveau contrôle de légalité, v. ci-après.

[1283]Code général des collectivités territoriales : article L. 2131-8 pour les communes, article L. 3132-3 pour les départements et article L. 4142-3 pour les régions. Le Professeur Jean Gourdou et Antoine Bourrel relèvent que le déféré préfectoral sur demande peut paraître comme complément « utile » au recours pour excès de pouvoir. Tout d'abord, le déféré provoqué fait du tiers lésé une sorte « d'auxiliaire de justice » susceptible d'attirer l'attention du préfet sur un acte qu'il estime illégal. Ensuite, cette procédure serait de nature à favoriser les actions contentieuses tout en préservant l'anonymat du tiers. Enfin, le déféré provoqué permet de conduire au prononcé automatique de mesures provisoires que le tiers aurait du mal à obtenir s'il agissait sur le fondement du recours pour excès de pouvoir. V. Bourrel Antoine, Gourdou Jean, « Les recours contre les actes des collectivités territoriales. Recours du préfet », in *Encyclopédie des collectivités locales*, Dalloz, Folio n° 4570, mars 2011, pt. 80. Si le déféré préfectoral provoqué est un complément utile, il est possible de douter de son caractère indispensable.

territoriales déférés au juge administratif[1284]. L'augmentation du nombre des actes soumis au contrôle de légalité s'accompagne, en sens inverse, d'un dépérissement de l'usage du déféré préfectoral.

613. Le contrôle de légalité pourrait être optimisé de deux manières : d'une part, en réduisant le nombre des actes obligatoirement transmis au préfet susceptibles de tendre à un double contrôle de leur contenu et, d'autre part, en circonscrivant davantage la nature des actes qui doivent faire l'objet d'une transmission obligatoire au représentant de l'État. Ainsi qu'il a pu être observé, la matière contractuelle fournit des exemples de potentiel double examen des mêmes actes. Le contrôle de légalité des délibérations autorisant l'autorité exécutive à signer le contrat est exercé à partir des documents annexes dont fait partie l'acte contractuel. Réciproquement, le contrôle de légalité du contrat inclut implicitement celui de la délibération autorisant l'exécutif à signer[1285]. En outre, la variété des actes soumis à transmission obligatoire est telle que la plupart des actes des collectivités territoriales sont transmis aux services préfectoraux, sans compter ceux qui leur sont transmis de manière spontanée ou ceux évoqués par le préfet. Les catégories des actes visés par les articles L. 2131-2, L. 3131-2 et L. 4141-2 du Code général des collectivités territoriales - respectivement pour les communes, les départements et les régions - sont, certes, d'interprétation stricte parce qu'énumératives. Elles sont toutefois d'application large[1286].

614. Le déféré préfectoral gagnerait en effectivité à partir d'un contrôle de légalité plus rigoureux parce que plus ponctuel, concernant les principaux actes des collectivités territoriales. Le choix a été fait de recentrer le contrôle de légalité autour des domaines de l'urbanisme et de l'environnement, de la commande publique et du respect des compétences des différentes collectivités territoriales[1287]. Cependant, il a pu être constaté entre 2008 et

---

[1284]Pour certains, le contrôle de légalité est devenue « une véritable passoire », pour ne pas dire une « fiction ». V. Mézard Jacques, « Prendre acte de la décentralisation : pour une rénovation indispensable des contrôles de l'État sur les collectivités territoriales », préc., spéc. pp. 26 et 45. Selon ce même rapport, d'un point de vue statistique, moins de 1 % des actes transmis au titre du contrôle de légalité font aujourd'hui l'objet d'observations (0,84 %), et seuls 0,019 % d'entre eux font l'objet d'un déféré.

[1285]V. *supra*.

[1286]Par exemple, selon les termes de l'article L. 2131-2 du Code général des collectivités territoriales, sont soumis à transmission obligatoire : « 1° Les délibérations du conseil municipal ou les décisions prises par délégation du conseil municipal en application de l'article L. 2122-22 » sous réserve de quelques exceptions très encadrées ; « 3° Les actes à caractère réglementaire pris par les autorités communales dans tous les autres domaines qui relèvent de leur compétence en application de la loi ».

[1287]Circulaire du 17 janvier 2006 relative à la modernisation du contrôle de légalité, NOR : MCTB0600004C ; Circulaire du 24 février 2010 relative à la simplification de l'exercice du contrôle de légalité, NOR: IOCB1001440C ; Circulaire du 25 janvier 2012 relative à la définition nationale des actes prioritaires en matière de contrôle de légalité, NOR:

2010 une baisse tant du taux de contrôle des actes prioritaires qui s'établit à un niveau inférieur à celui de 2006 que du taux d'actes réformés ou retirés à la demande du préfet[1288]. Peut-être que le contrôle de légalité ne pourra-t-il jamais être amélioré du fait d'une production normative anormalement élevée.

Conclusion du titre 2.

615. Les voies de droit de droit commun - recours pour excès de pouvoir et sollicitation du représentant de l'État aux fins de déféré préfectoral – coexistaient/coexistent avec les recours spécifiques au droit de la commande publique. Pourtant, le concurrent évincé n'aurait su/ne saurait vraisemblablement les utiliser, si ce n'est dans la seule perspective de veiller au respect du principe de légalité indépendamment d'en retirer un quelconque bénéfice personnel.

616. Le recours pour excès de pouvoir étant irrecevable contre le contrat lui-même, le requérant était forcé de recourir à la théorie de la détachabilité, laquelle lui offrait encore moins de garanties dans la remise en cause du contrat eu égard à la course au juge qui s'en suivait nécessairement. Le juge de l'exécution se rapprochait progressivement de la figure du juge du contrat dans la mesure où il lui était possible de décider des conséquences de l'annulation de l'acte détachable sur le sort du contrat, sans que le juge du contrat fût nécessairement appelé à en connaître. Contrairement à certaines autres voies de droit pour lesquelles l'irrégularité pouvait ne pas être traitée par le juge, le contentieux des actes détachables conservait la singularité de sanctionner les irrégularités affectant les actes détachables de la procédure de passation, quand bien même leur annulation était ultérieurement sans effet sur la pérennité du contrat.

617. Le concurrent évincé peut, par ailleurs, solliciter le représentant de l'État afin qu'il saisisse le juge administratif. Le déféré préfectoral étant recevable aussi bien à l'encontre des actes détachables du contrat qu'à l'encontre du contrat lui-même, la sollicitation du préfet constitue, en principe, un atout majeur pour le requérant, même si l'accès au juge est indirect. Néanmoins, la faculté discrétionnaire de l'autorité préfectorale de saisir le juge, tout comme l'office du juge du déféré préfectoral contractuel récemment redessiné nuisent à ce que les circonstances de la dévolution du contrat soient remises en cause au profit du concurrent évincé. Plus regrettable, la nouvelle physionomie de l'office du juge du déféré préfectoral

---

IOCB1202426C.

[1288]Courtois Jean-Patrick, « Projet de loi de finances pour 2012 : administration territoriale. Avis n° 112 », Sénat, 17 novembre 2011, spéc. pp. 17-18.

contractuel tend à dessaisir le représentant de l'État de sa mission constitutionnelle de gardien de légalité et implique une réflexion en profondeur sur ce mécanisme topique du statut contentieux imparti au préfet.

Conclusion de la Seconde partie.

618. En dépit de la multiplicité des voies de droit à la disposition du concurrent évincé, celui-ci ne dispose d'aucune liberté absolue dans le choix et l'exercice des voies de droit à mettre en œuvre. Sa liberté était/est soit restreinte par des considérations procédurales, soit par des considérations substantielles et circonstancielles, soit par des considérations d'opportunité.

619. La décision « Département de Tarn-et-Garonne » a indirectement mis fin à la question sous jacente de savoir si les recours de droit commun devaient coexister avec les voies de droit spécialisées du contentieux de la commande publique au bénéfice du concurrent qui désirerait contester les circonstances de son éviction. À l'image de l'articulation du recours « Tropic » et du recours pour excès de pouvoir, il était, en effet, possible d'imaginer l'exclusion de l'exercice des recours de droit commun dès lors que des voies de droit spécifiques étaient offertes au requérant. Ce type d'articulation aurait été fondé sur la spécialité des voies de droit par rapport à une discipline juridique. Fermant la voie du recours pour excès de pouvoir contre certains actes détachables préalables à la conclusion du contrat, la jurisprudence « Département de Tarn-et-Garonne » clôt la possibilité pour les concurrents évincés d'user d'un recours de droit commun. Il leur est encore possible de solliciter la bienveillance de préfet.

620. Force est de constater que la démultiplication des possibilités d'accès au prétoire du juge n'avait/n'a pas pour conséquence d'accroître l'effectivité des droits du concurrent évincé. Bien au contraire, ce sont les intérêts de l'administration qui sont préservés. À quoi servait/sert donc cette multiplicité des voies de droit, si ce n'était/n'est d'offrir au justiciable l'illusion de la figure d'un juge départiteur des droits ?

621. Au dernier état de la jurisprudence, le nouveau recours en contestation de la validité du contrat pérennise les espoirs d'un recours contentieux efficace, ouvert à tous les tiers indépendamment de l'ancienne distinction des « tiers privilégiés » et des tiers de droit commun dans le paradigme de la décision « Tropic Travaux Signalisation ». « Mais est-on sûr qu'ils y gagnent, tant leur intérêt pour agir et les irrégularités dont ils peuvent se prévaloir apparaissent, en l'état, cadenassés ? Et l'on peut en dire autant des candidats évincés qui ne peuvent plus invoquer tout moyens à l'encontre du contrat. Va enfin dans le même sens l'irruption de la jurisprudence Danthony dans le contentieux des contrats, dont on peut se demander si elle n'est qu'une formulation homogénéisée de solutions déjà consacrées par l'arrêt Tropic ou un obstacle supplémentaire mis à la censure des contrats. Incontestablement, ce sont eux qui sortent victorieux de la mue de leur contentieux »[1289].

622. A partir du constat que la légalité n'est plus purement et simplement ce que les textes imposent, mais ce que le juge estime raisonnable qu'ils puissent imposer et leur méconnaissance entraîner comme conséquence[1290], le paysage des recours dans le contentieux de la commande publique doit être déconstruit et reconstruit, de telle manière à rééquilibrer la balance de protection des intérêts du justiciable et de l'intérêt général.

[1289] Llorens François, Soler-Couteaux Pierre, « Le contentieux administratif des contrats poursuit sa mue : quelques réflexions à propos de l'arrêt Département de Tarn-et-Garonne », in *Contrats et marchés publics*, mai 2014, repère 5.

[1290] *Ibid.*

CONCLUSION GENERALE

623. L'analyse systémique de l'articulation des voies de droit dans le contentieux de la commande publique à l'initiative des tiers au contrat révèle que le concurrent évincé n'est, en réalité, pas confronté à un « embarras du choix » ou à « un embarras tout court » du recours à mettre en œuvre. La restriction de sa liberté de choix est, en premier lieu, imputable aux mécanismes d'articulation-exclusion. Elle l'est, en second lieu, au regard de la généralité de l'application contentieuse de certaines voies de droit. Elle l'est, enfin, eu égard à une analyse rétrospective de l'office des différents juges appelés à connaître du contentieux de la commande publique.

624. La multiplicité des voies de droit est infructueuse pour le concurrent évincé. Parmi les sept voies de droit ayant servi de point de départ à cette étude, seul le référé précontractuel semble demeurer un recours doté d'une efficacité - quoique relative - si tant est que les moyens invoqués par le requérant le lèsent ou sont susceptibles de le léser afin que le juge sanctionne la procédure de passation. En dépit du « coup d'arrêt » porté par la jurisprudence « Smirgeomes », le régime juridique du référé précontractuel témoigne de l'horlogerie la plus finement orchestrée en comparaison des autres voies de droit dans le contentieux de la commande publique. Le référé contractuel est un recours hybride à la physionomie précontractuelle : outre l'étroitesse de sa recevabilité, la compression de l'office du juge nuit à la sanction, après la signature du contrat, des méconnaissances, par l'administration, de ses obligations de publicité et de mise en concurrence. Au recours « Tropic » largement ouvert et au régime juridique très favorable du point de vue des moyens susceptibles d'être invoqués, s'y est substitué un nouveau recours en contestation de la validité du contrat pour lequel l'opérance des moyens s'inscrit dans un schéma d'analyse comparable à celui du référé précontractuel. En dépit de ce changement de paradigme, le concurrent évincé doit se résigner à l'utiliser, du fait, d'une part, de la durée de la procédure contentieuse et, d'autre part, de la prévisible rareté des sanctions radicales des contrats publics irréguliers. Confronté à une course au juge incommode, le concurrent évincé s'est récemment trouvé dessaisi de la possibilité d'user la voie du contentieux de l'acte détachable. Quant à la sollicitation du représentant de l'État aux fins d'un déféré préfectoral, celle-ci est synonyme du double inconvénient de la saisine discrétionnaire du juge par le préfet et de l'imprévisibilité de la sanction des irrégularités par le juge. Une place particulière doit néanmoins être réservée aux interventions des juges pénal et financier, dans la mesure où la vérification du respect des obligations de publication et de mise en concurrence participe aux finalités particulières de la poursuite de la moralisation de l'action publique ainsi que du contrôle de la bonne gestion des deniers publics.

625. Le constat le plus remarquable et le plus regrettable reste celui de l'inefficacité de ce foisonnement des recours dans la garantie effective des droits du concurrent évincé eu égard au dépérissement de la sanction des irrégularités imputable à l'acquiescement implicite à l'entière liberté du juge dans l'exercice de son pouvoir. Si le XIXème siècle correspondait au temps de l'installation de la juridiction administrative, le XXème siècle à celui du contrôle, le XXIème siècle témoigne de la puissance du juge. Peu importe la voie de droit utilisée, il est actuellement difficile d'anticiper, de façon suffisamment précise, l'exercice des pouvoirs du juge. Étonnamment, c'est l'anticipation du rejet de la requête qui devient possible, drôle de constat pour un justiciable qui se tourne vers la juridiction administrative pour connaître de ses droits. La consécration de palettes de pouvoirs souffre de l'absence de « modes d'emploi » de leur exercice. Le bilan coûts-avantages se révèle aujourd'hui en faveur des intérêts de l'administration par une interprétation extensive de l'intérêt général (derrière lequel se cache des velléités d'équilibre économique dans une période de récession) et au détriment du traitement des illégalités.

626. Le contentieux de la commande publique à l'initiative des tiers au contrat doit être simplifié. Le passage de l'agitation à l'âge de raison requiert l'intervention du législateur. Celle-ci est indispensable face à l'œuvre prétorienne de la haute juridiction administrative qui a récemment redessiné les contours du recours en contestation de validité du contrat. Il ne saurait être acceptable, au regard des exigences démocratiques, de laisser au juge le pouvoir de décider des modalités d'accès à son prétoire et de la mise en œuvre de ses pouvoirs sans finalement aucun contrôle.

627. Par la décision « Département de Tarn-et-Garonne », le Conseil d'Etat est venu réduire la multiplicité des voies de droit à la disposition du concurrent évincé dans la mesure où la voie de l'excès de pouvoir est dorénavant fermée contre certains actes détachables préalables à la conclusion du contrat. Il importe dorénavant de redonner à l'ensemble des voies de droit considérées comme indispensables leur véritable effet utile et ce, dans l'objectif de réduction des solutions contentieuses et de leur prévisibilité.

628. Parmi les voies de droit qu'il est possible de considérer comme indispensables en raison des finalités particulières qu'elles poursuivent, l'accès spécifique aux prétoires des juges pénal et financier ne saurait être remis en question. La vérification accrue par le juge pénal du respect des obligations de publicité et de mise en concurrence par l'administration relève d'un approfondissement de la moralisation de la vie politique et économique.

Cet objectif doit être également servir de guide au juge financier, lequel doit être en mesure d'adopter des décisions aux effets juridiques contraignants en lieu et place de simples recommandations. Des institutions aux attributions bien délimitées ont été mises en place, mais leur implication demeure actuellement fantasmagorique.

629. La coexistence du référé précontractuel, du référé contractuel et du recours en contestation de la validité du contrat doit être repensée à la lumière des directives « Recours ». Le recours en contestation de la validité du contrat et le référé contractuel sont deux voies de droit introduites après la signature du contrat. Leur recevabilité ratione temporis recouvre des durées qui peuvent se superposer. Certes, le recours de plein contentieux ne s'est pas révélé être le doublon du référé contractuel en dépit des craintes nées de l'institution de ce dernier. Il semble toutefois nécessaire que le législateur résolve l'étrangeté de l'existence de deux voies de droit post-contractuelles, l'une au régime juridique indéterminable, en l'état actuel du droit, étant donné sa récente mutation à l'initiative du juge administratif, l'autre au régime juridique trop strict répondant aux exigences du législateur européen. Priorité doit être donnée au référé contractuel, dès lors que son existence résulte d'une obligation constitutionnelle de transposition d'une directive. Il faut, en effet, garder à l'esprit que les référés précontractuel et contractuel ont vocation à garantir les exigences de transparence et de non-discrimination dans les procédures de passation impulsées par le droit de l'Union européenne. Le référé contractuel vient au soutien du référé précontractuel, mais ne constitue pas un recours de seconde chance, contrairement au recours en contestation de la validité du contrat par les tiers, y compris les concurrents évincés. En cela, le recours de plein contentieux s'éloigne des finalités des directives « Recours ». Son seul intérêt réside aujourd'hui dans la possibilité pour le requérant d'assortir ses conclusions principales quant au contrat de conclusions indemnitaires supplémentaires, lesquelles peuvent tout aussi bien constituer l'objet d'un recours distinct devant le juge du plein contentieux de la responsabilité extra-contractuelle.

630. Si priorité est donnée au référé contractuel au détriment du recours en contestation de la validité du contrat, il convient également de redonner au référé précontractuel toute sa splendeur en tant que recours privilégié pour sanctionner les obligations de publicité et de mise en concurrence. Il s'agirait notamment de mettre fin à la charge de la preuve de la lésion qui appartient au requérant malgré lui et de renforcer la protection des mécanismes destinés à asseoir l'efficacité et l'effectivité du référé précontractuel.

631. Au sein des recours de droit commun, une réflexion particulière doit être portée à la sollicitation du représentant de l'État aux fins de déféré préfectoral, mais également à l'office du juge saisi d'un déféré préfectoral afin de restituer au représentant de l'État son rôle de gardien de la légalité. Quant au contentieux de l'acte détachable préalable à la conclusion du contrat, sa fermeture est regrettable, même si la course au juge constituait un frein à son utilisation. Cette voie de droit était significative du rôle social des juridictions administratives. Dans l'hypothèse où le recours de plein contentieux viendrait, un jour, à disparaître, il pourrait être reproché à la nouvelle physionomie du contentieux de la commande publique à l'initiative des tiers concurrents évincés de ne plus présenter de voie de droit générale post-contractuelle. Une telle voie de droit est-elle toutefois indispensable à partir du moment où le contrat est signé ? Une réponse affirmative ne va pas de soi eu égard aux objectifs de protection des principes de liberté d'accès à la commande publique, d'égalité de traitement des candidats et de transparence des procédures. La pérennité du contentieux de l'acte détachable du contrat aurait été une solution de substitution. Du point de vue du délai de recours contentieux, la contestation des actes détachables préalables à la conclusion contrat adoptés en aval de la procédure – y inclus la décision de conclure le contrat - pouvait avoir lieu après la signature du contrat. La course au juge - et, par conséquent, l'intervention du juge de l'exécution et du juge du contrat - s'inscrivait dans la continuité du schéma d'analyse du recours en contestation de la validité du contrat. Si tant est que la sanction radicale du contrat irrégulier ne puisse être espérée pour toute irrégularité, la sauvegarde du contentieux des actes détachables du contrat aurait au moins le mérite de permettre la sanction effective de leurs irrégularités par l'annulation ou par la régularisation et de tendre à un contrat dépossédé de vices.

632. Il reste, enfin, à espérer que le juge administratif saisi de l'ensemble de ces voies de droit prenne conscience du déséquilibre qu'il a créé entre la préservation des intérêts de l'administration et les intérêts privés. Que la toute puissance du juge administratif du XXIème soit dorénavant mise au service de la limitation de sa propre liberté par l'élaboration progressive d'un guide de mise en oeuvre de ses pouvoirs.

Bibliographie

Cette bibliographie ne prétend pas à l'exhaustivité.
Seules les références mentionnées dans les notes de bas de page
et celles considérées essentielles sont exposées.

I. Ouvrages généraux et thèses

Abessolo Jean, *Les effets de la nullité des contrats administratifs : problème d'effectivité*, Thèse, Pau, 1994.

Afac, *Commande publique. Les contentieux de la passation : comment les gérer*, Actes de colloque, 2011 (consultable sur le site internet de l'Afac).

Albert Jean-Luc, Saïdj Luc, *Finances publiques*, Dalloz, 2011.

Alcindor Léon, *Des différentes espèces de nullités des actes administratifs*, Giard et Brière, 1912.

Alibert Raphaël, *Le contrôle juridictionnel de l'administration au moyen du recours pour excès de pouvoir*, Payot, 1926.

Atias Christian, *Précis élémentaire de contentieux contractuel*, PUAM, 2003.

Auby Jean-Marie, *La théorie de l'inexistence des actes administratifs*, A. Pedone, 1947.

Auby Jean-Marie, *L'incompétence « ratione temporis », recherches sur l'application des actes administratifs dans le temps*, LGDJ, 1953.

Auby Jean-Marie, Drago Roland, *Traité de contentieux administratif*, LGDJ, 1984.

Aucoc Léon, *Des recours pour excès de pouvoir devant le Conseil d'Etat*, Paris, 1878.

Bailleul David, *L'efficacité comparée des recours pour excès de pouvoir et de plein contentieux objectif en droit public français*, LGDJ, 2002.

Baldous Benjamin, *Les pouvoirs du juge de pleine juridiction*, Thèse, Aix-Marseille, 1998.

Benoît Francis-Paul, *Le droit administratif français*, Dalloz, 1968.

Berbari Mireille, Bernard François-Charles, LE MIERE Alexandre, *Pratique des référés contractuels*, Le Moniteur, 2004.

Bergeal Catherine, Lenica Frédéric, *Le contentieux des marchés publics*, Le Moniteur, 2010.

Bertrand François-Guilhem, *La règle 'non ultra petita' dans le contentieux administratif*, Thèse, Paris II, 1974.

Bertucci Jean-Yves, Raynaud Jean, *Les juridictions financières*, coll. Que-sais-je ?, PUF, 2003.

Blanco Florent, *Pouvoirs du juge et contentieux administratif de la légalité*, PUAM, 2010.

Blancpain Frédéric, *La formation historique de l'acte administratif unilatéral*, Thèse, 1979.

Bonichot Jean-Claude, Cassia Paul, Poujade Bernard, *Les grands arrêts du contentieux administratif*, Dalloz, 2011.

Bonnard Roger, *Le contrôle juridictionnel de l'administration*, rééd., Dalloz, 2006.

Bossan Jérôme, *L'intérêt général dans le procès pénal*, Thèse, Poitiers, 2007.

Bouloc Bernard, *Droit pénal général*, Dalloz, 2009.

Bourdon Pierre, *Le contrat administratif illégal*, Dalloz, 2014.

Bouzat Pierre, Pinatel Jean, *Traité de droit pénal et de criminologie*, tome 1, Dalloz, 1970.

Braconnier Stéphane, *Précis du droit des marchés publics*, Le Moniteur, 2012.

Brault-Jamin Vincent, *Les élus et fonctionnaires territoriaux devant la justice pénale*, PUG, 2001.

Brenet François, *Recherches sur l'évolution du contrat administratif*, Thèse, Poitiers, 2002.

Brisson Jean-François, *Les fondements juridiques du droit des marchés publics*, Le Moniteur, 2004.

Brisson Jean-François, *Le recours pour excès de pouvoir. Tendances récentes du contentieux administratif*, Ellipses, 2004.

Broyelle Camille, *Contentieux administratif*, LGDJ, 2011,

Cabanes Christophe, Neveu Benoît, *Droit de la concurrence dans les contrats publics*, Le Moniteur, 2008.

Cartier-Bresson Anémone, *Le recours pour excès de pouvoir devant le juge de cassation*, LGDJ, 1998.

Cassia Paul, *Les référés administratifs d'urgence*, LGDJ, 2003.

Cassia Paul, *Pratique des référés précontractuels*, Litec, 2008.

Cassin René, *De l'exception tirée de l'inexécution dans les rapports synallagmatiques*, Thèse, Paris, 1914.

Chapus René, *Droit administratif général*, tome 1, Montchrestien, 2001.

Chapus René, *Droit administratif général*, tome 2, Montchrestien, 2001.

Chapus René, *Droit du contentieux administratif*, Montchrestien, 2008.

Charles Hubert, *Actes rattachables et actes détachables en droit administratif français*, LGDJ, 1968.

Chaudet Jean-Pierre, *Les principes généraux de la procédure administrative contentieuse*, LGDJ, 1967.

Ciaudo Alexandre, *L'irrecevabilité en contentieux administratif français*, L'Harmattan, 2009.

Claeys Antoine, *L'évolution de la protection juridictionnelle de l'administré au moyen du recours pour excès de pouvoir*, Thèse, Poitiers, 2005.

Clamour Guylain, *Intérêt général et concurrence*, Dalloz, 2006.

Colson Jean-Philippe, *L'office du juge et la preuve dans le contentieux administratif*, LGDJ, 1970.

Connil Damien, *L'office du juge administratif et le temps*, Dalloz, 2012.

Conseil d'Etat, *L'intérêt général, Rapport public, 1999*, La documentation française.

Conseil d'Etat, *Collectivités publiques et concurrence, Rapport public, 2002*, La documentation française.

Conseil d'Etat, *Le contrat, mode d'action publique et de production de normes, Rapport public, 2008*, La documentation française.

Cornu Gérard, *Vocabulaire juridique*, PUF, 2011.

Cros Nicolas, Boissy Xavier, *Les litiges des marchés publics*, Berger-Levrault, 2010.

Cumyn Michelle, *La validité du contrat suivant le droit strict ou l'équité : étude historique et comparée des nullités contractuelles*, Thèse, Paris I, 2000.

Daël Serge, *Contentieux administratif*, PUF, 2013.

Damarey Stéphanie, *Le juge administratif, juge financier*, Dalloz, 2001.

Debouy Christian, *Les moyens d'ordre public dans la procédure administrative contentieuse*, PUF, 1980.

Delaunay Béatrice, *L'amélioration des rapports entre l'administration et les administrés*, LGDJ, 1993.

Desportes Frédéric, Le Gunehec Francis, *Droit pénal général*, Economica, 2009.

Ducouloux-Favard Claude, Garcin Claude, *Lamy droit pénal des affaires 2011*, Lamy, 2010.

Dufourq Bertrand, *L'office du juge dans la phase d'instruction du procès administratif*, Thèse, Poitiers, 2008.

Duguit Léon, *Traité de droit constitutionnel*, E. Boccard, 1927-1928.

Dugrip Olivier, *L'urgence contentieuse devant les juridictions administratives*, PUF, 1991.

Eckert Gabriel, *Droit public des affaires*, Montchrestien, Paris, 2001.

Eisenmann Charles, *Cours de droit administratif*, tome 1, LGDJ, 1982.

Faure Bertrand, *Droit des collectivités territoriales*, Dalloz, 2011.

Fay François-Michel, *L'exception de recours parallèle*, Thèse, Rennes, 1970.

Folliot Laurence, *Pouvoirs des juges administratifs et distinction des contentieux en matière contractuelle*, Thèse, Paris II, 1994.

Foulquier Norbert, *Les droits publics subjectifs des administrés*, Dalloz, 2003.

Frier Pierre-Laurent, *L'urgence*, LGDJ, 1987.

Frier Pierre-Laurent, Petit Jacques, *Précis de droit administratif*, Montchrestien, 2010.

Gahdoun Pierre-Yves, *La liberté contractuelle dans la jurisprudence du Conseil constitutionnel*, Dalloz, 2008.

Gaudemet Yves, *Les méthodes du juge administratif*, LGDJ, 1972.

Gaudemet Yves, *Le contentieux des contrats publics, évolution récente*, éd. du Cridon, 2005.

Gaudin De Lagrange Emérentienne, *L'intervention du juge dans le contrat*, Thèse, Montpellier, 1935.

Gohin Olivier, *La contradiction dans la procédure administrative contentieuse*, LGDJ, 1988.

Gohin Olivier, *Contentieux administratif*, Lexis Nexis, 2012.

Gonod Pascale, *Édouard Laferrière un juriste au service de la République*, LGDJ, 1997.

Gonod Pascale, Melleray Fabrice, Yolka Philippe, Traité de droit administratif, tome 1, Dalloz, 2011.

Gonod Pascale, Melleray Fabrice, Yolka Philippe, Traité de droit administratif, tome 2, Dalloz, 2011.

Gourdou Jean, Bourrel Antoine, *Les référés d'urgence devant le juge administratif*, L'Harmattan, 2003.

Gros Manuel, *Droit administratif. L'angle jurisprudentiel*, L'Harmattan, 2012.

Guerard Stéphane, *La notion de détachabilité en droit administratif français*, Thèse, Paris II, 1997.

Guettier Christophe, *Droit des contrats administratifs*, PUF, 2008.

Guillien Raymond, *L'exception de recours parallèle. Distinction des contentieux. Compétence juridictionnelle et recevabilité en doctrine et jurisprudence administratives*, Sirey, 1934.

Guyomar Mattias, Seiller Bertrand, *Contentieux administratif*, Dalloz, 2010.

Hamoniaux Thomas, *L'intérêt général et le juge communautaire*, LGDJ, 2001.

Hauriou Maurice, *Précis élémentaire de droit administratif*, Sirey, 1943.

Hauriou Maurice, Hauriou André, *Précis élémentaire de droit administratif*, Sirey, 1938.

Hernu Rémy, *Principe d'égalité et principe de non-discrimination dans la jurisprudence de la Cour de justice des communautés européennes*, LGDJ, 2003.

Huglo Christian, *La pratique des référés administratifs devant le tribunal administratif, la cour administrative d'appel et le Conseil d'Etat*, Litec, 1993.

Israël Jean-Jacques, *La régularisation en droit administratif français*, LGDJ, 1981.

Japiot René, *Des nullités en matière d'actes juridiques, essai d'une théorie nouvelle*, Librairie nouvelle de droit et de jurisprudence, 1909.

Kalflèche Grégory, *L'évolution du droit des marchés publics. Des marchés publics à la commande publique*, Thèse, Paris II, 2004.

Kellershohn Maurice, *Des effets de l'annulation pour excès de pouvoir*, Thèse, Bordeaux, 1915.

Kornprobst Bruno, *La notion de parties et le recours pour excès de pouvoir*, LGDJ, 1950.

Krassilchik Michel, *La notion d'acte détachable en droit administratif français*, Thèse, Paris, 1964.

Ktistaki Stavroula, *L'évolution du contrôle juridictionnel des motifs de l'acte administratif*, LGDJ, 1991.

Lachaume Jean-François, Pauliat Hélène, Braconnier Stéphane, Deffigier Clotilde, *Droit administratif. Les grandes décisions de la jurisprudence*, PUF, 2010.

Lafaix Jean-François, *Essai sur le traitement des irrégularités dans les contrats de l'administration*, Dalloz, 2009.

Laferrière Édouard, *Traité de la juridiction administrative et des recours contentieux*, tome 1, Berger-Levrault, 1887.

Laferrière Édouard, *Traité de la juridiction administrative et des recours contentieux*, tome 2, Berger-Levrault, 1888.

Landon Pierre, *Le recours pour excès de pouvoir sous le régime de la justice retenue*, Thèse, 1942,

Langelier Élise, *L'office du juge administratif et le contrat administratif*, Thèse, Poitiers, 2011.

Laroque Pierre, *Les usagers des services publics industriels*, Sirey, 1933.

Latreche Arnaud, *Marchés publics : les droits des candidats évincés*, Territorial éditions, Groupe territorial, Voiron, 2010.

de Laubadère André, *Traité théorique et pratique des contrats administratifs*, LGDJ, 1956.

de Laubadère André, Moderne Franck, DEVOLVE Pierre, *Traité des contrats administratifs*, tome 1, LGDJ, 1983.

de Laubadère André, Moderne Franck, DEVOLVE Pierre, *Traité des contrats administratifs*, tome 2, LGDJ, 1984.

Kurek Aline, *Le juge financier, juge administratif*, Thèse, Lille II, 2010.

Le Bot Olivier, *Le guide des référés administratifs*, Dalloz, 2013.

Léger Jacques, Pontier Jean-Marie, *Contrat et recours pour excès de pouvoir*, PUAM, 2008.

Lepetit-Collin Hélène, *Recherches sur le plein contentieux objectif*, LGDJ, 2011.

Lepron Franck, *Un an de droit des marchés publics. Bilan 2012*, Le Moniteur, 2013.

Lichère François, *Droit des contrats publics*, Dalloz, 2005.

Limbach Francis, *Le consentement contractuel à l'épreuve des conditions générales. De l'utilité du concept de déclaration de volonté*, LGDJ, 2004.

Linditch Florian (dir.), *Guide de l'achat public 2012*, LexisNexis, 2012.

Linotte Daniel, *Recherches sur la notion d'intérêt général en droit administratif français*, Thèse, Bordeaux I, 1975.

Long Marceau, Weil Prosper, Braibant Guy, Delvolvé Pierre, Genevois Bruno, *Les grands arrêts de la jurisprudence administrative*, Dalloz, 2011.

Macera Bernard-Franck, *Les actes détachables dans le droit public français*, PU Limoges, 2002.

Marcus Laure, *L'unité des contrats publics*, Dalloz, 2010.

Mekki Mustapha, *L'intérêt général et le contrat : contribution à une étude de la hiérarchie des intérêts en droit privé*, LGDJ, 2004.

Melleray Fabrice, *Essai sur la structure du contentieux administratif français*, LGDJ, 2001.

Mestre Achille, *Le Conseil d'Etat protecteur des prérogatives de l'administration*, LGDJ, 1974.

Mézard Jacques, « Prendre acte de la décentralisation : pour une rénovation indispensable des contrôles de l'Etat sur les collectivités territoriales », *Rapport d'information n° 300*, Sénat, 25 janvier 2012.

Nicinski Sophie, *Droit de la concurrence*, LGDJ, 2005.

Noguellou Rozen, Stelkens Ulrich (dir.), *Droit comparé des contrats publics*, Bruylant, 2010.

Normand Jacques, *L'office du juge et la contestation*, LGDJ, 1965.

Odent Raymond, *Contentieux administratif*, rééd., Dalloz, 2009.

Pacteau Bernard, *Contentieux administratif*, PUF, 2005.

Pacteau Bernard, *Traité de contentieux administratif*, PUF, 2008.

Peiser Gustave, *Le recours en cassation en droit administratif français : évolution et régime actuel*, Thèse, Nancy, 1957

Pequignot Georges, *Théorie générale du contrat administratif*, A. Pédone, 1945.

Perrin Alix, *L'injonction en droit public français*, éd. Panthéon-Assas, 2009.

Piazzon Thomas, *La sécurité juridique*, Defrénois, 2009.

Pimont Sébastien, *L'économie du contrat*, PUAM, 2004.

Pize Jérôme, *Essai d'une théorie générale sur la distinction de l'inexistence et de l'annulabilité*, Thèse, Lyon, 1897.

Pouyaud Dominique, *La nullité des contrats administratifs*, LGDJ, 1991.

Prebissy-Schnall Catherine, *La pénalisation du droit des marchés publics*, LGDJ, 2002.

Raimbault Philippe, *Recherches sur la sécurité juridique en droit administratif français*, LGDJ, 2008.

Rapp Lucien, Terneyre Philippe (dir.), *Lamy droit public des affaires*, Wolters Kluwer, 2010.

Reydellet Michel, *Le nouveau contrôle des actes des collectivités locales ou la suppression des tutelles*, Economica, 1985.

Richer Laurent, *Droit des contrats administratifs*, LGDJ, 2014.

Richer Laurent, *L'Europe des marchés publics*, LGDJ, 2009.

Rouquette Rémi, *Petit traité du procès administratif*, Dalloz, 2012.

Sandevoir Pierre, *Etudes sur le recours de pleine juridiction*, LGDJ, 1964.

Seiller Bertrand, *L'exception d'illégalité des actes administratifs*, Thèse, Paris II, 1995.

Seiller Bertrand, *La rétroactivité des décisions du juge administratif*, Economica, 2007.

Seiller Bertrand, *Droit administratif*, tome 2, Flammarion, 2010.

Seiller Bertrand, *Droit administratif*, tome 1, Flammarion, 2011.

Sevino Aldo, *Le mémento du référé précontractuel*, Eyrolles, 2007.

Simler Philippe, *La nullité partielle des actes juridiques*, LGDJ, 1969.

Sirinelli Jean, *Les transformations du droit administratif par le droit de l'Union européenne : une contribution à l'étude du droit administratif européen*, LGDJ, 2011.

Staub Materne, *L'indivisibilité en droit administratif*, LGDJ, 1999.

Stefani Gaston, *Quelques aspects de l'autonomie du droit pénal : études de droit criminel*, Dalloz, 1956.

Symchowicz Nil, *Partenariats public-privé et montages contractuels complexes*, Le Moniteur, 2012.

Teitgen-Colly Catherine (dir.), *Perspectives contentieuses des réformes de la justice administrative*, LGDJ, 2011.

Thibault Lionel, *Les effets de la nullité des contrats administratifs*, Thèse, Paris, 1955.

Truchet Didier, *Les fonctions de la notion d'intérêt général dans la jurisprudence du Conseil d'État*, LGDJ, 1977.

Truchet Didier, *Droit administratif*, PUF, 2010.

Van Lang Agathe, Gondouin Geneviève, Inserguet-Brisset Véronique, *Dictionnaire de droit administratif*, Dalloz, 2011.

Vautrot-Schwartz Charles, *La qualification juridique en droit administratif*, LGDJ, 2009.

Viviano Michel, *La théorie de la distinction des recours et le contentieux administratif contractuel*, Thèse, Lille II, 1995.

Waline Marcel, *Manuel élémentaire de droit administratif*, Sirey, 1946.

Waline Marcel, *Droit administratif*, Sirey, 1963.

Waline Marcel, *Notes d'arrêts de Marcel Waline*, Vol. I, Dalloz, 2004.

Weil Prosper, *Les conséquences de l'annulation d'un acte administratif pour excès de pouvoir*, Thèse, Paris, 1952.

Wintgen Robert, *Étude critique de la notion d'opposabilité. Les effets du contrat à l'égard des tiers en droit français et allemand*, Thèse, Paris I, 2002.

II. Articles de doctrine

Ach Nelly, « Le référé précontractuel : une réforme inachevée », in *AJDA*, 2002, p. 1422.

Agnus Olivier, « Plaidoyer pour une 'Smirgeomisation des Tropics' », in *AJDA*, 2013, p. 1268.

Alberton Ghislaine, « Vers une inévitable refonte du droit français des contrats publics sous l'effet des exigences communautaires », in *Mélanges en l'honneur du Professeur Michel Guibal*, vol. II, Presses de la faculté de droit de Montpellier, 2006, p. 761.

Amselek Paul, « La qualification des contrats de l'administration par la jurisprudence », in *AJDA*, 1983, p. 3.

Ancel Pascal, « Force obligatoire et contenu obligationnel du contrat », in *RTD civ.*, 1999, p. 771.

Antoine Aurélien, « L'intuitus personae dans les contrats de la commande publique », in *RFDA*, 2011, p. 879.

Antoine Julien, « Les titulaires du recours en nullité des contrats. Comparaison du droit administratif et du droit privé », in *Droit administratif*, novembre 2001, p. 4.

Apollis Benoît, « Organisation des personnes publiques et obligation de mise en concurrence : les 'opérateurs dédiés' sauvés par les 'contrats-maison' ?, in *RFDA*, 2009, p. 759.

de Aranjo Christophe, « Les conséquences de l'annulation d'un acte détachable sur la convention de délégation de service public », in *AJDA*, 2009, p. 300.

Arrighi de Casanova Jacques, « Les habits neufs du juge administratif », in *Mélanges en l'honneur de Daniel Labetoulle*, Dalloz, 2007, p. 11.

Aubert Jean-Luc, « A propos d'une distinction renouvelée des parties et des tiers », in *RTD civ.*, 1996, p. 263.

Auby Jean-Marie, « Les moyens inopérants dans la jurisprudence administrative », in *AJDA*, 1966, p. 5.

Auby Jean-Marie, « L'*ultra petita* dans la procédure contentieuse administrative », in *Mélanges offerts à Marcel Waline*, tome 2, LGDJ, 1974, p. 267.

Auby Jean-Bernard, « Ancien régime et Révolution dans le contentieux contractuel », in *Droit administratif*, mai 2011, p. 1.

Aynès Laurent, « A propos de la force obligatoire du contrat », in *RDC*, 2003, p. 323.

Bailleul David, « Les référés 'suspension' et 'liberté' au secours du référé précontractuel ? », in *Contrats et marchés publics*, juillet-août 2002, p. 4.

Bardon Cyrille, Simonnet Yann, « Le référé contractuel. Premières précisions jurisprudentielles », in *Droit administratif*, novembre 2010, p. 22.

Barthélémy Jean, « Les référés non subordonnés à la condition d'urgence », in *RFDA*, 2002, p. 272.

de Béchillon Denys, « Le contentieux administratif de l'annulation en matière contractuelle : une présentation graphique », in *Les petites affiches*, 14 mai 1990, p. 10.

de Béchillon Denys, « Le contrat comme norme dans le droit public positif », in *RFDA*, 1992, p. 15.

de Béchillon Denys, « Principe du contradictoire et protection du secret des affaires », in *RFDA*, 2011, p. 1107.

de Béchillon Denys, Terneyre Philippe, « Contentieux des contrats administratifs », in *Répertoire de contentieux administratif*, Dalloz, décembre 2000.

Beduschi-Ortiz Ana, « La notion de loyauté en droit administratif », in *AJDA*, 2011, p. 944.

Bel Nicolas, Sjödin Christina, « La nouvelle directive recours 2007/66/CE en matière de marchés publics », in *RDUE*, 2009, p. 643.

Benguigui Edith, « Le référé précontractuel constitue-t-il toujours une voie de droit efficace et rapide ? », in *JCP Administrations et collectivités territoriales*, 9 mars 2009, p. 46.

Berbari Myriam, « Le référé précontractuel », in *CP-ACCP*, octobre 2003, p. 28.

Bergeal Catherine, « La transposition de la directive recours apporte de la sécurité juridique aux acheteurs publics », in *AJDA*, 2009, p. 1012.

Bernard Michel, « Le recours pour excès de pouvoir est-il frappé à mort ? », in *AJDA*, 1995, p. 190.

Bernard François-Charles, « Le référé suspension », in *CP-ACCP*, octobre 2003, p. 35.

Berthon Geoffroy, « Le régime de passation des concessions domaniales à la croisée des chemins », in *RFDA*, 2009, p. 483.

Berthon Geoffroy, « La suspension juridictionnelle du contrat administratif entre 'référé-suspension' et 'référé contractuel' », in *RFDA*, 2009, p. 1215.

Berthoud Joël, « L'appréciation des faits par le juge administratif », in Pontier Jean-Marie, ROUX Emmanuel (dir.), *Les faits en droit administratif*, PUAM, 2010, p. 109.

Bertrand Brunessen, « L'interprétation des actes administratifs unilatéraux », in *Droit administratif*, décembre 2010, p. 6.

Bertrand Brunessen, « Que reste-t-il des exigences impératives d'intérêt général ? », in *Revue Europe*, janvier 2012, p. 6.

Bertucci Jean-Yves, Doyelle Alain, « L'examen des conventions relatives aux marchés ou à des délégations de service public », in *AJDA*, 1995, p. 200.

Blanco Florent, « Entre l'annulation et la conservation de l'acte », in Pontier Jean-Marie (dir.), *Les états intermédiaires en droit administratif*, PUAM, 2008, p. 119.

Bigas Xavier, Leron Jérôme, « Candidat évincé et succession d'actions contentieuses : comment utiliser les procédures d'urgence ? », in *CP-ACCP*, juillet-août 2012, p. 45.

Boiteau Claudie, « Le salutaire recadrage de l'office du juge du référé précontractuel », in *CP-ACCP*, décembre 2008, p. 3.

Bonnet Baptiste, Lalanne Alexis, « Une révolution dans le référé précontractuel », in *Droit administratif*, novembre 2008, p. 47.

Boucher Julien, Crepey Édouard, « Le Conseil d'Etat juge de cassation et la qualification juridique des faits », in *Mélanges en l'honneur de Daniel Labetoulle*, Dalloz, 2007, p. 97.

Boulouis Nicolas, « Regards d'un rapporteur public du côté du droit privé des contrats », in *AJDA*, 2009, p. 921.

Boulouis Nicolas, « Vers une simplification du contentieux des contrats publics ? », in *CP-ACCP*, juin 2010, p. 80.

Boulouis Nicolas, « Les recours autour de la signature », in *Commande publique. Les contentieux de la passation : comment les gérer*, Actes de colloque organisé par l'Afac le 27 janvier 2011, p. 5 (consultable sur le site de l'Afac).

Boulouis Nicolas, « Référé en matière de contrats publics », in *JCl. Justice administrative*, Fasc. 55, 8 février 2012.

Bourrel Antoine, « Le pouvoir d'injonction du juge des référés d'urgence », in *RDP*, 2010, p. 927.

Bourrel Antoine, « Le rapprochement de l'office du juge de l'exécution et de l'office du juge du contrat. Des suites de l'arrêt Ophrys », in *BJCP*, mai-juin 2013, p. 163.

Bourrel Antoine, Gourdou Jean, « Les recours contre les actes des collectivités territoriales. Recours du préfet », in *Encyclopédie des collectivités locales*, Dalloz, Folio n° 4570, mars 2011.

Boussard Sabine, « La classification des contentieux à l'épreuve de la métamorphose du juge de l'excès de pouvoir », in Bigot Grégoire, Bouvet Marc (dir.), *Regards sur l'histoire de la justice administrative*, LexisNexis, 2006, p. 305.

Boyenga-Bofala Frédéric, « L'impact des directives-recours sur l'organisation des voies de droit internes et les modalités d'exercice par le juge administratif français de son office », in *RTDE*, 2002, p. 499.

Braconnier Stéphane, « Accès des tiers au juge du contrat : excès de prudence... », in *AJDA*, 2007, p. 1497.

Braconnier Stéphane, « L'autonomie contrastée du contentieux des contrats publics d'affaires », in *RDP*, 2010, p. 327.

Braconnier Stéphane, « Les recours ouverts aux tiers », in *AJDA*, 2011, p. 314.

Braconnier Stéphane, Brenet François, « Le contentieux des contrats publics d'affaires (1ère partie) », in *Contrats et marchés publics*, octobre 2007, p. 39

Braconnier Stéphane, Brenet François, « Le contentieux des contrats publics d'affaires (2ème partie) », in *Contrats et marchés publics*, décembre 2007, p. 33.

Braibant Guy, « Remarques sur l'efficacité des annulations pour excès de pouvoir », in *EDCE*, 1961, p. 53.

Bréchon-Moulènes Christine, « Remarques sur la notion de nullité absolue dans le contentieux des contrats administratifs », in *JCP Édition générale*, 1973, n° 2588.

Bréchon-Moulènes Christine, « Liberté contractuelle des personnes publiques », in *AJDA*, 1998, p. 643.

Bréchon-Moulènes Christine, « L'accès aux documents contractuels par l'intermédiaire de la CADA : les marchés publics entre communication, diffusion et réutilisation », in *Mélanges en l'honneur du Professeur Michel Guibal*, vol. II, Presses de la faculté de droit de Montpellier, 2006, p. 233.

Brenet François, « La théorie du contrat administratif. Évolutions récentes », in *AJDA*, 2003, p. 919.

Brenet François, « Les réserves d'intérêt général », in *Mélanges en l'honneur de Jean-François Lachaume*, Dalloz, 2007, p. 139.

Brenet François, « Le recours pour excès de pouvoir et le contrat », in *JCP Administrations et collectivités territoriales*, 24 septembre 2012, p. 31.

Brenet François, « Libres propos sur la 'judiciarisation' du contrat administratif : un nouveau juge pour un nouveau contrat administratif », in *A propos des contrats des personnes publiques, Mélanges en l'honneur du Professeur Laurent Richer*, LGDJ, 2013, p. 529.

Brisson Jean-François, « Le droit au juge dans le contentieux des marchés publics. Dynamisme, dynamiques et limites du droit communautaire processuel », in *Mélanges en l'honneur du Professeur Michel Guibal*, vol. II, Presses de la faculté de droit de Montpellier, 2006, p. 339.

Brotons Frédéric, « L'articulation des référés précontractuels et contractuels n'a pas fini de grincer », in *CJFI*, troisième trimestre 2012, p. 48.

Broyelle Camille, « L'intensité du contrôle des motifs », in *JCP Administrations et collectivités territoriales*, 24 septembre 2012, p. 45.

Cabanes Christophe, Neveu Benoît, « Un élargissement du champ du recours en contestation de validité du contrat », in *Contrats publics*, juillet-août 2012, p. 30.

Cadiet Loïc, « Les marchés publics devant le juge civil », in *RFDA*, 1993, p. 184.

Cadieu Pascal, « Les 'mises en scène' du contrôle de légalité ou 'l'amour du censeur' », in *RLCT*, avril 2012, p. 68.

Cadieu Pascal, « Le contrôle de la commande publique à la croisée des chemins », in *RLCT*, juillet-août 2012, p. 34.

Cadieu Pascal, Josselin Nicolas, « La commande publique ou les aléas d'une compétition économique et juridique », in *RLCT*, juin 2013, p. 44.

Caillarec Pierre, « Le recours en appel contre un jugement de plein contentieux 'Tropic' », in *CP-ACCP*, juillet-août 2012, p. 26.

Cantié Christophe, « Invocabilité des manquements dans l'instance précontractuelle : des précisions sur les 'devoirs' du juge et des parties », in *JCP Administrations et collectivités territoriales*, 1er février 2010, p. 21.

Caranta Roberto, « Transparence et concurrence », in Noguellou Rozen, Stelkens Ulrich (dir.), *Droit comparé des contrats publics*, Bruylant, 2010, p. 145.

Caranta Roberto, « France. Dossier sur les contentieux des contrats publics en Europe », in *RFDA*, 2011, p. 54.

Caron Olivier, Bardoux Ariane, « Délit d'octroi d'avantage injustifié : des éléments constitutifs symptomatiques d'une infraction obstacle », in *CP-ACCP*, janvier 2014, p. 24.

Casas Didier, « Un nouveau recours qui préserve la sécurité juridique des contrats publics », in *Le Moniteur*, 26 octobre 2007, p. 106.

Cassia Paul, « L'autorité de la chose ordonnée en référé », in *JCP Administrations et collectivités territoriales*, 29 septembre 2004, p. 1344.

Cassia Paul, « Le nouveau recours contre le contrat : questions périphériques de procédure contentieuse », in *AJDA*, 2007, p. 1964.

Cassia Paul, « L'impact du droit communautaire sur le contentieux administratif », in Auby Jean-Bernard, DUTHEIL DE LA RocheRE Jacqueline (dir.), *Droit administratif européen*, Bruylant, 2007, p. 1017.

Cassia Paul, « Le principe du droit au juge et à une protection juridictionnelle effective », in Auby Jean-Bernard, DUTHEIL DE LA RocheRE Jacqueline (dir.), *Droit administratif européen*, Bruylant, 2007, p. 415.

Cassia Paul, « Questions sur le référé-suspension accessoire au nouveau recours contre le contrat », in *JCP Administrations et collectivités territoriales*, 3 décembre 2007, p. 3.

Cassia Paul, « Coup d'arrêt au référé précontractuel », in *AJDA*, 2008, p. 2374.

Cassia Paul, « Conflit d'intérêts et passation des contrats de la commande publique », in *AJDA*, 2012, p. 1040.

Cassia Paul, « Précisions procédurales sur le recours en contestation de la validité du contrat », in *AJDA*, 2012, p. 1109.

Cassia Paul, « Le référé contractuel : beaucoup de bruit pour – presque – rien », in *A propos des contrats des personnes publiques, Mélanges en l'honneur du Professeur Laurent Richer*, LGDJ, 2013, p. 561.

Chabanol Daniel, « Les effets sur le contrat de l'annulation de l'acte détachable », in *CP-ACCP*, novembre 2003, n° 27, p. 32.

Chabanol Daniel, « Le choix du contractant : pouvoir discrétionnaire ou lié ? », in *Mélanges en l'honneur de Michel Guibal*, vol. I, Presses de la faculté de droit de Montpellier, 2006, p. 83.

Chabanol Daniel, « Le droit de l'expertise devant le juge administratif. Une rénovation salutaire », in *JCP Administrations et collectivités territoriales*, 12 juillet 2010, p. 10.

Chapus René, « De l'office du juge : contentieux administratif et nouvelle procédure civile », in *EDCE*, 1977, p. 11.

Chapus René, « Dualité de juridictions et unité de l'ordre juridique », in *RFDA*, 1990, p. 739

Charrier James, « La Cour de discipline budgétaire et financière », in *Répertoire de contentieux administratif*, Dalloz, septembre 2005.

Chartier Jean-Louis, Doyelle Alain, « Les Chambres régionales des comptes et les collectivités en grave difficulté financière », in *AJDA*, 1992, p. 717.

Chauvaux Didier, « De la contradiction entre les juges », in *Mélanges en l'honneur de Daniel Labetoulle*, 2007, p. 175.

Chevalier Émilie, « La loyauté contractuelle : portée d'une notion novatrice en droit des contrats administratifs », in *JCP Administrations et collectivités territoriales*, 17 décembre 2012, p. 29.

Ciaudo Alexandre, « Le rejet par ordonnance des recours manifestement mal fondés, in *Droit administratif*, juin 2010, p. 7.

Clamour Guylain, « Un an sous le soleil de 'Tropic' : recueil de décisions », in *Contrats et marchés publics*, novembre 2008, p. 11.

Clamour Guylain, « Esquisse d'une théorie générale des contrats publics », in *Mélanges en l'honneur de Michel Guibal*, vol. II, Presses de la faculté de droit de Montpellier, 2006, p. 637.

Clamour Guylain, « L'office du juge dans la régularisation des irrecevabilités », in *AJDA*, 2012, p. 686.

Clerc Olivier, « Référé contractuel et recours en contestation de validité du contrat : superposition ou substitution ? », in *JCP Administrations et collectivités territoriales*, 1er mars 2010, p. 25.

Cloix Pierre-Manuel, « Contrôle juridictionnel et critères de choix », in *CP-ACCP*, juin 2007, n° 67, p. 58.

Cocatre-Tilgien André, « Recours pour excès de pouvoir et contrat dans la jurisprudence du Conseil d'Etat français », in *Revue internationale des sciences administratives*, volume XXII, 1956, p. 87.

Cochi Valérie, Terrien Gérard, « Déontologie et commande publique », in *RLCT*, janvier 2012, p. 64.

Colson Etienne, « Tropic travaux signalisation : une voie d'atténuation aux effets de l'avis Préfet de la Côte-d'Or ? », in *Contrats et marchés publics*, décembre 2008, p. 7.

Corbel Michel-Pierre, « L'annulation partielle des actes administratifs », in *AJDA*, 1972, p. 138.

Cossalter Philippe, Deporcq Dominique, « Le casse-tête des quatre juridictions », in *Moniteur TP*, 23 juillet 1993, p. 18.

Cossalter Philippe, « Vingt ans de contentieux administratif des contrats publics : permanence et innovations », in *Mélanges en l'honneur de Jean-Pierre Boivin*, IDPA, 2012, p. 231.

Cottin Stéphane, « Procédures de recours applicables aux contrats de la commande publique », in *Revue Procédures*, novembre 2009, p. 9.

Couvreur Samuel, « Le référé liberté a-t-il une utilité en matière contractuelle ? », in *CP-ACCP*, mai 2013, p. 58.

Dal Farra Thierry, « Un aspect du risque pénal dans la passation de la commande publique : le délit de favoritisme », in *La Gazette du Palais*, 9-10 février 2000, p. 237.

Dal Farra Thierry, « Principe de favoritisme et délit de légalité », in *Mélanges en l'honneur du Professeur Michel Guibal*, vol. I, Presses de la faculté de droit de Montpellier, 2006, p. 95.

Dal Farra Thierry, « Les moyens du référé précontractuel après l'arrêt Smirgeomes », in *BJCP*, décembre 2008, p. 394.

Dal Farra Thierry, « Le risque pénal dans les contrats publics : délits et personnes visées », in *CP-ACCP*, décembre 2011, p. 48.

Dantonel-Cor Nadine, « Le juge judiciaire répressif et l'acte administratif unilatéral depuis la réforme du code pénal », in *Revue de science criminelle*, 1999, p. 17.

Dantonel-Cor Nadine, « Contentieux du contrat administratif. L'annulation de l'acte détachable », in *Droit administratif*, juillet 1999, p. 7.

Dantonel-Cor Nadine, « L'office du juge du référé précontractuel : la recherche permanente de l'effet utile », in *JCP Administrations et collectivités territoriales*, 22 octobre 2012, p. 34.

Darcy Gilles, « Variations sur l'acte détachable du contrat », in *Mélanges en l'honneur de Michel Guibal*, vol. II, Presses de la faculté de droit de Montpellier, 2006, p. 503.

Debeyre Guy, « Le recours pour excès de pouvoir et le contrat », in *RDP*, 1938, p. 215.

Delaloy Guillaume, « L'information des candidats évincés : une étape à ne pas manquer », in *CJFI*, troisième trimestre 2010, p. 199.

Delaloy Guillaume, « Comptables publics et marchés publics : contrôler n'est pas juger ! », in *CJFI*, deuxième trimestre 2012, p. 30.

Delelis Philippe, « Contentieux de la passation des contrats publics : référé précontractuel ou référé suspension ? », in *Contrats et marchés publics*, novembre 2003, p. 44.

Delelis Philippe, « Les insuffisances des procédures de référé », in *AJDA*, 2011, p. 320.

Deliancourt Samuel, « Le juge administratif face à l'expertise », in Pontier Jean-Marie, ROUX Emmanuel (dir.), *Les faits en droit administratif*, PUAM, 2010, p. 123.

Delvolvé Pierre, « Paradoxes du (ou paradoxes sur) le principe de la séparation des autorités administrative et judiciaire », in *Mélanges René Chapus*, Montchrestien, 1992, p. 135.

Delvolvé Pierre, « Vers l'unification du droit des 'marchés publics' ? », in *Mélanges en hommage à Roland Drago*, Economica, 1999, p. 225.

Delvolvé Pierre, « Les nouveaux pouvoirs du juge administratif dans le contentieux des contrats », in *Mélanges en l'honneur de Roger Perrot*, Dalloz, 1995, p. 83.

Delvolvé Pierre, « Un nouveau juge pour le contrat administratif », in *RJEP*, 2007, dossier 1, n° 29.

Delvolvé Pierre, « Contrats publics et sécurité juridique », in *Rapport public 2008 du Conseil d'Etat, Le contrat, mode d'action publique et de production de normes*, La documentation française, p. 329.

Delvolvé Pierre, « Le contentieux des contrats publics en Europe. Présentation », in *RFDA*, 2011, p. 1.

Delvolvé Guillaume, « Autorité de chose jugée de l'administratif sur le judiciaire et du judiciaire sur l'administratif », in *Revue Procédures*, août-septembre 2007, p. 17.

Delvolvé Guillaume, « Le réalisme du juge de l'excès de pouvoir », in *Justice et cassation*, Dalloz, 2012, p. 47.

Dertilis Panagiotis, « Considérations sur le problème de l'autonomie du droit fiscal ou plus généralement du droit financier », in *RDP*, 1957, p. 813.

Descheemaeker Christian, « Cour de discipline budgétaire et financière », in *JCl. Administratif*, Fasc. 1270, 27 septembre 2010.

Descheemaeker Christian, « Le juge financier », in *Les petites affiches*, 2 février 2000, p. 70.

Descheemaeker Christian, « L'examen spécifique de conventions relatives à des marchés ou à des délégations de service public par les Chambres régionales des comptes », in *Les petites affiches*, 14 mai 2001, p. 81.

Desfonds Laurence, « La notion de mesure préparatoire en droit administratif français », in *AJDA*, 2003, p. 12.

Devos François, Duchange Christophe, Hollander-Vandenbossche Sarah, « Les conséquences de l'illégalité d'une délibération sur le contrat », in *BJCP*, juillet-août 2013, p. 249.

Dieu Frédéric, « Le respect du *délai de standstill*. Une obligation essentielle pour les pouvoirs adjudicateurs, une information primordiale pour les entreprises évincées », in *JCP Administrations et collectivités territoriales*, 3 mai 2012, p. 21.

Domino Xavier, Bretonneau Aurélie, « Le vice, mode d'emploi », in *AJDA*, 2012, p. 195.

Douteaud Stéphanie, « Face au contrat, le préfet reste-t-il un requérant 'super privilégié' ? », in *AJDA*, 2012, p. 2154.

Drago Roland, « Paradoxes sur les contrats administratifs », in *Études offertes à Jacques Flour*, Defrénois, 1979, p. 151.

Drago Roland, « Le juge judiciaire, juge administratif », in *RFDA*, 1990, p. 757.

Dreyfus Jean-David, Basset Bruno, « Autour de la notion de 'droit commun de la commande publique' », in *AJDA*, 2004, p. 2256.

Dreyfus Jean-David, « L'amélioration de l'efficacité des procédures de recours en matière de passation des contrats de commande publique », in *AJDA*, 2009, p. 1145.

Dreyfus Jean-David, « L'émergence d'un droit commun de la commande publique en matière de procédures de recours », in *AJDA*, 2010, p. 148.

Dreyfus Jean-David, « Pour un renouveau du référé précontractuel », in *AJDA*, 2010, p. 1553.

Dreyfus Jean-David, « Transaction et commande publique : les frontières avec le délit de favoritisme », in *AJCT*, mai 2012, p. 243.

Dubos Olivier, Melleray Fabrice, « La modulation dans le temps des effets de l'annulation d'un acte administratif », in *Droit administratif*, août 2004, p. 8.

Duffy Aurélie, « La constitutionnalisation de la liberté contractuelle », in *RDP*, 2006, p. 1569.

Eckert Gabriel, « Réflexions critiques sur l'évolution du droit des contrats publics », in *RFDA*, 2006, p. 238.

Eckert Gabriel, « Faut-il supprimer le code des marchés publics ? », in *Mélanges en l'honneur de Georges Wiederkher*, Dalloz, 2009, p. 263.

Ellie Sébastien, « La définition renouvelée du rôle et de la responsabilité du comptable public », in *Contrats et marchés publics*, juillet 2012, p. 6.

Eudier Frédérique, « Modèles et anti-modèles dans le rôle du juge en matière contractuelle », in Revet Thierry (dir.), *Code civil et modèles. Des modèles du Code au Code comme modèle*, LGDJ, 2005, p. 225.

Eveillard Gweltaz, « Droit administratif et droit pénal », in Gonod Pascale, Melleray Fabrice, Yolka Philippe (dir.), *Traité de droit administratif*, tome 1, Dalloz, 2011, p. 652.

Fatôme Etienne, Richer Laurent, « Le Conseil constitutionnel et le 'droit commun' de la 'commande publique' et de la domanialité publique. À propos de la décision du Conseil constitutionnel du 26 juin 2003 », in *AJDA*, 2003, p. 2348.

Fermaud Laëtitia, « Le point final apporté à la réforme des juridictions financières », in *AJDA*, 2013, p. 1614.

Fevrier Jean-Marc, « L'obligation de notification de la requête en référé précontractuel et ses (in)conséquences », in *JCP Administrations et collectivités territoriales*, 20 septembre 2010, p. 23.

Fiorentino Christophe, « Affaires courantes, contrat et déféré préfectoral », in *Revue générale des collectivités territoriales*, octobre 2012, p. 195.

Flogaïtis Spyridon, « Contrat et acte administratif unilatéral », in *Mélanges en l'honneur de Guy Braibant*, Dalloz, 1996, p. 229.

Foerster Maëlle, « Superposition, articulation et friction des recours en matière de commande publique », in *CJFI*, troisième trimestre 2009, p. 197.

Fornacciari Marc, « Contribution à la résolution de quelques 'paradoxes' », in *EDCE*, 1987, p. 93.

Fradin Laurence, « Cour des comptes », in *JCl. Administratif*, Fasc. 1210, 1995.

Fraisseix Patrick, « La révolution méthodologique du juge de l'excès de pouvoir », in *Les petites affiches*, 9 septembre 2005, p. 3.

Frier Pierre-Laurent, « Panorama de contentieux administratif et de responsabilité de la puissance publique », in *Dalloz*, 2005, p. 26.

Froment-Meurice Anne, Groper Nicolas, « La responsabilité des acteurs de la gestion publique en matière budgétaire, financière et comptable : l'heure du bilan », in *AJDA*, 2005, p. 714.

Gahdouin Pierre-Yves, « Une seconde jeunesse pour la notion d'économie du contrat », in *Mélanges en l'honneur de Michel Guibal*, Presses de la faculté de droit de Montpellier, 2006, p. 249.

Gartner Fabrice, « Des rapports entre contrats administratifs et intérêt général », in *RFDA*, 2006, p. 19.

Gauch Guillaume, Metzger Olivier, « Recours 'Tropic' cinq ans après : un recours toujours utile ? », in *CP-ACCP*, juillet-août 2012, p. 60.

Gauch Guillaume, Metzger Olivier, « Quels sont les moyens invocables devant le juge du référé précontractuel et contractuel », in *CP-ACCP*, mai 2013, p. 30.

Gaudemet Mathieu, Dizier Angélique, « A propos du recours des tiers contre le contrat administratif : nouvelle tentative de rationalisation du Conseil d'Etat », in *Recueil Dalloz*, 29 mai 2014, p. 1179.

Gaudemet Yves, « Remarques sur les aspects récents du contentieux des contrats de l'administration », in *Liber amicorum Georges Daublon*, Defrénois, 2001, p. 101.

Gaudemet Yves, « Le contrat administratif, un contrat hors la loi », in *Les Cahiers du Conseil constitutionnel*, 2004, n° 17, p. 91.

Gaudemet Yves, « Bilan et perspective du processus de réforme du droit de la commande publique », in *Contrats et marchés publics*, mai 2005, p. 43.

Gaudemet Yves, « Le tiers, le contrat administratif : du nouveau », in *RDC*, 2008, p. 597.

Gaudemet Yves, « Pour une nouvelle théorie générale du droit des contrats administratifs : mesurer les difficultés d'une entreprise nécessaire », in *RDP*, 2010, p. 325.

Gazagnes Philippe, « Les conséquences des recours contentieux sur la pérennité des contrats des collectivités locales », in *La Gazette du Palais*, 9-10 juin 1999, p. 753.

Geffray Édouard, Liéber Sophie-Justine, « Référé précontractuel, une bouffée d'oxygène ? » in *AJDA*, 2008, p. 2161.

Germain Jérôme, « Les recours juridictionnels ouverts au concurrent évincé contre un marché public communautaire après sa conclusion en France et en Allemagne », in *RFDA*, 2009, p. 49.

Germain Jérôme, « Le recours d'un concurrent évincé du marché public communautaire : comparaisons franco-allemandes », in *AJDA*, 2009, p. 469.

Ghestin Jacques, « Nouvelles propositions pour un renouvellement de la distinction de parties et des tiers », in *RTD civ.*, 1994, p. 777.

Ghestin Jacques, « L'annulation d'office d'un contrat », in *Mélanges offerts à Pierre Drai*, Dalloz, 2000, p. 593.

Girardi Jean-Luc, « Le régime de responsabilité personnelle et pécuniaire des comptables publics après 'La' réforme », in *CJFI*, 4ème trimestre 2012, p. 31.

Glaser Emmanuel, « Les habits neufs du juge du contrat », in *AJDA*, 2001, p. 310.

Glaser Emmanuel, Béziers I, à propos d'un « notamment', in *A propos des contrats des personnes publiques, Mélanges en l'honneur du Professeur Laurent Richer*, LGDJ, 2013, p. 641

Gohin Olivier, « Le recours pour excès de pouvoir et les référés », in *JCP Administrations et collectivités territoriales*, 24 septembre 2012, p. 37.

Gonidec Pierre-François, « Contrat et recours pour excès de pouvoir », in *RDP*, 1950, p. 58.

Gonod Pascale, « Introduction de l'instance. - Recevabilité. - Décision attaquée, auteur du recours », in *JCl. Justice administrative*, Fasc. 40, 1er octobre 2001.

Gourdou Jean, « Référé. - Juge des référés . - Organisation. Dispositions générales », in *JCl. Justice administrative*, Fasc. 50, 1er février 2002.

Gourdou Jean, Terneyre Philippe, « Pour une clarification du contentieux de la légalité en matière contractuelle », in *CJEG*, 1999, p. 249.

Gourdou Jean, Terneyre Philippe, « Le référé précontractuel administratif au lendemain de la réforme législative des procédures d'urgence », in *CJEG*, 2001, p. 135.

Gourdou Jean, Terneyre Philippe, « Les référés précontractuel et contractuel après l'ordonnance du 7 mai 2009 », in *BJCP*, octobre 2009, p. 358.

Granjon Romain, « La remarquable extension du référé précontractuel », in *CP-ACCP*, septembre 2009, p. 45.

Grimaldi Michel, « Le contrat et les tiers », in *Mélanges en l'honneur de Philippe Jestaz*, Dalloz, 2006, p. 163.

Guézou Olivier, « Million et Tropic : histoires parallèles et vie commune », in *Études en l'honneur du Professeur Michel Bazex*, Litec, 2009, p. 147.

Guézou Olivier, « Concurrents évincés et recevabilité des recours dans les contrats publics : un exemple de darwinisme contentieux », in *A propos des contrats des personnes publiques, Mélanges en l'honneur du Professeur Laurent Richer*, LGDJ, 2013, p. 651.

Guillerm Maeva, « Le référé mesures utiles en matière contractuelle », in *CP-ACCP*, mai 2013, p. 51.

Guinard Dorian, « De l'effectivité du droit de la concurrence dans le droit de la commande publique. Regard récent sur la sélection des candidats par les pouvoirs adjudicateurs », in *Contrats et marchés publics*, février 2011, p. 13.

Guyomar Mattias, Collin Pierre, « Diverses applications du principe d'impartialité », in *AJDA*, 2000, p. 126.

Haïm Victor, « De l'usage du référé dans le cas d'irrégularités lors de la passation d'un marché public », in *AJDA*, 2010, p. 871.

Heilbronner André, « Recours pour excès de pouvoir et recours de plein contentieux », in *Dalloz*, 1953, p. 183.

Helliot Maurice, « Les limites de la compétence du juge administratif en plein contentieux », in *AJDA*, 1987, p. 442.

Henon Matthieu, de Carvalho Karine, « La nécessaire réforme du délit d'octroi », in *La Gazette des communes*, 17 janvier 2011, p. 46.

Hourcabie Aymeric, « La mise en œuvre des pouvoirs du juge du référé contractuel », in *CP-ACCP*, septembre 2009, p. 53.

Hourcabie Aymeric, « L'évolution de l'office du juge administratif », in *CP-ACCP*, juin 2010, p. 77.

Hourcabie Aymeric, « Les contrats administratifs et le traitement de leur irrégularité par le juge administratif », in *Mélanges en l'honneur de Jean-Pierre Boivin*, IDPA, 2012, p. 259.

Janicot Lætitia, « Réflexions sur la théorie de l'acte détachable dans le contentieux contractuel », in *RDP*, 2011, p. 347.

Jebeili Cécile, « Le déféré sur demande en question... », in *Revue Collectivités territoriales intercommunalité*, août-septembre 2004, p. 10.

Jouguelet Jean-Pierre, « Le risque de contentieux », in *CP-ACCP*, juillet-août 2012, p. 3.

Kadouci Nora, « L'office du juge des référés », in Julien-Laferrière François, Guinard Dorian, Maffesoli Sarah-Marie (dir.), *Quel sens pour le droit ?*, L'Harmattan, 2008, p. 55.

Kloeppfer Wilfried, « Réflexions sur l'admission du recours pour excès de pouvoir en matière contractuelle », in *AJDA*, 2003, p. 585.

Koebel Bruno, « Le référé contractuel dans l'ombre et au service du référé précontractuel », in *CP-ACCP*, novembre 2012, p. 64.

Labetoulle Daniel, « Principe de légalité et principe de sécurité », in *Mélanges Guy Braibant*, Dalloz, 1996, p. 403.

Labetoulle Daniel, « Propos conclusifs : recours pour excès de pouvoir et contentieux de l'annulation », in *JCP Administrations et collectivités territoriales*, 24 septembre 2012, p. 54.

Lachaume Jean-François, « Remarques sur le contrôle *a posteriori* de la légalité des actes des autorités locales décentralisées », in *RFDA*, 1985, p. 529.

Lafaix Jean-François, « La nouvelle directive 'recours' ou l'esquisse d'une exigence de 'sanction adaptée' », in *Contrats et marchés publics*, avril 2008, p. 6.

Lafaix Jean-François, « Systématisation inachevée du contentieux de la commande publique . - Commentaire de l'ordonnance n° 2009-515 du 7 mai 2009 », in *JCl. Contrats et marchés publics*, Fasc. 2, 8 mai 2009.

Lafaix Jean-François, « La systématisation inachevée du contentieux de la commande publique », in *Contrats et marchés publics*, juillet 2009, p. 6.

Lafaix Jean-François, « Réflexions sur la sanction des règles relatives aux procédures de passation des contrats publics », in *RFDA*, 2010, p. 85.

Lafaix Jean-François, « Le juge du contrat face à la diversité des contentieux contractuels », in *RFDA*, 2010, p. 1089.

Lafay Nicolas, « Référé contractuel : les conditions de recevabilité précisées par le juge », in *CP-ACCP*, janvier 2012, p. 91.

Lafay Nicolas, Rabier Adrien, « Référé précontractuel, pourvoi en cassation et QPC », in *CP-ACCP*, mai 2013, p. 43.

Lagasse Dominique, « La théorie administrative des actes détachables remise en cause par le Conseil d'Etat ? », in *Mélanges Philippe Gérard*, Bruylant, 2002, p. 315.

Lagumina Sandra, Philippe Édouard, « Le référé précontractuel », in *AJDA*, 2000, p. 283.

Laligant Michel, « La notion d'intérêt pour agir et le juge administratif », in *RDP*, 1971, p. 43.

Lallemant-Bif Lydie, « Réflexion sur le délit de favoritisme dans les marchés publics : dépénalisation ou contraventionnalisation ? », in *La Gazette du Palais*, 17-18 novembre 2000, p. 1947.

Lallet Alexandre, Domino Xavier, « Retour à Béziers, Chronique générale de jurisprudence administrative française », in *AJDA*, 2011, p. 665.

Lamarque Danièle, Miller Gilles, « Les chambres régionales des comptes et le juge judiciaire », in *AJDA*, 2000, p. 513.

Lamarque Jean, « Les difficultés présentes et les perspectives d'avenir de la distinction entre les contrats administratifs et les contrats de droit privé », in *AJDA*, 1961, p. 123.

LAMPUE Pierre, « La distinction des contentieux », in *Études en l'honneur de Georges Scelle*, LGDJ, 1950, p. 285.

Langelier Élise, « Le juge du référé précontractuel instrumentalisé ? », in *Les Cahiers de la fonction publique*, HS au n° 292, septembre 2009, p. 17.

Langelier Élise, « Panorama des évolutions de l'office du juge administratif face aux contrats administratifs », in *Le Complément territorial CGCT*, août 2011, p. 9.

Langelier Élise, « Nouvelles variations sur l'intérêt pour agir dans le recours en annulation », in *AJDA*, 2012, p. 417.

Langelier Élise, « Vers une ouverture aux tiers d'un recours de plein contentieux ? », in *CP-ACCP*, juillet-août 2012, p. 67.

Langelier Élise, « Les associations transparentes face au droit pénal des marchés publics », in *CP-ACCP*, avril 2013, p. 38.

Lanzarone Éric, BRAUNSTEIN Hanna, « Régularisation de la délibération de la CAO : une nouvelle chance donnée au contrat », in *CP-ACCP*, mai 2013, p. 80.

Lanzarone Eric, BRAUSTEIN Hanna, « L'arrêt Tarn-et-Garonne : un nouveau recours en contestation de validité du contrat », in *CP-ACCP*, juin 2014, p. 76.

Larue Jérôme, Mokhtar Florian, « L'impossible définition du manque à gagner du candidat évincé », in *CP-ACCP*, avril 2012, p. 87.

Lascombe Michel, Vandendriessche Xavier, « Cour des comptes », in *Répertoire de contentieux administratif*, Dalloz, septembre 2009.

Laval-Mader Nathalie, « Les évolutions du risque pénal dans la gestion publique locale », in *RDFA*, 2012, p. 707.

Le Bot Olivier, « La détermination par le juge des référés des conditions de recevabilité des recours au fond », in Donier Virginie, Laperou-Scheneider Béatrice (dir.), *La régularisation par le juge de l'accès au prétoire*, Dalloz, 2013, p. 91.

Le Bouedec Pierre, Morice Émeric, « Les référés contre les contrats des entités adjudicatrices de droit privé », in *CP-ACCP*, mai 2011, p. 44.

Le Coq Mathieu, « Vices affectant la conclusion des contrats publics : mode d'emploi des mesures de régularisation par l'administration », in *Contrats et marchés publics*, avril 2013, p. 37.

Le Coq Mathieu, « L'enrichissement sans cause dans le droit de la commande publique », in *Contrats et marchés publics*, juillet 2013, p. 43.

Le Foll Jean, « Les chambres régionales et territoriales des comptes », in *JCl. Administratif*, Fasc. 1215, 31 janvier 2003.

Lefoulon Joëlle, « Contribution à l'étude de la distinction des contentieux, le problème de la compétence du juge du contrat en matière administrative », in *AJDA*, 1976, p. 396.

Lhéritier Marie, « Référés précontractuels civils et administratifs : des recours similaires ? », in *CP-ACCP*, mai 2013, p. 40.

Lepetit-Collin Hélène, Perrin Alix, « La distinction des recours contentieux en matière administrative. Nouvelles perspectives », in *RFDA*, 2011, p. 813.

Lesclous Vincent, « L'appréciation des actes administratifs par le juge répressif », in *JCP Édition générale*, 16 mars 1994, p. 143.

Letellier Hervé, « Analyse comparative des référés pré et postcontractuels : quel recours choisir ? », in *CP-ACCP*, septembre 2009, p. 48.

Letellier Hervé, « Référé suspension, urgence et violation du *délai de standstill* », in *CP-ACCP*, janvier 2010, p. 99.

Letellier Hervé, « Recours des candidats évincés : entre élargissement et resserrement », in *CP-ACCP*, juin 2010, p. 89.

Letellier Hervé, « Moyens invocables en référé : entre rigueur et souplesse d'interprétation », in *CP-ACCP*, novembre 2010, p. 66.

Letellier Hervé, « Définition du besoin par l'acheteur et égale information des opérateurs économiques », in *CP-ACCP*, septembre 2012, p. 84.

Letellier Hervé, « Passerelles entre référés et motivation des décisions d'éviction », in *CP-ACCP*, mai 2013, p. 33.

Levallois Bernard, « Le contrôle de la gestion et le rapport public », in Les Chambres régionales des comptes, Actes du colloque d'Angers, 1984, La documentation française, p. 141.

Lichère François, « L'influence du droit communautaire sur le droit des contrats publics », in Auby Jean-Bernard, DUTHEIL DE LA RocheRE Jacqueline (dir.), *Droit administratif européen*, Bruylant, 2007, p. 945.

Liéber Sophie-Justine, Botteghi Damien, « Le contrat public aurait-il (enfin) trouvé son juge ? », in *AJDA*, 2010, p. 142.

Linditch Florian, « Quelques conséquences pratiques à propos de l'admission du recours des candidats évincés contre les contrats publics », in *JCP Administrations et collectivités territoriales*, 3 septembre 2007, p. 23.

Linditch Florian, « Un an de droit pénal des marchés publics », in *Contrats et marchés publics*, octobre 2007, p. 7.

Linditch Florian, « Les beaux jours de l'acte détachable sont devant lui », in *JCP Administrations et collectivités territoriales*, 4 février 2008, p. 28.

Linditch Florian, « Recours Tropic : la condition tenant à l'urgence, obstacle insurmontable à l'obtention du référé-suspension », in *JCP Administrations et collectivités territoriales*, 31 mars 2008, p. 31.

Linditch Florian, « Un an de droit pénal des marchés publics », in *Contrats et marchés publics*, octobre 2008, p. 15.

Linditch Florian, « Le référé précontractuel foudroyé », in *JCP Administrations et collectivités territoriales*, 17 novembre 2008, p. 27 et s.

Linditch Florian, « Commande publique : premier regard sur l'ordonnance de transposition de la directive Recours », in *JCP Administrations et collectivités territoriales*, 8 juin 2009, p. 32.

Linditch Florian, « Transposition de la directive Recours, suite et fin ? », in *JCP Administrations et collectivités territoriales*, 14 décembre 2009, p. 30.

Linditch Florian, « Un an de droit pénal des marchés publics », in *Contrats et marchés publics*, octobre 2010, p. 16.

Linditch Florian, « Un an de droit pénal des marchés publics », in *Contrats et marchés publics*, octobre 2011, p. 23.

Linditch Florian, « Un an de droit pénal des marchés publics », in *Contrats et marchés publics*, octobre 2012, p. 17.

Linotte Daniel, « L'évolution récente des contrats de commande publique », in *La Gazette du Palais*, 5 décembre 2009, p. 2.

Llorens François, « Le droit des contrats administratifs est-il un droit essentiellement jurisprudentiel ? », in *Mélanges offerts à Max Cluseau*, Presses de l'Institut d'études politiques de Toulouse, 1985, p. 377.

Llorens François, « Le référé précontractuel entre continuité et changement », in Wachsmann Patrick (dir.), *Le nouveau juge administratif des référés. Réflexions sur la réforme opérée par la loi du 30 juin 2000*, Presses universitaires de Strasbourg, 2002, p. 27.

Llorens François, « Les conséquences de la nullité des marchés publics et des délégations de services publics », in *CJEG*, 2002, p. 571.

Llorens François, « Typologie des contrats de la commande publique », in *Contrats et marchés publics*, mai 2005, p. 12.

Llorens François, Soler-Couteaux Pierre, « Le droit des contrats publics en miettes », in *Contrats et marchés publics*, janvier 2005, p. 3.

Llorens François, Soler-Couteaux Pierre, « Pour un Code de la commande publique », in *Contrats et marchés publics*, février 2006, p. 1.

Llorens François, Soler-Couteaux Pierre, « Le recours des candidats évincés contre les contrats : embarras du choix ou embarras tout court ? », in *Contrats et marchés publics*, août-septembre 2007, p. 1 et s.

Llorens François, Soler-Couteaux Pierre, « Des limites du recours Tropic travaux signalisation », in *Contrats et marchés publics*, mai 2008, p. 1.

Llorens François, Soler-Couteaux Pierre, « L'arrêt Smirgeomes et la restructuration du contentieux des contrats administratifs : la voie de la raison », in *Contrats et marchés publics*, novembre 2008, repère 10.

Llorens François, Soler-Couteaux Pierre, « Quel avenir pour la jurisprudence Tropic après la transposition de la nouvelle directive 'Recours' ? », in *Contrats et marchés publics*, juin 2009, p. 1.

Llorens François, Soler-Couteaux Pierre, « Le grand désordre du droit de la commande publique », in *Contrats et marchés publics*, juillet 2009, p. 1.

Llorens François, Soler-Couteaux Pierre, « De la loyauté dans le contentieux administratif des contrats ? », in *Contrats et marchés publics*, février 2010, p. 2.

Llorens François, Soler-Couteaux Pierre, « Vers une harmonisation du contentieux administratif des contrats ? », in *Contrats et marchés publics*, juin 2010, p. 1.

Llorens François, Soler-Couteaux Pierre, « Commande publique et contrats publics : questions de mots et de fond », in *Contrats et marchés publics*, février 2011, p. 1.

Llorens François, Soler-Couteaux Pierre, « Le contentieux des contrats publics en mouvement », in *Contrats et marchés publics*, mars 2011, p. 1.

Llorens François, Soler-Couteaux Pierre, « Quel sort l'évolution du contentieux contractuel peut-elle réserver au déféré préfectoral ? », in *Contrats et marchés publics*, janvier 2012, p. 1.

Llorens François, Soler-Couteaux Pierre, « Un nouvel élan pour le recours Tropic », in *Contrats et marchés publics*, mai 2012, p. 1.

Llorens François, Soler-Couteaux Pierre, « Du sort des contrats de droit privé en cas d'annulation d'un acte détachable », in *Contrats et marchés publics*, août-septembre 2013, p. 1.

Llorens François, Soler-Couteaux Pierre, « Le contentieux administratif des contrats poursuit sa mue : quelques réflexions à propos de l'arrêt Département de Tarn-et-Garonne », in *Contrats et marchés publics*, mai 2014, repère 5.

Louvaris Antoine, « Recours contre les actes détachables et les clauses réglementaires : état des lieux », in *CP-ACCP*, juillet-août 2012, p. 63.

Marcovici Laurent, « Clause réglementaire et divisibilité des contrats », in *AJDA*, 2007, p. 680.

Marcovici Laurent, « Sauvons l'arrêt Martin ! », in *AJDA*, 2013, p. 1297.

Marcus Laure, Perrin Alix, « Annulation de l'acte détachable du contrat et distinction des contentieux », in *Droit administratif*, janvier 2006, p. 5.

Marguery Laure, « La 'loyauté des relations contractuelles' en droit administratif : d'un principe procédural à un principe substantiel », in *RFDA*, 2012, p. 663.

MARINO-Philippe Clémence, « Les nouvelles règles de la commande publique : bilan autour d'un contentieux en perpétuelle évolution », in *RDP*, 2011, p. 113.

Martin Julien, NAULEAU Pierre-Yves, « Référé précontractuel : la course à la signature continue ! », in *CP-ACCP*, février 2005, p. 56.

Martin Raymond, « Sur l'unité des ordres de juridiction », in *RTD civ.*, 1996, p. 109.

Matsopoulou Haritini, « Quelques aspects du délit de 'favoritisme' », in *Mélanges en l'honneur du Professeur Jacques-Henri Robert*, LexisNexis, 2012, p. 471.

Maugüé Christine, Touvet Laurent, « Le référé précontractuel : procédure et champ d'application », in *AJDA*, 1994, p. 502.

Maugüé Christine, « Les variations de la liberté contractuelle dans les contrats administratifs », in *AJDA*, 1998, p. 694.

Maugüé Christine, « Quel avenir pour le code de la commande publique », in *Les cahiers de la fonction publique*, 2009, HS, suppl. au n° 292, p. 35.

Mbouhou Max, « La suspension sur déféré », in *CP-ACCP*, octobre 2003, p. 39.

Mekki Mustapha, « Nullité et validité en droit des contrats : un exemple de pensée par les contraintes », in *RDC*, 2006, p. 679.

Melleray Fabrice, « Recours pour excès de pouvoir. Moyens d'annulation », in *Répertoire de contentieux administratif*, Dalloz, janvier 2007.

Melleray Fabrice, « Vers un nouveau contentieux de la commande publique ? », in *RDP*, 2007, p. 1383.

Melleray Fabrice, « La distinction des contentieux est-elle un archaïsme ? », in *JCP Administrations et collectivités territoriales*, 25 juillet 2005, p. 1233.

Melleray Fabrice, « A propos de l'intérêt donnant qualité à agir en contentieux administratif », in *AJDA*, 2014, p. 1530.

Ménéménis Alain, « Le juge administratif et le contrat, libres propos sur un agenda chargé », in *Mélanges en l'honneur d'Étienne Fatôme*, Dalloz, 2011, p. 329.

Ménéménis Alain, « Un contentieux en pleine évolution. Propos introductifs », in *AJDA*, 2011, p. 308.

Ménéménis Alain, « Le juge administratif du contrat : fragments pour un portrait », in *RJEP*, février 2012, p. 3.

Mescheriakoff Alain-Serge, « Le délit dit de favoritisme », in *Les petites affiches*, 15 février 1995, p. 6.

de Metz-Pazzis Hugues, « Dans le champ de la commande publique, quels sont les litiges relevant du tribunal administratif dispensés du ministère d'avocat ? », in *AJDA*, 2009, p. 2261.

Mialot Camille, « L'arrêt Danthony du point de vue du justiciable », in *AJDA*, 2012, p. 1484.

Michaut Christian, Picard Jean-Eudes, « L'applicabilité des règles de la commande publique à une société anonyme », in *AJDA*, 2014, p. 1603.

Mignon Maxime, « Une évolution inachevée : la notion d'intérêt ouvrant le REP », in *Dalloz*, 1953, p. 121.

Michaut Christian, Sitbon Patrick, « Chronique de jurisprudence de la Cour des comptes et de la Cour de discipline budgétaire et financière », in *AJDA*, 2012, p. 2434.

Michaut Christian, Sitbon Patrick, « Chronique de jurisprudence de la Cour des comptes et de la Cour de discipline budgétaire et financière », in *AJDA*, 2013, p. 1621.

Miller Gilles, LEYAT Alain, « Les chambres régionales et territoriales des comptes et le contrôle des délégations de service public », in *AJDA*, 2007, p. 1696.

Minescaut Aurélia, « Sur l'efficience du recours Tropic face aux référés précontractuels et contractuels », in *CP-ACCP*, mai 2013, p. 37.

Moderne Franck, « A propos de la codification du droit des contrats publics. Réflexions sur l'expérience française », in *Études en l'honneur de Gérard Timsit*, Bruylant, 2004, p. 433.

Momas Jérôme, « Référé suspension et contentieux précontractuel », in *AJDA*, 2004, p. 1116.

Moreau David, « Le régime des recettes dans les contrats publics », in *AJDA*, 2007, p. 1513.

Moreau David, « La prise en compte de l'intérêt général dans le contentieux des contrats publics », in *CP-ACCP*, juin 2010, p. 92.

Moreau David, « La notification de la requête au défendeur par le requérant est-elle une condition de recevabilité du nouveau référé précontractuel ? », in *AJDA*, 2010, p. 1348.

Moreau David, « Les recours contre les contrats des entités adjudicatrices de droit public », in *CP-ACCP*, mai 2011, p. 48.

Moreau David, « La contestation de la validité du contrat par les parties », in *CP-ACCP*, juillet-août 2012, p. 50.

Moreau Jacques, « De la compétence des juridictions pénales pour apprécier la légalité des actes administratifs », in *JCP Administrations et collectivités territoriales*, 2 mai 2005, p. 751.

Motulsky Henri, « La cause de la demande dans la délimitation de l'office du juge », in *Dalloz*, 1964, p. 235.

Niquège Sylvain, « L'impact du droit européen sur le juge administratif », in Donier Virgine, Laperou-Scheneider Béatrice (dir.), *La régularisation par le juge de l'accès au prétoire*, Dalloz, 2013, p. 255.

Noguellou Rozen, « L'arrêt Société Tropic travaux signalisation et la notion de tiers au contrat », in *RDC*, 2008, p. 610.

Noury Arnauld, « Le référé contractuel : une voie de droit subsidiaire, des pouvoirs bridés », in *RLCT*, décembre 2011, p. 29.

Nugue Philippe, « Commande publique et risques contentieux : entre ouverture et fermeture des voies de droit, un contentieux schizophrène ? », in *JCP Administrations et collectivités territoriales*, 24 novembre 2008, p. 11.

Ogier-Bernaud Valérie, « Le référé suspension et la condition d'urgence », in *RFDA*, 2002, p. 284.

Pacteau Bernard, « Quel retentissement de l'annulation d'un acte détachable sur la validité de l'exécution du contrat auquel cet acte se rapporte ? », in *CJEG*, 1991, p. 115.

Pacteau Bernard, « Du recours pour excès de pouvoir au recours de pleine juridiction ? », in *La Revue administrative*, 1999, n° spécial, p. 51.

Paillet Michel, « Quelques réflexions sur les rapports entre responsabilité administrative contractuelle et extracontractuelle », in *Mélanges en l'honneur de Michel Guibal*, vol. I, Presses de la faculté de droit de Montpellier, 2006, p. 553.

Payre Jean-Paul, « Recherche sur la notion d'indivisibilité du contrat administratif », in *Mélanges offerts à Pierre Montané de la Roque*, Publications de l'Institut d'études politiques de Toulouse, 1986, p. 507.

Perrin Alix, « Conditions d'exercice du recours pour excès de pouvoir. - Conditions particulières relatives à la nature de l'acte contesté », in *JCl. Administratif*, Fasc. 1140, 28 novembre 2011.

Peyret Paul, Levain Lionel, « Panorama des recours ouverts à l'encontre des contrats privés de la commande publique », in *Contrats et marchés publics*, août-septembre 2013, p. 26.

Pez Thomas, « Transposition de la nouvelle directive 'recours' : du référé précontractuel au référé contractuel », in *Droit administratif*, juin 2009, p. 31.

Pietri Jean-Paul, « Recours pour excès de pouvoir », in *JCl. Contrats et marchés publics*, Fasc. 31, 1er avril 2011.

Pietri Jean-Paul, « Un an de droit du contentieux de la commande publique », in *Contrats et marchés publics*, août-septembre 2012, p. 11.

Pietri Jean-Paul, « Un an de droit du contentieux de la commande publique », in *Contrats et marchés publics*, août-septembre 2013, p. 6

Plessix Benoît, « Le caractère provisoire des mesures prononcées en référé », in *RFDA*, 2007, p. 76.

Poujade Bernard, « Le référé précontractuel », in *RFDA*, 2002, p. 279.

Poujade Bernard, « Contrôles du juge financier sur les délégations de service public », in *Contrats et marchés publics*, mai 2003, p. 41.

Poujade Bernard, « La responsabilité des ordonnateurs en droit public financier : état des lieux », in *AJDA*, 2005, p. 703.

Poujade Bernard, « Les contrôles relatifs aux contrats d'achat public », in *Contrats et marchés publics*, mai 2005, p. 39.

Pourcel Éric, « Délit d'octroi d'avantage injustifié et droit des marchés publics : petite mise au point sur les éléments intentionnels et matériels constitutifs d'un délit *sui generis* », in *JCP Administrations et collectivités territoriales*, 21 novembre 2005, p. 1702.

Pouyaud Dominique, « La sanction de l'irrégularité dans la passation d'un marché. Quatre juges pour un contrat », in *Droit administratif*, avril 1998, p. 4.

Pouyaud Dominique, « Recours pour excès de pouvoir des tiers et contrats publics », in *BJCP*, mars 1999, p. 238.

Pouyaud Dominique, « Suite et fin de l'affaire Epoux Lopez. Réflexions sur le rôle du tiers dans les contrats », in *BJCP*, juillet 2002, p. 264.

Pouyaud Dominique, « Les modes d'annulation du contrat administratif », in *RDC*, 2006, p. 980.

Pouyaud Dominique, « Contentieux des contrats administratifs. - Formation du contrat », in *JCl. Administratif*, Fasc. 1126, 9 septembre 2010.

Pouyaud Dominique, « Contentieux des contrats administratifs - Exécution et fin du contrat », in *JCl. Administratif*, Fasc. 1127, 1er février 2011.

Pouyaud Dominique, « France. Dossier sur le contentieux des contrats publics en Europe », in *RFDA*, 2011, p. 6.

Prebissy-Schnall Catherine, TOUZEIL-DIVINA Mathieu, « Juge de l'excès de pouvoir et contrat administratif : le recours à un contrat 'ouvert' ? », in Koubi Geneviève (dir.), *Sur les fondements du droit public : de l'anthropologie au droit*, Bruylant, 2003, p. 235.

Prebissy-Schnall Catherine « Vers la fin de l'approche catégorielle des contrats de commande publique », *in Études en l'honneur du Professeur Michel Bazex*, Litec, 2009, p. 261.

Prebissy-Schnall, « Vers une réforme du délai de favoritisme ? », in *CP-ACCP*, janvier 2014, p. 72

Ramaut Pierre-Alexis, « Référé précontractuel et lésion », in *CP-ACCP*, juillet-août 2012, p. 37.

Ranjineh Solmaz, Cloix Pierre-Manuel, « Juge administratif et procédure pénale », in *CP-ACCP*, janvier 2014, p. 68.

Rees Philippe, « Tropic II est arrivé. À propos de l'arrêt Département de Tarn-et-Garonne », in *Contrats et marchés publics*, mai 2014, étude n° 5.

Renouard Louis, JACOB Maxime, « Acte II de la transposition de la directive Recours : le décret du 27 novembre 2009 », in *CP-ACCP*, février 2010, p. 80.

Renouard Louis, « Le champ matériel de l'ordonnance du 7 mai 2009 », in *CP-ACCP*, septembre 2009, p. 37.

Renouard Louis, « L'exécution des marchés publics : trois années de décisions du juge des comptes », in *Gestion et finances publiques*, décembre 2012, p. 4.

Rees Philippe, « État des lieux du droit du contentieux de la validité des contrats de la commande publique », in *Contrats et marchés publics*, janvier 2010, p. 6.

Rees Philippe, « Premier bilan de la jurisprudence administrative en matière de référé contractuel », in *Contrats et marchés publics*, août-septembre 2011, p. 7.

Revet Thierry, Rochfeld Judith, « La 'communautarisation' du droit contractuel interne : de l'influence des notions forgées par le droit communautaire en général, et de celle de sanction en particulier », in *RDC*, 2007, p. 223.

Richer Laurent, « La transparence et l'obstacle », in *Mélanges en l'honneur du Professeur Michel Guibal*, vol. I, Presses de la faculté de droit de Montpellier, 2006, p. 175.

Richer Laurent, « Vie et survie du contrat administratif illégal », in *Mélanges en l'honneur de Jacqueline Morand-Deviller*, Montchrestien, 2007, p. 509.

Richer Laurent, « Le maintien en vigueur du contrat illégal », in *CP-ACCP*, mars 2008, p. 46.

Richer Laurent, « Les mutations de la théorie des nullités des contrats administratifs », in *Un avocat dans l'Histoire. En mémoire de Arnaud Lyon-Caen*, Dalloz, 2013.

Richer Laurent, « Une protection renforcée des garanties de transparence et de non-discrimination : le référé contractuel », in Teitgen-Colly Catherine (dir.), *Perspectives contentieuses des réformes de la justice administrative*, LGDJ, 2011, p. 165.

Richer Laurent, « Les recours indemnitaires », in *AJDA*, 2011, p. 325.

Richer Laurent, « Sanction et contrat », in *JCP Administrations et collectivités territoriales*, 11 mars 2013, p. 26.

Richer Laurent, « Faut-il créer en France une instance de recours spécialisée dans les marchés publics ? », in *CP-ACCP*, mai 2013, p. 3.

Roblot-Troizier Agnès, Rambaud Thierry, « La clarification des règles constitutionnelles relatives au droit de la commande publique : réussite ou échec ? », in *RFDA*, 2008, p. 1233.

Roche Jean, « Les exceptions à la règle de la décision préalable devant le juge administratif », in *Mélanges offerts à Marcel Waline*, tome 2, LGDJ, 1974, p. 733.

Rolin Frédéric, « Recherches sur un point obscur du référé précontractuel : la décision de 'différer la signature du contrat' », in *Contrats et marchés publics*, août-septembre 2008, p. 6.

Rouveyran Thomas, Ricci Nathalie, « Le référé contractuel : un succès relatif ? », in *CP-ACCP*, juillet-août 2012, p. 41.

Sabatier Céline, « Référé et contrats publics », in *CP-ACCP*, juin 2010, p. 86.

Salomon Renaud, « La rigueur du droit pénal de la probité publique », in *Revue Droit pénal*, janvier 2012, p. 15.

Savoye José, « De la répression du délit de favoritisme et autres infractions en matière de marchés publics », in *Dalloz*, 1999, p. 169.

Schmidt-Szalewski Joanna, « Les conséquences de l'annulation d'un contrat », in *JCP Édition générale*, 1989, n° 3397.

Seban Didier, « Le délit de favoritisme », in MARCOU Gérard (dir.), *Le contrôle des marchés publics*, IRJS, 2010, p. 147.

Seban Didier, Guillerm Maeva, « Déféré préfectoral en matière contractuelle : une profonde mutation », in *CP-ACCP*, juillet-août 2012, p. 57.

Seiller Bertrand, « L'illégalité sans l'annulation », in *AJDA*, 2004, p. 963.

Seiller Bertrand, « Acte administratif », in *Répertoire de contentieux administratif*, Dalloz, 2010.

Seiller Bertrand, « Bilan, balance des intérêts, adéquation, proportionnalité... », in *JCP Administrations et collectivités territoriales*, 24 septembre 2012, p. 49.

Serinet Yves-Marie, « Le juge et l'illicéité du contrat », in Collart-Dutilleul François, Coulon Cédric (dir.), *Le renouveau des sanctions contractuelles*, Economica, 2007, p. 85.

Sestier Jean-François, « Les principes de la commande publique », in CAUDAL Sylvie (dir.), *Les principes en droit*, Economica, 2008, p. 189.

Seube Jean-Baptiste, « Contrats privés-contrats administratifs : points de convergence ? », in *Mélanges en l'honneur de Michel Guibal*, vol. I, Presses de la faculté de droit de Montpellier, 2006, p. 367.

Seyfritz Mathieu, « Recours au fond en contestation de validité du contrat administratif ouvert aux concurrents évincés. - Recours 'Tropic' », in *JCl. Contrats et marchés public*s, Fasc. 31-1, 2 septembre 2011.

Seyfritz Mathieu, « Juge des référés précontractuels et injonctions 'mode d'emploi' », in *Contrats et marchés publics*, mai 2012, p. 39.

Seyfritz Mathieu, « Recours Tropic : confirmations et précisions », in *RDI*, 2013, p. 463.

Simonnet Yann, « Indemnisation du candidat irrégulièrement évincé : l'exigence d'un lien de causalité entre les irrégularités et les préjudices invoqués », in *CP-ACCP*, janvier 2014, p. 78.

Sitbon Patrick, « La CDBF et les contrats publics : de la sanction au rappel de la norme », in *CP-ACCP*, décembre 2011, p. 25.

Stillmunkes Josette, « Compétence des juridictions judiciaires à l'égard des actes administratifs », in *JCl. Administratif*, Fasc. 1056, 18 janvier 2011, pt. 182.

Symchowicz Nil, « Pour un Code des contrats de la commande publique », in *Contrats et marchés publics*, avril 2007, p. 7.

Symchowicz Nil, Proot Philippe, « Développements jurisprudentiels récents autour de la nullité des contrats publics », in *BJCP*, juin 2008, p. 150.

Tasciyan Daniel, « Le droit à réparation du candidat évincé », in *AJDA*, 2014, p. 542.

TERCINET Josiane, « Le retour de l'exception de recours parallèle », in *RFDA*, 1993, p. 705.

Terneyre Philippe, « Les paradoxes du contentieux de l'annulation des contrats de l'administration », in *EDCE*, 1988, p. 69.

Terneyre Philippe, « Le contrôle de légalité des marchés publics locaux : essai d'évaluation », in *Les petites affiches*, 15 février 1991, p. 4.

Terneyre Philippe, « L'influence du droit communautaire sur le droit des contrats administratifs », in *AJDA*, 1996, p. 84.

Terneyre Philippe, « Le droit du contentieux des contrats administratifs a-t-il enfin atteint sa pleine maturité ? », in *Rapport public 2008 du Conseil d'Etat, Le contrat, mode d'action publique et de production de normes*, La documentation française, p. 383.

Terneyre Philippe, « Réflexions nouvelles sur les 'clauses à caractère réglementaire' des contrats administratifs à objet de service public », in *RFDA*, 2011, p. 893.

Terneyre Philippe, de Béchillon Denys, « Contentieux des contrats administratifs », in *Répertoire de contentieux administratif*, Dalloz, 2000.

Terneyre Philippe, Gourdou Jean, « Pour une clarification du contentieux de la légalité en matière contractuelle », in *CJEG*, 1999, p. 249.

Terneyre Philippe, Gourdou Jean, « Renouvellement de l'office du juge du contrat », in *RJEP*, juin 2010, p. 19.

Tenailleau François, « Marchés des personnes publiques soumises à l'ordonnance du 6 juin 2005 : recours et information des candidats évincés », in *JCP Administrations et collectivités territoriales*, 4 juillet 2011, p. 24.

Thevenon Éric, « Chambres régionales et territoriales des comptes », in *Répertoire de contentieux administratif*, Dalloz, mai 2009.

Thiriez Frédéric, « L'irruption du juge pénal dans le paysage administratif », in *AJDA*, 1999, p. 105.

Tiberghien Frédéric, « Il faut un code de la commande publique pour assurer sa sécurité juridique », in *AJDA*, 2008, p. 1228.

Truchet Didier, « L'intérêt général dans la jurisprudence du Conseil d'État : retour aux sources et équilibre », in *EDCE*, 1999, p. 361.

Tifine Pierre, « Le juge du référé contractuel et les contrats administratifs des représentations diplomatiques », in *CP-ACCP*, novembre 2012, p. 68.

Touret Corinne, « Le contrôle des actes administratifs entre modernisation et simplification », in *RLCT*, juillet 2009, p. 70.

Ubaud-Bergeron Marion, « Le juge, les parties et les tiers : brèves observations sur l'effet relatif du contrat », in *Mélanges en l'honneur de Michel Guibal*, vol. II, Presses de la faculté de droit de Montpellier, 2006, p. 575.

Ubaud-Bergeron Marion, « Les contrats de l'administration devant le juge judiciaire. Le juge judiciaire et la 'commande publique' », in *RFDA*, 2013, p. 531.

Untermaier-Kerleo Élise, « Le tiers à l'acte administratif unilatéral, un administré et un justiciable de second rang », in *RFDA*, 2013, p. 285.

Vandermeeren Roland, « Le référé administratif précontractuel », in *AJDA*, 1994,
p. 91

Vandermeeren Roland, « Le renforcement du référé précontractuel », in *CP-ACCP*, mars 2006, p. 22.

Vautrot-Schwarz Charles, « La publicité et la mise en concurrence dans la délivrance des titres d'occupation domaniale », in *AJDA*, 2009, p. 568.

Vedel Georges, « La Cour des comptes et le juge administratif de droit commun », in *La Cour des comptes d'hier à demain*, LGDJ, 1979, p. 21.

Vier Charles-Louis, « La nullité des contrats publics », in *CP-ACCP*, novembre 2002, p. 21.

Vier Charles-Louis, « Les sanctions prononcées par les juridictions financières », in *Justice et cassation*, Dalloz, 2005, p. 88.

Vier Charles-Louis, « A propos de l'office du juge des référés précontractuels », in *Justice et cassation*, Dalloz, 2010, p. 36.

Wachsmann Patrick, « La recevabilité du recours pour excès de pouvoir à l'encontre des contrats. Pour le centenaire de l'arrêt Martin », in *RFDA*, 2006, p. 24.

Waline Jean, « Contrats et recours pour excès de pouvoir », in *Mélanges en l'honneur de Daniel Labetoulle*, Dalloz, 2007, p. 859.

Wurtzbacher Estelle, Yvan DAUMIN, « Le référé-suspension : un renouveau conceptuel limité par les exigences de l'urgence », in *CP-ACCP*, juillet-août 2012, p. 33.

Yannakopoulos Constantin, « L'apport de la protection de la libre concurrence à la théorie du contrat administratif », in *RDP*, 2008, p. 421.

Yolka Philippe, « L'offre et la commande », in *JCP Administrations et collectivités territoriales*, 24 décembre 2012, p. 2.

Zimmer Willy, « Un droit de droit communautaire de la commande publique », in *Contrats et marchés publics*, juin 2010, p. 12.

Zimmer Willy, « Un an de droit de l'Union européenne de la commande publique », in *Contrats et marchés publics*, juin 2011, p. 6.

III. Notes et chroniques de jurisprudence

Amilhat Mathieu, « Les tiers au contrat ne peuvent se prévaloir que des clauses réglementaires de ce dernier... et elles sont strictement définies ! », commentaire sous CE, 31 mars 2014, Union syndicale du Charvet et autres, in *JCP Administrations et collectivités territoriales*, 19 mai 2014, 2154.

Andreani Joseph, « Le 'pouvoir de ne rien faire', ou la faculté de décider de la poursuite de l'exécution d'un contrat illégal », note sous TA Cergy-Pontoise, 3 juillet 2012, Association des sourds et des interprètes de Provence, in *Contrats et marchés publics*, octobre 2012, p. 44.

de Baecke Pierre, « Référé contractuel : une voie de recours effective qui ne peut faire l'objet d'une QPC », note sous TA Dijon, 13 septembre 2011, M. Dussolle, req. n° 1101943 et CE, 27 octobre 2011, Société TAT, in *Revue Constitutions*, avril 2012, p. 75.

Bardon Cyrille, Simmonet Yann, « Premières indications sur le référé contractuel », note sous CE, 19 janvier 2011, Grand port maritime du Havre, in *Droit administratif*, avril 2011, p. 39.

Braconnier Stéphane, « Référé précontractuel : brutal coup d'arrêt », note sous CE, sect., 3 octobre 2008, Smirgeomes, in *RDI*, 2008, p. 499.

Braconnier Stéphane, « Brèves observations sur l'impact de l'arrêt Société Tropic sur le droit et le contentieux de la commande publique », in *RDC*, 2008, p. 599.

Braconnier Stéphane, « Contentieux des marchés publics : de 'Béziers I' à 'Béziers II' », l'office du juge du contrat en mouvement... », note sous CE, 12 janvier 2011, Manoukian ; CE, 12 janvier 2011, Société des autoroutes du nord et de l'est de la France ; CE 12 janvier 2011, Société Léon Grosse ; CE, 21 mars 2011, Commune de Béziers, in *RDI*, mai 2011, p. 270.

Braconnier Stéphane, « Élargissement du recours 'Tropic' », note sous avis CE, 11 avril 2012, Société Gouelle, in *RDI*, juillet-août 2012, p. 398.

Braconnier Stéphane, « Les marchés passés et exécutés à l'étranger sont soumis aux principes généraux de la commande publique », note sous CE, 29 juin 2012, Société Pro 2C, in *RDI*, novembre 2012, p. 560.

Braconnier Stéphane, « Le nouveau visage du contentieux des contrats administratifs », commentaire sous CE, ass., 4 avril 2014, Département de Tarn-et-Garonne, in *RDI*, juin 2014, p. 344.

Brenet François, « Un nouveau référé précontractuel est né », note sous CE, sect., 3 octobre 2008, Smirgeomes, in *RJEP*, février 2009, p. 15.

Brenet François, « Les conséquences de la succession des recours en matière contractuelle », note sous CE, 3 février 2010, Communauté de communes de l'Arc Mosellan, in *Droit administratif*, avril 2010, p. 24.

Brenet François, « Succession d'un référé précontractuel et d'un référé contractuel », note sous CE, 10 novembre 2010, France Agrimer, in *Droit administratif*, janvier 2011, p. 38.

Brenet François, « Précisons sur l'office du juge du contrat saisi par les parties d'un litige relatif à son exécution », note sous CE, 12 janvier 2011, Manoukian, in *Droit administratif*, mars 2011, p. 37.

Brenet François, « Répartition des rôles entre le juge de l'exécution et le juge du contrat », note sous CE, 21 février 2011, Société Ophrys, in *Droit administratif*, mai 2011, p. 31.

Brenet François, « Conditions d'exercice de l'action indemnitaire dans le cadre d'un recours 'Tropic' », note sous avis CE, 11 mai 2011, Société Rebillon Schmit Prevot, in *Droit administratif*, juillet 2011, p. 21.

Brenet François, « La régularisation rétroactive d'un acte détachable », note sous CE, 8 juin 2011, Commune de Divonne-les-Bains, in *Droit administratif*, août-septembre 2011, p. 35.

Brenet François, « Inconventionnalité des dispositions de l'ancien article 80, I, 2 du Code des marchés publics dispensant le pouvoir adjudicateur du respect du *délai de standstill* », note sous CE, 1er juin 2011, Société Koné, in *Droit administratif*, octobre 2011, p. 45.

Brenet François, « Irrecevabilité du référé précontractuel de l'attributaire du contrat », note sous CE, 23 décembre 2011, Département de la Guadeloupe, in *Droit administratif*, mars 2012, p. 38.

Brenet François, « Contrôle de l'erreur manifeste d'appréciation du juge de l'excès de pouvoir sur la décision de rejet d'une candidature à l'attribution d'un marché », note sous CE, 23 janvier 2012, Commune de Six-Fours-les-Plages, in *Droit administratif*, avril 2012, p. 24.

Brenet François, « La requalification du déféré préfectoral exercé contre un contrat administratif en cours de pleine juridiction », commentaire sous CE, 23 décembre 2011, Ministre de l'intérieur, de l'outre-mer, des collectivités territoriales et de l'immigration, in *RJEP*, mai 2012, p. 16.

Brenet François, « Recours Tropic : définition élargie des requérants et des moyens invocables », note sous avis CE, 11 avril 2012, Société Gouelle, in *Droit administratif*, juillet 2012, p. 23.

Brenet François, « Annulation d'un acte détachable et office du juge de l'exécution », note sous CE, 10 décembre 2012, Société Lyonnaise des eaux France, in *Droit administratif*, mars 2013, p. 35.

Brenet François, « L'élargissement du recours Tropic aux tiers justifiant d'un intérêt lésé », commentaire sous CE, ass., 4 avril 2014, Département de Tarn-et-Garonne, in *Droit administratif*, juin 2014, comm. 36.

Brunet Pierre, « L'utile ou le juste ? La nullité du contrat à l'épreuve de l'intérêt général », note sous CE, 10 décembre 2003, Institut de recherche pour le développement, in *RDC*, 2004, p. 1046.

Busson Étienne, « Est-il encore pertinent aujourd'hui de demander l'annulation de l'acte détachable alors qu'il existe un juge de plein contentieux ? », note sous CE, 11 mai 2011, Société Lyonnaise des eaux France, in *JCP Administrations et collectivités territoriales*, 14 juin 2011, p. 21.

Caillarec Pierre, « Suites du recours 'Tropic' : le Conseil d'Etat fixe le régime de présentation des conclusions indemnitaires du concurrent évincé », in *CP-ACCP*, juin 2011, p. 63.

Caille Pascal, « Le référé précontractuel est inapplicable aux procédures de mise en concurrence des conventions domaniales », note sous CE, 19 janvier 2011, Chambre de commerce et d'industrie de Pointe-à-Pitre, in *AJDA*, 2011, p. 1330.

Canedo-Paris Marguerite, « Contrats administratifs et sécurité juridique : nouvelles avancées jurisprudentielles », note sous CE, ass., 16 juillet 2007, Société Tropic travaux signalisation, in *RFDA*, 2007, p. 935.

Canedo-Paris Marguerite, « Le principe de libre administration et la règle 'nemo auditur' dans le contentieux du déféré préfectoral », note sous CAA Marseille, 15 avril 2009, SIVOM Cinarca Liamone, in *Les petites affiches*, 26 mai 2010, p. 9.

Cantié Christophe, « Office du juge judiciaire des référés précontractuels : des perspectives d'évolution », note sous Cass. Com., 8 décembre 2009, in *Les petites affiches*, 24-25 mai 2010, p. 14.

Capitant David, « Simplification des recours contre les contrats administratifs », note sous CE, ass., 16 juillet 2007, Société Tropic travaux signalisation, in *Dalloz*, 2007, p. 2500.

Capitant David, « Secret des affaires et marchés publics devant le juge communautaire », note sous CJCE, 14 février 2008, Varec SA contre Belgique, in *RLCT*, mai 2008, p. 24.

Cassia Paul, « Méconnaissance du principe d'impartialité par le juge des référés », note sous CE, 2 novembre 2005, Fayant, in *AJDA*, 2006, p. 327.

Cassia Paul, « Un juge des référés peut-il statuer sur le même marché au titre du référé précontractuel puis au titre du référé suspension ? », note sous CE, 3 février 2010, Communauté de communes de l'Arc Mosellan, in *BJCL*, février 2010, p. 142.

Cassia Paul, « Irrecevabilité du référé précontractuel de l'entreprise attributaire du marché », note sous CE, 23 décembre 2011, Département de la Guadeloupe, in *AJDA*, 2012, p. 442.

Cassia Paul, « Précisions procédurales sur le recours en contestation de validité du contrat », note sous avis CE, 11 avril 2012, Société Gouelle, in *AJDA*, 2012, p. 1109.

Cassia Paul, « L'office du juge administratif à l'égard du vice de procédure », in *RFDA*, 2012, p. 296.

Cassia Paul, « Nullité d'ordre public des contrats de droit privé de l'administration », note sous Cass., Civ. 1ère, 16 janvier 2013, Société l'Axelloise, in *AJDA*, 2013, p. 1226.

Chauvaux Didier, Girardot François-Xavier, « Les dispositions d'un contrat ayant un caractère réglementaire peuvent faire l'objet d'un recours pour excès de pouvoir », in *AJDA*, 1996, p. 732.

Chauvaux Didier, Girardot Thierry-Xavier, « Détermination des dépenses de l'Etat pouvant être financées par les péages autoroutiers », note sous CE, ass., 30 octobre 1996, Mme Wasj et M. Monier, in *AJDA*, 1996, p. 973.

Cossalter Philippe, « La modulation du caractère rétroactif des revirements de jurisprudence », note sous CE, ass., 16 juillet 2007, Tropic travaux signalisation, in *Droit administratif*, octobre 2007, p. 34.

Delvolvé Pierre, « Le recours pour excès de pouvoir contre les dispositions réglementaires d'un contrat », note sous CE, ass., 10 juillet 1996, Cayzeele, in *RFDA*, 1997, p. 89.

Delvolvé Pierre, « Un nouveau juge pour le contrat administratif », note sous CE, ass., 16 juillet 2007, Tropic travaux signalisation, in *RJEP*, 2007, p. 327.

Delvolvé Pierre, « Limitation des moyens invocables dans le référé précontractuel », note sous CE, sect., 3 octobre 2008, Smirgeomes, in *RFDA*, 2008, p. 1139.

Delvolvé Pierre, « Le déféré préfectoral contre les contrats administratifs : du recours pour excès de pouvoir au recours de plein contentieux », note sous CE, 23 décembre 2011, Ministre de l'intérieur, de l'outre-mer, des collectivités territoriales et de l'immigration, in *RFDA*, 2012, p. 683.

Delvolvé Pierre, « De Martin à Bonhomme. Le nouveau recours des tiers contre les contrats administratifs », note sous CE, ass., 4 avril 2014, Département de Tarn-et-Garonne, in *RFDA*, 2014, p. 438.

Dieu Frédéric, « L'irrésistible extension des pouvoirs du juge des référés précontractuels », note sous CE, 20 octobre 2006, Commune d'Andeville, in *AJDA*, 2007, p. 782.

Dreyfus Jean-David, « Référé précontractuel et référé contractuel : l'ignorance prémunit contre l'irrecevabilité », note sous CE, 10 novembre 2010, France Agrimer, in *AJDA*, 2011, p. 51.

Dreyfus Jean-David, « Marchés passés selon une procédure adaptée : cas d'ouverture et office du juge du référé contractuel », note sous CE, 19 janvier 2011, Grand port maritime du Havre, in *AJDA*, 2011, p. 800.

Dreyfus Jean-David, « Tempérament au principe de non rétroactivité pour les actes administratifs en lien avec un contrat », note sous CE, 8 juin 2011, Commune de Divonne-les-Bains, in *AJDA*, 2011, p. 1685.

Dreyfus Jean-David, « Un soupçon de conflit d'intérêts ne suffit pas pour mettre en cause l'impartialité du pouvoir adjudicateur », note sous CE, 9 mai 2012, Commune de Saint-Maur-des-Fossés, in *AJDA*, 2012, p. 1404.

Dyens Samuel, « Le recours 'Tarn-et-Garonne' : quand la sécurité juridique prime sur la légalité, commentaire sous CE, ass., 4 avril 2014, Département de Tarn-et-Garonne, in *AJCT*, juillet-août 2014, p. 375.

Eckert Gabriel, « Première ordonnance de référé contractuel ! », note sous TA Lyon, 26 mars 2010, Société Chenil Service, in *Contrats et marchés publics*, juin 2010, p. 14.

Gaudemet Yves, « Du nouveau juge pour les contrats administratifs... au moins certains d'entre eux », note sous CE, ass., 16 juillet 2007, Tropic travaux signalisation, in *RDC*, 2008, p. 597.

Gérard Hervé, « La délicate articulation entre référé précontractuel et référé suspension, entre impartialité et urgence à suspendre le contrat », note sous CE, 3 février 2010, Communauté de communes de l'Arc Mosellan, in *AJDA*, 2010, p. 1085.

Gilli Jean-Paul, « Le recours prévu à l'article L. 22 du Code des TA-CAA doit être exercé avant la signature du contrat », note sous TA Toulouse, 20 janvier 1998, req. n° 97-3452, in *AJDA*, mars 1998, p. 271.

Glaser Emmanuel, « Recevabilité du référé contractuel », note sous CE, 24 juin 2011, Office public de l'habitat intedépartemental de l'Essonne, du Val d'Oise et des Yvelines et Société Seni, in *RLCT*, novembre 2011, p. 32.

Glatt Jean-Mathieu, « Les juges du fond confrontés à l'application de la jurisprudence Société Tropic travaux signalisation », note sous TA Marseille, 20 août 2007, Société Queyras environnement, in *AJDA*, 2007, p. 2436.

Glatt Jean-Matthieu, « La catégorisation des contrats de commande publique : source d'insécurité juridique », note sous CJCE, 10 septembre 2009, Eurawasser, in *Les petites affiches*, 11 février 2010, p. 3.

Gourdou Jean, Terneyre Philippe, « Renouvellement de l'office du juge du contrat », note sous CE, ass., 28 décembre 2009, Commune de Béziers, in *RJEP*, juin 2010, p. 19.

Grand Rémi, « Les passerelles entre référés précontractuel et contractuel », note sous CE, 30 septembre 2011, Commune de Maizières-les-Metz, req. n° 350148, in *AJDA*, p. 108.

Groper Nicolas, Michaut Christian, « Incidents de parcours en gestion de fait », note sous Cour des comptes, 30 avril 2009, Département de l'Isère, in *AJDA*, 2009, p. 1188.

Guyomar Mattias, Collin Pierre, « Qu'apporte le référé suspension par rapport au référé précontractuel ? », note sous CE, 29 avril 2002, Apsys international et autres, in *AJDA*, 2002, p. 419.

Hul Sylvain, « Selon le Conseil d'État, la jurisprudence Stentofon Communications n'est pas contraire à la Constitution », note sous CE, 15 février 2013, Novergie, in *JCP Administrations et collectivités territoriales*, 15 avril 2013, p. 40.

Koubi Geneviève, « Nuances d'un droit à la communication des documents administratifs », note sous CE, 17 avril 2013, La Poste c/ Bigi ; CE, 24 avril 2013, Lesain ; CE, 24 avril 2013, Comité d'hygiène, de sécurité et des conditions de travail et comité d'entreprise de la société Lyondell Chimie France, in *JCP Administrations et collectivités territoriales*, 8 juillet 2013, p. 25.

Lafaix Jean-François, « Ouverture du recours Tropic à tous les tiers intéressés », commentaire sous CE, ass., 4 avril 2014, Département de Tarn-et-Garonne, in *RJEP*, juillet 2014, comm. 31.

Lambert François, « Comment concilier les jurisprudences Brasseur et Tropic travaux », note sous TA Dijon, 13 juin 2011, Société Lyonnaise des eaux, in *AJDA*, 2011, p. 2478.

Landais Claire, Lenica Frédéric, « La modulation des effets dans le temps d'une annulation pour excès de pouvoir », note sous CE, ass., 11 mai 2004, Association AC ! et autres, in *AJDA*, 2004, p. 1183.

Langelier Élise, « Chronique de contentieux administratif », note sous CE, 12 janvier 2011, Manoukian ; CE, sect., 21 mars 2011, Commune de Béziers ; CE, 11 mai 2011, Société Rebillon Schmit Prevot, in *Les petites affiches*, 26 mars 2012, p. 6.

Langelier Élise, « Chronique de contentieux administratif », note sous CE, 11 mai 2011, Société Lyonnaise des eaux France ; CE, 21 février 2011, Société Ophrys ; CE, 8 juin 2011, Commune de Divonne-les-Bains, in *Les petites affiches*, 26 mars 2012, p. 16.

Langelier Élise, « Les élus, le juge et l'entreprise 'favorisée' : 'trop de prudence nuit' », commentaire sous CE, 9 mai 2012, Commune de Saint-Maur-des-Fossés, in *Le complément territorial CGCT*, novembre 2012, p. 7.

Langelier Élise, « 'Souffler n'est pas jouer'... sauf dans les contrats publics de droit privé », note sous Cass. Civ. 1ère, 16 janvier 2013, in *JCP Administrations et collectivités territoriales*, 2 avril 2013, p. 49.

Lenica Frédéric, Boucher Julien, « Recours des tiers contre les contrats et modulation dans le temps des effets des changements de jurisprudence : 'never say never' », note sous CE, ass., 16 juillet 2007, Tropic travaux signalisation, in *AJDA*, 2007, p. 1577.

Liéber Sophie-Justine, Botteghi Damien, « Chronique générale de jurisprudence administrative », note sous CE, ass., 28 décembre 2009, Commune de Béziers, in *AJDA*, 2010, p. 142.

Linditch Florian, « Nouveau Code des marchés publics : le référé précontractuel ne permet pas de sanctionner la violation de l'article 76 », note sous CE, 7 mars 2005, SA Grandjouan-Saco, in *JCP Administrations et collectivités territoriales*, mai 2005, p. 760.

Linditch Florian, « Les ressources tirées de l'exploitation peuvent provenir de subventions versées par des tiers à la délégation de service public », commentaire sous CE, 20 octobre 2006, Commune d'Andeville, in *JCP Administrations et collectivités territoriales*, 11 décembre 2006, p. 1630.

Linditch Florian, « Recours Tropic : la condition tenant à l'urgence, obstacle insurmontable à l'obtention du référé suspension », in *JCP Administrations et collectivités territoriales*, 31 mars 2008, p. 31.

Linditch Florian, « Plein contentieux contractuel : le Conseil d'État crée l'action en validité contractuelle et la fonde sur le principe de loyauté contractuelle », in *JCP Administrations et collectivités territoriales*, 22 février 2010, p. 21.

Linditch Florian, « Sanction de différer la signature du marché en violation de l'injonction de différer la signature : l'urgence n'est pas systématiquement constituée devant le juge du référé suspension », note sous TA Nice, 15 mars 2010, Société RICOH France, req. n° 100070, in *JCP Administrations et collectivités territoriales*, 2 novembre 2010, p. 31.

Linditch Florian, « Quand le référé précontractuel se transforme en référé contractuel », note sous CE, 10 novembre 2010, France Agrimer, in *JCP Administrations et collectivités territoriales*, 20 décembre 2010, p. 33.

Linditch Florian, « Recours Tropic, le Conseil d'Etat définit le régime des conclusions indemnitaires », note sous avis CE, 11 mai 2011, Société Rébillon Schmit Prevot, n° 347002 », in *JCP Administrations et collectivités territoriales*, 6 juin 2011, p. 28.

Linditch Florian, « Sanction du défaut de publicité des sous-critères et de leur pondération dans le cadre du recours Tropic », note CAA Versailles, 30 juin 2011, Société STEM Propreté, in *JCP Administrations et collectivités territoriales*, 12 décembre 2011, p. 21.

Linditch Florian, « La sanction du manquement aux obligations de publicité et de mise en concurrence dans le cadre du référé contractuel », note sous CE, 30 novembre 2011, Société DPM Protection, Centre hospitalier Andrée-Rosemon, in *JCP Administrations et collectivités territoriales*, 9 janvier 2012, p. 29.

Linditch Florian, « Le Conseil d'Etat étend l'application des principes de la commande publique à l'ensemble des contrats administratifs », note sous CE, 29 juin 2012, Société Pro 2C, in *JCP Administrations et collectivités territoriales*, 19 novembre 2012, p. 22.

Linditch Florian, « Lettre de motivation de rejet de l'article 80 : les indications du classement du candidat et des notes attribuées suffisent », note sous CE, 18 décembre 2012, Métropole Nice Côte d'Azur, in *JCP Administrations et collectivités territoriale*s, 27 mai 2013, p. 24.

Linditch Florian, « Déféré préfectoral – Illégalité justifiant l'annulation... d'un marché déjà exécuté », note sous CAA Douai, 17 janvier 2013, Préfet de la Région Nord-Pas-de-Calais, in *JCP Administrations et collectivités territoriales*, 27 mai 2013, p. 27.

Linditch Florian, « L'article 80 ne s'applique pas aux marchés à procédure adaptée : vers la fin du référé précontractuel pour les marchés non formalisés ? », commentaire sous CE, 11 décembre 2013, Société antillaise de sécurité, in *JCP Administrations et collectivités territoriales*, 19 mai 2014, 2144.

Llorens François, Soler-Couteaux Pierre, « Jurisprudence 'Tropic Travaux Signalisation' : irrecevabilité du recours pour excès de pouvoir formé par un candidat évincé contre la décision rejetant son offre », obs. sous TA Versailles, 23 octobre 2008, Société STEM Propreté, in *Contrats et marchés publics*, janvier 2009, p. 34.

Llorens François, « Référé précontractuel et notification de la requête au défendeur », note sous CE, 10 novembre 2010, Ministre de la défense, in *Contrats et marchés publics*, janvier 2011, p. 43.

Martin Julien, « L'unification du plein contentieux contractuel et la difficulté à obtenir la suspension du contrat en référé préfectoral », note sous CE, 9 mai 2012, Syndicat départemental des ordures ménagères de l'Aude, in *AJDA*, 2012, p. 1688.

Maugüé Christine, « Brèves de jurisprudence sous TA Saint-Denis de la Réunion, 6 février 2011, Société Bourbonnaise de travaux publics de construction », in *BJCP*, novembre 2001, p. 545.

Mayaud Yves, « Favoritisme sur fond d'association 'transparente' », note sous Cass., Crim., 7 novembre 2012, pourvoi n° 11-82.961, in *RLCT*, avril 2013, p. 19.

Melleray Fabrice, « Vers un nouveau contentieux de la commande publique », note sous CE, ass., 16 juillet 2007, Tropic travaux signalisation, in *RDP*, 2007, p. 1383.

Melleray Fabrice, « Le crépuscule d'un paradoxe : vers la fin de l'autolimitation du juge du contrat », note sous CE, ass., 16 juillet 2007, Tropic travaux signalisation, in *RDC*, 2008, p. 620.

Mesa Rodolphe, « Précisions sur le régime des délits de favoritisme et de prise illégale d'intérêts », note sous Cass. Crim., 29 juin 2011, pourvoi n° 10-87.498, in *AJDA*, 2011, p. 2015.

Mesa Rodolphe, « Le recours à une association transparente pour l'attribution d'un marché public sanctionné sur le fondement du favoritisme et du recel de ce délit », note sous Cass. Crim., 7 novembre 2012, pourvoi n° 11-82.961, in *JCP Administrations et collectivités territoriales*, 11 février 2013, p. 14.

Michaut Christian, Sitbon Patrick, « Chronique de jurisprudence de la Cour des comptes et de la Cour de discipline budgétaire et financière », note sous CDBF, 23 avril 2012, Conseil économique et social, n° 182-682, in *AJDA*, 2012, p. 1277.

Michaut Christian, Sitbon Patrick, « Chronique de jurisprudence de la Cour des comptes et de la Cour de discipline budgétaire et financière », note sous Cour des comptes, 7 juin 2013, M. Deroy, comptable du centre communal d'action sociale de Polaincourt, in *AJDA*, 2013, p. 1621.

Moderne Franck, « Sur la modulation des effets dans le temps des effets des revirements de jurisprudence », note sous CE, ass., 16 juillet 2007, Tropic travaux signalisation, in *RFDA*, 2007, p. 917.

Moreau David, « Référé contractuel : much ado about nothing ? », note sous CE, 19 janvier 2011, Grand port maritime du Havre, in *RJEP*, mai 2011, p. 18.

Moreau David, « Deux ans de pratique du référé contractuel : questions tranchées et questions en suspens », note sous CE, 30 novembre 2011, Société DPM Protection, Centre hospitalier Andrée-Rosemon, in *RJEP*, avril 2012, p. 20.

Moreau David, « Un recours gracieux interrompt le délai de deux mois imparti aux concurrents évincés pour contester la validité d'un contrat administratif », note sous CAA Douai, 27 septembre 2012, in *Contrats et marchés publics*, décembre 2012, p. 29.

Niquège Sylvain, « Des mille et une facettes du délit de favoritisme », note sous Cass., Crim., 7 novembre 2012, pourvoi n° 11-82.961, in *Les petites affiches*, 13 mai 2013, p. 21.

Noguellou Rozen, « La transformation du contentieux contractuel », note sous CE, ass., 28 décembre 2009, Commune de Béziers et CE, 10 février 2010, Société Prest'action, in *RDI*, mai 2010, p. 265.

Noguellou Rozen, « Le référé contractuel : un recours subsidiaire », note sous CE, 19 janvier 2011, Grand port maritime du Havre, in *RDI*, mai 2011, p. 275.

Noguellou Rozen, « L'abandon définitif de la jurisprudence Préfet de la Côte-d'Or », note sous CE, 9 mai 2012, Syndicat départemental des ordures ménagères de l'Aude, in *RDI*, juillet-août 2012, p. 403.

Noguellou Rozen, « Le référé précontractuel devant le juge judiciaire », note sous Cass., com., 23 octobre 2012, in *RDI*, avril 2013, p. 214.

Ondoua Alain, « DSP : le renforcement de l'office du juge du référé précontractuel », note sous CE, 20 octobre 2006, Commune d'Andeville, in *CP-ACCP*, février 2007, n° 63, p. 49.

Pauliat Hélène, « Demande complémentaire du préfet et prorogation du délai du déféré », note sous CE, 15 mai 2013, Office public de l'habitat de Nice et des Alpes-Maritimes, in *JCP Administrations et collectivités territoriales*, 8 juillet 2013, p. 31.

Pellissier Gilles, « La théorie de la connaissance acquise, nouveau Lazare juridique ? », commentaire sous CE, 1er juillet 2009, Société Holding JLP, in *JCP Administrations et collectivités territoriales*, 31 août 2009, p. 24.

Plessix Benoît, « Compétence incidente du juge judiciaire en matière d'appréciation de la légalité des actes administratifs », note sous TC, 17 octobre 2011, SCEA du Chéneau, req. n° 3828 et 3829, in *JCP Édition générale*, 19 décembre 2011, p. 2522.

Plessix Benoît, « La nullité d'un contrat de l'administration devant le juge judiciaire », note sous Civ. 1ère, 16 janvier 2013, Société l'Axelloise, in *RFDA*, 2013, p. 541.

Pietri Jean-Paul, « Contentieux de la contestation d'une mesure de résiliation par le cocontractant », note sous CE, 21 mars 2011, Commune de Béziers, in *Contrats et marchés publics*, mai 2011, p. 38.

Pietri Jean-Paul, « Indemnisation du manque à gagner », note sous CE, 19 décembre 2012, Simon, in *Contrats et marchés publics*, février 2013, p. 38.

Pietri Jean-Paul, « Étendue des pouvoirs du juge de l'exécution pour tirer les conséquences de l'annulation d'un acte détachable du contrat », in *Contrats et marchés publics*, mars 2013, p. 41.

Pietri Jean-Paul, « Référé précontractuel et droit au recours juridictionnel effectif », note sous CE, 15 février 2013, Novergie, in *Contrats et marchés publics*, avril 2013, p. 29.

Pontier Jean-Marie, « Déféré préfectoral et contrat : la pesée des intérêts », note sous CE, 9 mai 2012, Syndicat départemental des ordures ménagères de l'Aude, in *JCP Administrations et collectivités territoriales*, 10 septembre 2012, p. 29.

Pouyaud Dominique, « Les conséquences de l'annulation de l'acte détachable sur le contrat lui-même : une avancée jurisprudentielle notable », note sous CE, sect., 7 octobre 1994, M. et Mme Lopez, in *RFDA*, 1994, p. 1098.

Pouyaud Dominique, « La recevabilité du recours pour excès de pouvoir contre les contrats administratifs : une nouvelle avancée », note sous CE, sect., 30 octobre 1997, Ville de Lisieux, in *RFDA*, 1999, p. 139.

Pouyaud Dominique, « L'injonction de résoudre un contrat », note sous CE, sect., 26 mars 1999, Société Hertz-France et autres, in *RFDA*, 1999, p. 977.

Pouyaud Dominique, « L'affaire Lopez. Épilogue », note CAA Riom, 18 mai 2000, M. Henriques contre Époux Lopez et Commune de Moulins, in *RFDA*, 2002, p. 538.

Pouyaud Dominique, « Un nouveau recours contentieux : le recours en contestation de la validité du contrat à la demande du concurrent évincé », note sous CE, ass., 16 juillet 2007, Tropic travaux signalisation, in *RFDA*, 2007, p. 923.

Pouyaud Dominique, « L'office du juge du contrat », note sous CE, ass., 28 décembre 2009, Commune de Béziers, in *RFDA*, 2010, p. 519.

Du Puy-Montbrun Guillaume, « Juge du sursis à exécution puis juge au fond : la question de l'impartialité en cas de cumul des fonctions », note sous CE, sect., 26 novembre 2010, Société Paris tennis, in *AJDA*, 2011, p. 807.

Quyollet Matthieu, « Le juge, le chêne et l'olivier », note sous CE, 23 décembre 2011, Ministre de l'intérieur, de l'outre-mer, des collectivités territoriales et de l'immigration, in *AJDA*, 2012, p. 1064.

Raynaud Fabien, Fombeur Pascale, « Recevabilité d'un tiers à demander l'annulation d'un contrat de recrutement d'un agent non titulaire par une collectivité publique », chr. sous CE, sect., 30 octobre 1998, Ville de Lisieux, in *AJDA*, 1998, p. 969.

Rees Philippe, « Un nouveau juge de la validité du contrat », note sous CE, ass., 2009, Commune de Béziers, in *Contrats et marchés publics*, mars 2010, p. 38.

Rees Philippe, « Le juge de l'exécution, juge *bis* de la validité du contrat à l'usage des tiers », note sous CE, 9 avril 2010, Commune de Levallois-Perret, in *Contrats et marchés publics*, juin 2010, p. 44.

Ribot Catherine, « Le contrôle de légalité exercé par le préfet : entre perfectionnement contentieux et recherche administrative de performance », note sous CE, 23 décembre 2011, Ministre de l'intérieur, de l'outre-mer, des collectivités territoriales et de l'immigration, in *RLCT*, avril 2012, p. 51.

Robert Jacques-Henri, « Obéissez d'abord, vous discuterez après », commentaire sous Cass. Crim., 12 décembre 2002, pourvoi n° 01-88.255, in *Droit pénal*, mars 2003, p. 18.

Rochfeld Judith, « Les sources administratives du droit des contrats : le sort du contrat irrégulièrement conclu et la mutation des rôles du juge administratif et de la place du contrat au sein de l'action administrative », note CE, ass., 28 décembre 2009, Commune de Béziers, in *RDC*, juillet 2010, p. 803.

Rolin Frédéric, « Naissance de 'l'action en contestation de la validité du contrat' », note sous CE, ass., 16 juillet 2007, Tropic travaux signalisation, in *RDC*, 2008, p. 465.

Samson-Dye Aline, « L'obligation de produire la décision attaquée appliquée au recours Tropic », note sous CAA Lyon, 4 avril 2013, Société montluçonnaise de travaux publics et bâtiments, in *AJDA*, 2013, p. 917.

Seiller Bertrand, « Le déféré sur demande fragilisé », note sous CE, 6 décembre 1999, Société Aubettes SA, in *RFDA*, 2000, p. 1242.
Seiller Bertrand, « Du neuf avec du vieux : l'urgence en matière de référé-suspension », note sous CE, sect., 19 janvier 2001, Confédération nationale des radios libres, in *Dalloz*, 2001, p. 1414.

Seiller Bertrand, « Distinction des contentieux », note sous CE, 9 avril 2010, Commune de Levallois-Perret, in *La Gazette du Palais*, 4-6 juillet 2010, p. 15.

Sestier Jean-François, « De l'arrêt 'Tropic' à l'arrêt 'Tarn-et-Garonne' : mort et résurrection du recours des tiers », commentaire sous CE, ass., 4 avril 2014, Département de Tarn-et-Garonne, in *JCP Administrations et collectivités territoriales*, 10 mai 2014, 2152.

Stahl Jacques-Henri, Chauvaux Didier, « Régime du référé précontractuel », chr. sous CE, sect., 3 novembre 1995, Chambre de commerce et d'industrie de Tarbes et des Hautes-Pyrénées ; CE, sect., 3 novembre 1995, Société Stentofon communications ; CE, sect., 3 novembre 1995, District de l'agglomération nancéienne, in *AJDA*, 1995, p. 888.

Stahl Jacques-Henri, Chauvaux Didier, « Conditions de recevabilité du recours pour excès de pouvoir dirigé contre l'acte de passation d'un marché public et formé par une entreprise n'ayant pas soumissionné », note sous CE, 6 décembre 1995, Département de l'Aveyron, in *AJDA*, 1996, p. 120.

Subra de Bieusses Pierre, « L'arrêt Société Les Sables d'or, un dépassement de la jurisprudence Cayzeele ? », note sous CE, 31 juillet 2009, Société Les Sables d'or, in *AJDA*, 2010, p. 895.

Terneyre Philippe, note sous CE, ass., 10 juillet 1996, Cayzeele », in *CJEG*, 1996, p. 382.

Touvet Laurent, Stahl Jacques-Henri, « Conséquences de l'annulation de l'acte autorisant une collectivité publique à passer un contrat sur le contrat lui-même », chr. sous CE, sect., 7 octobre 1994, M. et Mme Lopez, in *AJDA*, 1994, p. 867.

Touzeil-Divina Mathieu, « Quand le juge administratif ré-embrasse l'histoire de son contentieux contractuel », note sous CE, ass., 16 juillet 2007, Tropic travaux signalisation, in *Revue historique de droit français et étranger*, 2007, p. 575.

Ubaud-Bergeron Marion, « Consentement et validité du contrat : quand la Cour de cassation sème le doute », note sous Civ. 1ère, 16 janvier 2013, Société l'Axelloise, in *Contrats et marchés publics*, mars 2013, p. 38.

Vincent-Legoux Marie-Caroline, « La signature des marchés : précipitation et référé précontractuel », note sous CE, 7 mars 2005, Société Grandjouan-Saco, in *RFDA*, 2005, p. 1094.

Vincent-Legoux Marie-Caroline, « Sur une tentative d'extension du recours pour excès de pouvoir en matière contractuelle », note sous TA Melun, 22 décembre 2006, Syndicat national CGT du ministère de l'Agriculture, in *RFDA*, 2007, p. 951.

Vincent-Legoux Marie-Caroline, « Portée des obligations de transparence portant sur le pouvoir adjudicateur à l'égard du candidat évincé », note sous CE, 6 mars 2009, Syndicat mixte de la région d'Auray Belz Quiberon, in *ADJA*, 2009, p. 1554.

Vincent-Legoux Marie-Caroline, « L'office du juge de l'exécution après l'annulation d'un acte détachable de la passation du contrat », note sous CE, 21 février 2011, Société Véolia Propreté, in *AJDA*, 2011, p. 1739.

Zimmer Willy, « Il découle de la directive 'Recours' une obligation positive d'informer les soumissionnaires ou les candidats de la décision d'attribution d'un marché », note sous CJCE, 24 juin 2004, Commission contre République d'Autriche, in *Contrats et marchés publics*, août-septembre 2004, p. 28.

Zimmer Willy, « Effet utile de la directive 'recours' », note sous CJCE, 3 avril 2008, Commission contre Espagne, in *Contrats et marchés publics*, mai 2008, p. 28.

IV. Conclusions

Aguila Yann, conclusions sur CE, ass., 24 mars 2006, Société KPMG et autres, req. n° 288460, in *RFDA*, 2006, p. 463.

Aucoc Léon, conclusions sur CE, 20 février 1868, Couder et Bouchers de Paris, req. n° 40313, Rec. p. 139.

Bergeal Catherine, conclusions sur CE, 8 février 1999, Société Campenon Bernard, req. n° 188100, in *BJCP*, 1999, n° 4, p. 361 et s., spéc. p. 363.

Bergeal Catherine, conclusions sur CE, 21 juin 2000, Syndicat intercommunal de la côte d'amour et de la presqu'île guérandaise, req. n° 209319, in *RFDA*, 2000, p. 1031.

Bergeal Catherine, conclusions sur CE, 24 octobre 2001, Collectivité territoriale de Corse, Office des transports de Corse req. n° 236293, in *CJEG*, 2002, p. 254.

Boulouis Nicolas, conclusions inédites sur CE, 7 mars 2005, Grandjouan-Saco.

Boulouis Nicolas, conclusions sur CE, 19 décembre 2007, Société Sogeparc-CGST-Compagnie générale de stationnement, req. n° 260327, in *BJCP*, avril 2008, p. 118.

Boulouis Nicolas, conclusions sur CE, 19 décembre 2007, Syndicat intercommunal d'alimentation en eau potable du Confolentais, req. n° 291487, in *BJCP*, avril 2008, p. 123.

Boulouis Nicolas, conclusions sur CE, 6 mars 2009, Biomérieux, req. n° 324064, in *BJCP*, juin 2009, p. 231.

Boulouis Nicolas, conclusions sur CE, 3 février 2010, Communauté de communes de l'Arc Mosellan, req. n° 330237, in *BJCP*, juin 2010, p. 217.

Boulouis Nicolas, conclusions sur CE, 16 novembre 2009, Ministre de l'immigration et autre, req. n° 328826 et 3289974, in *BJCP*, février 2010, p. 49.

Boulouis Nicolas, conclusions sur CE, 9 avril 2010, Commune de Levallois-Perret, req. n° 309480, in *BJCP*, septembre 2010, p. 274.

Boulouis Nicolas, conclusions sur CE, 31 mai 2010, Communauté d'agglomération Vichy Val d'Allier, req. n° 329483, in *RJEP*, octobre 2010, p. 26.

Boulouis Nicolas, conclusions sur CE, 24 novembre 2010, Commune de Ramatuelle, req. n° 35703, 336264, 336265, in *BJCP*, janvier-février 2011, p. 26.

Boulouis Nicolas, conclusions sur CE, 19 janvier 2011, Chambre de commerce et d'industrie de Pointe-à-Pitre, req. n° 341669, in *BJCP*, mars-avril 2011, p. 101.

Boulouis Nicolas, conclusions sur CE, 12 janvier 2011, Manoukian, req. n° 338551, in *BJCP*, mars-avril 2011, p. 121.

Boulouis Nicolas, conclusions sur CE, 19 janvier 2011, Grand port maritime du Havre, req. n° 343435, in *BJCP*, mars-avril 2011, p. 125.

Boulouis Nicolas, conclusions sur avis CE, 11 mai 2011, Société Rebillon Schmit Prevot, req. n° 347002, in *BJCP*, mai-juin 2011, p. 226.

Boulouis Nicolas, conclusions sur CE, 27 octobre 2011, Département des Bouches-du-Rhône, req. n° 350935, in *BJCP*, janvier-février 2012, p. 9.

Boulouis Nicolas, conclusions sur CE, 30 novembre 2011, Société DPM Protection, Centre hospitalier Andrée-Rosemon, req. n° 350788 et 350792, in *BJCP*, mars-avril 2012, p. 104.

Boulouis Nicolas, conclusions sur CE, 23 janvier 2012, Commune de Six-Fours-les Plages, req. n° 346970, in *BJCP*, mai-juin 2012, p. 200.

Boulouis Nicolas, conclusions sur avis CE, 11 avril 2012, Société Gouelle, req. n° 355446, in *BJCP*, septembre-octobre 2012, p. 387.

Boulouis Nicolas, conclusions sur CE, 11 avril 2012, Syndicat Ody 1218 Newline de Lloyd's de Londres, req. n° 354652, in *JCP Administrations et collectivités territoriales*, 15 octobre 2012, p. 37.

Boulouis Nicolas, conclusions sur CE, 29 juin 2012, Société Chaumeil, req. n° 358353, in *BJCP*, novembre-décembre 2012, p. 449.

Casas Didier, conclusions sur CE, 20 octobre 2006, Commune d'Andeville, req. n° 289234, in *AJDA*, 2006, p. 2340.

Casas Didier, conclusions sur CE, ass., 16 juillet 2007, Société Tropic travaux signalisation, req. n° 291545, in *RFDA*, 2007, p. 696.

Chantepy Christophe, conclusions sur CE, sect., 3 novembre 1995, Chambre de commerce et d'industrie de Tarbes et des Hautes-Pyrénées, req. n° 157304 ; CE, sect., 3 novembre 1995, District de l'agglomération nancéienne, req. n° 152484 ; CE, sect., 3 novembre 1995, Société Stentofon communications, req. n° 152650, in *RFDA*, 1995, p. 1077.

Dacosta Bertrand, conclusions sur CE, 15 février 2008, Commune de La-Londe-les-Maures, req. n° 279045, in *BJCP*, juin 2008, p. 216.

Dacosta Bertrand, conclusions sur CE, sect., 3 octobre 2008, Smirgeomes, req. n° 305420, in *RFDA*, 2008, p. 1128.

Dacosta Bertrand, conclusions sur CE, 8 février 2010, Commune de la Rochelle, req. n° 314075, in *BJCP*, juin 2010, p. 169.

Dacosta Bertrand, conclusions sur CE, 21 février 2011, Société Ophrys, req. n° 337349, in *BJCP*, mars-avril 2011, p. 133.

Dacosta Bertrand, conclusions inédites sur CE, 21 février 2011, Société Véolia-Propreté, req. n° 335306.

Dacosta Bertrand, conclusions sur CE, 1er juin 2011, Société Koné, req. n° 346405, in *BJCP*, juillet-août 2011, p. 301.

Dacosta Bertrand, conclusions sur CE, 8 juin 2011, Commune de Divonne-les-Bains, req. n° 327515, in *BJCP*, septembre-octobre 2011, p. 381.

Dacosta Bertrand, conclusions sur CE, 30 septembre 2011, Commune de Maizières-les-Metz, req. n° 350148, in *BJCP*, novembre-décembre 2011, p. 465.

Dacosta Bertrand, conclusions sur CE, 23 novembre 2011, Département des Bouches-du-Rhônes, req. n° 350519, in *BJCP*, janvier-février 2012, p. 63.

Dacosta Bertrand, conclusions sur CE, 23 décembre 2011, Ministre de l'intérieur, de l'outre-mer, des collectivités territoriales et de l'immigration, req. n° 348647 et 348648, in *BJCP*, mars-avril 2012, p. 125.

Dacosta Bertrand, conclusions sur CE, 1er mars 2012, Département de la Corse du Sud, req. n° 354159, in *BJCP*, mai-juin 2012, p. 177.

Dacosta Bertrand, conclusions sur CE, 1er mars 2012, OPAC du Rhône, req. n° 355560, in *BJCP*, mai-juin 2012, p. 209.
Dacosta Bertrand, conclusions sur CE, 9 mai 2012, Commune de Saint-Maur-des-Fossés, req. n° 355756, in *BJCP*, septembre-octobre 2012, p. 343.

Dacosta Bertrand, conclusions sur CE, 19 décembre 2012, M. Simon, req. n° 355139, in *BJCP*, mai-juin 2013, p. 198.

Dacosta Bertrand, conclusions sur CE, 11 décembre 2013, Société antillaise de sécurité, req. n° 372214, in *BJCP*, mars-avril 2014, p. 136.

Dacosta Bertrand, conclusions sur CE, 5 mars 2014, Société Eiffage TP, req. n° 374048 et 374049, in *BJCP*, mai-juin 2014, p. 196.

Dacosta Bertrand, conclusions sur CE, ass., 4 avril 2014, Département de Tarn-et-Garonne, req. n° 358994, in *BJCP*, mai-juin 2014, p. 204.

Degommier Sébastien, conclusions sur CAA Nantes, 16 décembre 2010, Commune d'Epron, req. n° 09NT02195, in *AJDA*, 2011, p. 1272.

Devys Christophe, conclusions sur CE, ass., 11 mai 2004, Association AC ! et autres, req. n° 255886, in *RFDA*, 2004, p. 454.

Dumortier Gaëlle, conclusions sur CE, ass., 23 décembre 2011, Danthony, req. n° 335033, in *RFDA*, 2012, p. 284.

Fornacciari Marc, conclusions sur CE, ass., 2 février 1987, Société TV6 et Société France 5, req. n° 81131, 82325, in *RFDA*, 1987, p. 29.

Fornacciari Marc, conclusions sur CE, sect., 31 mars 1989, Département de la Moselle, req. n° 57000 et 60384, in *RFDA*, 1989, p. 466.

Glaser Emmanuel, conclusions sur avis CE, sect., 12 mai 2004, Commune de Rogerville, req. n° 265184, in *RFDA*, 2004, p. 723.

Glaser Emmanuel, conclusions sur CE, ass., 28 décembre 2009, Commune de Béziers, req. n° 304802, in *BJCP*, avril 2010, p. 138.

Guyomar Mattias, conclusions sur CE, ass., 4 juillet 2003, M. Dubreuil, req. n° 234353, Rec. p. 314.

Jobart Jean-Charles, conclusions sous TA Toulouse, 7 décembre 2012, Epoux de Lassus, req. n° 0903850, in *AJDA*, p. 359.

Kokott Juliane, conclusions sur CJCE, 19 juin 2008, Pressetext Nachrichtenagentur Gmbh contre République d'Autriche, C-454/06 (consultables sur le site de la Cour de justice de l'Union européenne).

Lasvignes Serge, conclusions sur CE, ass., 10 juin 1994, Commune de Cabourg, req. n° 141633, in *RFDA*, 1994, p. 727.
Legal Hubert, conclusion sur CE, sect., 28 juillet 1991, Commune de Sainte Marie de la Réunion, req. n° 117717, in *RFDA*, 1991, p. 966.

Léger Philippe, conclusions sur CJCE, 3 mars 2005, Fabricom SA c/ Etat belge, aff. C-21/03 et C-34/03 (consultables sur le site de la Cour de justice de l'Union européenne).

de Lesquen Xavier, conclusions sur CE, 8 février 2012, Ministre du budget, des comptes publics et de la réforme de l'Etat, req. n° 340698 et 342825, in *BJCP*, juillet-août 2012, p. 227.

Maugüé Christine, conclusions sur CE, 4 novembre 1994, Département de la Sarthe, req. n° 99643, in *AJDA*, 1994, p. 898.

Moreau David, conclusions sur CAA Douai, 4 octobre 2012, Agence T'Kint, req. n° 11DA01878, in *JCP Administrations et collectivités territoriales*, 7 janvier 2013, p. 37.

Olléon Laurent, conclusions sur CE, sect., 13 janvier 2010, Association Paris Jean Bouin, req. n° 338272, 338527, in *JCP Administrations et collectivités territoriales*, 15 février 2010, p. 49.

Paix Evelyne, conclusions sur CAA Marseille, 15 avril 2009, SIVOM Cinarca Liamone, n° 07MA03382, in *AJDA*, 2009, p. 1546.

Pellissier Gilles, conclusions sur CE, 26 septembre 2012, Commue d'agglomération Seine-Eure, req. n° 359706, in *BJCP*, novembre-décembre 2012, p. 412.

Pellissier Gilles, conclusions sur CE, 26 septembre 2012, GIE Groupement des poursuites extérieures, req. n° 359389, in *RJEP*, février 2013, p. 19.

Pellissier Gilles, conclusions sur CE, 10 décembre 2012, Société Lyonnaise des eaux, req. n° 355127, in *BJCP*, mai-juin 2013, p. 220.

Pellissier Gilles, conclusions sur CE, 15 février 2013, Société SFR, req. n° 363854, 363855, 363856, in *BJCP*, juillet-août 2013, p. 295.

Pellissier Gilles, conclusions sur CE, 19 avril 2013, Commune de Mandelieu-la-Napoule, req. n° 365617, in *BJCP*, juillet-août 2013, p. 307.

Pellissier Gilles, conclusions sur CE, 25 octobre 2013, Commune de la Seyne-sur-Mer, req. n° 370393, in *BJCP*, janvier-février 2014, p. 47.

Piveteau Denis, conclusions sur CE, 21 janvier 2004, Société Aquitaine de démolition, req. n° 253509, in *CJEG*, mars 2004, p. 134.

Piveteau Denis, conclusions sur CE, 10 décembre 2003, Institut de recherche pour le développement, req. n° 248950, in *CJEG*, 2004, p. 246.

Pochard Marcel, conclusions sur CE, 1er octobre 1993, Société Le Yacht-Club international de Bormes-les-Mimosas, in *AJDA*, 1993, p. 810.

Robert, conclusions sur CE, 30 avril 1863, Ville de Boulogne, req. n° 32994, Rec. p. 405.

Romieu Jean, conclusions sur CE, 4 août 1905, Martin, req. n° 14220, Rec. p. 749.

Savoie Henri, conclusions inédites sur CE, 29 juillet 1998, Garde des Sceaux contre Société Genicorp, req. n° 177952.

Schwartz Rémy, conclusions sur CE, sect., 9 avril 1994, Epoux Lopez, req. n° 124244, in *RFDA*, 1994, p. 1090.

Stahl Jacques-Henri, conclusions sur CE, sect., 30 octobre 1998, Ville de Lisieux, req. n° 149662, in *RFDA*, 1999, p. 128.

Stirn Bernard, conclusions sur CE, ass., 3 février 1989, Mairie de Paris, req. n° 104680, in *RFDA*, 1989, p. 310.

Van Muydler Céline, conclusions sur TA Rouen, 6 octobre 2011, M. Berry, req. n° 0803061, in *AJDA*, 2012, p. 493.

Index

Les numéros indiqués renvoient aux paragraphes.

Index de jurisprudence

Les numéros indiqués renvoient aux paragraphes où ces arrêts, avis et décisions sont mentionnés.

I. Avis, arrêts, jugements et ordonnances des juridictions administratives

A. Avis et arrêts du Conseil d'Etat

1. Avis du Conseil d'État

2. Arrêts du Conseil d'État

• CE, sect., 13 décembre 1974, Ministre de l'aménagement du territoire, de l'équipement, du logement et du tourisme contre Demoiselle Gratet du Bouchage, req. n° 91496, Rec. p. 629 – **73.**

• CE, sect., 30 mai 1975, Société d'équipement de la région montpelliéraine, req. n° 867381, Rec. p. 326 – **7.**

• CE, 5 novembre 1975, Secrétaire d'État à la culture contre Société Pavita, req. n° 95530, Rec. p. 544 – **46.**

• CE, ass., 13 février 1976, Association de sauvegarde du quartier Notre-Dame à Versailles, req. n° 99708, Rec. p. 100 – **139, 577.**

• CE, sect., 26 mars 1976, Colboc, req. n° 88811, p. 184 – **122.**

• CE, 7 juillet 1976, Élection au conseil régional de l'ordre des architectes de Provence-Côte d'Azur, req. n° 89875, 90036, 94408 et 96175, T., p. 1071 – **48.**

• CE, 5 octobre 1977, Secrétaire d'Etat à la culture contre Société Elido World Corporation, req. n° 01501 et 01510, T., p. 686 – **411.**

• CE, sect., 20 janvier 1978, Syndicat national de l'enseignement technique agricole public, req. n° 99613, Rec. p. 22 – **509, 511.**

• CE, sect., 7 juillet 1978, Massip, req. n° 94837, Rec. p. 301 – **244.**

• CE, 3 octobre 1979, Lasry, req. n° 12063, Rec. p. 358 – **48.**

• CE, 28 mars 1980, Centre hospitalier de Seclin, req. n° 11292, Rec. p. 787 – **484.**

• CE, 25 mai 1979, Mme Rabut, req. n° 06436, Rec. p. 231 – **519.**

• CE, sect., 13 novembre 1981, Plunian, req. n° 16504, Rec. p. 413 – **122.**

• CE, 29 avril 1981, Établissements Fine Frères, req. n° 13209, Rec. p. 201 – **515.**

• CE, ass., 2 juillet 1982, Huglo et autres, req. n° 25288, Rec. p. 357 – **137, 575.**

• CE, 8 décembre 1982, Commune de Dompierre, req. n° 35596, Rec. p. 555 – **63.**

• CE, 18 février 1983, COREP de la Gironde, req. n° 47204, Rec. p. 72 – **577.**

• CE, 9 novembre 1983, Saerens, req. n° 15116, Rec. p. 453 – **63.**

• CE, 10 octobre 1984, Compagnie générale de construction téléphonique, req. n° 16234, Rec. p. 322 – **510.**

• CE, 11 octobre 1985, Compagnie générale de construction téléphonique, req. n° 38788, Rec. p. 280 – **510.**

• CE, 10 janvier 1986, Société des travaux du Midi, req. n° 41778, T., p. 712 – **536.**

• CE, 12 mars 1986, Mme Cusenier, req. n° 76147, T., p. 403 – **138.**

- CE, 1er octobre 1993, Société le Yacht club international de Bormes-les-Mimosas, req. n° 54600, T., p. 875 – **509, 511.**
- CE, 13 octobre 1993, Commune de Mées, req. n° 142080 – **526.**
- CE, 29 décembre 1993, Guisset, req. n° 111866 – **248.**
- CE, 29 décembre 1993, Zouaouki, req. n° 137883, T., p. 580 – **316.**
- CE, sect., 25 février 1994, SOFAP Marignan Immobilier, req. n° 144641, Rec. p. 94 – **226.**
- CE, 23 mars 1994, SIVU pour l'étude et pour la réalisation du golf de Cognac, req. n° 101079 et 116391, Rec. p. 158 – **484.**
- CE, 29 avril 1994, Groupement d'intérêt économique Groupetudebois, req. n° 91549, T., p. 786 – **401.**
- CE, ass., 10 juin 1994, Commune de Cabourg, req. n° 141633, Rec. p. 300 – **37, 39, 88.**
- CE, sect., 7 octobre 1994, Epoux Lopez, req. n° 124244, Rec. p. 430 – **509, 511, 536, 541, 544.**
- CE, 10 février 1995, Royer et Magnat, req. n° 78545, 78546, T., p. 642 – **532.**
- CE, 2 juin 1995, Société Cofreth et Société Techni, req. n° 132280 et 132385, T., p. 672 – **570.**
- CE, sect., 28 juillet 1995, Préfet de la région Île-de-France contre Société de gérance Jeanne d'Arc, req. n° 143438, Rec. p. 321 – **570.**
- CE, 3 novembre 1995, Société Stentofon Communications, req. n° 152650, Rec. p. 393 – **26.**
- CE, sect., 3 novembre 1995, Chambre de commerce et de l'industrie de Tarbes et des Hautes-Pyrénées, req. n° 157304, Rec. p. 394 – **26.**
- CE, sect., 3 novembre 1995, District de l'agglomération nancéienne, req. n° 152484, Rec. p. 396 – **28, 88, 177, 447.**
- CE, 6 décembre 1995, Département de l'Aveyron, req. n° 148964, Rec. p. 428 – **509.**
- CE, 8 décembre 1995, Commune de Saint-Tropez, req. n° 144029, Rec. p. 431 – **587.**
- CE, 17 janvier 1996, SA Ateliers Mériguet-Carrères, req. n° 162201, Rec. p. 5 – **26.**
- CE, 8 mars 1996, Société CGC Entreprise, req. n° 156510, T., p. 1022 – **26, 43.**
- CE, ass., 15 avril 1996, Syndicat CGT des hospitaliers de Bédarieux, req. n° 120273, Rec. p. 130 – **566.**
- CE, 15 avril 1996, SARL Simone Ginibre Entreprise, req. n° 159871 – **26.**

• CE, 10 mai 1996, Conseil régional de l'ordre des architectes de la région Provence-Alpes-Côte-d'Azur, req. n° 162856, T., p. 665 – **510.**

• CE, ass., 10 juillet 1996, Cayzeele, req. n° 138536, Rec. p. 274 – **513, 515..**

• CE, ass., 30 octobre 1996, Wajs et Monnier, req. n° 136071, Rec. p. 387 – **513, 515.**

• CE, 4 novembre 1996, Département de la Dordogne, req. n° 114956, Rec. p. 433 – **565.**

• CE, 13 décembre 1996, Syndicat intercommunal pour la revalorisation des déchets du secteur de Cannes-Grasse, req. n° 169706, Rec. p. 488 – **37.**

• CE, 16 décembre 1996, Conseil régional de l'Ordre des architectes de la Martinique, req. n° 158234, Rec. p. 493 – **73.**

• CE, 22 janvier 1997, SNC Cochery-Bourdin-Chausse, req. n° 171806 – **26.**

• CE, 10 février 1997, OPAC du Puy-de-Dôme et du Massif central, req. n° 167569, T., p. 941 – **90, 601.**

• CE, 10 février 1997, Société Révillon, req. n° 169309, T., p. 941 – **39, 86, 88.**

• CE, 14 mars 1997, Compagnie d'aménagement des coteaux de Gascogne, req. n° 119055, T., p. 638 – **500, 511, 517.**

• CE, 19 mars 1997, Société établissement J. Richard-Ducros, req. n° 155626 – **26.**

• CE, 19 mars 1997, SA Entreprise générale de terrassements et de travaux publics et autres, req. n° 163293, T., p. 940 – **43.**

• CE, 19 mars 1997, Ministre de l'agriculture, de la pêche et de l'alimentation, req. n° 171140, T., p. 941 – **78.**

• CE, 9 juillet 1997, Société des eaux de Luxeuil-les-Bains, req. n° 156784, n° 156785 – **399.**

• CE, 9 juillet 1997, Ville de Cannes, req. n° 163238 et 163240, T., p. 998 – **399.**

• CE, 1er octobre 1997, Avrillier, req. n° 133849, T., p. 700 – **511.**

• CE, 14 novembre 1997, Département des Alpes-de-Haute-Provence, req. n° 179083, T., p. 941 – **26.**

• CE, sect., 29 décembre 1997, SARL ENLEM, req. n° 157623, Rec. p. 500 – **566.**

• CE, 14 janvier 1998, Conseil régional de la région Centre, req. n° 155409, Rec. p. 7 – **602.**

• CE, 14 janvier 1998, Syndicat national du personnel des affaires sanitaires et sociales FO, req. n° 189350, Rec. p. 9 – **519.**

- CE, 3 décembre 2003, Préfet de la Seine-Maritime contre El Bahi, req. n° 240267, Rec. p. 479 – **532.**
- CE, 10 décembre 2003, Institut de recherche pour le développement, req. n° 248950, Rec. p. 501 – **509, 541.**
- CE, 21 janvier 2004, Société Aquitaine Démolition, req. n° 253509, T., p. 771 – **38, 62.**
- CE, sect., 6 février 2004, Mme Hallal, req. n° 240560, Rec. p. 48 – **532.**
- CE, 9 février 2004, Société d'économie mixte de la Lozère, req. n° 258369, T., p. 773 – **577.**
- CE, 3 mars 2004, Société Mak System, req. n° 258272, Rec. p. 121 – **88.**
- CE, 3 mars 2004, Commune de Châteaudun, req. n° 258602, T., p. 772 et 849 – **37, 86.**
- CE, 10 mars 2004, Communauté d'agglomération de Limoges-Métropole, req. n° 259680 – **78.**
- CE, 29 mars 2004, Communauté de communes du centre littoral, req. n° 258114, Rec. p. 145 – **26.**
- CE, 28 avril 2004, SA Entreprise Roger Martin, req. n° 252731, T., p. 833 – **26.**
- CE, 28 avril 2004, Association Greenpeace France, req. n° 236076 – **515.**
- CE, ass., 11 mai 2004, Association AC ! et autres, req. n° 255886, Rec. p. 197 – **103, 419, 532, 596, 609.**
- CE, 2 juin 2004, SARL Grammatico TP, req. n° 263761 – **26.**
- CE, 20 juin 2004, OPHLM de la ville de Nantes, req. n° 261472, T., p. 765 – **88.**
- CE, 25 juin 2004, SA Colas et autres, req. n° 261264 – **86, 370.**
- CE, 30 juin 2004, Société nationale des chemins de fer français, req. n° 263402, T., p. 772 – **52.**
- CE, 30 juin 2004, Ministre de l'équipement, des transports, du logement, du tourisme et de la mer contre M. Fourgeaud, req. n° 261919, T., p. 851 – **86.**
- CE, 28 juillet 2004, Société Chagnaud, req. n° 262394 – **26.**
- CE, 12 août 2004, M. Appiah, req. n° 174877 – **385.**
- CE, 6 octobre 2004, Société la Communication hospitalière, req. n° 263083, T., p. 772 – **88.**
- CE, 10 novembre 2004, Atelier d'architecture SAS, req. n° 264628 – **26.**
- CE, 19 novembre 2004, Commune d'Auxerre contre Société Saur France, req. n° 266975, T., p. 763 – **90.**
- CE, 10 décembre 2004, Société Résotim, req. n° 270267, T., p. 755 – **296.**
- CE, 7 mars 2005, Société Grandjouan-Saco, req. n° 270778, Rec. p. 96 – **63.**

• CE, 25 avril 2007, Fédération nationale de l'aviation marchande, req. n° 291976, Rec. p. 180 – **515.**

• CE, 11 mai 2007, Région Guadeloupe, req. n° 298863, T., p. 953 – **43.**

• CE, 5 juin 2007, Société Corsica Ferries, req. n° 305280, T., p. 953 – **39.**

• CE, 13 juin 2007, Ville de Paris, req. n° 287955 – **78.**

• CE, 13 juillet 2007, Syndicat intercommunal de la périphérie de Paris pour l'électricité et le réseau de communication de Paris, req. n° 299417, T., p. 953 – **26.**

• CE, ass., 16 juillet 2007, Société Tropic travaux signalisation, req. n° 291545, Rec. p. 360 - **10, 11, 106, 112, 116, 117, 120, 124, 135, 138, 139, 154, 164, 173, 275, 281, 286, 287, 288, 298, 400, 401, 402, 423, 426, 438, 471, 474, 478, 482, 488, 541, 546, 589, 590.**

• CE, 19 septembre 2007, Service départemental d'incendie et de secours du Nord, req. n° 298294, T., p. 938 – **88.**

• CE, 19 septembre 2007, Communauté d'agglomération de Saint-Étienne Métropole, req. n° 296192, T., p. 1007 – **73.**

• CE, 17 octobre 2007, Société Physical Networks Software, req. n° 300419 – **63.**

• CE, 19 décembre 2007, Société Campenon-Bernard et autres, req. n° 268918, Rec. p. 507 - **558.**

• CE, 19 décembre 2007, Syndicat intercommunal d'alimentation en eau potable du Confolentais, req. n° 291487, T., p. 939 – **31.**

• CE, 15 février 2008, Commune de La-Londe-les-Maures, req. n° 279045, T., p. 809 – **558.**

• CE, 26 mars 2008, Société Spie Batignolles, req. n° 270772 – **587.**

• CE, sect., 11 avril 2008, Établissement français du sang, req. n° 281374, Rec. p. 168 – **482.**

• CE, sect., 3 octobre 2008, Smirgeomes, req. n° 305420, Rec. p. 324 – **50, 52, 60, 66, 67, 73, 77, 79, 81, 82, 92, 94, 142, 372, 432, 433, 600, 624.**

• CE, 24 octobre 2008, Communauté d'agglomération de l'Artois, req. n° 313600, T., p. 643 – **296.**

• CE, 5 novembre 2008, Commune de Saint-Nazaire, Communauté d'agglomération de la région nazairienne et estuaire et Société Abri Services SARL, req. n° 310484, T., p. 635 – **94.**

• CE, 15 décembre 2008, OPAC des Alpes-Maritimes-Côte d'Azur Habitat, req. n° 308464, T., p. 819 – **26.**

• CE, 4 février 2009, Commune de Toulon, req. n° 311344, T., p. 841 – **95.**

• CE, 18 février 2009, Association Comité CSG, req. n° 295233, T., p. 888 – **501.**

- CE, 9 mai 2012, Syndicat départemental des ordures ménagères de l'Aude, req. n° 355665, Rec. p. 192 – **577, 590.**
- CE, 9 mai 2012, Commune de Saint-Maur-des-Fossés, req. n° 355756, Rec. p. 213 – **212.**
- CE, 26 juin 2012, Société Pro 2C, req. n° 357976, Rec. p. 258 – **369.**
- CE, 29 juin 2012, Société Chaumeil, req. n° 358353 – **101.**
- CE, 29 juin 2012, Société Signature, req. n° 357617 – **388.**
- CE, 4 juillet 2012, Communauté d'agglomération Chartres métropole, req. n° 352417 – **543, 550.**
- CE, 4 juillet 2012, Communauté urbaine Marseille Provence Métropole c/ Association Fédération d'action régionale pour l'environnement (FARE SUD), req. n° 350752 – **511.**
- CE, 23 juillet 2012, Commune de Barbechat, req. n° 359103 – **447.**
- CE, 23 juillet 2012, Commune de Villefranche-sur-Mer, req. n° 358779 – **73.**
- CE, 26 septembre 2012, Communauté d'agglomération Seine-Eure, req. n° 359706 – **79.**
- CE, 26 septembre 2012, GIE Groupement des poursuites extérieures, req. n° 359389 – **79.**
- CE, 3 octobre 2012, Société Déménagements Le Gars – Hauts-de-Seine Déménagements, req. n° 360952 – **79.**
- CE, 3 décembre 2012, Sybert, req. n° 360333 – **43, 79.**
- CE, 10 décembre 2012, Société Lyonnaise des eaux France, req. n° 355127 – **543, 550, 554.**
- CE, 18 décembre 2012, Métropole Nice Côte d'Azur, req. n° 363342 – **62, 389.**
- CE, 19 décembre 2012, Simon, req. n° 355139 – **484.**
- CE, 28 janvier 2013, Syndicat mixte Flandre Morinie, req. n° 358302 – **543, 550.**
- CE, 15 février 2013, Société Novergie, req. n° 364325 – **28, 63.**
- CE, 15 février 2013, Société SFR, req. n° 363854 – **62.**
- CE, 15 février 2013, Commune de Monéteau, req. n° 364203 – **79.**
- CE, 20 février 2013, Société American express voyages, req. n° 363244 – **39, 528.**
- CE, 11 mars 2013, Assemblée des chambres françaises de commerce et d'industrie et mutuelle des chambres de commerce et d'industrie, req. n° 364551 et 364603 – **59.**
- CE, 11 mars 2013, Ministre de la défense contre Société Aéromécanic, req. n° 364827 – **444, 448.**

• CE, 25 mars 2013, Établissement public d'ingénierie pour l'informatique et les technologies de l'information et de la communication du Val-de-Marne, req. n° 352586 – **125.**

• CE, 15 mai 2013, Office public de l'habitat de Nice et des Alpes-Maritimes, req. n° 357031 – **565.**

• CE, 29 mai 2013, Communauté urbaine Marseille Provence Métropole, req. n° 366456 – **39.**

• CE, 29 mai 2013, Ministre de l'intérieur contre Société Arteis, req. n° 366606 – **59.**

• CE, 29 mai 2013, Société Delta Process, req. n° 365954 – **99.**

• CE, 10 juillet 2013, Compagnie martiniquaise de transports, req. n° 362777 – **477, 484.**

• CE, 25 octobre 2013, Commune de la Seyne-sur-Mer, req. n° 370393 – **376.**

• CE, 29 octobre 2013, Département du Gard, req. n° 371233 – **59.**

• CE, 6 novembre 2013, Commune de Marsannay-la-Côte, req. n° 365079 – **557.**

• CE, 11 décembre 2013, Société antillaise de sécurité, req. n° 372214 – **31.**

• CE, 5 mars 2014, Société Eiffage TP, req. n° 374048 et 374049 – **383.**

• CE, ass., 4 avril 2014, Département de Tarn-et-Garonne, req. n° 358994 – **6, 10, 73, 107, 110, 112, 116, 120, 123, 124, 126, 128, 130, 135, 136, 138, 139, 145, 151, 153, 161, 162, 164, 169, 173, 196, 275, 278, 280, 281, 284, 289, 392, 422, 423, 425, 426, 436, 438, 458, 470, 472, 474, 478, 479, 488, 502, 504, 538, 574, 589, 590, 591, 619, 627.**

• CE, 28 mai 2014, Commune de Dijon, req. n° 375941 – **43.**

• CE, 23 juillet 2014, Société Octapharma France, req. n° 349717 – **532, 596.**

B. Arrêts de cours administratives d'appel

• CAA Paris, 8 juin 1993, M. Tricoire, req. n° 92PA00430 – **486.**

• CAA Paris, 7 juillet 1999, Secail, req. n° 96PA02322 – **539.**

• CAA Lyon, 13 juillet 2004, Moreau, req. n° 99LY00005 – **542.**

• CAA Nancy, 23 mars 2006, Commune de Sarreguemines, req. n° 03NC00173 – **484.**

• CAA Marseille, 18 décembre 2006, Compagnie méditerranéenne d'exploitation des services d'eau, req. n° 02MA01595 – **516.**

- CAA Marseille, 11 juillet 2011, Société générale méditerranéenne de travaux, req. n° 08MA03145 – **558.**
- CAA Bordeaux, 13 juillet 2011, Société des crématoriums de France, req. n° 10BX01939 – **550.**
- CAA Lyon, 20 octobre 2011, Société HSC, req. n° 10LY02217 – **484.**
- CAA Bordeaux, 6 décembre 2011, Ehpad La Chapelaude, req. n° 10BX02876 – **558.**
- CAA Bordeaux, 20 décembre 2011, Compagnie Guadeloupéenne de service public, req. n° 11BX00494 – **582.**
- CAA Lyon, 5 janvier 2012, Société Portelinha, req. n° 10LY02248 – **405, 411.**
- CAA Lyon, 5 janvier 2012, Cabinet Seve, req. n° 10LY02566 – **484.**
- CAA Lyon, 12 janvier 2012, Société Portelinha, req. n° 10LY02249 – **411.**
- CAA Bordeaux, 31 janvier 2012, Société de bâtiment et de travaux de montagne, req. n° 10BX02066 – **557.**
- CAA Lyon, 2 février 2012, SARL Lapied, req. n° 10LY02198 – **405.**
- CAA Lyon, 1er mars 2012, Société Girus Ingénierie, req. n° 10LY02532 – **558.**
- CAA Lyon, 22 mars 2012, Régie départementale des transports de l'Ain, req. n° 11LY01323 – **281.**
- CAA Lyon, 22 mars 2012, Société CTR, req. n° 11LY01402 – **558.**
- CAA Douai, 5 juin 2012, Cabinet MPC Avocats, req. n° 11DA00464 – **484.**
- CAA Marseille, 9 juillet 2012, Société Pisoni, req. n° 10MA00293 – **484.**
- CAA Douai, 4 octobre 2012, Agence T'Kint, req. n° 11DA01878 – **127.**
- CAA Lyon, 11 octobre 2012, Association pour la recherche et l'installation des médecins européens, req. n° 11LY01969 – **557.**
- CAA Lyon, 29 novembre 2012, Commune de Bron, req. n° 12LY00568 – **592.**
- CAA Lyon, 11 décembre 2012, Commune de Lorette, req. n° 12LY01387 – **550.**
- CAA Bordeaux, 27 décembre 2012, Électricité réseau distribution France, req. n° 12BX00329 – **399.**
- CAA Douai, 17 janvier 2013, Préfet de la Région Nord-Pas-de-Calais, req. n° 12DA00594 - **608.**
- CAA Nancy, 28 janvier 2013, SAS ACE, req. n° 12NC00126 – **281.**
- CAA Bordeaux, 12 février 2013, Bureau européen d'assurance hospitalière, req. n° 11BX03355 – **281.**

• CAA Lyon, 14 février 2013, Société ACS Production, req. n° 12LY00305 – **106.**
• CAA Bordeaux, 14 mars 2013, École nationale supérieure des techniques industrielles et des mines d'Albi, req. n° 11BX03091 – **482.**
• CAA Bordeaux, 26 mars 2013, Garde des Sceaux, Ministre de la justice, req. n° 11BX01637 – **557.**
• CAA Lyon, 4 avril 2013, Société montluçonnaise de travaux publics et de bâtiments, req. n° 12LY02973 – **112.**
• CAA Nancy, 18 avril 2013, Communauté d'agglomération Sarreguemines Confluences, req. n° 12NC02077 – **565.**
• CAA Nancy, 6 mai 2013, Commune de Laroque d'Olmes, req. n° 12NC01355 – **557.**
• CAA Lyon, 16 mai 2013, M. E. B., req. n° 12LY01414 – **106.**
• CAA Bordeaux, 20 juin 2013, SARL FD2F, req. n° 11BX02368 – **557.**
• CAA Lyon, 30 janvier 2014, SARL Marot, req. n° 13LY00468 – **130.**
• CAA Bordeaux, 18 mars 2014, Groupe d'architecture Ellipse, req. n° 11BX03387 – **411.**

C. Jugements et ordonnances de tribunaux administratifs

• TA Pau, 13 mars 1983, Préfet des Pyrénées-Atlantiques, Dalloz, 1983, p. 457 – **576.**
• TA Strasbourg, 28 juin 1983, COREP du Haut-Rhin contre Commune de Kaysersberg, req. n° 612/83 – **575.**
• TA Nice, 24 octobre 1991, Epoux Léquio, req. n° 901278 – **565.**
• TA Lille, 3 juillet 1995, Préfet du Nord, req. n° 94645 – **565.**
• TA Montpellier, 10 juin 1993, Société Stan contre Commune de Canet-en-Roussillon, Rec. p. 514 – **26.**
• TA Nice, 16 novembre 1993, Association de défense des intérêts des habitants du quartier La Plana, req. n° 933910 – **73.**
• TA Rennes, 31 mars 1994, Becam, T., p. 1043 – **73.**
• TA Grenoble, 8 avril 1994, Société Routière Chambard, RFDA, 1994, p. 741 – **58.**
• TA Orléans, 20 mai 1994, Société Tiru-Ingénierie SA contre District de Chartres, Rec. p. 698 – **26.**
• TA Versailles, 23 octobre 1997, Société Plastic Omnium contre SICTOM Région Isle Adam, req. n° 972625 – **142.**

• TA Toulouse, 20 janvier 1998, Compagnie de services et d'environnement contre Syndicat intercommunal d'amenée d'eau portable du Ségala, req. n° 97-3452 – **63.**

• TA Rouen, 28 avril 2000, Entreprise Lefebvre Normandie, req. n° 000967 – **90.**

• TA Lyon, 7 mai 2001, Société ZK productions, req. n° 010152 – **32.**

• TA Cergy-Pontoise, 10 mai 2001, Société l'Erable, req. n° 011233-3 – **26.**

• TA Saint-Denis de la Réunion, 6 juin 2001, Société Bourbonnaise de travaux publics de construction, req. n° 01-00022 – **142.**

• TA Bastia, 12 novembre 2001, SARL Opsia Méditerranée contre Département de la Haute-Corse, CP-ACCP, février 2002, p. 39 – **32.**

• TA Lyon, 11 juillet 2002, Société Avenance enseignement, req. n° 0202689 et 0202690 – **37.**

• TA Paris, 14 novembre 2002, Société Hitronetic, req. n° 0214717/6 – **38.**

• TA Paris, 10 septembre 2003, Société Hitronetic, req. n° 0311967/6 – **90.**

• TA Saint-Denis de la Réunion, 13 janvier 2005, Société Saipem, req. n° 0402101 – **78.**

• TA Grenoble, 10 avril 2006, Société Antennes Plus, req. n° 0601247 – **73.**

• TA Caen, 2 mai 2006, Société des hôtels et casinos de Deauville, req. n° 0500398 – **142.**

• TA Toulouse, 25 juin 2006, SARL Topo Pyrénées, req. n° 0603452 – **40.**

• TA Lyon, 3 octobre 2007, Société Eurovia Drôme Ardèche Loire Auvergne, req. n° 0706075 – **73.**

• TA Lyon, 19 octobre 2007, Société Sepur, req. n° 0706952 – **73.**

• TA Nice, 15 novembre 2007, SARL Arcet Notation et SA Euro 2C, req. n° 0705783 – **410.**

• TA Toulouse, 10 décembre 2007, Société Cofathec Coriance, req. n° 0705123 – **148.**

• TA Nîmes, 24 janvier 2008, Société des trains touristiques G. Eisenreich, req. n° 0620809 – **226.**

• TA Besançon, 12 février 2008, Société CBS, req. n° 800115 – **148, 150.**

• TA Versailles, 19 mars 2008, Société CRC SA et Société Clichy-Dépannage, req. n° 0801326 – **148.**

• TA Toulouse, 9 avril 2008, SARL Baltis, req. n° 08/01392 – **411.**

• TA Strasbourg, 15 avril 2008, Société Performance Partner, req. n° 0801511 – **411.**

• TA Orléans, 27 mai 2008, Société Arima Consultants, req. n° 0704464 – **473, 482.**

• TA Orléans, 28 mai 2008, Société Compost Sud Essonne, req. n° 0801420 – **148.**

- TA Amiens, 2 septembre 2010, Société Conseil et formation en restauration collective, req. n° 1002171 – **377.**
- TA Lyon, 3 septembre 2010, Société Cars Berthelet, req. n° 1004741 – **377.**
- TA Rennes, 13 septembre 2010, Société Botrel, req. n° 1003208 – **438.**
- TA Grenoble, 4 octobre 2010, Société Entreprise Léon Grosse et Société Sirr Ingénierie, req. n° 1004488 et 1004490 – **55.**
- TA Besançon, 15 octobre 2010, SAS L'eau pure, req. n° 1001235 – **377.**
- TA Melun, 10 novembre 2010, Société Nord Désamiantage, req. n° 1007144-1 – **370.**
- TA Amiens, 15 décembre 2010, Société Demouselle, req. n° 1003206 – **281.**
- TA Lille, 15 décembre 2010, Société Banque Archives Alsacienne, req. n° 1007065 – **369.**
- TA Toulon, 17 décembre 2010, Société Secapem, req. n° 1002817, 1002818, 1002820 – **370.**
- TA Pau, 17 décembre 2010, Société Isoplac 64, req. n° 1002185 – **438.**
- TA Marseille, 10 janvier 2011, SARL Shipping Center Apprenticeship Mediterranean, req. n° 1007823 – **377.**
- TA Cergy-Pontoise, 31 janvier 2011, Société EGS, req. n° 1100177 – **377.**
- TA Lille, 10 février 2011, Société Artois équipement collectivités, req. n° 1100422 – **377.**
- TA Lille, 11 février 2011, Société RCE, n° 1100288 – **377.**
- TA Bordeaux, 28 février 2011, Société B2R, req. n° 1100580 – **377.**
- TA Châlons-en-Champagne, 15 mars 2011, Société Ferrari, req. n° 1100310 – **377.**
- TA Grenoble, 29 mars 2011, SARL Alpha Chauffage, req. n° 1101234 – **377.**
- TA Montreuil, 25 mai 2011, Société Creno Impex, req. n° 1004470 – **377.**
- TA Cergy-Pontoise, 7 juin 2011, Société Cab Com, req. n° 1104085 – **377.**
- TA Dijon, 13 juin 2011, Société Lyonnaise des eaux, req. n° 0902313 – **127.**
- TA Dijon, 13 septembre 2011, M. Dussole, req. n° 1101943 – **28.**
- TA Lyon, 26 octobre 2011, Société Iserba, req. n° 1106110 – **105, 438.**
- TA Lille, 20 décembre 2011, Société CBS, req. n° 0901836 – **558.**
- TA Limoges, 26 janvier 2012, Société Toffoluti, req. n° 1102083 – **369.**
- TA Cergy-Pontoise, 26 janvier 2012, Société Paysage Clément, req. n° 1106540 – **401.**

II. Décisions du Tribunal des conflits

III. Arrêts de juridictions judiciaires

A. Arrêts de la Cour de cassation

1. Arrêts de chambre civile de la Cour de cassation

• Cass., Civ. 1ère, 16 janvier 2013, Société l'Axelloise, pourvoi n° 11-27.837 – **558.**
• Cass., Civ. 1ère, 24 avril 2013, Commune de Sancoins, pourvoi n° 12-12.180 – **325.**

2. Arrêts de la chambre commerciale de la Cour de cassation

• Cass. Com., 10 juillet 2009, pourvoi n° 09-13.871 – **26.**
• Cass. Com., 8 décembre 2009, pourvoi n° 08-21.714 – **60.**
• Cass. Com., 14 février 2012, pourvoi n° 11-18.070 – **99.**
• Cass. Com., 23 octobre 2012, pourvoi n° 11-23.521 – **60.**
• Cass. Com., 14 mai 2013, pourvoi n° 12-17.890 – **387.**

3. Arrêts de la chambre criminelle de la Cour de cassation

• Cass. Crim., 4 décembre 1930, Abbé Gautrand, Dalloz, 1931, I, p. 33 – **320.**
• Cass., crim., 15 juin 1934, Bull. Crim. 1934, n° 112 – **210.**
• Cass. Crim., 3 juin 1935, Hiron, Sirey, 1937, p. 234 – **312.**
• Cass. Crim., 1er février 1956, Bull. Crim. 1956, n° 118 – **312.**
• Cass., crim., 12 novembre 1958, Bull. Crim. 1958, n° 673 – **210.**
• Cass. Crim., 21 décembre 1961, Dame Le Roux, JCP Édition générale, 1962, II, 12680 – **215, 312.**
• Cass. Crim., 14 novembre 1963, Pommery et Delmas, Bull. Crim. 1963, n° 322 – **215.**
• Cass. Crim., 1er juin 1967, Canivet, Bull. Crim. 1967, n° 166 – **215.**
• Cass. Crim., 18 novembre 1976, Pittau et Givernaud, Bull. Crim., n° 332 – **310.**
• Cass. Crim., 23 février 1977, Bull. Crim., 1977, n° 73 – **204.**
• Cass. Crim., 16 février 1981, Bull. Crim. 1981, n° 58 – **204.**
• Cass. Crim., 11 mars 1986, Bull. Crim. 1986, n° 103 – **204.**
• Cass. Crim., 21 octobre 1987, Montorio, Bull. Crim. 1987, n° 362 – **312.**

- Cass. Crim., 3 novembre 2011, pourvoi n° 10-87.674 – **212.**
- Cass. Crim., 3 mai 2012, pourvoi n° 11-83.179 – **211.**
- Cass. Crim., 7 novembre 2012, pourvoi n° 11-82.961 – **212.**

B. Arrêts de cours d'appel

- CA Grenoble, 27 septembre 1997, Jurisdata n° 1997-043079 – **212.**
- CA Aix-en-Provence, 17 mars 1998, Jurisdata n° 1998-042976 – **210.**
- CA Caen, 20 avril 1998, Jurisdata n° 1998-041752 – **211.**
- CA Paris, 16 avril 1999, Jurisdata n° 1999-023215 – **210, 212.**
- CA Paris, 9ème ch., 20 janvier 2000, BJCP, mai 2000, p. 215 – **212.**
- CA Riom, 3 février 2000, n° 99/00718 – **212.**
- CA Chambéry, 10 mai 2000, Jurisdata n° 2000-118619 – **210.**
- CA Nîmes, 7 septembre 2006, Jurisdata n° 2006-333904 – **210.**
- CA Aix-en Provence, 14 mars 2007, Jurisdata 2007-332413 – **223.**

C. Jugements

- TGI Paris, 27 mai 2011, req. n° 11/53908 – **43.**
- TGI Paris, 9 décembre 2012, req. n° 11/5983 – **40.**
- TGI Paris, 17 août 2012, req. n° 12/55912 – **101.**

IV. Décisions des juridictions financières

A. Décisions de la Cour des comptes

- C. comptes, 16 décembre 1994, Payeur départemental des Alpes-Maritimes – **241.**
- C. comptes, 16 juin 2004, CNASEA – **241.**
- C. comptes, 23 avril 2007, GIP ARH de Picardie, req. n° 48443 – **241.**
- C. comptes, 8 décembre 2011, Maison de retraite Les Fontenoftes à Ancy-le-Franc – **334.**
- C. comptes, 7 juin 2013, M. Deroy, comptable du centre communal d'action sociale de Polaincourt, req. n° 67189 – **241.**

B. DECISIONS DE CHAMBRES REGIONALES DES COMPTES

C. Arrêts de la Cour de discipline budgétaire et financière

V. Décisions du Conseil constitutionnel

• CC, 12 février 2009, loi pour l'accélération des programmes de construction et d'investissement publics et privés, n° 2009-575 DC – **5.**

VI. Arrêts de la Cour de justice

• CJCE, 11 juin 1987, Pretore di Salo contre X, aff. 14/86, Rec. p. I-2545 – **211.**

• CJCE, 8 octobre 1987, Kolpinghuis Nilmegen BV, aff. 80/86, Rec. p. I-3969 – **211.**

• CJCE, 15 octobre 1987, Heylens e.a, aff. 222/86, Rec. p. 4097 – **62.**

• CJCE, 28 octobre 1999, Alcatel Austria AG e.a., Siemens AG Österreich, Sag-Schrack Anlagentechnik AG et Bundesministerium für Wissenschaft und Verkehr, aff. C-81/98, Rec. p. I-7671 – **31, 63.**

• CJCE, 7 décembre 2000, Telaustria Verlags GmbH et Telefonadress GmbH contre Telekom Austria AG, aff. C-324/98, Rec. p. I-10745 – **5, 9, 225.**

• CJCE, 12 juillet 2001, Ordre des architectes de la province de Milan, aff. C-399/98, Rec. p. I-05409 – **226.**

• CJCE, 12 décembre 2002, Universale-Bau AG, aff. C-470/00, Rec. p. I-11617 – **24.**

• CJCE, 23 février 2003, Santex, aff. C-327/00, Rec. p. I-1877 – **25.**

• CJCE, 19 juin 2003, Werner Hackermüller, aff. C-249/01, Rec. p. I-06319 – **73, 76, 80.**

• CJCE, 12 février 2004, Grossmann Air Service, aff. C-230/02, Rec. p. I-1829 – **25.**

• CJCE, 24 juin 2004, Commission contre Autriche, aff. C-212/02 – **30, 31, 32.**

• CJCE, 14 février 2008, VAREC SA contre Belgique, aff. C-450/06, Rec. p. I-581 – **468.**

• CJCE, 3 avril 2008, Commission contre Espagne, C-444/06, Rec. p. I-2045 – **30, 31.**

• CJCE, 30 avril 2009, Mellor, aff. C-75/08, Rec. p. I-3799 – **62.**

• CJCE, 29 octobre 2009, Commission contre Allemagne, aff. C-536/07, Rec. p. I-10355 – **226.**

• CJCE, 23 décembre 2009, Commission contre Irlande, aff. C-455/08, Rec. p. I-00225 – **30.**

• CJUE, 28 janvier 2010, Uniplex, aff. C-406/08, Rec. p. I-00817 – **30.**

• CJUE, 25 mars 2010, Helmut Müller GmbH contre Bundesanstalt für Immobilienaufgaben, aff. C-451/08, Rec. p. I-02673 – **226.**

- CJUE, 30 septembre 2010, Stadt Graz c/ Strabag AG, aff. C-314/09, Rec. p. I-08769 – **477.**
- CJUE, 9 décembre 2010, Combinatie Spijker Infrabouw-De Jonge Konstruktie, van Spijker Infrabouw BV, de Jonge Konstruktie BV/Provincie Drenthe, aff. C-568/08, Rec. p. I-12655 – **432, 447, 477.**
- CJUE, 17 février 2011, Commission contre République de Chypre, aff. C-251/09, Rec. p. I-00013 – **30.**
- CJUE, 17 mars 2011, Peñarroja, aff. C-372/09 et C-373/09, Rec. p. I-01785 – **62.**

VII. Avis et conseils de la Commission d'accès aux documents administratifs

A – Avis de la Commission d'accès aux documents administratifs

- CADA, avis n° 20020150 du 7 février 2002 – **463.**
- CADA, avis n° 20033960 du 9 octobre 2003 – **446.**
- CADA, avis n° 20040857 du 19 février 2004 – **446.**
- CADA, avis n° 20062458 du 15 juin 2006 – **461.**
- CADA, avis n° 20062949 du 11 juillet 2006 – **445, 462, 465.**
- CADA, avis n° 20074116 du 25 octobre 2007 – **466.**
- CADA, avis n° 20090412 du 12 février 2009 – **445.**
- CADA, avis n° 20090624 du 26 février 2009 – **446.**
- CADA, avis n° 20091401 du 16 avril 2009 – **465.**
- CADA, avis n° 20101586 du 20 mai 2010 – **445.**
- CADA, avis n° 20103329 du 16 septembre 2010 – **445, 446.**
- CADA, avis n° 20111461 du 31 mars 2011 – **446.**
- CADA, avis n° 20111735 du 28 avril 2011 – **446, 465.**
- CADA, avis n° 20122290 du 21 juin 2012 – **445, 446, 465.**
- CADA, avis n° 20141034 du 10 avril 2014 – **465.**

B – Conseils de la Commission d'accès aux documents administratifs

- CADA, conseil n° 20020024 du 10 janvier 2002 – **464.**
- CADA, conseil n° 20023233 du 22 août 2002 – **460.**
- CADA, conseil n° 20033474 du 11 septembre 2003 – **464.**
- CADA, conseil n° 20052295 du 9 juin 2005 – **466.**
- CADA, conseil n° 20052631 du 7 juillet 2005 – **465.**

TABLE DES MATIERES

QUESTIONS JURIDIQUES AUX ÉDITIONS L'HARMATTAN

Dernières parutions

DROIT ADMINISTRATIF
L'angle jurisprudentiel (5e édition)
Gros Manuel
Traitant du programme de 2e année en droit administratif général, cet ouvrage donne également un éclairage particulier au pouvoir du juge administratif sur la fixation du droit administratif français et sur son rôle prédominant dans l'essence même du droit administratif. Utilisable comme un manuel classique, voici également une réflexion approfondie sur l'évolution et l'adaptation d'un droit spécifique à son environnement.
(Coll. Logiques Juridiques, 36.50 euros, 374 p.)
ISBN : 978-2-343-03798-1, ISBN EBOOK : 978-2-336-35432-3

DROIT DE LA CHASSE ET DE LA PROTECTION DE LA FAUNE SAUVAGE
Guide des infractions (2e édition)
Redon Michel
Le droit de la chasse et de la protection de la faune sauvage est parfois complexe. Il est devenu difficile pour les non-spécialistes de se repérer dans une législation abondante, en constante évolution du fait de son imprégnation croissante par la réglementation européenne progressivement intégrée dans notre droit. Cet ouvrage, à jour de la jurisprudence et des textes les plus récents, propose une approche complète mais particulièrement aisée des dispositions pénales et des règles de procédure.
(Coll. La justice au quotidien, 16.00 euros, 162 p.)
ISBN : 978-2-343-03362-4, ISBN EBOOK : 978-2-336-35627-3

OPPOSABILITÉ (L') DES CONVENTIONS DE DROIT PRIVÉ EN DROIT FISCAL
Dal Vecchio Frédéric - Préface de Thierry Lambert
Les conventions, supports indispensables aux échanges économiques des sujets de droit privé, ont des conséquences en droit fiscal. Le concept d'opposabilité des conventions de droit privé oscille entre deux tendances opposées : le respect de la volonté des parties contractantes et leur sacrifice au nom de l'intérêt général. Dans quelle mesure les conditions et les effets de l'opposabilité des conventions de droit privé sont-ils transposables en droit fiscal ?
(Coll. Finances publiques, 46.00 euros, 472 p.)
ISBN : 978-2-343-03911-4, ISBN EBOOK : 978-2-336-35655-6

ARCHITECTURE (L') NORMATIVE DU RÉSEAU INTERNET
Esquisse d'une théorie
Bamdé Aurélien
Comment un réseau de la dimension d'Internet a-t-il pu être édifié sans maître d'œuvre ? Ses bâtisseurs, de nationalités différentes et donc soumis à des droits différents, ont malgré tout globalement œuvré dans le même sens, ce qui laisse à penser qu'ils ont observé les mêmes normes. Quelles sont ces normes ? Quelle est leur nature ? Peuvent-elles être qualifiées de juridiques ? Sont-elles en contradiction avec le droit des États ?
(Coll. Le Droit aujourd'hui, 49.00 euros, 624 p.)
ISBN : 978-2-343-03463-8, ISBN EBOOK : 978-2-336-35350-0

ÉTABLISSEMENTS (LES) PUBLICS D'AMÉNAGEMENT
Cocquière Alexandra - Préface de Jean-Pierre Lebreton
Les EPA, bras urbanistique de l'État, ont été créés dans les années 50 pour conduire des opérations d'urbanisme d'envergure. Avec le ralentissement de l'urbanisation, les EPA se sont mis au service de nouveaux objectifs. Ce livre dresse leur portrait, au regard des motifs divers conduisant au recours à l'EPA, et au regard des évolutions institutionnelles.
(Coll. Logiques Juridiques, 49.50 euros, 518 p.)
ISBN : 978-2-343-04166-7, ISBN EBOOK : 978-2-336-35683-9

ENFERMEMENTS, JUSTICE ET LIBERTÉS
Aujourd'hui et hier, ici et ailleurs
Sous la direction de Christian Chevandier, Jean-Manuel Larralde et Pierre V. Tournier
Les objectifs de l'enfermement, hier comme aujourd'hui, en France comme ailleurs, sont complexes et ambigus : entre inclusion et exclusion, ordre et insertion, soin et sanction. Dans des lieux aussi divers que les locaux de garde, les centres éducatifs fermés, les prisons, les centres médicaux fermés (etc.), la dignité des personnes peut être mise en cause, leurs droits fondamentaux non respectés, leur état physique et mental menacé.
(Coll. Criminologie, 32.00 euros, 316 p.)
ISBN : 978-2-343-04198-8, ISBN EBOOK : 978-2-336-35621-1

ÉVOLUTIONS (LES) DES MODES DE FINANCEMENT DE L'ACTION PUBLIQUE
Sous la direction de Fabien Bottini
La crise de 1929 avait conduit les États à faire preuve d'imagination pour pouvoir financer leur politique. Les chocs pétroliers des années 1970 et la crise de 2008 ayant fait peser des contraintes supplémentaires sur les budgets nationaux, la question se pose des évolutions qu'ont connues les modes de financement de l'action publique depuis près d'un siècle. Est-il possible, à partir de l'exemple français, de dégager des lignes de force permettant de redonner une cohérence d'ensemble à ces évolutions ?
(26.00 euros, 242 p.)
ISBN : 978-2-343-03655-7, ISBN EBOOK : 978-2-336-35507-8

POUVOIR (LE) DE PUNIR
Qu'est-ce qu'être frappé d'une peine ?
Ferri Tony
Qu'est-ce qu'être frappé d'une condamnation pénale aujourd'hui ? Quelles logiques président à sa mise en œuvre ? Ce livre décrit la réalité, les caractéristiques, les mécanismes et les rationalités des pénalités contemporaines afin d'en révéler les rouages, les structures, les dérives. Est-il désormais envisageable de déplacer la frontière entre le possible et l'impossible dans le champ pénal et donc d'explorer, dans ce champ, de nouvelles possibilités ?
(Coll. Logiques des pénalités contemporaines, 14.50 euros, 144 p.)
ISBN : 978-2-343-04004-2, ISBN EBOOK : 978-2-336-35440-8

CRIMINALITÉ (LA) FÉMININE
Ménabé Catherine
Malgré une égalité pénale formelle entre hommes et femmes, leurs criminalités ne se confondent pas. Pour autant, elles ne sont pas non plus totalement dissociables, les facteurs criminogènes étant semblables. Contrairement au droit pénal qui s'illustre par son indifférence au sexe des auteurs d'infractions, la réaction pénale à la criminalité n'est pas totalement neutre. L'homme et la femme font l'objet d'un traitement judiciaire et pénitentiaire différencié.
(Coll. Bibliothèques de droit, 40.00 euros, 424 p.)
ISBN : 978-2-343-04036-3, ISBN EBOOK : 978-2-336-35419-4

EUROCOPTER SAVAIT
La vérité sur un crash mortel
Henrion Blaise
En avril 2003, un hélicoptère s'écrase sur l'aérodrome de Tarbes, entraînant la mort d'un passager. Le pilote est inculpé d'homicide involontaire. Blaise Henrion, propriétaire de l'appareil, n'a cessé de

mettre en cause un vice caché. Il nous entraîne dans un musée des horreurs aéronautiques et nous fait découvrir un réseau institutionnel effarant de truquages administratifs, de connivences souterraines, de mensonges à la justice, de faux certificats, d'incompétence et de désinvolture criminelle...
(Coll. Questions contemporaines, 29.00 euros, 292 p.)
ISBN : 978-2-343-04324-1, ISBN EBOOK : 978-2-336-35700-3

PUNIR, AMNISTIER OU NIER : LE CRIME INTERNATIONAL DE NUREMBERG À LA HAYE
Lingane Zakaria
La diversité actuelle des mécanismes de répression pénale des crimes de droit international ou l'établissement de processus de justice transitionnelle témoignent incontestablement de l'érosion de la «culture de l'impunité». Dans cette réponse planétaire aux crimes graves, la compétence universelle connaît un renouveau juridique, où parfois le réalisme diplomatique le dispute à l'idéal judiciaire. Quelle place accorder à la justice, à la vérité, à l'État de droit, au pardon, à la réconciliation, à la mémoire, mais aussi à l'oubli ?
(36.00 euros, 344 p.)
ISBN : 978-2-343-01782-2, ISBN EBOOK : 978-2-336-35519-1

VERS UN DROIT INTERNATIONAL DES RÉFUGIÉS ÉCOLOGIQUES
Banwitiya Ntekangi Adrien - Préface de Mwayila Tshiyembe ; Postface de Juakaly Mbumba
La menace écologique pousse les individus à franchir la frontière internationale des États pour se mettre à l'abri du sort et sauver leur vie. Le droit international ignorant cette réalité, cet essai est un plaidoyer pour l'avènement d'un droit international des réfugiés écologiques. Il est également une invitation à une mobilisation générale en faveur de la protection des victimes des catastrophes écologiques.
(Coll. Géopolitique mondiale, 15.00 euros, 144 p.)
ISBN : 978-2-343-02551-3, ISBN EBOOK : 978-2-336-35409-5

DROIT (LE) DES SÛRETÉS DANS L'ESPACE OHADA
Amboulou Hygin Didace - Préface de Martin Ndendé
Ce livre aborde de manière claire l'étude du droit des sûretés suivant la pratique notariale dans l'espace OHADA : innovations principales dans le secteur, classification des sûretés, inscription des sûretés au registre du commerce etc.
(Coll. Études africaines, 15.50 euros, 142 p.)
ISBN : 978-2-343-04189-6, ISBN EBOOK : 978-2-336-35589-4

DROIT (LE) DU DÉVELOPPEMENT ET DE L'INTÉGRATION ÉCONOMIQUE DANS L'ESPACE OHADA
Amboulou Hygin Didace
Le débat sur le développement et l'intégration économique de l'Afrique n'a jamais autant pris d'ampleur. Ce livre classifie les nouveaux choix des politiques et clarifie les pistes de réussite. Il convainc sur la nécessité d'une réglementation adaptée aux enjeux et sur l'implication de tous les partenaires au plan intérieur et extérieur.
(Coll. Études africaines, 32.00 euros, 306 p.)
ISBN : 978-2-343-04188-9, ISBN EBOOK : 978-2-336-35590-0

DROITS (LES) FONDAMENTAUX DES PERSONNES MORALES DANS LA CONVENTION EUROPÉENNE DES DROITS DE L'HOMME
De l'impensable à l'indispensable (Tome 1)
Koki Hubert Kouamé
Les groupements sont partout et l'impact de leurs actions est considérable sur le mode de fonctionnement de la société. Les organes de surveillance de la Convention européenne l'ont intégré et érigent en ce sens une véritable protection des missions et des activités essentielles des personnes morales : les garanties liées à la naissance et à la subsistance des groupes et organisations sont assurées par le juge européen et les conditions d'exercice de leurs opinions et convictions sont rendues meilleures.
(30.00 euros, 294 p.)
ISBN : 978-2-343-02713-5, ISBN EBOOK : 978-2-336-35658-7

DROITS (LES) FONDAMENTAUX DES PERSONNES MORALES DANS LA CONVENTION EUROPÉENNE DES DROITS DE L'HOMME
Réalisme et activisme du juge européen (Tome 2)
Koki Hubert Kouamé
La Cour européenne séduit de par sa volonté farouche de garantir aux personnes morales des droits effectifs et concrets nécessaires aux fondations d'une société démocratique. Dans une approche pragmatique dont s'imprègne l'ouvrage, se distinguent les droits fondamentaux élémentaires des droits complémentaires des personnes morales. Les premiers, développés dans le volume précédent, garantissent l'existence et la raison d'être des groupements. Quant aux autres droits, procéduraux principalement, ils assurent un complément de protection fort précieux.
(29.00 euros, 276 p.)
ISBN : 978-2-336-30130-3, ISBN EBOOK : 978-2-336-35657-0

QUESTION (LA) PÉNALE AU FIL DE L'ACTUALITÉ
Chroniques d'outre-nombre
Tournier Pierre V.
Pierre V. Tournier a assuré, pendant la campagne présidentielle de 2012, une veille régulière sur les questions de sécurité, de justice et de prison pour le site Le Plus Nouvelobs.com. Ses chroniques mises en ligne sont le point de départ de cet ouvrage, complété par d'autres textes diffusés entre juillet 2011 et fin 2013. Cinq semestres donnant lieu à cinq chapitres qui vont rythmer la conception hésitante du projet de loi porté par Christiane Taubira, sur la prévention de la récidive et l'individualisation des peines.
(Coll. Criminologie, 31.00 euros, 320 p.)
ISBN : 978-2-343-04169-8, ISBN EBOOK : 978-2-336-35470-5

CRIMINALITÉ, POLICE ET SÉCURITÉ PUBLIQUE EN RÉPUBLIQUE D'IRLANDE
Meynard Eric
La politisation de la question sécuritaire en Irlande est ici resituée dans le contexte de «panique morale» provoquée par les assassinats, à quelques jours d'intervalle, de la journaliste Veronica Guérin et du policier Jerry McCabe en juin 1996. Les circonstances politiques depuis la création de l'État irlandais ont fait de la défense des institutions son objectif central ; il s'agit désormais de revisiter cette posture pour mieux relever le défi de la sécurité des Irlandais.
(Coll. Logiques Juridiques, 15.50 euros, 152 p.)
ISBN : 978-2-343-03899-5, ISBN EBOOK : 978-2-336-35427-9

DROIT (LE) DE L'EXÉCUTION DES PEINES
Espoirs ou désillusions ?
Sous la direction de Fabienne Ghelfi
Les contributions proposent une analyse du droit actuel de l'exécution des peines et apportent une réflexion pertinente sur la mise en œuvre de ce droit. La promotion des aménagements de peine, comme le bracelet électronique ou la libération conditionnelle, est-elle une solution appropriée ? Est-il opportun de faire sortir les condamnés avant l'heure, sachant qu'ils ne sont pas suffisamment suivis ? Le juge d'application des peines et le ministère public sont-ils en mesure de prendre les «bonnes décisions» ?
(Coll. Droit privé et sciences criminelles, 17.50 euros, 160 p.)
ISBN : 978-2-343-03378-5, ISBN EBOOK : 978-2-336-35313-5

MÉDECINE (LA) À L'ÉPREUVE DU RISQUE PÉNAL
Sous la direction de Lina Williatte-Pellitteri
L'exercice médical offre un fort potentiel de contentieux pénal. Ce potentiel, les professionnels du droit comme les professionnels de la santé en ont conscience. Les premiers dénoncent l'absence de procédure pénale propre au monde de la santé, les seconds dénoncent une justice qu'ils ne comprennent pas. Le contexte rendant difficile une discussion efficace et constructive, ces réflexions s'efforcent de renouer le dialogue et de construire une communication intelligible pour tous.
(Coll. Droit, Société et Risque, 13.50 euros, 126 p.)
ISBN : 978-2-343-00774-8, ISBN EBOOK : 978-2-336-35266-4

L'HARMATTAN ITALIA
Via Degli Artisti 15; 10124 Torino

L'HARMATTAN HONGRIE
Könyvesbolt ; Kossuth L. u. 14-16
1053 Budapest

L'HARMATTAN KINSHASA
185, avenue Nyangwe
Commune de Lingwala
Kinshasa, R.D. Congo
(00243) 998697603 ou (00243) 999229662

L'HARMATTAN CONGO
67, av. E. P. Lumumba
Bât. – Congo Pharmacie (Bib. Nat.)
BP2874 Brazzaville
harmattan.congo@yahoo.fr

L'HARMATTAN GUINÉE
Almamya Rue KA 028, en face du restaurant Le Cèdre
OKB agency BP 3470 Conakry
(00224) 60 20 85 08
harmattanguinee@yahoo.fr

L'HARMATTAN CAMEROUN
BP 11486
Face à la SNI, immeuble Don Bosco
Yaoundé
(00237) 99 76 61 66
harmattancam@yahoo.fr

L'HARMATTAN CÔTE D'IVOIRE
Résidence Karl / cité des arts
Abidjan-Cocody 03 BP 1588 Abidjan 03
(00225) 05 77 87 31
etien_nda@yahoo.fr

L'HARMATTAN MAURITANIE
Espace El Kettab du livre francophone
N° 472 avenue du Palais des Congrès
BP 316 Nouakchott
(00222) 63 25 980

L'HARMATTAN SÉNÉGAL
10 VDN en face Mermoz, après le pont de Fann
BP 45034 Dakar Fann
33 825 98 58 / 33 860 9858
senharmattan@gmail.com / senlibraire@gmail.com
www.harmattansenegal.com

L'HARMATTAN BÉNIN
ISOR-BENIN
01 BP 359 COTONOU-RP
Quartier Gbèdjromèdé,
Rue Agbélenco, Lot 1247 I
Tél : 00 229 21 32 53 79
christian_dablaka123@yahoo.fr

Achevé d'imprimer par Corlet Numérique - 14110 Condé-sur-Noireau
N° d'Imprimeur : 113129 - Dépôt légal : novembre 2014 - *Imprimé en France*

www.ingramcontent.com/pod-product-compliance
Lightning Source LLC
LaVergne TN
LVHW011225061026
849535LV00001BA/187